Rechtliche Betrachtung
des Vertriebs und der Weitergabe
digitaler Güter

Rechtliche Betrachtung des Vertriebs und der Weitergabe digitaler Güter

Marco Ganzhorn

Fachmedien Recht und Wirtschaft | dfv Mediengruppe | Frankfurt am Main

Bibliografische Information Der Deutschen Nationalbibliothek

Die Deutsche Nationalbibliothek verzeichnet diese Publikation in der Deutschen Nationalbibliografie; detaillierte bibliografische Daten sind im Internet über http://dnb.de abrufbar.

978-3-8005-1617-9

dfv́ Mediengruppe

© 2015 Deutscher Fachverlag GmbH, Fachmedien Recht und Wirtschaft, Frankfurt am Main

Das Werk einschließlich aller seiner Teile ist urheberrechtlich geschützt. Jede Verwertung außerhalb der engen Grenzen des Urheberrechtsgesetzes ist ohne Zustimmung des Verlages unzulässig und strafbar. Das gilt insbesondere für Vervielfältigungen, Bearbeitungen, Übersetzungen, Mikroverfilmungen und die Einspeicherung und Verarbeitung in elektronischen Systemen.

Satz: fidus Publikations-Service GmbH, Nördlingen

Printed in Germany

Dissertation an der Albert-Ludwigs-Universität Freiburg, Rechtswissenschaftliche Fakultät
Dekan der Rechtswissenschaftlichen Fakultät der Albert-Ludwigs-Universität Freiburg:
Prof. Dr. Matthias Jestaedt

Erstgutachter:
Prof. Dr. Thomas Dreier, M.C.J., Institut für Informations- und Wirtschaftsrecht, Karlsruher Institut für Technologie (KIT)

Zweitgutachter:
Prof. Dr. Maximilian Haedicke, LL.M. (Georgetown), Institut für Wirtschaftsrecht, Arbeits- und Sozialrecht, Abteilung IV: Recht des Geistigen Eigentums

Ort und Tag der mündlichen Prüfung:
Karlsruhe, 8. Mai 2015
Freiburg i. Br., 11. Mai 2015

Für Lia und Sarina

Die Dissertation wurde am Institut für Informations- und Wirtschaftsrecht des Karlsruher Instituts für Technologie (KIT) geschrieben. Erscheinungsjahr 2015.

Vorwort

Die vorliegende Arbeit wurde im Sommersemester 2015 von der Rechtswissenschaftlichen Fakultät der Albert-Ludwigs-Universität Freiburg zur Dissertation angenommen. Gesetzgebung, Rechtsprechung und Literatur befinden sich auf dem Stand von April 2015. Die Internetquellen wurden zuletzt am 15. Mai 2015 aufgerufen.

Meinem Doktorvater Prof. Dr. Thomas Dreier gebührt großer Dank für die Betreuung der Dissertation von der Themenwahl bis zur Veröffentlichung dieser Arbeit. Er hat mir dabei auch die Teilnahme an diversen Tagungen und Seminaren ermöglicht, wodurch ich zahlreiche Kontakte zu anderen Wissenschaftlern knüpfen konnte. Darüber hinaus hat mir die lehrreiche und interessante Beschäftigung an seinem Institut Einblicke in Wissenschaft und Lehre verschafft, die mir andernfalls möglicherweise verborgen geblieben wären. Schließlich darf nicht unerwähnt bleiben, dass die zügige Anfertigung des Erstgutachtens den Abschluss des Promotionsverfahrens erheblich beschleunigt hat.

Mein Dank gilt auch Prof. Dr. Maximilian Haedicke für die freundliche Übernahme des Zweitgutachtens und die zeitnahe Erstellung desselben. Herrn Rechtsanwalt Torsten Kutschke danke ich für die Aufnahme dieser Arbeit in die Schriftenreihe Kommunikation & Recht.

Bei meinen Kollegen am Institut für Informations- und Wirtschaftsrecht des Karlsruher Instituts für Technologie möchte ich mich für die angenehme Arbeitsatmosphäre und viele interessante Gespräche und Erlebnisse bedanken. Ich werde diese Zeit immer in guter Erinnerung behalten und den Menschen, die ich dort kennenlernen durfte, immer verbunden bleiben.

Für das Korrekturlesen des Manuskripts sage ich Dr. Joachim Bengelsdorf und meiner Kollegin Nicole Fallert ein ganz herzliches Dankeschön. Sie haben sich viel Zeit für mich genommen und dabei keine Mühen gescheut. Ihre wertvollen Anmerkungen und Anregungen haben dazu beigetragen, der Arbeit den letzten Feinschliff zu geben.

Ein großes Dankeschön geht an meine Eltern Gudrun und Axel Ganzhorn für ihre uneingeschränkte Unterstützung und den Rückhalt beim Studium. Durch ihre Förderung haben sie die Basis für meine persönliche und berufliche Entwicklung gelegt, wofür ich ihnen immer dankbar sein werde. Bei Steffi und Tino Hoffner bedanke ich mich für die tiefe und innige Freundschaft, die uns verbindet. Gemeinsam mit ihrer Tochter haben sie mich Woche für Woche in eine Welt fernab der Rechtswissenschaft entführt, was mich auf andere Gedanken gebracht und für Erholung und Entspannung gesorgt hat.

Schließlich danke ich von ganzem Herzen meiner lieben Frau Janine. Neben ihrer sorgfältigen Durchsicht des Manuskripts und stets ehrlichen und direkten Kritik ist sie mir jederzeit bedingungslos zur Seite gestanden und hat mir immer den Rücken freigehalten. Sie hat mir dabei nicht nur Kraft und Energie gegeben, sondern auch alles dafür getan, dass ich mich auf das Gelingen dieser Arbeit konzentrieren konnte. Auch ihr widme ich daher diese Arbeit.

Karlsruhe, im Mai 2015 Marco Ganzhorn

Kritik und Anregungen bitte an: marco_ganzhorn@gmx.de

Inhaltsübersicht

Vorwort		VII
Inhaltsübersicht		IX
Inhaltsverzeichnis		XI
Abbildungsverzeichnis		XXI
Abkürzungsverzeichnis		XXIII

A.	Einleitung		1
	I.	Einführung in die Thematik	1
	II.	Bedürfnis nach einer rechtswissenschaftlichen Untersuchung	3
	III.	Eingrenzung des Untersuchungsgegenstands	7
	IV.	Begriffsbestimmung	7
	V.	Gang der Untersuchung	9
B.	Der Erstvertrieb digitaler Güter		11
	I.	Systematisierung der digitalen Güter	11
	II.	Die Vertriebsmodelle	41
	III.	Der Online-Erwerb aus rechtlicher Sicht	65
	IV.	Zusammenfassung	99
C.	Der Zweitmarkt für digitale Inhalte		101
	I.	Traditionelle Vertriebskanäle	102
	II.	Geschäftsmodelle für digitale Güter	109
	III.	Zusammenfassung	113
D.	Die urheberrechtliche Zulässigkeit der Weitergabe		115
	I.	Die Weitergabe aus urheberrechtlicher Sicht	115
	II.	Der Erschöpfungsgrundsatz bei Software	120
	III.	Der Erschöpfungsgrundsatz bei anderen digitalen Gütern	200
	IV.	Rechtfertigung der Vervielfältigungshandlungen de lege lata	233
	V.	Rechtfertigung der öffentlichen Zugänglichmachung	270
	VI.	Vorschläge für eine Gesetzesänderung	277
	VII.	Zusammenfassung	286
E.	Die Wirksamkeit vertraglicher Weitergabeverbote und -beschränkungen		288
	I.	Zur Frage der Abdingbarkeit von Schranken	288
	II.	Kategorisierung der verwendeten Vertragsklauseln	289
	III.	Formen vertraglicher Beschränkungen	291
	IV.	Überblick zur Rechtsprechung	293
	V.	Wirksamkeit von Weitergabeverboten	295

VI.	Wirksamkeit von Weitergabebeschränkungen	301
VII.	Zulässigkeit eines Lizenzmodells mit Preisstaffelung	304
VIII.	Vorschlag für eine interessengerechte Vertragsklausel	306
IX.	Zusammenfassung	309

F. Die Zulässigkeit technischer Schutzmaßnahmen 310
    I. Grundlagen. 311
    II. Rechtsprechung zu technischen Schutzmaßnahmen 315
    III. Auswertung der Entscheidungen 318
    IV. Bewertung technischer Beschränkungen der Weitergabe . . . 324
    V. Technische Schutzmaßnahmen in AGB 328
    VI. Zusammenfassung 329

G. Schlussbetrachtung 330

Literaturverzeichnis 333

Inhaltsverzeichnis

Vorwort	VII
Inhaltsübersicht	IX
Inhaltsverzeichnis	XI
Abbildungsverzeichnis	XXI
Abkürzungsverzeichnis	XXIII

A.	**Einleitung**	**1**
I.	Einführung in die Thematik	1
II.	Bedürfnis nach einer rechtswissenschaftlichen Untersuchung	3
	1. Juristische Relevanz	3
	2. Praktische Relevanz	5
III.	Eingrenzung des Untersuchungsgegenstands	7
IV.	Begriffsbestimmung	7
V.	Gang der Untersuchung	9
B.	**Der Erstvertrieb digitaler Güter**	**11**
I.	Systematisierung der digitalen Güter	11
	1. Die Musiksparte	12
	2. Die Filmsparte	14
	3. Die Softwarebranche	16
	4. Die Computerspielebranche	19
	5. Die Verlagsbranche	24
	a. Elektronische Bücher (E-Books)	24
	aa. Marktentwicklung	25
	bb. Technische Grundlagen	26
	cc. Erscheinungsformen	27
	dd. Urheberrechtliche Einordnung	28
	ee. Definition	31
	b. Elektronische Zeitungen (E-Papers) und Zeitschriften (E-Journals)	32
	c. Hörbücher (Audiobooks)	34
	6. Die Foto- und Bilderbranche	36
	7. Zusammenfassung und Relevanz	40
II.	Die Vertriebsmodelle	41
	1. Die Grundformen des Online-Vertriebs	42
	a. Die technischen Grundmodelle	42
	aa. Der Download	42

			bb. Der Stream	43
		b.	Die Vertriebsmodelle	46
			bb. Der Abo-Erwerb	47
			cc. Das Mietmodell	47
			dd. Die Abo-Miete	48
			ee. Der freie Zugang	49
		c.	Zusammenfassung	49
	2.	Anbieter für digitale Inhalte und ihre Vertriebsmodelle		50
		a.	Universalplattformen	50
		b.	Spezialisierte Plattformen	52
			aa. Anbieter von Musikwerken	52
			bb. Anbieter von Filmwerken	53
			cc. Anbieter von Software	54
			dd. Anbieter von Computerspielen	56
			ee. Anbieter von E-Books	57
			ff. Anbieter von E-Papers und E-Journals	58
			gg. Anbieter von Hörbüchern	59
			hh. Anbieter von Fotos und Bildern	60
		c.	Beurteilung	61
	3.	Bedeutsamkeit für den Untersuchungsgegenstand		63
III.	Der Online-Erwerb aus rechtlicher Sicht			65
	1.	Sachenrechtliche Erwägungen		65
		a.	Der Eigentumsübergang beim klassischen Erwerbsvorgang	65
		b.	Die Möglichkeit des Eigentums an Daten	66
		c.	Verpflichtungs- und Verfügungsgeschäft im Urheberrecht	67
	2.	Die Einräumung von Nutzungsrechten		69
		a.	Grundlagen und Begrifflichkeiten	69
		b.	Die betroffenen Nutzungsarten beim Online-Erwerb	71
			aa. Das Nutzungsrecht für den Downloadvertrieb	71
			bb. Das Nutzungsrecht für den Downloaderwerb	72
			cc. Die Problematik des Abrufübertragungsrechts	74
			aaa. § 19a UrhG als einaktiges Recht	74
			bbb. Keine Verortung unter § 15 Abs. 2 UrhG oder § 20 UrhG	76
			ccc. Fehlendes Bedürfnis eines Abrufübertragungsrechts	79
			dd. Zwischenergebnis	81
		c.	Die Rechtekette beim Downloadvertrieb	81
			aa. Die Grundkonstellationen	81
			bb. Die Einräumung des Nutzungsrechts von Händlern an weitere Händler	82
		d.	Die Rechtekette beim Downloaderwerb	84

			aa. Sublizenzen	84
			aaa. Die Rolle des Händlers	85
			bbb. Die Einräumung des Nutzungsrechts an den Endkunden	86
			bb. Endnutzerlizenzbedingungen	87
		e.	Zusammenfassung	88
	3.	Die vertragsrechtliche Einordnung		89
		a.	Kaufvertrag bei Datenträgern	89
		b.	Vertragsschluss bei Downloadplattformen	90
		c.	Einordnung von Softwareverträgen	91
		d.	Einordnung der übrigen digitalen Güter	92
			aa. Bedeutung des Lizenzrechts	93
			bb. Alternative Vorschläge	94
			cc. Anwendung der kaufrechtlichen Vorschriften	96
IV.	Zusammenfassung			99

C.	Der Zweitmarkt für digitale Inhalte			101
	I.	Traditionelle Vertriebskanäle		102
		1.	Weitergabe mittels Trägermedien	102
			a. Vor-Ort-Übergabe	102
			b. Fernübertragung	104
		2.	Weitergabe ohne Trägermedien	106
			a. Vor-Ort-Weitergabe	106
			b. Fernübertragung	106
		3.	Bewertung	107
	II.	Geschäftsmodelle für digitale Güter		109
		1.	Aktuelle Geschäftsmodelle	109
			a. Softwarebranche	109
			b. Musiksparte	110
		2.	Geplante Geschäftsmodelle	111
	III.	Zusammenfassung		113

D.	Die urheberrechtliche Zulässigkeit der Weitergabe			115
	I.	Die Weitergabe aus urheberrechtlicher Sicht		115
		1.	Das Vervielfältigungsrecht	116
			a. Mögliche Vervielfältigungshandlungen	116
			b. Relevante Schrankenregelungen	118
		2.	Das Recht der öffentlichen Zugänglichmachung	118
		3.	Das Verbreitungsrecht	119
		4.	Konsequenzen für die weitere Untersuchung	119
	II.	Der Erschöpfungsgrundsatz bei Software		120
		1.	Grundlagen der Erschöpfungslehre	120
		2.	Bewertung des UsedSoft-Verfahrens	123
			a. Sachverhalt und Verfahrensgang	123

b.	Die Vorlagefragen des BGH	125
c.	Die EuGH-Entscheidung	127
aa.	Der Begriff der Programmkopie	128
aaa.	Anknüpfungspunkte für die Programmkopie	129
bbb.	Gegenstand des Erstverkaufs	131
bb.	Der Begriff des Erstverkaufs	134
aaa.	Die Eigentumsübertragung	135
bbb.	Untrennbare Verbindung zwischen Programmkopie und Nutzungsrecht	138
ccc.	Die Einordnung des Wartungsvertrages	140
cc.	Verbreitungsrecht vs. Recht der öffentlichen Zugänglichmachung	143
aaa.	Bedeutung des Lex specialis-Gedankens	143
bbb.	Die Schlussfolgerung des EuGH aus Art. 6 Abs. 1 WCT	145
ccc.	Beschränkung des Art. 6 WCT auf körperliche Gegenstände	146
ddd.	Das Vorliegen einer Verbreitungshandlung	148
eee.	Abgrenzung zur öffentlichen Zugänglichmachung	150
fff.	Korrektur der Zweiteilung im deutschen Recht	153
dd.	Ausweitung der Erschöpfung auf immaterielle Güter	155
aaa.	Der Wille des Gesetzgebers der Software-Richtlinie	155
bbb.	Die Bedeutung der InfoSoc-Richtlinie	157
ee.	Wirtschaftliche Überlegungen	158
aaa.	Leitgedanke der Abschottung der Märkte	158
bbb.	Wirtschaftliche Vergleichbarkeit	161
ccc.	Das Problem des Preiswettbewerbs	164
ff.	Unbrauchbarmachen und Aufspaltungsverbot	166
aaa.	Rechtlicher Hintergrund	166
bbb.	Der Verweis auf technische Schutzmaßnahmen	168
ccc.	Anforderungen an das Unbrauchbarmachen	168
ddd.	Zeitpunkt des Unbrauchbarmachens	169
eee.	Umfang des Unbrauchbarmachens	170
gg.	Fazit	170
d.	Die BGH-Entscheidung	172
aa.	Bindungswirkung der Entscheidung	172
aaa.	Kein Eingriff in die Eigentumsordnung der Mitgliedsstaaten	172
bbb.	Kein Verstoß gegen Art. 6 WCT	173

       bb. „Gegenstand" der Weitergabe 174
       cc. Konkretisierung der EuGH-Vorgaben 174
           aaa. Angemessene Vergütung................. 175
           bbb. Zeitlich unbegrenztes Nutzungsrecht 175
           ccc. Wartungsvertrag 177
       dd. Zum Unbrauchbarmachen der eigenen Programm-
           kopie.................................... 177
           aaa. Die Darlegungs- und Beweislast........... 178
           bbb. Die Wirksamkeit eines Notartestats 178
       ee. Fazit.................................... 180
   3. Bedeutung der UsedSoft-Rechtsprechung für das deutsche
      Recht... 180
      a. Leitlinien für die Weitergabe von Software 180
      b. Bindungswirkung 181
      c. Die Umsetzung in deutsches Recht 182
      d. Auswirkung auf die Rechtsprechung 184
   4. Folgen für andere Fallkonstellationen mit Software 185
      a. Die Weitergabe privat genutzter Software 186
      b. Aufspaltung von Volumenlizenzen bei Einzelplatz-
         anwendung 187
      c. Zulässigkeit des Lizenz- bzw. Zertifikatehandels...... 192
      d. Kostenlose Updates und Patches ohne Wartungs-
         vertrag..................................... 194
      e. Einschränkungen der tatsächlichen Verkehrsfähigkeit
         eines Werkstücks............................. 195
      f. Anzuwendende Richtlinie bei hybriden Produkten 196
   5. Auswirkungen auf die Lizenzierungspraxis 199
III. Der Erschöpfungsgrundsatz bei anderen digitalen Gütern...... 200
   1. Online-Erschöpfung im Anwendungsbereich der
      InfoSoc-RL 201
      a. Vorliegen eines „Erstverkaufs eines Vervielfältigungs-
         stücks"..................................... 202
      b. Bedeutung der öffentlichen Zugänglichmachung...... 203
      c. Wille des Unionsgesetzgebers 204
         aa. Erwägungsgrund 29....................... 205
         bb. Erwägungsgrund 28....................... 208
         cc. Erwägungen im Gesetzgebungsverfahren 209
      d. Wirtschaftliche Vergleichbarkeit.................. 210
      e. Indizien für einen weiten Erschöpfungsbegriff durch
         den EuGH 213
      f. Dogmatische Einordnung 215
   2. Online-Erschöpfung nach deutschem Recht 216
      a. Der Gebrauchthandel im Spiegel der Rechtsprechung.. 216
         aa. Erkenntnisse aus dem Urteil des OLG Hamm..... 217

			aaa.	Keine direkte Anwendbarkeit des § 17 Abs. 2 UrhG	217
			bbb.	Keine analoge Anwendbarkeit des § 17 Abs. 2 UrhG	218
			ccc.	Weitere Kriterien des OLG Hamm	219
		bb.	Weitere Rechtsprechung		219
		cc.	Erkenntnisse aus fremdländischen Urteilen		221
	b.	Umsetzbarkeit ins deutsche Recht			222
		aa.	Direkte Anwendbarkeit des § 17 Abs. 2 UrhG		222
			aaa.	Grammatikalische Auslegung	222
			bbb.	Systematische Auslegung	223
			ccc.	Historische Auslegung	224
			ddd.	Fazit	224
		bb.	Analoge Anwendbarkeit des § 17 Abs. 2 UrhG		225
			aaa.	Vergleichbare Interessenlage	225
			bbb.	Unbewusste Regelungslücke	225
			ccc.	Richtlinienkonforme Auslegung	226
	c.	Konflikte mit anderen Normen bei Ausdehnung der Erschöpfungswirkung			226
		aa.	Das Unbrauchbarmachen und § 53 Abs. 1 UrhG		227
		bb.	E-Books und der Erschöpfungsgrundsatz		227
3.	Auswirkungen auf die Lizenzierungspraxis				229
4.	Sonderfragen				229
	a.	Behandlung hybrider Produkte			230
	b.	Anwendungsfälle für das Aufspaltungsverbot			230
	c.	Die Erschöpfung bei anderen Veräußerungsformen			231
		aa.	Erstverkauf und andere (erstmalige) Veräußerungsformen		231
		bb.	Weiterverkauf und sonstige Weiterveräußerungsformen		232
IV.	Rechtfertigung der Vervielfältigungshandlungen de lege lata				233
1.	Übertragung des vertraglichen Nutzungsrechts				234
	a.	Die Voraussetzungen des § 34 Abs. 1 UrhG			235
	b.	Das Problem des Zustimmungserfordernisses			236
	c.	Anwendbarkeit des § 34 Abs. 1 S. 2 UrhG beim Weiterverkauf digitaler Güter			237
2.	Gesetzliche Schrankenregelungen				239
	a.	§ 69d Abs. 1 UrhG			239
		aa.	UsedSoft-Rechtsprechung		240
		bb.	Bewertung dieser Rechtsprechung		242
			aaa.	Übertragung des gesetzlichen Nutzungsrechts	242

		bbb. Der Zweiterwerber als „zur Verwendung Berechtigter".............................	243
		ccc. Der Umfang der bestimmungsgemäßen Benutzung............................	245
		ddd. Bedeutung vertraglicher Abreden..........	250
		eee. Die Darlegungs- und Beweislast	252
		fff. Fazit................................	253
		cc. Geltung für andere digitale Inhalte als Software...	253
	b.	§ 53 Abs. 1 UrhG	254
		aa. Anwendungsfälle...........................	254
		bb. Schwachpunkte der Norm...................	256
		cc. Anwendbarkeit auf E-Books und E-Journals......	257
	c.	§ 44a Nr. 2 UrhG.............................	258
	d.	Zwischenergebnis............................	260
3.	Analoge Anwendung von Schrankenregelungen..........		261
4.	Die Einwilligungslösung............................		263
5.	Ungeschriebene Rechtfertigung		264
	a.	Hinweise aus der Rechtsprechung	265
		aa. Die Dior/Evora-Entscheidung des EuGH	265
		bb. Die Parfumflakon-Entscheidung des BGH	266
		cc. Die TU Darmstadt/Ulmer-Entscheidung des EuGH.................................	267
	b.	Bewertung..................................	268
V. Rechtfertigung der öffentlichen Zugänglichmachung			270
1.	Anwendungsfälle................................		271
2.	Rechtfertigung ohne Zustimmung....................		272
3.	Das Kriterium des „neuen Publikums"		274
4.	Konsequenzen		276
VI. Vorschläge für eine Gesetzesänderung.....................			277
1.	Klarstellung der Erschöpfungswirkung................		277
	a.	Anpassung des § 69c Nr. 3 S. 2 UrhG	278
	b.	Anpassung des Art. 4 InfoSoc-RL bzw. des § 17 UrhG.................................	278
2.	Änderung des § 34 Abs. 1 UrhG		280
3.	Korrektur des Schrankenkatalogs		281
4.	Stärkung des Beteiligungsgrundsatzes		284
5.	Chancen für eine Gesetzesänderung		285
VII. Zusammenfassung			286

E. Die Wirksamkeit vertraglicher Weitergabeverbote und -beschränkungen 288
   I. Zur Frage der Abdingbarkeit von Schranken............... 288
   II. Kategorisierung der verwendeten Vertragsklauseln.......... 289
      1. Weitergabeverbote 290

	2. Weitergabebeschränkungen	291
III.	Formen vertraglicher Beschränkungen	291
	1. Individualvertragliche Abreden	291
	2. Allgemeine Geschäftsbedingungen	292
IV.	Überblick zur Rechtsprechung	293
	1. Urteile vor der UsedSoft-Entscheidung des EuGH	293
	2. Urteile nach der UsedSoft-Entscheidung des EuGH	294
V.	Wirksamkeit von Weitergabeverboten	295
	1. § 305c BGB	296
	2. § 307 Abs. 1, Abs. 2 BGB	297
	a. § 307 Abs. 1, Abs. 2 Nr. 1 BGB	297
	aa. Der Erschöpfungsgrundsatz, §§ 17 Abs. 2, 69c Nr. 3 S. 2 UrhG	298
	bb. Die Übertragung von Nutzungsrechten, § 34 Abs. 1 UrhG	298
	b. § 307 Abs. 1, Abs. 2 Nr. 2 BGB	299
	c. Widerlegung des Zweifelsatzes	299
	3. § 307 Abs. 1 S. 2 BGB	301
	4. Zwischenergebnis	301
VI.	Wirksamkeit von Weitergabebeschränkungen	301
	1. Einwilligungsvorbehalt	301
	2. Mitteilungspflicht des Namens des Zweitkäufers	302
	3. Verbot der Anfertigung von Vervielfältigungsstücken	303
	4. Löschungsgebot	303
	5. Leitlinien für die Beurteilung	304
VII.	Zulässigkeit eines Lizenzmodells mit Preisstaffelung	304
VIII.	Vorschlag für eine interessengerechte Vertragsklausel	306
	1. Formulierungsvorschlag	306
	2. Interessenausgleich	307
	3. Anwendungsbereich	308
IX.	Zusammenfassung	309
F.	Die Zulässigkeit technischer Schutzmaßnahmen	310
I.	Grundlagen	311
	1. Gesetzliche Bestimmungen	311
	2. Übersicht über die Erscheinungsformen	312
	a. DRM-Systeme	312
	b. Benutzerkonten	313
	c. Hardwarekomponenten	313
	3. Verhältnis zu Schrankenbestimmungen	314
II.	Rechtsprechung zu technischen Schutzmaßnahmen	315
	1. Die Half-Life 2-Entscheidung des BGH	315
	2. Die UsedSoft-Entscheidung des EuGH	316
	3. Die Nintendo-Entscheidung des EuGH	317

	III. Auswertung der Entscheidungen	318
	1. Der Widerspruch zwischen Half-Life 2 und UsedSoft	318
	2. Die Verhältnismäßigkeitsprüfung	321
	a. Dogmatische Begründung.	321
	b. Reichweite der Verhältnismäßigkeit	322
	c. Anwendbarkeit im Rahmen der Software-Richtlinie	323
	d. Einfluss der Erschöpfungswirkung.	324
	IV. Bewertung technischer Beschränkungen der Weitergabe.	324
	1. DRM-Systeme	325
	2. Benutzerkonten	326
	3. Rechtsfolgen	327
	V. Technische Schutzmaßnahmen in AGB	328
	VI. Zusammenfassung	329
G.	Schlussbetrachtung	330
Literaturverzeichnis		333

Abbildungsverzeichnis

Abb. 1: Der Online-Vertrieb digitaler Güter.............................. 64
Abb. 2: Die mehrstufige Einräumung von Nutzungsrechten................. 89
Abb. 3: Der Weg der Nutzungsrechte zum Zweiterwerber.................. 236
Abb. 4: Der Weg der Nutzungsrechte zum Zweiterwerber mit Gebraucht-
händler.. 237

Abkürzungsverzeichnis

a. A.	andere Auffassung
a. E.	am Ende
ABl.	Amtsblatt
Abs.	Absatz
Abschn.	Abschnitt
AcP	Archiv für die civilistische Praxis (Zeitschrift)
AEUV	Vertrag über die Arbeitsweise der Europäischen Union
AfP	Archiv für Presserecht
AG	Amtsgericht
AGB	Allgemeine Geschäftsbedingungen
amtl. Begr.	amtliche Begründung
Anm.	Anmerkung
Art.	Artikel
ASP	Application Service Providing
Aufl.	Auflage
B2B	Business-to-Business, Geschäftsverkehr zwischen Unternehmern
BB	Betriebs-Berater (Zeitschrift)
Bd.	Band
bearb. v.	bearbeitet von
Begr.	Begründung
Beil.	Beilage
Beschl.	Beschluss
BGB	Bürgerliches Gesetzbuch
BGBl.	Bundesgesetzblatt
BGH	Bundesgerichtshof
BGHZ	Entscheidungen des Bundesgerichtshofs in Zivilsachen
Bgr.	Begründer
BR-Drucks.	Bundesratsdrucksache
BT-Drucks.	Bundestagsdrucksache
BuchPrG	Gesetz über die Preisbindung für Bücher
BVerfG	Bundesverfassungsgericht
BVerfGE	Entscheidungen des Bundesverfassungsgerichts
bzgl.	bezüglich
bzw.	beziehungsweise
CMLR	Common Market Law Review (Zeitschrift)
CR	Computer und Recht (Zeitschrift)
CRi	Computer Law Review international (Zeitschrift)
d. h.	das heißt
Datenbank-RL	Richtlinie 96/9/EG
DGRI	Deutsche Gesellschaft für Recht und Informatik
Diss.	Dissertationsschrift

Abkürzungsverzeichnis

DNotZ	Deutsche Notar-Zeitschrift
dpa	Deutsche Presseagentur
DRM	Digital Rights Management
DSRI	Deutsche Stiftung für Recht und Informatik
EG, EWG	Europäische (Wirtschafts-)Gemeinschaft
Einl.	Einleitung
EIPR	European Intellectual Property Review (Zeitschrift)
endg.	endgültig
etc.	et cetera
EU	Europäische Union
EuGH	Europäischer Gerichtshof
EULA	End User License Agreement
EuZW	Europäische Zeitschrift für Wirtschaftsrecht
f., ff.	folgende
Fn.	Fußnote
Frankfurt a. M.	Frankfurt am Main
FS	Festschrift
GEKR-VO	Vorschlag für eine Verordnung des Europäischen Parlaments und des Rates über ein Gemeinsames Europäisches Kaufrecht
gem.	gemäß
GEMA	Gesellschaft für musikalische Aufführungs- und mechanische Vervielfältigungsrechte
GG	Grundgesetz für die Bundesrepublik Deutschland
GPR	Zeitschrift für das Privatrecht der Europäischen Union
GRUR	Gewerblicher Rechtsschutz und Urheberrecht (Zeitschrift)
GRUR Ausl	Gewerblicher Rechtsschutz und Urheberrecht, Auslands- und Internationaler Teil (Zeitschrift)
GRUR Int.	Gewerblicher Rechtsschutz und Urheberrecht, Internationaler Teil (Zeitschrift)
GRUR-RR	Gewerblicher Rechtsschutz und Urheberrecht, Rechtsprechungs-Report (Zeitschrift)
GWB	Gesetz gegen Wettbewerbsbeschränkungen
Habil.	Habilitationsschrift
Halbs.	Halbsatz
Hrsg.	Herausgeber
hrsg. v.	herausgegeben von
i. d. R.	in der Regel
i. S. d., i. S. v.	im Sinne des, im Sinne von
i. V. m.	in Verbindung mit
IIC	International Review of Intellectual Property and Competition Law (Zeitschrift)
InfoSoc-RL	Richtlinie 2001/29/EG
insb.	insbesondere
InTeR	Zeitschrift zum Innovations- und Technikrecht
IP	Intellectual Property

IPRB	Der IP-Rechtsberater (Zeitschrift)
IT	Informationstechnologie
ITRB	Der IT-Rechtsberater (Zeitschrift)
JIL	Journal of Internet Law (Zeitschrift)
JIPITEC	Journal of Intellectual Property, Information Technology and E-Commerce Law (Zeitschrift)
JIPLP	Journal of Intellectual Property Law & Practice (Zeitschrift)
jurisPR-ITR	juris PraxisReport IT-Recht (Datenbank)
jurisPR-WettbR	juris PraxisReport Wettbewerbs- und Immaterialgüterrecht (Datenbank)
JZ	Juristenzeitung (Zeitschrift)
K&R	Kommunikation & Recht (Zeitschrift)
Kap.	Kapitel
LG	Landgericht
Lit.	Literatur
lit.	littera (Buchstabe)
Ls.	Leitsatz
m. Anm.	mit Anmerkung
m. w. N.	mit weiteren Nachweisen
MAH	Münchener Anwaltshandbuch
MarkenG	Gesetz über den Schutz von Marken und sonstigen Kennzeichen
MMR	Multimedia und Recht (Zeitschrift)
MR	Medien und Recht (Zeitschrift)
MR-Int	Medien und Recht International (Zeitschrift)
n. rk.	nicht rechtskräftig
NJ	Neue Justiz (Zeitschrift)
NJW	Neue Juristische Wochenschrift (Zeitschrift)
NJW-RR	Neue Juristische Wochenschrift, Rechtsprechungs-Report (Zeitschrift)
Nr.	Nummer
OLG	Oberlandesgericht
PC	Personal Computer
RBÜ	Revidierte Berner Übereinkunft zum Schutz von Werken der Literatur und der Kunst
RF	Royalty Free
RL	Richtlinie
RM	Rights Managed
Rn.	Randnummer
Rs.	Rechtssache
Rspr.	Rechtsprechung
s.	siehe
S.	Seite; Satz (in Rechtsvorschriften)
s. a.	siehe auch
SaaS	Software as a Service
Software-RL	Richtlinie 2009/24/EG

Abkürzungsverzeichnis

sog.	sogenannt
StGB	Strafgesetzbuch
TMG	Telemediengesetz
TRIPS	Trade-Related Aspects of Intellectual Property Rights
Tz.	Textziffer
u. a.	und andere
UFITA	Archiv für Urheber- und Medienrecht (Zeitschrift)
Unterabs.	Unterabsatz
UrhG	Gesetz über Urheberrecht und verwandte Schutzrechte
Urt.	Urteil
USC	Copyright Law of the United States
v.	vom
Verbraucher-RL	Richtlinie 2011/83/EU
VerlG	Verlagsgesetz
VG	Verwertungsgesellschaft
vgl.	vergleiche
Vor.	Vorbemerkung
vs.	versus
WCT	WIPO Copyright Treaty
WIPO	World Intellectual Property Organization
WPPT	WIPO Performances and Phonograms Treaty
WRP	Wettbewerb in Recht und Praxis (Zeitschrift)
z. B.	zum Beispiel
ZGE	Zeitschrift für Geistiges Eigentum
Ziff.	Ziffer
ZPO	Zivilprozessordnung
ZStV	Zeitschrift für Stiftungs- und Vereinswesen
ZUM	Zeitschrift für Urheber- und Medienrecht
ZUM-RD	Zeitschrift für Urheber- und Medienrecht – Rechtsprechungsdienst

„Die Verlagerung des Primärhandels aus der physischen Welt in den Cyberspace ist einer der großen Umbrüche in der Organisation des menschlichen Lebens, ein Prozess, der zu enormen, ganz grundsätzlichen Veränderungen der menschlichen Wahrnehmung und des gesellschaftlichen Verkehrs führen wird."

Jeremy Rifkin im Jahr 2000

A. Einleitung

I. Einführung in die Thematik

Der Marktplatz für den Vertrieb von Musikwerken, Filmwerken, Computerspielen und den übrigen Produkten der Unterhaltungs- und Medienindustrie verlagert sich mehr und mehr von den Fachgeschäften ins standortunabhängige Internet. Was auf den ersten Blick nach einer Vereinfachung für Rechteinhaber auf der einen und Endnutzer auf der anderen Seite aussieht, bringt in der Praxis jede Menge ungelöster Probleme mit sich. Die spannende Frage ist, ob die derzeitige Gesetzeslage – insbesondere das Urheberrechtsgesetz – die im Zusammenhang mit digital vertriebenen Werkexemplaren auftretenden Probleme adäquat lösen und für einen gerechten Interessenausgleich zwischen den beteiligten Protagonisten sorgen kann.

Auslöser dieser Probleme sind die Digitalisierung – also die Umwandlung jedweder Art von Informationen in einen Binärcode[1] – und die zunehmende globale Vernetzung. Beides hat den Markt für Informationen und Kulturgüter schnell und umfassend verändert und daher starke Auswirkungen auf die Verwertung und Nutzung von Multimediadateien.[2] Knackpunkte dabei sind einerseits der simple Zugriff auf Werke und deren schneller Austausch durch die Entwicklung des Internets[3] sowie andererseits die verlustfreie Reproduktionsmöglichkeit bei gleichzeitiger Entwicklung effektiver Komprimierungsverfahren und kontinuierlicher Erhöhung der Übertragungsgeschwindigkeit.[4] Für die Urheber und Rechteinhaber haben sich zwar neue Verwertungs- und Vertriebsmöglichkeiten aufgetan, gleichzeitig mussten sie jedoch einen zunehmenden Kontrollverlust hinnehmen. So entwickelten sie technische Schutzmaßnahmen und veranlassten zugleich den Gesetzgeber zur Schaffung neuer gesetzlicher Regelungen zum Schutz vor unerlaubter Umgehung dieser Mechanismen (§§ 95a, b UrhG). Des

---
1 *Fechner*, Medienrecht, Kap. 12 Fn. 3.
2 *Ohly*, Gutachten F zum 70. Deutschen Juristentag, S. 9.
3 *Ohly*, NJW-Beil. 2014, 47 (47).
4 *Gercke*, in: Spindler/Schuster (Hrsg.), Recht der elektronischen Medien, 13. Teil, Vor. §§ 106 ff., Rn. 3 f.

A. Einleitung

Weiteren entstand das digitale Rechtemanagement, wodurch individuelle Nutzungen automatisch und sehr viel genauer abgerechnet werden konnten als noch im Analogbereich.[5] Schließlich wurden vermehrt schuldrechtliche Beschränkungen in Form von Allgemeinen Geschäftsbedingungen verwendet, um die Verwertung digitaler Güter durch die Nutzer zu erschweren. Die Verbraucher wiederum betraten Neuland: Während sie bislang beim Umgang mit Medienprodukten wie Filmen, Musik oder Büchern nicht zwingend mit dem Urheberrecht in Berührung kamen, änderte sich dies mit dem Aufkommen digitaler Güter schlagartig. Die bislang nur den Urhebern bzw. Rechteinhabern vorbehaltenen Verwertungsrechte wie die Vervielfältigungshandlungen konnten nun auch von den Verbrauchern selbst im bislang vom Urheberrecht nicht betroffenen privaten Bereich vorgenommen werden.[6] Dabei standen den Endnutzern zunächst kaum ausgereifte und bezahlbare Geschäftsmodelle zum Erwerb digitaler Güter zur Verfügung. Mit den neuen Möglichkeiten der einfachen Vervielfältigung und Weitergabe konfrontiert, entwickelten sich daher in der Folge unter anderem illegale Tauschbörsen, in denen großflächig und massenhaft – zunächst möglicherweise unbewusst, später sicher aber auch bewusst – urheberrechtlich relevante Rechtsverstöße begangen wurden. Der Gesetzgeber selbst sieht sich durch diese Entwicklung vor große Herausforderungen gestellt. Während der Gesetzgebungsprozess längere Zeit benötigt, schreitet die technische Entwicklung so schnell voran, dass neue Regelungen bei deren Inkrafttreten bereits veraltet sein können.[7] Zudem sind so viele Personen(-gruppen) beteiligt – neben den Urhebern, Rechteinhabern sowie traditionellen Rechteverwertern wollen auch die Hardwarehersteller, Dienstleistungsanbieter, Wettbewerber, Telekommunikationsunternehmen und auch die Endnutzer selbst mitreden –, dass ein Konsens nicht leicht gefunden werden kann.[8] Es ergibt sich damit eine große Gemengelage, die es schwer macht, den Überblick zu behalten. Eine für alle Seiten zufriedenstellende Lösung kann es kaum geben. Dabei ist immer zu berücksichtigen, dass das Urheberrecht nicht nur den persönlichen und wirtschaftlichen Interessen des Urhebers, sondern auch der Schaffung eines fairen und angemessenen Ausgleichs zwischen den Interessen der Urheber, der Verwerter und der Nutzer dient.[9]

Die Digitalisierung und Vernetzung führten somit zu einer drastischen Veränderung der Rahmenbedingungen für den Umgang mit Produkten der Unterhaltungs- und Medienindustrie. Der Widerspruch zwischen den Interessen der Urheber bzw. Rechteinhaber und der Endnutzer wurde durch die technische Entwicklung

---

5 *Dreier*, in: Dreier/Schulze, UrhG, Einl. Rn. 24.
6 *Schmidt-Kessel*, in: Leible (Hrsg.), Der Schutz des Geistigen Eigentums im Internet, S. 223 (223 f.); *Dreier*, in: Dreier/Schulze, UrhG, Einl. Rn. 25.
7 *Kroes*, FAZ v. 24.3.2014, S. 9: „Ich denke, unsere technischen Fähigkeiten haben sich schneller entwickelt, als die Gesetzgebung und Demokratie mithalten können."; *Ohly*, Gutachten F zum 70. Deutschen Juristentag, S. 21.
8 *Dreier*, in: Dreier/Schulze, UrhG, Einl. Rn. 28.
9 *Ohly*, Gutachten F zum 70. Deutschen Juristentag, S. 21.

I. Einführung in die Thematik

vergrößert.[10] Eine durch die Digitalisierung und Vernetzung entstandene und schwer zu beantwortende Frage im Zusammenhang mit Unterhaltungsgütern in digitaler Form ist die nach der Zulässigkeit der Zweitverwertung online übermittelter Vervielfältigungsstücke. Unmittelbar davon betroffen sind zunächst der Rechteinhaber als Anbieter der digitalen Inhalte und der Verbraucher als Ersterwerber dieser Inhalte. Doch auch die Rechte des Zweiterwerbers – also der Person, an die der Ersterwerber diese digitalen Güter weitergibt – bedürfen einer näheren Untersuchung. Die Verbraucher waren es bislang gewohnt, sich eine Musik-CD im Fachhandel zu kaufen und bei Bedarf wieder zu verkaufen. Niemand wäre hier auf die Idee gekommen, den Verbrauchern ein Weitergabeverbot hinsichtlich dieser CD aufzuerlegen. Doch sind diese traditionellen Ansichten auf Werke, die in unkörperlicher Form in Verkehr gebracht wurden – in diesem Fall eine heruntergeladene MP3-Datei –, zu übertragen? Auf den ersten Blick spricht viel dafür, schließlich unterscheiden sich die beiden Fälle nur in ihrer Erscheinungsform – analog bzw. digital – und bei der traditionellen Erwerbsform gewährleistet die Eigentumsgarantie nach Art. 14 GG, dass der Verbraucher frei über sein Eigentum verfügen darf. Der Zweithandel mit digitalen Gütern ist dabei vor allem auch deswegen für den Verbraucher interessant, da eine Musik-CD in den meisten Fällen gewisse Gebrauchsspuren aufweist, während die digitale Version durch die Benutzung nicht schlechter wird. Doch diese Tatsache sowie die einfache Verbreitungsmöglichkeit digitaler Güter haben auch zu ausartenden illegalen Tauschbörsen und den damit verbundenen Einnahmeverlusten geführt. Spinnt man das eben aufgeführte Beispiel mit der MP3-Datei fort, können bei der digitalen Version innerhalb weniger Minuten zigtausend „Klone" entstehen, während die Musik-CD tatsächlich nur einmal existiert. Daher versuchen die Urheber und Rechteinhaber mit allen zur Verfügung stehenden Mitteln, die einfache Kopierbarkeit und Weitergabe digitaler Güter einzudämmen. Das berechtigte Interesse der Urheber und Rechteinhaber an einer Einschränkung des Zweithandels mit digitalen Gütern ist also auch nicht von der Hand zu weisen.

Damit ist bereits jetzt – ganz im Sinne des einleitenden Zitats von *Rifkin*[11] – eine Veränderung der menschlichen Wahrnehmung und des gesellschaftlichen Verkehrs durch den Online-Handel mit digitalen Gütern eingetreten. Die vorliegende Arbeit geht der Frage auf den Grund, zu welchen grundsätzlichen Veränderungen die Verlagerung des Primärhandels aus der physischen Welt in den Cyberspace in rechtlicher Hinsicht führt.

---

10 *Wandtke*, UFITA 2011, 649 (654).
11 *Rifkin*, Access. Das Verschwinden des Eigentums, S. 26.

A. Einleitung

II. Bedürfnis nach einer rechtswissenschaftlichen Untersuchung

Die Frage nach der Zulässigkeit der Zweitverwertung digitaler Güter ist nicht nur von juristischer Bedeutung, sondern auch von praktischer Relevanz.

1. Juristische Relevanz

Das Online-Angebot an digitalen Gütern befindet sich in einem stetigen Wandel. Die verschiedenartigen Vertriebsmodelle der Anbieter bieten jede Menge Raum für juristische Fragestellungen: Welche Rechte muss der Rechteinhaber den Händlern einräumen? Welche Rechte haben die Nutzer? Welche Befugnisse stehen den Nutzern im Umgang mit digitalen Gütern zu? In diesem Zusammenhang spielt natürlich auch die schuldrechtliche Vertragsform zwischen dem Händler und dem Endkunden eine Rolle. Hinsichtlich Software ist diese schon seit Jahrzehnten umstritten. Die Frage stellt sich aber gleichermaßen beim Vertrieb anderer digitaler Güter. Diese Güter, die der eigentliche Gegenstand einer späteren Weitergabe sind, werfen darüber hinaus weitere Fragen auf. Welche digitalen Güter der Medien- und Unterhaltungsindustrie werden eigentlich massenhaft gehandelt? In welchen Erscheinungsformen treten sie dabei auf? Welchem urheberrechtlichen Schutz sind sie zugänglich? Dies alles sind Fragen, die grundlegend beantwortet werden müssen, bevor die Weitergabe selbst mit ihren rechtlichen Schwierigkeiten in den Fokus rücken kann.

Die Frage nach der Zulässigkeit der Zweitverwertung digitaler Güter ist durch das Verfahren „UsedSoft" gegen „Oracle" in den Mittelpunkt der rechtlichen Diskussion gerückt. Durch das Grundsatzurteil des EuGH zu diesem Fall wurden die rechtlichen Grundlagen für einen Zweitmarkt von Software geschaffen, indem auf Basis der Richtlinie 2009/24/EG (Software-RL)[12] die urheberrechtliche Erschöpfung auch im digitalen Umfeld anerkannt wurde, was im deutschen Urheberrecht Auswirkungen auf die Auslegung des § 69c Nr. 3 S. 2 UrhG hat. Eine im Rahmen des fast wortgleichen § 17 Abs. 2 UrhG erfolgende Übertragung dieses Grundsatzes auf andere digitale Inhalte wie Musik- oder Filmwerke ist nicht fernliegend und wurde vom EuGH zumindest nicht ausgeschlossen.[13] Auf der anderen Seite differenziert die für diesen Bereich entscheidende europäische Richtlinie 2001/29/EG (InfoSoc-RL)[14] auf den ersten Blick klar zwischen dem Vertrieb digitaler Güter über Trägermedien und einer Werknutzung im Internet, so dass dem Endnutzer keine vergleichbaren Rechte zustehen könnten. Es herrscht also Unklarheit darüber, ob die vom EuGH hinsichtlich

---

12 Richtlinie 2009/24/EG v. 23.4.2009 über den Rechtsschutz von Computerprogrammen (kodifizierte Fassung), ABl. L 111 v. 5.5.2009, S. 16.
13 EuGH v. 3.7.2012 – C-128/11, GRUR 2012, 904, Tz. 60 – UsedSoft.
14 Richtlinie 2001/29/EG v. 22.5.2001 zur Harmonisierung bestimmter Aspekte des Urheberrechts und der verwandten Schutzrechte in der Informationsgesellschaft, ABl. L 167 v. 22.6.2001, S. 10.

II. Bedürfnis nach einer rechtswissenschaftlichen Untersuchung

der Weitergabe faktisch vorgenommene Gleichstellung von physikalischer und virtueller Welt als Vorreiter anzusehen ist oder ob eine Übertragung der Grundsätze in das digitale Umfeld den falschen Ansatz darstellt. Letztlich geht es dabei nicht nur um das Eingreifen des Erschöpfungsgrundsatzes, sondern auch um die Rechtfertigung der im Rahmen der Weitergabe regelmäßig anfallenden Vervielfältigungshandlungen. Die entscheidende Frage ist, ob digitale Güter genauso verkehrsfähig sind bzw. sein sollen wie ihre analogen Entsprechungen. Da die urheberrechtliche Untersuchung im Wesentlichen auf den Grundlagen des Erstvertriebs aufbaut, bedarf auch der Erstvertrieb digitaler Güter einer eingehenden juristischen Untersuchung. Es haben sich diverse Vertriebsmodelle etabliert, deren urheberrechtliche Folgen keineswegs immer auf der Hand liegen. Dabei lassen vor allem die Einräumung von Nutzungsrechten und die vertragsrechtliche Einordnung eines Online-Erwerbs viele Fragen offen.

Ganz unabhängig von der urheberrechtlichen Thematik verbieten die Anbieter in der Regel in ihren Allgemeinen Geschäftsbedingungen jegliche Weitergabe digitaler Güter oder beschränken sie zumindest. Somit wirken die Anbieter durch vertragliche Weitergabeverbote einem möglicherweise entstehenden Zweitmarkt entgegen. Dies führt unter anderem zu der Frage, wie durchsetzungsstark die Schranke der Erschöpfung überhaupt sein soll. Dürfen die Rechteinhaber die möglicherweise eintretende Erschöpfungswirkung durch Allgemeine Geschäftsbedingungen einschränken? Sämtliche Online-Shops – nicht nur die großen Anbieter – bieten schon heute Anschauungsmaterial für eine rechtliche Untersuchung. Auch die Frage nach der Zulässigkeit technischer Schutzmaßnahmen spielt eine wichtige Rolle. Der Nutzer hat nichts davon, wenn die Weitergabe digitaler Inhalte zwar urheberrechtlich wirksam und das Verbot der Weitergabe vertragsrechtlich unwirksam ist, aufgrund technischer Schutzmaßnahmen die Weitergabe aber tatsächlich nicht möglich ist. Auch dazu hat sich der EuGH bereits geäußert. Die praktischen Konsequenzen seiner Grundsätze sind aber umstritten.

In einer Zeit, in der dem Verbraucherschutz ein hoher Stellenwert zukommt, sind dies alles Fragen von großer Bedeutung. Gerade hinsichtlich technischer Themen haben große Unternehmen meist einen Wissensvorsprung und versuchen natürlich, sich diesen zunutze zu machen. Das UsedSoft-Urteil hat gezeigt, dass den Nutzern mehr Rechte zustehen als viele – auch juristisch Geschulte – zuvor geglaubt hatten. Bis zu einer höchstrichterlichen Entscheidung zur Erschöpfungswirkung digitaler Unterhaltungs- und Medienprodukte oder auch zur Zulässigkeit privatrechtlicher Einschränkungen durch die Rechteinhaber wird jedoch gewiss noch etwas Zeit vergehen. Diese Arbeit will einen Beitrag zur juristischen Diskussion leisten und die den beteiligten Protagonisten zustehenden Rechte herausarbeiten. Auch wenn in den vergangenen Jahren bereits zahlreiche Abhandlungen zur Thematik des Weiterverkaufs digitaler Güter, vor allem von Software, erschienen sind, hat der EuGH in der UsedSoft-Entscheidung mit

A. Einleitung

seiner Sichtweise ein neues Anforderungsprofil erstellt, an dem die rechtliche Zulässigkeit der Weitergabe digitaler Güter zu messen ist.

2. Praktische Relevanz

Die praktische Relevanz der Zulässigkeit der Zweitverwertung digitaler Güter hängt zum einen mit dem auch weiterhin zu erwartenden Wachstum des Digitalsegments, zum anderen mit neuen Geschäftsmodellen, die einen organisierten Zweitmarkt zum Gegenstand haben, zusammen.

Der Handel mit digitalen Inhalten wird weiter wachsen. Obwohl die Unterhaltungs- und Medienbranche schon heute stark auf digitale Inhalte setzt, sollen die Umsätze mit digitalen Medien eine jährliche Wachstumsrate von 8,4 Prozent erzielen.[15] Je mehr digitale Güter verkauft werden, desto mehr steigt das Interesse daran, bereits erworbene Digitalprodukte wieder abzustoßen. Auch wenn zunehmend ältere Generationen, die nicht mit dem Internet und seinen Möglichkeiten groß geworden sind, für den Online-Kauf digitaler Güter begeistert werden können, geraten möglicherweise Weitergabeverbote ins Zentrum der Kritik: Das althergebrachte Verständnis, frei über erworbene Produkte verfügen zu können, gerät dadurch nämlich ins Wanken.

Ganz unabhängig von der nur Software betreffenden UsedSoft-Entscheidung ist absehbar, dass in naher Zukunft Unternehmen mit einem eigenen Geschäftsmodell für den Weiterverkauf digitaler Güter auf den Markt drängen. So hat die Firma ReDigi angekündigt, schon bald in Deutschland ihr in Großbritannien erprobtes Geschäftskonzept für einen Zweitmarkt auf den Markt zu bringen.[16] Des Weiteren haben sowohl Amazon als auch Apple Patente in den USA für einen Zweitmarkt digitaler Güter angemeldet. Die Aktivitäten dieser Firmen zeigen, dass dem Thema schon bald große wirtschaftliche Bedeutung zukommen kann. Insofern ist davon auszugehen, dass weitere Unternehmen mit derartigen Geschäftsmodellen einsteigen werden, um am wirtschaftlichen Erfolg teilzuhaben. Bislang hat insbesondere die große Rechtsunsicherheit das Wachstum diverser Geschäftsmodelle für den Zweitmarkt verhindert. Ein weiteres Hindernis ist jedoch das Verbot der Weitergabe der erworbenen Produkte, das schon heute fast alle Anbieter digitaler Güter in ihren Geschäftsbedingungen aussprechen. Daneben wird dieses Verbot oftmals mit technischen Schutzmaßnahmen faktisch untermauert, wenngleich die Einschränkungen nicht mehr so umfangreich sind wie noch vor einigen Jahren. Auch der Gesetzgeber ist sich des Problems der Weitergabe digitaler Güter bewusst. Bereits im Jahr 2007 nahm der Bundes-

---

15 PricewaterhouseCoopers, Unterhaltungs- und Medien-Branche in Deutschland, online unter http://www.pwc.de/de/technologie-medien-und-telekommunikation/unterhaltungs-und-medien-branche-in-deutschland-die-digitalen-medien-bestimmen-das-wachstum.jhtml.
16 *Pachali*, iRights.info v. 19.1.2013, online unter http://irights.info/redigi-download-trodelmarkt-will-in-europa-starten.

tag[17] die Beschlussempfehlung[18] des Rechtsausschusses zum Gesetzentwurf der Bundesregierung für ein Zweites Gesetz zur Regelung des Urheberrechts in der Informationstechnologie an, eine „Regelung des Handels mit gebrauchter Software im Urheberrechtsgesetz" zu prüfen. Obwohl in der Folgezeit die Fraktion DIE LINKE einen Gesetzesentwurf zur „Ermöglichung der privaten Weiterveräußerung unkörperlicher Werkexemplare" einreichte,[19] wurde bis heute keine neue Regelung geschaffen. Die aufgeführte Entwicklung zeigt also, dass die Frage nach der rechtlichen Zulässigkeit der Zweitverwertung digitaler Güter eine große praktische Relevanz hat.

III. Eingrenzung des Untersuchungsgegenstands

Im Kern der Untersuchung geht es um nachgelagerte Nutzungen von Werken, durch die ein eigener Markt – ein Zweitmarkt – für digitale Inhalte in Deutschland eröffnet wird. Welche Nutzungsrechte stehen den Verbrauchern zu, wenn sie die digitalen Inhalte nicht wie bisher über Trägermedien, sondern per Download über das Internet erworben haben? Können sie „ihre" Güter immer noch verkaufen, verleihen oder verschenken? Die Abhandlung thematisiert die rechtliche Zulässigkeit nur solcher Zweitverwertungen verbreitungsfähiger Digitalgüter, die sich an den Erwerb bzw. erwerbsähnlichen Erstverwertungen anschließen und dabei selbst in rechtmäßiger Form erfolgen. Illegale Geschäftsmodelle sind daher genauso wenig Gegenstand der Untersuchung wie die Übertragung von Nutzerkonten ohne Bezug zu einer erworbenen Werkkopie. Auch Probleme im Zusammenhang mit der Minderjährigkeit etwaiger Vertragspartner werden ausgeklammert. Da nur aktive Weitergabehandlungen des Ersterwerbers thematisiert werden, spielen mögliche gesetzliche Verfügungen – beispielsweise im Rahmen einer Zwangsvollstreckung oder einer Erbschaft – keine Rolle. Auf eine rechtsvergleichende Untersuchung wird im Grundsatz ebenfalls verzichtet, wenngleich vereinzelt Verweise auf die Rechtslage in anderen Ländern vorgenommen werden. Mit diesen Einschränkungen erfolgt eine umfassende urheber- und vertragsrechtliche Bewertung der rechtlichen Zulässigkeit der Weitergabe digitaler Güter, die bereits beim Erstvertrieb als Grundlage und Ausgangspunkt ansetzt.

IV. Begriffsbestimmung

Die in der vorliegenden Arbeit verwendeten Begriffe weisen zum Teil einige Besonderheiten auf. Insbesondere der bereits im Titel benutzte Begriff der digitalen Güter bedarf einer näheren Erläuterung. Nach einer gängigen Definiti-

---
17 Plenarprotokoll 16/108 v. 5.7.2007, S. 11158 (B).
18 BT-Drucks. 16/5939 v. 4.7.2007, S. 4.
19 BT-Drucks. 17/8377 v. 18.1.2012.

A. Einleitung

on sind digitale Güter immaterielle Mittel zur Bedürfnisbefriedigung, die aus Binärdaten bestehen und sich mit Hilfe von Informationssystemen entwickeln, vertreiben oder anwenden lassen.[20] Darunter fallen sowohl digitalisierbare Produkte wie Bücher, Musik und Online-Beratungen als auch digitale Duplikate physischer Produkte wie Bankschecks und Konzertkarten sowie digitale Dienstleistungen wie Kommunikations-, Informations- und Vermittlungsleistungen.[21] Unter digitalen Gütern der Unterhaltungs- und Medienbranche sind daher all diejenigen Produkte zu verstehen, die vor allem von Händlern an Verbraucher zur Unterhaltung und Bedürfnisbefriedigung vertrieben werden. Dazu zählen insbesondere Musik, Filme, E-Books, E-Papers, E-Journals, Hörbücher sowie Fotos und Bilder. Aber auch Software und Computerspiele werden für diese Untersuchung unter diese Begrifflichkeit subsumiert. Auf diesem Weg werden alle Produkte analysiert, die im digitalen Markt wirtschaftlich von Bedeutung sind und zahlreiche Menschen betreffen.[22] Es handelt sich dabei um „rein" digitale Güter, da sie sich elektronisch produzieren und über das Internet vertreiben lassen.[23] Soweit im Laufe der Ausarbeitung anstatt des Begriffs digitale Güter Bezeichnungen wie digitale Unterhaltungsgüter, Medienprodukte, Produkte der Unterhaltungs- und Medienindustrie, Wirtschaftsgüter, Kreativgüter oder einfach nur digitale Inhalte verwendet werden, sind diese synonym zu verstehen. Eine trennscharfe Unterscheidung ist ohnehin kaum möglich, da die Begriffe nicht einheitlich verwendet und aufgrund neuer Erscheinungsformen auch immer wieder angepasst werden müssen.

Auch die Begriffe Anbieter und Händler werden in dieser Abhandlung synonym verwendet. Das gleiche gilt für die Begriffe Verbraucher, (End-)Nutzer und Erwerber. Mit Verbrauchern sind in aller Regel solche Personen gemeint, die digitale Güter von einem Anbieter erlangt haben. Soweit dazu ein Account nötig ist, wird dieser auch als Benutzer- oder Nutzerkonto bezeichnet. Sowohl der Ersterwerber als auch der Zweiterwerber eines digitalen Inhalts sind in der Regel Verbraucher.

Unter den Begriffen Zweitmarkt oder Sekundärmarkt ist ein nachgelagerter Markt zu verstehen, auf dem die Primärleistung – also hier der Verkauf digitaler Güter – erneut, aber zeitlich nachfolgend, erbracht wird. Abzugrenzen sind diese Begriffe vom Folgemarkt und dem Nebenmarkt: Ein Folgemarkt ist ein Markt für die weitere Verwendung der Primärleistung in anderer Form oder aber ein Markt für nachgeordnete Produkte oder Dienstleistungen, mit denen entweder ein Ersatz oder aber ein Ergänzungsbedarf befriedigt wird.[24] Demgegenüber ist

---

20 *Clement/Schreiber*, Internetökonomie, S. 43.
21 *Clement/Schreiber*, Internetökonomie, S. 44 f.
22 Daher eignet sich auch die Bezeichnung *Massengüter*.
23 *Clement/Schreiber*, Internetökonomie, S. 46; zum Begriff der digitalen Inhalte s. ausführlich *Druschel*, Die Behandlung digitaler Inhalte im GEKR, S. 16 m. w. N.
24 *Dreier*, in: Schricker/Dreier/Kur (Hrsg.), Geistiges Eigentum im Dienst der Innovation, S. 51 (55).

der Begriff des Nebenmarkts zum einen nicht geeignet, die zeitliche Nachordnung des Folgemarkts auszudrücken,[25] zum anderen ist er zu weit gefasst. Zum Teil wird statt des Begriffs Zweitmarkt auch das Wort Gebrauchtmarkt verwendet. Zwar stiftet dieses Wort insofern Verwirrung, als bei digitalen Gütern im Gegensatz zu materiellen Gütern gerade keine Gebrauchsspuren durch erstmalige Verwendung entstehen, im Zusammenhang mit Software hat sich die Bezeichnung Gebrauchtsoftware jedoch so sehr eingebürgert, dass man dies nicht mehr ignorieren kann.[26]

V. Gang der Untersuchung

Die Prüfung der rechtlichen Zulässigkeit der Weitergabe digitaler Inhalte der Unterhaltungs- und Medienbranche erfordert neben detaillierten Kenntnissen der urheber- und vertragsrechtlichen Grundlagen auch ein fundiertes Wissen über die rechtlichen, wirtschaftlichen und auch technischen Gegebenheiten des Online-Handels mit diesen Gütern. Daher sind der Prüfung des Kernthemas – der rechtlichen Zulässigkeit der Weitergabe digitaler Inhalte (D., E., F.) – zwei ausführliche, aber zwingend erforderliche Kapitel (B., C.) vorangestellt. Hinsichtlich des Kernthemas erscheint eine Trennung urheber- und vertragsrechtlicher Erwägungen angebracht, um alle Aspekte umfassend berücksichtigen zu können.

Die rechtliche Untersuchung beginnt mit einer eingehenden Darstellung der Grundlagen und Rahmenbedingungen des Handels mit digitalen Gütern (B.). Denn für ein besseres Verständnis des Zweitmarktes muss die Beschaffenheit des Primärmarktes klar sein. Dazu bedürfen die einzelnen digitalen Güter selbst einer ausführlichen Erörterung, auch um beispielsweise Mischformen wie Computerspiele und Hörbücher später besser einordnen zu können (I.). Des Weiteren stehen natürlich die derzeit gängigen Vertriebsmodelle für digitale Güter mit ihren verschiedenen Erscheinungsformen im Mittelpunkt der Erörterung (II.). Dabei spielt der Online-Erwerb eine entscheidende Rolle, der auf sachen-, lizenz- und schuldrechtlicher Ebene untersucht wird (III.).

Das nachfolgende Kapitel setzt sich mit den Grundlagen und den Modellen für einen Zweitmarkt auseinander (C.). Dabei geht es insbesondere um die beiden Fragen, welche Bedeutung den traditionellen Vertriebskanälen bei der Weitergabe digitaler Güter zukommt (I.) und welche konkreten Geschäftsmodelle für digitale Güter bereits existieren bzw. welche weiteren Modelle in Planung sind (II.).

---

25 *Dreier*, in: Schricker/Dreier/Kur (Hrsg.), Geistiges Eigentum im Dienst der Innovation, S. 51 (55).
26 *Koch*, ITRB 2007, 140 (141), spricht im Jahr 2007 hinsichtlich des Begriffs Gebrauch im Zusammenhang mit Software noch von einer „etwas schiefen Metapher".

A. Einleitung

Den Kern der vorliegenden Arbeit stellt die Frage nach der urheberrechtlichen Zulässigkeit der Weitergabe dar (D.). Dieses Kapitel setzt sich nach einer kurzen Zusammenfassung der urheberrechtlich relevanten Handlungen im Rahmen der Weitergabe (I.) mit dem Erschöpfungsgrundsatz sowohl bei Software (II.) als auch bei anderen digitalen Gütern (III.) auseinander. Ausgehend von dem nur Computerprogramme betreffenden UsedSoft-Verfahren, wird analysiert, welche Auswirkungen die EuGH-Entscheidung hinsichtlich anderer Fallgestaltungen mit Software, aber eben auch allgemein hinsichtlich anderer Güter hat. In den nachfolgenden Abschnitten werden darüber hinaus die Rechtfertigungsmöglichkeiten für die bei der Weitergabe vorgenommenen Vervielfältigungshandlungen (IV.) und für das möglicherweise einschlägige Recht der öffentlichen Zugänglichmachung (V.) thematisiert, bevor das Kapitel mit Vorschlägen für eine Gesetzesänderungen (VI.) abgeschlossen wird.

Im Anschluss an die urheberrechtliche Untersuchung der Zulässigkeit der Weitergabe erfolgt die Prüfung der Wirksamkeit vertraglicher Weitergabeverbote und -beschränkungen (E.). Ausgehend von der grundsätzlichen Frage der Abdingbarkeit von Schranken (I.), werden die verwendeten Vertragsklauseln kategorisiert (II.), die Formen vertraglicher Beschränkungen dargestellt (III.) und ein Überblick zur Rechtsprechung gegeben (IV.). Im Kern der Untersuchung steht die Prüfung der Wirksamkeit von Weitergabeverboten (V.) und Weitergabebeschränkungen (VI.). Abgerundet wird das Kapitel mit der Erörterung der Zulässigkeit eines Lizenzmodells mit einer Preisstaffelung (VII.) und mit einem Vorschlag für eine interessengerechte Vertragsklausel (VIII.).

In einem weiteren Kapitel wird auf die Zulässigkeit der Verwendung technischer Schutzmaßnahmen eingegangen (F.). Nach der Darstellung der Grundlagen (I.) und einer Wiedergabe (II.) sowie Auswertung (III.) der höchstrichterlichen Rechtsprechung folgt eine umfassende Bewertung technischer Beschränkungen der Weitergabe (IV.). Letztlich wird auch die AGB-rechtliche Zulässigkeit der Einschränkung der Weitergabe durch technische Schutzmaßnahmen untersucht (V.).

Im abschließenden Kapitel werden die Ergebnisse der wissenschaftlichen Untersuchung zusammengetragen. Zudem erfolgt ein Ausblick auf die Zukunft der Geschäftsmodelle für digitale Güter (G.).

B. Der Erstvertrieb digitaler Güter

Einkaufen im Internet? Was vor einigen Jahren noch undenkbar war, ist heute gängige Praxis. Im Jahr 2013 lag der Umsatz in Deutschland beim Kauf von Waren im Internet bei 48,3 Milliarden Euro – Tendenz steigend.[27] Von diesem Wachstum sind natürlich auch und gerade digitale Güter der Unterhaltungs- und Medienbranche betroffen. Neue Geschäftsmodelle mit „bezahlbaren" Preisen, innovative und erfolgreiche Marketingmaßnahmen, aber sicher auch Bequemlichkeit haben die Kundschaft überzeugt, diese Güter online zu erwerben. Der Siegeszug der Digitalisierung ist also unaufhaltsam.

Dieses Kapitel will dem Phänomen der Digitalisierung auf den Grund gehen, indem es die Grundlagen und Rahmenbedingungen des Handels mit digitalen Inhalten thematisiert. Dazu werden zunächst die einzelnen digitalen Inhalte selbst näher beschrieben und systematisch dargestellt (I.), bevor ein näherer Blick auf die verschiedenen Vertriebsmodelle dieser Inhalte geworfen wird (II.). Schließlich rückt die für die vorliegende Arbeit entscheidende Vertriebsform des Online-Erwerbs in den Mittelpunkt, der aus sachen-, lizenz- und schuldrechtlicher Perspektive betrachtet wird (III.). Für die beabsichtige Untersuchung des Zweitmarktes digitaler Güter stellt dieses Kapitel mit seiner umfassenden Analyse des Erstvertriebs eine unerlässliche Grundlage dar.

I. Systematisierung der digitalen Güter

Gegenstand der Untersuchung sind all diejenigen Kreativgüter, die eine breite Masse an Verbrauchern ansprechen. Neben Musik- und Filmwerken fallen daher insbesondere Computerprogramme und Computerspiele unter diesen Begriff. Doch auch Produkte der Verlagsbranche – gemeint sind elektronische Bücher (E-Books), Zeitungen (E-Papers) und Zeitschriften (E-Journals) sowie Hörbücher (Audiobooks) – gehören zu den Kreativgütern. Letztlich zählen auch Fotos und Bilder dazu: Obwohl der Handel mit digitalen Bildern ursprünglich im gewerblichen Bereich angesiedelt war, kommen nun auch Privatpersonen, z. B. im Rahmen der Gestaltung von Webseiten oder bei der Erstellung elektronischer Bücher im Selbstverlag, unmittelbar mit diesen Gütern in Berührung.

Neben den Grundlagen wie einer Definition und den technischen Details werden nun die verschiedenen Erscheinungsformen der einzelnen Inhalte thematisiert. Zudem wird eine urheberrechtliche Einordnung vorgenommen. Für die Erlangung urheberrechtlichen Schutzes müssen sich die einzelnen digitalen Güter einer der in § 2 Abs. 1 UrhG beispielhaft aufgeführten sieben Werkkategorien

---

27 Gesellschaft für innovative Marktforschung (GIM), Pressemitteilung v. 18.2.2014, online unter http://www.bevh.org/uploads/media/140218_PM_bvh_Jahrespressekonferenz-Umsatzzahlen_B2C_2013.pdf.

oder einer zusätzlichen, unbenannten Werkkategorie zuordnen lassen. Treffen mehrere Werkarten zusammen, so ist jeder dieser Teile einem gesonderten Schutz zugänglich.[28] Die nachfolgende Analyse geht davon aus, dass die für einen urheberrechtlichen Schutz nach § 2 Abs. 2 UrhG grundsätzlich vorausgesetzte Schöpfungshöhe jeweils erreicht wird. Die Digitalisierung begründet also keine neue Werkart.[29]

Die Darstellung der genannten digitalen Güter kann auf unterschiedliche Weise erfolgen. Naheliegend ist zwar eine Einteilung nach den urheberrechtlichen Werkkategorien, also beispielsweise nach Musik- und Filmwerken, im vorliegenden Fall bietet sich jedoch eine inhaltliche Differenzierung nach Sparten bzw. Branchen an: Es lassen sich die Musik- und Filmsparte sowie die Software-, Computerspiele-, Verlags- und Fotobranche unterscheiden. Die Oberbegriffe Musikbranche und Filmbranche werden hier bewusst umgangen, da diese Begriffe automatisch Assoziierungen hervorrufen können, die der anvisierten Systematisierung nicht zuträglich sind.[30] Im Kern der Untersuchung stehen die digitalen Güter *per se*, so dass auf die Erörterung der zum Teil sehr komplizierten Produktionsverfahren und der etwaigen Rechte diverser Personengruppen – insbesondere Schutzrechte ausübender Künstler – verzichtet wird.

1. Die Musiksparte

Die Online-Musik-Sparte galt lange Zeit als Vorreiter für die anderen digitalen Güter. Noch heute werden die Entwicklungen und Trends dieser Sparte mit zeitlicher Verzögerung auf die anderen Sparten und Branchen übertragen.[31] Nach großen anfänglichen Anlaufschwierigkeiten insbesondere mit dem Aufkommen illegaler Tauschbörsen wie Napster im Jahr 1999, welche die Musikindustrie in eine „wirtschaftliche Existenzkrise"[32] führte, hat sich diese Sparte ihren festen Platz in der digitalen Welt erarbeitet. Die Umsatzzahlen für das Jahr 2012 belegen diese positive Entwicklung: Mehr als 20 Prozent der Einnahmen aus Musikverkäufen werden inzwischen digital erwirtschaftet.[33]

Jeder weiß zwar, was unter Musik zu verstehen ist, der Begriff selbst ist jedoch nur schwer greifbar. Am ehesten lässt sich Musik als „absichtsvolle Organisation von Schallereignissen" beschreiben.[34] Zur Herstellung handelbarer digitaler Tonaufnahmen müssen zwei Prozesse durchlaufen werden: Zunächst erfolgt die

---

28 BGH v. 10.10.1991 – I ZR 147/89, GRUR 1993, 34 (34 f.) – Bedienungsanweisung; *Loewenheim*, in: Schricker/Loewenheim (Hrsg.), UrhG, § 2 Rn. 76.
29 *Loewenheim*, in: Schricker/Loewenheim (Hrsg.), UrhG, § 2 Rn. 75 m. w. N.
30 So wäre es schwierig nachzuvollziehen, warum Musikvideos der *Filmbranche* und nicht der *Musikbranche* zugeordnet würden. Die Begriffe *Musiksparte* und *Filmsparte* scheinen daher eher geeignet für die vorgesehene Kategorisierung.
31 *Bäcker/Höfinger*, ZUM 2013, 623 (623).
32 *Schunke/Hensel*, in: Wandtke/Ohst (Hrsg.), Medienrecht Praxishandbuch, Bd. 2, Kap. 4 Rn. 2.
33 Bundesverband Musikindustrie (Hrsg.), Musikindustrie in Zahlen 2012, S. 8.
34 *Czychowski*, in: Loewenheim (Hrsg.), Handbuch des Urheberrechts, § 9 Rn. 59.

Digitalisierung mittels einer Software. Im Anschluss wird ein Komprimierungsverfahren durchgeführt, um die Dateigröße auf ein der Übertragung verträgliches Maß zu reduzieren.[35] Das bekannteste Verfahren ist das MPEG Audio-Layer 3-Verfahren, das vom Fraunhofer-Institut für Integrierte Schaltungen in Erlangen entwickelt wurde.[36] Die Musikdatei liegt dann im MP3-Format vor. Alternativ werden die Formate AAC und WMA verwendet, bei denen im Gegensatz zum MP3-Format ein Schutz durch Digital Rights Management (DRM) möglich ist.

Die Erscheinungsformen von Musik sind vielschichtig und facettenreich: Neben der klassischen Musik (z. B. Opern, Symphonien, Orgel- oder Kammermusik) spielt insbesondere die Unterhaltungsmusik (z. B. Schlager-, Disco-, Musical- und Operettenmusik) eine große Rolle.[37] Daneben gibt es gerade für die Kreativbranche einen großen Markt für Soundeffekte, dynamische Instrumentalmusik und Hintergrundmusik. Diese Werke dienen nicht dem Werkgenuss des Nutzers, sondern der weiteren Verarbeitung in eigenen Projekten oder Produktionen. Besondere Bedeutung haben in den letzten Jahren darüber hinaus Neueinspielungen bekannter Lieder erhalten, die je nach Erscheinungsform Coverversion, Remix, Soundalike und Sampling genannt werden.[38] Es gibt jedoch auch Erscheinungsformen von Musik, die sich im allgemeinen Sprachgebrauch weniger der Kategorie *Musik* zuordnen lassen, welche aber in der heutigen Medienlandschaft einen festen Platz eingenommen haben, wie z. B. Klingeltöne für Handys oder Smartphones.[39] Daneben fallen aber auch in der Werbung relevante Erkennungsmelodien oder Werbe-Jingles in diese Rubrik. Diese Erscheinungsformen sind unter dem Begriff *Musik im weiteren Sinn* zusammenzufassen.

Ausdrucksmittel von Musikwerken sind Töne jeglicher Art, die von Menschen geschaffen wurden.[40] Musikwerke können nach § 2 Abs. 1 Nr. 2 UrhG urheberrechtlich geschützt sein. Für das Erreichen der zwingend erforderlichen schöpferischen Gestaltungshöhe nach § 2 Abs. 2 UrhG müssen jedoch Aufbau und Durchführung musikalischer Gedanken einen bestimmten Gestaltungsspielraum erfüllen, so dass einzelne Töne und Klänge noch keinen urheberrechtlichen Schutz erlangen können.[41] Nichtsdestotrotz sind die Anforderungen an die schöpferische Eigentümlichkeit bei Musikwerken gering, so dass der Schutz der kleinen Münze – also der einfachen, aber gerade noch geschützten geisti-

---

35 Vgl. zu den Prozessen Digitalisierung und Komprimierung *Grübler*, Digitale Güter und Verbraucherschutz, S. 36 ff.
36 Weitere Informationen zum MP3-Verfahren: Fraunhofer IIS, Die mp3 Geschichte, online unter http://www.mp3-geschichte.de/.
37 *Rehbinder/Peukert*, Urheberrecht, Rn. 266.
38 Vgl. dazu BGH v. 11.12.1997 – I ZR 170/95, GRUR 1998, 376 (377) – Coverversion; *Czychowski*, in: Loewenheim (Hrsg.), Handbuch des Urheberrechts, § 9 Rn. 79.
39 Zum Thema Klingeltöne vgl. die Abhandlung von *Mushardt*, Rechtliche Rahmenbedingungen für den Vertrieb von Handyklingeltönen.
40 *Schulze*, in: Dreier/Schulze, UrhG, § 2 Rn. 134.
41 *Schulze*, in: Dreier/Schulze, UrhG, § 2 Rn. 136, 138.

gen Leistungen – anerkannt ist.[42] Soweit die Audioaufnahmen die erforderliche Schöpfungshöhe nicht erreichen, erfahren sie immerhin noch den Schutz durch die Verwertungsrechte des § 85 UrhG. Dort wird aber gerade nicht die schöpferische, dafür aber die wirtschaftlich-organisatorische Leistung desjenigen geschützt, der Musik, Geräusche oder sonstige Laute erstmals auf einen Tonträger aufnimmt; davon wird auch die digitale Tonaufnahme erfasst.[43] Während die Werke der verschiedenen Genres wie beispielsweise Pop-, Rock- und klassische Musik aufgrund der geringen Anforderungen an die Schöpfungshöhe in aller Regel nach § 2 Abs. 1 Nr. 2 UrhG geschützt werden, muss bei kurzen Tonfolgen schon etwas genauer hingesehen werden. So erfüllen akustische Signale, Pausenzeichen oder auch Erkennungszeichen in der Werbung für gewöhnlich nicht die Anforderungen an einen urheberrechtlichen Schutz. Bei Handy-Klingeltönen ist jedoch bereits ein urheberrechtlicher Schutz denkbar.[44] Gleiches gilt für Werbe-Jingles.[45] Soweit für ein neues Musikwerk fremde Werkstücke in Form von Coverversionen, Remixes, Sampling oder Soundalike benutzt werden, stellt sich die urheberrechtlich relevante Frage, ob es sich um eine zustimmungsbedürftige Bearbeitung nach § 23 S. 1 UrhG oder um eine freie Benutzung nach § 24 UrhG handelt. Dazu müssen die schöpferischen Eigentümlichkeiten des benutzten Werkes (musikalische Gestaltungselemente wie Tonsystem, Tondauer, Lautstärke, Klangfarbe, Rhythmus und Melodie) mit den Gestaltungselementen des neuen Werkes verglichen werden.[46] Je nach Umfang der Übereinstimmungen liegt eine Bearbeitung oder freie Benutzung vor.[47]

2. Die Filmsparte

Auch die Filmindustrie ist nach anfänglichen Schwierigkeiten im digitalen Zeitalter angekommen. Mit sehr aggressiven Mitteln ist man einst gegen das zunehmende Problem der Raubkopien vorgegangen – erwähnenswert ist etwa die Kampagne „Raubkopierer sind Verbrecher". Sich großer Beliebtheit erfreuende illegale Streaming-Portale wie kinox.to zeigen, dass noch nicht alle Probleme gelöst sind. Zumindest haben sich aber inzwischen auch zahlreiche legale Videoportale im Internet etabliert. Die zunehmende Vernetzung des Fernsehgerätes mit dem Internet tut ihr Übriges zu dieser Entwicklung. Im Jahr 2013 wurden in Deutschland 112 Millionen Euro mit dem Verkauf und der Vermietung von Filmen im Internet umgesetzt, für das Jahr 2014 wurde mit einer weiteren Steigerung von 20 Prozent gerechnet.[48]

---

42 *Schulze*, in: Dreier/Schulze, UrhG, § 2 Rn. 25.
43 *Schulze*, in: Dreier/Schulze, UrhG, § 85 Rn. 1, 5, 17.
44 Vgl. dazu OLG Hamburg v. 4.2.2002 – 5 U 106/01, ZUM 2002, 480 (480).
45 Vgl. dazu OLG Hamburg v. 25.9.2003 – 3 U 47/00, ZUM 2004, 483 (487) (n. rk.).
46 *Czychowski*, in: Loewenheim (Hrsg.), Handbuch des Urheberrechts, § 9 Rn. 81.
47 Für eine ausführliche Übersicht zur Nutzung von Musikwerken und deren Zustimmungsbedürftigkeit durch die Rechteinhaber s. *Kawohl/Kretschmer*, UFITA 2007, 363 (363 ff.).
48 *Höwelkröger*, Heise online v. 6.1.2014, online unter http://heise.de/-2075719.

Unter einem Film ist die bewegte Bildfolge oder Bild-Ton-Folge zu verstehen, die durch Aneinanderreihung fotografischer oder fotografieähnlicher Einzelbilder entsteht.[49] Der Art der Herstellung des bewegten Bildes kommt dabei keine Bedeutung zu, entscheidend ist einzig der Eindruck des bewegten Bildes.[50] Andernfalls würden am Computer erzeugte Filme nicht unter den Filmbegriff fallen. Filme in digitalisierter Form gibt es in zahlreichen verschiedenartigen Dateiformaten. Die gängigsten sind dabei WMV (Windows Media Video, *.wmv), MPEG I und II (Moving Pictures Experts Group, *.mpg), MPEG IV (Moving Pictures Experts Group, *.mp4), AVI (Audio Video Interleaved, *avi), MOV (Movie, *.mov), FLV (Flash Video, *.flv oder *.swf) und RM (Real Media, *.rm).[51] Die Formate unterscheiden sich insbesondere in der Komprimierungsstärke, in der Qualität der abgespielten Filme und in der Kompatibilität. So können avi-Dateien von fast jedem Multimediaprogramm, wmv-Dateien nur auf Windows-Betriebssystemen abgespielt werden.

Filme tauchen in vielfältigen Formen in der Unterhaltungs- und Medienbranche auf. Neben Spiel-, Lehr-, Dokumentar-, Natur-, Kultur-, Werbe- und Zeichentrickfilmen fallen auch Filmberichte für Nachrichtensendungen, Video-Amateurfilme, Live-Sendungen im Fernsehen und Videoclips wie Musikvideos[52] darunter. Wie auch in der Musiksparte gibt es in der Filmsparte einen Markt für Filmwerke, die nicht dem Werkgenuss des Nutzers dienen, sondern der weiteren Verarbeitung in eigenen Projekten oder Produktionen. Dabei handelt es sich entweder um kurze Filmbeiträge oder aber um kurze Animationen, die aus zusammengesetzten Grafiken bestehen. Eine ganz neue Erscheinungsform sind Streamings von Computerspielen: Dabei ermöglichen Nutzer von Computerspielen einem breiten Publikum, die eigenen „Spielkünste" – zum Teil mit Kommentaren – per Live-Stream im Internet zu verfolgen. Dabei können auch Spielweisen vorgeführt werden, die so von den Programmierern gar nicht vorgesehen waren. Beispielsweise gibt es beim Computerspiel „The Binding of Isaac" inzwischen eine eigene Online-Rennspielliga, obwohl das Spiel kein Rennspiel ist. Diese eigentlich „zweckentfremdeten" Rennspiele werden per Live-Stream für ein breites Publikum im Internet übertragen.[53] Eine besondere Erscheinungsform von Filmwerken sind auch sog. Vodcasts. Dieser Begriff leitet sich aus den Worten *Video* und *Podcast* ab. Podcasts sind im Internet bereitgehaltene, redaktionell gestaltete Sendebeiträge, die unabhängig von Sendezeiten im Rahmen eines Abonnements und im Wege des Einzelabrufs genutzt werden können.[54]

---

49 *Loewenheim*, in: Schricker/Loewenheim (Hrsg.), UrhG, § 2 Rn. 186.
50 A. Nordemann, in: Loewenheim (Hrsg.), Handbuch des Urheberrechts, § 9 Rn. 161.
51 Landesakademie für Fortbildung und Personalentwicklung an Schulen, Videoformate im Überblick, online unter http://lehrerfortbildung-bw.de/werkstatt/video/formate/.
52 Wäre eine Unterteilung in Musik- und Filmbranche vorgenommen worden, wären Musikvideos möglicherweise besser in der Musikbranche aufgehoben gewesen.
53 Vgl. dazu *Kogel*, Spiegel Online v. 8.2.2014, online unter http://www.spiegel.de/netzwelt/games/streaming-twitch-und-youtube-gegen-das-vergessen-a-945960.html.
54 *Poll*, MMR 2011, 226 (226, Fn. 1).

B. Der Erstvertrieb digitaler Güter

Wenn zur Audiobotschaft nun auch Videobotschaften hinzutreten, handelt es sich um einen Vodcast. Sowohl Podcasts als auch Vodcasts werden in der Regel kostenlos im Internet angeboten. Es kann sich dabei um Fernsehbeiträge, Universitätsvorlesungen, private Tagebücher oder auch Nachrichten handeln, um nur ein paar Beispiele zu nennen.

Das Filmwerk erfährt durch § 2 Abs. 1 Nr. 6 UrhG urheberrechtlichen Schutz. Dabei werden Bild- und Tonteil als Einheit begriffen. Entscheidend ist die Gestaltung der Bild- und Tonfolge, die einen geistigen Inhalt ausdrücken muss.[55] Eine persönliche geistige Schöpfung nach § 2 Abs. 2 UrhG liegt dann vor, wenn sich das Filmwerk als Ergebnis individuellen geistigen Schaffens darstellt.[56] Die Norm des § 2 Abs. 1 Nr. 6 UrhG führt neben Filmwerken auch Werke auf, „die ähnlich wie Filmwerke geschaffen werden". Unter diese Rubrik fallen etwa Computeranimationen wie Zeichentrick- und Animationsfilme.[57] Soweit keine schöpferische Leistung erkennbar ist, ist der Film dennoch urheberrechtlich geschützt: Der Schutz der Laufbilder nach § 95 UrhG umfasst solche Bildfolgen sowie Bild- und Tonfolgen, die nicht als Filmwerke geschützt sind. Erfasst werden beispielsweise unschöpferische Aufnahmen von Sportereignissen und Naturbegebenheiten[58], von Talkshows[59] sowie unkünstlerische Pornofilme[60]. Der Schutz des Filmwerks an sich ist aber streng zu trennen vom urheberrechtlichen Schutz der zur Herstellung des Filmwerks benutzten Werke wie Roman, Drehbuch und Filmmusik (vgl. § 89 Abs. 3 UrhG). So fallen der Roman und das Drehbuch als Sprachwerk (Schriftwerk) unter § 2 Abs. 1 Nr. 1 UrhG und die Filmmusik als Musikwerk unter § 2 Abs. 1 Nr. 4 UrhG. Auch einzelne Bilder aus Filmwerken – am Computer Screenshots genannt – können bei entsprechender Schöpfungshöhe urheberrechtlichem Schutz nach § 2 Abs. 1 Nr. 5 UrhG oder zumindest dem Schutz als Lichtbild gem. § 72 UrhG unterfallen.[61] Ob dies auch für Ausschnitte aus Zeichentrickfilmen oder Computerspielen gilt, hängt von der Frage nach der Schutzfähigkeit digitaler Bilder ab.[62]

---

55 *Rehbinder/Peukert*, Urheberrecht, Rn. 302 f.
56 BGH v. 24.11.1983 – I ZR 147/81, BGHZ 90, 219 (222 ff.), GRUR 1984, 730 (732 f.) – Filmregisseur; OLG Frankfurt a. M. v. 7.12.2011 – 11 U 91/99, ZUM 2002, 226 (226).
57 *Schulze*, in: Dreier/Schulze, UrhG, § 2 Rn. 206 f.; *Loewenheim*, in: Schricker/Loewenheim (Hrsg.), UrhG, § 2 Rn. 189.
58 BGH v. 21.4.1953 – I ZR 110/52, BGHZ 9, 262 (268), GRUR 1953, 299 (301 f.) – Lied der Wildbahn I.
59 OLG Köln v. 13.8.1993 – 6 U 142/92, GRUR 1994, 47 (48) – Filmausschnitt.
60 OLG Hamburg v. 10.5.1984 – 3 U 28/84, GRUR 1984, 663 (663) – Video Intim.
61 *Schulze*, in: Dreier/Schulze, UrhG, § 2 Rn. 197, 213; *Dreier*, in: Dreier/Schulze, UrhG, § 72 Rn. 5; aus der Rspr. zuletzt BGH v. 6.2.2014 – I ZR 86/12, GRUR 2014, 363, Tz. 20 – Peter Fechter.
62 S. dazu die Ausführungen unter B. I. 6.

3. Die Softwarebranche

Mit der Einführung des ersten Personal Computers (PC) 1982 von IBM begann die große Erfolgsgeschichte von Computerprogrammen. Inzwischen sind sie wie selbstverständlich in alltäglichen Gegenständen wie beispielsweise Autos oder Bankautomaten integriert, oftmals auch ohne dass hiervon noch bewusst Kenntnis genommen wird. Computerprogramme sind so allgegenwärtig, dass es keine umfassenden Umsatzzahlen geben kann. Ein Blick auf einzelne Bereiche vermittelt aber einen guten Eindruck, welchen Stellenwert die Softwarebranche einnimmt. So liefern allein die Downloadzahlen von Apps für Smartphones oder Tablets beeindruckende Zahlen: Im Jahr 2012 wurden in Deutschland mehr als 1,7 Milliarden Apps heruntergeladen.[63]

Die sowohl umgangssprachlich als auch in der (juristischen) Literatur oft fälschlicherweise synonym verwendeten Begriffe Computerprogramm und Software bedürfen einer Differenzierung. Von Seiten des deutschen und europäischen Gesetzgebers gibt es ganz bewusst keine Definition für Computerprogramme. Dahinter steht der Gedanke, mit dem technischen Fortschritt und der stetigen Entwicklung in dieser Branche Schritt zu halten.[64] Die Mustervorschriften der World Intellectual Property Organization (WIPO) – und diesen folgend auch der BGH[65] und die Europäische Kommission[66] – definieren ein Computerprogramm als eine Folge von Befehlen, die nach Aufnahme in einen maschinenlesbaren Datenträger bewirken können, dass eine Maschine mit informationsverarbeitenden Fähigkeiten eine bestimmte Funktion oder ein bestimmtes Ereignis anzeigt, ausführt oder erzielt.[67] Das Deutsche Institut für Normung beschreibt ein Computerprogramm als eine nach den Regeln der verwendeten Programmiersprache festgelegte syntaktische Einheit aus Anweisungen und Vereinbarungen, welche die zur Lösung einer Aufgabe notwendigen Elemente umfasst.[68] Der Begriff Software – als Gegenbegriff zur Hardware – ist weiter zu verstehen und umfasst alle nichtphysischen Funktionsbestandteile eines Computers oder eines technischen Gegenstands, der mindestens einen Mikroprozessor enthält; daher fallen auch die zur Verwendung des Computerprogramms bestimmten Daten wie Grafik- und Audiodateien, Schriftarten oder Hilfetexte sowie die technischen Beschreibungen unter Software.[69] So wird (Computer-)Software auch in

---

63 BITKOM, Artikel v. 26.3.2013, online unter http://www.bitkom.org/de/presse/78284_75628.aspx.
64 Regierungsentwurf eines Zweiten Gesetzes zur Änderung des Urheberrechtsgesetzes, BT-Drucks. 12/4022 v. 18.12.1992, S. 9.
65 BGH v. 9.5.1985 – I ZR 52/83, BGHZ 94, 276 (283), GRUR 1985, 1041 (1047) – Inkasso-Programm.
66 Vorschlag für eine Richtlinie des Rates über den Rechtsschutz von Computerprogrammen v. 5.1.1989, KOM(88) 816, ABl. EG Nummer C 91/4 v. 12.4.1989, S. 9.
67 § 1 (i) der Mustervorschriften für den Schutz von Computersoftware, abgedruckt in GRUR Int. 1978, 286 (290).
68 DIN 44300 Teil 1 Nr. 1.13.
69 *Dreier/Vogel*, Software- und Computerrecht, S. 32.

B. Der Erstvertrieb digitaler Güter

den WIPO-Muster-Vorschriften definiert als Computerprogramm, das darüber hinaus auch die Programmbeschreibung und das Begleitmaterial umfasst.[70] Computerprogramme machen also nur eine Teilmenge der Software aus. Negativ formuliert ist Software all das, was keine Hardware ist.[71] Die Software-RL verwendet nur den Begriff des Computerprogramms. Dieser soll dabei nach dem Willen des EU-Gesetzgebers weit verstanden werden.[72] Soweit ein Computerprogramm externe Daten verarbeitet, werden diese in ihrer gesammelten Form als Datenbanken bezeichnet. Dabei gibt es zwei Möglichkeiten: Man kann zwischen Daten innerhalb eines Informationssystems und Sammlungen einzeln zugänglicher Daten unterscheiden, auf die der Nutzer online oder offline mittels eines Computerprogramms direkt zugreifen kann. Bloße Datensammlungen ohne Befehls- und Steuerungsanweisung an den Computer sind also keine Computerprogramme.

Die Erscheinungsformen von Computerprogrammen sind so vielfältig, dass eine abschließende Aufzählung nur schwer möglich ist. Unterschieden werden insbesondere System- und Anwender-Programme. Diese Programme können sich sowohl auf einem PC oder in sonstigen Hardwarekomponenten (z. B. DVD-Player, Smartphones) befinden, als auch im Internet für bestimmte Dienste eingesetzt werden (z. B. Browser, E-Mail-Software). Soweit eine Software direkt über das Internet genutzt werden muss und dabei während der gesamten Nutzungsdauer auf dem Server des Anbieters verbleibt, spricht man von Application Service Providing (ASP).[73] Gerade die Anwendungsprogramme bieten ein vielfältiges Spektrum und decken inzwischen fast alle Lebensbereiche ab: So gibt es neben Büro- und Unternehmenssoftware etwa Sicherheitsprogramme, Lern- und Bildungsprogramme, Finanzprogramme, Programme für Video- und Audiowerke. Computerspiele zählen natürlich auch dazu, werden aufgrund ihrer Bedeutung und Eigenarten aber auch gerne separat aufgeführt.[74] Anwendungsprogramme lassen sich auch in Standard- und Individualsoftware einteilen: Während Standardsoftware eine einheitliche Form aufweist und daher für eine große Zahl von Nutzern gedacht ist, ist die Individualsoftware auf die individuellen Bedürfnisse eines einzelnen Nutzers oder Nutzerkreises zugeschnitten. Dabei kann es im Grenzbereich schwierige Abgrenzungsfragen geben. Im Zusammenhang mit Medienprodukten sind zudem die sog. (Mobile) Apps auf Smartphones und Tablets zu erwähnen. Darunter sind kleine und meistens einfache Anwendungsprogramme zu verstehen, die auf mobilen Endgeräten eingesetzt werden und basierend auf dem jeweiligen Betriebssystem des mobilen Endgerätes dessen

---

70 § 1 (iv) der Mustervorschriften für den Schutz von Computersoftware, abgedruckt in GRUR Int. 1978, 286 (290).
71 *Seitz*, „Gebrauchte" Softwarelizenzen, S. 9.
72 Vgl. Erwägungsgrund sieben der Computerprogramm-Richtlinie; *Blocher/Walter*, in: Walter/ von Lewinski (Hrsg.), European Copyright Law, Rn. 5.1.25.
73 *Feldmann*, in: Heidrich/Forgó/Feldmann (Hrsg.), Heise Online-Recht, B. II. 21 f.
74 So auch in dieser Untersuchung, s. B. I. 4.

I. Systematisierung der digitalen Güter

Funktionen erweitern.[75] Die Apps werden direkt über das Endgerät mittels Internetverbindung vom Online-Shop des zugehörigen Betriebssystem-Anbieters und/oder Geräteherstellers[76] heruntergeladen. Apps unterliegen dabei geschlossenen Systemen und Vertriebsmodellen: Sie sind sowohl technisch und funktionell vom jeweiligen mobilen Betriebssystem als auch inhaltlich und vertrieblich vom jeweiligen App-Store plattformabhängig, und beide Plattformen werden regelmäßig von nur einem Anbieter betrieben. Wie auch Anwendungsprogramme im Allgemeinen decken Apps ein sehr breites Anwendungsspektrum ab.

Computerprogramme werden nach §§ 69a ff. UrhG urheberrechtlich geschützt. Entsprechend der zuvor vorgenommenen Abgrenzung der Begriffe Computerprogramm und Software unterfällt daher nur das eigentliche Programm der Software diesen Normen.[77] Computerprogramme zählen aufgrund ihrer Computersprache zu den Sprachwerken nach § 2 Abs. 1 Nr. 1 UrhG. Nach § 69a Abs. 1 UrhG werden alle Programmformen erfasst, sogar das Entwurfsmaterial. Insofern ist der urheberrechtliche Computerprogramm-Begriff weit zu verstehen. Nach § 69a Abs. 2 S. 1 UrhG gilt der Schutz für alle Ausdrucksformen des Computerprogramms, wovon der Datenflussplan, das Blockdiagramm, das Quellprogramm und das Objektprogamm umfasst werden.[78] § 69a Abs. 2 S. 2 UrhG stellt dagegen klar, dass Ideen und Grundsätze keinen Schutz erfahren. Der konkrete Werkinhalt und die Funktionalitäten eines Computerprogramms sind also keinem Schutz zugänglich, sondern nur die Form als der konkrete Ausdruck eines Werkes.[79] In § 69a Abs. 3 UrhG wird auch der Schutz der kleinen Münze bei Computerprogrammen erwähnt. So kommen auch einfache Computerprogramme zu urheberrechtlichem Schutz, soweit sie das Ergebnis der geistigen Arbeit eines Schöpfers und in der Computerindustrie nicht alltäglich sind, aber keinen qualitativen oder ästhetischen Wert haben.[80] Die Auswahl, Sammlung, Anordnung und Einteilung der Informationen stellen dabei die schöpferische Leistung des Urhebers dar.[81] Die Schöpfungshöhe fehlt nur selten, was ein Blick auf die einschlägige Rechtsprechung bestätigt.[82]

---

75 *Klinger*, in: Oelschlägel/Scholz (Hrsg.), Handbuch Versandhandelsrecht, Kap. 4 Rn. 85 f.
76 Sog. App-Store.
77 *Dreier/Vogel*, Software- und Computerrecht, S. 45.
78 *Rehbinder/Peukert*, Urheberrecht, Rn. 258.
79 *Dreier*, in: Dreier/Schulze, UrhG, § 69a Rn. 20.
80 BGH v. 14.7.1993 – I ZR 47/91, BGHZ 123, 208 (211), GRUR 1994, 39 (40) – Buchhaltungsprogramm; *Rehbinder/Peukert*, Urheberrecht, Rn. 263.
81 *Czychowski*, in: Fromm/Nordemann (Bgr.), UrhG, § 69a Rn. 15.
82 Vgl. BGH v. 6.7.2000 – I ZR 244/97, GRUR 2001, 153 (153) – OEM-Version; OLG Düsseldorf v. 27.3.1997 – 20 U 51/96, CR 1997, 337 (337 f.); LG Oldenburg v. 31.1.1996 – 5 O 3578/93, GRUR 1996, 481 (482) – Subventions-Analyse-System.

4. Die Computerspielebranche

Computerspiele sind mit ihren Umsatzzahlen der Musik- und Filmindustrie weit voraus: Allein im Jahr 2011 lag der Umsatz bei Online-Spielen plattformübergreifend bei 416 Millionen Euro, der Gesamtumsatz in der Branche beträgt knapp zwei Milliarden Euro.[83] Laut einer Prognose von PricewaterhouseCoopers soll der Umsatz bis zum Jahr 2016 gar auf 2,9 Milliarden Euro ansteigen.[84] Die Erfolgsgeschichte von Computerspielen hängt unter anderem damit zusammen, dass neben der ursprünglichen Kernzielgruppe männlicher Jugendlicher auch ältere Personen und Frauen für diese Branche begeistert werden konnten.[85] So soll es 25 Millionen Menschen in Deutschland geben, die regelmäßig Computerspiele nutzen, wobei der Frauenanteil 44 Prozent ausmacht.[86]

Bei einem Computerspiel handelt es sich rein begrifflich um ein Computerprogramm, das zum Spielen dient. Der Begriff des Spielens ist dabei schwer fassbar, wie die umfangreiche Literatur zu diesem Thema zeigt. Nach der grundlegenden Darstellung von *Huizinga* ist unter dem Spielen „eine freiwillige Handlung oder Beschäftigung [zu verstehen], die innerhalb gewisser festgesetzter Grenzen von Zeit und Raum nach freiwillig angenommenen, aber unbedingt bindenden Regeln verrichtet wird, ihr Ziel in sich selber hat und begleitet wird von einem Gefühl der Spannung und Freude und einem Bewusstsein des ‚Andersseins' als das ‚gewöhnliche Leben'".[87] Computerspiele lassen sich zusammenfassen als Medienprodukte, die durch Ton- und Grafikausgaben auf einem Bildschirm eine virtuelle Umgebung erzeugen, auf die der Spieler durch Interaktion Einfluss nehmen kann.[88] Durch die Interaktivität unterscheiden sich Computerspiele von anderen Medienprodukten wie Musik und Filme. Der Begriff Computerspiel wird umgangssprachlich gerne mit solchen Spielen gleichgesetzt, die nur auf einem Computer im engeren Sinne – also einem PC – gespielt werden können (PC-Spiel). Als Gegenbegriff dient dabei zum Teil die Bezeichnung Videospiel, das das Spielen auf Konsolen ausdrücken soll. In dieser Abhandlung wird der Begriff Computerspiel allerdings plattformunabhängig verwendet.

Die verschiedenen Erscheinungsformen von Computerspielen können sowohl nach der Hardware, auf der sie abgespielt werden, als auch inhaltlich nach dem Genre des einzelnen Spiels differenziert werden.[89] Auch eine plattformabhän-

---
83 PricewaterhouseCoopers (Hrsg.), Videogames in Deutschland, S. 10.
84 PricewaterhouseCoopers (Hrsg.), Videogames in Deutschland, S. 10.
85 *Rauda*, Recht der Computerspiele, Rn. 30.
86 Bundesverband Interaktive Unterhaltungssoftware (Hrsg.), Gamer in Deutschland 2011, S. 2.
87 *Huizinga*, Homo Ludens, S. 45 f. Für eine Abkehr dieses Grundgedankens des Spielens für die heutige Zeit aufgrund der aktuellen Entwicklung („Gamification") spricht sich hingegen *Lehnhof* aus: „Spiele sind vom gewöhnlichen Leben so unabhängig wie Spieler vom Kreditinstitut."; *Lehnhof*, Spiegel online v. 19.1.2014, online unter http://www.spiegel.de/netzwelt/games/falsches-spiel-a-938480.html.
88 *Kauert*, in: Wandtke/Ohst (Hrsg.), Medienrecht Praxishandbuch, Bd. 2, Kap. 6 Rn. 3.
89 Vgl. dazu *Rauda*, Recht der Computerspiele, Rn. 3–22.

gige Unterteilung ist möglich.[90] Soweit das Augenmerk auf die Hardware gerichtet ist, auf der das Computerspiel läuft, gilt Folgendes: Klassischerweise sind Spiele für den PC bestimmt. Zu differenzieren ist hier nach Boxed Games, Electronic Software Distribution, Browser-Spielen und Client-Spielen. Eine davon unabhängige Plattform stellt diejenige für Konsolen wie die Playstation von Sony oder die Xbox von Microsoft dar. Schließlich dürfen Spiele als Apps für mobile Endgeräte – sowohl für Telefone und Smartphones, als auch für Tablets – nicht vergessen werden. Elektronische Spiele lassen sich zudem inhaltlich in verschiedene Genre unterteilen: Es gibt Adventure-, Geschicklichkeits-, Strategie- und Musikspiele, dazu Simulationen sowie Social, Casual und Serious Games. Somit werden in Computerspielen alle Themen widergespiegelt, welche die menschliche Natur, Kultur und Geschichte ausmachen. Schließlich ist auch eine plattformabhängige Unterteilung in Online- und Offline-Spiele möglich. Soweit gegen andere Menschen über das Internet gespielt wird, handelt es sich um ein Online-Spiel (z.B. SecondLife, World of Warcraft), andernfalls um ein Offline-Spiel. Oft handelt es sich auch um Mischformen aus Online- und Offline-Spielen. Bei Browsergames ist die Zuordnung oft nicht einfach, da zwar eine Internetverbindung zum Spielen benötigt wird, sich die Art des Spiels aber oft nicht von einem lokal auf der Festplatte installierten Computerspiel unterscheidet.[91]

Computerspiele lassen sich nicht ohne Weiteres einer Werkkategorie des Urheberrechts zuordnen. Bei der Frage nach ihrem urheberrechtlichen Schutz bietet sich daher eine differenzierende Betrachtung nach einzelnen Elementen und nach der Gesamtstruktur an. Hinsichtlich des Schutzes einzelner Elemente von Computerspielen müssen vor allem zwei Bereiche unabhängig voneinander betrachtet werden: das Computerprogramm und die audiovisuellen Spielinhalte. Das den Spielablauf steuernde Computerprogramm fällt als Sprachwerk nach § 2 Abs. 1 Nr. 1 Var. 3 UrhG unter das Urheberrecht.[92] Dadurch wird die im Zusammenhang mit der Spielentwicklung erbrachte Programmierleistung geschützt. Bei der Schöpfungshöhe gilt nach § 69a Abs. 3 UrhG kein sehr hoher Maßstab. Zudem besteht bei Computerspielen aufgrund der Komplexität des den Spielabläufen zugrunde liegenden Computerprogramms eine tatsächliche Vermutung für die Schutzfähigkeit dieses Programms.[93] Hinsichtlich der audiovisuellen Spielinhalte ist zunächst an die audiovisuelle Darstellung auf dem Bildschirm zu denken. Diese ist, bei Erreichen der entsprechenden Schöpfungshöhe,

---
90 Vgl. dazu *Kauert*, in: Wandtke/Ohst (Hrsg.), Medienrecht Praxishandbuch, Bd. 2, Kap. 6 Rn. 12–16.
91 Vgl. dazu *Kauert*, in: Wandtke/Ohst (Hrsg.), Medienrecht Praxishandbuch, Bd. 2, Kap. 6 Rn. 16.
92 S. nur *Dreier*, in: Dreier/Schulze, UrhG, § 69a Rn. 17.
93 BGH v. 3.3.2005 – I ZR 111/02, GRUR 2005, 860 (860) – Fash 2000; LG Berlin v. 11.3.2014 – 16 O 73/13, GRUR-RR 2014, 490 (490).

B. Der Erstvertrieb digitaler Güter

nach § 2 Abs. 1 Nr. 6 Var. 2 UrhG geschützt („ähnlich einem Filmwerk").[94] Die mögliche Interaktivität des Spielers führt dabei zu keinem anderen Ergebnis, da er nur auf das vom Spielehersteller vorgegebene Programminventar zugreift.[95] Sofern das Niveau des § 2 Abs. 2 UrhG nicht erreicht wird, ist ein Laufbildschutz nach § 95 UrhG möglich. Während die Spielidee an sich nicht schutzfähig ist, ist für die Spielhandlung in Anwendung der von der Rechtsprechung zum Schutz von Fabeln entwickelten Grundsätze durchaus urheberrechtlicher Schutz nach § 2 Abs. 1 Nr. 1 UrhG denkbar.[96] Die Schutzfähigkeit hängt dabei davon ab, ob sich die Ideen des Autors bereits zu einem konkreten Handlungsfaden mit bestimmten Figuren, Ereignissen, Schicksalen etc. verdichtet haben.[97] Dies ist aber immer eine Entscheidung des Einzelfalls. Auch die Regeln des Computerspiels sind urheberrechtlichem Schutz zugänglich: Die Schutzfähigkeit ergibt sich als Sprachwerk aus § 2 Abs. 1 Nr. 1 UrhG.[98] Darüber hinaus können auch einzelne Bestandteile von Computerspielen urheberrechtlich geschützt sein, soweit die erforderliche Schöpfungshöhe nach § 2 Abs. 2 UrhG erreicht wird.[99] Dazu zählen vor allem Texte nach § 2 Abs. 1 Nr. 1 UrhG (z. B. eine Anleitung oder Briefe), Figuren und Charaktere nach § 2 Abs. 1 Nr. 4 UrhG (z. B. die Hauptfigur der Geschichte), Musikstücke, Melodien und ausnahmsweise Soundeffekte nach § 2 Abs. 1 Nr. 3 UrhG, aber auch Grafiken nach § 2 Abs. 1 Nr. 4 UrhG (z. B. eine besondere Darstellung des Mauszeigers) und Sprachaufnahmen nach § 2 Abs. 1 Nr. 1 UrhG (die menschliche Stimme von Figuren).[100] Dass einzelne Bestandteile eines Computerspiels als Teile des Gesamtwerkes urheberrechtlichem Schutz zugänglich sind, hat gerade erst wieder der EuGH festgestellt: In seiner Nintendo-Entscheidung stellte er fest, dass die grafischen und klanglichen Bestandteile eines Videospiels unter die InfoSoc-RL fallen und damit selbstständig geschützt werden.[101]

---

94 Ausführlich dazu etwa *Ari*, Computerspiele, S. 40 ff.; s. auch *Förster*, in: Duisberg/Picot (Hrsg.), Recht der Computer- und Videospiele, Kap. 2 Rn. 6 ff. m. w. N.; *Loewenheim*, in: Schricker/Loewenheim (Hrsg.), UrhG, § 2 Rn. 188 m. w. N.
95 OLG Hamm v. 14.5.1991, 4 U 281/90, NJW 1991, 2161 (2162); Hanseatisches OLG v. 31.3.1983 – 3 U 192/82, GRUR 1983, 436 (437); *Förster*, in: Duisberg/Picot (Hrsg.), Recht der Computer- und Videospiele, Kap. 2 Rn. 7; *Katko/Maier*, MMR 2009, 306 (307); differenzierend, aber zum gleichen Ergebnis kommend: *Rauda*, Recht der Computerspiele, Rn. 99; a. A. OLG Frankfurt a. M. v. 21.7.1983 – 6 U 16/83, GRUR 1983, 757 (757 f.) – Donkey Kong Junior I.
96 *Förster*, in: Duisberg/Picot (Hrsg.), Recht der Computer- und Videospiele, Kap. 2 Rn. 15; *Rauda*, Recht der Computerspiele, Rn. 40.
97 BGH v. 29.4.1999 – I ZR 65/96, GRUR 1999, 984 (987) – Laras Tochter; OLG München v. 17.12.1998 – 29 U 3350/98, NJW-RR 2000, 268 (269) – Das doppelte Lottchen.
98 Ausführlich dazu *Rauda*, Recht der Computerspiele, Rn. 41–69.
99 Vgl. dazu auch die Ausführungen bei *Rauda*, Recht der Computerspiele, Rn. 81–94.
100 Die Frage nach urheberrechtlichem Schutz für einen aussagekräftigen Screenshot als Einzelbild hängt mit der Schutzfähigkeit von Computergrafiken an sich zusammen und wird daher erst im Rahmen der Analyse der Foto- und Bilderbranche thematisiert (B. I. 6.).
101 EuGH v. 23.1.2014 – C-355/12, GRUR Int. 2014, 285, Tz. 23 – Nintendo/PC Box.

Es stellt sich die Frage, ob das Computerspiel als Ganzes mehr als die Summe seiner Einzelteile ist. Oder anders ausgedrückt: Kann die Gesamtstruktur von Computerspielen als selbstständiges Werk angesehen werden und damit an sich schon urheberrechtlichem Schutz unterliegen?[102] Computerspiele sind dem recht offenen Begriff der Multimediawerke zuzuordnen.[103] Darunter fallen solche Werke, bei denen im Gegensatz zu den traditionellen Werkarten Kommunikationsinhalte wie Text, Ton und Bilder in einem Werk kombiniert werden.[104] Zudem zeichnen sich Multimediawerke dadurch aus, dass sie Interaktionen des Nutzers ermöglichen, beispielsweise durch die Steuerung von Kommunikationsabläufen oder durch die Veränderung von Programminhalten.[105] Zunächst könnte man sich aufgrund der Verschmelzung der einzelnen Bestandteile überlegen, ob nicht an eine der bestehenden Werkarten angeknüpft werden kann. Die Zuordnung von Computerspielen als Computerprogramm i. S. d. § 2 Abs. 1 Nr. 1 UrhG ist nicht zielführend, da es sich bei einem Computerspiel um das Ergebnis eines Programmbetriebs handelt und nicht um das Programm selbst.[106] Computerprogramme sind also nur ein Bestandteil von Computerspielen.[107] Die Einordnung als Computerprogramm wird dem Werktyp Computerspiel daher nicht gerecht.[108] Auch ein Sammelwerk nach § 4 Abs. 1 UrhG oder eine Datenbank nach § 4 Abs. 2 UrhG liegen nicht vor, da nicht die Auswahl und Anordnung bei Computerspielen die schöpferische Leistung darstellen.[109] Naheliegender ist die Zuordnung „ähnlich wie ein Filmwerk" nach § 2 Abs. 1 Nr. 6 Var. 2 UrhG: Voraussetzung dafür ist die Entstehung des Eindrucks eines Bewegungsablaufs durch die Aneinanderreihung digital gespeicherter Bild- und Tonfolgen.[110] Für Multimediaprodukte wurde die Klassifizierung als filmähnliches Werk bereits als möglich erachtet.[111] Die audiovisuelle Darstellung kann aufgrund des Eindrucks eines Bewegungsablaufs dem Schutz nach § 2 Abs. 1 Nr. 6 Var. 2 UrhG

---

102 Ablehnend etwa *Ari*, Computerspiele, S. 13.
103 So z.B. *Schack*, Urheber- und Urhebervertragsrecht, Rn. 248; *Katko/Maier*, MMR 2009, 306 (306).
104 *Hoeren*, in: Loewenheim (Hrsg.), Handbuch des Urheberrechts, § 9 Rn. 263; *Rehbinder*, Urheberrecht, 16. Aufl. 2010, Rn. 242; *Wiebe/Funkat*, MMR 1998, 69 (69).
105 *Hoeren*, in: Loewenheim (Hrsg.), Handbuch des Urheberrechts, § 9 Rn. 263; *Rehbinder*, Urheberrecht, 16. Aufl. 2010, Rn. 243.
106 LG Köln v. 15.6.2005 – 28 O 744/04, MMR 2006, 52 (55).
107 *Krüger/Biehler/Apel*, MMR 2013, 760 (762).
108 Aus der Rspr.: OLG Hamburg v. 31.3.1983 – 3 U 192/82, GRUR 1983, 436 (437) – PUCKMAN; OLG Hamm v. 14.5.1991 – 12 O 218/90, NJW 1991, 2161 (2162); LG Köln v. 15.6.2005 – 28 O 744/04, MMR 2006, 52 (55); aus der Lit.: *Loewenheim*, in: Schricker/Loewenheim (Hrsg.), UrhG, § 69a Rn. 29; *Bullinger*, in: Wandtke/Bullinger (Hrsg.), UrhG, § 2 Rn. 129 f.; *Förster*, in: Duisberg/Picot (Hrsg.), Recht der Computer- und Videospiele, Kap. 2 Rn. 29; *Karger*, in: Schneider/von Westphalen (Hrsg.), Software-Erstellungsverträge, A Rn. 19.
109 So *Loewenheim*, in: Schricker/Loewenheim (Hrsg.), UrhG, § 2 Rn. 77, hinsichtlich E-Books.
110 *Hoeren*, in: Loewenheim (Hrsg.), Handbuch des Urheberrechts, § 9 Rn. 267.
111 *Loewenheim*, in: Schricker/Loewenheim (Hrsg.), UrhG, § 2 Rn. 77; *Hoeren*, in: Loewenheim (Hrsg.), Handbuch des Urheberrechts, § 9 Rn. 267; *Rehbinder*, Urheberrecht, 16. Aufl. 2010, Rn. 246; s. aber *Rehbinder/Peukert*, Urheberrecht, Rn. 208; a.A. *Schack*, Urheber- und Urhebervertragsrecht, Rn. 248.

unterliegen. Dies ist dennoch immer eine Frage des Einzelfalls. So wird bei einem Schach-Computerspiel kaum der Eindruck eines Bewegungsablaufes entstehen. Zwar kann damit dem äußeren Erscheinungsbild nach ein filmähnliches Werk entstehen, die Programmierleistung bleibt jedoch eine wesentliche Voraussetzung für das Entstehen eines Bewegtbildeindrucks. Das Computerprogramm kann also nicht im filmähnlichen Werk „aufgehen". Demnach kann also die Gesamtstruktur des Computerspiels nicht wie die audiovisuelle Darstellung nicht als filmähnliches Werk urheberrechtliche Schutzfähigkeit erlangen.[112]

Es bleibt die Überlegung, Computerspiele als Multimediawerke in einer eigenen Werkkategorie neben den sieben in § 2 Abs. 1 UrhG aufgezählten unterzubringen. Dazu müsste diese neue Kategorie aber eine Eigenart aufweisen, die mit keiner der bisherigen Werkarten vergleichbar ist.[113] Mehrere Autoren befürworten sogar die Aufnahme einer eigenen Werkkategorie namens Multimediaprodukt.[114] Bislang hat sich aber aufgrund des ständigen Wandels der Medienprodukte keine für alle Mitglieder einer Gattung gleichermaßen vorhandene und auch schutzwürdige Eigenart herauskristallisiert. Zudem wäre bei einer Schaffung dieser neuen Kategorie unklar, ob auf diese Werke die allgemeinen urheberrechtlichen Normen Anwendung finden sollen oder aber die speziellen für Computerprogramme in den §§ 69a ff. UrhG.[115] Eine eigene Werkkategorie ist daher abzulehnen.

5. Die Verlagsbranche

Die Verlagsbranche verweigerte sich lange Zeit der Digitalisierung, vor allem in Deutschland. Mit der Zeit wurden jedoch einige Geschäftsmodelle entwickelt, die sich in der Zwischenzeit etabliert haben. So sind die digitalen Inhalte der Verlagsbranche inzwischen eine feste Größe in der digitalen Welt. Zu ihnen zählen insbesondere elektronische Bücher (E-Books), Zeitungen (E-Papers) und Zeitschriften (E-Journals) sowie Hörbücher (Audiobooks). Texte und Informationen auf Internetseiten wie auf Blogs bleiben bei dieser Darstellung bewusst unberücksichtigt, da es hier an einer handelbaren Verkörperung fehlt. Auch die ganz neue Erscheinungsform der „sprechenden Bücher", die klassische Printprodukte, elektronisches Gerät und Sound verbinden, indem mithilfe von audiovisuellen (Lern-)Systemen optische, auf Buchseiten gedruckte Signale in

---

112 So auch *Kauert*, in: Wandtke/Ohst (Hrsg.), Medienrecht Praxishandbuch, Bd. 2, Kap. 6 Rn. 48, der stattdessen die Schaffung eines Leistungsschutzrechtes für Computerspiele-Produzenten anregt.
113 *Schulze*, in: Dreier/Schulze, UrhG, § 2 Rn. 243.
114 *Schricker*, Urheberrecht auf dem Weg zur Informationsgesellschaft, S. 49; *Loewenheim*, in: Schricker/Loewenheim (Hrsg.), UrhG, § 2 Rn. 77; *Bullinger*, in: Wandtke/Bullinger (Hrsg.), UrhG, § 2 Rn. 154; *Pierson*, in: Pierson/Ahrens/Fischer (Hrsg.), Recht des geistigen Eigentums, S. 355 f.; *Katko/Maier*, MMR 2009, 306 (310 f.).
115 Vgl. dazu B. I. 7.

akustische Signale umgewandelt werden,[116] werden außen vor gelassen: Diese Kombination aus les- und hörbarem Buch lässt sich nur mit einem gedruckten Buch verwirklichen.

a. Elektronische Bücher (E-Books)

Im Gegensatz zu allen anderen digitalen Gütern ist beim sog. E-Book nicht ausreichend geklärt, was sich genau hinter diesem Begriff verbirgt.[117] Weder das Gesetz gibt darüber Auskunft, noch hat sich ein Gericht bisher mit der Frage auseinandersetzen müssen, was ein E-Book überhaupt ist. Die Begriffsbestimmungen in der Literatur hingegen sind vielfältig und reichen von einem E-Book als „System digital gespeicherter Buchinhalte"[118] bis hin zu einem „nicht periodisch erscheinendem, thematisch abgeschlossenem und typischerweise als Langtext verfasstem Medienprodukt, das in indirekter Kommunikation durch ein digitales Medium zeitversetzt vermittelt und auf einem Bildschirm wiedergegeben wird".[119] In juristischen Aufsätzen jedoch erfolgten bislang allenfalls kurze Definitionsversuche, keinesfalls jedoch detaillierte Ausführungen darüber, was sich hinter dem Begriff verbirgt. Eine allgemein gültige Definition, die auch rechtliche Aspekte berücksichtigt, könnte aber den Umgang mit elektronischen Büchern in juristischen Abhandlungen vereinfachen und wäre für eine vollständige Durchdringung des Themengebietes zuträglich.

aa. Marktentwicklung

Mit großen Vorschusslorbeeren gestartet,[120] blieb der Durchbruch des E-Books – zumindest in Deutschland – zunächst aus. Erst in den letzten Jahren erfolgte der Boom digitaler Bücher auch in Deutschland, unterstützt durch verbesserte, preiswertere und vor allem verschiedenartige Lesegeräte. Die Verkaufszahlen von E-Books stiegen stetig an: Lagen sie im Jahr 2011 noch bei 4,9 Millionen und im Jahr 2012 bei 12,3 Millionen,[121] wurden im Jahr 2013 21,5 Millionen E-Books verkauft.[122] E-Books sind damit endgültig in der breiten Masse der Bevölkerung angekommen. Dass die Entwicklung aber noch immer am Anfang steht, lassen Zahlen aus den USA erahnen: Beim dort ansässigen Online-Händler Amazon werden schon seit dem Jahr 2010 mehr E-Books verkauft als gebundene Bücher.[123] Hierzulande lag der Umsatzanteil im gesamten Buchmarkt bei

---

116 *Rengshausen/Zielasko*, K&R 2011, 702 (702).
117 Der folgende Abschnitt über E-Books wurde vom Autor bereits zweimal in abgewandelter Form vorveröffentlicht: *Ganzhorn*, in: Taeger (Hrsg.), DSRI Tagungsband 2013, S. 483 (483 ff.); *Ganzhorn*, InTeR 2014, 31 (31 ff.).
118 *Kitz*, MMR 2001, 727 (727).
119 *Janello*, Wertschöpfung im digitalisierten Buchmarkt, S. 56.
120 *Kitz*, MMR 2001, 727 (727).
121 PricewaterhouseCoopers (Hrsg.), E-Books in Deutschland, S. 12.
122 Börsenverein des Deutschen Buchhandels, Der Buchmarkt in Deutschland.
123 *Kuri*, Heise online v. 20.7.2010, online unter http://heise.de/-1040952.

B. Der Erstvertrieb digitaler Güter

elektronischen Büchern im vergangenen Jahr noch bei zwei Prozent – trotz der beschriebenen Steigerung der Verkaufszahlen. Für das Jahr 2015 wird schon mit einem Umsatzanteil von 6,3 Prozent am gesamten Buchmarkt gerechnet,[124] das wäre eine Verdreifachung im Vergleich zum Jahr 2012.[125] Es ist also offensichtlich, dass hier großes Entwicklungspotenzial besteht. Die Wachstumschancen der E-Books werden auch bei Betrachtung der Studie der Wissenschaftler um Linguistik-Professor *Schlesewsky* von der Mainzer Johannes Gutenberg-Universität deutlich: Der Studie zufolge ist das Lesen auf E-Book-Readern für Senioren physiologisch weniger mühsam, wenngleich Text auf Papier immer noch beliebter ist.[126] In einer alternden Gesellschaft wie die der deutschen verbirgt sich hier großes Potenzial. Während etwa bei Musik und Filmen die Digitalisierung schon weit verbreitet ist, strukturiert sich der Buchmarkt in der aktuellen Umbruchphase noch neu. Dies zeigt sich unter anderem am aktuellen Phänomen des Selbstverlags. Klassisch erfolgt eine Buchveröffentlichung in mehreren Schritten über Verlage: Im Wertschöpfungssystem der Buchbranche ist der Autor „nur" für die kreative Erschaffung eines Buchinhalts zuständig, der Verlag kümmert sich dann insbesondere um die Bewertung, Auswahl, Überarbeitung und Bündelung der Inhalte sowie um Marketingmaßnahmen, Akquise und Verkauf von Rechten.[127] Inzwischen sind aber – dank des Internets und der Digitalisierung – sog. Selbstverleger bzw. Self-Publisher auf dem Vormarsch, die ganz auf die Dienste von Verlagen zur Veröffentlichung ihrer Bücher verzichten. Möglich ist dies etwa mit Layout-Programmen wie iBook Author von Apple, mit dem sogar multimediale E-Books ohne Programmierkenntnisse erstellt werden können. Während also bislang nur ein abgrenzbarer Kreis von Personen mit Hilfe von Verlagen Bücher veröffentlichen konnte, kann es nun jeder: Der Student kann seine Studienarbeit und die Hausfrau ihr Kochbuch „verlegen". Als Beweis dieser Entwicklung können die E-Book-Charts von Amazon angeführt werden: Anfang des Jahres 2014 wurden dort die ersten zehn Ränge mit Titeln von Self-Publishern belegt.[128] Inzwischen haben sogar einige große Verlage in Deutschland Self-Publishing-Plattformen in ihr Geschäftsmodell integriert und arbeiten an einer Professionalisierung dieser neuen Erscheinungsform.[129] *Clay Shirky*, ein international bekannter Medientheoretiker und Professor an der New York University, hat diesen Wandel wie folgt beschrieben: „[Publishing is] not a job anymore. That's a button. There's a button that says 'publish', and when you press it, it's done."[130]

---

124 PricewaterhouseCoopers (Hrsg.), E-Books in Deutschland, S. 12.
125 Nach den Zahlen im Jahr 2013 – der Anteil lag hier bei 3,9 Prozent – scheint dieses Ziel aber nicht mehr erreichbar zu sein; vgl. Börsenverein des Deutschen Buchhandels, Der Buchmarkt in Deutschland.
126 dpa, Heise online v. 7.2.2013, online unter http://heise.de/-1799421.
127 *Janello*, Wertschöpfung im digitalisierten Buchmarkt, S. 58 f.
128 *Müller*, SZ v. 31.1.2014, S. 1.
129 *Müller*, SZ v. 17.7.2014, S. 2.
130 *Saraiya*, Findings Blog, Beitrag v. 5.4.2012, ehemals online unter http://blog.findings.com/post/20527246081/how-we-will-read-clay-shirky (Internetseite nicht mehr verfügbar); Sekun-

bb. Technische Grundlagen

Grundsätzlich werden drei Elemente benötigt, um ein elektronisches Buch genauso wie ein gewöhnliches Buch lesen zu können: eine Hardware- und eine Softwarekomponente sowie das E-Book selbst. Zunächst muss als Hardwarekomponente ein Lesegerät zur Verfügung stehen, welches im Zusammenhang mit E-Books elektronisches Lesegerät oder auch kurz „E-Reader" genannt wird. Dabei wird zwischen solchen Geräten unterschieden, die ausschließlich dem Lesen von E-Books dienen (z. B. Amazons Kindle), und solchen, die unter anderem zum Lesen von elektronischen Büchern verwendet werden können, mit denen aber beispielsweise auch E-Mails abgerufen werden können (z. B. Apples iPad). Auf diesen Lesegeräten muss des Weiteren eine entsprechende Software installiert sein, welche die elektronischen Bücher auf dem Display für den Nutzer „lesbar" macht. Das Format der E-Books spielt dabei eine wichtige Rolle: Die meisten Computerprogramme können nur bestimmte Formate anzeigen. Für elektronische Bücher hat sich dabei bislang noch kein einheitliches Format herauskristallisiert. Die gängigsten Formate lauten PDF, EPUB und Mobipocket, daneben gibt es aber viele weitere Formate wie AZW, BBeB, FictionBook, LIT, PDB, TR3 oder DjVu. Schließlich ist ein individueller Inhalt erforderlich, der auf dem E-Reader mit Hilfe der Lesesoftware dargestellt wird. Dabei handelt es sich um eine elektronische Datei, welche die Bezeichnung „E-Book" erhalten hat. Diese Datei wird entweder über ein Kabel von einem Computer auf den E-Reader übertragen oder aber dieser verfügt über einen kabellosen Zugang zum Internet, wodurch ein direkter Download auf das Gerät möglich ist.

cc. Erscheinungsformen

Elektronische Bücher unterscheiden sich zum Teil stark in ihrer Erscheinungsform. Es bietet sich eine Klassifizierung in vier funktional ansteigende Stufen an: einfache, animierte, interaktive und dynamische E-Books. Die insbesondere in nicht-juristischen Beiträgen und Internetseiten auftauchenden Begriffe wie „enhanced E-Books", „enriched E-Books" oder auch „Multitouchbooks"[131] werden dabei nicht berücksichtigt, da sie bislang weder einheitlich verwendet werden, noch eine leichtere Zuteilung ermöglichen.

Einfache E-Books zeichnen sich durch eine reine Textdarstellung aus. Darunter fallen sowohl am Privatcomputer mit einem Schreibprogramm wie Microsoft Word erstellte Texte, welche als PDF-Datei gespeichert werden, als auch mit einem entsprechenden Gerät eingescannte Texte, die dann am Computer in einer Datei zusammengefasst werden. Standardgemäß verfügen E-Books heutzutage darüber hinaus – abhängig vom Format und der verwendeten Lesesoftware – über weiter gehende Funktionen wie Volltextsuche, Markierungs- und Kom-

---

därquelle mit dem Zitat online unter http://medialdigital.de/2012/04/16/linktipps-vom-pazifik-roboterjournalismus/.
131 *Galitz*, in: Fedtke/Reinert (Hrsg.), Erfolgreich publizieren im Zeitalter des E-Books, S. 31 (41).

mentierungsmöglichkeiten sowie Verlinkungen (z. B. intern zu einem früheren Kapitel oder aber auch extern auf eine Webseite). Solche „einfachen" E-Books können zum Teil selbst von Computerlaien hergestellt werden. Sie ähneln dabei stark der Druckversion, verfügen aber über zusätzliche Funktionen.

Der reine Text in einem E-Book kann des Weiteren aber auch mit multimedialen Inhalten ergänzt werden: Neben Grafiken, Klängen und Videos sind auch Werbeeinblendungen inzwischen technisch machbar.[132] So kann beispielsweise das im Text eines Romans beschriebene Klingeln des Weckers auch akustisch wiedergegeben werden. Unschwer erkennbar wird dabei, dass sich ein solch animiertes elektronisches Buch funktional etwas von der Druckversion entfernt, wenngleich der Buchinhalt zumeist immer noch im Vordergrund steht. Eine spürbare Funktionserweiterung ist aber nicht von der Hand zu weisen.

Insbesondere im Bereich der Kinderbücher werden inzwischen E-Books angeboten, die nicht nur animierte, sondern darüber hinaus interaktive Darstellungen beinhalten. Neben der erzählten Geschichte werden die Nutzer eingebunden, indem sie im Zusammenhang mit dem Text stehende Aufgaben lösen müssen. So muss z. B. der Nutzer in Grimms Rotkäppchen der Firma Luxoprime den Korb, den Rotkäppchen ihrer Großmutter in der Geschichte bringen soll, selbst mit Wischgesten am Bildschirm mit den neben dem Korb dargestellten Obst und Gemüse „füllen", bevor die Geschichte weitergeht. Zum Teil wird dabei von einer „Spielifizierung" der hinterlegten Inhalte gesprochen.[133] Solche E-Books stellen zum Teil schon selbst Apps auf mobilen Endgeräten dar. In der Druckversion ist eine Interaktion mit dem Nutzer, insbesondere bei Kinderbüchern, durchaus auch möglich, wenngleich sich die Rückmeldung deutlich schwieriger gestaltet. So könnte – um das obige Beispiel aufzugreifen – der mit Obst und Gemüse gefüllte Korb in schwarz-weiß abgebildet sein, versehen mit der Aufforderung, die Bananen, Äpfel etc. mit der passenden Farbe anzumalen. Die elektronische Form bietet hier aber bei Weitem größere Gestaltungsmöglichkeiten.

Noch einen Schritt weiter geht eine ganz neue Form von E-Books: Hier kann der Ablauf der Geschichte vom Nutzer selbst beeinflusst werden. Durch diese dynamische Komponente als besondere Form der Interaktion kann der Nutzer die grob vorgegebene Geschichte selbst schreiben – ein linearer Handlungsablauf ist damit nicht mehr erkennbar. So könnte er beispielsweise in entscheidenden Situationen der Geschichte vor die Wahl gestellt werden, wie die Hauptfigur weiter vorgehen soll. Dabei könnten mehrere Handlungsoptionen vorgegeben werden. Diese Erscheinungsform von E-Books hat mit dem uns bekannten Buch nicht mehr viel gemeinsam. Denkbar ist vielleicht gerade noch, dass ein Autor zwei verschiedene Endversionen anbietet, aber weitere „Wegkreuzungen" sind kaum umsetzbar. Solche dynamischen E-Books haben sich damit weit von

---

132 *Kuß*, in: Taeger (Hrsg.), DSRI Tagungsband 2011, S. 171 (175 f.).
133 *Kern*, digital publishing competence, Beitrag v. 4.4.2013, online unter http://www.dpc-consulting.org/innovative-enhanced-ebooks-dynamisches-storytelling/.

der Druckversion entfernt. Sie werden aufgrund ihrer Komplexität meist als „E-Book-App" entwickelt.

dd. Urheberrechtliche Einordnung

Es stellt sich die Frage, welchen urheberrechtlichen Schutz die verschiedenen Erscheinungsformen von E-Books in Anspruch nehmen können. Dabei erscheint – wie auch bei Computerspielen – eine differenzierende Betrachtung nach einzelnen Elementen und nach der Gesamtstruktur als zielführend.

Unabhängig von der Erscheinungsform als Druckversion oder in digitaler Form handelt es sich beim reinen Text von Büchern grundsätzlich um Schriftwerke i. S. d. § 2 Abs. 1 Nr. 1 UrhG. Daneben können aber auch Teile des Schriftwerkes wie z. B. der Handlungskern[134] nach § 2 Abs. 1 Nr. 1 UrhG oder literarisch gestaltete Figuren[135] nach § 2 Abs. 1 Nr. 4 UrhG urheberrechtliche Schutzfähigkeit erlangen.[136] Schließlich ist auch ein Schutz fiktiver Charaktere nach § 2 Abs. 1 Nr. 1 UrhG möglich.[137] Das einfache E-Book lässt sich gem. § 2 Abs. 1 Nr. 1 UrhG als Schriftwerk im Rahmen der Gruppe der Sprachwerke einordnen. Das Vorliegen nur in digitaler Form spielt dabei keine Rolle.[138] Bei den animierten E-Books muss neben dem Schriftwerk noch an weitere Elemente gedacht werden: Bei eingearbeiteten Bildern können § 2 Abs. 1 Nr. 5 UrhG (Lichtbildwerke), bei Videos § 2 Abs. 1 Nr. 6 UrhG (Filmwerke) und bei Musik § 2 Abs. 1 Nr. 3 UrhG (Musikwerke) einschlägig sein. Je nach Ausgestaltung des elektronischen Buches kommen die einzelnen Elemente mehr oder weniger zur Geltung, in der Regel wird das Sprachwerk aber noch einen größeren Raum einnehmen. Ganz anders sieht es allerdings bei interaktiven und dynamischen E-Books aus: Hier kann das Schriftwerk unter Umständen nur noch ein „Beiwerk" darstellen. Ganz abgesehen von den gerade bei den animierten E-Books aufgezählten Werkarten (Lichtbild-, Film- und Musikwerke) spielen die Interaktionsmöglichkeiten hier eine bedeutende Rolle – wie beispielsweise die zuvor bereits thematisierte Aufgabe für den Nutzer, Rotkäppchen beim Füllen des Korbes mit Wischgesten zu helfen. Diese Interaktionen sind nichts anderes als ein kurzes, in sich abgeschlossenes Computerspiel im elektronischen Buch. Bei Computerspielen können sowohl die audiovisuelle Darstellung – also das Erscheinungsbild und der Spielablauf auf dem Bildschirm – gem. § 2 Abs. 1 Nr. 6 UrhG (also als Filmwerk) als auch das den Spielverlauf steuernde Computerprogramm selbst nach § 2 Abs. 1 Nr. 1 UrhG urheberrechtlichem Schutz unterfallen.[139] Soweit die schöpferische Höhe nach § 2 Abs. 2 UrhG dabei nicht erreicht wird, ist auch

---

134 OLG München v. 17.12.1998 – 29 U 3350/98, ZUM 1999, 149 (151).
135 LG Brauchschweig v. 8.6.2004 – 9 O 2868/03 (353), ZUM-RD 2004, 421 (423).
136 *Schulze*, in: Dreier/Schulze, UrhG, § 2 Rn. 44.
137 BGH v. 17.7.2013 – I ZR 52/12, GRUR 2014, 258, Tz. 26–29 – Pippi-Langstrumpf-Kostüm.
138 *Loewenheim*, in: Schricker/Loewenheim (Hrsg.), UrhG, § 2 Rn. 75; *Rehbinder*, Urheberrecht, 16. Aufl. 2010, Rn. 244.
139 *Loewenheim*, in: Schricker/Loewenheim (Hrsg.), UrhG, § 2 Rn. 188, § 69a Rn. 27.

B. Der Erstvertrieb digitaler Güter

der Laufbildschutz nach § 95 UrhG möglich.[140] Des Weiteren können natürlich im Computerspiel integrierte Elemente urheberrechtlichen Schutz genießen, wie beispielsweise Einzelbilder des Computerspiels (z. B. ein Screenshot, der vertrieben wird) und die im Spiel enthaltenen Figuren (z. b. wenn eine virtuelle Person durch die Spielaufgaben leitet) nach § 2 Abs. 1 Nr. 4 UrhG.[141] Das Gleiche muss daher für derartig ausgestaltete E-Books gelten.

Wie bei Computerspielen stellt sich auch beim E-Book die Frage, ob seine Gesamtstruktur als selbstständiges Werk angesehen werden und damit an sich schon urheberrechtlichem Schutz unterliegen kann. Denn auch elektronische Bücher gelten als Multimediaprodukte. Zunächst muss dazu wieder untersucht werden, ob nicht wegen der Verschmelzung der Elemente an eine der bestehenden Werkarten angeknüpft werden kann. Eine Einordnung als Schriftwerk i. S. d. § 2 Abs. 1 Nr. 1 UrhG kommt nur in Betracht, wenn die weiteren Elemente neben dem Text nur eine sehr untergeordnete Rolle spielen. Die daneben naheliegende Zuordnung des E-Books als Computerprogramm i. S. d. § 2 Abs. 1 Nr. 1 UrhG – insbesondere bei Vorliegen interaktiver oder dynamischer E-Books als App – erweist sich nicht als zielführend, da die schöpferische Leistung bei elektronischen Büchern gerade in den durch Animation und Interaktion vermittelten gedanklichen Aussagen zu sehen ist und nicht in dem nur für den Ablauf und die Wiedergabe erforderlichen Computerprogramm.[142] Auch ein Sammelwerk nach § 4 Abs. 1 UrhG oder eine Datenbank nach § 4 Abs. 2 UrhG liegen nicht vor, da nicht die Auswahl und Anordnung bei E-Books die schöpferische Leistung ausmachen.[143] Naheliegender ist – wie auch beim Computerspiel[144] – die Zuordnung „ähnlich wie ein Filmwerk" nach § 2 Abs. 1 Nr. 6 UrhG: Voraussetzung dafür ist die Entstehung des Eindrucks eines Bewegungsablaufs durch die Aneinanderreihung digital gespeicherter Bild- und Tonfolgen.[145] Sowohl bei animierten als auch bei interaktiven E-Books ist – trotz der Interaktivität und der damit verbundenen Einbindung des Nutzers – die Entstehung eines solchen Eindrucks beim Nutzer zumindest denkbar. Selbst bei dynamischen E-Books ist eine solche Einordnung nicht ausgeschlossen. Dennoch ist nicht davon auszugehen, dass das Gesamtwerk dann einem Schutz nach § 2 Abs. 1 Nr. 6 UrhG zugänglich ist.[146] Denn gerade die dem E-Book zugrunde liegende Software ermöglicht erst die Animationen und Interaktionen und stellt daher einen wesentlichen Bestandteil dar. Ein ausschließlicher Schutz nach § 2 Abs. 1 Nr. 6 UrhG für das Gesamtwerk ist daher aufgrund der maßgeblichen Bedeutung der Software nicht möglich.

---

140 *Schulze*, in: Dreier/Schulze, UrhG, § 95 Rn. 11.
141 *Bullinger/Czychowski*, GRUR 2011, 19 (23).
142 *Loewenheim*, GRUR 1996, 830 (832); *Loewenheim*, in: Schricker/Loewenheim (Hrsg.), UrhG, § 69a Rn. 29.
143 *Loewenheim*, in: Schricker/Loewenheim (Hrsg.), UrhG, § 2 Rn. 77.
144 Vgl. B. I. 4.
145 *Hoeren*, in: Loewenheim (Hrsg.), Handbuch des Urheberrechts, § 9 Rn. 267.
146 A.A. noch *Ganzhorn*, in: Taeger (Hrsg.), DSRI Tagungsband 2013, S. 483 (489 f.); *Ganzhorn*, InTeR 2014, 31 (34).

I. Systematisierung der digitalen Güter

Die Einordnung in eine eigene Werkkategorie namens „Multimediawerk" oder gar „E-Book" ist abzulehnen.

Unschwer erkennbar ist, zu welchen Abgrenzungsschwierigkeiten die urheberrechtliche Einordnung von E-Books führen kann. Das Gesamtwerk „E-Book" kann je nach Ausgestaltung höchstens ausnahmsweise über einen urheberrechtlichen Schutz als ein einem Filmwerk ähnliches Werk verfügen, das einfache E-Book genießt zudem als reines Schriftwerk urheberrechtlichen Schutz. Unabhängig davon werden aber die einzelnen Elemente, aus denen das elektronische Buch zusammengesetzt ist, geschützt. Zumindest eine schwerpunktartige Zuordnung wird regelmäßig möglich sein. So handelt es sich beispielsweise bei einem mit ein paar Grafiken und Sound-Einspielern animiertem E-Book im Schwerpunkt um ein nach § 2 Abs. 1 Nr. 1 UrhG geschütztes Schriftwerk.

ee. Definition

Nach Klärung der technischen Grundlagen sowie der Erscheinungsformen samt urheberrechtlicher Einordnung ist es nun möglich, eine Definition für E-Books zu finden. Über viele Aspekte, die hier bereits angesprochen wurden, verfügt die Definition der VG Wort in § 2 Abs. 1 S. 1 der „Bekanntmachung über die Festsetzung eines Tarifs zur Regelung der Vergütung von Ansprüchen nach § 137l Abs. 5 S. 1 UrhG für zuvor in gedruckter Form verlegte Sprachwerke", die hier als Anknüpfungspunkt für eine eigene Definition dienen soll. Sie bedarf zweier kleiner Anpassungen, um generell für E-Books und nicht nur für den Tarif gelten zu können: Denn ein E-Book muss weder von einem Verlag angeboten werden (Stichwort Selbstverleger), noch muss eine Druckversion vorliegen. Demnach bietet sich folgende allgemeine Definition an:

> Ein E-Book ist die digitale Ausgabe eines Sprachwerkes, das weder von einem Verlag erstellt noch in gedruckter Form erschienen sein muss und das auf einem digitalen Lesegerät beliebiger Art visuell wahrgenommen werden kann ohne Rücksicht auf das Dateiformat und das Bestehen eines Kopierschutzes.

Darüber hinaus sind ergänzende Angaben notwendig, um das Ziel, einen Arbeitsbegriff für juristische Abhandlungen zu schaffen, zu erreichen. Eine Differenzierung nach E-Books im engeren, im weiteren und im weitesten Sinne ist dabei zielführend. Wesentlicher Anknüpfungspunkt sind die zuvor thematisierten Funktionserweiterungen, die den Charakter des Mediums „Buch" verändern:

– E-Book im engeren Sinne: Soweit der Charakter des Sprachwerkes dabei nicht wesentlich von Animationen bestimmt wird und Interaktionsflächen eine nur stark untergeordnete Rolle spielen, liegt (im Schwerpunkt) ein Sprachwerk nach § 2 Abs. 1 Nr. 1 UrhG vor, so dass es sich um ein dem gedruckten Buch im Wesentlichen entsprechendes elektronisches Buch handelt, dessen Hauptzweck in der Anzeige des Buchtextes liegt.

B. Der Erstvertrieb digitaler Güter

– E-Book im weiteren Sinne: Spielt das Sprachwerk zwar noch eine wichtige Rolle, dominieren ansonsten aber die animierten und interaktiven Elemente das Werk, kann neben den urheberrechtlichen Schutz als Sprachwerk nach § 2 Abs. 1 Nr. 1 UrhG auch der Schutz als Computerspiel nach §§ 2 Abs. 1 Nr. 1, Nr. 6 UrhG treten.

– E-Book im weitesten Sinne: Stellt das Sprachwerk hingegen nur noch Beiwerk dar und prägen die animierten und interaktiven Elemente das Werk nachhaltig, liegt im Schwerpunkt ein Computerspiel mit der Folge des urheberrechtlichen Schutzes über §§ 2 Abs. 1 Nr. 6, Nr. 1 UrhG vor.[147]

Von einem E-Book kann spätestens dann nicht mehr gesprochen werden, wenn dem als „Beiwerk" bezeichneten Sprachwerk keine eigenständige Bedeutung zukommt, z. B. wenn es sich nur um die ausnahmsweise schutzfähigen Spielregeln[148] oder um schöpferische Textpassagen wie Briefe handelt, welche die Geschichte eines Computerspiels vorantreiben.

Der durch diese Definitionen vorhandene Interpretationsspielraum erschwert zwar eine eindeutige Zuordnung, könnte aber gleichzeitig helfen, auch zukünftige Erscheinungsformen von E-Books einzuordnen und damit die Bearbeitung juristischer Abhandlungen im Zusammenhang mit E-Books erleichtern.

b. Elektronische Zeitungen (E-Papers) und Zeitschriften (E-Journals)

Nach der positiven Entwicklung von E-Books sind viele Verlage inzwischen dazu übergegangen, auch ihre Zeitungen und Zeitschriften in digitaler Form zu vertreiben. Die zunehmende Verbreitung von Smartphones – knapp 40 Prozent aller Deutschen nutzt inzwischen ein solches Gerät[149] – und Tablets hat einen neuen Markt für Verlage eröffnet. Allein im Jahr 2012 stieg die Zahl der E-Paper-Verkäufe von 180.000 um 91,6 Prozent auf 340.000 Exemplare.[150] Der Markt ist also am Wachsen, ein Ende ist noch lange nicht in Sicht.

Für elektronische Zeitungen und Zeitschriften haben sich noch keine einheitlichen Begriffe und Definitionen durchsetzen können. Während für die elektronische Zeitung der Begriff E-Paper üblich ist, wird die elektronische Zeitschrift (auch Magazin genannt) neben E-Journal ebenfalls als E-Paper angesehen. Für ein besseres Verständnis und zur klaren Abgrenzung sollte der Begriff E-Paper

---

147 Vgl. dazu die abweichende Meinung bei *Ganzhorn*, in: Taeger (Hrsg.), DSRI Tagungsband 2013, S. 483 (489 f.), und *Ganzhorn*, InTeR 2014, 31 (34), wonach bei einem E-Book im weitesten Sinne auch in den Gesamtstruktur ein Film ähnliches Werk nach § 2 Abs. 1 Nr. 6 UrhG vorliegen kann.
148 OLG München v. 25.11.1993 – 29 U 3141/93, ZUM 1995, 48 (48 ff.).
149 *Sauter*, golem.de v. 28.8.2013, online unter http://www.golem.de/news/google-fast-jeder-zweite-deutsche-nutzt-ein-smartphone-1308-101251.html.
150 *Hänel*, Blog.Liebhaberreisen.de, Beitrag v. 27.6.2013, online unter http://blog.liebhaberreisen.de/?p=7585.

ausschließlich für elektronische Zeitungen Verwendung finden. Eine trennscharfe Abgrenzung zwischen Zeitungen und Zeitschriften ist jedoch nicht möglich. Grundsätzlich gilt, dass Zeitungen den Leser über das Tagesgeschehen unterrichten wollen, während Zeitschriften nicht der Übermittlung von Tagesneuigkeiten dienen, sondern einen bestimmten wissenschaftlichen, wirtschaftlichen oder kulturellen Zweig menschlichen Wissens thematisieren.[151] Ausgaben von politischen und wirtschaftlichen Nachrichtenmagazinen weisen zwar Elemente beider Gegenstände auf, sind aber aufgrund der Aufmachung und Bebilderung dennoch der Zeitschrift zuzuordnen. Als Definition für die elektronische Form von Zeitungen und Zeitschriften bietet sich als Grundlage die gerade vorgenommene Definition für E-Books an. Diese muss auf elektronische Zeitungen und Zeitschriften angepasst werden. Relevant ist dabei insbesondere, dass Zeitungen und Zeitschriften in aller Regel von Verlagen herausgegeben werden und dass nur animierte Elemente regelmäßig eingesetzt werden (z. B. durch Bilder), während interaktive Elemente für gewöhnlich (noch) keine große Rolle spielen. Dynamische Elemente sind grundsätzlich ausgeschlossen. Auf dieser Grundlage ergeben sich folgende Definitionen:

> Ein E-Paper ist die digitale Ausgabe eines periodisch erscheinenden Sprachwerkes zur Übermittlung von Tages- oder Wochenneuigkeiten, das von einem Verlag erstellt wird und auf einem digitalen Lesegerät beliebiger Art visuell wahrgenommen werden kann ohne Rücksicht auf das Dateiformat und das Bestehen eines Kopierschutzes.

> Ein E-Journal ist die digitale Ausgabe eines periodisch erscheinenden Sprachwerkes mit inhaltlich besonderen thematischen oder facheinschlägigen Ausrichtungen, das von einem Verlag erstellt wird und auf einem digitalen Lesegerät beliebiger Art visuell wahrgenommen werden kann ohne Rücksicht auf das Dateiformat und das Bestehen eines Kopierschutzes.

E-Papers und E-Journals tauchen häufig in elektronischen Pressespiegeln auf. Dabei handelt es sich um eine Zusammenstellung verschiedener Artikel aus Informationsmedien, insbesondere aus Zeitungen und Zeitschriften.[152] Die Dateiformate für E-Papers und E-Journals variieren je nach Anbieter. Beliebt sind – wie bei E-Books – die PDF- und ePub-Formate, es gibt aber auch spezielle Formate wie das eMag-Format. E-Papers und E-Journals sind oftmals nur die elektronische Form einer Printausgabe, d.h. die Inhalte werden nahezu wortgleich übernommen. Inzwischen gibt es aber auch Zeitungen und Zeitschriften, die ausschließlich in digitaler Form erscheinen. Des Weiteren existieren E-Papers und E-Journals sowohl in Form einzelner Dateien als auch im Rahmen von Apps für Smartphones und Tablets. Das thematische Angebot an E-Journals entspricht inzwischen fast demjenigen der gedruckten Ausgabe. Vor allem bei

---
151 *Schricker*, Verlagsrecht, § 41 Rn. 5 f.
152 *Kruse*, in: Haupt (Hrsg.), Electronic Publishing, Kap. 3 Rn. 1.

wissenschaftlichen Zeitschriften erfreut sich die elektronische Form großer Beliebtheit.

Aus urheberrechtlicher Perspektive kann an die Ergebnisse zu E-Books angeknüpft werden. Es kann also zwischen dem Schutz einzelner Elemente und dem Schutz der Gesamtstruktur unterschieden werden. Bei den einzelnen Zeitungs- und Zeitschriftenartikeln liegen in der Regel persönliche geistige Schöpfungen vor, so dass ein urheberrechtlicher Schutz nach § 2 Abs. 1 Nr. 1 Var. 1 UrhG bejaht werden kann.[153] Soweit Bilder Verwendung finden, sind diese bei Erreichen der erforderlichen Schöpfungshöhe ebenfalls selbstständig nach § 2 Abs. 1 Nr. 5 UrhG geschützt.[154] Zudem sind Soundeffekte oder auch Artikel in vorgelesener Form denkbar, welche in aller Regel nach § 2 Abs. 1 Nr. 2 UrhG zu schützen sind. Auch die Gesamtstruktur von E-Papers oder E-Journals unterliegt urheberrechtlichem Schutz: Sie stellen als klassisches Beispiel ein Sammelwerk i. S. v. § 4 Abs. 1 UrhG dar. Die in der Auswahl oder Anordnung der einzelnen Zeitungs- oder Zeitschriftenartikel zu sehende persönliche geistige Schöpfung nach § 2 Abs. 2 UrhG besteht unabhängig von der Erscheinungsform als gedrucktes oder als digitales Exemplar.

c. Hörbücher (Audiobooks)

Hörbücher – auch Audiobooks genannt – sind im Kommen: Der Umsatzanteil von Audiobooks am Gesamtumsatz der Branche liegt bei vier Prozent, allein im ersten Quartal des Jahres 2013 stieg der Umsatz um 16,2 Prozent.[155] Die Erfolgsgeschichte des Hörbuchs hängt möglicherweise auch damit zusammen, dass es neue Verbraucherkreise angesprochen hat: So können nun auch passive Nutzer für Bücher begeistert werden, die selbst aktiv kein Buch lesen würden.[156] In jedem Fall ist davon auszugehen, dass der Markt für Hörbücher auch weiterhin wächst.

Hörbücher sind Sprachaufnahmen aller Art, die alleine oder in Kombination mit Musik und Geräuschen angeboten werden.[157] Aus medienwissenschaftlicher Sicht betrachtet, handelt es sich beim Hörbuch um ein hybrides Medienprodukt, das die Inhalte klassischer gedruckter Bücher mit Tonträger- oder Übertragungsmedien kombiniert, wozu aus der originären Information des ursprünglichen Manuskripts durch Translation und Transmission derivative Informationen im

---

153 BGH v. 16.1.1997 – I ZR 9/95, GRUR 1997, 459 (460f.) – CB-Infobank I; KG v. 30.4.2004 – 5 U 98/02, GRUR-RR 2004, 228 (229) – Ausschnittdienst; LG München I v. 14.4.2011 – 7 O 4277/11, ZUM 2011, 685 (688) (n. rk.); *Schulze*, in: Dreier/Schulze, UrhG, § 2 Rn. 92.
154 Nur in den seltensten Fällen werden der Zeitungs- oder Zeitschriftenverlag selbst Urheber dieser Bilder sein. Stattdessen sind sie Rechteinhaber. Zur Schutzfähigkeit von Grafiken vgl. B. I. 6.
155 Börsenblatt online, Artikel v. 18.4.2013, online unter http://www.boersenblatt.net/604176/.
156 *Kitz*, in: Wandtke/Ohst (Hrsg.), Medienrecht Praxishandbuch, Bd. 2, Kap. 7 Rn. 3.
157 *Haupt*, in: Wegner/Wallenfels/Kaboth (Hrsg.), Recht im Verlag, Kap. 2 Rn 238.

Sinne der Theorie der Informationsproduktion gewonnen werden.[158] Die Aufnahmen finden gewöhnlich in einem professionellen Tonstudio statt. Hörbücher stellen Tonträger und damit Non-Books dar. Im Gegensatz zu gedruckten Büchern unterliegen sie daher nicht der Preisbindung.[159] Auch hinsichtlich der Besteuerung bestehen daher Unterschiede: Wie auch für Bücher gilt für Hörbücher der ermäßigte Mehrwertsteuersatz von sieben Prozent, während E-Books (noch) mit 19 Prozent versteuert werden.[160] Hauptsächlich Verlage stellen Hörbücher her und vertreiben sie zum Teil auch selbst. Wie bei E-Books gibt es jedoch auch hier inzwischen – wenngleich in kleinerem Umfang – die Möglichkeit, Hörbücher im Selbst-Verlag herzustellen und zu vertreiben.[161]

Es lassen sich verschiedene Arten von Hörbüchern unterscheiden. Neben den bekannten Formaten, zu denen das Original-Hörbuch, die Lesung, der Vortrag, das Hörspiel und das Feature zu zählen sind, gibt es auch die weniger bekannten Erscheinungsformen Collage, Archivaufnahme, Soundtrack mit Dialogen und schließlich Ergänzungen zum Buch.[162] Eine besondere Form stellt das Multimediawerk dar. Im Folgenden wird nur auf die wichtigsten Formen näher eingegangen.[163] Original-Hörbücher zeichnen sich dadurch aus, dass das Werk zuvor nicht als Text veröffentlich wurde. Im Gegensatz dazu wird bei der Lesung ein bereits erschienenes Werk entweder in einem Tonstudio oder live auf einer Veranstaltung vorgelesen und aufgezeichnet. Der Live-Vortrag ist in diesem Zusammenhang eine Sonderform, bei der ein Autor frei spricht und die Sätze damit erst während des Redens formuliert. Die bekannteste Erscheinungsform eines Hörbuchs ist das Hörspiel, deren Wurzeln im Bereich Film und Theater liegen: Dabei erfolgt eine akustische Inszenierung einer sprachlichen Vorlage. Meist sind viele Sprecher beteiligt und das Werk wird um Musik und Geräusche bereichert. Beim Feature stehen schließlich Sachthemen, historische und biographische Inhalte im Vordergrund, wobei O-Töne, Spielszenen und andere atmosphärische Elemente Verwendung finden.[164] Beim Multimediawerk als Sonderform kann der vorgelesene Text beispielsweise zugleich am Bildschirm gelesen, zusätzliche Informationen über den Autor abgerufen oder über Suchfunktionen bestimmte Passagen und Wörter gesucht werden. Insofern handelt es sich um eine Mischform aus einem E-Book und einem Audiobook, was gegen eine Zuordnung zu den Audiobooks spricht. Bei dieser konkreten Werkform eignet sich der Begriff Multimediawerk als eigenständige Werkart. Während Musikwerke selten länger als vier oder fünf Minuten dauern, gibt es kaum Hörbücher, die kürzer als 60 Minuten sind. Die Komprimierungstechnologien spielen hinsicht-

---
158 *Friederichs/Hass*, MedienWirtschaft 3/2006, 22 (24).
159 BT-Drucks. 14/9422 v. 12.6.2002, S. 11.
160 Für Hörbücher gilt dies erst seit dem 1.1.2015.
161 Z. B. der ABOD Verlag, online unter http://www.abod.de.
162 *Haupt*, in: Wegner/Wallenfels/Kaboth (Hrsg.), Recht im Verlag, Kap. 2 Rn. 238.
163 Vgl. dazu auch die Ausführungen bei *Haupt/Schmidt*, in: Haupt (Hrsg.), Electronic Publishing, Kap. 5 Rn. 2–12.
164 Börsenverein des Deutschen Buchhandels, Das Hörbuchlexikon.

lich der verwendeten Dateiformate daher eine große Rolle, um den Vertriebsweg über das Internet für die Kunden attraktiv zu halten. Hörbücher liegen daher hauptsächlich im mp3- oder im aa- bzw. aac-Format vor. Letzteres Dateiformat wurde sogar speziell für gesprochene Audioinhalte entwickelt. Es gibt jedoch auch das sog. DAISY-Format, in das sich Bilder, Grafiken, Zeichnungen, Tafeln und Formeln integrieren lassen. Dabei handelt es sich jedoch um ein sehr ausgefallenes Format, das kein klassisches Hörbuch mehr darstellt.

Hörbücher selbst könnten als Sprachwerk unter § 2 Abs. 1 Nr. 1 UrhG fallen. Sprachwerke zeichnen sich dadurch aus, dass bei ihnen der gedankliche Gehalt mit Mitteln der Sprache ausgedrückt wird, und sie dienen der Mitteilung eines verbalen, gedanklichen oder gefühlsmäßigen Inhalts.[165] Da diese Vermittlung sowohl visuell als auch akustisch erfolgen kann, fallen auch Hörbücher unter diese Norm.[166] Die sonstigen Formen der Hörbücher fallen allerdings in der Regel nicht unter die drei beispielhaft aufgezählten Varianten in § 2 Abs. 1 Nr. 1 UrhG, insbesondere nicht unter die Schriftwerke. Denn Letztere stellen ein durch Zeichen äußerlich erkennbar gemachter sprachlicher Gedankenausdruck dar[167], welcher bei Hörbüchern mangels dieser Zeichen gerade nicht vorliegt. Insofern lässt sich die Aufzählung der Hörspiele zu den Schriftwerken in der Kommentarliteratur nur so erklären, dass damit die schriftliche Vorlage für das später gesprochene Hörspiel gemeint ist.[168] Der Vortrag als Hörbuch ist auch keine Rede i. S. d. § 2 Abs. 1 Nr. 1 Var. 2 UrhG, denn eine körperliche Fixierung liegt – wenngleich in digitaler Form – gerade vor. Auch wenn das Dateiformat nahelegt, dass auch ein Schutz als Musikwerk in Betracht kommen könnte, muss dies abgelehnt werden, da – zumindest in der Gesamtheit bzw. im Wesentlichen – keine Töne als Ausdrucksmittel vorliegen. Durchaus möglich ist aber, dass einzelne Musikstücke und Geräusche im Rahmen des Hörbuchs einem eigenständigen urheberrechtlichen Schutz nach § 2 Abs. 1 Nr. 2 UrhG zugänglich sind, soweit sie die entsprechende Schöpfungshöhe erreichen. Darüber hinaus ist auch urheberrechtlicher Schutz für die Bearbeitung nach § 3 UrhG möglich, wenn das Originalwerk in einer Fremdsprache verfasst ist und in die deutsche Sprache übersetzt wird, oder insbesondere bei Hörbüchern, wenn die Originalfassung in eine hörbare Fassung umgestaltet wird. Bei Hörbüchern ist zudem ein Schutz als Sammelwerk für die Auswahl und Anordnung von gesprochenem Text, Musik und Geräuschen nach § 4 Abs. 1 UrhG denkbar.[169]

---

165 BGH v. 25.11.1958 – I ZR 15/58, GRUR 1959, 251 (251) – Einheitsfahrschein; *Ahlberg*, in: Möhring/Nicolini (Bgr.), UrhG, § 2 Rn. 4.
166 *Ahlberg*, in: Möhring/Nicolini (Bgr.), UrhG, § 2 Rn. 4.
167 BGH v. 15.11.1960 – I ZR 58/57, GRUR 1961, 85 (87) – Pfiffikus-Dose; BGH v. 21.11.1980 – I ZR 106/78, GRUR 1981, 352 (353) – Staatsexamensarbeit.
168 *Loewenheim*, in: Schricker/Loewenheim (Hrsg.), UrhG, § 2 Rn. 82; *Ahlberg*, in: Möhring/Nicolini (Bgr.), UrhG, § 2 Rn. 7.
169 *Haupt*, in: Wegner/Wallenfels/Kaboth (Hrsg.), Recht im Verlag, Kap. 2 Rn. 250.

6. Die Foto- und Bilderbranche

Professionelle Fotos und Bilder spielen in der digitalisierten Welt vor allem für Zeitungs-, Zeitschriften- und Buchverlage, für Wirtschaftsunternehmen und für Werbeagenturen eine große Rolle. Insofern ist der Handel mit diesen Gütern zwar ursprünglich im gewerblichen Umfeld angesiedelt, aufgrund der fortschreitenden Digitalisierung kommen aber auch immer mehr Privatpersonen damit in Berührung, z. b. im Zusammenhang mit der Gestaltung von Webseiten oder eigener E-Books (Stichwort Selbstverleger). Auch bei Grafiken oder Logos für das Handy bzw. Smartphone sind in erster Linie Verbraucher und damit Privatpersonen betroffen. Die Foto- und Bilderbranche ist damit ein für die vorliegende Arbeit relevanter Bereich, der einer näheren Untersuchung bedarf.

Digitale Fotografien entstehen durch Lichteinwirkung: Die Strahlen treffen dabei in einer Digitalkamera auf lichtempfindliche Sensoren, die das Licht in binäre Informationen umwandeln.[170] Daher spricht man auch von Lichtbildern als unter dem Einsatz strahlender Energie (Licht oder auch Wärme, Röntgenstrahlen) erstellte selbstständige Abbildungen der Wirklichkeit.[171] Alternativ können digitale Bilder auch durch das Einscannen analoger Fotos, Grafiken oder sonstiger Bildvorlagen entstehen.[172] Daneben gibt es die sog. Computergrafiken, bei denen Bilder ausschließlich am Computer erzeugt werden. Die Technik ist hierbei zum Teil schon so fortschrittlich, dass sich Computergrafiken kaum noch von echten Fotografien unterscheiden. Fotografien werden in aller Regel über eine der zahlreichen Bildagenturen vermarktet. Diese agieren somit als Bindeglied zwischen den Fotografen und den Verwertern, wovon beide Parteien ihren Nutzen ziehen: Während die Fotografen dadurch einen besseren Marktzugang erhalten, können Verwerter von einem durch Kataloge und Datenbanken übersichtlich gestalteten Bildangebot und einem leichten Zugriff auf Bildmaterial profitieren.[173] Im Bereich dieser sog. „Stock-Fotografie" geht es um die Vermarktung von „Gebrauchsfotografie" für einen Massenmarkt, während individuell hergestellte Werke regelmäßig Gegenstand von Fotoproduktionsverträgen sind.[174]

Gegenstand der handelbaren Fotografien und Computergrafiken in digitaler Form sind alle möglichen Lebensbereiche: Es werden Bilder zu den Themen Bildung, Beruf, Menschen, Pflanzen, Sport und Technik ebenso angeboten wie allgemeine Grafiken und Illustrationen, auf denen z. B. nur einzelne Dinge wie ein Fußball, ein Verbotsschild oder einzelne Linien abgebildet sind. Hinsichtlich der Computergrafiken waren lange Zeit Handylogos sehr beliebt, die jedoch mit dem zunehmenden Aufkommen von Smartphones und der damit einhergehenden

---

170 *Maaßen*, ZUM 1992, 338 (338).
171 *Fusbahn/Kötz*, IPRB 2013, 165 (165).
172 *Maaßen*, in: Wandtke/Ohst (Hrsg.), Medienrecht Praxishandbuch, Bd. 2, Kap. 5 Rn. 3.
173 *Maaßen*, in: Wandtke/Ohst (Hrsg.), Medienrecht Praxishandbuch, Bd. 2, Kap. 5 Rn. 27 f.
174 *Fusbahn/Kötz*, IPRB 2013, 165 (165).

B. Der Erstvertrieb digitaler Güter

Möglichkeit der Einbindung „echter" Fotografien an Bedeutung verloren haben. Grundsätzlich muss man zwischen Raster- (oder Pixel-) und Vektorgrafikformaten unterscheiden. Eine Rastergrafik ist aus einzelnen kleinen Flächenelementen (Bildelementen) zusammengesetzt, die ihrerseits unterschiedlich gefärbt bzw. mit verschiedenen Grauwerten belegt sein können und ein Raster bilden.[175] Die bekanntesten dieser Grafikformate sind insbesondere die jp(e)g-, png-, gif-, bmp-, psd-, tif(f)- und pic-Formate. Die einzelnen Formate unterscheiden sich insbesondere durch die Bildqualität, Dateigröße und Komprimierung. Bei Vektorgrafiken werden – im Gegensatz zu den Rastergrafiken – nicht die einzelnen Bildpunkte, sondern nur der Ausgangspunkt, die Länge und die Richtung von Linien und Kurven gespeichert.[176] Insofern ist eine Vektorgrafik aus grafischen Primitiven wie Linien, Kreisen, Polygonen oder allgemeinen Kurven (Splines) zusammengesetzt.[177] Im Gegensatz zu Pixelgrafiken sind Vektorgrafiken daher verlustfrei beliebig skalierbar. Vektorgrafikformate sind beispielsweise swf-, wmf-, ai-, cdr-, odg- und svg-Formate. Während Fotografien ausschließlich mit Pixelgrafiken dargestellt werden, können Computergrafiken sowohl Pixel- als auch Vektorgrafiken darstellen.

Der urheberrechtliche Schutz von Bildern bestimmt sich entweder nach § 2 Abs. 1 Nr. 5 UrhG, soweit die persönliche geistige Schöpfung i. S. d. § 2 Abs. 2 UrhG gegeben ist (sog. Lichtbildwerk), oder aber nach § 72 UrhG, wonach nur ein Leistungsschutz besteht (sog. Lichtbilder). Ein Unterschied besteht wegen § 72 Abs. 1 UrhG nur hinsichtlich der Schutzfristen und des Schutzumfangs: Die Schutzdauer ist verkürzt, da sie nach § 72 Abs. 3 UrhG 50 Jahre ab Erscheinen, der ersten erlaubten öffentlichen Wiedergabe oder der Herstellung beträgt, während Lichtbildwerke nach § 64 UrhG eine Schutzdauer von 70 Jahren ab dem Tod des Urhebers aufweisen. Der Schutzumfang ist bei Lichtbildern geringer, da aufgrund der geringeren Anforderungen an die Individualität nur ein Schutz gegen identische oder nahezu identische Übernahmen besteht.[178] Das Merkmal der persönlichen geistigen Schöpfung nach § 2 Abs. 2 UrhG erfordert, dass die Aufnahme eine individuelle Betrachtungsweise oder künstlerische Aussage des Fotografen zum Ausdruck bringt, was beispielsweise durch die Wahl des Motivs, eines ungewöhnlichen Bildausschnitts oder durch eine ungewöhnliche Perspektive umgesetzt werden kann.[179] Der Schutz der kleinen Münze kommt dabei zur Geltung.[180] Soweit diese geringen Anforderungen nicht erfüllt werden, wird in aller Regel auch bei einfachen Fotografien zumindest ein Lichtbildschutz nach § 72 UrhG vorliegen, da hierfür bereits ein Mindestmaß an persönlicher Leistung

---

175 *Schiele*, Computergrafik für Ingenieure, S. 23.
176 *Wißner/Jäger*, in: Kilian/Heussen (Hrsg.), Computerrechts-Handbuch, 3. Abschn. Rn. 23.
177 *Schiele*, Computergrafik für Ingenieure, S. 23.
178 Vgl. OLG Hamburg v. 29.6.1995 – 3 U 302/94, ZUM-RD 1997, 217 (219); LG München I v. 25.4.2002 – 7 O 16110/01, ZUM-RD 2002, 489 (493) (n. rk.).
179 *Loewenheim*, in: Schricker/Loewenheim (Hrsg.), UrhG, § 2 Rn. 184 m. w. N.
180 OLG Düsseldorf v. 15.4.2008 – I-20 U 143/07, ZUM-RD 2008, 524 (525) – Schaufensterdekoration; *Loewenheim*, in: Schricker/Loewenheim (Hrsg.), UrhG, § 2 Rn. 177.

ausreicht.[181] Methoden, Techniken, Stilelemente, Bildsprache und Bildmotive werden nicht geschützt,[182] während Teile eines Lichtbildwerkes – bei Vorliegen der Schutzvoraussetzungen des § 2 Abs. 2 UrhG für diesen Teil – durchaus Schutz erfahren können.[183] Während analoge Bilder unter den Begriff Lichtbildwerk (§ 2 Abs. 1 Nr. 5 Var. 1 UrhG) bzw. Lichtbild (§ 72 Abs. 1 Var. 1 UrhG) subsumiert werden, zählen mit einer Digitalkamera aufgenommene Bilder zu den lichtbildähnlichen Erzeugnissen (§ 2 Abs. 1 Nr. 5 Var. 2 UrhG bzw. § 72 Abs. 1 Var. 2 UrhG).[184] Die Einteilung zieht jedoch keinerlei urheberrechtliche Konsequenzen nach sich. Eingescannte und auf diese Weise digitalisierte Bilder stellen nur eine digitale Kopie dar – also eine Vervielfältigung im urheberrechtlichen Sinne – und unterfallen daher weder § 2 UrhG noch § 72 UrhG. Unabhängig vom urheberrechtlichen Schutz des Fotos kann auch das, was auf dem Foto abgebildet ist, urheberrechtlich schutzfähig sein.[185] So müssen beispielsweise unter bestimmten Umständen von abgebildeten Personen urheberrechtliche Nutzungsrechte eingeholt werden. Aber auch bei urheberrechtlich schutzfähigen Gegenständen, die sich auf dem Foto befinden, müssen möglicherweise entsprechende Nutzungsrechte eingeholt werden.[186]

Umstritten ist die Schutzfähigkeit solcher Bilder, die ohne Kamera und ausschließlich mit Hilfe eines Computers erzeugt werden: Handelt es sich bei derartigen Computergrafiken bzw. Computeranimationen auch um Lichtbildwerke oder zumindest Lichtbilder? Die Frage ist nicht nur für Grafiken in E-Books, E-Papers oder E-Journals relevant, sondern auch für die urheberrechtliche Einordnung von Screenshots bzw. Einzelbildern von Zeichentrickfilmen oder Computerspielen. Bedeutung kommt der Frage auch deswegen zu, da die dargestellten Objekte zum Teil so realistisch sind, dass man sie mit dem bloßen Auge nicht mehr von Digitalfotografien unterscheiden kann. Ausgehend von der Definition, dass bei der Erstellung von Lichtbildwerken bzw. Lichtbildern eine Strahlungsquelle zum Einsatz kommen muss, um eine selbstständige Abbildung der Wirklichkeit zu erstellen, wird das Entstehen eines Lichtbildes im urheberrechtlichen Sinne überwiegend verneint.[187] Zum Teil wird auch damit argumen-

---

181 *Schulze*, in: Dreier/Schulze, UrhG, § 2 Rn. 191, 198; § 72 Rn. 12.
182 *Maaßen*, in: Wandtke/Ohst (Hrsg.), Medienrecht Praxishandbuch, Bd. 2, Kap. 5 Rn. 49 ff. m. w. N.
183 *Loewenheim*, in: Schricker/Loewenheim (Hrsg.), UrhG, § 2 Rn. 67.
184 *Schulze*, in: Dreier/Schulze, UrhG, § 2 Rn. 199; *Maaßen*, in: Wandtke/Ohst (Hrsg.), Medienrecht Praxishandbuch, Bd. 2, Kap. 5 Rn. 6; a.A. *Loewenheim*, in: Schricker/Loewenheim (Hrsg.), UrhG, § 2 Rn. 179.
185 *Feldmann*, in: Heidrich/Forgó/Feldmann (Hrsg.), Heise Online-Recht, B. II. 14.
186 Z. B. BGH v. 24.1.2002 – I ZR 102/99, GRUR 2002, 605 – Verhüllter Reichstag.
187 Aus der Rspr.: OLG Köln v. 20.3.2009 – 6 U 183/08, GRUR-RR 2010, 141 (142) – 3D-Messestände; OLG Hamm v. 24.8.2004 – 4 U 51/04, ZUM 2004, 859 – Webdesign; LG Köln v. 21.4.2008 – 28 O 124/09, ZUM 2008, 533 (535); aus der Lit.: *Loewenheim*, in: Schricker/Loewenheim (Hrsg.), UrhG, § 2 Rn. 181 m. w. N.; *Bullinger*, in: Wandtke/Bullinger (Hrsg.), UrhG, § 2 Rn. 113; *Maaßen*, in: Wandtke/Ohst (Hrsg.), Medienrecht Praxishandbuch, Bd. 2, Kap. 5 Rn. 8; a. A. LG Hamburg v. 7.1.2011 – 310 O 1/11 (unveröffentlicht; http://www.damm-legal. de/lg-hamburg-aus-einem-videofilm-darf-ohne-einwilligung-des-urhebers-kein-einzelbild-he-

tiert, dass es sich bei Computergrafiken nicht um Abbildungen von etwas in der Natur Vorgegebenem handle.[188] Zwar spricht der Vergleich mit Computerspielen, deren Bildfolge als filmähnliches Werk urheberrechtlichem Schutz nach § 2 Abs. 1 Nr. 6 UrhG zugänglich ist,[189] zunächst für eine Gleichbehandlung in dem Sinne, dass dann auch einzelne am Bildschirm entstehende Bilder als Filmeinzelbilder dem Lichtbildschutz unterstehen,[190] bei einer konsequenten Anwendung dieses Gedankens müssten dann aber alle Bilder, die in ihrer Wirkung Fotografien gleichkommen, dem Lichtbildschutz unterstellt werden, etwa auch Zeichnungen.[191] Für diese Werkarten sind jedoch gerade § 2 Abs. 1 Nr. 4 UrhG (Werke der bildenden Künste) oder auch § 2 Abs. 1 Nr. 7 UrhG (Darstellungen wissenschaftlicher oder technischer Art) vorgesehen. Somit unterfallen Computergrafiken nicht dem Lichtbildschutz. In Betracht kommt allerdings ein Schutz von Computergrafiken als Werk der angewandten Künste nach § 2 Abs. 1 Nr. 4 UrhG.[192] Die „Hürde" der Schöpfungshöhe nach § 2 Abs. 2 UrhG ist dabei nach der Geburtstagszugs-Entscheidung des BGH[193] auch nicht mehr viel höher als bei Bildern, die unter Verwendung des Lichts als Strahlungsquelle geschaffen werden.[194] Die Grafik muss dabei Ausdruck einer besonderen Leistung sein, da einfache grafische Gestaltungen inzwischen jeder mithilfe eines Grafikprogrammes erstellen kann.[195] Keinem urheberrechtlichen Schutz unterliegen daher regelmäßig Handylogos, da die erforderliche Schöpfungshöhe wegen der rein handwerklichen oder routinemäßigen Tätigkeit regelmäßig nicht erreicht wird.[196] Screenshots aus Zeichentrickfilmen oder Computerspielen können demnach nur § 2 Abs. 1 Nr. 4 UrhG unterfallen und nicht etwa § 2 Abs. 1 Nr. 5 UrhG.

7. Zusammenfassung und Relevanz

Die Ausführungen haben gezeigt, dass alle aufgeführten digitalen Inhalte urheberrechtlichem Schutz zugänglich sind. Oftmals ist dabei – unabhängig vom Schutz einzelner Elemente eines digitalen Gutes – nur eine Werkart für das jeweilige Gesamtwerk einschlägig: Musikwerke werden nach § 2 Abs. 1 Nr. 2

---

rausgeloest-und-frei-verwendet-werden); *Schulze*, in: Dreier/Schulze, UrhG, § 2 Rn. 200, der aber alternativ auch den Schutz von Computergrafiken nach § 2 Abs. 1 Nr. 4 UrhG anerkennt: *Schulze*, in: Dreier/Schulze, UrhG, § 2 Rn. 157.
188 *Loewenheim*, in: Schricker/Loewenheim (Hrsg.), UrhG, § 2 Rn. 181.
189 S. dazu B. I. 4.
190 So *Schulze*, in: Dreier/Schulze, UrhG, § 2 Rn. 200 m. w. N.
191 So auch *A. Nordemann*, in: Fromm/Nordemann (Bgr.), UrhG, § 2 Rn. 193.
192 *Dreier/Würfel*, in: Moritz/Dreier (Hrsg.), Rechts-Handbuch zum E-Commerce, B. Rn. 719; *Loewenheim*, in: Schricker/Loewenheim (Hrsg.), UrhG, § 2 Rn. 181; *Schulze*, in: Dreier/Schulze, UrhG, § 2 Rn. 101, 157, 164; *Schack*, Kunst und Recht, Rn. 860.
193 BGH v. 13.11.2013 – I ZR 143/12, GRUR 2014, 175 (175) – Geburtstagszug.
194 BVerfG v. 26.1.2005 – 1 BvR 157/02, GRUR 2005, 410 (410 f.) – Laufendes Auge; *Maaßen*, in: Wandtke/Ohst (Hrsg.), Medienrecht Praxishandbuch, Bd. 2, Kap. 5 Rn. 10.
195 *Feldmann*, in: Heidrich/Forgó/Feldmann (Hrsg.), Heise Online-Recht, B. II. 11.
196 OLG Hamburg v. 25.2.2004 – 5 U 137/03, BeckRS 2004, 30339565 – Handy-Logos I.

UrhG, Filmwerke nach § 2 Abs. 1 Nr. 6 UrhG, Computerprogramme nach § 2 Abs. 1 Nr. 1 Var. 3 UrhG, E-Books im engeren Sinne nach § 2 Abs. 1 Nr. 1 Var. 1 UrhG, E-Papers und E-Journals nach § 4 Abs. 1 UrhG, Hörbücher nach § 2 Abs. 1 Nr. 1 UrhG und Bilder bzw. Grafiken nach § 2 Abs. 1 Nr. 5 bzw. Nr. 4 UrhG geschützt. Daneben gibt es bei den sog. Multimediawerken aber auch Überschneidungen verschiedener Werkarten, was auf eine Begegnung von Werk- und Computerprogrammschutz zurückzuführen ist und Abgrenzungsprobleme hervorruft: Computerspiele fallen für das den Spielablauf steuernde Computerprogramm unter § 2 Abs. 1 Nr. 1 Var. 3 UrhG und für die audiovisuelle Darstellung am Bildschirm unter § 2 Abs. 1 Nr. 6 Var. 2 UrhG. Ganz ähnlich ist die Situation bei E-Books, soweit kein E-Book im engeren Sinne vorliegt. Zu Schwierigkeiten im Umgang mit diesen beiden hybriden Produkten mit ihrer „technisch-künstlerischen Doppelnatur"[197] kommt es immer dann, wenn es um die Frage geht, welche urheberrechtlichen Vorschriften auf sie anzuwenden sind. Sollen die allgemeinen urheberrechtlichen Normen zur Geltung kommen oder etwa die speziellen für Computerprogramme? Auf diese Frage wird zu einem späteren Zeitpunkt näher eingegangen.[198]

Einige der gerade aufgeführten Erscheinungsformen der jeweiligen digitalen Güter sind nicht Gegenstand eines sog. Massenmarktes für Verbraucher. Diese unterliegen daher oftmals auch nicht den gleichen Vertriebsmodellen und Weitervertriebswegen wie die anderen digitalen Inhalte. Auf diese Erscheinungsformen wird zumeist nicht weiter eingegangen, um den Ausführungen etwas die Komplexität zu nehmen. Mit diesem Ausschluss ist jedoch keine Wertung dahingehend verbunden, dass die rechtlichen Ergebnisse der vorliegenden Arbeit nicht auch für diese Werke gelten könnten. Unter diese Werke fallen zum Beispiel „Musikwerke im weiteren Sinne" wie Klingeltöne und Werbe-Jingles sowie Streamings von Computerspielen und Vodcasts als Filmwerke. Nichts anderes gilt für Software auf Hardware-Komponenten wie DVD-Playern. Vorsicht geboten ist schließlich bei Fotos und Bildern, da diese aus einem anderen Grund etwas aus dem Raster fallen. Denn während alle anderen digitalen Güter dem Werkgenuss des Einzelnen dienen, kommt der Nutzung von Fotos zumeist eine andere Bedeutung zu. Wie die Anwendungsbeispiele schon zeigen, werden Fotos von Verbrauchern – neben der Verwendung als Hintergrundbilder auf technischen Geräten – vor allem für private Webseiten oder eigene E-Books verwendet. Damit verlassen diese digitalen Inhalte aber den privaten Bereich und werden im Internet öffentlich zugänglich gemacht. Eine Nutzung im rein privaten Bereich unter Ausschluss anderer Personen liegt dann gerade nicht mehr vor.

---

197 *Ulbricht*, CR 2002, 317 (321).
198 Siehe dazu D. II. 4. f. sowie D. III. 4. a.

II. Die Vertriebsmodelle

Wer in der heutigen Zeit auf die gerade thematisierten digitalen Produkte der Unterhaltungs- und Medienbranche zugreifen will, kann aus einem großen Fundus an legalen Angeboten im Internet wählen.[199] Ziel der folgenden Darstellung ist es, hinter die Fassaden der Anwerbungen der Betreiber von Online-Plattformen zu blicken. Es geht dabei um den Erstvertrieb digitaler Güter, also um den Weg der Güter vom Anbieter als Rechteinhaber zum Endkunden als Ersterwerber.[200] Zunächst wird dazu ein allgemeiner Überblick über die Vertriebsmodelle verschafft, bevor eine Vorstellung der konkreten Anbieter mit ihren jeweils verwendeten Vertriebsmodellen erfolgt. Auf diese Weise werden die tatsächlichen gegenwärtigen Rahmenbedingungen des Handels mit digitalen Inhalten sichtbar. Der abschließende Teil klärt schließlich, welche Elemente dabei für den vorliegenden Untersuchungsgegenstand tatsächlich von Relevanz sind. Denn nicht alle beworbenen digitalen Inhalte können zum Gegenstand einer Zweitverwertung gemacht werden.

1. Die Grundformen des Online-Vertriebs

Es lassen sich im Wesentlichen fünf Vertriebsmodelle für digitale Güter unterscheiden: Erwerb, Abo-Erwerb, Mietmodell, Abo-Miete und freier Zugang.[201] Diese Modelle haben gemeinsam, dass sie in jeweils spezifischer Form auf den beiden technischen Grundmodellen Download und Stream beruhen. Im Folgenden werden sowohl die genannten Grundmodelle als auch die einzelnen Vertriebsmodelle mit ihren Grundfunktionen beschrieben.

a. Die technischen Grundmodelle

Alle Vertriebsmodelle sind auf zwei technische Grundmodelle zurückzuführen: Digitale Güter werden entweder mittels Download- oder mittels Streaming-Verfahren im Internet angeboten.

aa. Der Download

Der Begriff Download beschreibt im Zusammenhang mit Digitalgütern den Vorgang, dass ein Nutzer digitale Inhalte aus dem Internet dauerhaft auf der

---

199 Der nachfolgende Abschnitt „Die Vertriebsmodelle" wurde vom Autor in zum Teil abgewandelter und verkürzter Fassung bereits vorveröffentlicht: *Ganzhorn*, InTeR 2014, 143 (143 ff.).
200 Zwar ist es auch möglich, dass der Urheber selbst als Anbieter auftritt, dies ist jedoch nicht der Regelfall und wird daher nur am Rande berücksichtigt.
201 Vgl. dazu insbesondere *Bäcker/Höfinger*, ZUM 2013, 623 (623 ff.); *Fischer*, Lizenzierungsstrukturen, S. 56 ff.; *Kromer*, AfP 2013, 29 (29 f.); diese nehmen zum Teil eine etwas andere Einteilung und Strukturierung der Vertriebsmodelle vor.

eigenen Festplatte oder einem anderen Datenträger abspeichert. Urheberrechtlich handelt es sich dabei um eine Vervielfältigungshandlung nach § 16 Abs. 1 UrhG, welche grundsätzlich nur dem Rechteinhaber zusteht.[202] § 44a UrhG als Schrankenbestimmung greift dabei nicht ein, da es sich beim Download um eine dauerhafte und eben nicht nur vorübergehende Vervielfältigung handelt.[203] Insofern bedarf der Nutzer der Einwilligung des Rechteinhabers, um keine Urheberrechtsverletzung zu begehen. Diese wird bei den hier gegenständlichen legalen Angeboten aber regelmäßig vorliegen.

Abhängig von der in den Lizenzbedingungen bestimmten Nutzungsdauer lassen sich beim Download zwei grundlegende Formen unterscheiden: Beim Download-to-own-Modell erhält der Nutzer ein zeitlich unbegrenztes Nutzungsrecht, während das Nutzungsrecht beim Download-to-rent-Modell zeitlich begrenzt ist. Diese zeitliche Begrenzung schwankt dabei je nach Anbieter und Art des digitalen Gutes.

Der nach dem Download erfolgende reine Werkgenuss – also das Ansehen des Videos, das Lesen des E-Books oder das Anhören des Musikwerkes – ist nach dem vom BVerfG gebilligten Stufensystem zur mittelbaren Erfassung des Endverbrauchers[204] an sich keine urheberrechtlich relevante Handlung.[205] Eine Ausnahme dieses Grundsatzes gilt für die Nutzung von Computerprogrammen: Hier werden bereits bei der bestimmungsgemäßen Benutzung Vervielfältigungshandlungen vorgenommen, welche nach § 69c Nr. 1 UrhG dem Rechteinhaber vorbehalten sind.[206] § 69d Abs. 1 UrhG bestimmt jedoch, dass für diese bestimmungsgemäßen Handlungen keine Zustimmung des Rechteinhabers vonnöten ist. Insofern liegt zwar eine urheberrechtlich relevante Handlung vor, diese ist jedoch gesetzlich gerechtfertigt. Aber auch beim Lesen eines E-Books oder dem Ansehen eines Filmes finden mit dem Einsatz moderner Geräte aufgrund der dabei verwendeten speziellen Technologien technische Vorgänge statt, welche Vervielfältigungshandlungen darstellen.[207] Eine Rechtfertigung dafür ist über § 44a UrhG oder § 53 Abs. 1 UrhG möglich.[208]

---

202 BGH v. 3.2.2011 – I ZR 129/08, GRUR 2011, 418, Tz. 12 – UsedSoft; *Loewenheim*, in: Schricker/Loewenheim (Hrsg.), UrhG, § 16 Rn. 23 m. w. N.
203 *Dreier*, in: Dreier/Schulze, UrhG, § 44a Rn. 4.
204 BVerfG v. 7.7.1971 – 1 BvR 775/66, BVerfGE 31, 255 (267), NJW 1971, 2167 (2168) – Tonbandvervielfältigung.
205 BGH v. 4.10.1990 – I ZR 139/89, BGHZ 112, 264 (278), GRUR 1991, 449 (453) – Betriebssystem; *Dreier*, in: Dreier/Schulze, UrhG, § 15 Rn. 3; *Dreyer*, in: Dreyer/Kotthoff/Meckel (Hrsg.), UrhG, § 16 Rn. 38; *Hilty*, CR 2012, 325 (335).
206 *Dreier*, in: Dreier/Schulze, UrhG, § 69d Rn. 5; *Hilty*, CR 2012, 325 (335).
207 *Hilty*, CR 2012, 625 (635).
208 Vgl. zu den Nutzungshandlungen des Endnutzers die Ausführungen unter C. III. 2. b. bb und zu den möglichen Rechtfertigungsnormen die Ausführungen unter D. I. und D. IV.

B. Der Erstvertrieb digitaler Güter

bb. Der Stream

Der Begriff „Streaming" steht – abgeleitet vom englischen Wort „to stream", was fließen oder strömen bedeutet – im Allgemeinen nur für den Vorgang der Übertragung von Daten.[209] In den letzten Jahren wurde dieser Begriff in der juristischen Fachwelt jedoch immer häufiger nur für Audio- und Videodaten verwendet, woraus sich die gängige Definition des Streamings als das „gleichzeitige Empfangen und Wiedergeben von Audio- oder Videodaten aus einem Rechnernetz"[210] entwickelte. Die Daten werden dabei in vielen kleinen Datenpaketen über das Internet auf das Endgerät übertragen und dort zum Abruf im Browser durch den Nutzer nur kurzzeitig zwischengespeichert. Das Internet wird so selbst zur Speichereinheit für die Daten. Die technisch bedingten Zwischenspeicherungen im RAM oder auf der Festplatte des Endgerätes dienen dem Ausgleich kurzzeitiger Schwankungen im Datenverkehr und bezwecken einzig die Ermöglichung der Darstellung der übermittelten Daten.[211] Unklar bleibt, warum der Streaming-Begriff nur für Musik- und Filmwerke Anwendung finden soll. Zwar sind Streaming-Angebote insbesondere in diesen beiden Bereichen anzutreffen und dadurch auch erst bekannt geworden, aber auch urheberrechtlich geschützte Werke wie E-Books, Computerprogramme und Computerspiele können sich auf den Servern der Anbieter befinden und nur durch eine Datenverbindung den Nutzer zur Benutzung zur Verfügung stehen (insbesondere bei Software as a Service (SaaS) als Cloud-Lösung[212]). Daher wird im Folgenden der Begriff des Streamings auch auf andere Güter als Musik- und Filmwerke angewandt.[213]

Rechtlich gesehen sind die vorgenommenen Zwischenspeicherungen Vervielfältigungshandlungen gem. § 16 Abs. 1 UrhG, soweit schutzfähige Werkteile auf dem Gerät des Nutzers gespeichert werden.[214] Dabei können jedoch schon sehr kleine Werkteile als urheberrechtlich geschützt angesehen werden,[215] insbe-

---

209 *Stolz*, MMR 2013, 353 (353).
210 *Büscher/Müller*, GRUR 2009, 558 (558) und diesem folgend *Busch*, GRUR 2011, 496 (497); *Stieper*, MMR 2012, 12 (12); zuletzt *Stolz*, MMR 2013, 353 (354).
211 Ausführliche technische Details insb. bei *von Gerlach*, Die urheberrechtliche Bewertung des nicht-linearen Audio-Video Streamings im Internet, S. 57 ff., 81 ff., aber auch bei *Stieper*, MMR 2012, 12 (13); *Wandtke/von Gerlach*, GRUR 2013, 676 (676 ff.); *Busch*, GRUR 2011, 496 (497 f.); *Hilgert/Hilgert*, MMR 2014, 85 (86); *Zurth*, InTeR 2014, 135 (137).
212 Dabei sind Softwareapplikationen auf den Rechnern von Unternehmen ausgelagert und die Nutzer können die entsprechenden Programme über den Internet-Browser abrufen; s. die ausführliche Darstellung bei *Stögmüller*, in: Leupold/Glossner (Hrsg.), MAH IT-Recht, Teil 5 Rn. 330 ff.
213 So auch hinsichtlich Computerprogrammen *Pohle/Ammann*, CR 2009, 273 (276) („Software [wird] ... über den Browser gestreamt") und hinsichtlich E-Books *Koch*, GRUR 2010, 574 (575); so nun auch der Produktname einer Online-Software: „Project Photoshop Streaming" (online unter http://edex.adobe.com/projectphotoshopstreaming).
214 Vgl. nur EuGH v. 4.10.2011 – C-403/08, C-429/08, GRUR 2012, 156, Tz. 159 – FAPL/Murphy.
215 Vgl. nur EuGH v. 16.7.2009 – C-5/08, GRUR 2009, 1041, Tz. 47 f. – Infopaq.

sondere bei Musikwerken genügen bloße „Tonfetzen".[216] Da die empfangenen Daten jedoch bereits während der Wiedergabe auch wieder gelöscht werden, ist der Nachweis technisch bedingt nahezu unmöglich.[217] Hinsichtlich der Leistungsschutzrechte, welche die organisatorisch-wirtschaftliche Leistung der Aufnahme schützen, genügen darüber hinaus grundsätzlich schon kleine Ton- oder Bildteile. Denn bei Leistungsschutzrechten ist für den Eintritt des urheberrechtlichen Schutzes gerade nicht das Erreichen der Schöpfungshöhe erforderlich. Speziell beim Streaming von Computerprogrammen erfolgt zudem regelmäßig keine Vervielfältigung des geschützten Werkes selbst – also des Computerprogramms –, sondern nur der Benutzeroberfläche.[218] Die Benutzeroberfläche als solche genießt in der Regel aber keinen Urheberrechtsschutz nach der Software-RL,[219] wobei für deren Bestandteile oder Inhalte wie Bilder oder Tonaufnahmen, die der InfoSoc-RL unterliegen, wiederum etwas anders gelten kann. Fraglich ist auch, ob die technische (Mit-)Veranlassung der Erstellung von Kopien der Anwendungssoftware auf dem Server des Providers überhaupt als eine dem Nutzer zurechenbare Vervielfältigungshandlung angesehen werden kann.[220] Im Ergebnis können beim Streaming also grundsätzlich urheberrechtlich geschützte Werkstücke beim Nutzer entstehen, was als Vervielfältigungshandlung i.S.d. § 16 Abs. 1 UrhG zu bewerten ist. Dies ist jedoch immer eine Frage des Einzelfalls.

Für den Fall, dass tatsächlich eine relevante Vervielfältigungshandlung vorliegt, stellt sich die Frage, ob sie aufgrund der nur temporären Speicherung im Zielrechner nach § 44a Nr. 2 UrhG, der wörtlich Art. 5 Abs. 1 lit. b InfoSoc-RL entspricht, gerechtfertigt ist. Das kumulative Vorliegen der einzelnen Voraussetzungen dieser Norm muss bei Streaming-Diensten, die auf legalen Geschäftsmodellen beruhen, grundsätzlich bejaht werden.[221] Auch der Drei-Stufen-Test – vgl. Art. 5 Abs. 5 InfoSoc-RL – führt zu keinem anderen Ergebnis.[222] Unabhängig davon kann sich der Verbraucher bei legalen Angeboten aber auch auf die Privat-

---

216 BGH v. 20.11.2008 – I ZR 112/06, NJW 2009, 770, Tz. 11 – Metall auf Metall.
217 *Redlich*, K&R 2014, 73 (74); vereinzelt wird auch von einem normativen Vervielfältigungsbegriff ausgegangen, bei dem auf eine Gesamtbetrachtung der Einzelteile abgestellt wird, vgl. nur *Busch*, GRUR 2011, 496 (499 f.) m. w. N., und *Stolz*, MMR 2013, 353 (355).
218 *Leupold*, in: Leupold/Glossner (Hrsg.), MAH IT-Recht, Teil 4 Rn. 113.
219 EuGH v. 22.12.2010 – C-393/09, GRUR Int. 2011, 148, Rz. 40–42 – Benutzeroberfläche.
220 So etwa *Grützmacher*, CR 2011, 697 (704); *Niemann*, CR 2009, 661 (662).
221 LG Köln v. 24.1.2014 – 209 O 188/13, AfP 2014, 177; AG Hannover v. 27.5.2014 – 550 C 13749/13, BeckRS 2014, 11946; eingehend zu den einzelnen Voraussetzungen: *Blenk*, AfP 2014, 220 (221 ff.); *Busch*, GRUR 2011, 496 (501 ff.); *Fangerow/Schulz*, GRUR 2010, 677 (680 f.); *Galetzka/Stamer*, MMR 2014, 292 (296 f.); *Hilgert/Hilgert*, MMR 2014, 85 (86 ff.); *Redlich*, K&R 2014, 73 (75 f.); *Stieper*, MMR 2012, 12 (14 ff.); *Stolz*, MMR 2013, 353 (355 ff.); *Wandtke/von Gerlach*, GRUR 2013, 676 (678 ff.); *Zurth*, InTeR 2014, 135 (139 ff.); vgl. auch EuGH v. 5.6.2014 – C-360/13, GRUR 2014, 654 – Public Relations Consultants Association; wirklich umstritten ist im Prinzip nur, ob auch solche vorübergehende Vervielfältigungen zulässig sind, die beim Abspielen eines *rechtswidrig* zugänglich gemachten Streaming-Inhalts entstehen.
222 Vgl. nur *Galetzka/Stamer*, MMR 2014, 292 (297).

kopieschranke des § 53 Abs. 1 UrhG berufen. Bei Computerprogrammen ist diese Norm hingegen nicht anwendbar und die Geltung des § 44a UrhG wegen der spezielleren Regelung des § 69d Abs. 1 UrhG umstritten.[223] Jedenfalls sind regelmäßig auch die Voraussetzungen des § 69d Abs. 1 UrhG gegeben, wenngleich das Merkmal der Berechtigung Probleme bei der Auslegung bereitet.[224] Daher sind also auch hybride Werke von einem Rechtfertigungsgrund erfasst.[225] Demnach ist bei allen durch Streaming verursachten Zwischenspeicherungen von gerechtfertigten Vervielfältigungshandlungen auszugehen.[226] Dies entspricht auch der Ansicht der Bundesregierung, welche – auf eine Kleine Anfrage der Fraktion DIE LINKE hin – das „reine Betrachten eines Videostreams" nicht als Urheberrechtsverletzung ansieht.[227]

Aufgrund der schnellen Übertragungsraten im Internet und der ständigen Angebundenheit ans Netz erfreuen sich diese Dienste immer größerer Beliebtheit. Die Anbieter profitieren von Streaming-Diensten vor allem unter dem Gesichtspunkt, dass das Problem der Raubkopien zumindest eingedämmt wird, da eine Werkkopie des gestreamten Produktes in Dateiform nicht so einfach technisch zu realisieren ist.

b. Die Vertriebsmodelle

aa. Der Erwerb

Beim Erwerbsmodell erhält der Nutzer gegen eine einmalige Bezahlung eine digitale Kopie des gewünschten Produkts auf seinem Endgerät in Verbindung mit einem zeitlich unbegrenzten Nutzungsrecht. Dazu erfolgt einmalig ein Download des entsprechenden digitalen Gutes vom Betreiber der Plattform, das dann dauerhaft auf dem Endgerät des Nutzers gespeichert und archiviert werden darf (Download-to-own). Dieses Prinzip entspricht noch am ehesten dem in der analogen Welt gängigen „Wareneinkauf". Jedoch muss Beachtung finden, dass der Nutzer durch Lizenzbedingungen bestimmten Einschränkungen unterworfen sein kann, etwa indem ihm nur eine bestimmte Anzahl an Vervielfältigungen seiner digitalen Kopie gestattet wird (z. B. nur zur Speicherung auf der Festplatte eines Computers, zur Speicherung auf dem Smartphone und zum Brennen einer CD).

---

223 Bejahend *Loewenheim*, in: Schricker/Loewenheim (Hrsg.), UrhG, § 44a Rn. 3; *Dreier*, in: Dreier/Schulze, UrhG, § 44a Rn. 2; verneinend etwa *von Welser*, in: Wandtke/Bullinger (Hrsg.), UrhG, § 44a Rn 23.
224 *Dreier*, in: Dreier/Schulze, UrhG, § 69d Rn. 6.
225 Zur Frage, welchem Regelungskomplex – Software-RL oder InfoSoc-RL – hybride Produkte unterliegen, siehe die Ausführungen unter D. II. 4. f.
226 In diese Richtung tendiert zuletzt auch das LG Köln v. 24.1.2014 – 209 O 188/13, AfP 2014, 177 (178 f.).
227 BT-Drucks. 18/246 v. 2.1.2014, S. 3.

II. Die Vertriebsmodelle

Der Download führt zunächst dazu, dass der Nutzer über eine faktische Position in Form von Daten verfügt.[228] Rechtlich geht der Download mit einer Vervielfältigungshandlung nach § 16 Abs. 1 UrhG einher, wofür vom Rechteinhaber in aller Regel eine Einwilligung vorliegt. Soweit im Anschluss an den Download weitere Vervielfältigungshandlungen nötig sind – z. B. Übertragung der Datei von der Festplatte auf das Smartphone –, greift die Schrankenregelung des § 53 Abs. 1 UrhG. Unabhängig davon werden aber in den meisten Fällen bereits die Lizenzbedingungen des Anbieters die weitere Nutzung regeln und dabei auch die Anzahl der zulässigen Vervielfältigungshandlungen festsetzen. An sich ist die Einräumung von Nutzungsrechten jedoch – wie auch beim Erwerb digitaler Güter auf einem physischen Datenträger wie einer CD – beim Download digitaler Güter nicht erforderlich, da sich der Endnutzer auf die rechtfertigenden Schrankenbestimmungen berufen kann.[229]

Die Anbieter dieser Dienste verwenden häufig den Begriff „Kauf" zur Umschreibung dieses Modells. Ob es sich dabei jedoch wirklich um einen Kauf i. S. d. § 433 BGB mit seinen Rechten und Pflichten handelt, wird erst zu einem späteren Zeitpunkt untersucht.[230] Gerade bei Software und Computerspielen ist die Einräumung von zeitlich unbegrenzten Nutzungsrechten jedoch auch kostenlos möglich. Zum einen entsteht durch die bewusst eingeschränkte Funktionstüchtigkeit der Anreiz, einen kostenpflichtigen Vertrag abzuschließen, zum anderen wird gerade bei Computerspielen zum Kauf von zusätzlichen Elementen animiert, um schneller die Spielaufgaben bewältigen zu können. Dieser Zukauf von Elementen ändert nichts an der Tatsache, dass die Nutzungseinräumung an sich unentgeltlich ist. Bei anderen digitalen Gütern wie Musik oder Filmen sind vereinzelt auch kostenlose Angebote zu finden. Dies dient meist Werbezwecken oder wird durch Werbeeinnahmen finanziert.[231] Im Ergebnis fallen aber nur solche Angebote als Vorstufe des Erwerbs unter das hier beschriebene Modell, die auf den späteren Erwerb ausgerichtet sind.

bb. Der Abo-Erwerb

Abo-Erwerbsdienste unterscheiden sich von den reinen Erwerbsdiensten nur dadurch, dass der Erwerb in einen Abonnementvertrag eingebettet ist. Denn der Nutzer schließt mit dem Betreiber der Plattform einen Vertrag, wonach er regelmäßig einen bestimmten Geldbetrag bezahlen muss und im Gegenzug auf digitale Inhalte zugreifen darf. Die Anzahl an digitalen Inhalten ist dabei in der Zahl begrenzt (Volumenmodell). Die Abonnementdauer beläuft sich häufig auf einen

---
228 *Zech*, ZUM 2014, 3 (5).
229 *Zech*, ZUM 2014, 3 (5).
230 Siehe dazu die Ausführungen unter B. III. 3.
231 Oftmals bilden jedoch Daten einen gewissen Gegenwert für ein kostenloses Angebot, so dass es sich doch wieder um eine gegenseitige Leistung handelt; vgl. dazu nur *Bräutigam*, ZUM 2012, 635, mit dem Titel: „Das Nutzungsverhalten bei sozialen Netzwerken. Zivilrechtlicher Austausch von IT-Leistung gegen personenbezogene Daten".

Monat, zum Teil können aber auch wöchentliche oder jährliche Abonnements abgeschlossen werden.

Wie beim Erwerbsmodell werden die gewünschten Dateien aus dem Internet heruntergeladen (Vervielfältigung nach § 16 Abs. 1 UrhG) und dann auf dem Endgerät des Nutzers gespeichert, und auch hier sind Beschränkungen hinsichtlich der Anzahl an Vervielfältigungshandlungen durch den Betreiber möglich. Aufgrund des zeitlich unbegrenzten Nutzungsrechts können die im Laufe der Abonnementzeit heruntergeladenen Werke nach Ablauf des Abonnements weiter genutzt werden. Insofern folgt der Abo-Erwerb dem Download-to-own-Verfahren.

cc. Das Mietmodell

Beim Mietmodell kann der Nutzer gegen eine einmalige Bezahlung für eine bestimmte Zeit auf ein gewünschtes digitales Gut zugreifen. Oftmals wird für solche Modelle auch der Begriff der Leihe verwendet, was jedoch irreführend ist: Wesensmerkmal der Leihe ist gerade die unentgeltliche Gebrauchsüberlassung, die hier nicht vorliegt.

Das Mietmodell findet insbesondere bei Filmwerken Verwendung und wird daher auch Pay-per-view-Modell genannt.[232] Da diese Vertriebsart auch bei anderen digitalen Gütern auftreten kann, bietet sich der Begriff Pay-per-file an. Der zu bezahlende Betrag liegt dabei deutlich unter dem beim Erwerb. Die Mietdauer beträgt häufig nur wenige Tage, welche aber oftmals erst mit dem tatsächlichen ersten Werkgenuss zu laufen beginnt. Dabei wird allerdings meistens ein Zeitraum von einem Monat vorgegeben, in dem die Frist zum Laufen zu bringen ist.

Technisch umgesetzt wird das Mietmodell entweder mittels Download-to-rent oder mittels Stream-to-rent: Die erste Variante entspricht dem Erwerbsmodell mit dem feinen Unterschied, dass aufgrund des zeitlich begrenzten Nutzungsrechts die Nutzung nach Ablauf der Mietdauer nicht mehr möglich ist (Offline-Modus). Bei der zweiten Variante können die gemieteten Produkte online im Streaming-Verfahren abgerufen werden (Online-Modus). Urheberrechtlich werden in beiden Varianten Vervielfältigungen nach § 16 Abs. 1 UrhG vorgenommen: Beim Download stellt nur der Prozess des Herunterladens eine Vervielfältigung dar, in die der Anbieter einwilligt, während die möglicherweise beim Streaming entstehenden Vervielfältigungsstücke beim Werkgenuss durch Schrankenbestimmungen gerechtfertigt sind.[233] Bei der Wiedergabe des Werkes gibt es zwar wiederum Vervielfältigungshandlungen, diese sind jedoch entweder durch die Einräumung entsprechender Nutzungsrechte durch den Rechteinhaber gedeckt oder aber durch Schrankenbestimmungen. Nach Ablauf der Mietdauer besteht bei beiden Modellen aufgrund der nur temporären Überlassung der Nutzungsrechte keinerlei Zugriffsmöglichkeit auf die digitalen Inhalte mehr.

---

232 *Bäcker/Höfinger*, ZUM 2013, 623 (625 f.).
233 Vgl. die Ausführungen unter B. II. 1. a. bb.

II. Die Vertriebsmodelle

Bei der Download-to-rent-Variante erhält man die Daten als faktische Position in Verbindung mit einem zeitlich begrenzten Nutzungsrecht. Nach Ablauf der Frist ist die faktische Position mangels Nutzungsrecht und meistens auch mangels Nutzungsmöglichkeit ohne Bedeutung. Die rechtliche Position des Nutzers bei der Stream-to-rent-Variante liegt hingegen in einem schuldrechtlichen Anspruch auf Zugang zum entsprechenden Werk.[234] Eine darüber hinausgehende Einräumung von Nutzungsrechten ist nicht erforderlich.[235] Die zeitliche Beschränkung wird schuldrechtlich vereinbart.

dd. Die Abo-Miete

Bei der Abo-Miete erhält der Nutzer gegen Bezahlung eines festen monatlichen Beitrages ein zeitlich begrenztes Nutzungsrecht. Dieses bezieht sich aber nicht nur auf ein konkretes Werkstück wie beim eben thematisierten Mietmodell, sondern zumeist auf eine große Anzahl an Kreativgütern, die online bereit gestellt werden (on-demand): Neben dem Volumenmodell, bei dem eine begrenzte Menge an Werkstücken genutzt werden kann, spielt hier insbesondere das Flatrate-Modell eine große Rolle: Dabei stehen beliebig viele Kreativgüter auf der Plattform des Inhalteanbieters auf Abruf zur Verfügung.

Die technische Umsetzung erfolgt hier wiederum im Download-to-rent- oder im Stream-to-rent-Verfahren, zum Teil werden aber auch beide Modelle parallel angeboten. Nach Ablauf des Abos entfällt die Zugriffsmöglichkeit auf die Inhalte mangels Nutzungsrecht. In der rechtlichen Bewertung ergeben sich keine Unterschiede zum Mietmodell.

Wie beim Erwerbsmodell werden vereinzelt kostenlose Abonnements angeboten. Auch dies dient dazu, aufgrund der eingeschränkten Funktionstüchtigkeit ein kostenpflichtiges Abonnement abzuschließen. Damit handelt es sich bei diesen Angeboten quasi um die Vorstufe der Abo-Miete.

ee. Der freie Zugang

Das Modell des freien Zugangs zeichnet sich dadurch aus, dass der Nutzer ohne Anmeldung online mittels Streaming-Verfahren auf digitale Güter zugreifen kann. Im Vordergrund steht dabei der reine Werkgenuss. Aufgrund der fehlenden Anmeldung und der damit verbundenen Anonymität sind diese Angebote kostenlos. Die Anbieter verdienen ihr Geld meistens mit Werbeeinnahmen. Ein Zugriff auf diese Inhalte kann selbstverständlich nur solange erfolgen, wie der Anbieter die digitalen Inhalte zur Verfügung stellt. Ein schuldrechtlichen Anspruch auf Zugang zu den Inhalten gibt es – im Gegensatz zum Stream-to-rent-Verfahren bei der (Abo-)Miete – nicht. Das Nutzen der Inhalte ist, wie bereits mehrfach ausgeführt, nicht als Urheberrechtsverletzung zu bewerten, da entwe-

---

234 *Zech*, ZUM 2014, 3 (5).
235 *Zech*, ZUM 2014, 3 (6 f.).

der gar keine Vervielfältigungsstücke entstehen oder aber diese aufgrund einschlägiger Schrankenregelungen gerechtfertigt sind. Während die Streaming-Modelle bei der (Abo-)Miete in den meisten Fällen dem On-Demand-Streaming (interaktives Streaming) zuzuordnen sind – dabei kann eine auf dem Server bereitgehaltene Datei zu einer beliebigen Zeit durch den Nutzer aufgerufen werden (Unicast) –, kommen beim Modell des freien Zugangs vermehrt auch Live-Streamings (lineares Streaming) zum Einsatz: Ein Server sendet dann den Datenstrom zu einer bestimmten Zeit an beliebig viele Empfänger (Multicast).[236] Beim Live-Streaming befindet sich die Datei darüber hinaus nicht schon auf dem Server, sondern wird mit einer konstanten Rate auf den Server übertragen.[237] Beim Near-on-Demand-Streaming als Zwischenform der beiden aufgeführten Streaming-Formen wartet der Nutzer auf den Beginn eines von mehreren fest vorgegebenen Zeitintervalls.[238]

c. Zusammenfassung

Bei einem Vergleich der verschiedenen Vertriebsmodelle für digitale Kreativgüter fällt auf, dass nur der Erwerb und der Abo-Erwerb zu einem Besitz von Inhalten führt („Haben"). Bei allen anderen Modellen steht der reine Konsum im Vordergrund, ohne mittel- oder langfristig auf die Produkte zugreifen zu können („Zugang"). In der analogen Welt hingegen spielt der reine Zugang der Verbraucher zu Kreativgütern – abgesehen von Bibliotheken und Videotheken – keine große Rolle. Dafür hat man aber mit dem Datenträger, auf dem sich die digitalen Inhalte befinden, einen tatsächlich greifbaren Gegenstand als Verkörperung zur Verfügung. Im Online-Bereich gibt es „nur" die durch Download erworbene Datei – das „Haben" beschränkt sich also auf Daten. Aus diesen Beobachtungen lässt sich ein schleichender Prozess der „Entkörperlichung"[239] ableiten: Aus der bislang üblichen Verbreitungsform von Werkexemplaren mittels körperlicher Datenträger – vor allem CDs und DVDs – entwickelte sich die Download-Möglichkeit digitaler Güter mit der Folge des Besitzes von Daten in Form von Computerdateien. Den letzten Schritt der Entkörperlichung stellt schließlich der reine Online-Zugang dar, bei dem der Konsum ohne jede bleibende Verkörperung im Mittelpunkt steht.

2. Anbieter für digitale Inhalte und ihre Vertriebsmodelle

Nach Darstellung der grundlegenden Vertriebsmodelle stellt sich unweigerlich die Frage, welche Anbieter denn nun welche digitalen Multimediainhalte mit

---

236 *Bullinger*, in: Wandtke/Bullinger (Hrsg.), UrhG, § 19a Rn. 34.
237 *Busch*, GRUR 2011, 496 (498).
238 *von Gerlach*, Die urheberrechtliche Bewertung des nicht-linearen Audio-Video Streamings im Internet, S. 52.
239 *Zech*, ZUM 2014, 3 (4).

II. Die Vertriebsmodelle

welchem Modell anbieten. Dabei kann unterschieden werden zwischen solchen Plattformen, die verschiedenartige Medienprodukte anbieten (Universalplattformen), und solchen, die sich auf eine bestimmte Werkart spezialisiert haben (spezialisierte Plattformen). Anbieter der Verlagsbranche werden dabei in der Regel als spezialisierte Plattformen angesehen.

a. Universalplattformen

Eine der größten und bekanntesten Plattformen ist der iTunes-Store[240] von Apple. Hier kann man auf viele verschiedene Multimediadateien – Musikwerke, Filmwerke, E-Books, Hörbücher und Computerspiele – zugreifen. Die digitalen Inhalte können gegen eine einmalige Bezahlung heruntergeladen werden und unterliegen daher dem Erwerbsmodell. Filme stehen alternativ auch mietweise zur Verfügung. Wie bei den meisten Filmanbietern kann der Film im Rahmen dieses Mietmodells innerhalb von einem Monat angesehen werden. Sobald er jedoch das erste Mal abgespielt wird, beginnt die Mietfrist[241] von 24 oder 48 Stunden. Google[242] bietet ebenfalls alle Digitalgüter mit dem Pay-per-Downloadmodell an, wobei für Musikwerke ebenfalls die Abo-Miete mittels Stream-to-rent verfügbar ist. Amazon[243] bietet Musikwerke, Filmwerke, Computerprogramme und -spiele sowie E-Books an, die allesamt im Erwerbsmodell heruntergeladen werden können. Für Filmwerke bietet der Dienst Amazon Instant Video darüber hinaus zwei weitere Modelle an: Für eine bestimmte Auswahl an Filmen und Serien gilt die Abo-Miete mittels Stream oder Download (für Amazon Prime-Kunden), für viele andere Produkte steht ein Mietmodell zur Verfügung. Vor allem Apple und Amazon verfolgen als Universalplattform eine simple Strategie: Es geht ihnen darum, die Kunden an sich zu binden – der Nutzer soll möglichst alle Produkte der „Familie" kaufen. Diese beiden Hersteller verkaufen nicht nur die digitalen Inhalte, sondern auch die entsprechende Hardware. So ist es nicht verwunderlich, dass die gekauften Produkte oftmals an die Hardware gekoppelt sind und auf anderen Endgeräten nicht abspielbar sind. Die Konsequenzen solcher geschlossenen Systeme bzw. „geschlossener Marktplätze"[244] zeigen sich dem Ersterwerber spätestens dann, wenn er die gekauften Güter weiterverkaufen will.

Saturn[245] bietet auf seiner Internetseite Filme, Musiktitel, Musikvideos und Hörbücher zum kostenpflichtigen Erwerb an, wobei die Filme alternativ auch gemietet werden können. Bei Media Markt[246] herrscht das gleiche System vor:

---

240 Online unter http://www.apple.com/de/itunes/features/.
241 Die Mietfrist wird oftmals fälschlicherweise als „Leihfrist" bezeichnet.
242 Online unter https://play.google.com/store.
243 Online unter http://www.amazon.de.
244 Vgl. zu diesem Begriff *Bäcker/Höfinger*, ZUM 2013, 623 (639).
245 Online unter http://www.saturn.de/.
246 Online unter http://www.mediamarkt.de/.

B. Der Erstvertrieb digitaler Güter

Musiktitel, Software, Computerspiele, E-Books und Hörbücher können zum dauerhaften Werkgenuss heruntergeladen werden (Erwerbsmodell), bei Filmen gibt es neben dieser Möglichkeit wiederum die Mietoption. Xbox[247] verfügt ebenfalls über eine breite Palette an digitalen Inhalten: Musikwerke können per Abo-Miete gestreamt oder per Download erworben werden, Filme und Fernsehsendungen sowie Computerspiele können gemietet oder ebenfalls per Download erworben werden. Auch speziellere Anbieter wie buecher.de oder 4Readers (sofortwelten)[248] vertrauen dem Erwerbsmodell. Auf Produkte für die Kreativbranche – also zur Weiterverwendung in eigenen Projekten oder Produktionen – hat sich gettyimages[249] konzentriert: Dort können Bilder, Videos und Musik heruntergeladen werden. Für Musikwerke[250] – sprich Soundeffekte, dynamische Instrumental- oder Hintergrundmusik – gilt das Mietmodell: Die Musikwerke können hier heruntergeladen werden, wobei die Nutzungsbedingungen sowohl zeitlich als auch örtlich beschränkt sind. Bei den Filmwerken wird – wie bei Fotowerken – zwischen lizenzpflichtigen („Rights Managed", RM) und lizenzfreien („Royalty Free", RF) Produkten unterschieden. Während die meist höherwertigen lizenzpflichtigen Videos dabei nach Verwendung berechnet und lizenziert werden (also zeitlich und örtlich begrenzt), können die lizenzfreien in der Regel für jede Anwendung und beliebig viele Projekte benutzt werden, wobei sich der Preis nach der Dateigröße richtet (also zeitlich und örtlich unbegrenzt). „Lizenzfrei" bezeichnet dementsprechend die Einräumung zeitlich, räumlich und inhaltlich uneingeschränkter Nutzungsrechte gegen eine Einmalzahlung[251] und nicht etwa das Ausbleiben einer Lizenzeinräumung bzw. -vereinbarung.

Der Anbieter divibib geht einen ganz anderen Weg: Er will mit seiner onleihe[252] die klassische Bibliothek im Internet fingieren. Um den Service zu nutzen, ist eine Mitgliedschaft in einer der an diesem Projekt teilnehmenden öffentlichen Bibliothek Voraussetzung. Dafür wird im Gegenzug der leihweise (also kostenlose) Zugriff auf digitale Bücher, Zeitungen, Zeitschriften, Hörbücher, Musik und Videos gewährt. Nach Ablauf der Mietfrist verfällt die Zugriffsmöglichkeit.[253] Der onleihe liegt also ein Abo-*Leih*modell zugrunde. Wie bei „echten" Bibliotheken gibt es jeweils nur eine begrenzte Auswahl an Werken und eine begrenzte Anzahl an Exemplaren. Stehen beispielsweise zwei Exemplare eines E-Books zur Verfügung und sind diese gerade an andere Nutzer verliehen, so ist der Ablauf der Leihfrist abzuwarten, bevor die Nutzung durch eine weitere Person möglich ist. Das gewählte Verleihmodell ist damit sehr restriktiv.

---

247 Online unter http://www.xbox.com/de-DE/#fbid=0nQKiRdc0wv.
248 http://www.buecher.de/; https://www.sofortwelten.de/.
249 Online unter http://www.gettyimages.de/.
250 Die Bilder werden aufgrund der herausragenden Bedeutung dieses Unternehmens für die Bilderbranche unter B. II. 2. b. hh. thematisiert.
251 *Fusbahn/Kötz*, IPRB 2013, 165 (165).
252 Online unter http://www.onleihe.net/.
253 Das System ist aber noch nicht ausgefeilt, wie die Tatsache zeigt, dass ein Zugriff bei Offline-Nutzung der Bücher auch länger möglich ist.

Jamba[254] stellt schließlich mit einer etwas außergewöhnlichen Produktpalette einen weiteren Sonderfall dar: Der Nutzer erhält – je nach gewähltem Paket – für eine wöchentliche Gebühr eine bestimmte Anzahl an digitalen Inhalten, die speziell für Handys und Smartphones konzipiert sind und von diesen mobilen Geräten direkt heruntergeladen werden können. Dabei stehen unter anderem Klingeltöne, Computerspiele und Videos zur Auswahl. Auch Musikstücke sind dank eines Pakets abonnierbar, diese können neben dem mobilen Gerät auch auf den Computer heruntergeladen werden. Nach Kündigung der Abo-Pakete kann der Nutzer weiter auf die Inhalte zugreifen. Insofern handelt es sich hierbei um einen Abo-Erwerbsdienst.

b. Spezialisierte Plattformen

Viele Anbieter haben sich auf eine bestimmte Werkart spezialisiert.

aa. Anbieter von Musikwerken

Wie gezeigt, bieten zahlreiche Anbieter von Universalplattformen auch Musikwerke zum Download gegen eine einmalige Bezahlung an. Zu dieser Gruppe zählt beispielsweise auch musicload[255]. Im Musikbereich sind darüber hinaus Abo-Mietmodelle mittels Streaming- und/oder Download-to-rent weit verbreitet, bei denen gegen Zahlung einer monatlichen Abogebühr oft unbegrenzt (Flatrate) – auch von mobilen Endgeräten – auf die digitalen Güter zugegriffen werden kann. Namentlich erfüllen die Plattformen napster, JUKE, Deezer, Rdio, simfy, Spotify, TIDAL, rara und WiMP[256] diese Voraussetzungen. Nach Ablauf des Abos kann der Nutzer die Musikstücke aber nicht mehr abspielen, wenn ein Download zuvor überhaupt möglich war. Die Dienste der genannten Anbieter werden auch „Freemium-Dienste" genannt, da es neben dem genannten Abonnement zum Teil auch ein kostengünstigeres Abonnement mit Einschränkungen oder sogar eine kostenlose werbefinanzierte Version des Dienstes gibt.[257]

Daneben existieren zahlreiche kostenlose Musik-Streaming-Dienste im Internet wie radio.de, last.fm, SoundCloud oder AUPEO![258], die den Nutzern einen freien Zugang ermöglichen. Diese Anbieter finanzieren sich meist durch Werbeanzeigen oder Audiowerbung, die durch Bezahlung eines monatlichen Beitrages vermieden werden können – dann entsteht eine Abo-Miete mittels Stream (z. B. Spotify).

---

254 Online unter http://www.jamba.de/hilfe/preise.
255 Online unter https://www.musicload.de/web/info.
256 Online unter http://www.napster.de/; http://www.myjuke.com/; https://www.deezer.com/; http://www.rdio.com; http://hello.simfy.de/; https://www.spotify.com/de/; http://tidal.com/de/try-now; https://rara.com/; http://wimp.de/.
257 *Bäcker/Höfinger*, ZUM 2013, 623 (624).
258 Online unter http://www.radio.de/; http://www.lastfm.de/; https://soundcloud.com/; https://www.aupeo.de/.

B. Der Erstvertrieb digitaler Güter

bb. Anbieter von Filmwerken

Neben den Anbietern von Universalplattformen, welche Filmwerke anbieten, gibt es zahlreiche auf Filmwerke spezialisierte Plattformen. So werden bei Maxdome und Videoload[259] Filme, TV-Serien, Dokumentationen etc. angeboten. Die digitalen Inhalte können hier sowohl mittels Mietmodell gestreamt, mittels Erwerbsmodell heruntergeladen oder aber zumindest bei Maxdome im Rahmen eines Pakets verfügbar gemacht werden, welches dem Abo-Mietmodell folgt. Bei Netflix, Snap und Watchever[260] wird ausschließlich auf die Abo-Miete gesetzt: Gegen eine monatliche Gebühr kann man beliebig viele Filme und Serien auf der Plattform streamen. Video Unlimited, Videociety und onlinefilm[261] offerieren sowohl das Erwerbs- als auch das Mietmodell.

Auch kostenlose Streaming-Dienste sind im Bereich der Filmwerke weit verbreitet, womit das Modell des freien Zugangs einschlägig ist. So findet der Nutzer auf Plattformen wie YouTube, MyVideo, clipfish, AMPYA, vimeo, Dailymotion, Putpat.tv oder tape.tv[262], aber auch bei den von Rundfunkanstalten und privaten Sendeunternehmen betriebenen Mediatheken (z. B. ARD, RTL oder Sat1[263]) eine große Auswahl an Filmen, Serien und Reportagen vor. Auch die bereits thematisierten Vodcasts werden den Nutzern von den jeweiligen Anbietern in aller Regel kostenlos angeboten. Dabei kam ursprünglich nur das Abo-Erwerbsmodell zum Einsatz, in der Zwischenzeit ist jedoch auch das reine Erwerbsmodell geläufig. Einen der unzähligen Vodcasts im Internet stellt etwa Bundeskanzlerin *Merkel*[264] zur Verfügung.

Anbieter von Filmwerken, die nicht dem Werkgenuss des Nutzers, sondern der weiteren Verarbeitung in eigenen Projekten oder Produktionen dienen, sind neben dem bereits als Universalplattform dargestellten gettyimages beispielsweise mauritius images, fotolia oder shutterstock[265]. Die angebotenen kurzen Filmbeiträge oder Animationen werden meist lizenzpflichtig oder lizenzfrei[266] angeboten, zum Teil gibt es aber auch nur lizenzfreie Videos. Das Vertriebsmodell bei den lizenzpflichtigen Videos mit ihren zeitlich und örtlich begrenzten Nut-

---

259 Online unter http://www.maxdome.de/so-gehts/preise; http://www.videoload.de/ueber-videoload/was-bietet-videoload.html#wbv.
260 Online unter https://www.netflix.com/getStarted?locale=de-DE; https://www.skysnap.de/crm/cms/de/so-gehts.jsp; http://www.watchever.de/.
261 Online unter http://www.sony.de/video-unlimited; http://www.videociety.de; http://www.onlinefilm.org/de_DE/support.
262 Online unter http://www.youtube.com/; http://www.myvideo.de/; http://www.clipfish.de/; http://www.ampya.com/; https://vimeo.com/; http://www.dailymotion.com/de; http://www.putpat.tv/; http://www.tape.tv/.
263 Online unter http://www.ardmediathek.de/; http://rtl-now.rtl.de/; http://www.sat1.de/video.
264 Online unter http://www.bundeskanzlerin.de/.
265 Online unter http://www.mauritius-images.com/; http://de.fotolia.com/; http://www.shutterstock.com/; die hauptsächlich von diesen Unternehmen angebotenen Bilder werden unter B. II. 2. b. hh. untersucht.
266 Vgl. zu diesen Begriffen die Ausführungen unter B. II. 2. a.

II. Die Vertriebsmodelle

zungsbedingungen entspricht am ehesten dem Mietmodell. Bei lizenzfreien Bildern mit ihren zeitlich und örtlich unbegrenzten Nutzungsbedingungen herrscht das Erwerbsmodell vor: Gegen eine einmalige Bezahlung – oft in einer eigenen Kunstwährung – erhält man ein dauerhaftes Nutzungsrecht. Bei Fotolia werden lizenzfreie Videos auch im Abo-Erwerbsmodell angeboten, so dass der Nutzer für jeden Monat ein bestimmtes Kontingent an Bildern zu einem festen Preis erhält. Nach Ablauf des Abonnements kann er weiterhin über die Bilder verfügen.

cc. Anbieter von Software

Entsprechend der Bedeutung von Computerprogrammen in der heutigen Zeit agieren sehr viele Anbieter im Internet. Der folgende Abschnitt kann daher nur einen ersten Überblick in diesen Bereich geben.

Zunächst gibt es diverse Portale, die Software verschiedenartiger Hersteller anbieten. So verfügen beispielsweise Heise Online, Chip oder Computerbild[267] über Computerprogramme aller Genres. Dabei handelt es sich zu einem sehr großen Teil um Freeware, also kostenlose Programme. Es taucht aber auch Shareware auf, also Programme, die nur vorübergehend kostenlos genutzt werden können oder die bestimmten Einschränkungen unterliegen. Daneben haben sich auch Portale etabliert, die kommerzielle Software offerieren, so beispielsweise softwareload oder notebooksbilliger[268]: Hier wird für gewöhnlich das Erwerbsmodell verfolgt.

Kostenpflichtige Computerprogramme werden häufig direkt über die Webseiten der Softwaresteller vertrieben (z. B. bei Adobe oder Lexware[269]). Dabei spielt das Erwerbsmodell mit Abstand die größte Rolle. Vermehrt treten jedoch Anbieter auf, die ihre Software zwar auch zum Download anbieten, dem allerdings ein Mietmodell zugrunde liegt, so dass nach Ablauf der Vertragsdauer kein Zugriff mehr auf das Computerprogramm erfolgen kann (Abo-Miete mittels Download-to-own). Ein bekannter Anbieter dieses Modells ist Microsoft[270] mit seinem Produkt Office, das diese neue Form neben dem Erwerbsmodell bewirbt. Oftmals wird der Nutzer somit vor die Entscheidung gestellt, ob er das Produkt für eine Einmalzahlung dauerhaft nutzen will oder nur für eine bestimmte Zeit gegen eine monatliche Bezahlung. Einen ganz anderen Weg gehen Unternehmen wie Haufe[271]: Hier ist kein Download mehr nötig, sondern man erhält eine zeitlich begrenzte Zugriffsmöglichkeit auf die sich in der Cloud befindliche Software. Dieser Dienst beruht auf einer Abo-Miete mittels Streaming. Dahinter steckt

---

267 Online unter http://www.heise.de/download/; http://www.chip.de/Downloads_13649224.html; http://www.computerbild.de/downloads/.
268 Online unter http://www.softwareload.de/; http://www.notebooksbilliger.de/software/software+downloads.
269 Online unter http://www.adobe.com/de/; http://shop.lexware.de/Sitemap.
270 Online unter http://office.microsoft.com/de-de/buy/microsoft-office-produkte-vergleichen-FX102898564.aspx.
271 Online unter http://shop.haufe.de/.

B. Der Erstvertrieb digitaler Güter

meist das Modell SaaS als Ausprägung des Cloud-Computing: Unternehmen bieten ihren Nutzern an, Software-Applikationen auf ihre Rechner auszulagern. Der Nutzer kann die entsprechenden Programme dann über seinen Internetbrowser aufrufen.[272] Dieses Prinzip findet immer mehr Anhänger sowohl auf Seiten der Unternehmen als auch auf Seiten der Nutzer. So wird dieses Modell auch beispielsweise bei 1&1[273] für die Erstellung eigener Homepages praktiziert.

Apps für Smartphones und Tablets – aber auch für PCs und Konsolen – werden gewöhnlich direkt über das Endgerät aus dem Downloadshop des Herstellers heruntergeladen. Auch hier kommt das Erwerbsmodell zum Einsatz, soweit die Programme nicht kostenlos (dann meist werbefinanziert) bereitgehalten werden. Bei den kostenlosen Apps werden zumeist auch App-Erweiterungen beworben, die kostenpflichtig sind. Die bekanntesten App Stores sind dabei der mit dem Apple iTunes Store zusammenhängende App Store und der von Google betriebene Google Play Store. Wie bereits zuvor dargestellt, unterliegen Apps geschlossenen Systemen und Vertriebsmodellen, die von den Betreibern der App-Stores, die gleichzeitig auch die Anbieter der mobilen Betriebssysteme sind, beherrscht werden (insb. von Apple und Google). Die Betreiber stellen dabei nicht nur ihre Plattform mit einem Provisionsmodell zur Verfügung, sondern entscheiden auch darüber, welche Apps oder Erweiterungen überhaupt zugelassen werden und geben die Nutzungs- und Lizenzbedingungen vor.[274]

dd. Anbieter von Computerspielen

Ein großes Spieleportal ist Gamesload der Telekom[275]: Hier können Computerspiele mittels Download-to-own erworben werden, der Nutzer kann aber auch einen Abo-Mietdienst mittels Streaming-Verfahren in Anspruch nehmen, bei dem er für die Dauer des Abonnements Nutzungsrechte an bestimmten „Game Packs" erhält. Daneben laden bei Gamesload zahlreiche kostenlose Online- und Browsergames zum Spielen ein, was dem Modell des freien Zugangs entspricht. Die Portale Steam oder auch Big Fish[276] stellen Computerspiele zum Erwerb zur Verfügung, dazu gibt es einige kostenlose Spiele. Die Hersteller von Computerspielen bieten ihre Spiele in der Regel auch auf ihren Webseiten zum Erwerb per Download an (z. B. EA mit ihrem Shop Origin oder Ubisoft mit ihrem Shop uplay).[277] Diese heruntergeladenen Spiele funktionieren jedoch nur, wenn der Nutzer eine bestimmte Software des Herstellers herunterlädt und ein entsprechendes Nutzerkonto einrichtet.

---

272 *Stögmüller*, in: Leupold/Glossner (Hrsg.), MAH IT-Recht, Teil 5 Rn. 330.
273 Online unter http://homepage.1und1.de/#top.
274 *Klinger*, in: Oelschlägel/Scholz (Hrsg.), Handbuch Versandhandelsrecht, Kap. 4 Rn. 90.
275 Online unter http://www.gamesload.de/.
276 Online unter http://store.steampowered.com/; http://www.bigfishgames.de/.
277 Online unter https://www.origin.com/de-de/store/; http://shop.ubi.com/store/ubiemea/de_DE/home/ThemeID.8605700.

II. Die Vertriebsmodelle

Immer größerer Beliebtheit erfreuen sich Online-Spiele, die zum Teil im Internetbrowser gespielt werden können. Dabei gibt es zunächst viele Anbieter, die recht einfach gehaltene Spiele mittels freien Zugangs anbieten (z. B. online unter jetztspiele.de, fettspielen.de oder spielen.de). Während diese Spiele zumeist werbefinanziert sind, muss man sich bei Anbietern von anspruchsvolleren Spielen für gewöhnlich mit einem Benutzerkonto anmelden. Dabei gibt es sowohl kostenlose Abonnements als auch kostenpflichtige Premium-Accounts, was beides eine Abo-Miete verkörpert. Bei den kostenlosen Abonnements handelt es sich aber auch oft um Freemium-Modelle: Die Abonnements sind zwar zunächst kostenlos, zusätzliche Leistungen als sog. „In-App-Käufe" sind jedoch kostenpflichtig.[278] Etabliert haben sich in diesem Zusammenhang beispielsweise die Plattformen InnoGames oder Bigpoint[279]. Bestimmte Online-Spiele werden des Weiteren auch über soziale Plattformen wie Facebook offeriert (z. B. Farmwille).

Eine Vielzahl von Computerspielen gibt es auch als Apps auf Smartphones oder Tablets. Sehr viele dieser Spiele werden kostenlos zur Verfügung gestellt, wobei die Zusatzinhalte nur kostenpflichtig zugänglich sind. Für den zuvor bereits eingeführten Begriff der In-App-Käufe finden hier auch gerne synonym die Bezeichnungen „In-game-Advertising" oder „Item-Selling" Verwendung. Ein Beispiel für ein solches Freemium-Spiel ist das von EA entwickelte Spiel „The Simpsons Tapped Out": Dort kann sich der Nutzer zwar virtuelle Dollar im Spielverlauf ohne jede Zuzahlung verdienen, will der Nutzer aber spezielle Bauelemente platzieren oder neue Geschöpfe ins Spiel einführen, um das Spiel zu beschleunigen oder sich Vorteile zu verschaffen, so sind die dafür notwendigen Donuts als Premium-Währung nur gegen Zahlung eines tatsächlichen Entgelts verfügbar.[280] Diese In-App-Käufe waren jüngst Anlass und Gegenstand einer zweitätigen Konferenz der Europäischen Kommission, da nach Schätzungen von App-Analysten über 90 Prozent des weltweiten App-Umsatzes darauf zurückzuführen ist.[281]

Auch Computerspiele für Spielekonsolen wie die Playstation, die Xbox oder die Wii können per Download erworben werden. Auf den jeweiligen Webseiten der Hersteller der Konsolen können die Spiele direkt mittels Abo-Erwerb auf den PC heruntergeladen werden,[282] hinsichtlich der Wii ist ein Download nur direkt von der Konsole aus möglich. Über allgemeine Anbieter wie Gamesrocket[283] können die Spiele ebenfalls per Download erworben werden.

---

278 *König/Sieger*, Magazin für professionelle Informationstechnik (iX) 02/2014, 138.
279 Online unter http://www.innogames.com/de/; http://bigpoint.net/de/games/.
280 *König/Sieger*, Magazin für professionelle Informationstechnik (iX) 02/2014, 138.
281 *Becker*, Heise online v. 27.2.2014, online unter http://heise.de/-2126531.
282 Online unter http://www.xbox.com; https://www.playstation.com/de-de/.
283 Online unter http://www.gamesrocket.de/.

B. Der Erstvertrieb digitaler Güter

ee. Anbieter von E-Books

Bei den großen deutschen Buchhändlern (Hugendubel, Weltbild, Der Club Bertelsmann und Thalia)[284] kann man direkt über deren Webseiten elektronische Bücher in der Erwerbsform herunterladen. Zu diesem Zweck haben sie auch einen gemeinsamen E-Reader namens Tolino herausgebracht, auf dem die E-Books gelesen werden können.[285] Einzig bei Thalia[286] können neben E-Books auch Hörbücher mittels Erwerb heruntergeladen werden. Weitere Online-Shops für E-Books mit diesem Modell sind kobo, ´txtr, Ciando und PaperC[287], darüber hinaus werden auf den Plattformen von eBook.de, Buch.de, XinXii, wittwer und claudio[288] auch noch Hörbücher zum Erwerb als Download angeboten. Bei PaperC[289] kann der Nutzer die E-Books alternativ auch nur für eine bestimmte Zeit mieten.

Ganz dem Abo-Mietmodell verschrieben hat sich Skoobe[290], bei dem nur das Mieten von elektronischen Büchern möglich ist. Hier wird der entgeltliche, zeitlich begrenzte Zugriff auf unbegrenzt viele E-Books (Flatrate-Modell) ermöglicht. Je nach Tarif kann der Nutzer dabei drei, fünf oder 15 Bücher gleichzeitig mieten. Das gleiche Geschäftsmodell sieht Kindle Unlimited[291] von Amazon vor, welches aus den Vereinigten Staaten „importiert" wurde: Hier können für einen festen monatlichen Beitrag maximal zehn E-Books gleichzeitig gemietet werden. Bei beiden Anbietern ist die Anzahl an Buchtiteln ansonsten unbegrenzt. Auch Safari Book Online[292] geht den Weg der Abo-Miete, hat sich aber auf Weiterbildungsressourcen spezialisiert und versteht sich als Online-Bibliothek. Schließlich gibt es bei vielen Anbietern hin und wieder elektronische Bücher, die – meist zu Werbezwecken – dauerhaft heruntergeladen werden können (z. B. bei Beam[293]).

---

284 Online unter http://www.hugendubel.de/rubrik/start/ebooks/24/; http://www.weltbild. de/1/1000000/ebooks.html; http://www.derclub.de/k/ebooks?tsc1=navi_eBooks; http://www.thalia.de/shop/ebooks.
285 Eine Übersicht der verschiedenen Modelle kann eingesehen werden unter http://www.tolino.de/de/service.
286 Online unter http://www.thalia.de/shop/hoerbuch-download-start/show/?flyout=b_HProzentF6rbProzentFCcher_HProzent26oumlProzent3Brbuch-DownloadsProzent3CProzent2Fh-2Prozent3E&hkkat=hoerbuch.
287 Online unter http://store.kobobooks.com/; http://de.txtr.com/; http://www.ciando.com/; http://paperc.de/.
288 Online unter http://www.ebook.de/; http://www.buch.de; http://www.xinxii.com/; https://www.wittwer.de/shop/action/?aUrl=90009134; http://www.claudio.de/.
289 Online unter http://paperc.de/.
290 Online unter https://www.skoobe.de/become-a-member.
291 Online unter http://www.amazon.de/b?ie=UTF8&node=4826026031.
292 Online unter http://www.safaribooksonline.de/.
293 Online unter http://www.beam-ebooks.de/kostenlos.php5.

II. Die Vertriebsmodelle

Nachdem zunächst nur im europäischen Ausland vereinzelt Streaming-Dienste für E-Books am Markt vertreten waren (z. B. 24symbols[294]), ist mit Readfy[295] auch der erste deutsche Streaming-Dienst an den Start gegangen. Dabei handelt es sich (noch) um ein kostenloses Flatrate-Angebot, das sich über Werbeeinblendungen beim Lesen finanziert. Da ein Account notwendig ist, folgt dieser Dienst nicht dem Modell des freien Zugangs, sondern der (kostenlosen) Abo-Miete mittels Streaming.

ff. Anbieter von E-Papers und E-Journals

Für E-Papers und E-Journals haben sich drei Vertriebswege herauskristallisiert. Grundsätzlich können dabei immer sowohl einzelne Ausgaben erworben als auch Abonnements abgeschlossen werden. Zum einen werden die Produkte über die verlagseigene Webseiten bzw. Abo-Shops angeboten. Dabei arbeiten die meisten Verlage (z. B. die Süddeutsche Zeitung oder die Frankfurter Allgemeine Zeitung[296]) mit dem Abo-Mietmodell: Für einen feststehenden monatlichen Beitrag kann der Nutzer auf die aktuellen Zeitungen zugreifen und diese zum Teil herunterladen oder ausdrucken. Sofern das Abo nicht mehr besteht, entfällt auch die Zugriffsmöglichkeit. Zum Teil ist jedoch auch ein Zugriff auf eine einzelne Ausgabe möglich, die dann im Erwerbs-verfahren abgerechnet wird.

Daneben gibt es immer mehr digitale Zeitschriftenkioske, sog. E-Paper-Shops, die verlagsübergreifend elektronische Zeitungen und Zeitschriften zur Verfügung stellen. Dazu zählen beispielsweise PresseKatalog, OnlineKiosk oder iKiosk[297]. Diese folgen dem Erwerbsmodell, soweit eine einzelne Ausgabe heruntergeladen wird, oder aber dem Abo-Erwerb, wenn das Abonnement für mehrere Ausgaben oder einen bestimmten Zeitraum abgeschlossen wird. Nach Ablauf des Abonnements stehen die Inhalte weiterhin zur Verfügung. Beim Onlinekiosk werden darüber hinaus zahlreiche E-Books und Audiobooks im Erwerbsverfahren angeboten, beim iKiosk sind die einzelnen Zeitungs- oder Zeitschriftenausgaben auch auf der gleichnamigen App abrufbar.

Schließlich können E-Papers und E-Journals auch über Apps auf den mobilen Endgeräten abgerufen werden. Hier muss wiederum differenziert werden: Viele Verlage bieten eigens entwickelte Apps an, über die dann per In-App-Käufen die entsprechenden Inhalte heruntergeladen werden können (z. B. die Süddeutsche Zeitung). Daneben gibt es Apps von den Smartphoneherstellern selbst, in denen

---

294 Online unter http://www.24symbols.com/.
295 Online unter https://www.readfy.com/.
296 Online unter https://service.sueddeutsche.de/lesermarkt/digitale-sz/index.html?wt=OHTD; http://www.faz.net/e-paper/.
297 Online unter http://www.pressekatalog.de/epaper.htm, https://www.onlinekiosk.de/, http://www.ikiosk.de/.

B. Der Erstvertrieb digitaler Güter

alle ebenfalls als Apps verfügbare Zeitungen oder Zeitschriften aufgelistet sind, damit diese leichter gefunden werden können (z. B. Zeitungskiosk von Apple[298]).

gg. Anbieter von Hörbüchern

Zunächst können Hörbücher direkt von den Webseiten der zahlreich existierenden Hörbuchverlage heruntergeladen werden. Dabei wird in der Regel das Erwerbsmodell verwendet. Beispiele für Hörbuchverlage mit eigenen Downloadshops sind Audiobuch oder Hörcompany[299]. Das Amazon-Unternehmen Audible[300] hat sich auf den Vertrieb von Hörbüchern spezialisiert. Der Nutzer kann hier wählen zwischen dem Erwerbsmodell, bei dem einzelne Hörbücher auf unbestimmte Zeit gegen eine einmalige Gebühr heruntergeladen werden, oder einem Abonnementdienst, bei dem ein monatlicher Beitrag anfällt und im Gegenzug ein Hörbuch pro Monat heruntergeladen werden darf. Nach Ablauf des Abonnements stehen die Hörbücher aber weiter zur Verfügung, so dass ein Abo-Erwerb vorliegt. Geläufiger ist jedoch das Erwerbsmodell bei Hörbüchern. Neben den unter Musikwerke und E-Books bereits dargestellten Shops – Hörbücher werden häufig gemeinsam mit E-Books und bzw. oder Musik vertrieben – können an dieser Stelle Hoerspiel, Argon und hoerkiosk[301] genannt werden. Auf Hörbücher für Kinder und Jugendliche hat sich z. B. hoerstern[302] spezialisiert. Während zahlreiche Anbieter neben den entgeltlichen auch unentgeltliche Werke anbieten, gibt es bei vorleser.net[303] ausschließlich kostenlos zum Download bereitstehende Hörbücher. Dabei werden oftmals literarische Werke vorgetragen, deren Autoren seit über 70 Jahren tot sind, so dass keine Urheberrechte mehr an ihnen bestehen. Bei Napster[304] hat der Nutzer inzwischen nicht nur mittels Abo-Miete Zugriff auf Musik, sondern auch auf eine große Anzahl an Hörbüchern.

hh. Anbieter von Fotos und Bildern

Fotos und Bilder werden in aller Regel von Fotoagenturen im Internet zum Download in der Erwerbsform angeboten. Relevant für die vorliegende Arbeit ist insbesondere die Stock-Fotografie, bei der im Gegensatz zur Auftragsfotografie[305] Bilder auf Vorrat produziert werden. Während bei Macrostock-Agenturen die Preise oft erst bei 100 Euro anfangen, zeichnen sich die immer beliebter werdenden Micro-Stock-Agenturen dadurch aus, dass sie eine riesige Auswahl

---
298 Online unter https://itunes.apple.com/de/genre/ios-zeitungskiosk/id6021?mt=8.
299 Online unter http://audiobuch.hoebu.de/?lang=de, http://hoercompany.hoebu.de/?lang=de.
300 Online unter http://www.audible.de/.
301 Online unter https://www.hoerspiel.de/hoerspiel/; http://argon.hoebu.de/; http://www.hoerkiosk.de/.
302 Online unter http://www.hoerstern.de/.
303 Online unter http://www.vorleser.net/.
304 Online unter http://www.napster.de/.
305 Z. B. bei mauritius pictures, online unter http://www.mauritius-images.com/.

an Bildern – auch von Amateurfotografen – zum kleinen Preis anbieten. Oftmals wird zwischen lizenzpflichtigen und lizenzfreien[306] Bildern unterschieden.

Die bekanntesten Macrostock-Agenturen sind Getty Images und Corbis[307] als global player der Branche, aber es gibt viele weitere wie beispielsweise mauritius images, F1online, plainpicture oder Picture Press[308]. In der Regel werden von diesen Anbietern sowohl lizenzpflichtige als auch lizenzfreie Bilder angeboten. Das Vertriebsmodell bei den lizenzpflichtigen Bildern mit ihren zeitlich und örtlich begrenzten Nutzungsbedingungen entspricht am ehesten dem Mietmodell. Oftmals betrifft die zeitliche Beschränkung eine ganz bestimmte Nutzungsart, zum Teil werden die Bilder aber auch für einen längeren Zeitraum (z.B. ein Jahr) angeboten. Der Preis variiert dabei je nach Verwendung. Corbis bietet darüber hinaus eine Abo-Miete an, die auf dem Download-to-rent-Verfahren beruht. Für eine feste monatliche Gebühr kann eine bestimmte Anzahl an lizenzpflichtigen Bildern heruntergeladen werden. Bei lizenzfreien Bildern mit ihren zeitlich und örtlich unbegrenzten Nutzungsbedingungen herrscht das Erwerbsmodell vor: Gegen eine einmalige Bezahlung – oft in einer eigenen Kunstwährung – erhält man ein dauerhaftes Nutzungsrecht. Zum Teil werden lizenzfreie Bilder auch im Abo-Erwerbsmodell angeboten. In diesen Fällen gibt es pro Monat ein bestimmtes Kontingent an Bildern zu einem festen Preis, wobei nach Ablauf des Abonnements die Bilder weiter zur Verfügung stehen. Aktuell geht Getty Images ganz neue Wege und bietet einen kostenlosen Bilder-Streaming-Dienst für private Webseiten und Blogs an.[309] Dabei muss im Quellcode der Webseite oder des Blogs ein entsprechender Einbettungscode eingegeben werden, wodurch das Bild beim Abruf über den Browser angezeigt wird. Dieses Angebot lässt sich dem Modell des freien Zugang zuordnen, da der Nutzer keinen Account erstellen muss.

Daneben gibt es jede Menge Microstock-Agenturen wie Fotolia, Shutterstock oder Dreamstime[310], die ihre Bilder im Internet anbieten. Zudem befinden sich spezialisierte Bilderagenturen wie News-Bildagenturen (z.B. picture alliance oder reuters pictures[311]) oder auf bestimmte Themen zugeschnittene Agenturen (z.B. StockFood für Lebensmittel oder ARTUR IMAGES für Architektur[312]) auf dem Markt. Die Zugriffsmöglichkeiten auf die Dateien ähneln dabei denen der Makrostock-Agenturen. Lizenzpflichtige Bilder werden von diesen Agenturen meist jedoch nicht angeboten.

---

306 Vgl. zu diesen Begriffen die Ausführungen unter B. II. 2. a.
307 Online unter http://www.gettyimages.de/, http://www.corbisimages.com/.
308 Online unter http://www.mauritius-images.com/, http://www.f1online.de/de/, http://www.plainpicture.com/de/, http://www.picturepress.de/.
309 Online unter http://www.gettyimages.de/Creative/Frontdoor/embed.
310 Online unter http://de.fotolia.com/, http://www.shutterstock.com/, http://www.dreamstime.com/.
311 Online unter http://www.picture-alliance.com/, http://pictures.reuters.com/.
312 Online unter http://www.stockfood.de/, http://arturimages.com/.

B. Der Erstvertrieb digitaler Güter

c. Beurteilung

Beim Blick auf die einzelnen Anbieter digitaler Güter wird insbesondere die Bedeutung der Erwerbsdienste deutlich. Vor allem bei den Universalplattformen, auf die sehr viele Nutzer zugreifen, ist das etablierte Erwerbsmodell mittels Download nicht wegzudenken, aber auch bei vielen spezialisierten Plattformen spielt es eine wichtige Rolle. Auffällig ist zudem der rasante Aufstieg der Stream-Modelle, sei es im Rahmen des einfachen Mietmodells oder der Abo-Miete. Die Mietmodelle werden dabei nicht selten alternativ zu den Erwerbsmodellen angeboten. Aber auch das Modell des freien Zugangs erlebt gerade – trotz seiner Unentgeltlichkeit – im Musik- und Filmbereich, aber auch durch Getty Images im Bilderbereich einen weiteren Aufschwung: Die Geschäftsmodelle sehen dabei unter anderem vor, durch Werbeeinblendungen Geld zu verdienen. Wenig vertreten ist einzig der Abo-Erwerb, bei dem die heruntergeladenen Werke auch nach Ablauf des Abonnements noch genutzt werden können und dürfen. Hinsichtlich der spezialisierten Plattformen fällt auf, dass das verwendete Modell oft von der Werkart abhängt. So finden sich insbesondere bei Anbietern für Musik- und Filmwerke viele Abo-Mietdienste mittels Stream-to-rent, während E-Books und Fotos eher dem Erwerbsmodell unterliegen. Gerade bei E-Books lässt sich das gut damit erklären, dass hier ein nur kurzfristiger Zugriff dem beim Lesen so wichtigen Genussfaktor widerspricht. Computerprogramme, Computerspiele, die Produkte der Verlagsbranche und Fotos unterliegen meist dem Erwerbsmodell, wobei auch bei diesen Produkten die Mietdienste zunehmend Bedeutung erfahren.

Die Nutzer digitaler Kreativgüter gehören demnach zwei verschiedenen Lagern an: Einem großen Teil ist der tatsächliche Besitz von digitalen Gütern wichtig. Es geht diesem Personenkreis um die endgültige Verschaffung der Nutzungsmöglichkeit. Einem immer größer werdenden Teil der Nutzer geht es jedoch um den kurzfristigen Werkgenuss.[313] Dieser Personenkreis nimmt die bloß zeitweise Verschaffung der Benutzungsmöglichkeit in Kauf und genießt dafür den Vorteil, mit geringem Aufwand und verhältnismäßig geringen Kosten auf einen großen Fundus an Werkstücken zugreifen zu können. Downloadshops hingegen ermöglichen den Erwerb auch sehr aktueller und möglicherweise spezieller Werkstücke fernab vom Mainstream und sorgen für eine größere Verfügungsbefugnis des Berechtigten, der Preis dafür liegt jedoch um ein Vielfaches höher als bei Mietdiensten. Denn während die Mietangebote meist zwischen fünf und zehn Euro pro Monat liegen, muss der Nutzer fürs „Behaltendürfen" beispielsweise bei Musikstücken pro Titel bis zu 1,30 Euro, pro Album 12 Euro, bei Filmwerken gar bis zu 17 Euro bezahlen.

Als Ergebnis bleibt damit ein zwiespältiges Nutzerverhalten – dauerhafter vs. kurzfristiger Werkgenuss – zu konstatieren, auf das die Anbieter digitaler Kre-

---

313 Vgl. auch *Bäcker/Höfinger*, ZUM 2013, 623 (623).

II. Die Vertriebsmodelle

ativgüter selbstredend mit der Entwicklung neuer Vertriebsmodelle Rücksicht nehmen. Insgesamt bewahrheitet sich damit die seinerzeit etwas „gewagte" These von *Rifkin*, der schon zu Beginn des Jahrtausends die zunehmende Bedeutung des Zugangs zu Gütern und Dienstleistungen in der vernetzten Welt als Alternative zum Kauf und langfristigen Besitz hervorgehoben hat:[314] „Ein Abonnent, ein Mitglied oder ein Kunde zu sein, wird ebenso wichtig wie Eigentum. Zugriffsmöglichkeiten bestimmen den Status."[315] *Rifkin* hat damit schon sehr früh die Zeichen der Zeit erkannt.

Fraglich ist allerdings, ob das Stream-Modell das Erwerbsmodell mit der Zeit vollständig verdrängen kann. So sank in den USA der Absatz von Downloadmusik im Jahr 2013 aufgrund der Streaming-Dienste erstmals seit zehn Jahren um 5,7 Prozent.[316] Im Jahr 2014 hat sich die Zahl gestreamter Musiktitel um mehr als 50 Prozent erhöht, während die Zahl der kommerziellen Song-Downloads um zwölf Prozent gesunken ist.[317] Eine Ersetzung der alten durch die neuen Medien ist aber nicht zu erwarten, da zwei unterschiedliche Arten kultureller Praxis mit jeweils eigenem Publikum bestehen, die nebeneinander existieren können.[318] Für bestimmte Personengruppen – oder aber für größere Unternehmen – wird weiterhin eine jederzeitige Verfügbarkeit ohne zeitliche Begrenzung wichtig sein, so dass die Erwerbsmodelle vermutlich auf absehbare Zeit ihren Platz finden werden.[319] Darüber hinaus gibt es auch immer mehr kritische Stimmen auf Seiten der Künstler selbst, die ihre (künstlerische) Existenz durch zu geringe Einnahmemöglichkeiten bei Streaming-Diensten bedroht sehen.[320]

3. Bedeutsamkeit für den Untersuchungsgegenstand

Die Darstellung der diversen Vertriebsmodelle und der Anbieter digitaler Kreativgüter diente dazu, einen allgemeinen Überblick über diesen großen und undurchsichtigen Markt zu erlangen. Zugleich wurde die faktische und zum Teil auch rechtliche Natur des Leistungsaustausches deutlich. Es darf jedoch nicht aus den Augen verloren werden, dass es bei dieser Arbeit im Kern um die Zweitverwertung von Multimediadateien geht. Insofern bedarf es der Klärung, welche der beschriebenen Vertriebsmodelle für die rechtliche Zulässigkeit der Weitergabe dieser Dateien von Relevanz sind.

Die nachfolgende Tabelle fasst die einzelnen Vertriebsmodelle nochmals in einem Schema zusammen. Daran lässt sich ablesen, auf welcher technischen

---

314 *Rifkin*, Access. Das Verschwinden des Eigentums, S. 35.
315 *Rifkin*, Access. Das Verschwinden des Eigentums, S. 151.
316 dpa, Heise online v. 4.1.2014, online unter http://heise.de/-2075065.
317 *Knappmann*, SZ v. 2.1.2015, S. 25.
318 Vgl. dazu auch *Boie/Müller*, SZ v. 23.8.2014, S. 16; so auch *Redeker*, CR 2014, 73 (78), der das Streaming-Modell nur als Ergänzung ansieht.
319 *Redeker*, CR 2014, 73 (78).
320 *Byrne*, SZ v. 5.11.2013, S. 11.

B. Der Erstvertrieb digitaler Güter

Grundform die jeweiligen Vertriebsmodelle beruhen und wie lange eine Nutzung der Güter möglich ist. Darüber hinaus werden Angaben zur Entgeltlichkeit und der Bedeutung für einzelne digitale Inhalte gemacht. Die onleihe als Ausnahmeerscheinung des reinen Leihmodells wird dabei außen vor gelassen.

		Erwerb	Abo-Erwerb	Mietmodell	Abo-Miete	Freier Zugang
Grundmodell		Download-to-own	Download-to-own	Download-to-rent oder Stream-to-rent	Download-to-rent oder Stream-to-rent	Stream-to-rent
Nutzungsdauer		zeitlich unbegrenzt	zeitlich unbegrenzt	zeitlich begrenzt: meist wenige Tage	zeitlich begrenzt: entspricht Abo-Dauer	zeitlich begrenzt: solange verfügbar
Entgelt		i. d. R. entgeltlich	Entgeltlich	entgeltlich	i. d. R. entgeltlich	unentgeltlich
Produkte		alle Produkte	E-Papers, E-Journals, Audiobooks, Bilder	Filme, Bilder	alle Produkte (außer Audiobooks, Fotos)	Musik, Filme

Abb. 1: Der Online-Vertrieb digitaler Güter

Bei den Erwerbsmodellen – also dem reinen Erwerb und dem Abo-Erwerb – verbleiben dem Anbieter nach der Übertragung der Multimediadateien keine Zugriffsrechte auf die vom Erwerber erstellten Vervielfältigungsstücke. Der Endnutzer kann die Dateien also mit den Einschränkungen, die sich aus den jeweiligen Lizenzbedingungen ergeben und auf die später noch näher einzugehen ist, nach eigenem Belieben selbst nutzen. Hier kann angesetzt und die Frage gestellt werden, ob der Erwerber die Dateien an andere Personen übertragen kann.

Die Nutzungsrechte des Endnutzers über die digitalen Inhalte im Rahmen der Mietdienste – also dem reinen Mietmodell und der Abo-Miete – sind zeitlich auf die Beendigung des Abonnements begrenzt. Soweit dabei das Stream-to-rent-Modell verwendet wird, besteht mangels Zugangs gar keine Zugriffsmöglichkeit mehr auf die Werkstücke. Bei Verwendung des Download-to-rent-Verfahrens liegt möglicherweise auch nach Ablauf der Mietfrist noch eine physische Kopie bestimmter Werkstücke auf dem Speichermedium des Nutzers vor. Da der Anbieter der Plattform aber regelmäßig durch technische Mittel sicherstellt, dass der Kunde die Dateien nach Beendigung des Abos nicht mehr nutzen kann, ist ein Abspielen der heruntergeladenen Dateien im Nachhinein nicht mehr möglich. Der Nutzer kann also nichts mehr mit den Dateien anfangen. Eine Weitergabe macht daher selbstredend wenig Sinn. Die Möglichkeit der Weitergabe der Dateien noch während eines bestehenden Abonnements wird auch nicht weiter untersucht, da selbst bei einer zulässigen und umsetzbaren Weitergabe des Zugangs nach Ablauf des Abonnements auch die zweite Person keinen Zugriff mehr auf die Multimediadateien hat.[321]

Beim Modell des freien Zugangs kann der Endnutzer lediglich auf die Inhalte im Internet zugreifen. Es erfolgt kein Download, er selbst „besitzt" die Dateien also zu keiner Zeit. Unabhängig davon kann aufgrund der freien Zugänglichkeit jeder kostenlos auf die Inhalte zugegriffen werden, so dass eine Weitergabe ohnehin wenig Sinn ergeben würde. Eine Weitergabe muss beim Modell des freien Zugangs damit nicht weiter untersucht werden.

Im Ergebnis spielt damit die Weitergabe digitaler Inhalte beim flüchtigen Werkgenuss, dem die Mietmodelle und das Modell des freien Zugangs zugrunde liegen, keine Rolle. Stattdessen sind nur die beiden Erwerbsmodelle für den Untersuchungsgegenstand dieser Arbeit von Bedeutung. Denn nur in diesen Fällen des dauerhaften Werkgenusses besteht zumindest die Möglichkeit, dass der Endnutzer die Befugnis hat, über die Multimediadateien frei zu verfügen, was sich in Form einer Weitergabe niederschlagen kann. Bevor die Weitergabe selbst ins Zentrum der rechtswissenschaftlichen Untersuchung rückt, muss allerdings zunächst geklärt werden, wie sich die sachen-, lizenz- und schuldrechtlichen Verhältnisse zwischen Anbieter und Endnutzer bei einem Erwerbsvorgang darstellen.

III. Der Online-Erwerb aus rechtlicher Sicht

Wie sieht die Übertragung digitaler Inhalte im Online-Verkehr in Deutschland aus? Beim „digitalen" Erwerbsvorgang – also der Online-Übertragung digitaler Güter mittels Download – spielen im Wesentlichen lizenz- und schuldrechtliche Fragestellungen eine Rolle. Dennoch kann das Sachenrecht nicht ganz außer Acht gelassen werden. Dies kann schon allein daran abgelesen werden, dass alle Vertragstypen des BGB eine *Sache* als Vertragsgegenstand voraussetzen.

1. Sachenrechtliche Erwägungen

Ausgehend von der Eigentumsübertragung beim klassischen Erwerbsvorgang mittels Datenträgern, wird erläutert, ob auch an Daten Eigentum erlangt werden

---

321 Die Weitergabe des Zugangs zu Multimediadateien, sprich die Weitergabe der personalisierten Zugangs- oder Account-Daten, untersuchen folgende Autoren eingehend: *Büchner*, Die rechtlichen Grundlagen der Übertragung virtueller Güter, S. 104 ff.; *Gräber*, Rechte an Accounts und virtuellen Gütern, S. 155 ff.; *Rauda*, Recht der Computerspiele, Rn. 792 ff.; *Schneider*, Virtuelle Werte, S. 181 ff.; *Zech*, ZGE 2013, 368 (381 ff.).

B. Der Erstvertrieb digitaler Güter

kann. Zudem muss das Verhältnis von Verpflichtung und Verfügung im Urheberrecht thematisiert werden.

a. Der Eigentumsübergang beim klassischen Erwerbsvorgang

Bevor das Internet Einzug in das Leben der meisten Menschen gehalten hat, musste man zum Kauf eines Musik- oder Filmwerkes noch ein Ladengeschäft aufsuchen, um die CD oder DVD sein „Eigen" nennen zu können (Offline-Kauf). Doch auch der Erwerb dieser CD oder DVD über das Internet (Online-Kauf) zählt bereits zum „klassischen" Erwerbsvorgang, auch wenn erst wenige Jahre seit der Entwicklung dieses Vertriebsweges vergangen sind. Dies zeigt die Schnelllebigkeit der heutigen Zeit.

Die Eigentumsübertragung der Datenträger mit den darauf verkörperten Daten bestimmt sich nach den §§ 929 ff. BGB. Beim Offline-Kauf erfolgt die Eigentumsübergabe nach § 929 BGB direkt an der Kasse: Neben der dinglichen Einigung zwischen dem Kunden und dem Kassierer als Vertreter des Geschäftsinhabers erfolgt auch sogleich die Übergabe des Datenträgers. Die Einigung liegt damit im Zeitpunkt der Übergabe vor. Die Berechtigung des Kassierers ist ebenfalls gegeben. Beim Online-Kauf hingegen ist der Eigentumsübergang erst mit der Übergabe des Briefes oder Pakets durch ein beauftragtes Versandunternehmen abgeschlossen. Im Ergebnis wird der Erwerber beim Online- oder Offline-Kauf Eigentümer am Datenträger gem. § 903 BGB. Dies gilt ganz unabhängig davon, dass die urheberrechtlich relevante Substanz die auf der CD oder DVD befindlichen Daten sind.

b. Die Möglichkeit des Eigentums an Daten

Fraglich ist die sachenrechtliche Situation bei digitalen Gütern, welche per Download erworben werden. Bei den untersuchten digitalen Gütern handelt es sich um „Daten".[322] Kann ein Erwerber durch den Erwerbsvorgang nun aber Eigentum an diesen Daten erlangen? Beim klassischen Erwerbsvorgang besteht das Eigentum, wie gerade ausgeführt, jedenfalls nicht an den Daten, sondern nur am Datenträger.

Verfassungsrechtlich ist grundsätzlich anerkannt, dass auch das geistige Eigentum, worunter unter anderem das Urheberrecht zu subsumieren ist, unter die Eigentumsgarantie des Art. 14 GG fällt.[323] Damit wird aber noch keine Aussage darüber getroffen, ob auch an den Daten selbst ein Eigentumsrecht bestehen kann. § 903 BGB bestimmt, dass der Eigentümer einer Sache gem. § 90 BGB

---

322 Nach DIN 44300 Teil 2–2.1.13 sind Daten „Gebilde aus Zeichen oder kontinuierlichen Funktionen, die aufgrund bekannter oder unterstellter Abmachungen Informationen darstellen, vorrangig zum Zwecke der Verarbeitung oder als deren Ergebnis".
323 Vgl. nur *Papier*, in: Maunz/Dürig (Bgr.), GG, Art. 14 Rn. 197 f. m. w. N.

III. Der Online-Erwerb aus rechtlicher Sicht

grundsätzlich nach Belieben mit dieser verfahren kann. Für eine direkte Anwendung des § 903 BGB muss es sich bei Daten um einen körperlichen Gegenstand handeln.[324] Unumstritten ist, dass der Datenträger mit den darauf enthaltenen Daten eine körperliche Sache ist.[325] Gegen die Sacheigenschaft der Daten selbst spricht aber, dass sie nur Eigenschaften einer anderen Sache (insb. eines Datenträgers) sind, da Daten sowohl elektronische Spannungen darstellen können, als auch in magnetischer oder optischer Form oder auch als Oberflächenstruktur beschaffen sein können.[326] Damit sind Daten als durch Zeichen vermittelte Informationen als körperlich abhängig anzusehen, so dass die Körperlichkeit nur beim Datenträger gegeben ist.[327] Daten fehlt darüber hinaus auch die „physikalische Einmaligkeit" als virtuelles Rechtsgut.[328] In Betracht kommt jedoch eine analoge Anwendung des § 903 BGB.[329] Die analoge Anwendung einer Norm verlangt das Vorliegen einer vergleichbaren Interessenlage und einer unbewussten Regelungslücke.[330] Die Planwidrigkeit könnte insofern noch angenommen werden, als es sich bei Daten um eine neuere Erscheinungsform handelt, welche der historische Gesetzgeber noch nicht berücksichtigen konnte. Wegen des durch das Urheberrechtsgesetz gewährten Rechtsschutzes und des sich daraus ergebenden ausschließlichen Nutzungsrechts besteht jedoch bereits kein Bedürfnis dafür, digitalen Gütern in Datenform durch Anerkennung der Sachqualität ein Eigentumsrecht zuzubilligen.[331] Darüber hinaus existieren mit den §§ 87a ff. UrhG weitere Regelungen, welche die Aufbereitung von Daten und Investitionen darin schützen. Von einer planwidrigen Regelungslücke ist daher nicht auszugehen. Unabhängig davon ist die vergleichbare Interessenlage zweifelhaft, da sich die zivilrechtlichen Regelungen auf körperliche Gegenstände beziehen, während es bei Daten gerade um unkörperliche Gegenstände geht.[332] Eine analoge Anwendung des § 903 BGB ist daher abzulehnen.[333]

Während also die Hardware im Wesentlichen dem Sachenrecht zufällt, werden Daten nur vom Immaterialgüterrecht geregelt.[334] Eine von der Sachqualität der

---

324 *Ellenberger*, in: Palandt (Bgr.), BGB, § 90 Rn. 1.
325 *Jickeli/Stieper*, in: von Staudinger (Bgr.), BGB, § 90 Rn. 13; *Redeker*, NJW 2008, 2684 (2685).
326 *Hoeren/Völkel*, in: Hoeren (Hrsg.), Big Data und Recht, S. 17; a. A. aber *Marly*, Praxishandbuch Softwarerecht, Rn. 727 ff.
327 *Stresemann*, in: Säcker/Rixecker (Hrsg.), MüKo BGB, Bd. 1, § 90 Rn. 25; *Hoeren/Völkel*, in: Hoeren (Hrsg.), Big Data und Recht, S. 17.
328 *Redeker*, CR 2011, 634 (638).
329 So insb. *Hoeren*, MMR 2013, 486 (491).
330 *Rüthers/Fischer/Birk*, Rechtstheorie mit juristischer Methodenlehre, Rn. 889.
331 So hinsichtlich Software *Peukert*, in: Ohly (Hrsg.), FS Schricker, S. 155.
332 So auch *Kraus*, in: Taeger (Hrsg.), DSRI Tagungsband 2014, S. 377 (381).
333 Ausführlich dazu *Zech*, Information als Schutzgegenstand, S. 326 ff., und *Dorner*, CR 2014, 617 (618 f.); zur Ablehnung der Sacheigenschaft von Software vgl. etwa *Hoeren*, Überlassung als Sachkauf, S. 21 ff.; *Marly*, Praxishandbuch Softwarerecht, Rn. 674 ff.; *Heydn*, in: Kilian/Heussen (Hrsg.), Computerrechts-Handbuch, 1. Abschn. Teil 2, Vermarktung von Gebrauchtsoftware, Rn. 10 ff. m. w. N.; *Fuchs*, Die Nutzungsrechtseinräumung im Rahmen von Individualsoftwareentwicklungsverträgen, S. 13 ff.
334 *Peukert*, in: Ohly (Hrsg.), FS Schricker, S. 152.

B. Der Erstvertrieb digitaler Güter

Daten zu trennende Frage ist aber die, ob man im Rahmen der vertraglichen Einordnung des Online-Erwerbs digitaler Güter eine entsprechende Anwendung des § 90 BGB vornehmen kann.[335]

c. Verpflichtungs- und Verfügungsgeschäft im Urheberrecht

Auch im Urheberrecht ist zwischen dem Verpflichtungsgeschäft und dem Verfügungsgeschäft zu differenzieren, wobei die Verfügung gem. §§ 413, 398 ff. BGB mittels Einräumung von Nutzungsrechten als gegenständliche Rechte erfolgt.[336] Insofern gilt das im deutschen Zivilrecht fest verankerte Trennungsprinzip.[337] Stellenweise kann die Geltung des Trennungsprinzips auch dem Gesetzestext entnommen werden, wie man z. B. § 31a Abs. 1 S. 1 UrhG („Rechte für unbekannte Nutzungsarten einräumt oder sich dazu verpflichtet") oder aber § 40 Abs. 3 UrhG („wenn in Erfüllung des Vertrages Nutzungsrechte [...] eingeräumt werden") entnehmen kann. Auch § 69g Abs. 1 UrhG spricht für das Nebeneinander von Verpflichtungs- und Verfügungsgeschäft. Demnach ist also eine Differenzierung nach der urheberrechtlich-dinglichen und der schuldrechtlichen Ebene angebracht.

Unklar ist jedoch, ob auch das Abstraktionsprinzip im Urheberrecht zur Anwendung kommt.[338] Jenes Prinzip besagt, dass die Verfügungsgeschäfte in ihrer Gültigkeit grundsätzlich von Bestand und Gültigkeit der zugrundeliegenden Verpflichtungsgeschäfte unabhängig sind.[339] Gegen die Geltung des Abstraktionsprinzips werden § 9 Abs. 1 VerlG sowie §§ 40 Abs. 3, 41 Abs. 5 und 42 Abs. 5 UrhG in der Literatur angeführt.[340] Weiter wird argumentiert, dass im Urheberrecht grundsätzlich eine engere Verknüpfung der Verfügung mit dem Verpflichtungsgeschäft bestehe als im allgemeinen bürgerlichen Recht, da jenes überhaupt erst die Konturen des Verfügungsgeschäfts bestimme.[341] Demgegenüber wird vereinzelt vertreten, dass das Abstraktionsprinzip als Charakteristi-

---

335 Vgl. dazu B. III. 3.
336 *Schricker/Loewenheim*, in: Schricker/Loewenheim (Hrsg.), UrhG, Vor. § 28 Rn. 52.
337 *Loewenheim/J. B. Nordemann*, in: Loewenheim (Hrsg.), Handbuch des Urheberrechts, § 26 Rn. 2; *Schricker/Loewenheim*, in: Schricker/Loewenheim (Hrsg.), UrhG, Vor. § 28 Rn. 98; *Schulze*, in: Dreier/Schulze, UrhG, § 31 Rn. 16; *Wandtke/Grunert*, in: Wandtke/Bullinger (Hrsg.), UrhG, Vor. §§ 31 ff. Rn. 6; *J. B. Nordemann*, in: Fromm/Nordemann (Bgr.), UrhG, § 31 Rn. 30 ff.
338 Vgl. dazu *Specht*, Konsequenzen der Ökonomisierung informationeller Selbstbestimmung, Rn. 447 ff. m. w. N.
339 *Larenz (Bgr.)*, BGB AT, § 29 Rn. 65 ff.
340 *Schricker/Loewenheim*, in: Schricker/Loewenheim (Hrsg.), UrhG, Vor. § 28 Rn. 100; *Loewenheim/J. B. Nordemann*, in: Loewenheim (Hrsg.), Handbuch des Urheberrechts, § 26 Rn. 3; *Schulze*, in: Dreier/Schulze, UrhG, § 31 Rn. 18 f.; *J. B. Nordemann*, in: Fromm/Nordemann (Bgr.), UrhG, § 31 Rn. 30 ff. m. w. N.
341 *Schricker/Loewenheim*, in: Schricker/Loewenheim (Hrsg.), UrhG, Vor. § 28 Rn. 100.

kum des deutschen Rechts auch im Urheberrecht gelten müsse.[342] Zudem wird den von der Gegenansicht angeführten Normen entgegengehalten, dass sie als Ausnahmebestimmungen gerade nicht analogiefähig seien, sondern vielmehr die Geltung des Abstraktionsprinzips beweisen würden.[343] Auch wenn den aufgeführten Normen in der Tat ein gewisser Ausnahmecharakter nicht gänzlich abgesprochen werden kann, sprechen doch die besseren Argumente gegen das Abstraktionsprinzip. Insbesondere die Tatsache, dass die Verfügung im Urheberrecht im Wesentlichen durch die Verpflichtung seine Gestalt erhält, macht deutlich, in welch engem Zusammenhang diese beiden Geschäfte stehen. Selbst der BGH hat seine Rechtsprechungspraxis dahingehend geändert, dass er sich nun gegen das Abstraktionsprinzip ausspricht.[344] Schließlich muss Berücksichtigung finden, dass es sich beim Abstraktionsprinzip um eine Besonderheit des deutschen Rechts handelt. Hat man die zunehmende europäische Rechtsvereinheitlichung – vor allem im Urheberrecht – vor Augen, kann bezweifelt werden, dass sich das Abstraktionsprinzip zumindest im Urheberrecht auf lange Sicht gesehen halten kann.[345]

Im Ergebnis ist dem Abstraktionsprinzip daher die Geltung im Urheberrecht zu versagen. Die Einräumung von Nutzungsrechten hängt also regelmäßig vom Bestand und der Wirksamkeit des zugrundeliegenden schuldrechtlichen Vertrages ab. Aufgrund des Trennungsprinzips bestehen jedoch schuldrechtliche und lizenzrechtliche Überlegungen nebeneinander.[346] Daher werden im nächsten Abschnitt zunächst lizenzrechtliche Untersuchungen vorgenommen, um im Anschluss daran die vertragsrechtliche Einordnung des Online-Erwerbs zu analysieren.

2. Die Einräumung von Nutzungsrechten

Urheberrechtliche Nutzungsrechte spielen im Zusammenhang mit dem digitalen Erwerbsvorgang eine große Rolle. Denn der Vertrieb digitaler Güter ist

---

342 *Schack*, Urheber- und Urhebervertragsrecht, Rn. 589 f.; *Heydn*, in: Kilian/Heussen (Hrsg.), Computerrechts-Handbuch, 1. Abschn. Teil 2, Vermarktung von Gebrauchtsoftware, Rn. 38; *Berger*, in: Berger/Wündisch (Hrsg.), Urhebervertragsrecht, § 1 Rn. 33 m. w. N.
343 *Schack*, Urheber- und Urhebervertragsrecht, Rn. 590.
344 BGH v. 19.7.2012 – I ZR 70/10, GRUR 2012, 916, Tz. 19 f. – M2Trade, wodurch BGH v. 15.4.1958 – I ZR 31/57, BGHZ 27, 90 (95 f.), GRUR 1958, 504 (506) – Die Privatsekretärin, ausdrücklich aufgehoben wurde; so auch schon zuvor andere Gerichte: OLG Karlsruhe v. 25.10.2006 – 6 U 174/05, ZUM-RD 2007, 76 (78); OLG Hamburg v. 15.3.2001 – 3 U 57/99, GRUR 2002, 335 (336) – Kinderfernseh-Sendereihe; OLG Hamburg v. 23.10.1997 – 3 U 171/94, GRUR Int. 1998, 431 (435) – Feliksas Bajoras; OLG Brandenburg v. 16.12.1997 – 6 W 28–97, NJW-RR 1999, 839 (840); LG Mannheim v. 27.6.2003 – 7 O 127/03, CR 2004, 811 (814); LG Köln v. 16.11.2005 – 28 O 350/05, ZUM 2006, 149 (152).
345 *Schricker/Loewenheim*, in: Schricker/Loewenheim (Hrsg.), UrhG, Vor. § 28 Rn. 99; *Ellenberger*, in: Palandt (Bgr.), BGB, Überblick vor § 104 Rn. 22.
346 So auch *Heydn*, in: Kilian/Heussen (Hrsg.), Computerrechts-Handbuch, 1. Abschn. Teil 2, Vermarktung von Gebrauchtsoftware, Rn. 42.

B. Der Erstvertrieb digitaler Güter

üblicherweise[347] mehrstufig organisiert, so dass auf jeder Stufe entsprechende Nutzungsrechte vorhanden sein müssen. Die nachfolgende Darstellung zeigt nur das Grundschema auf und kann daher nicht unbesehen auf alle Digitalgüter angewendet werden. Auf die Sonderregelungen für Software in den §§ 69a ff. UrhG wird jeweils eingegangen. Die §§ 31 ff. UrhG sind im Übrigen ohne Einschränkungen auch auf Software anwendbar, da die Nutzungsrechte in den §§ 69a ff. UrhG nicht geregelt sind.

a. Grundlagen und Begrifflichkeiten

Die Verwertungshandlungen eines urheberrechtlich geschützten Werkes nach §§ 15 ff. bzw. 69c UrhG stehen ausschließlich dem Urheber zu. Damit auch andere Personengruppen – sei es der Anbieter oder der Endnutzer – urheberrechtlich relevante Nutzungshandlungen vornehmen dürfen, müssen sie sich dazu entsprechende Nutzungsrechte vom Urheber nach §§ 29 Abs. 2, 31 UrhG einräumen lassen. Nutzungsrechte – auch Lizenzen genannt – stellen durch Rechtsgeschäft begründete gegenständliche Rechte an einem Urheberrecht dar.[348] Eine Übertragung des Urheberrechts an sich ist dem Urheberrechtsgesetz nach § 29 Abs. 1 UrhG fremd. Das Nutzungsrecht kann nach § 31 Abs. 1 S. 2 UrhG i. V. m. §§ 413, 398 BGB als einfaches oder ausschließliches Recht eingeräumt werden, zudem sind räumliche, zeitliche und inhaltliche Beschränkungen möglich. Die in § 31 Abs. 1 S. 1 UrhG thematisierten Nutzungsarten sind das Produkt inhaltlicher Beschränkungen und müssen von den Verwertungsrechten der §§ 15 ff. UrhG unterschieden werden.[349] Als Nutzungsart wird jede nach der Verkehrsauffassung wirtschaftlich-technisch selbstständige und abgrenzbare Art und Weise der Verwendung des Werkes angesehen.[350] Die Gestattung einer Nutzungsart kann daher dazu führen, dass Nutzungsrechte an mehreren Verwertungsrechten, welche in den §§ 15 ff. UrhG geregelt sind, eingeräumt werden müssen.

Nutzungsrechte können auch „weitergegeben" werden. Dabei lässt sich nach der Übertragung und der Einräumung von Nutzungsrechten unterscheiden: Bei der Übertragung gem. § 34 Abs. 1 UrhG gibt der Übertragende seine Rechtsposition bezüglich der betreffenden Nutzungsrechte voll umfänglich auf, so dass

---

347 Nur ausnahmsweise stellt der Urheber selbst dem Endnutzer seine Werke zur Verfügung, z. B. bei Computerprogrammen über die eigene Webseite eines Softwareherstellers oder bei E-Journals über die Verlagswebseite.
348 BGH v. 24.10.2002 – I ZR 3/00, GRUR 2003, 416 (418) – CPU-Klausel; *Dreier*, in: Dreier/Schulze, UrhG, § 31 Rn. 28; *Wandtke/Grunert*, in: Wandtke/Bullinger (Hrsg.), UrhG, § 31 Rn. 4 m. w. N.; *Stier*, Die Unterbrechung urheberrechtlicher Lizenzketten, S. 55 ff. m. w. N.; a. A. hinsichtlich einfacher Nutzungsrechte aber *Götting*, in: Beier (Hrsg.), Festgabe Schricker, S. 53, 68; *Pahlow*, ZUM 2005, 865 (868 ff.) m. w. N.; vgl. zum Ganzen *Pahlow*, Lizenz und Lizenzvertrag im Recht des Geistigen Eigentums, S. 78 ff., 276 ff. m. w. N.; *Berger*, in: Berger/Wündisch (Hrsg.), Urhebervertragsrecht, § 1 Rn. 45 m. w. N.
349 *J. B. Nordemann*, in: Fromm/Nordemann (Bgr.), UrhG, § 31 Rn. 13 m. w. N.
350 Statt aller: *Schricker/Loewenheim*, in: Schricker/Loewenheim (Hrsg.), UrhG, Vor. § 28 Rn. 87 m. w. N.

der Übertragungsempfänger in seine Rechtsposition aufrückt, während der Nutzungsberechtigte bei der Einräumung von Nutzungsrechten gem. § 35 Abs. 1 UrhG nur einen Teil seiner Nutzungsrechte einem Dritten zur Verfügung stellt, sonst aber selbst weiterhin noch Berechtigter bleiben will. In der Regel ist in beiden Fällen die Zustimmung des Urhebers erforderlich.

Beim Erwerbsvorgang digitaler Güter in der analogen Welt werden keine urheberrechtlichen Nutzungsrechte eingeräumt. Denn im Rahmen der typischen Nutzung eines urheberrechtlich geschützten Werkes in körperlicher Form – also z. B. das Lesen eines Buches oder das Betrachten eines Fotos – werden keine urheberrechtlich relevanten Nutzungshandlungen i. S. d. §§ 15 ff. UrhG vorgenommen, da der Werkgenuss grundsätzlich frei ist.[351] Bei Computerprogrammen[352], welche auf einem Datenträger erworben werden, stellt sich die Situation jedoch anders dar: Die Benutzung von Computerprogrammen geht grundsätzlich mit urheberrechtlich relevanten Vervielfältigungshandlungen einher.[353] Trotz der urheberrechtlichen Sonderregelung des § 69d Abs. 1 UrhG, nach der die bestimmungsgemäße Nutzung des Programms auch ohne gesonderte Zustimmung des Rechteinhabers zulässig ist, ist die Einräumung von entsprechenden Nutzungsrechten beim Softwarevertrieb üblich.[354]

b. Die betroffenen Nutzungsarten beim Online-Erwerb

Die betroffenen Nutzungsarten beim Online-Erwerbsvorgang fallen unter den Oberbegriff „Online-Nutzung von Werken im Internet". Mangels Abgrenzbarkeit handelt es sich aber nicht um eine Nutzungsart an sich.[355] Beim Online-Vertrieb digitaler Güter bietet es sich an, die betroffenen Nutzungsarten als „Downloadvertrieb" und „Downloaderwerb" zu bezeichnen. Fraglich ist, ob darüber hinaus oder aber auch im Rahmen dieser Nutzungsarten ein sog. Abrufübertragungsrecht existiert.

aa. Das Nutzungsrecht für den Downloadvertrieb

Der Händler, der dem Endkunden digitale Güter mittels der Vertriebsformen Erwerb oder Abo-Erwerb[356] zum Download anbieten will, benötigt urheberrechtliche Nutzungsrechte, um zunächst ein Vervielfältigungsstück der Güter auf seinem Server zu platzieren und um diese dann im Internet für die Öffentlichkeit

---

351 Amtl. Begr., BT-Drucks. IV/270 v. 23.3.1962, S. 28; BGH v. 4.10.1990 – I ZR 139/89, BGHZ 112, 264 (278), GRUR 1991, 449 (453) – Betriebssystem; *Dreier*, in: Dreier/Schulze, UrhG, § 15 Rn. 3; *Dreyer*, in: Dreyer/Kotthoff/Meckel (Hrsg.), UrhG, § 16 Rn. 38.
352 Ob dies auch für hybride Produkte gilt, die ein Computerprogramm beinhalten, wird unter D. II. 4. f. untersucht.
353 *Hilty*, CR 2012, 625 (635).
354 *Scholz*, in: Oelschlägel/Scholz (Hrsg.), Handbuch Versandhandelsrecht, Kap. 10 Rn. 350.
355 *Wandtke/Grunert*, in: Wandtke/Bullinger (Hrsg.), UrhG, § 31 Rn. 3, § 31a Rn. 38 ff.
356 Vgl. zu den Begriffen die Übersicht unter B. II. 3.

bereit zu halten. Es müssen dabei zwei Verwertungsrechte eingeräumt werden:[357] Zum einen ist das Vervielfältigungsrecht nach § 16 Abs. 1 UrhG nötig, um die entsprechende Datei auf den (Online-)Server des Anbieters hochzuladen, was einen Speichervorgang erfordert (Upload).[358] Zum anderen muss das Recht der öffentlichen Zugänglichmachung nach § 19a UrhG eingeräumt werden, damit die Mitglieder der Öffentlichkeit die Übermittlung des Werkes anfordern können (Bereitstellung).[359] Nach der herrschender Meinung in der Literatur ist das Bereithalten von digitalen Gütern zum Download und die dadurch ermöglichte Online-Übermittlung dieser Güter ein öffentliches Zugänglichmachen i. S. v. §§ 19a bzw. 69c Nr. 4 UrhG.[360] Umstritten ist, ob diese beiden Verwertungsrechte – Vervielfältigung und öffentliche Zugänglichmachung – in einer Nutzungsart zusammengefasst werden müssen[361] oder ob sie getrennt lizenziert werden können[362]. Für die Aufspaltungslösung wird angeführt, dass es sich auch um zwei Verwertungsrechte handle.[363] Bei der Bestimmung der Nutzungsart kommt es jedoch entscheidend darauf an, ob sie als wirtschaftlich-technisch selbstständige und abgrenzbare Art und Weise der Verwendung des Werkes angesehen werden kann. Damit kann der Anzahl an Verwertungsrechten keine große Bedeutung zukommen. Auch die Tatsache, dass bereits durch den Upload und damit die Vervielfältigung ein breites Angebot an Titeln entsteht, welche die Online-Plattform für die Nutzer interessant macht,[364] führt nicht zu einer anderen Wertung: Dies ist nur eine Vorbereitungshandlung für die eigentliche Haupthandlung, das Anbieten der Dateien für die Öffentlichkeit. Denn der Vervielfältigung kommt im Vergleich zur öffentlichen Zugänglichmachung keine eigenständige wirtschaftliche Bedeutung zu.[365] Daher kann die Vervielfältigungshandlung nicht dinglich als eigenständige Nutzungsart abgespalten werden.[366] Etwas anderes gilt nur

---

357 S. auch *Ullrich*, ZUM 2010, 311 (311).
358 *Loewenheim*, in: Schricker/Loewenheim (Hrsg.), UrhG, § 16 Rn. 23 m. w. N.; *Dreier*, in: Dreier/Schulze, UrhG, § 19a Rn. 1; *Bullinger*, in: Wandtke/Bullinger (Hrsg.), UrhG, § 19a Rn. 12.; *Dustmann*, in: Fromm/Nordemann (Bgr.), UrhG, § 16 Rn. 26.
359 So z. B. aus der Rspr. OLG Hamburg v. 28.4.2005 – 5 U 156/04, ZUM-RD 2005, 273 (276), und aus der Literatur *Bullinger*, in: Wandtke/Bullinger (Hrsg.), UrhG, § 19a Rn. 12, 23.
360 *Loewenheim*, in: Schricker/Loewenheim (Hrsg.), UrhG, § 17 Rn. 45, § 69c Rn. 26; *Kotthoff*, in: Dreyer/Kotthoff/Meckel (Hrsg.), UrhG, § 69c Rn. 22; *Marly*, Praxishandbuch Softwarerecht, Rn. 189 ff.; *Grützmacher*, CR 2007, 549 (550); *Schack*, GRUR 2007, 639 (643); *Koch*, ITRB 2013, 9 (10 f.).
361 OLG München v. 29.4.2010 – 29 U 3698/09, GRUR-RR 2011, 1 (3) – Videodateien; zuvor LG München I v. 25.6.2009 – 7 O 4139/08, GRUR-RR 2009, 390; inzwischen anhängig beim BGH (I ZR 116/10); *Bullinger*, in: Wandtke/Bullinger (Hrsg.), UrhG, § 19a Rn. 12 (anders noch in den Vorauflagen und in der Kommentierung der aktuellen Aufl. bei § 31 Rn. 18); *Dustmann*, in: Fromm/Nordemann (Bgr.), UrhG, § 16 Rn. 26, § 19a Rn. 9; *Schaefer*, ZUM 2010, 150 (152); *Ullrich*, ZUM 2010, 311 (318).
362 *Wandtke/Grunert*, in: Wandtke/Bullinger (Hrsg.), UrhG, § 31 Rn. 18; *Jani*, ZUM 2009, 722 (726); *Melichar*, ZUM 2010, 713 ff.
363 *Wandtke/Grunert*, in: Wandtke/Bullinger (Hrsg.), UrhG, § 31 Rn. 18.
364 *Wandtke/Grunert*, in: Wandtke/Bullinger (Hrsg.), UrhG, § 31 Rn. 18.
365 OLG München v. 29.4.2010 – 29 U 3698/09, GRUR-RR 2011, 1 (3) (n. rk.).
366 So auch *Bullinger*, in: Wandtke/Bullinger (Hrsg.), UrhG, § 19a Rn. 12.

dann, wenn die Vervielfältigung nicht eigens dazu vorgenommen wurde, die öffentliche Zugänglichmachung zu ermöglichen.[367] Das Verbreitungsrecht nach §§ 17 UrhG bzw. 69c Nr. 3 UrhG spielt nach einhelliger Meinung in diesem Zusammenhang keine Rolle, da dieses Recht nach bisherigem Verständnis ein körperliches Werkstück voraussetzt.[368] Demnach müssten beim Online-Vertrieb keine entsprechenden Verbreitungsrechte eingeräumt werden. Ob diese Auffassung im Anschluss an die UsedSoft-Rechtsprechung aufrechterhalten werden kann, wird sich im Laufe dieser Arbeit noch herausstellen.

bb. Das Nutzungsrecht für den Downloaderwerb

Der Nutzer ist auf eine Übertragung von Nutzungsrechten angewiesen, um keine ungerechtfertigten Vervielfältigungen nach § 16 Abs. 1 UrhG vorzunehmen, denn sowohl beim Download als Speichervorgang als auch beim Abspielen oder der Übertragung auf diverse Endgeräte muss er Vervielfältigungsstücke erstellen.[369] Eine entsprechende Einräumung solcher Nutzungsrechte ist aufgrund einschlägiger Schrankenbestimmungen wie §§ 53 Abs. 1, 44a Nr. 2 oder 69d UrhG und aufgrund der Tatsache, dass der reine Werkgenuss an sich urheberrechtsfrei ist, oftmals nicht erforderlich. Jedoch ist die Erteilung von Nutzungsrechten im Rahmen von Lizenzbedingungen dennoch üblich, zumal so hinsichtlich der Anzahl an Vervielfältigungen Einschränkungen gemacht werden können, um beispielsweise eine gleichzeitige Nutzung auf verschiedenen Endgeräten zu untersagen oder allgemein die Anzahl an Vervielfältigungsstücken zu beschränken. Der BGH und Teile der Literatur nehmen jedoch an, dass eine vertragliche Rechteeinräumung nach § 31 Abs. 1 S. 1 UrhG ausscheidet, wenn die Nutzungshandlungen einer gesetzlichen Schranke unterliegen.[370] Dem liegt der Gedanke zugrunde, dass die Einräumung eines Nutzungsrechts voraussetzt, dass dem Urheber in Bezug auf die betreffende Nutzung ein ausschließliches Verwertungsrecht zusteht, über das er verfügen kann, was bei den §§ 44a ff. UrhG zulässigen Nutzungen jedoch nicht der Fall ist.[371] Dieser Grundsatz bringt jedoch im Zusammenhang mit digitalen Gütern einige Schwierigkeiten mit sich. Auf den ersten Blick scheint etwa § 53 Abs. 1 UrhG viele Vervielfältigungshandlungen – so auch den Download – zu erfassen. Gerade bezogen auf den Download ist jedoch bei Computerprogrammen unklar, ob die Parallelvorschrift

---

367 *Bullinger*, in: Wandtke/Bullinger (Hrsg.), UrhG, § 19a Rn. 12.
368 Für alle: *Bullinger*, in: Wandtke/Bullinger (Hrsg.), UrhG, § 19a Rn. 12.
369 Vgl. nur *Loewenheim*, in: Schricker/Loewenheim (Hrsg.), UrhG, § 16 Rn. 23 m. w. N.
370 BGH v. 21.7.2011 – I ZR 28/11, GRUR 2011, 1007, Tz. 49 – Drucker und Plotter II (unter ausdrücklicher Aufgabe seiner früheren Rspr.); *Stieper*, Rechtfertigung, Rechtsnatur und Disponibilität der Schranken des Urheberrechts, S. 200 ff.; *Schulze*, in: Dreier/Schulze, UrhG, § 32 Rn. 9; *Dreier*, in: Dreier/Schulze, UrhG, Vor. § 44a Rn. 9.
371 *Stieper*, Rechtfertigung, Rechtsnatur und Disponibilität der Schranken des Urheberrechts, S. 200.

des § 69d Abs. 1 UrhG diese Handlung überhaupt erfasst. Bei hybriden Produkten besteht hingegen Streit darüber, ob § 69d Abs. 1 UrhG oder aber § 53 Abs. 1 UrhG zur Anwendung kommt. Bei E-Books und E-Journals ist schließlich unklar, ob die Privatkopieschranke wegen § 53 Abs. 4 lit. b UrhG nicht komplett ausgeschlossen ist. Aus europäischer Sicht betrachtet, ist die Privatkopieschranke noch dazu eine nur optionale Schrankenbestimmung, die in den Mitgliedsstaaten nicht verpflichtend einzuführen ist. Es ist also alles andere als leicht, von der Einschlägigkeit bestimmter Schrankenbestimmungen auszugehen.[372] Zudem konkretisiert der Rechteinhaber gewissermaßen die Schrankenbestimmungen, wie man den ersten Worten des § 69d Abs. 1 UrhG entnehmen kann. Das gilt auch für § 44a Nr. 2 UrhG, der die technisch bedingten Zwischenspeicherungen rechtfertigen könnte: Die „rechtmäßige Nutzung" ergibt sich überhaupt erst aus der Nutzungsrechteeinräumung. Schon vor dem Hintergrund der oftmals ungewissen Rechtslage spricht daher einiges dafür, davon ausgehen, dass die Rechteinhaber den Nutzern grundsätzlich Nutzungsrechte nach § 31 Abs. 1 S. 1 UrhG einräumen. Zudem ist es denkbar, von einer Überlagerung von Nutzungsrechten und Schrankenbestimmungen auszugehen: Nutzungsrechte nach § 31 Abs. 1 S. 1 UrhG werden immer eingeräumt, auch wenn die Handlungen zum Teil aufgrund einschlägiger Schrankenbestimmungen zu rechtfertigen sind. Darin muss nicht zwingend ein Widerspruch gesehen werden. Im Folgenden wird daher grundsätzlich von einer Rechteeinräumung nach § 31 Abs. 1 S. 1 UrhG ausgegangen. Im Prinzip geht es ohnehin nur um die dogmatische Einordnung der Rechteeinräumung durch den Rechteinhaber. Folgt man der Ansicht, nach der § 31 Abs. 1 S. 1 UrhG im Falle der Einschlägigkeit der Schrankenbestimmungen nicht zur Anwendung kommen darf, würde die Rechteeinräumung eben ins Leer gehen und keine eigenständige Rechtswirkung entfalten, wenn tatsächlich Schrankenregelungen einschlägig sind. Den Nutzern stehen im Ergebnis ohnehin die gleichen Rechte zu.

Das lizenzrechtliche Verhältnis der beteiligten Protagonisten bestimmt sich also nur nach den beiden Nutzungsarten Downloadvertrieb und Downloaderwerb. Zum Teil wird dabei angenommen, dass es sich dabei nicht um zwei einzelne Nutzungsarten, sondern nur um eine Nutzungsart handelt.[373] Diese Meinung beruht jedoch auf der irrigen Annahme, dass die Vervielfältigungshandlung urheberrechtlich dem Anbieter zuzurechnen ist.[374] Dem kann nicht zugestimmt werden: Wenngleich das Downloadangebot des Anbieters zwingend zu einer Vervielfältigung führt, so veranlasst doch nur der Endnutzer den Download.[375] Insofern ist der Download immer dem diesen veranlassenden Nutzer zuzurechnen. Das wiederum spricht gegen die Annahme einer einzelnen Nutzungsart. Es

---

372 Vgl. dazu vor allem die Ausführungen unter D. IV.
373 *Ullrich*, ZUM 2010, 311 (317).
374 *Ullrich*, ZUM 2010, 311 (313); *Poll*, GRUR 2007, 476 (482); so auch *Schwarz*, GRUR 1996, 836 (840), der den Endnutzer neben dem Rechteinhaber als Nutzer qualifiziert.
375 Vgl. dazu *Fischer*, Lizenzierungsstrukturen, S. 104 f., mit weiteren Argumenten; zudem *Dustmann*, in: Fromm/Nordemann (Bgr.), UrhG, § 16 Rn. 19a.

ist daher von zwei Nutzungsarten auszugehen, auch wenn die erste (Downloadvertrieb) Voraussetzung für die zweite (Downloaderwerb) ist.

cc. Die Problematik des Abrufübertragungsrechts

Umstritten ist die Verortung bzw. Existenz eines sog. Abrufübertragsrechts. Gemeint ist damit das Recht an der Übertragung des öffentlich zum Abruf bereitgehaltenen Werkes an einen Abrufer.[376] Ein solches dem Urheber bzw. Rechteinhaber zuzuordnendes Recht wird von diversen Autoren in verschiedenen Normen verortet, zum Teil wird es jedoch auch gänzlich abgelehnt. Da dieses Recht eine wichtige Rolle beim Online-Vertrieb stellen würde, ist eine Auseinandersetzung mit dieser Problematik unvermeidbar.

aaa. § 19a UrhG als einaktiges Recht

Ein Abrufübertragungsrecht wird vor allem im Rahmen des § 19a UrhG gesehen. Neben der Bereitstellung des digitalen Inhalts soll von dieser Norm auch der Übermittlungsvorgang an den Endnutzer umfasst sein, da das Zugänglichmachen eine Verbindung zum Abrufenden erfordere.[377]

Bei einem Blick auf den Wortlaut des § 19a UrhG sowie Art. 8 WIPO Copyright Treaty (WCT)[378] und Art. 3 Abs. 1 InfoSoc-RL, auf denen § 19a UrhG beruht, deutet nichts auf die Existenz eines Abrufübertragungsrechts hin. In diesen Normen geht es ausschließlich um das Recht der öffentlichen Wiedergabe und der öffentlichen Zugänglichmachung von Werken. Der Übertragungsvorgang findet keine Erwähnung. Daher wird auf eine völkerrechts- und richtlinienkonforme Auslegung der Vorschriften verwiesen, welche insbesondere wegen der Entstehungsgeschichte der Normen auf das Bestehen eines Abrufübertragungsrechts hinweisen soll.[379] Historische Dokumente und Vertragstexte sowohl zu Art. 8 WCT also auch zu Art. 3 Abs. 1 InfoSoc-RL sind jedoch mehrdeutig und können nicht belegen, dass ein Abrufübertragungsrecht vorgesehen ist.[380] So kann beispielsweise aus dem 23. Erwägungsgrund der InfoSoc-RL entnommen werden, dass das Recht der öffentlichen Wiedergabe jegliche drahtgebundene oder draht-

---
376 *von Ungern-Sternberg*, in: Schricker/Loewenheim (Hrsg.), UrhG, § 19a Rn. 26.
377 *Bardens*, Die Zweitverwertung urheberrechtlich geschützter Software, S. 129 ff.; *Dreier*, in: Dreier/Schulze, UrhG, § 19a Rn. 1; *Dustmann*, in: Fromm/Nordemann (Bgr.), UrhG, § 19a Rn. 9; *Fuchs*, Die Nutzungsrechtseinräumung im Rahmen von Individualsoftwareentwicklungsverträgen, S. 89 f. m. w. N.; *Hantschel*, Softwarekauf und -weiterverkauf, S. 217; *Lutz*, Softwarelizenzen und die Natur der Sache, S. 58 ff.; *Poll*, MMR 2011, 226 (229); *Poll*, GRUR 2007, 476 (478); *Schack*, GRUR 2007, 639 (640 f.); so auch schon *Gerlach*, ZUM 1999, 278.
378 WIPO-Urheberrechtsvertrag (WCT), ABl. EU Nr. L 89 v. 11.4.2000.
379 Vgl. nur *Schack*, GRUR 2007, 639 (640 f.); *Gerlach*, ZUM 1999, 278 (279 ff.); so auch *von Ungern-Sternberg*, in: Schricker/Loewenheim (Hrsg.), UrhG, § 19a Rn. 15, 26, wenngleich dieser das Abrufübertragungsrecht nicht in § 19a UrhG verortet.
380 Siehe dazu vor allem *Peukert*, in: Hilty/Peukert (Hrsg.), Interessenausgleich im Internet, S. 27 ff., der sich – zumindest nach der Entstehungsgeschichte – gegen ein Abrufübertragungsrecht ausspricht.

lose öffentliche Übertragung oder Weiterverbreitung eines Werkes umfasst. Dies lässt sich sowohl in dem Sinne verstehen, dass auch die Übertragung von der öffentlichen Wiedergabe erfasst werden muss, als auch in dem Sinne, dass damit nur die Art und Technik der Übertragung – sprich drahtgebunden oder drahtlos – und nicht der eigentliche Übertragungsakt gemeint ist.[381] Unzweifelhaft war die Thematik der Zweiaktigkeit des Rechts der öffentlichen Zugänglichmachung Gegenstand zahlreicher Diskussionen im Rahmen der Gesetzgebungsverfahren. Unübersehbar ist jedoch, dass in den Gesetzestexten von diesen Überlegungen letztlich nichts mehr übrig geblieben ist. Aufgrund des eindeutigen Wortlautes ist das Abrufübertragungsrecht daher als zweite Nutzungshandlung im Rahmen des § 19a UrhG abzulehnen. Dafür spricht zudem der gescheiterte Änderungsantrag des deutschen Rechtsausschusses, nach dem die Erfassung auch des der öffentlichen Zugänglichmachung anschließenden Übertragungsvorgangs in den Gesetzestext von § 19a UrhG angestrebt wurde.[382]

An diesem Ergebnis ändert auch der Vergleich des Rechts der öffentlichen Zugänglichmachung mit dem Verbreitungsrecht nichts. Bei § 17 UrhG als Pendant in der analogen Welt stehen zwar in der Tat mit dem Angebot von Werkstücken und dem Inverkehrbringen dieser zwei selbstständige Nutzungshandlungen nebeneinander, doch sind zum einen diese beiden Nutzungshandlungen in § 17 UrhG explizit genannt, während der Wortlaut des § 19a UrhG darauf gerade keine Rückschlüsse zulässt. Zum anderen handelt es sich bei § 17 UrhG um eine Punkt-zu-Punkt-Übertragung, bei der unkörperlichen Verwertung nach § 19a UrhG hingegen muss sich die Übertragung immer an eine Mehrzahl von Mitgliedern der Öffentlichkeit (vgl. nur § 15 Abs. 3 UrhG) richten. Das zeigt bereits, dass es sich um eine völlig andere Verwertungsform handelt, die sich nur eingeschränkt vergleichen lässt. Darüber hinaus besteht strukturell auch der Unterschied, dass § 17 Abs. 2 UrhG den Erschöpfungsgrundsatz vorsieht, während dieser bei § 19a UrhG explizit ausgeschlossen ist (vgl. Art. 3 Abs. 3 InfoSoc-RL). Erklären lässt sich dies unter anderem damit, dass bei § 17 Abs. 2 UrhG für den Eintritt der Erschöpfung gerade die zweite Nutzungshandlung, das Inverkehrbringen des Werkes, von Bedeutung ist. § 19a UrhG sieht hingegen nur die erste Nutzungshandlung – die Bereitstellung – und keine weitere Nutzungshandlung vor, was zum Ausschluss der Erschöpfung führt. Auch diese Tatsache bestätigt, dass die Abrufübertragung als Nutzungshandlung bei § 19a UrhG nicht vorgesehen ist.

Letztlich muss die Konsequenz eines zweiaktigen § 19a UrhG vor Augen geführt werden: Wenn der Übermittlungsvorgang ein Teil des Zugänglichmachens sein soll, müsste eine beide Vorgänge umfassende Nutzungshandlung vorgenommen

---

381 Im letzteren Sinne etwa *Peukert*, in: Hilty/Peukert (Hrsg.), Interessenausgleich im Internet, S. 32 f.
382 BT-Drucks. 15/837 v. 9.4.2003, S. 29.

werden, um gegen § 19a UrhG zu verstoßen.[383] Das engt nicht nur den Schutz der Urheber und Rechteinhaber ein, sondern widerspricht auch der unbestrittenen Ansicht, dass bereits das öffentliche Bereithalten eines Werkes zum Abruf eine Verletzungshandlung darstellt. Somit ist von einem einaktigen Recht im Rahmen des § 19a UrhG auszugehen.[384] Ein Hineinlesen eines Abrufübertragungsrechts in diese Norm würde einen Akt contra legem darstellen.

bbb. Keine Verortung unter § 15 Abs. 2 UrhG oder § 20 UrhG

Zum Teil wird vertreten, das Abrufübertragungsrecht als Senderecht i. S. d. § 20 UrhG anzusehen.[385] Eine Verortung des Abrufübertragungsrechts in § 20 UrhG ergibt jedoch weder aus teleologischen noch aus systematischen Gründen Sinn. Zwar sichert das Senderecht dem Urheber in der Tat die Gewalt über den Übertragungsakt,[386] der zeitliche Moment der Nutzung des Werkes spricht jedoch gegen eine Anwendung dieser Norm. Im Gegensatz zu § 19a UrhG, bei dem der Nutzer den Zeitpunkt des Zugriffs selbst bestimmen kann, erfasst § 20 UrhG die Werknutzung zu fest vorgegebenen Zeiten.[387] Bei Downloadportalen steht jedoch gerade die zeitliche Unabhängigkeit des Abrufs im Vordergrund. Der Nutzer kann und soll sogar selbst bestimmen, wann und wo er die Dateien erwirbt bzw. abruft. Daher kann § 20 UrhG – ganz unabhängig von der Frage, ob dem Urheber überhaupt ein Abrufübertragungsrecht zusteht – nicht herangezogen werden.[388]

Daneben wird in der Literatur das Abrufübertragungsrecht als unbenanntes Verwertungsrecht i. S. d. § 15 Abs. 2 UrhG angesehen,[389] welches den wirtschaftlich bedeutsamen Vorgang der Werkübermittlung umfasse, der aufgrund einer unvollständigen Umsetzung von Art. 8 WCT und Art. 3 Abs. 1 InfoSoc-RL von § 19a UrhG nicht aufgegriffen werde.[390] Das Abrufübertragungsrecht soll dabei vor allem aufgrund der Entstehungsgeschichte der gerade genannten Normen neben dem Bereithaltungsrecht existieren. Dies wurde an anderer Stelle aufgrund des eindeutigen Wortlauts und den nicht eindeutig auszulegenden Dokumenten bereits widerlegt. Darüber hinaus ist es europarechtlich zumindest fraglich, ob die

---

383 *von Ungern-Sternberg*, in: Schricker/Loewenheim (Hrsg.), UrhG, § 19a Rn. 42; *Koch*, GRUR 2010, 574 (576).
384 *von Ungern-Sternberg*, in: Schricker/Loewenheim (Hrsg.), UrhG, § 19a Rn. 32 f.; *Dreyer*, in: Dreyer/Kotthoff/Meckel (Hrsg.), UrhG, § 19a Rn. 30; *Handig*, GRUR Int. 2007, 206 (218).
385 *Dreyer*, in: Dreyer/Kotthoff/Meckel (Hrsg.), UrhG, § 19a Rn. 30.
386 *Dreyer*, in: Dreyer/Kotthoff/Meckel (Hrsg.), UrhG, § 19a Rn. 30.
387 *von Ungern-Sternberg*, in: Schricker/Loewenheim (Hrsg.), UrhG, § 20 Rn. 9; *Dreier*, in: Dreier/Schulze, UrhG, § 19a Rn. 9; *Bullinger*, in: Wandtke/Bullinger (Hrsg.), UrhG, § 19a Rn. 16; *Schack*, GRUR 2007, 639 (641); *Poll*, GRUR 2007, 476 (479).
388 Vgl. zur Abgrenzung des § 19a UrhG von § 20 UrhG auch *Fischer*, Lizenzierungsstrukturen, S. 113 ff.
389 *von Ungern-Sternberg*, in: Schricker/Loewenheim (Hrsg.), UrhG, § 15 Rn. 27, § 19a Rn. 33, 42 m. w. N.; *von Ungern-Sternberg*, GRUR 2013, 248 (253).
390 *von Ungern-Sternberg*, in: Schricker/Loewenheim (Hrsg.), UrhG, § 19a Rn. 26 ff., 33, 42.

Annahme eines unbenannten Verwertungsrechts als eine gemeinschafts-rechtskonforme Umsetzung der InfoSoc-RL angesehen werden kann.[391]

Es bleibt aber dennoch die Frage, ob ein Abrufübertragungsrecht nicht aus anderen Gründen sinnvoll und erforderlich ist. Eine Verortung im Rahmen des § 15 Abs. 2 UrhG als „Auffangnorm" wäre dann mangels Alternativen nur folgerichtig. Die internationalen Verträge betrachtend, lässt der Telos des Art. 8 WCT nicht auf ein Abrufübertragungsrecht schließen: Die Norm dient der Absicherung interaktiver Nutzungen durch ein Ausschließlichkeitsrecht.[392] Durch das Bereitstellungsrecht als Recht der öffentlichen Zugänglichmachung, welches eindeutig dem Wortlaut zu entnehmen ist, wurde dieses Ziel bereits erreicht. Es ist nicht ersichtlich, warum auch der Übertragungsvorgang für das Ziel der Absicherung des Urhebers erfasst sein soll. Zudem lässt sich das Übertragungsrecht unabhängig von der anzuwendenden Norm ohnehin nicht mit dem Recht der öffentlichen Wiedergabe in Einklang bringen. Denn bei der öffentlichen Wiedergabe wird – wie der Name schon sagt – immer eine Handlung gegenüber der „Öffentlichkeit" verlangt. Dabei handelt es sich sowohl nach deutschem als auch nach europäischem Recht immer um mindestens zwei Personen.[393] Eine solche Öffentlichkeit wird daher dann gerade nicht angesprochen, wenn es sich um eine Punkt-zu-Punkt-Übertragung handelt. Genau das passiert aber bei einer Abruf*übertragung*: Nach der sich nach § 19a UrhG zu bewertenden öffentlichen Zugänglichmachung, die sich tatsächlich an die Öffentlichkeit richtet, erhält nur noch der konkrete Nutzer Zugriff auf die ausgewählte Datei. Es besteht insofern nur noch ein Verhältnis zwischen einem Anbieter und einem konkreten Nutzer. Eine Öffentlichkeit ist hierin nicht mehr zu sehen.[394] Umgehen könnte man diese Problematik nur, indem man das Übertragungsrecht mit dem Bereitstellungsrecht im Rahmen des § 19a UrhG verbindet. Dies ist aus den zuvor genannten Gründen jedoch abzulehnen. Dogmatisch nur schwer erklären lässt sich daher auch die Einordnung des Abrufübertragungsrechts als unbenanntes Verwertungsrechts trotz Kenntnis des Fehlens einer Öffentlichkeit: Die Einordnung beruht ausschließlich auf einem Verweis auf Art. 8 WCT und Art. 3 InfoSoc-RL.[395] Ein Recht der Werkverwertung in unkörperlicher Form, in das man das Abrufübertragungsrecht einordnen könnte und wie es z.B. Art. 10 Abs. 1 des Schweizerischen Urheberrechtsgesetzes vorsieht,[396] gibt es in Deutschland nicht. Des Weiteren ist zu berücksichtigen, dass das Urheberrecht grundsätzlich bei der Vermittlung des Werkes ansetzt. Der individuelle Werkkonsum ist hin-

---

391 *Koch*, GRUR 2010, 574 (577).
392 Siehe dazu vor allem *Peukert*, in: Hilty/Peukert (Hrsg.), Interessenausgleich im Internet, S. 29.
393 *Dreier*, in: Dreier/Schulze, UrhG, § 15 Rn. 40 m. w. N.
394 So auch *Bäcker/Höfinger*, ZUM 2013, 623 (640) und *Koch*, GRUR 2010, 574 (576); vgl. dazu OLG München v. 10.5.2007 – 29 U 1638/06, MMR 2007, 525 (529) (n. rk.), hinsichtlich des Versandes einer Grafikdatei: „[…] nur für eine einzige Person bestimmt und berührt deshalb das Recht der öffentlichen Wiedergabe in keiner seiner Ausprägung".
395 So aber *von Ungern-Sternberg*, in: Schricker/Loewenheim (Hrsg.), UrhG, § 19a Rn. 33.
396 Art. 10 Abs. 1 UrhG Schweiz: „Der Urheber oder die Urheberin hat das ausschließliche Recht zu bestimmen, ob, wann und wie das Werk verwendet wird."

III. Der Online-Erwerb aus rechtlicher Sicht

gegen regelmäßig urheberrechtsfrei. Der Urheber bzw. Rechteinhaber hat mit der Bereitstellung im Internet aber alles Erforderliche getan, damit der Nutzer auf das Werk zugreifen kann. Insofern ist der Übertragungsakt dem Nutzer zuzuordnen, der diesen ja auch selbst veranlasst und dabei eine Vervielfältigungshandlung vornimmt.

Nichtsdestotrotz ist zu beachten, dass der EuGH in der jüngeren Vergangenheit mehrfach betont hat, dass der Begriff der öffentlichen Wiedergabe – mit Blick auf das Hauptziel der InfoSoc-RL, ein hohes Schutzniveau für die Urheber zu erreichen – weit zu verstehen ist und daher jede Übertragung geschützter Werke unabhängig vom eingesetzten technischen Mittel oder Verfahren umfasst.[397] Wie bereits beschrieben, kann damit aber auch nur die Art und Technik der Übertragung, sprich drahtgebunden oder drahtlos, und nicht der eigentliche Übertragungsakt gemeint sein. Hinsichtlich der Rechte des Datenbankherstellers hat der EuGH zwar die Abrufübertragung im Internet als Weiterverwendung i. S. d. Art. 7 Abs. 2 lit. b der Richtlinie 96/9/EG (Datenbank-RL)[398] beurteilt,[399] jene Norm räumt den Datenbankherstellern jedoch bereits nach ihrem Wortlaut eine bei weitem umfangreichere Befugnisse ein als Art. 3 InfoSoc-RL für die Urheber. So wird nicht nur von einer „Weiterverwendung" des Inhalts der Datenbank gesprochen, sondern auch von der „Verbreitung […] durch Online-Übermittlung und andere Formen der Übermittlung".[400] Solche Formulierungen lassen sich in Art. 3 InfoSoc-RL oder in Art. 8 WCT gerade nicht auffinden, in denen immer nur von der öffentlichen Zugänglichmachung die Rede ist. Daher können aus dem Football Dataco-Urteil des EuGH keine Rückschlüsse auf ein außerhalb von Datenbanken existierendes Abrufübertragungsrecht gezogen werden.[401] Auch die EuGH-Rechtsprechung führt also zu keinem anderen Ergebnis. Schließlich sei nochmals in Erinnerung gerufen, dass das Abrufübertragungsrecht trotz zahlreicher Verhandlungen und Diskussionen keine Berücksichtigung in Art. 8 WCT und Art. 3 Abs. 1 InfoSoc-RL gefunden hat. Insofern ist es wenig sinnvoll, wenn nicht gar widersprüchlich, über die Hintertür eines unbenannten Verwertungsrechts oder § 20 UrhG dieses Recht doch noch zu konstruieren.

ccc. Fehlendes Bedürfnis eines Abrufübertragungsrechts

Das Grundkonzept des Urheberrechtsgesetzes ist darauf ausgelegt, bei mehreren aufeinander folgenden, eine wirtschaftliche Einheit bildenden Verwertungshandlungen auf jeder Stufe eine Kontrolle durch den Rechteinhaber zu ermöglichen.[402] Fraglich ist allerdings, ob überhaupt ein Bedürfnis für das Ab-

---

397 EuGH v. 4.10.2011 – C-403/08, C-429/08, GRUR 2012, 156, Tz. 186, 193 – FAPL/Murphy; EuGH v. 7.3.2013 – C-607/11, GRUR 2013, 500, Tz. 20, 23 – ITV Broadcasting/TVC.
398 Richtlinie 96/9/EG des Europäischen Parlaments und des Rates vom v. 11.3.1996 über den rechtlichen Schutz von Datenbanken, ABl. L 77 v. 27.3.1996, S. 20.
399 EuGH v. 18.10.2012 – C-173/11, GRUR 2012, 1245, Tz. 20 – Football Dataco u. a.
400 Art. 7 Abs. 1, Abs. 2 lit. b Datenbank-RL.
401 So *von Ungern-Sternberg*, GRUR 2013, 248 (253).
402 Vgl. dazu BT-Drucks. 15/38 v. 6.11.2002, S. 25.

rufübertragungsrecht als eigene Verwertungshandlung besteht. In diesem Zusammenhang lässt sich zunächst bezweifeln, dass die Bereitstellung nur der Vorbereitung der wirtschaftlichen Verwertung dient und der Übertragungsvorgang als Auswertung des geschützten Werkes den eigentlich wirtschaftlich bedeutsamen Teil darstellt.[403] Denn der Anbieter hat mit der Bereitstellung alles Erforderliche getan, damit der Nutzer auf das entsprechende Werk zugreifen kann. Ohne einen Nutzer, der auf ein Werk tatsächlich zugreift, ergibt die Bereitstellung – zumindest aus Sicht des Anbieters – zwar keinen (wirtschaftlichen) Sinn, dennoch ist die Bereitstellung ein wesentliches Element des Vorgangs, da damit bildlich gesprochen der Händler die Herrschaft über das Werk aus den Händen gibt. Im Gegensatz zum Upload als Vervielfältigungshandlung, der tatsächlich nur die Zugänglichmachung vorbereitet, ist die Bereitstellung mindestens ein ebenso wirtschaftlich bedeutsamer Teil wie der Übertragungsvorgang selbst.

Diese These liefert wichtige Erkenntnisse für die eigentliche Frage, ob die Verwertungshandlung der Übertragung auch einer Kontrolle durch den Rechteinhaber bedarf. Eine wirtschaftliche Bedeutung ist dieser Verwertungshandlung, wie gerade gezeigt, nicht abzusprechen. Dennoch wird sie vom Nutzer initiiert und in Gang gesetzt. Sobald ein Werk dem Nutzer online zum Download angeboten wird, hat der Anbieter in der Regel keine Möglichkeit mehr, einem anfragenden Kunden den Download zu untersagen. Natürlich „weiß" das System aufgrund eines Benutzerkontos des Nutzers oder der persönlichen Daten, mit wem er es zu tun hat. Zudem wird überprüft, ob Bankdaten vorliegen oder bereits direkt bezahlt wurde. Aber es liegt in der Hand des Nutzers, mit seinen Aktionen den Download anzufordern. Daran ändert auch die Tatsache nichts, dass der Anbieter diesen automatisierten Ablauf irgendwann einmal programmiert haben muss. Insofern ist die Abrufübertragung nur dem Nutzer zuzurechnen – und nicht dem Anbieter. Daher bedarf es aber auch keiner Kontrolle dieser Verwertungshandlung durch diesen.[404]

Weiterhin spricht auch kein praktisches Bedürfnis für ein Abrufübertragungsrecht, da eine Anknüpfung an § 16 Abs. 1 UrhG möglich ist:[405] Jeder Nutzungsvorgang durch den Nutzer – zumindest in unserer Fallkonstellation des Downloaderwerbs – erfordert eine Vervielfältigungshandlung. Damit erübrigt sich auch das Erfordernis des Abrufübertragungsrechts wegen des eingeschränkten Rechtsschutzes bei grenzüberschreitenden Online-Nutzungen.[406] Zugegebenermaßen findet die Bereitstellung ja nur im Ursprungsland statt, was dem im Urheberrecht geltenden Territorialitätsprinzip zuwiderlaufen würde. Gewahrt wird

---

[403] So *von Ungern-Sternberg*, in: Schricker/Loewenheim (Hrsg.), UrhG, § 19a Rn. 27.
[404] Zur Frage, wem beim Download die Vervielfältigungshandlung zuzuordnen ist: *Seitz*, „Gebrauchte" Softwarelizenzen, S. 90 ff. m. w. N.; *Zecher*, Zur Umgehung des Erschöpfungsgrundsatzes bei Computerprogrammen, S. 225 ff. m. w. N.
[405] So auch *Koch*, in: Loewenheim (Hrsg.), Handbuch des Urheberrechts, § 78 Rn. 65f Fn. 1.
[406] Vgl. nur *von Ungern-Sternberg*, in: Schricker/Loewenheim (Hrsg.), UrhG, § 19a Rn. 27 m. w. N.

III. Der Online-Erwerb aus rechtlicher Sicht

dieses Prinzip aber wiederum durch die Anknüpfung an das Vervielfältigungsrecht, welches am Rechner bzw. Endgerät des Nutzers vorgenommen wird. Auch *Peukert* spricht sich nach einer ausführlichen Auslegung der relevanten Normen zur öffentlichen Zugänglichmachung zunächst gegen ein Abrufübertragungsrecht aus.[407] Im Zusammenspiel mit dem Rechtsschutz technischer Maßnahmen erachtet er ein solches Recht im Rahmen des § 19a UrhG aber doch für erforderlich.[408] Dies begründet er damit, dass die Umgehungsverbote nicht weiter reichen könnten als das Urheberrecht an Werken, was bei Art. 6 Abs. 3 InfoSoc-RL bzw. § 95a Abs. 2 S. 2 UrhG zu unüberwindbaren Problemen führe. Seiner Prämisse folgend muss das „Zugangskontrollrecht" beim Recht der öffentlichen Zugänglichmachung verortet werden, so dass die Abrufübermittlung von diesem Recht umfasst sein muss.[409] Eine Lösung dieses Dilemmas bietet *Peukert* selbst in seiner Fußnote 142 an: Art. 6 Abs. 3 InfoSoc-RL könnte einer Auslegung dergestalt zugänglich sein, dass die Norm hinsichtlich der Zugangskontrollen doch einen über den Schutzbereich des Urheberrechts hinausgehenden Rechtsschutz vorsieht. Zwar würde dies Widersprüche bei der Konzeption des Rechtsschutzes technischer Schutzmaßnahmen hervorrufen,[410] doch ist zum einen selten ein System absolut widerspruchsfrei. Zum anderen müsste dieser Widerspruch in Anbetracht des fehlenden Bedürfnisses eines Abrufübertragungsrechts auf Seiten des Urhebers bzw. Rechteinhabers schlicht hingenommen werden. Nur zur Beseitigung dieses Widerspruchs kann kein Recht etabliert werden, das nirgends geschrieben steht und für das keine erheblichen wirtschaftlichen Gründe sprechen. Im Ergebnis ist das Bestehen eines Abrufübertragungsrechts damit abzulehnen.[411]

dd. Zwischenergebnis

Beim Online-Erwerb mittels Download ist einerseits das Nutzungsrecht für den Downloadvertrieb von Bedeutung. Dieses beinhaltet die Verwertungsrechte des Vervielfältigungsrechts zum Upload und des Rechts der öffentlichen Zugänglichmachung zur Bereitstellung im Internet. Andererseits ist das Nutzungsrecht für den Downloaderwerb wichtig, welches das Vervielfältigungsrecht beim Download umfasst. Ein darüber hinausgehendes Abrufübertragungsrecht, welches dem Urheber bzw. Rechteinhaber zustehen soll, besteht nicht. Wie die beiden Nutzungsarten nun bei den entsprechenden Protagonisten im Vertrieb eines urheberrechtlich geschützten Werkes eingeräumt bzw. übertragen werden, zeigen die Ausführungen in den beiden folgenden Abschnitten.

---
407 *Peukert*, in: Hilty/Peukert (Hrsg.), Interessenausgleich im Internet, S. 26 ff.
408 *Peukert*, in: Hilty/Peukert (Hrsg.), Interessenausgleich im Internet, S. 36 ff.
409 *Peukert*, in: Hilty/Peukert (Hrsg.), Interessenausgleich im Internet, S. 37 f.
410 *Peukert*, in: Hilty/Peukert (Hrsg.), Interessenausgleich im Internet, S. 38 Rn. 142.
411 So wohl auch *Koch*, in: Loewenheim (Hrsg.), Handbuch des Urheberrechts, § 78 Rn. 65 f Fn. 1; *Koch*, GRUR 2010, 574 (576); *Zecher*, Zur Umgehung des Erschöpfungsgrundsatzes bei Computerprogrammen, S. 245 f.

B. Der Erstvertrieb digitaler Güter

c. Die Rechtekette beim Downloadvertrieb

In der Grundkonstellation gelangt das Nutzungsrecht für den Downloadvertrieb vom Urheber über den Rechteinhaber zum Händler. Dabei ist auch der direkte Weg vom Urheber zum Händler möglich. Wenn zwischen (Groß-)Händler und Endnutzer jedoch weitere Händler zwischengeschaltet sind, gibt es einige Besonderheiten zu beachten.

aa. Die Grundkonstellationen

Der Urheber, bei dem als Schöpfer des Werkes das Urheberrecht und damit das Recht zur Verwertung entsteht, muss zunächst das Recht einräumen, das Werk für den Downloadvertrieb zu nutzen. Dieses Recht muss letztendlich zwingend dem Händler zustehen, welcher als letztes Glied in der Kette in direktem Kontakt mit dem Endnutzer steht. Eine derartige Lizenz wird auch Vertriebslizenz genannt.[412]

Der Urheber steht selten selbst in Verbindung mit dem Händler. Meistens sind ein Verlag, eine Rechteagentur, der Hersteller oder etwa eine Verwertungsgesellschaft als Rechteinhaber(in) zwischengeschaltet. Diesem bzw. dieser räumt der Urheber das Nutzungsrecht regelmäßig exklusiv ein, so dass der Rechteinhaber ein ausschließliches Nutzungsrecht nach § 31 Abs. 3 UrhG erhält. Dabei wird ein umfassendes Nutzungsrecht für alle Nutzungsarten eingeräumt.[413] Daraufhin räumt der Rechteinhaber dem Händler das Nutzungsrecht für den Downloadvertrieb ein. Dabei handelt es sich nicht um einen Fall der vollständigen Übertragung der Rechtsposition, wie es § 34 UrhG vorsieht, sondern um einen Fall der gebundenen (konstitutiven) Rechteeinräumung, wie es § 35 UrhG beschreibt.[414] Die in § 35 Abs. 1 S. 1 UrhG erforderliche Zustimmung wird der Urheber in aller Regel bereits im Vorfeld eingeräumt haben. Wegen § 35 Abs. 1 S. 2 UrhG wird eine Zustimmung jedoch gar nicht notwendig sein, da das ausschließliche Nutzungsrecht dem Rechteinhaber nur zur Wahrnehmung der Belange des Urhebers eingeräumt wurde. Ob der Rechteinhaber selbst dem Händler ausschließliche[415]

---

412 *Scholz*, in: Oelschlägel/Scholz (Hrsg.), Handbuch Versandhandelsrecht, Kap. 10 Rn. 347, mit einem Formulierungsbeispiel: „Der Lizenzgeber räumt dem Händler hiermit das (nicht-ausschließliche) einfache Recht ein, für die Dauer des Händlervertrags räumlich unbeschränkt über seinen Online-Shop die in Anlage XY genannten eBooks, Musikwerke, Filme etc. (im Folgenden: „Werke") seinen Kunden im Wege des Downloads bereitzustellen und zu diesem Zweck öffentlich zugänglich zu machen."
413 Vgl. zu Besonderheiten bei einzelnen Branchen B. III. 2. e.
414 *Schulze*, in: Dreier/Schulze, UrhG, § 35 Rn. 1.
415 Früher war noch umstritten, ob der Inhaber ausschließlicher Nutzungsrechte ebenfalls ausschließliche Nutzungsrechte einräumen darf (vgl. *Schricker/Loewenheim*, in: Schricker/Loewenheim (Hrsg.), UrhG, § 35 Rn. 4 m. w. N.). Der Gesetzgeber hat nunmehr klargestellt, dass § 35 UrhG nicht nur für die Weitereinräumung einfacher Nutzungsrechte, sondern ebenso für die Weitereinräumung ausschließlicher Nutzungsrechte gilt (BT-Drucks. 14/6433 v. 26.6.2001, S. 16).

oder einfache Nutzungsrechte einräumt, hängt wiederum davon ab, ob der Urheber das Werk über einen Händler exklusiv vertreiben will oder über mehrere Händler.

Es ist auch möglich, dass der Urheber – ohne sämtliche Rechte an einen Rechteinhaber abgetreten zu haben – den direkten Kontakt zu einem bzw. mehreren Händlern pflegt. Das Nutzungsrecht für den Downloadvertrieb wird diesem bzw. diesen dann direkt über § 31 Abs. 1 UrhG eingeräumt. Bei einem exklusiven Vertrieb über einen einzelnen Händler wird wiederum das ausschließliche Nutzungsrecht nach § 31 Abs. 3 UrhG, ansonsten das einfache Nutzungsrecht nach § 31 Abs. 2 UrhG eingeräumt.

bb. Die Einräumung des Nutzungsrechts von Händlern an weitere Händler

Es ist möglich, dass der Rechteinhaber oder der Urheber einem (Groß-)Händler das Recht erteilt, weiteren Händlern Vertriebslizenzen einzuräumen.[416] Die Übertragung an die weiteren Händler erfolgt dabei gem. § 35 Abs. 1 UrhG. Die erforderliche Zustimmung des Urhebers wird zwar wie gehabt gegeben sein bzw. wegen § 35 Abs. 1 S. 2 UrhG nicht notwendig sein, § 35 Abs. 1 S. 1 UrhG deklariert jedoch nur den Inhaber eines „ausschließlichen" Nutzungsrechts als berechtigte Person zur Einräumung von Nutzungsrechten. Wenn der Rechteinhaber bzw. Urheber dem Händler nun aber nur ein einfaches Nutzungsrecht eingeräumt hat, kann § 35 Abs. 1 S. 1 UrhG keine direkte Anwendung mehr finden. Die analoge Anwendung dieser Vorschrift auf Inhaber von einfachen Nutzungsrechten ist umstritten. Insofern zeigt sich an dieser Stelle, warum die Unterscheidung zwischen der Einräumung eines ausschließlichen oder nur eines einfachen Nutzungsrechts so wichtig ist.

Zum Teil wird die analoge Anwendbarkeit des § 35 UrhG aufgrund des klaren Wortlauts und mit einem Verweis auf § 31 Abs. 3 UrhG, der im Gegensatz zu § 31 Abs. 2 UrhG die Möglichkeit der Einräumung von Nutzungsrechten erwähnt, verneint.[417] Zudem wird eingewandt, dass das einfache Nutzungsrecht nicht weiter aufspaltbar und daher auch nicht teilweise übertragbar sei.[418] Somit müsste zur Einräumung von Unternutzungsrechten eine ausdrückliche Ermächtigung gem. § 185 Abs. 1 BGB durch den Urheber erfolgen.[419] § 35 UrhG soll demnach jedenfalls nicht analog anwendbar sein. Zum Teil wird jedoch auch eine

---

416 *Scholz*, in: Oelschlägel/Scholz (Hrsg.), Handbuch Versandhandelsrecht, Kap. 10 Rn. 347, mit einem Formulierungsbeispiel: „Der Händler kann weiteren Händlern Vertriebsrechte an den Werken in dem vorstehend geregelten Umfang einräumen."
417 LG Köln v. 9.4.2008 – 28 O 690/07, ZUM-RD 2008, 437 (440) (n. rk.); *Schricker/Loewenheim*, in: Schricker/Loewenheim (Hrsg.), UrhG, Vor. § 28 Rn. 51, § 31 Rn. 15, § 35 Rn. 2; *Loewenheim/J. B. Nordemann*, in: Loewenheim (Hrsg.), Handbuch des Urheberrechts, § 25 Rn. 9; *von Gamm*, Urheberrechtsgesetz, § 35 Rn. 1, 3; *Stier*, Die Unterbrechung urheberrechtlicher Lizenzketten, S. 60.
418 *von Gamm*, Urheberrechtsgesetz, § 34 Rn. 2.
419 *Berger*, in: Berger/Wündisch (Hrsg.), Urhebervertragsrecht, § 1 Rn. 51.

analoge Anwendbarkeit des § 35 UrhG befürwortet. Einerseits unterscheide sich die Art der Nutzung beim einfachen und beim ausschließlichen Nutzungsrecht nicht, andererseits könne der Urheber zahlreiche gleichartige, einfache Nutzungsrechte mit dinglicher Wirkung einräumen.[420] Demnach werde also gerade keine Aufspaltung eines einfachen Nutzungsrechts vorgenommen. Darüber hinaus bezwecke § 35 UrhG die Schutzinteressen des Urhebers, die in diesem Fall nicht geringer erscheinen.[421]

Die analoge Anwendung einer Norm verlangt das Vorliegen einer vergleichbaren Interessenlage und einer unbewussten Regelungslücke.[422] § 35 UrhG dient der Wahrung der ideellen Interessen des Urhebers, indem seine Zustimmung bei der Weitereinräumung von Rechten verlangt wird. Die Interessenlage des Urhebers ändert sich dabei nicht dadurch, dass der Inhaber eines einfachen statt eines ausschließlichen Nutzungsrechts dieses jemand anderem weiter einräumt. Komplexer stellt sich die Beurteilung der unbewussten Regelungslücke dar. Dass eine Regelungslücke vorliegt, zeigt sich darin, dass § 185 BGB als urheberrechtsfremde Norm zur Behandlung dieser Fälle herangezogen werden muss.[423] Die Gesetzesmaterialien geben keinen Ausschluss darüber, ob die Inhaber einfacher Nutzungsrechte bewusst außen vor gelassen wurden. Der eindeutige Wortlaut des § 35 Abs. 1 S. 1 UrhG und auch der Vergleich der beiden Normen § 31 Abs. 2 und § 31 Abs. 3 UrhG legen aber ein Bewusstsein des Gesetzgebers nahe. Auf der anderen Seite kann aber auch eingewandt werden, dass sich die Merkmale „ausschließlich" bzw. „einfach" nur auf die Klagebefugnis beziehen und daher kein direkter Zusammenhang mit der Frage der Begründung weiterer positiver Nutzungsrechte durch eine Verfügung besteht.[424] Zudem krankt die Lösung über § 185 BGB daran, dass es sich um eine Ausnahmevorschrift für den Fall der Verfügung eines Nichtberechtigten handelt.[425] Die vorliegende Fallgestaltung, bei der ein Urheber oder Rechteinhaber einem Händler ein einfaches Nutzungsrecht einräumt, welches dieser weiteren Händlern einräumen darf, ist jedoch nicht mehr als eine bloße Ausnahmeerscheinung anzusehen. Insofern ist davon auszugehen, dass es sich eher um eine unbewusste Regelungslücke handelt. Somit ist § 35 UrhG auf die vorliegende Fallgestaltung analog anwendbar.[426] Daher erfolgt die Rechteeinräumung des Händlers gegenüber weiteren Händlern entweder über § 35 UrhG – bei Vorliegen von ausschließlichen Nutzungsrechten – oder aber über § 35 UrhG analog – bei Vorliegen von einfachen Nutzungsrechten.

---

420 *Schulze*, in: Dreier/Schulze, UrhG, § 31 Rn. 55, § 35 Rn. 5; zur Rechtsnatur des einfachen Nutzungsrechts als gegenständliches Recht mit dinglicher Wirkung vgl. *Schulze*, in: Dreier/Schulze, UrhG, § 31 Rn. 52 m. w. N.
421 *J. B. Nordemann*, in: Fromm/Nordemann (Bgr.), UrhG, § 35 Rn. 5.
422 *Rüthers/Fischer/Birk*, Rechtstheorie mit juristischer Methodenlehre, Rn. 889.
423 So *Berger*, in: Berger/Wündisch (Hrsg.), Urhebervertragsrecht, § 1 Rn. 51.
424 *Berger*, in: Berger/Wündisch (Hrsg.), Urhebervertragsrecht, § 1 Rn. 186.
425 *Gursky*, in: von Staudinger (Bgr.), BGB, § 185 Rn. 1.
426 So im Ergebnis auch *J. B. Nordemann*, in: Büscher (Hrsg.), FS Bornkamm, S. 907 (913).

d. Die Rechtekette beim Downloaderwerb

Das Nutzungsrecht für den Downloaderwerb muss im Gegensatz zum Downloadvertrieb beim letzten Glied in der Rechtekette, beim Endnutzer, ankommen. Auf dem Weg dorthin warten jedoch einige Rechtsprobleme, welche zum Teil noch nicht erschöpfend untersucht wurden. Dabei muss grundsätzlich zwischen zwei Fallkonstellationen unterschieden werden: Zum einen kann die Einräumung mittels Sublizenzen, zum anderen mittels sog. Endnutzerlizenzbedingungen erfolgen.

aa. Sublizenzen

Wenn von Nutzungsrechten selbst weitere Nutzungsrechte abgeleitet werden, spricht man von Unternutzungsrechten, Unterlizenzen oder eben auch Sublizenzen.[427] Solche Unterlizenzen als abgeleitete Rechte sind in ihrem Umfang und Bestand von der Hauptlizenz abhängig.[428] Es ist insofern nicht möglich, dass der Unterlizenznehmer über weiter gehende Nutzungsrechte verfügt als der Lizenzgeber.

Beim Nutzungsrecht für den Downloaderwerb ist besonders die Rolle des Händlers von Bedeutung, denn er selbst muss nicht über dieses Recht verfügen, gleichwohl muss er es seinen Nutzern erteilen. Seine Rolle in der Rechtekette muss daher näher untersucht werden. Darüber hinaus muss auch die Anwendbarkeit des § 35 UrhG unter die Lupe genommen werden, soweit der Händler selbst nur über ein einfaches Nutzungsrecht verfügt. Der Wortlaut des § 35 UrhG lässt in diesem Fall nämlich keine Einräumung eines weiteren einfachen Nutzungsrechts zu.

aaa. Die Rolle des Händlers

Stellt sich die Situation so dar, dass keine Endnutzerlizenzbedingungen vorliegen, erteilt für gewöhnlich der Rechteinhaber und nicht der Urheber selbst dem Händler bzw. den Händlern die Erlaubnis, dem Kunden das Nutzungsrecht für den Downloaderwerb einzuräumen. Diese Gestattung findet üblicherweise in die bereits an anderer Stelle thematisierte Vertriebslizenz Eingang. Denkbar ist aber auch ein stillschweigender Rechteerwerb zur Einräumung einer Unterlizenz für den Downloaderwerb, wenn dem Händler vom Rechteinhaber die Erlaubnis für die Nutzungsart Downloadvertrieb erteilt wird.[429] Denn die Einräumung des Nutzungsrechts für den Downloadvertrieb macht aus Sicht des Urhebers bzw. Rechteinhabers wirtschaftlich keinen Sinn, wenn der Händler zugleich nicht auch das Nutzungsrecht für den Downloaderwerb erhält, um es an den Endnutzer „durchzureichen". Fraglich ist in beiden Fällen jedoch, wie eine solche

---
427 *Berger*, in: Berger/Wündisch (Hrsg.), Urhebervertragsrecht, § 1 Rn. 40.
428 *Berger*, in: Berger/Wündisch (Hrsg.), Urhebervertragsrecht, § 1 Rn. 190.
429 *Feldmann*, in: Heidrich/Forgó/Feldmann (Hrsg.), Heise Online-Recht, B.II.26.

B. Der Erstvertrieb digitaler Güter

Erlaubniserteilung rechtlich einzuordnen ist. Möglich ist bei dieser Fallkonstellation einerseits, dass dem Händler selbst das entsprechende Nutzungsrecht gem. § 35 Abs. 1 UrhG eingeräumt wird, damit dieser das Recht wiederum dem Endkunden einräumen kann. Andererseits könnte der Händler aber auch nur als eine Art Mittler des Rechteinhabers bzw. Urhebers auftreten und somit nicht unmittelbar Inhaber des Rechts zum Downloaderwerb werden.

Für die eigenständige Einräumung des Nutzungsrechts an den Händler spricht, dass die den Endkunden einzuräumenden Unterlizenzen in ihrem Umfang und Bestand von einer Hauptlizenz abhängig sind und daher der Händler selbst über eine (Haupt-)Lizenz verfügen muss. Es stellt sich jedoch die Frage, warum der Händler selbst das Nutzungsrecht für den Downloaderwerb erhalten sollte. Denn er benötigt es nicht für sich selbst, sondern nur zum Weiterreichen. Darüber hinaus ist aber auch nicht davon auszugehen, dass der Rechteinhaber dem Händler ein solches erteilen will. Dafür spricht auch der Wortlaut der Nutzungsklauseln, in denen regelmäßig nur von einer „Berechtigung" die Rede ist.[430] Ein eigenes Recht des Rechteinhabers – und nicht des Urhebers –, Nutzungsrechte erstmals zu erteilen, steht diesem nach § 31 Abs. 1 S. 1 UrhG nicht zu. § 31 UrhG könnte analog angewendet werden, wenn ein Lizenznehmer einem Dritten Nutzungsrechte erstmals einräumt.[431] Dagegen lassen sich jedoch der eindeutige Wortlaut des § 31 Abs. 1 S. 1 UrhG („Der Urheber") und die Existenz der Normen § 34 und § 35 UrhG anführen, welche das System der Rechteübertragung und Rechteerteilung abschließend regeln. Für eine analoge Anwendung fehlt es daher bereits an einer Regelungslücke. § 31 Abs. 1 S. 1 UrhG ist also nur hinsichtlich des Urhebers anwendbar.[432] Jegliche Konstruktionen, welche dem Rechteinhaber dennoch ein erstmaliges Erteilungsrecht für Nutzungsrechte zugestehen wollen – sei es als Erfüllungsgehilfe, Stellvertreter, Bote oder etwa als Ermächtigung nach § 185 Abs. 1 UrhG[433] –, sind aufgrund dieser klaren gesetzgeberischen Wertung im Zusammenhang mit der Erteilung von Lizenzen abzulehnen. Einer solchen Konstruktion bedarf es jedoch auch gar nicht, wenn man in der Ermächtigung des Rechteinhabers an den Händler zwar die Einräumung der Nutzungsart Downloaderwerb nach § 35 Abs. 1 UrhG sieht, welche aber schuldrechtlich mit der Einschränkung verbunden ist, dass die Nutzung nur den Endkunden und nicht dem Händler selbst zusteht. Der Händler erhält also ein Recht, das er nicht selbst ausüben, dafür aber an seine Kunden weitergeben darf. Eine solche schuldrechtliche Beschränkung berührt nicht den Umfang des

---

430 *Scholz*, in: Oelschlägel/Scholz (Hrsg.), Handbuch Versandhandelsrecht, Kap. 10 Rn. 347, mit einem Formulierungsbeispiel: „Der Händler ist berechtigt, seinen Kunden an den Werken Rechte in folgendem Umfang einzuräumen: [...]".
431 *Schulze*, in: Dreier/Schulze, UrhG, § 31 Rn. 12; so wohl auch *Soppe*, in: Möhring/Nicolini (Bgr.), UrhG, § 31 Rn. 79, und *Heydn*, in: Kilian/Heussen (Hrsg.), Computerrechts-Handbuch, 1. Abschn. Teil 2, Vermarktung von Gebrauchtsoftware, Rn. 51.
432 So bereits *Donle*, Die Bedeutung des § 31 Abs. 5 UrhG für das Urhebervertragsrecht, S. 115; *Schweyer*, Die Zweckübertragungstheorie im Urheberrecht, S. 72.
433 Vgl. dazu *Tinnefeld*, Die Einwilligung in urheberrechtliche Nutzungen im Internet, S. 139 ff.

Nutzungsrechts und entfacht zudem nur inter partes, also zwischen dem Rechteinhaber und dem Händler, Rechtswirkungen.[434] Dementsprechend fungiert der Händler als „Vermittler" zwischen Urheber bzw. Rechteinhaber und Nutzer.[435] Auch § 137 S. 1 BGB steht einer solchen Konstruktion nicht im Weg, da es dort nur um die Beschränkung der Befugnis zur Verfügung über ein Recht geht, während diese Befugnis durch das Verbot der Eigennutzung ja gar nicht berührt ist.

Sollte ausnahmsweise doch der Urheber selbst dem Händler das entsprechende Nutzungsrecht einräumen, erfolgt diese Rechtseinräumung nicht über § 35 Abs. 1 UrhG, sondern „direkt" über § 31 Abs. 1 UrhG. Eine schuldrechtliche Beschränkung mit dem Inhalt, das Nutzungsrecht nicht selbst auszuüben, ist jedoch auch hier erforderlich.

bbb. Die Einräumung des Nutzungsrechts an den Endkunden

Die Händler als Anbieter digitaler Güter regeln die zulässigen urheberrechtlich relevanten Handlungen der Endkunden in sog. Nutzungsrechtsklauseln, welche üblicherweise Eingang in die AGB finden.[436] Die Übertragung an die Endkunden erfolgt dabei gem. § 35 Abs. 1 UrhG. Wie bei der Einräumung von Nutzungsrechten eines (Groß-)Händlers an weitere Händler muss danach differenziert werden, ob der Händler selbst Inhaber des einfachen oder des ausschließlichen Nutzungsrechts ist. Die Rechteeinräumung erfolgt daher entweder über § 35 UrhG (beim Vorliegen ausschließlicher Nutzungsrechte) oder aber über § 35 UrhG analog (beim Vorliegen einfacher Nutzungsrechte). Das Erfordernis einer Analogie ist hier sogar noch größer als bei der Einräumung von Nutzungsrechten zwischen Händlern, da die Fallgestaltung, bei der ein Urheber oder Rechteinhaber mehreren Händlern jeweils einfache Nutzungsrechte einräumt und diesen gleichzeitig gestattet, deren Kunden die Nutzung ebenfalls zu gestatten, eine noch größere Praxisrelevanz aufweist.

Ausnahmsweise kann der Urheber das Werk ohne Einschaltung eines Händlers direkt dem Nutzer anbieten. In diesem Fall erfolgt die Rechteinräumung für den Downloaderwerb über § 31 Abs. 1 UrhG. Diese Einräumung kann wiederum konkludent durch die Zurverfügungstellung des Werkes auf der Webseite des Urhebers erfolgen.[437]

---

434 *Schulze*, in: Dreier/Schulze, UrhG, § 31 Rn. 48.
435 So auch *Ahrens*, in: Berger/Wündisch (Hrsg.), Urhebervertragsrecht, § 16 Rn. 37, der auf *Wandtke/Schäfer*, GRUR Int. 2000, 187 (191) verweist.
436 *Scholz*, in: Oelschlägel/Scholz (Hrsg.), Handbuch Versandhandelsrecht, Kap. 10 Rn. 359. Mit einem Formulierungsbeispiel: „Der Anbieter räumt dem Endkunden hiermit aufschiebend bedingt durch Zahlung der Vergütung das einfache (nicht-ausschließliche), nicht unterlizenzierbare, zeitlich und räumlich unbeschränkte Recht ein, das erworbene eBook von der Download-Plattform des Anbieters herunterzuladen, auf bis zu sieben beliebigen Empfangsgeräten oder sonstigen Datenträgern zu speichern, es dort anzuzeigen und auszudrucken."
437 *Wandtke/Grunert*, in: Wandtke/Bullinger (Hrsg.), UrhG, Vor. §§ 31 ff. Rn. 77.

B. Der Erstvertrieb digitaler Güter

bb. Endnutzerlizenzbedingungen

Problematisch an der eben thematisierten Nutzungsklausel ist die Tatsache, dass der Händler regelmäßig Werke verschiedener Urheber im Angebot hat und diese jeweils unterschiedliche Vorgaben hinsichtlich der Beschränkungen des Vervielfältigungsrechts machen. Insofern müssen die AGB, in welchen die Nutzungsklauseln regelmäßig integriert sind, je nach digitalem Inhalt unterschiedliche Inhalte haben, was sich oftmals nur schwer umsetzen lässt. In der Praxis spielen Nutzungsklauseln daher immer seltener eine Rolle. Abhilfe schafft das Modell der unmittelbaren Einräumung von Nutzungsrechten durch den Urheber bzw. Rechteinhaber, welches aus dem US-amerikanischen Recht stammt und sich inzwischen auch in Europa etabliert hat. Eine solche direkte Lizenzierung wird Endnutzerlizenzbedingung (End User License Agreement, EULA) genannt und erlaubt werkbezogene Differenzierungen.[438] Im deutschen Recht wird die EULA jedoch direkt Vertragsbestandteil zwischen dem Händler und dem Nutzer und unterliegt insofern auch den Regelungen über AGB. Daher muss vor allem darauf geachtet werden, dass bereits zum Zeitpunkt des Erwerbsvorgangs auf die Lizenzbedingungen hingewiesen und ihrer Geltung zugestimmt wird.[439] Rein inhaltlich ändert sich an der Rechteeinräumung jedoch nichts. Auch diese bemisst sich nach § 35 UrhG, wobei die Norm aufgrund der ausschließlichen Nutzungsrechte des Rechteinhabers direkt anzuwenden ist. Soweit der Urheber selbst das Recht erteilt, ist § 31 Abs. 2 UrhG einschlägig.

e. Zusammenfassung

Die Untersuchung der Nutzungsrechte für den Downloadvertrieb und Downloaderwerb hat ein komplexes Bild ergeben. Es muss präzise nach den einzelnen Nutzungsarten und den Vertragsbeziehungen differenziert werden, um die rechtlichen Zusammenhänge korrekt abbilden zu können. Die Situation würde sich ungleich komplexer darstellen, wenn auch noch auf branchenspezifische Besonderheiten Rücksicht genommen worden wäre:[440] In der Softwarebranche wird z. B. das Softwareunternehmen, in dem der Programmierer der Software arbeitet, vorbehaltlich abweichender vertraglicher Regelungen wegen § 69b UrhG automatisch Inhaber des ausschließlichen Nutzungsrechts nach § 31 Abs. 1 S. 1, Abs. 3 S. 1 UrhG zur Ausübung aller vermögensrechtlichen Befugnisse an dem Computerprogramm. In der Verlagsbranche gilt etwa § 8 Verlagsgesetz (ebenfalls dispositiv), nach dem der Verleger per Legaldefinition das ausschließliche Recht zur Vervielfältigung und Verbreitung erhält. In der Musikbranche kann sowohl mit der GEMA als Verwertungsgesellschaft ein Berechtigungsvertrag, als auch mit einem Musikverlag ein Musikverlagsvertrag abgeschlossen werden,

---

438 *Scholz*, in: Oelschlägel/Scholz (Hrsg.), Handbuch Versandhandelsrecht, Kap. 10 Rn. 355.
439 Zu AGB-rechtlichen Fragestellungen vgl. *Picot*, in: Duisberg/Picot (Hrsg.), Recht der Computer- und Videospiele, Kap. 4 Rn. 15 ff.
440 Vgl. dazu ausführlich Berger/Wündisch (Hrsg.), Urhebervertragsrecht, §§ 16 ff.

III. Der Online-Erwerb aus rechtlicher Sicht

was zu unterschiedlichen Konsequenzen hinsichtlich einfacher und ausschließlicher Rechte führt.[441] Auf die Einräumung der diversen Leistungsschutzrechte wurde auch nicht eingegangen (etwa §§ 73 ff., 85 UrhG). Insgesamt ergibt sich folgendes Bild bei der Einräumung von Nutzungsrechten, in dem – mit Ausnahme der Einschaltung von weiteren Händlern – alle Fallkonstellationen abgebildet werden:

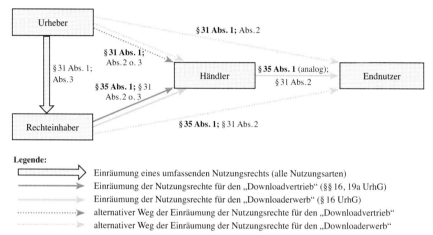

Abb. 2: *Die mehrstufige Einräumung von Nutzungsrechten*

Ob möglicherweise die UsedSoft-Rechtsprechung und die damit verbundene rechtliche Bewertung des Verbreitungsrechts Korrekturen an dieser lizenzrechtlichen Untersuchung erforderlich machen, wird sich zu einem späteren Zeitpunkt zeigen.[442]

3. Die vertragsrechtliche Einordnung

Im folgenden Abschnitt geht es im Kern um die Frage, welcher Art das der Einräumung von Nutzungsrechten zugrundeliegende, schuldrechtliche Kausalgeschäft ist, das bei der Online-Übertragung im Erwerbs- oder Abo-Erwerbsmodell im Verhältnis zum Endnutzer besteht.[443] Im Schuldrecht gilt – im Gegensatz

---

441 Vgl. dazu *Limper*, in: Schwartmann (Hrsg.), Praxishandbuch Medien-, IT- und Urheberrecht, Kap. 32 Rn. 68 ff.
442 Siehe dazu die Ausführungen unter D. II. 5 sowie D. III. 3.
443 Vgl. dazu auch *Haedicke*, Rechtskauf und Rechtsmängelhaftung, S. 79 ff., 295 ff., sowie *Mushardt*, Rechtliche Rahmenbedingungen für den Vertrieb von Handyklingeltönen, S. 222 ff., jeweils m.w.N.; die Einordnung des Vertragstyps zwischen Urheber bzw. Rechteinhaber und Händler wird nicht thematisiert (vgl. dazu z.B. hinsichtlich Fotos *Fusbahn/Kötz*, IPRB 2013, 165 (165), welche von einem Dienstvertrag zwischen dem Fotografen als Urheber und der Bildagentur als Händlerin ausgehen).

zum Sachenrecht – das Prinzip der Vertragsfreiheit, so dass die Parteien in der Ausgestaltung ihrer vertraglichen Beziehungen grundsätzlich frei sein.[444] Jeder ist sich darüber im Klaren, dass er einen Kaufvertrag abschließt, wenn er eine CD im Einzelhandel erwirbt. Auf den ersten Blick scheint es sich auch beim Online-Erwerb um einen „gewöhnlichen" Kaufvertrag zu handeln. Denn die Anbieter preisen die digitalen Produkte zumeist mit Ausdrücken wie „jetzt kaufen" oder „Kauf" an. Der fest im Zivilrecht verankerte Grundsatz „falsa demonstratio non docet" gilt auch in urheberrechtlichen Fallgestaltungen.[445] Wie also die Anbieter selbst den Vertrag bezeichnen, spielt nur eine untergeordnete Rolle. Bedeutung hat die schuldrechtliche Einordnung auch hinsichtlich der Prüfung der AGB. Denn die gesetzlich definierten Hauptleistungspflichten können sich auf die §§ 307 ff. BGB auswirken.

Ausgehend vom Kaufvertrag bei Datenträgern, wird zunächst der Vertragsschluss bei Downloadplattformen analysiert. Der schuldrechtlichen Einordnung bei Softwareverträgen folgt schließlich die schuldrechtliche Einordnung bei den übrigen digitalen Gütern.

a. Kaufvertrag bei Datenträgern

Der Erwerb einer CD oder DVD im Ladengeschäft ist der typische Fall eines Kaufvertrages nach § 433 BGB. Die Ausstellung des Datenträgers im Regal stellt dabei nur eine invitatio ad offerendum durch den Ladeninhaber dar. Erst durch Hinlegen des Datenträgers auf das Kassenband erfolgt das Angebot des Kunden zum Abschluss des Kaufvertrages, welches der Kassierer durch das Scannen der CD oder DVD als Vertreter des Ladeninhabers annimmt. Auf diese Weise kommt mit den Rechten und Pflichten des § 433 BGB ein Kaufvertrag zustande. Die „*Sache*", die nach § 433 Abs. 1 S. 1 und 2 BGB mangelfrei übergeben und übereignet werden muss, ist dann natürlich der Datenträger. Die Bezahl- und Abnahmepflicht des Kunden ergibt sich aus § 433 Abs. 2 BGB. Beim Erwerb des Datenträgers über das Internet bestehen kaum Unterschiede: Die Darstellung des Artikels auf der Webseite des Anbieters entspricht dem der Ausstellung des Artikels im Ladengeschäft – auch hier liegt also zunächst nur eine invitatio ad offerendum vor.[446] Im Verschieben des gewünschten Datenträgers in den virtuellen Warenkorb und im anschließenden Abschluss des Bestellvorgangs liegt dann das Angebot des Kunden. Spätestens mit dem Erhalt einer E-Mail mit Angaben zum Versand – meist noch nicht mit der Bestellbestätigung[447] – kommt der Kaufvertrag durch die Annahme des Händlers zustande. Auch hier gelten die §§ 433 ff. BGB, als ob der Vertrag im Ladengeschäft geschlossen worden wäre.

---
444 *Grüneberg*, in: Palandt (Bgr.), BGB, Überblick vor § 311 Rn. 11.
445 Vgl. nur zuletzt EuGH v. 3.7.2012 – C-128/11, GRUR 2012, 904, Tz. 49 – UsedSoft, und BGH v. 8.10.2009 – III ZR 93/09, NJW 2010, 150, Tz. 16.
446 BGH v. 26.1.2005 – VIII ZR 79/04, NJW 2005, 976 (977).
447 *Oelschläger*, in: Oelschläger/Scholz (Hrsg.), Handbuch Versandhandelsrecht, Kap. 2 Rn. 259 ff.

III. Der Online-Erwerb aus rechtlicher Sicht

Das Gesetz begünstigt den Käufer jedoch durch mehrere Sondervorschriften für den Anbieter,[448] um den Käufer zu schützen und den Nachteil auszugleichen, dass er vor dem Kauf die Waren nicht in natura begutachten konnte.

Bei den üblichen Downloadplattformen läuft nicht nur der Vertragsschluss anders ab. Im Gegensatz zum klassischen Erwerb liegt beim Online-Erwerb gerade keine Verkörperung der urheberrechtlich geschützten Inhalte mehr vor. Bei den urheberrechtlich geschützten Inhalten handelt es sich um bloße Daten. Dadurch gestaltet sich die Einordnung deutlich schwieriger.

b. Vertragsschluss bei Downloadplattformen

Bei Downloadplattformen schließt der Erwerber in der Regel einen Plattformnutzungsvertrag – bei Apps auch „Verkaufs- und Nutzungsbedingungen" genannt – mit dem Anbieter ab, bevor einzelne digitale Inhalte erworben werden können.[449] Mittels dieses Registrierungsverfahrens erfährt der Betreiber die persönlichen Daten des Endnutzers, insbesondere den Namen, die Anschrift und die Zahlungsdaten. Dieser Vertrag dient dazu, die Grundlagen für die Geschäftsbeziehung zwischen dem Anbieter und dem Endnutzer festzulegen.[450] Wenn der Nutzer nun ein bestimmtes Digitalgut erwerben will, muss er dafür jeweils einen selbstständigen Einzelvertrag abschließen. Aufgrund des zuvor abgeschlossenen Plattformnutzungsvertrages handelt es sich bei der Bereitstellung der Digitalgüter im Internet nicht mehr nur um eine invitatio ad offerendum, sondern bereits um einen Antrag zum Abschluss eines Vertrags nach § 145 BGB.[451] Die Annahme erfolgt damit mit dem Bestellvorgang, den der Nutzer in Gang setzt, z. B. durch Klicken auf den Button „Kaufen". Im Anschluss an diesen Vorgang verfügt der Nutzer über die Berechtigung, den Download tatsächlich vorzunehmen. Durch die Umsetzung der Verbraucherrechterichtlinie 2011/83/EU (Verbraucher-RL)[452] ergeben sich zudem einige Besonderheiten, die insbesondere das Widerrufsrecht und Informationspflichten betreffen.[453]

Die Nutzungsbedingungen hinsichtlich des erworbenen Produkts ergeben sich zumeist aus dem zuvor geschlossenen Plattformnutzungsvertrag. Insofern gilt

---

448 Z. B. Informationspflichten nach § 312d BGB oder das Widerrufsrecht nach den §§ 312g, 312c, 355 etc. BGB.
449 *Oelschlägel*, in: Oelschlägel/Scholz (Hrsg.), Handbuch Versandhandelsrecht, Kap. 2 Rn. 289, Kap. 4 Rn. 267 ff.
450 *Härting/Schätzle*, ITRB 2006, 186 (186).
451 *Oelschlägel*, in: Oelschlägel/Scholz (Hrsg.), Handbuch Versandhandelsrecht, Kap. 2 Rn. 290; ausführlich dazu *Grübler*, Digitale Güter und Verbraucherschutz, S. 62 ff.
452 Richtlinie 2011/83/EU des Europäischen Parlaments und des Rates v. 25.10.2011 über die Rechte der Verbraucher, zur Abänderung der Richtlinie 93/13/EWG des Rates und der Richtlinie 1999/44/EG des Europäischen Parlaments und des Rates sowie zur Aufhebung der Richtlinie 85/577/EG und der Richtlinie 97/7/EG des Europäischen Parlaments und des Rates, ABl. EU Nr. L 304 v. 22.11.2011, S. 64.
453 Ausführlich dazu z. B. *Gausling*, in: Taeger (Hrsg.), DSRI Tagungsband 2014, S. 667 (667 ff.).

B. Der Erstvertrieb digitaler Güter

für die nachfolgende Untersuchung der Einordnung des Online-Vertrags, dass der Untersuchungsgegenstand zwar in erster Linie der Einzelvertrag hinsichtlich des betroffenen digitalen Inhalts ist, dieser jedoch insbesondere hinsichtlich der Nutzungsbedingungen maßgeblich vom zuvor abgeschlossenen und für alle folgenden Vertragsabschlüsse geltenden Plattformnutzungsvertrag abhängig ist. Nachfolgend wird der Vereinfachung wegen nur noch von einem Vertrag die Rede sein.

c. Einordnung von Softwareverträgen

Schon frühzeitig haben sich zahlreiche Gerichte und Autoren mit der schuldrechtlichen Einordnung von sog. Softwareüberlassungsverträgen auseinandergesetzt. Der BGH und diesem folgend die instanzgerichtliche Rechtsprechung wenden nun seit fast drei Jahrzehnten bei der dauerhaften Überlassung von Standardsoftware[454] gegen einmaliges Entgelt das Kaufrecht „zumindest" entsprechend an.[455] Im Zusammenhang mit einer auf einem Datenträger verkörperten Standardsoftware entschied der BGH, dass es für die Rechtsnatur des Softwareüberlassungsvertrages nicht auf die urheberrechtliche Qualifikation und die Nutzungsrechteeinräumung ankomme, sondern ausschließlich auf den konkreten Gebrauch.[456] Demnach sei – je nach Ausgestaltung – das Miet- oder Kaufrecht anwendbar.[457] Im Rahmen der Schuldrechtsmodernisierung wurden in § 453 Abs. 1 BGB – veranlasst durch die Rechtsprechung – „sonstige Gegenstände" aufgenommen, bei denen das Kaufrecht entsprechend gelten soll. Ausweislich der Regierungsbegründung soll darunter auch Software fallen.[458] Somit ist hinsichtlich Software sowohl von einer gefestigten Rechtsprechung als auch von einem gesetzgeberischen Willen auszugehen, das Kaufrecht entsprechend anzuwenden. Dies steht auch nicht im Widerspruch zum Ergebnis der sachenrechtlichen Beurteilung, dass Software in der Form von Daten weder direkt noch

---

454 Individualsoftware stellt kein Massenprodukt wie Standardsoftware dar und wird daher nicht weiter untersucht. Wegen § 651 S. 1 BGB, welcher auf die Vorschriften des Kaufrechts verweist, gilt für Individualsoftware aber oftmals ohnehin nichts anderes als für Standardsoftware; vgl. dazu *Marly*, Praxishandbuch Softwarerecht, Rn. 680 ff.
455 BGH v. 4.11.1987 – VIII ZR 314/86, NJW 1988, 406; BGH v. 18.10.1989 – VIII ZR 325/88, NJW 1990, 320 (321); BGH v. 24.1.1990 – VIII ZR 22/89; NJW 1990, 1290 (1291); BGH v. 14.7.1993 – VIII ZR 147/92, NJW 1993, 2436 (2437); BGH v. 4.11.1992 – VIII ZR 165/91, NJW 1993, 461; BGH v. 4.3.1997 – X ZR 141/05, NJW 1997, 2043 (2045); BGH v. 22.12.1999 – VIII ZR 299/98, NJW 1415 (1415); hins. instanzgerichtlicher Rechtsprechung vgl. nur zuletzt LG Frankfurt a.M. v. 6.6.2013 – 2-24 O 246/12, MMR 2013, 645 (646); vgl. auch BGH v. 3.11.2011 – 2 U 49/11, CR 2012, 299 (300) m.w.N. auch aus der Literatur; a.A. jedoch *Hilty*, CR 2012, 625 (625 ff.), der von einem reinen Lizenzvertrag ausgeht.
456 BGH v. 15.11.2006 – XII ZR 120/04, NJW 2007, 2394, Tz. 17; vgl. auch *Dreier/Vogel*, Software- und Computerrecht, S. 119 f.; *Marly*, Praxishandbuch Softwarerecht, Rn. 741.
457 BGH v. 15.11.2006 – XII ZR 120/04, NJW 2007, 2394.
458 BT-Drucks. 14/6040 v. 14.5.2001, S. 242.

analog von § 90 BGB und damit von § 903 BGB erfasst wird.[459] Auf schuldrechtlicher Ebene kann über § 453 Abs. 1 BGB das Kaufrecht entsprechend Anwendung finden, denn hier geht es gerade nicht um ein Ausschließlichkeitsrecht, sondern nur um die Einordnung eines Verpflichtungsgeschäfts. Während auf sachenrechtlicher Ebene eine Gleichstellung nicht erforderlich ist, besteht auf schuldrechtlicher Ebene ein Bedürfnis. Dies zeigt nicht zuletzt auch die Gesetzesbegründung zu § 453 Abs. 1 BGB. Bei einem Softwareüberlassungsvertrag ist demnach das Kaufrecht entsprechend anwendbar. Dabei spielt es keine Rolle, ob die Software körperlich oder unkörperlich in Verkehr gebracht wurde.

d. Einordnung der übrigen digitalen Güter

Auffällig ist, dass in der juristischen Literatur viele Autoren die Anwendung des Kaufrechts beim Online-Erwerb digitaler Güter ohne Weiteres annehmen, zumal sie zum Teil nicht einmal auf eine Analogie verweisen.[460] Wie bereits gezeigt, ist eine direkte Anwendung der kaufrechtlichen Regelungen mangels Körperlichkeit der als Daten auftretenden digitalen Güter nicht möglich. Bevor wie bei Software die entsprechende Anwendung des Kaufrechts untersucht wird, werden zunächst Überlegungen angestellt, die sich auf die Anwendbarkeit anderer Vertragsformen beziehen.

aa. Bedeutung des Lizenzrechts

Die Besonderheit von Verträgen über den Online-Erwerb digitaler Güter liegt in den üblicherweise auftretenden lizenzrechtlichen Bestimmungen, welche der Rechteinhaber vorgibt. Während hinsichtlich körperlicher Gegenstände Nutzungsbeschränkungen unüblich sind, bevorzugen die Rechteinhaber aus Furcht vor dem Kontrollverlust eine Lizenzierung anstatt einer Veräußerung. Dadurch sollen die Rechte des Endnutzers eingeschränkt und die Nutzung nur unter bestimmten Voraussetzungen gestattet werden. Aufgrund der Bedeutung des Lizenzrechts nehmen einzelne Autoren anstatt eines Kaufvertrags einen Lizenzvertrag oder einen Vertrag sui generis an.[461] Diese Begriffe sind jedoch einerseits

---

459 Der in Fn. 455 zitierten BGH-Rspr. lässt sich – trotz der Anwendung des Kaufrechts – nicht entnehmen, dass Software eine Sache ist, da maßgeblich auf die Sachqualität des Datenträgers abgestellt wird; zum vielfältigen Meinungsstand hinsichtlich der Frage, ob Software eine Sache ist, s. nur *Marly*, Praxishandbuch Softwarerecht, Rn. 696 ff. m.w.N. *Ammann* geht hingegen davon aus, dass es sich bei Software um eine Sache i.S.d. § 90 BGB handelt; *Ammann*, Der Handel mit Second Hand-Software aus rechtlicher Sicht, S. 60, 74.
460 So z.B. *Redeker*, in: Bräutigam/Hoppen (Hrsg.), DGRI Jahrbuch 2013, S. 251 (251): „Wird ein digitales Gut endgültig gegen Entgelt übertragen, liegt ein Kaufvertrag vor"; ebenso Lejeune, ITRB 2014, 234 (235): „Dann liegt schuldrechtlich ein Kauf nach § 433 BGB vor".
461 *Wandtke/Grunert*, in: Wandtke/Bullinger (Hrsg.), UrhG, Vor. §§ 31 ff. Rn. 134; aus der Literatur z.B. *Hilty*, MMR 2003, 3 (3 ff.); *Hilty*, CR 2012, 625 (628 ff.); *Jani*, K&R 2012, 297 (299); *Schneider*, ITRB 2014, 120 (122); aus der Rspr. z.B. LG Hamburg v. 20.9.2011 – 312 U 414/10, BeckRS 2013, 19556; vgl. auch *Strenkert*, Die Beendigung des Lizenzvertrages, S. 25;

konturenlos, da sie aufgrund der Mannigfaltigkeit an Einräumungs- und Übertragungsmöglichkeiten von Nutzungsrechten keine grundlegenden Gegebenheiten widerspiegeln. Andererseits ist gerade beim Begriff Lizenzvertrag eine Vermischung von schuld- und sachenrechtlichen Erwägungen vorprogrammiert. Denn die Übertragung von Nutzungsrechten deckt im Grundsatz nur den sachenrechtlichen Part ab. Auch die Folge der Ablehnung des Abstraktionsprinzips, dass die Einräumung von Nutzungsrechten regelmäßig vom Bestand und der Wirksamkeit des zugrundeliegenden schuldrechtlichen Vertrages abhängt, deutet darauf hin, dass ein Lizenzvertrag ohne schuldrechtliche Zuordnung nicht bestehen kann. Nichtsdestotrotz sind die Bestimmungen im Lizenzvertrag für die schuldrechtliche Einordnung wichtig, da diese dem schuldrechtlichen Vertrag erst ihre Konturen geben. Daher sind bei der schuldrechtlichen Einordnung urheberrechtlicher Lizenzverträge der Sinn und Zweck des Vertrages, dessen wirtschaftliche Bedeutung sowie die Interessenlage der Parteien von Bedeutung.[462] Dies ändert jedoch nichts an der Tatsache, dass die Bezeichnungen Lizenzvertrag oder Vertrag sui generis nur zu Rechtsunsicherheit führt. So gibt *Hilty,* der für eine Einordnung des Vertrages als Lizenzvertrag eintritt, selbst zu Protokoll, dass „die Anerkennung der Rechtsnatur des Softwarevertrages als Lizenzvertrag für sich betrachtet natürlich noch nichts [bedeutet], da der Gesetzgeber bislang noch kein dispositives Lizenzvertragsrecht geschaffen hat und daher die Gerichte gefordert sind."[463] Zudem steht mit der Einordnung als Lizenzvertrag kein Gewährleistungsrecht zur Verfügung.[464] Den lizenzrechtlichen Bestimmungen kommt damit zwar eine wesentliche Rolle bei der Identifizierung des Vertragstyps zu, die genannten Begriffe zur schuldrechtlichen Einordnung führen jedoch nicht zu einer tragfähigen Lösung.[465]

bb. Alternative Vorschläge

Neben der Einordnung als Lizenzvertrag wurden auch schon andere Vertragstypen für den Online-Erwerb digitaler Güter vorgeschlagen.[466] Das Miet- und Pachtrecht kann bei endgültigen Werküberlassungen keine Rolle spielen, da diesen Vertragstypen die zeitliche Begrenzung immanent ist, die der dauerhaften Überlassung nicht gerecht wird. Ebenso ist ein Abstellen auf einen Dienst- bzw. Dienstleistungsvertrag nicht sinnvoll: Im Kern geht es beim Online-Erwerb digitaler Güter im Wege des Downloads nicht um eine Tätigkeit des Anbieters bzw.

Frank/Wimmers, in: Berger/Wündisch (Hrsg.), Urhebervertragsrecht, § 24 Rn. 79 mit Fn. 204 m.w.N. sowie *Specht*, Konsequenzen der Ökonomisierung informationeller Selbstbestimmung, Rn. 439 ff. m.w.N.
462 *Marly*, Praxishandbuch Softwarerecht, Rn. 749.
463 *Hilty*, CR 2012, 625 (637).
464 So auch *Frank/Wimmers*, in: Berger/Wündisch (Hrsg.), Urhebervertragsrecht, § 24 Rn. 79 mit Fn. 204.
465 So ist bei *Pahlow* auch die Rede vom „*Vertrag sui generis*" als „Verlegenheitslösung"; *Pahlow*, Lizenz und Lizenzvertrag im Recht des Geistigen Eigentums, S. 261.
466 Vgl. dazu auch *Strenkert*, Die Beendigung des Lizenzvertrages, S. 22 ff.

III. Der Online-Erwerb aus rechtlicher Sicht

Rechteinhabers – also die Zurverfügungstellung der Inhalte im Internet –, sondern um das konkrete Einräumen von Nutzungsrechten für diese Inhalte, welche eine endgültige Position beim Endnutzer zur Folge hat. Der Vertragserfolg tritt also erst mit dem Download und nicht bereits mit der Bereitstellung ein. Auch das Vorliegen eines Werkvertrages, bei dem ein Erfolg geschuldet wird, ergibt keinen Sinn, da nicht erst der Anbieter das Werk herstellt. Damit kommen also keine der beschriebenen Vertragstypen des BGB in Betracht.

Denkbar ist es, von einem eigenen Vertragstyp für Online-Verträge auszugehen. Darauf könnte die Entwicklung der Verbraucher-RL hindeuten.[467] Diese Richtlinie führt den Begriff der digitalen Inhalte ein, worunter „Daten, die in digitaler Form hergestellt und bereitgestellt werden" (Art. 2 Nr. 11 Verbraucher-RL, § 312f Abs. 3 BGB) zu verstehen sind. In Erwägungsgrund 19 der Verbraucher-RL erfolgt sogar eine beispielhafte Aufzählung digitaler Inhalte: So fallen Computerprogramme, Anwendungen (Apps), Spiele, Musik, Videos und Texte darunter. Einerseits wird in jenem Erwägungsgrund darauf hingewiesen, dass digitale Inhalte „für die Zwecke dieser Richtlinie weder als Kaufverträge noch als Dienstleistungsverträge betrachtet werden" sollen, andererseits soll es keine Rolle spielen, „ob auf sie durch Herunterladen oder Herunterladen in Echtzeit (Streaming), von einem körperlichen Datenträger oder in sonstiger Weise zugegriffen wird". Während der Gesetzgeber also einerseits mit dem Erwägungsgrund beabsichtigt, von einem speziellen Vertragstyp auszugehen, geht er andererseits von einem sehr weiten Verständnis der digitalen Güter aus, das keine Unterscheidung zwischen unkörperlichen Digitalgütern und solchen auf Datenträgern kennt. Eine einheitliche Behandlung sämtlicher Verträge über digitale Inhalte kann aber nicht interessengerecht sein,[468] zumal selbst der Download und das Streaming-Verfahren unter einen Hut gebracht werden müssten. Insofern lassen sich keine Rückschlüsse auf einen sinnvollen, eigenen Vertragstyp für Verträge über digitale Inhalte aus der Verbraucher-RL ziehen.

Vielleicht können aber aus dem Vorschlag für eine Verordnung des Europäischen Parlaments und des Rates über ein Gemeinsames Europäisches Kaufrecht (GEKR-VO)[469] neue Erkenntnisse für eine eigenständige Vertragsart für digitale Inhalte gewonnen werden. Durch die GEKR-VO ist auf europäischer Ebene eine zweite Schuldrechtsordnung neben das nationale Schuldrecht getreten.[470] Neben den Kaufverträgen (Art. 5 lit. a GEKR-VO) werden dort auch sog. „Verträge über die Bereitstellung digitaler Inhalt" (Art. 5 lit. b GEKR-VO) genannt. Digitale Inhalte sind nach Art. 2 lit. j GEKR-VO „Daten, die – gegebenenfalls auch nach Kundenspezifikationen – in digitaler Form hergestellt und bereitgestellt werden, darunter Video-, Audio-, Bild- oder schriftliche Inhalte, digitale Spiele,

---
467 *Schmidt-Kessel*, K&R 2014, 475 (477).
468 So auch *Schmidt-Kessel*, K&R 2014, 475 (478 f.).
469 Vorschlag für eine Verordnung des Europäischen Parlaments und des Rates über ein Gemeinsames Europäisches Kaufrecht, KOM(2011) 635 endgültig – 2011/0284 (COD) v. 11.10.2011.
470 *Haug*, K&R 2012, 1 (1).

B. Der Erstvertrieb digitaler Güter

Software und digitale Inhalte, die eine Personalisierung bestehender Hardware oder Software ermöglichen". Den Lieferanten trifft dabei nach Art. 91 lit. b GEKR-VO nur die Pflicht, „sicherzustellen, dass der Käufer das Recht hat, die digitalen Inhalte entsprechend dem Vertrag zu nutzen", während nach Art. 91 lit. b GEKR-VO nur bei digitalen Inhalten auf einem materiellen Datenträger die Pflicht der Eigentumsbeschaffung besteht. Für eine Anwendung dieses Gesetzes bestehen jedoch einige Hindernisse: Nach Art. 1 Nr. 1 S. 2, 4 Nr. 1 GEKR-VO kann der Vertrag nur für grenzüberschreitende Geschäfte verwendet werden. Für innerstaatliche Geschäfte ist zunächst ein entsprechender Beschluss Deutschlands vonnöten. Aufgrund der Optionalität darf der GEKR-VO zudem nur dann Anwendung finden, wenn die Vertragsparteien dieses Instrument auch wählen (Art. 3 und 8 GEKR-VO). Unabhängig davon verfolgt das Regelungswerk aber ohnehin sehr traditionelle Ansätze – wie z. B. beim Vertragsschluss und beim Gewährleistungsrecht[471] – und statuiert keinen neuen Vertragstyp mit speziellen Pflichten für die Vertragsparteien. Dies ist auch Erwägungsgrund 17 zu entnehmen: Danach ist die GEKR-VO so konzipiert, dass digitale Güter nicht nach der Übertragungsart, sondern nur ihrem Wesen nach zu beurteilen sind.[472] Das spiegelt sich auch in Art. 5 lit. b GEKR-VO wider. Damit eignet sich die GEKR-VO nicht als Anknüpfungspunkt für die Entwicklung einer eigenständigen Vertragsart für digitale Güter.[473] Auch die neuartige Bezeichnung „Verträge über die Bereitstellung digitaler Inhalte" liefert keine verwertbaren Erkenntnisse, da sowohl beim Download als auch beim Streaming digitale Inhalte „bereitgestellt" werden.

Im Ergebnis kommt damit kein anderer Vertragstyp als der Kaufvertrag für den Online-Erwerb digitaler Güter in Betracht. Geprüft werden muss dabei aber, inwiefern die kaufvertraglichen Vorschriften Anwendung finden.

cc. Anwendung der kaufrechtlichen Vorschriften

Der Vertragszweck beim Online-Erwerb digitaler Güter ist darauf gerichtet, dass der Rechteinhaber dem Endnutzer nach der Bereitstellung die endgültige Nutzung eines digitalen Guts ermöglichen, während dieser die vereinbarte Ver-

---

471 *Limmer*, DNotZ-Sonderheft 2012, 59 (69 ff.).
472 So auch *Zenefels*, K&R 2012, 463 (465).
473 A.A. aber wohl *Zech*, ZUM 2014, 3 (8).

gütung entrichten muss.[474] Betrachtet man diese Hauptleistungspflichten, entspricht die Übertragung dem gesetzlichen Leitbild des Kaufvertrags.[475] Während der Käufer dem Verkäufer „den vereinbarten Kaufpreis" (§ 433 Abs. 2 Var. 1 BGB) zahlen muss, ist als „Übergabe" (§ 433 Abs. 1 S. 1 Var. 1 BGB) anstatt der Einräumung der tatsächlichen Sachherrschaft nach § 854 Abs. 1 BGB die tatsächliche Verschaffung einer Kopie des digitalen Guts anzusehen.[476] Vollzogen ist die Übergabe im analogen Bereich aber erst dann, wenn der Käufer den Besitz erlangt.[477] Dementsprechend erfolgt die Übergabe auch im digitalen Umfeld zweiteilig durch die Bereitstellung und Zugänglichmachung der Datei im Internet von Seiten des Verkäufers sowie durch den Download dieser Datei von Seiten des Käufers. Eine endgültige Besitzaufgabe[478] findet dabei nicht statt, da der Rechteinhaber die Verfügungsgewalt am Datenbestand als unkörperlichem Gegenstand nicht verliert.[479]

An die Stelle der Übertragung des „Eigentums" (§ 433 Abs. 1 S. 1 Var. 2 BGB) tritt die Einräumung von Nutzungsrechten durch den Rechteinhaber, soweit diese wegen der gesetzlichen Schrankenbestimmungen überhaupt benötigt werden.[480] Der Umfang der Rechte kommt dabei dem eines Eigentümers nach § 903 BGB zumindest insofern nahe, als der Rechteinhaber die dauerhafte Nutzungserlaubnis aufgrund der fehlenden Befristung nachträglich nicht mehr einschränken darf. Zwar unterliegt der Endnutzer möglicherweise diversen Einschränkungen durch die Lizenzbedingungen, indem eine Nutzung beispielsweise auf maximal drei Endgeräten zulässig ist, diese Nutzungserlaubnis bleibt dem Endkunden aber ohne zeitliche Grenze erhalten. Wenn der Erschöpfungsgrundsatz auch auf digitale Güter anwendbar sein sollte, was später noch erörtert wird, erhält der

---

474 Die zeitlich unbegrenzte Nutzbarkeit eines digitalen Guts ergibt sich vor allem auch aus den AGB-Bestimmungen, in denen zumeist von der Einräumung eines „unbeschränkten Nutzungsrechts" die Rede ist. Dies könnte insofern ein Problem darstellen, als nicht der Inhalt der AGB die Vertragsart bestimmt, sondern von der Vertragsart die Zulässigkeit und Wirksamkeit der von einer Seite einseitig aufgestellten Vertragsbestimmungen abhängen (BGH v. 4.3.1997 – X ZR 141/95, NJW 1997, 2043 (2045); *Schneider*, CR 2009, 553 (555)). Jedoch macht schon das äußere Erscheinungsbild der Webseiten der Anbieter sowie die Anwerbungen wie „Kauf" oder „Kostenpflichtig downloaden" – also der konkrete Internetauftritt des Anbieters – deutlich, dass die endgültige Nutzbarkeit eines digitalen Gutes beworben wird. Nach Ansicht des LG Hamburg ist als Hauptleistungspflicht sogar nur das „Zurverfügungstellen eines Textes in Form von Audiodateien zum Abspielen und Anhören" anzusehen (LG Hamburg v. 20.9.2011 – 312 O 414/10, BeckRS 2013, 19556).
475 *Haedicke*, Rechtskauf und Rechtsmängelhaftung, S. 312.
476 So auch *Specht*, Konsequenzen der Ökonomisierung informationeller Selbstbestimmung, S. 128 f.
477 *Weidenkaff*, in: Palandt (Bgr.), BGB, § 433 Rn. 13.
478 *Bassenge*, in: Palandt (Bgr.), BGB, § 929 Rn. 11.
479 *Haberstumpf*, CR 2012, 561 (563).
480 Abzulehnen ist der Ansatz des OLG Stuttgart, das die Einräumung von Nutzungsrechten nur als vertragliche Nebenpflicht ansieht; OLG Stuttgart v. 3.11.2011 – 2 U 49/11, GRUR-RR 2012, 243 (244) – Hörbuch-AGB.

B. Der Erstvertrieb digitaler Güter

Erwerber ohnehin bereits durch den Eintritt der Erschöpfung eine der Übereignung vergleichbare Verfügungsbefugnis.

Die Pflicht des Käufers, die „gekaufte Sache abzunehmen" (§ 433 Abs. 2 Var. 2 BGB), ist ersatzlos zu streichen. Denn im Gegensatz zur analogen Welt, in der bei Verkäufern Probleme mit Platzkapazitäten auftreten können, wird für digitale Güter gerade kein „Platz" benötigt. Die entsprechende Datei liegt auf dem Server und steht allen Endnutzern zur Verfügung, welche einen Vertrag abschließen; die Anzahl an Downloadvorgängen verursacht keinen erhöhten Platzbedarf.

Letztlich muss der Verkäufer auch beim Verkauf digitaler Güter für („Rechts-") „Mängel" (§ 433 Abs. 1 S. 2 BGB) einstehen: So kann die gekaufte Datei fehlerhaft sein, sich nicht abspielen lassen, eine zu schlechte Qualität aufweisen etc. Beim Vorliegen eines solchen Mangels steht dem Käufer das Sachmängelgewährleistungsrecht nach § 434 BGB zu.

Wie man sieht, kommt eine analoge Anwendung der Regelungen über das Kaufrecht dem Vertragszweck sehr nah. Zwar führt der Vollzug des Vertrages nicht zu einer Entreicherung auf Seiten des Veräußerers, sondern zu einer Zuordnungsverdoppelung, was dem kaufrechtlichen Leitbild an sich widerspricht[481], aber sowohl die Entgeltlichkeit der Datenüberlassung als auch die Dauerhaftigkeit und Endgültigkeit als Kerngedanken der kaufrechtlichen Vorschrift werden diesem gerecht, so dass das Fehlen der Entreicherung zu vernachlässigen ist. Die für eine analoge Anwendung geforderte vergleichbare Interessenlage ist daher gegeben.[482] Es ist auch von einer planwidrigen Regelungslücke auszugehen. Für eine entsprechende Anwendung spricht des Weiteren § 453 Abs. 1 BGB bzw. die Gesetzesbegründung, welche Software explizit als „sonstigen Gegenstand" aufführt. Zwar wird damit nur auf dieses eine, spezielle Digitalgut Bezug genommen, zur Zeit der Schuldrechtsmodernisierung waren jedoch nur gerichtliche Streitigkeiten im Zusammenhang mit Software bekannt, so dass andere digitale Güter gar nicht bedacht wurden. Es sind auch sonst keine Gründe ersichtlich, warum andere digitale Güter nicht unter dem Begriff der „sonstigen Gegenstände" geführt werden könnten. Die Systematik des Kaufrechts durch die Einordnung von Software – und damit auch der anderen digitalen Güter – unter die „sonstigen Gegenstände" in § 453 Abs. 1 BGB stärkt zugleich die Ansicht, die Möglichkeit des Eigentums an Daten bzw. die Übertragung von Eigentum nach § 433 Abs. 1 Var. 2 BGB abzulehnen, da § 453 Abs. 1 UrhG nach Sachen, Rechten und sonstigen Gegenständen differenziert. Während an Sachen Eigentumsrechte nach § 903 BGB bestehen und Rechte nach §§ 398, 413 BGB übertragen werden können, nehmen die sonstigen Gegenstände – worunter grundsätzlich unkörperliche Vermögenswerte wie Know-how, Erwerbs- oder Gewinnchancen und Informationen fallen[483] – offensichtlich eine

---

481 Vgl. dazu ausführlich *Haedicke*, Rechtskauf und Rechtsmängelhaftung, S. 99.
482 *Haedicke*, Rechtskauf und Rechtsmängelhaftung, S. 312.
483 *Beckmann*, in: von Staudinger (Bgr.), BGB, § 453 Rn. 20.

Sonderstellung ein.[484] Sie sind nicht fassbar und daher keinem Schutz über ein Ausschließlichkeitsrecht zugänglich, so dass ein Eigentumsübergang nach § 433 Abs. 1 Var. 1 BGB nicht möglich ist. Es wird teilweise angewandt, dass es sich bei Daten anders als bei den übrigen „sonstigen Gegenständen" verhalte, da Daten abgrenzbar seien und auch eine Unterscheidung zwischen Besitzer und Eigentümer möglich sei.[485] Obwohl Daten in der Tat eher abgrenzbar sind als die anderen sonstigen Gegenstände Know-how, Erwerbschancen oder Information, so kommt diesen dennoch keine vergleichbare Abgrenzbarkeit wie körperlichen Gegenständen zu. Darüber hinaus deutet bereits die Einordnung durch den Gesetzgeber darauf hin, dass keine andere Behandlung von Software bzw. digitalen Gütern erforderlich ist. Die Einordnung als „Rechtskauf" kommt aufgrund der bloß konstitutiven Einräumung urheberrechtlicher Nutzungsrechte nicht in Betracht.[486]

Ebenfalls für eine entsprechende Anwendung des Kaufrechts spricht das Verhalten der Händler: Sie bezeichnen ihre Angebote selbst als „Kauf"-Angebote, was – trotz des falsa demonstratio non docet-Grundsatzes – zumindest eine gewisse Indizwirkung entfacht und in der Gesamtschau das gefundene Ergebnis weiter untermauern kann. Gleiches gilt für die Verwendung des Begriffs „Warenkorb" bei Online-Shops, in dem die Bestellung regelmäßig angelegt wird.

Auf den Download digitaler Güter mit einem dauerhaften Nutzungsrecht des Endnutzers gegen einmalige Entgeltzahlung sind daher die kaufrechtlichen Regelungen des BGB entsprechend anzuwenden.[487] Hinsichtlich der durch den Endnutzer zu entrichtenden Vergütung ist zu beachten, dass diese nicht zwingend – wohl aber regelmäßig – eine einmalige Bezahlung darstellt. Denkbar ist beispielsweise auch eine Ratenzahlung oder eine Miete mit Kaufoption, die in Anspruch genommen wurde.[488] Entscheidend und gleichzeitig das Abgrenzungskriterium zur Miete ist dabei, dass eine endgültige Zuordnung von Nutzungsrechten vorgesehen ist. Soweit eine solche Zuordnung vorgesehen ist, kann also auch eine monatliche Ratenzahlung über drei Jahre zur Anwendung der kaufrechtlichen Vorschriften führen. Der wirtschaftliche Zweck des Vertrages muss auf die dauerhafte Überlassung eines digitalen Inhalts zur zeitlich unbegrenzten Nutzung gerichtet sein.[489]

---

484 Vgl. dazu auch *Redeker*, CR 2011, 634 (638).
485 *Hoeren*, MMR 2013, 486 (489).
486 *Mushardt*, Rechtliche Rahmenbedingungen für den Vertrieb von Handyklingeltönen, S. 227, 229 f. m. w. N.
487 So auch *Mushardt*, Rechtliche Rahmenbedingungen für den Vertrieb von Handyklingeltönen, S. 229 ff., und insb. hins. personenbezogenen Daten *Specht*, Konsequenzen der Ökonomisierung informationeller Selbstbestimmung, Rn. 505.
488 Vgl. dazu *Gennen*, in: Schwartmann (Hrsg.), Praxishandbuch Medien-, IT- und Urheberrecht, Kap. 21 Rn. 130.
489 So auch hins. Software *Gennen*, in: Schwartmann (Hrsg.), Praxishandbuch Medien-, IT- und Urheberrecht, Kap. 21 Rn. 130.

B. Der Erstvertrieb digitaler Güter

Letztlich kann noch der Frage nachgegangen werden, ob auch § 474 BGB und damit die Regelung über den Verbrauchsgüterkauf analog Anwendung finden kann. Wie auch § 433 BGB ist dort von einer „Sache" die Rede, was auf eine richtlinienkonforme Umsetzung der Verbrauchgüterkaufrichtlinie 1999/44/EG[490] zurückzuführen ist. Da § 453 Abs. 1 BGB eine möglichst weite Anwendbarkeit kaufrechtlicher Vorschriften auch auf sonstige Gegenstände intendiert, sind die §§ 474 ff. BGB ebenfalls analog anzuwenden.[491] Dafür spricht auch, dass sich die Schutzbedürftigkeit des Endnutzers eines körperlichen Gegenstandes nicht von der eines unkörperlichen Gegenstandes unterscheidet.

IV. Zusammenfassung

Untersuchungsgegenstand dieser Arbeit sind sämtliche digitalen Güter, die im Massengeschäft von Bedeutung sind. Dazu zählen nicht nur Musikwerke, Filmwerke, Software und Computerspiele, sondern auch die Produkte der Verlagsbranche – E-Books, E-Papers und E-Journals – sowie Bilder bzw. Fotos. All diese Güter mit Ausnahme der Hybridprodukte Computerspiele und E-Books im weiteren und weitesten Sinne erfahren jeweils urheberrechtlichen Schutz als Gesamtwerk, darüber hinaus besteht zum Teil aber auch ein weiter gehender Schutz an einzelnen Bestandteilen des Werkes. Die einzelnen Bestandteile der hybriden Produkte werden ebenfalls geschützt.

Der Vertrieb dieser digitalen Produkte erfolgt mittels der technischen Grundmodelle Download oder Stream. Darauf aufbauend haben sich die Vertriebsmodelle Erwerb, Abo-Erwerb, Miete, Abo-Miete und der freie Zugang entwickelt, wodurch die digitalen Inhalte dem Kunden über Universalplattformen oder aber spezialisierte Plattformen zugänglich gemacht werden. Für die Frage der rechtlichen Zulässigkeit der Weitergabe spielen lediglich die Erwerbs- und Abo-Erwerbsmodelle eine Rolle, da nur bei diesen Vertriebsformen der Endnutzer über ähnliche Rechte wie beim Kauf von mit digitalen Inhalten bespielten Datenträgern verfügt.

Beim Erwerbsvorgang kommt dem Sachenrecht nur eine untergeordnete Bedeutung zu, da an Daten kein Eigentum erworben werden kann. Wesentlich mehr Bedeutung kommt den Nutzungsrechten beim Online-Erwerb zu, welche entweder über sog. Rechteketten vom Urheber über den Rechteinhaber und die Händler beim Endnutzer ankommen oder aber mittels Endnutzerlizenzbedingungen direkt vom Urheber dem Endkunden eingeräumt werden. Schuldrechtlich entspricht die Annahme eines Kaufvertrages bei der Vertriebsform des Erwerbs

---

490 Richtlinie 1999/44/EG des Europäischen Parlaments und des Rates vom 25. Mai 1999 zu bestimmten Aspekten des Verbrauchsgüterkaufs und der Garantien für Verbrauchsgüter, ABl. Nr. L 171 v. 7.7.1999, S. 12.
491 Ausführlich dazu und ebenfalls bejahend *Schmidt-Kessel*, K&R 2014, 475 (481); s. auch *Druschel/Oehmichen*, CR 2015, 233 (234).

bzw. Abo-Erwerbs am ehesten den zum Zeitpunkt des Vertragsabschlusses wirtschaftlichen Vorstellungen der Parteien. Die §§ 433 ff. BGB sind dabei über § 453 Abs. 1 BGB entsprechend anzuwenden.

C. Der Zweitmarkt für digitale Inhalte

Nachdem im vorangegangenen Kapitel zum Erstvertrieb der Weg digitaler Güter vom Urheber bzw. Rechteinhaber zum Endnutzer beschrieben wurde, setzt sich dieser Teil der Untersuchung mit den möglichen Vertriebswegen des Endnutzers zur Weitergabe zuvor erworbener digitaler Inhalte auseinander. Auch wenn die Bedeutung des Zugangs zu Waren und Dienstleistungen immer größer wird, spielen das Eigentum und der Besitz an Sachen auch weiterhin eine wichtige Rolle. Oft besteht dabei ein Interesse an neuen und aktuellen Produkten, was mit den kürzeren Produktionszyklen und der mitunter schnelllebigen technischen Entwicklung zusammenhängt. Dieser Grundsatz gilt für Handys, Kameras und Autos gleichermaßen wie für Unterhaltungsgüter, sei es in analoger oder digitaler Form. So wollen nur eingefleischte Fans ihre Schallplattensammlung bis in alle Ewigkeiten behalten. Doch was geschieht mit den veralteten Produkten? Diese werden regelmäßig über gewerbliche Zweitmärkte wie eBay oder Amazon, bei denen also ein Händler zwischengeschaltet ist, oder aber über private Zweitmärkte wie lokale Verkaufsbörsen oder auch Floh- und Trödelmärkte verkauft. Die Übergabe der Güter kann dabei sowohl Angesicht zu Angesicht als auch über Versandunternehmen erfolgen. Es drängt sich dabei die Frage auf, auf welchen Wegen digitale Güter, welche per Download über das Internet erworben wurden, weitergegeben werden können. Während materielle Güter immer selbst das Objekt der Weitergabe darstellen und daher nach der Weitergabe physisch nur noch beim Empfänger vorhanden sind, muss bei digitalen Gütern differenziert werden: Eine Weitergabe ist einerseits mittels materieller Trägermedien wie CDs oder DVDs, aber auch PCs, Smartphones oder Tablets möglich. Andererseits ist auch eine Übertragung digitaler Güter ohne Trägermedien denkbar, sei es mittels Datenfernübertragung über das Internet, drahtlos oder aber kabelgebunden.

Im Folgenden werden zunächst die traditionellen Vertriebskanäle auf die Weitergabemöglichkeiten per Download erworbener digitaler Güter untersucht (I.). Der zweite Abschnitt behandelt Geschäftsmodelle, die sich konkret auf die Weitergabe immaterieller Güter spezialisiert haben (II.). Bei dieser Analyse werden auch die jeweils betroffenen urheberrechtlichen Verwertungsrechte angesprochen, wenngleich eine ausführliche Auseinandersetzung mit den Verwertungsrechten erst im nächsten Kapitel stattfindet.

I. Traditionelle Vertriebskanäle

Als traditionelle Vertriebskanäle für gebrauchte Waren kommen große Handelsplattformen wie eBay und Amazon[492] in Betracht. Aber auch Unternehmen wie reBuy, momox oder REgame![493], die sich speziell auf den An- und Verkauf von

---
492 Online unter http://www.ebay.de/; http://www.amazon.de/.
493 Online unter https://www.rebuy.de/; http://www.momox.de/; http://www.regame.de/.

Medienprodukten spezialisiert haben, bedürfen einer näheren Betrachtung. Darüber hinaus gibt es einige eher lokale Internetplattformen für Kleinanzeigen als digitale Form des Flohmarktes: eBay Kleinanzeigen und Quoka[494] sind dabei wohl die bekanntesten, es gibt jedoch viele weitere wie Flohmarkt.de, zum-Flohmarkt.de oder wuewowas.de. Schließlich sind aber auch klassische Flohmärkte und die Weitergabe unter Familienmitgliedern und Freunden nicht zu vernachlässigen. Anzeigen in Zeitschriften oder Zeitungen werden hingegen nicht berücksichtigt. Bei der Untersuchung der Vertriebskanäle bietet sich eine Unterscheidung nach der Weitergabe mittels Trägermedien und der ohne Trägermedien an, zudem erfolgt eine Differenzierung nach der Übergabe vor Ort und der Fernübertragung.[495]

1. Weitergabe mittels Trägermedien

Soweit sich die relevanten immateriellen Komponenten nach dem Download auf materiellen Trägermedien wie CDs oder DVDs sowie PCs, Smartphones oder Tablets befinden, kann eine Weitergabe der Digitalgüter schlicht durch Weitergabe dieser Trägermedien oder durch die Weitergabe speziell angefertigter neuer Trägermedien erfolgen.

a. Vor-Ort-Übergabe

Unter einer Vor-Ort-Übergabe ist ein Sachverhalt zu verstehen, bei dem sich der Erst- und der Zweiterwerber bei der Übergabe – im Gegensatz zur Fernübertragung – persönlich gegenüberstehen. Den Datenträger kann der Ersterwerber dabei entweder endgültig mit übergeben oder aber nur zur Übertragung verleihen.

In der Regel wird sich der zu veräußernde digitale Inhalt nach dem Download durch den Ersterwerber auf einem Trägermedium wie einem PC oder einem Smartphone befinden. Jeder Download geht mit einer Vervielfältigungshandlung nach § 16 Abs. 1 UrhG einher. Zur Weitergabe dieses Inhalts muss regelmäßig eine Übertragung auf ein anderes Trägermedium wie ein USB-Stick oder eine CD bzw. DVD erfolgen, welches der Ersterwerber an den Zweiterwerber übergibt. Dies stellt eine weitere urheberrechtliche Vervielfältigungshandlung nach § 16 Abs. 1 UrhG auf Seiten des Ersterwerbers dar.[496] Auf Seiten des Zweiter-

---

494 Online unter http://kleinanzeigen.ebay.de/; http://www.quoka.de/.
495 Durch diese Einteilung nach räumlichen Aspekten wird eine andere Methode als bei *Seitz* verwendet, der nach „Datendirektübertragung" und „Datenfernübertragung" unterscheidet und diese Begriffe eher im technischen Sinne versteht; *Seitz*, „Gebrauchte" Softwarelizenzen, S. 21 ff.
496 BGH v. 4.10.1990 – I ZR 139/89, GRUR 1991, 449 (453) – Betriebssystem; BGH v. 3.2.2011 – I ZR 129/08, GRUR 2011, 418, Tz. 12 – UsedSoft; *Loewenheim*, in: Schricker/Loewenheim (Hrsg.), UrhG, § 16 Rn. 17; *Heerma*, in: Wandtke/Bullinger (Hrsg.), UrhG, § 16 Rn. 16.

C. Der Zweitmarkt für digitale Inhalte

werbers ist nun in mehrfacher Hinsicht zu differenzieren: Soweit ihm auch der Datenträger endgültig überlassen wird, kann er diesen ohne weitere Vervielfältigungshandlung „abspielen", indem er z. B. die Musik-CD in die Stereoanlage einlegt oder den USB-Stick mit dem Film in den DVD-Player steckt. Er kann die digitalen Inhalte aber zunächst auch auf seinen PC oder sein Smartphone übertragen, was wiederum eine Vervielfältigungshandlung nach § 16 Abs. 1 UrhG ist. Insbesondere bei Software, aber auch bei anderen digitalen Gütern, ist zudem daran zu denken, dass beim bloßen Abspielen beiläufige und nur vorübergehende Vervielfältigungshandlungen nach § 16 Abs. 1 UrhG vorkommen.[497] Hinsichtlich des übergebenen Datenträgers erwirbt der Zweiterwerber darüber hinaus Eigentum an diesem. Insofern unterscheidet sich diese Sachverhaltsvariante nicht von derjenigen, nach der der Ersterwerber einen Originaldatenträger weitergibt. Wenn der Ersterwerber dem Zweiterwerber einen Datenträger nur leihweise zur Verfügung stellt, auf dem sich die relevanten Daten befinden, muss der Zweiterwerber zwingend eine Vervielfältigungshandlung nach § 16 Abs.1 UrhG vornehmen, um den digitalen Inhalt dauerhaft und nicht nur für die Leihdauer nutzen zu können. Am Datenträger erwirbt er zudem natürlich kein Eigentum. Schließlich ist die Fallvariante in Betracht zu ziehen, dass weder der Ersterwerber noch der Zweiterwerber Vervielfältigungshandlungen für die Weitergabe vornehmen: Soweit der Ersterwerber tatsächlich den Datenträger, auf den er den digitalen Inhalt erstmalig heruntergeladen hat, an den Zweiterwerber weitergibt und dieser den Inhalt auch direkt von diesem aus nutzen kann, liegen keinerlei urheberrechtlich relevanten Handlungen vor (abgesehen von beiläufigen Vervielfältigungshandlungen). Diese Sachverhaltsvariante ist jedoch nicht praxisrelevant und bleibt eine Ausnahmeerscheinung.[498]

Die Vor-Ort-Weitergabe kommt insbesondere für die Weitergabe digitaler Güter an Familienmitglieder und Freunde sowie auf klassischen Flohmärkten in Betracht. Diese untersagen zumeist nur den Verkauf von Raubkopien, worunter die hier gegenständlichen digitalen Güter nicht fallen. Nichts anderes gilt für Online-Plattformen für Kleinanzeigen wie Flohmarkt.de, zum-Flohmarkt.de oder wuewowas.de, bei denen in der Regel Selbstabholung vorgesehen ist: Neben der Untersagung von Raubkopien dürfen insbesondere nicht die Rechte Dritter verletzt werden. Ob eine solche Verletzung vorliegt, ist jedoch alles andere als einfach zu beantworten, wie diese Abhandlung noch zeigen wird. Insofern ist die Einstellung von Artikeln auf kleineren Plattformen nur möglicherweise zulässig. Unabhängig davon ist die Reichweite dieser Angebote sehr begrenzt, was der Attraktivität dieser Verkaufsplattformen sowohl für den Ersterwerber als Verkäufer als auch für den Zweiterwerber als Käufer nicht gerade entgegenkommt. Dieser

---
497 *Loewenheim*, in: Schricker/Loewenheim (Hrsg.), UrhG, § 16 Rn. 20, § 69c Rn. 7 m. w. N.; *Schulze*, in: Dreier/Schulze, UrhG, § 16 Rn. 13.
498 Ganz anders wird dies jedoch zum Teil der Rechtsprechung gesehen: Das OLG Hamm spricht explizit von einer „lebensnahen" Möglichkeit, dass nur eine Kopie einer Datei auf einem physikalischen Datenträger angefertigt wird; OLG Hamm v. 15.5.2014 – 22 U 60/13, GRUR 2014, 853 (856) – Hörbuch-AGB.

Vertriebsweg dient eben nicht dem Massenmarkt, sondern ist auf vereinzelte Verkäufe angelegt. Wer seine Musiksammlung verkaufen will und für jeden einzelnen Song einen anderen Abnehmer bei sich zu Hause in Empfang nehmen muss, um dann den mühsamen Übertragungsvorgang durchzuführen, der je nach Empfangsgerät des Zweiterwerbers nicht einmal einheitlich ablaufen kann, wird schnell die Lust an diesem Vertriebsweg verlieren. Als Weitergabeplattformen kommen darüber hinaus aber auch die Vertriebskanäle über Zwischenhändler wie eBay oder Amazon sowie über Plattformen für Kleinanzeigen in Betracht, soweit Erst- und Zweiterwerber bei der Versandart nur „Abholung vor Ort" vereinbaren. Die Zulässigkeit dieser Vertriebswege wird im nächsten Abschnitt untersucht, da die Selbstabholung bei diesen deutschlandweiten Plattformen eine Ausnahmeerscheinung darstellt.

b. Fernübertragung

Bei der Fernübertragung geht es um solche Übertragungen von digitalen Inhalten, bei denen sich der Erst- und Zweiterwerber nicht persönlich gegenüber stehen. Positiv ausgedrückt, muss die Übertragung über eine gewisse räumliche Distanz erfolgen, wobei zu deren Überbrückung in der Regel Versandunternehmen zum Einsatz kommen.

Im Grunde gelten die gleichen Grundsätze, die bei der Vor-Ort-Übergabe thematisiert wurden – die händische Übergabe wird nur durch das Versandunternehmen ersetzt. Zudem ist die leihweise Überlassung des Datenträgers bei der Fernübertragung nicht praxisrelevant. In der Regel nimmt damit also zumindest der Ersterwerber eine Vervielfältigung gem. § 16 Abs. 1 UrhG vor, aber auch beim Zweiterwerber ist oftmals von einer Vervielfältigungshandlung auszugehen. Dabei stellt sich die Frage, auf welchen Vertriebskanälen der Verkauf solcher Handelsobjekte – sprich eigenständig mit digitalen Inhalten bespielter Datenträger – überhaupt zulässig ist.

Die Verkaufsplattform eBay stuft zunächst Angebote, die das Urheber- oder Markenrecht verletzen, grundsätzlich als unzulässige Artikel ein, weshalb diese kein Verkäufer anbieten darf.[499] Konkret betroffene Gegenstände sind dabei insbesondere alle beschreibbaren Datenträger und Fotokopien: „Es ist verboten, beschreibbare Datenträger […] anzubieten, wenn diese bereits bespielt oder bedruckt wurden."[500] Diesem Grundsatz folgend, ist bereits das Einstellen des Angebots digitaler Inhalte auf eBay unzulässig. Die hier gegenständlichen „herunterladbaren Medien" fallen jedoch unter eine Ausnahmebestimmung, sofern eine ganze Reihe von Bedingungen eingehalten wird. So muss beispielsweise aus dem Angebot hervorgehen, dass man „Inhaber sämtlicher an dem Artikel bestehenden Rechte inkl. Eigentumsrechte sowie der Rechte des

---

499 Online unter http://pages.ebay.de/help/policies/items-ov.html.
500 Online unter http://pages.ebay.de/help/policies/recordable.html.

geistigen Eigentums an dem Artikel" ist und dass man die mit den Lizenzgebern geschlossenen Vereinbarungen einhält.[501] Dieser Nachweis ist allerdings kaum zu erbringen, da die Lizenzbedingungen den Weiterverkauf in aller Regel einschränken. Folglich ist von der Unzulässigkeit des Verkaufs digitaler Güter über eBay auszugehen. Hinsichtlich Musikwerken, Filmwerken und Software ist an einer anderen Stelle sogar explizit geregelt, dass Verkäufer diese nicht auf beschreibbaren Datenträgern anbieten dürfen.[502] Auch die Richtlinien von Amazon verbieten den Verkauf digitaler Güter. Verboten ist demnach das Anbieten von diesen Werken, „es sei denn, der Verkauf ist explizit vom Verkäufer genehmigt worden."[503] Diese Genehmigung kann der Veräußerer in der Praxis kaum einholen, so dass auch hier von einem grundsätzlichen Verbot auszugehen ist, wenngleich dieser Punkt in der Richtlinie unter „Artikel, die Urheberrechte [...] verletzen[,]" fällt, was bei den hier gegenständlichen Produkten nicht unbedingt gegeben sein muss. Unternehmen wie reBuy, momox oder REgame!, die sich speziell auf den An- und Verkauf von Medienprodukten spezialisiert haben, nehmen grundsätzlich keine kopierten Datenträger an. Es bleibt die „digitale" Form des Flohmarkts, also (lokale) Plattformen für Kleinanzeigen. Die bekannteste Plattform, eBay Kleinanzeigen, verbietet das Einstellen sowohl von „ungenehmigten Kopien geschützter Werke oder Gegenstände, insbesondere Kopien von Filmen, Videospielen, Büchern (ebooks) oder Musik" als auch von „Angeboten zum Herunterladen von Medien" und ganz konkret auch von „E-Books".[504] Das erste Verbot wird sich so verstehen lassen müssen, dass eine Genehmigung des Rechteinhabers vorliegen muss. Aufgrund der grundsätzlichen Weitergabeverbote in den Lizenzbedingungen wird es diese Genehmigung aber so gut wie nie geben. Kleinere Plattformen wie Quoka, Flohmarkt.de oder zum-Flohmarkt.de oder sehr lokale Plattformen wie wuewowas.de für Würzburg[505] stellen in ihren AGBs weitaus geringere Bedingungen an die einzustellenden Artikel, indem die Anbieter nur die Verletzung der Rechte Dritter untersagen. Wie jedoch bereits bei der Vor-Ort-Übergabe untersucht, ist dieser Vertriebsweg weder für den Erst- noch für den Zweiterwerber sonderlich attraktiv, zumal die Frage nach der Verletzung der Rechte Dritter nicht leicht zu beantworten ist.

2. Weitergabe ohne Trägermedien

Der Ersterwerber kann digitale Güter jedoch auch ganz ohne Trägermedien übertragen. Denkbar ist dies drahtlos durch Datenfernübertragung oder kabelgebunden vor Ort bzw. über das Internet. Eine derartige Übertragungsart scheint

---
501 Online unter http://pages.ebay.de/help/policies/downloadable.html.
502 Online unter http://pages.ebay.de/help/policies/bootlegs.html; http://pages.ebay.de/help/policies/software.html.
503 Online unter http://www.amazon.de/gp/help/customer/display.html/ref=hp_left_cn?ie=UTF8&nodeId=3369411.
504 Online unter http://kleinanzeigen.ebay.de/anzeigen/rules.html.
505 Online unter http://www.wuewowas.de/kle/avk_suche.php.

dem digitalen Zeitalter eher zu entsprechen als die Verdinglichung in einem Datenträger, was einem Rückschritt in die analoge Welt gleichkommen würde.

a. Vor-Ort-Weitergabe

Bei der Vor-Ort-Weitergabe gibt es im Wesentlichen zwei Möglichkeiten, wie der Ersterwerber dem Zweiterwerber den gewünschten digitalen Inhalt zur Verfügung stellen kann. Zum einen kann der Ersterwerber die Datei von seinem Datenträger mittels eines Datenkabels (z. B. USB-Kabel) auf den Datenträger des Zweiterwerbers übertragen, zum anderen kann er die Übertragung aber auch drahtlos per WLAN oder Bluetooth vornehmen. Eine Vervielfältigungshandlung gem. § 16 Abs. 1 UrhG auf Seiten des Ersterwerbers ist dabei nicht zwingend erforderlich, kann aber durchaus notwendig sein.[506] Auf Seiten des Zweiterwerbers findet auf jeden Fall „vor Ort" eine Vervielfältigung gem. § 16 Abs. 1 UrhG statt, indem er die Datei auf seinem Datenträger abspeichert. Weitere Vervielfältigungshandlungen sind darüber hinaus möglich, wenn die Datei vor Ort auf einen USB-Stick des Zweiterwerbers übertragen wird und dieser die Datei zu Hause auch noch auf seinen PC übertragen will. Hinsichtlich der Vertriebswege gibt es keine Unterschiede zur Weitergabe mittels Trägermedien.

b. Fernübertragung

Die Fernübertragung[507] von digitalen Gütern ohne den Einsatz von Trägermedien erfolgt ausschließlich über das Internet. Im Wesentlichen kann die Übertragung der Dateien per E-Mail oder aber durch Abruf aus einem Cloud-Dienst wie der Dropbox ablaufen. Der Ersterwerber nimmt hier regelmäßig eine Vervielfältigungshandlung vor: Sowohl beim Versand der E-Mail[508] als auch beim Hochladen der Datei ins Internet[509] ist § 16 Abs. 1 UrhG einschlägig. Auch der Zweiterwerber nimmt zwingend eine Vervielfältigungshandlung vor, indem er die Datei auf seinem Datenträger abspeichert. Beim E-Mail-Versand entsteht nicht nur eine Vervielfältigung auf der Festplatte des Absenders, sondern auch als Zwischenspeicherung beim Serverbetreiber.[510] Der Unterschied bei den beiden

---

506 Z. B. wenn die Datei auf ein bestimmtes Laufwerk für die Bluetooth-Übertragung kopiert werden muss.
507 Eine derartige Fernübertragung entspricht dem Begriff der „Datenfernübertragung" nach *Seitz*, „Gebrauchte" Softwarelizenzen, S. 21.
508 OLG München v. 10.5.2007 – 29 U 1638/07, MMR 2007, 525 (527) (n. rk.); KG v. 30.4.2004 – 5 U 98/02, GRUR-RR 2004, 228 – Ausschnittdienst; OLG Köln v. 14.1.2000 – 6 U 73/99, GRUR 2000, 414 (416) – GRUR/GRUR Int; so auch *Loewenheim*, in: Schricker/Loewenheim (Hrsg.), UrhG, § 16 Rn. 23 m. w. N.; *Ernst*, in: Hoeren/Sieber/Holznagel (Hrsg.), Handbuch Multimedia-Recht, Teil 7.1 Rn. 64; *Dreyer*, in: Wandtke/Bullinger (Hrsg.), UrhG, § 16 Rn. 27.
509 *Loewenheim*, in: Schricker/Loewenheim (Hrsg.), UrhG, § 16 Rn. 23 m. w. N.; *Heerma*, in: Wandtke/Bullinger (Hrsg.), UrhG, § 16 Rn. 16; *Dustmann*, in: Fromm/Nordemann (Bgr.), UrhG, § 16 Rn. 26; *Dreyer*, in: Dreyer/Kotthoff/Meckel (Hrsg.), UrhG, § 16 Rn. 30.
510 Vgl. dazu *Heerma*, in: Wandtke/Bullinger (Hrsg.), UrhG, § 16 Rn. 27.

C. Der Zweitmarkt für digitale Inhalte

Übermittlungsarten ist vor allem darin zu sehen, dass der Übermittlungsvorgang beim Download vom Zweiterwerber ausgeht, während beim E-Mail-Versand der Ersterwerber den Vorgang in Gang setzt. Dennoch muss beim Download die Initialhandlung beim Ersterwerber liegen, da ohne den Upload auch kein Download erfolgen kann.

Die Kontaktaufnahme gestaltet sich gleichermaßen wie bei der Weitergabe mittels Trägermedien: Soweit die Weitergabe nicht im Familien- und Freundeskreis erfolgt, müssen Erst- und Zweiterwerber die zuvor thematisierten Online-Plattformen in Anspruch nehmen, welche das Anbieten digitaler Güter jedoch im Grundsatz verbieten. Während Amazon gar nicht erst zwischen digitalen Inhalten auf Datenträgern und solchen ohne körperliche Fixierung differenziert, spricht eBay das Verbot explizit nur für Inhalte auf Datenträgern aus. Bei einer Übermittlung der Daten per E-Mail oder per Download von einer Webseite verweist eBay wiederum darauf, dass der Veräußerer strenge Bedingungen für die Zulässigkeit einhalten muss (Versicherung der Inhaberschaft an allen Rechten und der Einhaltung der Lizenzvereinbarungen).[511] Wie bereits erörtert, kann er diesen Nachweis nur schwer erbringen, da die Lizenzbedingungen in aller Regel die Weitergabe untersagen. So verbietet eBay in einer beispielhaften Aufzählung auch explizit die Einstellung von „Musiktiteln, die Sie bei iTunes gekauft haben".[512] Faktisch ist daher also auch das Anbieten digitaler Güter auf eBay zum Versand per E-Mail oder als Download verboten. Es bleiben lokale Verkaufsplattformen im Sinne von Kleinanzeigen, welchen jedoch aufgrund der räumlichen Begrenzung und der geringen Popularität keine große Bedeutung zukommt.

3. Bewertung

Die Weitergabe stellt sich demnach aus tatsächlichen Gründen vergleichsweise schwierig dar: Eine Vor-Ort-Übergabe wird nur in Ausnahmefällen möglich sein und dann zumeist im Familien- und Freundeskreis durchgeführt. Eine Datenfernübertragung über die großen Online-Plattformen ist dagegen unzulässig. Bei Plattformen für Kleinanzeigen sprechen die jeweiligen Anbieter zwar explizit kein Verbot aus, ein Verbot der Verletzung der Rechte Dritter ist aber dennoch regelmäßig zu finden. Unabhängig davon sind diese aber lokal begrenzt und damit weder für Erst- noch für Zweiterwerber sonderlich attraktiv.

Womit hängt das Desinteresse der Anbieter an der Ermöglichung des Handels mit digitalen Gütern zusammen? Es ist zu vermuten, dass die unsichere Rechtslage dazu beiträgt, dass sich die Anbieter im Zusammenhang mit diesen Produkten zurückhalten. Denn neben der Haftung desjenigen, der das Angebot digitaler Güter ins Internet einstellt, ist auch eine Haftung des Portalbetreibers

---

511 Online unter http://pages.ebay.de/help/policies/downloadable.html.
512 Online unter http://pages.ebay.de/help/policies/downloadable.html.

als Störer möglich: Störer ist, wer – ohne Täter oder Teilnehmer zu sein – in irgendeiner Weise willentlich und adäquat kausal zur Verletzung des Urheberrechts beiträgt.[513] Diese Haftung beginnt ab Kenntnis der Rechtsverletzung, zudem bei der Verletzung zumutbarer Kontroll- und Prüfpflichten sowie bei der aktiven Mitwirkung als Verkaufsunterstützer.[514] Ein Blick in die „policies" von eBay bestätigen diesen Verdacht: Auf der Seite „Grundsatz zu herunterladbaren Medien"[515] wird die Einstellung per Download erworbener Güter unter zahlreiche Bedingungen gestellt, die sich vor allem auf das (Rechts-)Verhältnis zum ursprünglichen Rechteinhaber beziehen. Unter der Überschrift „Ausnahmen für den Verkauf von herunterladbaren Medien" führt eBay sodann Beispiele auf, nach denen Artikel eingestellt werden dürfen. Warum es sich dabei jedoch um „Ausnahmen" handeln soll, wenn eBay doch die Einstellung zunächst unter Einhaltung zahlreicher Bedingungen als zulässig erachtet, erschließt sich dem Leser nicht. Die Verwirrung ist komplett, indem das Unternehmen „Musiktitel, die Sie bei iTunes gekauft haben" explizit vom Verkauf ausschließt, wohingegen es andere Anbieter von digitalen Gütern nicht erwähnt. Zumindest die Bezeichnung „Ausnahmen" lässt sich damit erklären, dass im März 2013 der Grundsatz zu herunterladbaren Medien noch lautete: „Es ist verboten, Artikel anzubieten, die über das Internet bereitgestellt oder versandt werden. Gebrauchte Software darf allerdings digital verschickt werden."[516] Dieses ursprüngliche Voll-Verbot – vermutlich im Anschluss an die UsedSoft-Entscheidung des EuGH entstanden – lockerte eBay nun, indem die Zulässigkeit an diverse Bedingungen geknüpft wurde. Es zeigt aber deutlich, wie unsicher die Anbieter im Umgang mit der Weitergabe digitaler Güter sind. Ins Bild passt dazu eine Studie der CounterFights Anti-Piracy: Im Zeitraum von Dezember 2012 bis März 2013 wurden von den 3763 Auktionen mit „gebrauchten" E-Books 84 Prozent erfolgreich beendet, zwölf Prozent nicht verkauft und nur vier Prozent von eBay oder Rechtehabern vor dem regulären Ablauf gesperrt.[517] Insgesamt lässt sich anhand der von den Anbietern aufgestellten Nutzungsbedingungen also eine Angst vor der unsicheren Rechtslage, insbesondere vor dem Vorgehen der Rechteinhaber gegenüber den Anbietern, ausmachen. Gleichzeitig halten sich die Anbieter bei Verstößen gegen diese Vorschriften jedoch zurück.

Ein weiteres Problem beim Vertrieb digitaler Güter über die traditionellen Vertriebskanäle stellen technische Schutzmaßnahmen dar. Der Datei sieht man zunächst nicht zwingend an, ob derartige Schutzmaßnahmen das Abspielen auf diversen Geräten verhindert. Plattformen wie eBay oder Amazon sowie die

---
513 So z. B. zuletzt BGH v. 17.7.2013 – I ZR 129/08, GRUR 2014, 264, Tz. 25 – UsedSoft II.
514 EuGH v. 12.7.2011 – C-324/09, GRUR 2011, 1026 – L'Oréal u. a.; BGH v. 10.5.2012 – I ZR 57/09, MMR 2012, 815, Tz. 6; BGH v. 17.8.2011 – I ZR 57/09, GRUR 2011, 1038 (1039 ff.) – Stiftparfüm; vgl. dazu auch *Härting*, Internetrecht, Rn. 2138 ff. m. w. N.
515 Online unter http://pages.ebay.de/help/policies/downloadable.html.
516 Screenshot des „Grundsatzes zu herunterladbaren Medien", CounterFights Anti-Piracy (Hrsg.), E-Book Piraterie bei eBay.de, S. 28.
517 CounterFights Anti-Piracy (Hrsg.), E-Book Piraterie bei eBay.de, S. 6.

C. Der Zweitmarkt für digitale Inhalte

Anbieter von Kleinanzeigen sind dabei nicht darauf eingestellt, diese Dateien entsprechend zu prüfen. Insofern müssen sich die Zweiterwerber auf die Angaben des Ersterwerbers verlassen. Streitigkeiten sind hier vorprogrammiert. Der Vertrieb über traditionelle Vertriebskanäle ist daher auch aus diesem Gesichtspunkt (noch) nicht sinnvoll.

II. Geschäftsmodelle für digitale Güter

Aufgrund der aufgezeigten Probleme sind die traditionellen Vertriebskanäle für den Zweitmarkt digitaler Güter weniger geeignet. Diese Lücke könnten spezielle Geschäftsmodelle für digitale Güter schließen. In diesem Zusammenhang werden sowohl bereits existente als auch sich in der Planung befindliche, legale[518] Modelle thematisiert.

1. Aktuelle Geschäftsmodelle

Bislang ist nur die Softwarebranche für ihre Geschäftsmodelle für den Zweitmarkt digitaler Güter bekannt. Doch auch die Musikbranche hat ihre ersten Schritte gewagt, wenngleich vorerst nur in den USA.

a. Softwarebranche

Im Softwarebereich ist beim Weiterverkauf grundsätzlich ein Softwaregebrauchthändler zwischengeschaltet. Während sich ein Teil dieser Händler die Zustimmung der Hersteller zur Übertragung der Lizenz einholt oder sich von vornherein auf Software von Herstellern spezialisiert, die eine Übertragbarkeit der Lizenz im Lizenzvertrag generell erlauben, agieren andere auch ohne die Zustimmung der Hersteller.

Dabei hat sich insbesondere die Firma UsedSoft – auch durch entsprechende Gerichtsverfahren – einen Namen gemacht. Dabei erwirbt UsedSoft nicht mehr benötigte SAP- oder Microsoft-Lizenzen – sei es wegen eines Systemwechsels, Geschäftsaufgaben oder Personalabbau – von Unternehmen aus gewerblicher Nutzung, um diese sodann selbstständig an Zweiterwerber, welche diese mit einem Preisnachlass von bis zu 30 Prozent gegenüber dem Händlerpreis „neuer" Software ausschließlich zu gewerblichen Zwecken benötigen, weiterzuverkaufen. Der Zweiterwerber erhält dabei ein Zertifikat der Nutzungsberechtigung, indem UsedSoft die Rechtmäßigkeit des Lizenzerwerbs notariell bestätigt. Das Angebot von UsedSoft gilt ausschließlich für den B2B-Bereich. Andere Fir-

---

518 Auch illegale Plattformen sind nach wie vor vorhanden, wie z.B. für E-Books Spiegelbest oder Ebookspender; vgl. dazu *Stöcker*, Spiegel Online v. 11.12.2014.

men wie USC oder preo[519] folgen ebenfalls dem Modell von UsedSoft: Auch diese kaufen SAP- oder Microsoft-Lizenzen von einem Unternehmen ab und verkaufen sie dann selbstständig an andere Unternehmen weiter. Auch hier wird also nur der gewerbliche Bereich bedient. susensoftware,[520] ein weiterer Anbieter, richtet sein Angebot zwar nicht explizit an Privatpersonen, verkauft die Lizenzen jedoch auch an diese bei entsprechenden Anfragen. Dass dies jedoch nicht ihr Kerngeschäft ist, zeigt der Hinweis für Privatpersonen auf allgemeine Angebote für gebrauchte Software auf eBay.[521]

Insofern unterscheidet sich der Handel mit Gebrauchtsoftware vom Handel bei eBay oder Amazon: Während diese nur eine „Vermittlerrolle" zwischen den Parteien einnehmen, welche die Verträge abschließen, werden die Gebrauchtsoftware-Händler selbst Vertragspartei. Dies erklärt sich insbesondere vor dem Hintergrund, dass die Zertifizierung der Echtheit der zu handelnden Lizenzen Arbeit und Know-how beansprucht, um einen rechtssicheren Handel zu ermöglichen.

b. Musiksparte

In den USA gibt es darüber hinaus den Anbieter ReDigi[522] als Handelsplattform für digitale Musikwerke. Zur Weitergabe der Musikdateien müssen die Nutzer eine spezielle Software von ReDigi auf ihrem Computer installieren, welche Musikdateien, die über iTunes gekauft wurden, auf dem Rechner der Nutzer erkennt und diese in den Cloud-Speicher von ReDigi hochlädt. Dieser Upload erfolgt „scheibchenweise" in der Form, dass jedes hochgeladene Scheibchen zeitgleich auf allen verbundenen Endgeräten des Nutzers gelöscht wird.[523] Zuvor prüft die Software die „Echtheit" der Dateien, also ob sie legal erworben wurden. Beim tatsächlichen Verkauf einer Datei an einen anderen Nutzer schreibt das Programm den Dateibesitzer um. Es lassen sich jedoch ausschließlich solche Musikdateien hochladen und damit über die Plattform verkaufen, welche zuvor bei iTunes erworben wurden. Urheberrechtlich fallen durch den Upload auf die Server sowie den Download durch den Zweiterwerber Vervielfältigungshandlungen nach § 16 Abs. 1 UrhG an, darüber hinaus ist das Anbieten der Werke im Internet eine öffentlich Zugänglichmachung nach § 19a UrhG.

Das Bezirksgericht des Southern District of New York stuft dieses Geschäftsmodell als unzulässig ein:[524] Die erstellten Vervielfältigungsstücke der Musikdateien in der Cloud seien nicht von der „first-sale"-Doktrin – welche dem europäischen

---
519 Online unter http://www.u-s-c.de/; http://www.preo-ag.com/.
520 Online unter http://www.susensoftware.de/.
521 Online unter http://www.susensoftware.de/hintergrund/frage/ist-es-moeglich-bei-ihnen-als-einzelperson-lizenzen-zu-erwerben/.
522 Online unter https://www.redigi.com/.
523 Vgl. zur Funktionsweise der Software auch *Kubach*, CR 2013, 279 (279 f.).
524 Capitol Records vs. ReDigi v. 30.3.2013 – 12-cv-00095-RJS Document 109, filed03/30/13, http://digitalcommons.law.scu.edu/cgi/viewcontent.cgi?article=1334&context=historical.

C. Der Zweitmarkt für digitale Inhalte

Prinzip der Erschöpfung nahekommt[525] – erfasst, da diese nur für das gekaufte Werkexemplar und nicht für die beim Hochladen entstandene Kopie gelte. Zudem komme der „fair-use"-Grundsatz nicht zur Geltung, da es sich bei ReDigi um einen kommerziellen Anbieter handle, indem das Unternehmen bei jedem Verkauf eine Provision erhalte. Im Rahmen des Urteils trifft das Gericht dennoch zwei – für das deutsche Recht – bemerkenswerte Feststellungen:[526] Demnach werde der Ersterwerber *Eigentümer* des jeweiligen Musiktitels hinsichtlich der Kopie, die nach dem erstmaligen Download auf dem Rechner des Erwerbers entstanden sei. Darüber hinaus stehe dem Nutzer zwar ein Weiterverkaufsrecht hinsichtlich dieser Kopie zu, es dürfe aber keine weitere Vervielfältigung mehr vorgenommen werden. Eine Weitergabe ist damit also nur mit dem Verkauf des Datenträgers möglich, auf dem sich die entsprechende Datei befindet.

ReDigi ist hinsichtlich dieses Urteils nicht nur in Berufung gegangen, sondern hat gleichzeitig seine Technologie weiterentwickelt und dafür auch ein Patent erhalten: Nach der sog. „Atomic Transfer Technology" wird nun die Originaldatei („original good") vom Computer des Nutzers in die Cloud von ReDigi übertragen.[527] Nach dieser Methode soll bei der Übertragung keine Kopie mehr entstehen („copy-less digital transfer technology").[528] Zudem enthalte das Patent eine Verifizierungsmethode („verification engine"), das jede einzelne Musikdatei auf ihre Echtheit und Legalität überprüfen könne.[529] Diese neue Technologie war noch nicht Gegenstand eines Gerichtsverfahrens und findet derzeit in dieser Form in den Vereinigten Staaten Verwendung.

2. Geplante Geschäftsmodelle

Bislang ist lediglich vom Anbieter ReDigi bekannt geworden, dass er sein Geschäftsmodell auch in Deutschland anbieten wollte. Anfang des Jahres 2013 kündigte die Financial Times an, dass ReDigi nach Europa expandieren wolle. Zudem sollte das Angebot nicht auf gebrauchte Musik beschränkt bleiben, sondern in Zukunft auch E-Books und Videospiele umfassen.[530] Möglicherweise auch wegen des verlorenen Prozesses in den Vereinigten Staaten ist eine Markteinführung in Europa bislang jedoch ausgeblieben. Darüber hinaus sind keinerlei konkrete

---
525 Vgl. 17 USC § 107.
526 *Kubach*, CR 2013, 279 (280).
527 ReDigi, Newsroom v. 6.2.2013, online unter http://newsroom.redigi.com/redigi-issues-statement-on-amazons-patent-for-the-resale-of-used-digital-goods/; *Cooke*, CMU v. 30.1.2014, online unter http://www.completemusicupdate.com/article/redigi-secures-patent-for-copy-less-digital-transfer-technology/.
528 *Cooke*, CMU v. 30.1.2014, online unter http://www.completemusicupdate.com/article/redigi-secures-patent-for-copy-less-digital-transfer-technology/.
529 ReDigi, Newsroom v. 6.2.2013, online unter http://newsroom.redigi.com/redigi-issues-statement-on-amazons-patent-for-the-resale-of-used-digital-goods/; *Cooke*, CMU v. 30.1.2014, online unter http://www.completemusicupdate.com/article/redigi-secures-patent-for-copy-less-digital-transfer-technology/.
530 *Cookson*, Financial Times v. 17.1.2013.

II. Geschäftsmodelle für digitale Güter

Planungen für Geschäftsmodelle mit digitalen Gütern in Europa bzw. Deutschland an die Öffentlichkeit gekommen. Lediglich diverse Patentanmeldungen sind bekannt geworden: So hat sich Apple ein Paket an unterschiedlichen Strategien patentieren lassen, mit der der Weiterverkauf von digitalen Inhalten wie Filmen, Spielen, Büchern und Programmen ermöglicht werden soll.[531] Dieser Dienst sollte mit digitalem Rechtemanagement arbeiten, indem eine zentrale Stelle für die Verwaltung der Zugriffsrechte auf die Inhalte zuständig sein und eine entsprechende Datenbank unterhalten sollte.[532] Beim Weiterverkauf würden dann diese Zugriffsrechte neu zugeordnet. Die Annahme dieses Patentantrages wurde jedoch offenbar verweigert, da ein Zugriff auf den Patentantrag nicht mehr möglich ist.

Erfolgreicher war allerdings die Konkurrenz von Amazon, welche zwei Patente für den Handel mit gebrauchten E-Books, Videos und Musikdateien eingereicht hat.[533] Diese Patente wurden tatsächlich gewährt und sind online einsehbar.[534] Dabei legt der Betreiber des Dienstes digitale Inhalte beim Kauf in der Cloud in einem persönlichen Speicherbereich ab. Dieser Bereich ist dem Kunden zugewiesen. Die Inhalte können beim Weiterverkauf in den Speicherbereich eines anderen Amazon-Kunden übertragen werden, wobei sie dann beim Ersterwerber gelöscht werden. Damit handelt es sich bei diesem Geschäftsmodell um ein geschlossenes System: Nur Amazon-Kunden können digitale Inhalte untereinander weiterverkaufen. Dieses Geschäftsmodell könnte theoretisch so ausgestaltet werden, dass kaum urheberrechtlich relevante Handlungen anfallen. Denn wenn nur das Zugriffsrecht an dem Inhalt abgetreten wird, ist keine Vervielfältigung gegeben. Soweit Amazon nur dem konkreten Kunden den Zugriff auf die Datei einräumt, entsteht keine öffentliche Zugänglichmachung. Lediglich bei einem Download auf ein Endgerät des Zweiterwerbers würde eine Vervielfältigungshandlung anfallen, die dann jedoch über § 53 Abs. 1 UrhG gerechtfertigt wäre. Wann und wie Amazon diese Patente in der Praxis einsetzen will, ist bislang völlig unklar. Es wäre schließlich nicht das erste Mal, dass ein Unternehmen ein geplantes Projekt für einen Zweitmarkt für digitale Güter noch vor dem eigentlichen Start aufgibt. So kündigte das US-Start-up bopaboo für das Jahr 2009 den Start eines Marktplatzes zum Kauf und Verkauf von MP3-Files an, was jedoch nie in die Tat umgesetzt wurde.[535] Das damalige Geschäftsmodell war jedoch

---

531 *Söldner*, PC Welt online v. 9.3.2013, online unter http://www.pcwelt.de/news/Apple_koennte_in_den_Markt_mit_gebrauchten_Downloads_einsteigen_-Patent-7649987.html.
532 *Bäcker/Höfinger*, ZUM 2013, 623 (639).
533 *Voß*, WirtschaftsWoche Online v. 7.2.2013, online unter http://www.wiwo.de/technologie/digitale-welt/neues-patent-amazon-will-gebrauchtmarkt-fuer-digitale-gueter/7749158.html.
534 Offenlegung der Patente von Amazon online unter http://patft.uspto.gov/netacgi/nph-Parser?Sect1=PTO1&Sect2 =HITOFF&d=PALL&p=1&u=Prozent2Fn.etahtmlProzent2F-PTOProzent2Fsrchnum.htm&r=1&f=G&l=50&s1=8,364,595.PN.&OS=PN/8,364,595&RS= PN/8,364,595 und http://patft.uspto.gov/netacgi/nph-Parser?Sect1=PTO1&Sect2=HITOFF& u=Prozent2FnetahtmlProzent2FPTOProzent2Fsearch-adv.htm&r=1&f=G&l=50&d=PTXT&p =1&p=1&S1=8,694,479&OS=8,694,479&RS=8,694,479.
535 Vgl. dazu *Dax*, FUZO-Archiv v. 11.12.2008, online unter http://www.fuzo-archiv.at/artikel/1500714v2.

auch noch nicht ausgereift, da das Unternehmen keinerlei Kontrolle vornehmen wollte, ob der Nutzer tatsächlich rechtmäßiger Besitzer der hochgeladenen Dateien war, und da der Löschvorgang auf freiwilliger Basis vom Nutzer durchgeführt werden musste.[536]

III. Zusammenfassung

Die Weitergabemöglichkeiten digitaler Güter sind nach aktueller „Marktlage" rar gesät. Traditionelle Vertriebskanäle verbieten regelmäßig das Einstellen solcher Angebote oder stellen so hohe Anforderungen an das Angebot, dass eine rechtskonforme Umsetzung durch den Ersterwerber als Verkäufer kaum möglich ist. Dabei ist es unerheblich, ob die Weitergabe mittels Trägermedien oder ohne Trägermedien erfolgt, zumal dabei gleichermaßen viele urheberrechtlich relevante Vervielfältigungshandlungen einer Rechtfertigung bedürfen. Lediglich im Familien- und Freundeskreis ist die Weitergabe in tatsächlicher Hinsicht einfach zu bewerkstelligen.[537] Spezielle Geschäftsmodelle für digitale Güter sind bislang kaum vorhanden und ausschließlich im Softwarebereich anzutreffen, wobei sich der Zweitmarkt im Wesentlichen auf Unternehmen als Marktteilnehmer und bestimmte Softwarelizenzen beschränkt. Lediglich in den USA ist auch ein Dienst für die Weitergabe von Musik vorhanden, dessen Geschäftsmodell jedoch bereits von einem amerikanischen Bezirksgericht als urheberrechtlich unzulässig eingestuft wurde. Die geplante Einführung des Dienstes in Europa wurde bislang nicht in die Tat umgesetzt.

Ein Zweitmarkt für digitale Güter ist demnach derzeit nicht wirklich existent. Der technisch leicht durchzuführenden Übertragung digitaler Inhalte von einer Privatperson an eine andere steht die tatsächliche Schwierigkeit gegenüber, dass keine der weit verbreiteten und damit „traditionellen" Handelsplattformen für Gebrauchtgüter die Vermittlung der beiden Handelspartner übernehmen will. Aller Voraussicht nach hängt dies vor allem mit der rechtlichen Unsicherheit zusammen. So ist weder die urheberrechtliche Zulässigkeit der Weitergabe abschließend geklärt, noch die Wirksamkeit vertraglicher und technischer Schutzmaßnahmen. Ein Diensteanbieter, der nur eine Plattform anbietet, auf der Nutzer eigene Inhalte einstellen, gilt jedoch als Host Provider, der nach § 10 TMG unter bestimmten Voraussetzungen selbst einer Haftung unterliegt.[538] Solange die rechtlichen Fragen daher nicht hinreichend geklärt sind, wird kaum ein Anbieter dieses Risiko eingehen. Die folgenden Kapitel werden daher diesen rechtlichen Fragen auf den Grund gehen.

---

536 Vgl. dazu *Zielenkewitz*, netzwelt.de v. 11.12.2008, online unter http://www.netzwelt.de/news/79135-dubios-eigene-mp3s-weiterverkaufen-bopaboo.html.
537 Zur rechtlichen Bewertung s. D. IV. 2. b.
538 *Wiebe*, MR-Int 2014, 62 (62).

D. Die urheberrechtliche Zulässigkeit der Weitergabe

Das folgende Kapitel behandelt die Weitergabe digitaler Güter aus urheberrechtlichen Gesichtspunkten. Ausgehend von den UsedSoft-Entscheidungen des EuGH und des BGH wird untersucht, ob der Ersterwerber die zuvor per Download von einem kommerziellen Anbieter mittels Erwerbs oder Abo-Erwerbs erhaltene Kopie eines urheberrechtlich geschützten Werkes an einen Zweiterwerber übermitteln darf oder ob dem urheberrechtliche Gründe entgegenstehen. Dazu werden zunächst die bei der Weitergabe relevanten urheberrechtlichen Verwertungsrechte und ihre möglichen Rechtfertigungsgründe in Augenschein genommen (I.). Dabei wird sich herausstellen, dass insbesondere der Erschöpfungsgrundsatz eine tragende Rolle bei der Frage nach der urheberrechtlichen Zulässigkeit der Weitergabe digitaler Güter spielt. Daher wird die Erschöpfung zunächst im Zusammenhang mit Software analysiert (II.), wobei die UsedSoft-Rechtsprechung als Grundlage und Ausgangspunkt dient. Im Anschluss wird die Erschöpfung bei anderen digitalen Gütern thematisiert (III.), bei denen im Gegensatz zu Software-Produkten gerade nicht die Software-, sondern die InfoSoc-RL gilt. Auch die Rechtfertigung der bei der Weitergabe erforderlichen Vervielfältigungshandlungen (IV.) und der öffentlichen Zugänglichmachung (V.) bedürfen alsdann einer intensiven Auseinandersetzung, bevor das Kapitel mit Vorschlägen für eine Gesetzesänderung abgeschlossen wird (VI.).

I. Die Weitergabe aus urheberrechtlicher Sicht

Wie im vorherigen Kapitel dargelegt wurde, konnten sich – mit Ausnahmen bei der Softwarebranche – noch keine konkreten Vertriebskanäle für digitale Güter herausbilden. Insofern sind alle bei einer Weitergabe zumindest theoretisch in Frage kommenden urheberrechtlich relevanten Nutzungshandlungen einer Prüfung zu unterziehen. Bei der Weitergabe digitaler Güter sind verschiedene Verwertungsrechte betroffen. Einschlägig ist vor allem das Vervielfältigungsrecht nach § 16 Abs. 1 UrhG. Darüber hinaus kann aber auch dem Recht der öffentlichen Zugänglichmachung nach § 19a UrhG eine wichtige Rolle zukommen. Schließlich könnte auch § 17 UrhG von Bedeutung sein. Dabei können sowohl der ursprüngliche Nutzer, der Ersterwerber, als auch der Zweiterwerber diese Nutzungshandlungen vornehmen. Wenn ein Gebrauchthändler zwischengeschaltet ist, wie dies häufig bei Software-Geschäftsmodellen vorgesehen ist, können auch diesem möglicherweise Nutzungshandlungen zuzuordnen sein. Des Weiteren wird das Thema angesprochen, welche der gesetzlich vorgegebenen Schrankenregelungen zur Rechtfertigung grundsätzlich in Betracht kommen.

D. Die urheberrechtliche Zulässigkeit der Weitergabe

1. Das Vervielfältigungsrecht

Das Vervielfältigungsrecht nach § 16 Abs. 1 UrhG bzw. § 69c Nr. 1 UrhG ist regelmäßig bei der Weitergabe digitaler Güter einschlägig. Für diese Vervielfältigungshandlungen stehen jedoch auch diverse rechtfertigende Schrankenbestimmungen zur Verfügung.

a. Mögliche Vervielfältigungshandlungen

Nach dem deutschen Urheberrechtsgesetz ist eine Vervielfältigung jede körperliche Festlegung eines Werkes, die geeignet ist, das Werk den menschlichen Sinnen auf irgendeine Weise unmittelbar oder mittelbar wahrnehmbar zu machen, vgl. §§ 15 Abs. 1 Nr. 1, 16 Abs. 1 UrhG.[539] Europarechtlich verpflichtet Art. 2 lit. a InfoSoc-RL die Mitgliedsstaaten, Urhebern in Bezug auf ihre Werke das ausschließliche Recht zu gewähren, die unmittelbare oder mittelbare, vorübergehende oder dauerhafte Vervielfältigung auf jede Art und Weise und in jeder Form ganz oder teilweise zu erlauben oder zu verbieten. Die Untersuchung des Zweitmarktes für digitale Güter hat gezeigt, dass in der Regel bei der Weitergabe sowohl auf Seiten des Ersterwerbers als auch auf Seiten des Zweiterwerbers Vervielfältigungshandlungen nach § 16 Abs. 1 UrhG vorgenommen werden (müssen), ganz unabhängig davon, ob die Weitergabe mittels Trägermedien oder ohne Trägermedien erfolgt. Vervielfältigungen entstehen

– beim *Upload* der Dateien durch den Ersterwerber bzw. durch den Anbieter,[540]

– beim *Download* der Dateien durch den Erst- oder Zweiterwerber,[541]

– beim *Abspeichern* bzw. *Überspielen* der Dateien auf Datenträger(n) oder weitere(n) Endgeräte(n) durch den Erst- oder Zweiterwerber,[542]

– beim Versand der Dateien per *E-Mail*,[543]

---

539 Amtl. Begr., BT-Drucks. IV/270 v. 23.3.1962, S. 47.
540 *Loewenheim*, in: Schricker/Loewenheim (Hrsg.), UrhG, § 16 Rn. 23 m. w. N.; *Heerma*, in: Wandtke/Bullinger (Hrsg.), UrhG, § 16 Rn. 16; *Dustmann*, in: Fromm/Nordemann (Bgr.), UrhG, § 16 Rn. 26; *Dreyer*, in: Dreyer/Kotthoff/Meckel (Hrsg.), UrhG, § 16 Rn. 30.
541 BGH v. 3.2.2011 – I ZR 129/08, GRUR 2011, 418, Tz. 12 – UsedSoft; *Loewenheim*, in: Schricker/Loewenheim (Hrsg.), UrhG, § 16 Rn. 23 m. w. N.; *Heerma*, in: Wandtke/Bullinger (Hrsg.), UrhG, § 16 Rn 19; *Dustmann*, in: Fromm/Nordemann (Bgr.), UrhG, § 16 Rn. 28.
542 BGH v. 3.2.2011 – I ZR 129/08, GRUR 2011, 418, Tz. 12 – UsedSoft; BGH v. 4.10.1990 – I ZR 139/89, GRUR 1991, 449 (453) – Betriebssystem; *Loewenheim*, in: Schricker/Loewenheim (Hrsg.), UrhG, § 16 Rn. 17; *Heerma*, in: Wandtke/Bullinger (Hrsg.), UrhG, § 16 Rn. 16; *Dreyer*, in: Dreyer/Kotthoff/Meckel (Hrsg.), UrhG, § 16 Rn. 26.
543 OLG München v. 10.5.2007 – 29 U 1638/07, MMR 2007, 525 (527) (n. rk.); KG v. 30.4.2004 – 5 U 98/02, GRUR-RR 2004, 228 – Ausschnittdienst; OLG Köln v. 14.1.2000 – 6 U 73/99, GRUR 2000, 414 (416) – GRUR/GRUR Int; so auch *Loewenheim*, in: Schricker/Loewenheim (Hrsg.), UrhG, § 16 Rn. 23 m. w. N.; *Heerma*, in: Wandtke/Bullinger (Hrsg.), UrhG, § 16 Rn. 27; *Ernst*, in: Hoeren/Sieber/Holznagel (Hrsg.), Handbuch Multimedia-Recht, Teil 7.1 Rn. 64.

I. Die Weitergabe aus urheberrechtlicher Sicht

– bei der *Installation und Benutzung* von Software[544] und

– beim *Abspielen, Öffnen* oder *Übermitteln* von sonstigen Werkarten, was zu einer Festlegung der digitalisierten Fassung des Werkes bzw. eines Werkteils im Speicher des Computers führt (*Zwischenspeicherungen*).[545]

Natürlich liegen nicht immer alle der genannten Vervielfältigungshandlungen bei einem Übertragungsvorgang vor. Im Grunde gibt es im Rahmen der Weitergabe digitaler Güter aber immer Vervielfältigungshandlungen beim „Übergeben" des Werkes (z. B. mittels Download) und bei der Nutzung.[546] Denn auch wenn der reine Werkgenuss an sich – also das Lesen eines E-Books oder das Hören eines Musikwerkes – urheberrechtlich frei ist, stellt der Erwerber aufgrund der verwendeten speziellen Technologien doch Vervielfältigungsstücke im Speicher von Rechnern, Tablets oder Smartphones her.[547] Insofern gibt es einen Gleichlauf zu Computerprogrammen, bei denen der Gesetzgeber die anfallenden Vervielfältigungshandlungen erkannt und mit § 69d Abs. 1 UrhG eine gesetzliche Lizenz dafür erteilt hat.

Keine Vervielfältigungshandlungen werden hingegen vorgenommen

– beim *Werkgenuss* an sich,[548]

– bei der *Bildschirmwiedergabe* bzw. *Sichtbarmachung* auf dem Bildschirm[549] und

---

544 BGH v. 3.2.2011 – I ZR 129/08, GRUR 2011, 418, Tz. 12 – UsedSoft; *Loewenheim*, in: Schricker/Loewenheim (Hrsg.), UrhG, § 16 Rn. 20, § 69c Rn. 7; *Grützmacher*, in: Wandtke/Bullinger (Hrsg.), UrhG, § 69c Rn. 5f.; *Dreier*, in: Dreier/Schulze, UrhG, § 69c Rn. 8, 36a; *Kotthoff*, in: Dreyer/Kotthoff/Meckel (Hrsg.), UrhG, § 69c Rn. 9; *Redeker*, CR 2014, 73 (75); *Hilty*, CR 2012, 625 (633, 635).
545 *Loewenheim*, in: Schricker/Loewenheim (Hrsg.), UrhG, § 16 Rn. 20, § 69c Rn. 7 m. w. N.; *Heerma*, in: Wandtke/Bullinger (Hrsg.), UrhG, § 16 Rn. 18; *Schulze*, in: Dreier/Schulze, UrhG, § 16 Rn. 13; *Dreyer*, in: Dreyer/Kotthoff/Meckel (Hrsg.), UrhG, § 16 Rn. 29; *Hilty*, CR 2012, 625 (635); im Ergebnis auch *Druschel*, Die Behandlung digitaler Inhalte im GEKR, S. 22ff.; zu den einzelnen Speicherorten (Hauptspeicher, Prozessorspeicher, Audio-/Videospeicher) vgl. z. B. *Zurth*, InTeR 2014, 135 (137).
546 Vgl. nur *Redeker*, CR 2014, 73 (77).
547 *Hilty*, CR 2012, 625 (635).
548 BGH v. 4.10.1990 – I ZR 139/89, BGHZ 112, 264 (278), GRUR 1991, 449 (453) – Betriebssystem; *Dreier*, in: Dreier/Schulze, UrhG, § 15 Rn. 3; *Dreyer*, in: Dreyer/Kotthoff/Meckel (Hrsg.), UrhG, § 16 Rn. 38; Vervielfältigungen im Speicher durch Zwischenspeicherungen sind aber dennoch möglich, vgl. *Hilty*, CR 2012, 625 (635).
549 BGH v. 4.10.1990 – I ZR 139/89, GRUR 1991, 449 (453) – Betriebssystem; *Loewenheim*, in: Schricker/Loewenheim (Hrsg.), UrhG, § 16 Rn. 19; *Heerma*, in: Wandtke/Bullinger (Hrsg.), UrhG, § 16 Rn. 17; *Grützmacher*, in: Wandtke/Bullinger (Hrsg.), UrhG, § 69c Rn. 8; *Dreier*, in: Dreier/Schulze, UrhG, § 69c Rn. 8; *Kaboth*, in: Möhring/Nicolini (Hrsg.), UrhG, § 69c Rn. 6; *Ernst*, in: Hoeren/Sieber/Holznagel (Hrsg.), Handbuch Multimedia-Recht, Teil 7.1 Rn. 52: Eine Vervielfältigung ist jedoch darin zu sehen, dass das Werk bzw. Werkteile bei der Bildschirmwiedergabe in den Arbeitsspeicher des Computers kopiert werden; a. A. EuGH v. 4.10.2011 – C-403/08, C-429/08, GRUR 2012, 156, Tz. 153ff. – FAPL/Murphy.

D. Die urheberrechtliche Zulässigkeit der Weitergabe

– beim bloßen *Programmlauf*.[550]

Gerade bei geschlossenen Systemen ist es möglich, dass nur die Zuordnung zu einem auf einem Server liegenden digitalen Inhalt von Erst- zu Zweiterwerber wechselt. Dann muss der Erwerber – je nach technischer Ausgestaltung des Systems – möglicherweise gar keine Vervielfältigung vornehmen.[551] Abzulehnen ist aber der Ansatz, dass bei der Weitergabe aufgrund einer nicht technischen, sondern rein teleologischen Betrachtung unter Berücksichtigung des Partizipationsinteresses das Unbrauchbarmachen der ursprünglich überlassenen Programmkopie dazu führt, dass keine urheberrechtlich relevante Vervielfältigung vorliegt.[552] Eine solche Betrachtung entbehrt einer rechtlichen Grundlage und gibt die tatsächlichen Vorgänge bei der Weitergabe nicht korrekt wider. Denn unter Zugrundelegung dieser Ansicht wären auch Schrankenbestimmungen wie § 44a UrhG überflüssig, da bereits keine Vervielfältigung vorliegen würde.

b. Relevante Schrankenregelungen

Hinsichtlich des Vervielfältigungsrechts kommen bei der Weitergabe digitaler Güter im Wesentlichen drei Schrankenbestimmungen in Betracht: Während § 44a UrhG vorübergehende Vervielfältigungshandlungen rechtfertigen kann, erfasst § 53 Abs. 1 UrhG solche Vervielfältigungen als zustimmungsfreie Handlungen, welche zum privaten Gebrauch erfolgen. Schließlich bedürfen Vervielfältigungshandlungen bei Computerprogrammen nach § 69d Abs. 1 UrhG keiner Zustimmung, wenn sie für eine bestimmungsgemäße Benutzung des Programms notwendig sind. Da §§ 44a und 53 Abs. 1 UrhG nur in ganz bestimmten Fallgestaltungen zur Anwendung kommen können und auch der für Computerprogramme einschlägige § 69d Abs. 1 UrhG nicht zur Rechtfertigung aller anfallenden Vervielfältigungshandlungen vorgesehen ist, bereitet die Weitergabe auf den ersten Blick hinsichtlich des Vervielfältigungsrechts große Probleme.

2. Das Recht der öffentlichen Zugänglichmachung

Das Recht der öffentlichen Zugänglichmachung nach § 19a UrhG ist eine Ausprägung des Rechts der öffentlichen Wiedergabe nach § 15 Abs. 2 UrhG. Nicht auszuschließen ist, dass bei der Weitergabe neben dem Vervielfältigungsrecht

---

550 *Loewenheim*, in: Schricker/Loewenheim (Hrsg.), UrhG, § 69c Rn. 8; *Grützmacher*, in: Wandtke/Bullinger (Hrsg.), UrhG, § 69c Rn. 7; *Dreier*, in: Dreier/Schulze, UrhG, § 69c Rn. 8; *Kotthoff*, in: Dreyer/Kotthoff/Meckel (Hrsg.), UrhG, § 69c Rn. 10; *Kaboth*, in: Möhring/Nicolini (Bgr.), UrhG, § 69c Rn. 6: Der Programmlauf erfordert jedoch – außer bei in Hardware integrierter Software – die Festlegung zumindest von Teilen des Programms im Arbeitsspeicher, was eine Vervielfältigung darstellt (s. Fn. 7); nicht anders ist die Situation bei anderen digitalen Gütern, bei denen ebenfalls im Speicher Vervielfältigungshandlungen vorgenommen werden.
551 Vgl. dazu *Bäcker/Höfinger*, ZUM 2013, 623 (639 f.).
552 *Lehmann*, in: Beier (Hrsg.), Festgabe Schricker, S. 543 (566).

auch das Recht der öffentlichen Zugänglichmachung zum Tragen kommt, wenn eine Bereitstellung zum interaktiven Aufruf gegeben ist.[553] So kann vor allem beim Hochladen in die *Dropbox* bzw. eine andere öffentlich zugängliche Plattform § 19a UrhG betroffen sein, soweit der entsprechende Link zum Werk allen zugänglich gemacht wird. Als Schranken für das Recht der öffentlichen Zugänglichmachung gelten §§ 52b, 45 Abs. 3, 46, 48-51, 56, 58 und 59 UrhG.[554] Damit können also weder § 44a UrhG noch § 53 Abs. 1 UrhG zur Anwendung kommen. Die analoge Anwendbarkeit des § 44a UrhG wurde vom BGH sogar explizit abgelehnt.[555] Die Rechtfertigung einer Handlung der öffentlichen Zugänglichmachung scheint also nur über die Zustimmung des Rechteinhabers möglich zu sein, da die anderen Schrankenbestimmungen für die vorliegenden Fallgestaltungen nicht in Betracht kommen.

3. Das Verbreitungsrecht

Bis auf wenige Ausnahmen wird das Verbreitungsrecht nach § 17 UrhG bzw. § 69c Nr. 3 UrhG bislang ausschließlich in die analoge Welt verortet, also als Recht zur Verwertung in körperlicher Form nach § 15 Abs. 1 UrhG.[556] Dies hat auch der BGH in seiner Rechtsprechung bestätigt[557] und das soll selbst dann gelten, wenn die Online-Übertragung dazu führt, dass der Empfänger eine Kopie erhält.[558] Durch die UsedSoft-Rechtsprechung könnte hier jedoch ein Umdenken stattfinden. Dann aber kann der dem Verbreitungsrecht insistenten Schrankenregelung der Erschöpfung nach § 17 Abs. 2 bzw. § 69c Nr. 3 S. 2 UrhG eine wichtige Rolle zukommen. Schon länger steht jedoch eine analoge Anwendung im Raum, die durch die UsedSoft-Rechtsprechung weiter konkretisiert wurde. Nur vereinzelt wurde in Anknüpfung an die Erweiterung des Begriffs des Vervielfältigungsstücks bereits aus dem Wortlaut des § 17 Abs. 2 UrhG bzw. der „Vorlage" des Art. 4 Abs. 2 InfoSoc-RL hergeleitet, dass nicht nur die Veräußerung jedes körperlichen Vervielfältigungsstücks, sondern auch der elektronischen Kopien die Erschöpfungswirkung eintreten lasse.[559]

---

553 *Bullinger*, in: Wandtke/Bullinger (Hrsg.), UrhG, § 19a Rn. 10.
554 *von Ungern-Sternberg*, in: Schricker/Loewenheim (Hrsg.), UrhG, § 19a Rn. 4; *Dreier*, in: Dreier/Schulze, UrhG, § 19a Rn. 4.
555 BGH v. 29.4.2010 – I ZR 69/08, GRUR 2010, 628, Tz. 24 – Vorschaubilder.
556 So z. B. *Loewenheim*, in: Schricker/Loewenheim (Hrsg.), UrhG, § 17 Rn. 4; *Bullinger*, in: Wandtke/Bullinger (Hrsg.), UrhG, § 19a Rn. 12; *Koch*, in: Loewenheim (Hrsg.), Handbuch des Urheberrechts, § 78 Rn. 65e; *Jani*, in: Wandtke/Ohst (Hrsg.), Medienrecht Praxishandbuch, Bd. 2, Kap. 1 Rn. 120; hins. der Parallelvorschrift des § 69c UrhG vgl. *Loewenheim*, in: Schricker/Loewenheim (Hrsg.), UrhG, § 69c Rn. 26; eine der wenigen Ausnahmen ist z. B. *Schack*, GRUR 2007, 639 (642).
557 BGH v. 6.11.1953 – I ZR 97/52, BGHZ 11, 135 (144), GRUR 1954, 216 (219); BGH v. 15.5.1986 – I ZR 22/84, GRUR 1986, 742 (743) – Videofilmvorführung.
558 *Schulze*, in: Dreier/Schulze, UrhG, § 17 Rn. 6; *Dustmann*, in: Fromm/Nordemann (Bgr.), UrhG, § 17 Rn. 9.
559 *Peifer*, AfP 2013, 89 (90).

4. Konsequenzen für die weitere Untersuchung

Es hat sich damit gezeigt, dass sich nicht alle vorzunehmenden Nutzungshandlungen einer gesetzlichen Schranke unterordnen lassen. So scheinen insbesondere nicht alle Vervielfältigungshandlungen gerechtfertigt zu sein, aber auch bei einer möglichen öffentlichen Zugänglichmachung ist die Rechtfertigung fraglich. Es wird also zu untersuchen sein, ob diese Handlungen im Zweifel auf einem anderen Weg mit dem Urheberrecht zu vereinbaren sind. Hinsichtlich des Verbreitungrechts steht darüber hinaus bereits in Frage, ob es überhaupt einschlägig ist, von der Erschöpfungsregelung ganz zu schweigen. In einem ersten Schritt bedarf es daher der Klärung, ob eine Weitergabe erworbener Digitalgüter dem Verbreitungsrecht unterliegt und wenn ja, ob der Erschöpfungsgrundsatz greifen kann. Da auf der einen Seite Computerprogramme und die übrigen digitalen Güter verschiedenen Richtlinien unterfallen, auf der anderen Seite das UsedSoft-Verfahren nur ein Computerprogramm zum Gegenstand hat, wird zunächst das Verbreitungsrecht und der Erschöpfungsgrundsatz bei Software thematisiert. Im Anschluss daran erfolgt eine Erörterung des Erschöpfungsgrundsatzes bei allen anderen digitalen Gütern. Schließlich muss das Augenmerk auf die Rechtfertigung der bei der Weitergabe anfallenden Vervielfältigungshandlungen und der öffentlichen Zugänglichmachung gerichtet werden.

II. Der Erschöpfungsgrundsatz bei Software

Die Anwendung des Erschöpfungsgrundsatzes bei Software ist schon seit Ende der 90er-Jahre ein umstrittenes Thema in der juristischen Fachwelt. So haben sich schon viele Autoren für oder gegen die Anwendung des Erschöpfungsgrundsatzes ausgesprochen und dabei viele Argumente ausgetauscht. [560] Mit dem UsedSoft-Urteil hat der EuGH vorerst für Klarheit hinsichtlich bestimmter Fragen gesorgt. Dabei hat er jedoch auch einige Fragen offen gelassen und neue Fragen aufgeworfen. Denn das UsedSoft-Verfahren bezieht sich nur auf Client-Server-Software und die Verallgemeinerungsfähigkeit hinsichtlich anderer Arten von Software ist noch nicht geklärt.

---

560 Für eine Erschöpfungswirkung haben sich beispielsweise ausgesprochen *Berger*, GRUR 2002, 198 (200 ff.); *Grützmacher*, in: Wandtke/Bullinger (Hrsg.), UrhG, § 69c Rn. 31, 36; *Hoeren*, MMR 2010, 665 (665 ff.); *Leistner*, CR 2011, 209 (213); *Rigamonti*, GRUR Int. 2009, 14 (16 ff.); *Sosnitza*, K&R 2006, 206 (207 ff.); dagegen hat sich allerdings eine deutliche Mehrheit ausgesprochen, so etwa *Bergmann*, in: Ahrens (Hrsg.), FS Erdmann, S. 17 (17 ff.); *Ganea*, GRUR Int. 2005, 102 (106 f.); *Loewenheim*, in: Schricker/Loewenheim (Hrsg.), UrhG, § 69c Rn. 34 m. w. N.; *Schack*, GRUR 2007, 639 (643 f.); *Spindler*, CR 2008, 69 (70 ff.); *Wiebe*, in: Leible/Ohly/Zech (Hrsg.), Wissen – Märkte – Geistiges Eigentum, S. 202 (210 ff.); ausführlich zum Meinungsstand *Hantschel*, Softwarekauf und -weiterverkauf, S. 207 Fn. 70.

II. Der Erschöpfungsgrundsatz bei Software

1. Grundlagen der Erschöpfungslehre

Dem Erschöpfungsgrundsatz kommt im Recht des geistigen Eigentums eine wesentliche Bedeutung zu. Auf europäischer Ebene findet der Erschöpfungsgrundsatz in vier Richtlinien positive Erwähnung.[561] Im nationalen Recht ist dieser daher auch nicht nur im Urheberrecht in § 17 Abs. 2 UrhG bzw. § 69c Nr. 3 S. 2 UrhG, sondern auch im Markenrecht in § 24 Abs. 1 MarkenG gesetzlich niedergeschrieben. Obwohl eine solche schriftliche Fixierung im Patentrecht fehlt, ist der Grundsatz auch dort anerkannt.[562] Erstmals erwähnte das Reichsgericht 1906 den Erschöpfungsgrundsatz.[563] Das Erschöpfungsprinzip verbietet dem Rechteinhaber, einem Dritten das Recht für eine weitere Nutzung – insbesondere den Weiterverkauf – der Ware zu untersagen, wenn sie zuvor mit Zustimmung des Rechteinhabers innerhalb der Europäischen Union oder in einem anderen Vertragsstaat des Abkommens über den Europäischen Wirtschaftsraum in den Verkehr gebracht worden ist. Im Urheberrecht wird mit dem Erschöpfungsgrundsatz das Spannungsverhältnis zwischen dem Sacheigentum an einem Werkstück und der ausschließlich dem Urheber zustehenden Verbreitungsbefugnis in Bezug auf sein im Werkstück verkörpertes Werk als der eigentlichen immaterialgüterrechtlich geschützten Leistung zu Gunsten einer freien Handelbarkeit von (körperlichen) Gegenständen aufgelöst.[564] Die Erschöpfung bezieht sich dabei ausschließlich auf das Verbreitungsrecht.[565]

Ursprünglich beruhte der Erschöpfungsgrundsatz auf der sachenrechtlichen Erwägung, dass der Eigentümer einer Sache nicht durch das Urheberrecht daran gehindert werden sollte, sein Eigentum zu veräußern.[566] Später wurde der Grundsatz von der Rechtsprechung und Lehre weiter ausgebaut und damit begründet, dass der Rechteinhaber durch die Erstveräußerung sein Verwertungsrecht realisiert hat und keiner Zweitverwertung mehr bedarf.[567] Der EuGH sieht die Wurzeln des Erschöpfungsgrundsatzes schon immer in der europäischen Grund-

---

561 Art. 4 Abs. 2 Software-RL; Art. 4 Abs. 2 InfoSoc-RL; Art. 5 lit. c S. 2 Datenbank-RL; Art. 7 Richtlinie 2008/95/EG des Europäischen Parlaments und des Rates v. 22.10.2008 zur Angleichung der Rechtsvorschriften der Mitgliedstaaten über die Marken (kodifizierte Fassung), ABl. L 299, S. 25.
562 EuGH v. 31.10.1974 – C-15/74, GRUR Int. 1974, 454 (454) – Centrafarm; EuGH v. 9.7.1997 – C-316/95, GRUR Int. 1997, 911 (912) – Generics/Smith Kline & French Laboratories; BGH v. 14.12.1999 – X ZR 61/98, GRUR 2000, 299 (299) – Karate.
563 Reichsgericht v. 16.6.1906 – I 5/06, RGZ 63, 394 (398 f.) – Koenigs Kursbuch.
564 *Hauck*, NJW 2014, 3616 (3617).
565 Vgl. nur *Loewenheim*, in: Schricker/Loewenheim (Hrsg.), UrhG, § 17 Rn. 45, § 69c Rn. 32 m.w.N.
566 Reichsgericht v. 16.6.1906 – I 5/06, RGZ 63, 394 (399) – Koenigs Kursbuch.
567 BGH v. 28.10.1987 – I ZR 164/85, GRUR 1988, 373 (374) – Schallplattenimport III; BGH v. 4.6.1987 – I ZR 117/85, GRUR 1988, 206 (210) – Kabelfernsehen II; BGH v. 6.3.1986 – I ZR 208/83, GRUR 1986, 736 (737) – Schallplattenvermietung; BGH v. 21.3.1985 – I ZR 166/82, GRUR 1985, 924 (925) – Schallplattenimport II; BGH v. 6.5.1981 – I ZR 92/78, GRUR 1982, 100 (101) – Schallplattenexport; BGH v. 27.2.1981 – I ZR 186/78, GRUR Int. 1981, 562 (563) – Schallplattenimport; BGH v. 7.11.1980 – I ZR 24/79, GRUR 1981, 413

D. Die urheberrechtliche Zulässigkeit der Weitergabe

freiheit des freien Warenverkehrs.[568] Seine auf der Basis der Art. 34 ff. AEUV entwickelte Formel von der „gemeinschaftsweiten Erschöpfung" hat mit dem 3. Urhebergesetzänderungsgesetz seinen Eingang in § 17 Abs. 2 UrhG gefunden.[569] Rechtstheoretisch dient das Erschöpfungsprinzip heute dazu, zwei gegenläufige Interessen in Einklang zu bringen:[570] Dem Urheber bzw. Rechteinhaber ist daran gelegen, dass nur ihm das Recht zusteht, sein Werk zu verwerten. Demgegenüber besteht das Interesse der Allgemeinheit darin, dass ein freier Warenverkehr möglich ist, der sich durch klare und übersichtliche Verhältnisse im Rechtsverkehr ausdrückt. Anders ausgedrückt dient der Erschöpfungsgrundsatz der Schaffung eines Gleichgewichts zwischen dem notwendigen Schutz geistiger Rechte und den Anforderungen des freien Warenverkehrs.[571] Damit wird also maßgeblich auf die Belohnungstheorie und die Verkehrssicherungstheorie als Begründungstheorien für die Erschöpfung abgestellt.[572] Die Eigentumstheorie hingegen spielt heute keine große Rolle mehr, da sie von einer Höherrangigkeit des Sacheigentums gegenüber dem Urheberrecht ausgeht.[573]

Nahezu unbestritten ist schon seit langer Zeit sowohl in der Rechtsprechung als auch in der Literatur, dass es sich bei einem erschöpfungsfähigen Vervielfältigungsstück um einen körperlichen Gegenstand handeln muss.[574] Der Erschöpfungsgrundsatz bereitet daher Probleme bei seiner Anwendung im digitalen Umfeld. Während in der analogen Welt eine bestimmte Ware auch nur einmal physisch vorhanden ist, auf die sich die Erschöpfung bezieht, nimmt der Erwerber einer Datei bereits „nur" eine Vervielfältigung dieser vor. Körperliche Gegenstände unterliegen den faktischen Nutzungsbeschränkungen der Rivali-

---

(416) – Kabelfernsehen in Abschattungsgebieten; *Loewenheim*, in: Schricker/Loewenheim (Hrsg.), UrhG, § 17 Rn. 42.
568 Vgl. nur EuGH v. 8.6.1971 – C-78/70, GRUR Int 1971, 450 – Polydor, und EuGH GRUR v. 20.1.1981 – 55/80 und 57/80, GRUR Int. 1981, 229 (230) – Gebührendifferenzierung II.
569 Vgl. dazu *Loewenheim*, in: Schricker/Loewenheim (Hrsg.), UrhG, § 17 Rn. 43 m.w.N.
570 BGH v. 6.7.2000 – I ZR 244/97, GRUR 2001, 153 (154) m.w.N.; *Loewenheim*, in: Schricker/ Loewenheim (Hrsg.), UrhG, § 17 Rn. 44.
571 Schlussanträge des Generalanwalts *Bot*, BeckEuRS 2012, 677483, Tz. 43.
572 Grundlegend zu den traditionellen Begründungen der urheberrechtlichen Erschöpfung: *Berger*, AcP 2001, 411 (418 ff.); *Böttcher*, Die urheberrechtliche Erschöpfung, S. 40 ff.; *Heinz*, Urheberrechtliche Gleichbehandlung von alten und neuen Medien, S. 77 ff.; *Joos*, Die Erschöpfungslehre im Urheberrecht, S. 51 ff.; *Koehler*, Der Erschöpfungsgrundsatz des Urheberrechts im Online-Bereich, S. 49 ff.; *Koppe*, Die urheberrechtliche Erschöpfung, S. 79 ff.; *Körber*, Der Grundsatz der gemeinschaftsweiten Erschöpfung im Recht der Europäischen Union, S. 40; *Kulpe*, Der Erschöpfungsgrundsatz nach Europäischem Urheberrecht, S. 31 ff.; *Niethammer*, Erschöpfungsgrundsatz und Verbraucherschutz im Urheberrecht, S. 41 ff.
573 *Böttcher*, Die urheberrechtliche Erschöpfung, S. 41. *Niethammer* stützt die Erschöpfung gar auf den Verbraucherschutz als vierter Theorie für die Erschöpfung. Diese Erschöpfung führe zu einer Preis- und Werkvielfalt, so dass der Erschöpfungsgrundsatz damit den Verbraucherinteressen nach einem Preiswettbewerb und einem vielfältigem Angebot Rechnung trägt. S. dazu *Niethammer*, Erschöpfungsgrundsatz und Verbraucherschutz im Urheberrecht, S. 50 ff.; *Böttcher*, Die urheberrechtliche Erschöpfung, S. 42 ff.
574 *Loewenheim*, in: Schricker/Loewenheim (Hrsg.), UrhG, § 69c Rn. 26, 34 m.w.N.; *Bergmann*, in: Ahrens (Hrsg.), FS Erdmann, S. 17 (17); *Spindler*, CR 2008, 69 (70).

tät[575], Exklusivität und Abnutzbarkeit,[576] welche unkörperliche Werke gerade nicht haben. Eine „gebrauchte" Datei ist daher nicht weniger wert als die ursprüngliche Datei.[577] Zudem wird bei der Werknutzung unkörperlicher Werke in das Urheberrecht eingegriffen, was bei körperlichen Kopien nicht der Fall ist.[578] Dennoch sprechen, so wird sich zeigen, auch gute Argumente für eine Anwendung des Erschöpfungsgrundsatzes im digitalen Umfeld.

2. Bewertung des UsedSoft-Verfahrens

Die rechtliche Zulässigkeit der Weitergabe von Software steht insbesondere wegen des seit Jahren andauernden Rechtsstreits zwischen den Softwarefirmen Oracle und UsedSoft im Blickpunkt der urheberrechtlichen Rechtsprechung und der wissenschaftlichen Literatur.[579] Höhepunkt der Diskussion war die Grundsatzentscheidung des EuGH im Jahr 2012, welche der BGH ein Jahr später mit einer Zurückverweisung an das OLG München als Berufungsgericht wieder aufgegriffen hat. Da dieses Verfahren wegweisend für das Verbreitungsrecht und die Erschöpfungslehre ist, erfolgt nun eine umfassende Bewertung der Entscheidungen des EuGH und des BGH. Die von den Gerichten vorgenommenen Ausführungen zum Vervielfältigungsrecht werden erst zu einem späteren Zeitpunkt eingängig diskutiert, wobei einige Ausführungen aufgrund der Verquickung von Verbreitungs- und Vervielfältigungsrecht unvermeidlich sind.[580]

a. Sachverhalt und Verfahrensgang

Oracle ist Inhaberin der ausschließlichen urheberrechtlichen Nutzungsrechte an Computer-Software, welche sie entwickelt und vertreibt. Die Software wird dabei in ca. 85 Prozent der Fälle per Download über das Internet vertrieben, wobei die Kunden anstelle eines Datenträgers einen Lizenzschlüssel erhalten. Im konkreten Fall dreht es sich um sog. Client-Server-Software. Der Kunde von Oracle, der die Kopie des betreffenden Computerprogramms herunterlädt und mit Oracle einen Lizenzvertrag über die Nutzung dieser Kopie abschließt, erhält gegen Zahlung eines Entgelts ein unbefristetes Nutzungsrecht. Dieses Nutzungsrecht umfasst die Befugnis, die Software dauerhaft auf einem Server zu speichern und einer bestimmten Anzahl von Nutzern dadurch Zugriff zu gewähren, dass sie in den Arbeitsspeicher ihres Arbeitsplatzrechners geladen wird. Aufgrund

---

575 Rivale Nutzungen sind solche Nutzungshandlungen, die gleichzeitig nicht von mehreren vorgenommen werden können, so *Hofmann*, UFITA 2014, 381 (384).
576 *Zech*, Information als Schutzgegenstand, S. 177 ff., 339 f.
577 *Ohly*, NJW-Beil. 2014, 47 (48).
578 *Ohly*, NJW-Beil. 2014, 47 (48).
579 Die vor den deutschen Gerichten dabei ebenfalls streitgegenständlichen marken- und wettbewerbsrechtlichen Fragestellungen werden zugunsten der urheberrechtlichen Probleme ausgeklammert.
580 S. dazu D. IV.

D. Die urheberrechtliche Zulässigkeit der Weitergabe

des Software-Pflegevertrages können aktualisierte Versionen der Software („Updates") und Programme, die der Fehlerbehebung dienen („Patches"), von der Internetseite der Klägerin heruntergeladen werden. Oracle bietet für die streitgegenständliche Software Paketlizenzen für jeweils mindestens 25 Nutzer an. Die Lizenzverträge von Oracle enthalten unter „Rechtseinräumung" folgende Bestimmung:

> „Mit der Zahlung für Services haben Sie ausschließlich für Ihre internen Geschäftszwecke ein unbefristetes, nicht ausschließliches, nicht abtretbares und gebührenfreies Nutzungsrecht für alles, was Oracle entwickelt und Ihnen auf der Grundlage dieses Vertrages überlässt."

UsedSoft als Beklagte handelt mit „gebrauchten" Softwarelizenzen. Im Hinblick auf die unter anderem von Oracle online zugespielten Programme hat UsedSoft folgendes Geschäftsmodell vorgesehen: UsedSoft erwirbt von einem Verkäufer eine bestimmte Anzahl an Oracle-Softwarelizenzen, die dieser zuvor von Oracle erworben hat. Der Verkäufer als Ersterwerber muss dabei gegenüber einem Notar bestätigen, dass er rechtmäßiger Inhaber der übertragenen Softwarelizenzen gewesen ist und diese Lizenzen von Oracle erworben hat. Außerdem muss er zusichern, dass er die verkauften Computerprogramme auf seinen Rechnern vernichtet habe und nicht mehr weiter vertreibe. Die so erworbenen Lizenzen verkauft UsedSoft dann an einen Käufer weiter, der diese benötigt (Zweiterwerber). Die Beklagte veranlasst dadurch Kunden, die noch nicht im Besitz der aktuellen Softwareversion sind, die Software nach dem Erwerb der Lizenzen von der Internetseite der Klägerin auf die Datenträger herunterzuladen. Kunden, die die Software bereits besitzen und Lizenzen für zusätzliche Nutzer hinzukaufen wollen, veranlasst die Beklagte damit dazu, die Software in den Arbeitsspeicher der Arbeitsplatzrechner weiterer Anwender zu laden.

Im Oktober 2005 bewirbt UsedSoft eine „Oracle Sonderaktion", bei der sie „bereits benutzte" Lizenzen für Programme der Klägerin anbietet. Nach den Angaben von UsedSoft sind die Lizenzen aktuell, da die Wartung noch bestehe. Die Rechtmäßigkeit des Verkaufs werde durch ein Notartestat bestätigt. In dem Notartestat heißt es, es habe eine Bestätigung des ursprünglichen Lizenznehmers vorgelegen, wonach er rechtmäßiger Inhaber der Lizenzen gewesen sei, diese nicht mehr benutze und den Kaufpreis vollständig bezahlt habe. Die Klägerin ist der Auffassung, die Beklagte verletze dadurch, dass sie die Erwerber „gebrauchter" Lizenzen dazu veranlasse, die entsprechenden Computerprogramme zu vervielfältigen, das Urheberrecht an diesen Programmen. Oracle beantragt daher, UsedSoft zu verurteilen, es zu unterlassen, Dritte zu veranlassen, Oracles Software zu vervielfältigen, indem Dritten durch einen vermeintlichen Erwerb von Lizenzen, insbesondere durch den Hinweis auf den aktuellen Wartungsstand, der Eindruck vermittelt wird, dass sie zur Nutzung und korrespondierenden Vervielfältigung berechtigt seien.

II. Der Erschöpfungsgrundsatz bei Software

Die geschilderte Auseinandersetzung zwischen Oracle und UsedSoft war zunächst Gegenstand eines einstweiligen Verfügungsverfahrens, welches vor dem LG München I[581] und dem OLG München[582] ausgetragen wurde. In beiden Verfahren obsiegte Oracle als Klägerin. Dabei erfolgte jedoch – dem Wesen des vorläufigen Verfahrens entsprechend – nur eine summarische Prüfung der Rechtsprobleme. An das einstweilige Verfügungsverfahren schloss sich das Hauptsacheverfahren an, welches über das LG München I und das OLG München schließlich beim BGH landete. Das LG München I[583] verurteilte UsedSoft antragsgemäß auf Unterlassung gem. § 97 Abs. 1 UrhG. UsedSoft legte daraufhin beim OLG München[584] Berufung ein, die jedoch ohne Erfolg blieb. Das OLG München ließ darüber hinaus die Revision zum BGH aufgrund der „klaren und eindeutigen" Rechtslage nicht zu.[585] Daraufhin rief die Beklagte UsedSoft den BGH mit der Nichtzulassungsbeschwerde an, um die Klage von Oracle doch noch abweisen zu können. Mit Beschluss vom 12.11.2009 gab der BGH der Nichtzulassungsbeschwerde von UsedSoft auch tatsächlich statt.[586] Die Revision wurde über diesen Umweg also doch noch zugelassen.

b. Die Vorlagefragen des BGH

Der BGH bestätigt zunächst, dass es sich bei der streitgegenständlichen Software um individuelle geistige Werkschöpfungen nach § 69a Abs. 3 UrhG handle, welche dadurch urheberrechtlich geschützt sei.[587] Zudem stellt er fest, dass der Unterlassungsanspruch von Oracle dann Erfolg habe, wenn die Kunden von UsedSoft unbefugt in das nach § 69c Nr. 1 UrhG ausschließlich dem Rechteinhaber zustehende Vervielfältigungsrecht eingriffen.[588] Eine urheberrechtlich relevante Vervielfältigungshandlung sei dabei sowohl im Herunterladen von Computerprogrammen aus dem Internet auf einen Datenträger als auch im Hochladen von Software vom Datenträger in den Arbeitsspeicher weiterer Computer zu sehen.[589] Einer Berufung auf ein den Kunden von UsedSoft wirksam übertragenes Recht zur Vervielfältigung stünden – wie auch das Berufungsgericht festgestellt habe – nicht nur die Lizenzbedingungen von Oracle, sondern auch der im Urheberrecht nicht existierende gutgläubige Erwerb von Nutzungsrechten entgegen.[590] Das Eingreifen der Schrankenregelung des § 44a UrhG schließt der BGH dabei aus, da das Laden der Software in den Arbeitsspeicher weiterer Arbeitsplatzrechner als Vervielfältigungshandlung eine eigenständige

---

581 LG München I v. 19.1.2006 – 7 O 23237/05, MMR 2006, 175.
582 OLG München v. 3.8.2006 – 6 U 1818/06, MMR 2006, 748.
583 LG München I v. 15.3.2007 – 7 O 7061/06, MMR 2007, 328.
584 OLG München v. 3.7.2008 – 6 U 2759/07, MMR 2008, 601.
585 OLG München v. 3.7.2008 – 6 U 2759/07, MMR 2008, 601 (601).
586 BGH v. 3.2.2011 – I ZR 129/08, GRUR 2011, 418 – UsedSoft.
587 BGH v. 3.2.2011 – I ZR 129/08, GRUR 2011, 418, Tz. 10 – UsedSoft.
588 BGH v. 3.2.2011 – I ZR 129/08, GRUR 2011, 418, Tz. 10 – UsedSoft.
589 BGH v. 3.2.2011 – I ZR 129/08, GRUR 2011, 418, Tz. 11-13 – UsedSoft.
590 BGH v. 3.2.2011 – I ZR 129/08, GRUR 2011, 418, Tz. 14 f. – UsedSoft.

D. Die urheberrechtliche Zulässigkeit der Weitergabe

wirtschaftliche Bedeutung habe, was sich bereits aus dem Vergütungsverlangen von Oracle für die Erteilung einer Lizenz zu dieser Nutzung ergebe.[591] Wie der BGH selbst zu Protokoll gibt, handelt es sich hierbei im Wesentlichen um eine „offenkundige" Rechtslage.[592]

Des Weiteren setzt der BGH das Verfahren jedoch aus und legt dem EuGH drei Fragen nach Art. 267 AEUV zur Vorabentscheidung vor, da es bei seiner Entscheidung auf die Auslegung einer europäischen Richtlinie ankomme. So sei zum einen fraglich, ob sich die Kunden von UsedSoft hinsichtlich der Vervielfältigung des Programms auf die Regelung des § 69d Abs. 1 UrhG, welcher Art. 5 Abs. 1 Software-RL umsetzt, berufen könnten.[593] Zum anderen sei die Frage auslegungsbedürftig, ob sich das Verbreitungsrecht nach § 69c Nr. 3 S. 2 UrhG, welcher Art. 4 Abs. 2 Halbs. 1 Software-RL umsetzt, auch bei per Download vertriebenen Computerprogrammen erschöpfen könne.[594] Die drei Vorlagefragen des EuGH lauten im Originalwortlaut:

„1. Ist derjenige, der sich auf eine Erschöpfung des Rechts zur Verbreitung der Kopie eines Computerprogramms berufen kann, ‚rechtmäßiger Erwerber' im Sinne von Art. 5 Abs. 1 der Richtlinie 2009/24/EG?

2. Für den Fall, dass die erste Frage bejaht wird: Erschöpft sich das Recht zur Verbreitung der Kopie eines Computerprogramms nach Art. 4 Abs. 2 Halbsatz 1 der Richtlinie 2009/24/EG, wenn der Erwerber die Kopie mit Zustimmung des Rechteinhabers durch Herunterladen des Programms aus dem Internet auf einen Datenträger angefertigt hat?

3. Für den Fall, dass auch die zweite Frage bejaht wird: Kann sich auch derjenige, der eine ‚gebrauchte' Softwarelizenz erworben hat, für das Erstellen einer Programmkopie als ‚rechtmäßiger Erwerber' nach Art. 5 Abs. 1 und Art. 4 Abs. 2 Halbsatz 1 der Richtlinie 2009/24/EG auf eine Erschöpfung des Rechts zur Verbreitung der vom Ersterwerber mit Zustimmung des Rechteinhabers durch Herunterladen des Programms aus dem Internet auf einen Datenträger angefertigten Kopie des Computerprogramms berufen, wenn der Ersterwerber seine Programmkopie gelöscht hat oder nicht mehr verwendet?"[595]

Da nur die zweite Vorlagefrage konkret den Erschöpfungsgrundsatz und die anderen beiden Vorlagefragen vor allem die Rechtfertigung der Vervielfältigungshandlungen über Art. 5 Abs. 1 Software-RL betreffen, rückt in diesem Kapitel nur die zweite Vorlagefrage in den Mittelpunkt der Untersuchung.[596] Diesbezüglich

---

591 BGH v. 3.2.2011 – I ZR 129/08, GRUR 2011, 418, Tz. 16 f. – UsedSoft.
592 BGH v. 3.2.2011 – I ZR 129/08, GRUR 2011, 418, Tz. 11 – UsedSoft.
593 BGH v. 3.2.2011 – I ZR 129/08, GRUR 2011, 418, Tz. 18, 30 – UsedSoft.
594 BGH v. 3.2.2011 – I ZR 129/08, GRUR 2011, 418, Tz. 23 – UsedSoft.
595 BGH v. 3.2.2011 – I ZR 129/08, GRUR 2011, 418 – UsedSoft.
596 Die Vorlagefragen eins und drei, welche die Rechtfertigung der Vervielfältigungshandlungen thematisieren, werden unter D. IV. behandelt.

will der BGH wissen, ob die urheberrechtliche Erschöpfung das Inverkehrbringen eines körperlichen Vervielfältigungsstücks der Software durch den Rechteinhaber oder mit seiner Zustimmung voraussetze, oder ob es ausreiche, wenn der Erwerber die Kopie mit Zustimmung des Rechteinhabers durch Herunterladen des Programms auf einen Datenträger angefertigt hat. Hierzu bezieht er selbst keine Stellung, bietet jedoch drei in der Literatur vertretene Ansichten zu diesem Thema an.[597] Der EuGH äußert sich unter dem Vorsitz des Berichterstatters *Lenaerts* – wie auch der Generalanwalt *Bot* in seinen Schlussanträgen – zunächst zu dieser zweiten Vorlagefrage. Während der EuGH in seiner Entscheidung eine Begründung für diese eigenwillige Prüfungsreihenfolge schuldig bleibt, gibt *Bot* an, dass die Frage nach der Anwendbarkeit des Erschöpfungsgrundsatzes auf das Herunterladen aus dem Internet (zweite Vorlagefrage) der Frage nach dem „rechtmäßigen Erwerber" i. S. d. Art. 5 Abs. 1 Software-RL (erste Vorlagefrage) vorausgehen müsse.[598]

c. Die EuGH-Entscheidung

Das Urteil des EuGH hinterließ in der juristischen Fachliteratur ein breites Echo. So stimmen zahlreiche Autoren den Richtern im Wesentlichen oder zumindest im Ergebnis zu.[599] Viele Autoren sparen jedoch auch nicht mit Kritik und lehnen die Entscheidung – insbesondere aufgrund diverser dogmatischer Schwächen – ab.[600] *Haberstumpf* prophezeit kurz nach Veröffentlichung der Urteilsgründe, „dass die Begründung, die der EuGH für seine Antworten gibt, in unterschied-

---

597 BGH v. 3.2.2011 – I ZR 129/08, GRUR 2011, 418, Tz. 23-29 – UsedSoft m. w. N.
598 Schlussanträge des Generalanwalts *Bot*, BeckEuRS 2012, 677483, Tz. 27; dass die eigenwillige Reihenfolge des EuGH bei der Beantwortung der Vorlagefragen nach deutscher Rechtsdogmatik nicht immer korrekt ist, zeigt z. B. *Dreier*, ZUM 2013, 769 (769 f.).
599 *Dreier*, in: Dreier/Schulze, UrhG, § 69c Rn. 24; *Druschel*, Die Behandlung digitaler Inhalte im GEKR, S. 141 ff.; *Feiler/Schuba*, in: Taeger (Hrsg.), DSRI Tagungsband 2012, S. 351 (351); *Geuer/Wilhelm*, jurisPR-ITR 1/2013 Anm. 3; *Grützmacher*, ZGE 2013, 46; *Harn Lee*, IIC 2012, 846; *Hartmann*, GRUR Int. 2012, 980; *Hilty*, CR 2012, 625; *Hilty/Köklü/Hafenbrädl*, IIC 2013, 263; *Hoeren/Försterling*, MMR 2012, 642; *Kubach*, CR 2013, 279; *Kubach*, in: Taeger (Hrsg.), DSRI Tagungsband 2013, S. 361 (370); *Marly*, EuZW 2012, 654; *Ohly*, JZ 2013, 42; *Ohrtmann/Kuß*, BB 2012, 2262; *Rath/Maiworm*, WRP 2012, 1051; *Schneider/Spindler*, CR 2012, 489; *Schmitt*, MR 2012, 256; *Scholz*, ITRB 2013, 17; *Senftleben*, NJW 2012, 2924; *Stothers*, EIPR 2012, 787; *Ulmer/Hoppen*, ITRB 2012, 232; *Walter*, MR-Int 2012, 40; *Witzel*, CRi 2012, 121.
600 *Bäcker*, ZUM 2014, 333 (334); *Haberstumpf*, CR 2012, 561; *Hansen/Wolff-Rojczyk*, GRUR 2012, 908; *Hauck*, NJW 2014, 3616; *Heydn*, MMR 2012, 591; *Heydn*, in: Kilian/Heussen (Hrsg.), Computerrechts-Handbuch, 1. Abschn. Teil 2, Vermarktung von Gebrauchtsoftware, Rn. 50 ff.; *Jani*, in: Wöhrn (Hrsg.), FS Wandtke, S. 336; *Koch*, ITRB 2013, 9, 38; *Longdin/Lim*, IIC 2013, 541; *Moritz*, K&R 2012, 456; *Rauer/Ettig*, EWS 2012, 289; *Rehbinder/Peukert*, Urheberrecht, Rn. 467; *Rosati*, JIPLP 2012, 786; *Schack*, Urheber- und Urhebervertragsrecht, Rn. 463 f.; *Schulze*, EIPR 2014, 9 (10 f.); *Stieper*, ZUM 2012, 668; *Vinjel/Marsland/Gärtner*, CRi 2012, 97; *Wiebe*, in: Leupold/Glossner (Hrsg.), MAH IT-Recht, Teil 3 Rn. 93 ff.; *Zech*, ZGE 2013, 368.

licher, ja sogar konträrer Weise interpretiert und gedeutet werden wird".[601] Mit dieser Vermutung sollte er Recht behalten.

Im Kern der EuGH-Entscheidung geht es um die Auslegung des den Erschöpfungsgrundsatz betreffenden Art. 4 Abs. 2 Software-RL. Diese Norm besagt:

„Mit dem Erstverkauf einer Programmkopie in der Gemeinschaft durch den Rechteinhaber oder mit seiner Zustimmung erschöpft sich in der Gemeinschaft das Recht auf die Verbreitung dieser Kopie; ausgenommen hiervon ist jedoch das Recht auf Kontrolle der Weitervermietung des Programms oder einer Kopie davon."

Generalanwalt *Bot* sieht eine Erschöpfung des Verbreitungsrechts dann als gegeben an, wenn der Rechteinhaber, mit dessen Zustimmung eine Programmkopie auf einen Datenträger heruntergeladen wurde, auch gegen Entgelt ein unbefristetes Nutzungsrecht an der Kopie eingeräumt hat. Die Überlassung einer Programmkopie zur unbefristeten Nutzung gegen Zahlung eines Pauschalentgelts stelle in der Union nämlich einen Verkauf i.S.d. Art. 4 Abs. 2 Software-RL dar.[602] Der EuGH äußert sich dahingehend, dass das Verbreitungsrecht der Kopie eines Computerprogramms nach Art. 4 Abs. 2 Software-RL erschöpft sei, wenn der Inhaber des Urheberrechts nach dessen Zustimmung zum Herunterladen dieser Kopie aus dem Internet auf einen Datenträger gegen Zahlung eines Entgelts auch ein Recht zur zeitlich unbegrenzten Nutzung dieser Kopie eingeräumt habe. Dabei soll dem Rechteinhaber die Entgeltzahlung ermöglichen, eine dem wirtschaftlichen Wert der Kopie des ihm gehörenden Werkes entsprechende Vergütung zu erzielen.[603]

Die Prüfung der zweiten Vorlagefrage durch den EuGH erfolgt dabei zunächst über den Wortlaut, indem er die Begriffe „Erstverkauf" und „Programmkopie" auslegt. Im Anschluss folgt eine Abgrenzung des Verbreitungsrechts vom Recht der öffentlichen Wiedergabe. Zudem wird untersucht, ob eine Auslegung des Art. 4 Abs. 2 Software-RL ergibt, dass auch unkörperliche Güter in den Genuss der Erschöpfungswirkung kommen können. Nach der Vornahme wirtschaftlicher Überlegungen äußert sich der EuGH schließlich zur Voraussetzung des Unbrauchbarmachens der eigenen Programmkopie und spricht ein Aufspaltungsverbot aus. Die nachfolgende Bewertung der Entscheidungsgründe des EuGH orientiert sich an dieser Prüfungsreihenfolge.

aa. Der Begriff der Programmkopie

Nach Art. 4 Abs. 2 Software-RL erschöpft sich das Verbreitungsrecht einer „Programmkopie" mit dem „Erstverkauf" dieser Kopie. Sowohl Generalanwalt *Bot* als auch der EuGH thematisieren explizit nur den Begriff des Erstverkaufs. Aus

---
601 *Haberstumpf*, CR 2012, 561 (561).
602 Schlussanträge des Generalanwalts *Bot*, BeckEuRS 2012, 677483, Tz. 84.
603 EuGH v. 3.7.2012 – C-128/11, GRUR 2012, 904, Tz. 72 – UsedSoft.

II. Der Erschöpfungsgrundsatz bei Software

ihren Ausführungen ergibt sich in der Gesamtheit ein Bild davon, wie sie den Begriff der Programmkopie verstanden haben wollen.[604] Da rein begriffslogisch für einen „Erstverkauf" zunächst eine „Programmkopie" vorliegen muss, wird auf die Programmkopie zuerst eingegangen. Da es sich aber doch – zumindest nach den Äußerungen des EuGH und des Generalanwalt – um ein eng miteinander verbundenes Wortpaar handelt, sind Äußerungen zum einen Begriff im Rahmen der Prüfung des anderen Begriffs unvermeidlich.

In der analogen Welt ist das Objekt einer Weitergabe der sachliche Gegenstand an sich, sprich ein Buch oder eine CD. Im digitalen Umfeld wird dafür im Zusammenhang mit Computerprogrammen nach Art. 4 Abs. 2 UrhG Software-RL der Begriff Programmkopie verwendet. An diesem Wort – in Verbindung mit dem Erstverkauf – wird also auch der Eintritt der Erschöpfung festgemacht. Was der EuGH und der Generalanwalt aber als Programmkopie und daher als Anknüpfungspunkt für den Erschöpfungsgrundsatz ansehen, ergibt sich nur aus einer Gesamtschau diverser Äußerungen in der Urteilsbegründung. Als grundsätzliche Anknüpfungspunkte für die Erschöpfung kommen – neben der im vorliegenden Fall nicht einschlägigen Veräußerung des Datenträgers – die Übertragung eines konkreten Datensatzes oder die Übertragung des Nutzungsrechts in Betracht.[605]

aaa. Anknüpfungspunkte für die Programmkopie

Der EuGH vertritt die Auffassung, dass das Verbreitungsrecht bzw. die daran anknüpfende Erschöpfung „Kopien von Computerprogrammen [umfasse], die bei ihrem Erstverkauf aus dem Internet auf den Computer des Ersterwerbers heruntergeladen wurden."[606] Die Richter erstrecken damit die Erschöpfung auf nichtkörperliche Programmkopien. Die Anknüpfung an die heruntergeladene Programmkopie stimmt dabei im Prinzip auch mit dem klassischen Verständnis des Erschöpfungsgrundsatzes überein, wonach die Erschöpfung an dem einen Werkstück eintritt, das zuvor „verkauft" wurde. Es entspricht zudem dem Wortlaut der Vorschrift des Art. 4 Abs. 2 Software-RL, die der EuGH selbst zitiert, nach der „mit dem Erstverkauf einer Programmkopie [...] das Recht auf die Verbreitung dieser Kopie in der Union erschöpft" sei.[607] Der Ausdruck „dieser Kopie" weist auf ein ganz bestimmtes Vervielfältigungsstück hin. Die Erschöpfungswirkung bezieht sich demnach bei unkörperlichen Programmkopien auf die materialisierte Programmkopie. Fraglos ist die Programmkopie dabei nicht Gegenstand einer „Eigentumsübertragung" i. S. d. deutschen Rechts, da keine

---

604 *Heydn* spricht in diesem Zusammenhang davon, dass „Urteile, in denen Informationen darüber fehlen, womit denn nun konkret gehandelt wird, [...] für eine urheberrechtliche Analyse nicht brauchbar" seien; *Heydn*, in: Kilian/Heussen (Hrsg.), Computerrechts-Handbuch, 1. Abschn. Teil 2, Vermarktung von Gebrauchtsoftware, Rn. 50.
605 *Ohly*, JZ 2013, 42 (42).
606 EuGH v. 3.7.2012 – C-128/11, GRUR 2012, 904, Tz. 59 – UsedSoft; so ähnlich auch in Tz. 99.
607 EuGH v. 3.7.2012 – C-128/11, GRUR 2012, 904, Tz. 36 – UsedSoft.

Übergabe einer Sache vorgenommen wird. Vielmehr entsteht ein vom Erwerber selbst geschaffenes Vervielfältigungsstück und damit eine neue Programmkopie.[608] Eine Verkörperung erfolgt somit erst im Zielrechner des Downloads durch den Speichervorgang beim Erwerber.[609] Der EuGH geht jedoch noch einen Schritt weiter. Denn für die Richter zählt als Anknüpfungspunkt der Erschöpfung neben der heruntergeladenen Programmkopie auch die auf der Internetseite des Rechteinhabers zum Download bereit gestellte Programmkopie.[610] Damit stellt der EuGH die traditionelle Grundstruktur des Erschöpfungsgrundsatzes in Frage.[611] Denn wer in der analogen Welt ein Buch kauft, darf aufgrund der eingetretenen Erschöpfung auch nur dieses eine Buch frei weiterverkaufen und nicht das gleiche Buch, welches noch im Buchladen ausgestellt ist. Die traditionelle Erschöpfungswirkung bezieht sich also auf ein ganz bestimmtes Vervielfältigungsstück.[612] Insofern erklärt sich die Kritik an der Entscheidung des EuGH, dass der Erschöpfungsgrundsatz keine Anwendung finden dürfe, wenn eine neue, bei elektronischer Übermittlung erst entstehende Datei in Verkehr gebracht werde und nicht die ursprüngliche Kopie.[613] Der EuGH knüpft die Erschöpfung offenkundig aber sowohl – dem klassischen Verständnis des Erschöpfungsgrundsatzes entsprechend – an die vom Erwerber heruntergeladene unkörperliche Programmkopie,[614] als auch an die zum Download bereit gestellte Programmkopie auf der Internetseite des Rechteinhabers an.[615] Dies bestätigt sich auch mit Blick auf eine andere Textpassage im Urteil, wonach der EuGH die Kopie auf der Internetseite des Rechteinhabers als „diese Kopie" im Sinne des Art. 4 Abs. 2 Software-RL ansieht.[616]

Ein so weites Verständnis der Erschöpfungswirkung, wie es der EuGH vorsieht, wird durchaus den Gegebenheiten im digitalen Umfeld gerecht. Bei Software ist es üblich, dass die heruntergeladene Programmkopie entweder eine installationsfähige Datei ist, die sich nach der Installation des Programms automatisch selbst löscht, oder aber direkt nach Vollendung des Downloads tatsächlich installiert wird. In diesen Situationen verfügt der Ersterwerber nicht über eine weitergabefähige Programmkopie, wenn er nicht gerade den Datenträger, auf dem die Programmkopie installiert ist, ebenfalls weitergeben will. Eine Anknüpfung der Erschöpfungswirkung sowohl an die heruntergeladene als auch an die online

---

608 *Stieper*, GRUR 2014, 270 (270); *Stieper*, ZUM 2012, 668 (668); *Haberstumpf*, CR 2012, 561 (563).
609 *Koch*, ITRB 2013, 9 (10).
610 EuGH v. 3.7.2012 – C-128/11, GRUR 2012, 904, Tz. 75, 84 – UsedSoft.
611 *Schneider/Spindler*, CR 2012, 489 (493), sprechen insofern auch von einem „Systembruch".
612 S. dazu auch *Hantschel*, Softwarekauf und -weiterverkauf, S. 209.
613 So die Stellungnahme von Irland, zitiert in den Schlussanträgen des Generalanwalts *Bot*, BeckEuRS 2012, 677483, Tz. 39.
614 Vgl. nur EuGH v. 3.7.2012 – C-128/11, GRUR 2012, 904, Tz. 59, 88 – UsedSoft.
615 So auch *Malevanny*, CR 2013, 422 (423); a.A. wohl *Feiler/Schuba*, in: Taeger (Hrsg.), DSRI Tagungsband 2012, 351 (357, 362), die davon ausgehen, dass der EuGH die Erschöpfungswirkung nur an der zum Download bereitgehaltenen Programmkopie anknüpft.
616 EuGH v. 3.7.2012 – C-128/11, GRUR 2012, 904, Tz. 84 S. 2 – UsedSoft.

bereitgestellte Programmkopie kann dafür sorgen, dass die Weitergabe nicht aus tatsächlichen Gründen unmöglich gemacht bzw. erschwert wird. Zudem trägt der EuGH dem Rechteinhaber keineswegs die Pflicht auf, die Programmkopie weiter bereitzuhalten. Im Prinzip nutzt der EuGH nur die Situation aus, dass der Rechteinhaber die Programmkopie weiterhin zur Verfügung stellt. Dem EuGH ist daher in seiner Annahme einer wechselseitigen Anknüpfung zuzustimmen.

bbb. Gegenstand des Erstverkaufs

Die wechselseitige Anknüpfung des EuGH wirft jedoch unweigerlich die Frage auf, was der Ersterwerber beim Erstverkauf tatsächlich überträgt. Was ist der eigentliche Gegenstand des Erstverkaufs? Dieses Problem umgeht der EuGH, indem er immer nur auf die Programmkopie und damit ausschließlich auf das Endprodukt der Verwertung abstellt. Manche Autoren gehen von der Übertragung eines konkreten Datensatzes bzw. Bitstroms aus.[617] Der teilweise diesbezüglich geäußerten Kritik, dass ein Datenbestand als unkörperlicher Gegenstand nicht verkäuflich sei, da der Verkäufer daran seine Verfügungsgewalt nicht verliere,[618] wird zu Recht entgegnet, die „Lebenswirklichkeit" zu übersehen.[619] Denn zumindest in der heutigen Zeit werden digitale Inhalte genauso gehandelt wie ihre analogen Entsprechungen. Es lässt sich sogar sagen, dass gerade im Musik- und Filmbereich die analogen Werkstücke immer mehr an Bedeutung verlieren. Die Allgemeinheit sieht digitale Güter auch nicht als – gegenüber ihren analogen Entsprechungen – minderwertige Produkte an.[620] Es ist daher von einer Verkäuflichkeit digitaler Güter auszugehen.[621] Dennoch gibt es keine unmittelbaren Hinweise des EuGH auf einen Datenstrom als Gegenstand des Verkaufs.[622] Die Anknüpfung an einen bestimmten, konkreten Datensatz ist jedenfalls nicht möglich, da der EuGH die Erschöpfung ja sowohl an der heruntergeladenen als auch an der sich auf dem Server befindlichen Programmkopie festmacht. Mit dieser wahlweisen Anknüpfung schafft er vielmehr eine neue Kategorie, bei der es auf eine Fixierung auf einem Datenträger nicht mehr ankommt.[623] Stattdessen scheint dem Nutzungsrecht als Gegenstand der Übertragung eine entscheidende Bedeutung zuzukommen. So ist in Tz. 71 des Urteils von einem „Erwerb(er) zusätzlicher Nutzungsrechte" die Rede, die Tz. 43 und 49 thematisieren unter anderem ein „Nutzungsrecht am betreffenden Computerprogramm"

---

[617] LG Düsseldorf v. 26.11.2008 – 12 O 431/08, CR 2009, 221 (222); *Grützmacher*, in: Wandtke/Bullinger (Hrsg.), UrhG, § 69c Rn. 36; *Ohly*, JZ 2013, 42 (42); *Stieper*, ZUM 2012, 668 (669); *Ulmer/Hoppen*, ITRB 2012, 232 (232); *Ulmer/Hoppen*, CR 2008, 681 (685); *Mäger*, CR 1996, 522 (525 f.).
[618] *Haberstumpf*, CR 2012, 561 (563).
[619] *Malevanny*, CR 2013, 422 (423).
[620] Vgl. dazu auch *Haedicke*, Rechtskauf und Rechtsmängelhaftung, S. 54.
[621] Dies entspricht auch den Ausführungen zur schuldrechtlichen Einordnung des Erwerbsvorgangs digitaler Güter, s. B. III. 3. d. cc.
[622] *Kubach*, CR 2013, 279 (280).
[623] *Senftleben*, NJW 2012, 2924 (2926) spricht daher von einem „bedeutsamen Abstraktionsschritt".

D. Die urheberrechtliche Zulässigkeit der Weitergabe

bzw. ein „Nutzungsrecht an einer Programmkopie".[624] Auch Generalanwalt Bot knüpft immer wieder an das Nutzungsrecht an, wenn etwa „die Abtretung eines Nutzungsrechts an einer Programmkopie sehr wohl einen Verkauf" darstelle.[625] Aus diesem Grund nehmen einige Autoren an, dass es im EuGH-Urteil losgelöst von einer Programmkopie ausschließlich um den Erwerb eines Rechtes bzw. einer Nutzungsmöglichkeit gehe.[626] Die Übertragbarkeit von Nutzungsrechten ist allerdings nicht unionsweit harmonisiert. Die Ausgestaltung liegt also in den Händen der Mitgliedsstaaten. So ist beispielsweise in Deutschland eine freie Übertragbarkeit von Nutzungsrechten nach § 34 Abs. 1 S. 1 UrhG ausgeschlossen. Der EuGH macht das Nutzungsrecht durch die freie Übertragbarkeit aber gerade verkehrsfähig. Das deutsche Recht kennt eine solche Möglichkeit nur an Sachen, nicht jedoch an Rechten. Insofern würde dies zu einem Systembruch führen.[627] Darüber hinaus lässt sich diese Ansicht auch nicht mit dem Wortlaut des Art. 4 Abs. 2 Software-RL vereinbaren, der einen „Erstverkauf einer Programmkopie" vorschreibt. Eine von einer Programmkopie vollkommen losgelöste Anknüpfung an die freie Übertragbarkeit von Nutzungsrechten kann der EuGH also auch nicht gemeint haben.

Nach den bisherigen Überlegungen scheint eine Anknüpfung sowohl an eine bestimmte Form von Datenbestand als auch an das Nutzungsrecht nicht abwegig zu sein. So konstatiert der EuGH auch hinsichtlich der im Internet zur Verfügung gestellten Programmkopie und der entsprechenden Nutzungslizenz mehrfach einen untrennbaren Zusammenhang.[628] Als Lösung bietet sich daher ein Mittelweg an, der sowohl das Nutzungsrecht als auch die wie auch immer geartete Programmkopie berücksichtigt. *Redeker* schlägt einen solchen Mittelweg vor, indem er von einer virtuellen Programmkopie als Gegenstand des Erstverkaufs ausgeht. Dabei werde kein Vervielfältigungsstück als Programmkopie, sondern nur ein Recht übertragen, so dass das Recht und das physikalische Substrat, an dem es ausgeübt wird, völlig entkoppelt werden.[629] In dogmatischer Sicht werde daher auch kein reales, sondern ein virtuelles Vervielfältigungsstück übertragen,[630] wobei das auf Seiten des Veräußerers vor der Weitergabe und auf

---

624 EuGH v. 3.7.2012 – C-128/11, GRUR 2012, 904, Tz. 71, 43, 49 – UsedSoft.
625 Schlussanträge des Generalanwalts *Bot*, BeckEuRS 2012, 677483, Tz. 60.
626 *Senftleben*, NJW 2012, 2924 (2926); *Haberstumpf*, CR 2012, 561 (566); *Hilty/Köklü/Hafenbrädl*, IIC 2013, 263 (281); *Ulmer/Hoppen*, ITRB 2012, 232 (233); so auch noch vor dem UsedSoft-Verfahren *Berger*, GRUR 2002, 198 (201 f.), die an die „Berechtigung" als Bezugspunkt anknüpft.
627 *Schneider/Spindler*, CR 2012, 489 (493); *Haberstumpf*, CR 2012, 561 (562); *Kubach*, CR 2013, 279 (280).
628 EuGH v. 3.7.2012 – C-128/11, GRUR 2012, 904, Tz. 84, 44, 47 – UsedSoft.
629 *Redeker*, CR 2014, 72 (75). Auch *Haberstumpf* geht davon aus, dass Gegenstand des Geschäfts „das ausgedrückte Werk als geistige[r] Gegenstand" ist; s. *Haberstumpf*, CR 2012, 561 (565).
630 Ähnlich auch *Schneider/Spindler*, CR 2012, 489 (495), wonach eine materielle Repräsentanz nicht mehr erforderlich sei, um ein urheberrechtlich relevantes Exemplar unterstellen zu können; das Exemplar existiere virtuell; so auch *Kubach*, CR 2013, 279 (280). *Weisser/Färber*, MMR 2014, 364 (365), gehen von einem Vervielfältigungsstück als „unkörperliche Rechtsposition" aus, die zum Besitz und zur Benutzung eines Abbilds der Software berechtige und als

Seiten des Erwerbers nach der Weitergabe genutzte Exemplar nur die physikalisch erforderliche Repräsentanz des virtuellen Exemplars darstelle.[631] Das virtuelle Vervielfältigungsstück umfasse dabei nur die Nutzungsrechte, die der Ersterwerber selbst erworben habe.[632] Bei einer solchen Auslegung liegt kein Verstoß gegen den Wortlaut des Art. 4 Abs. 2 Software-RL vor, da ja eine „Programmkopie" gegeben ist, wenngleich diese nur in virtueller Form besteht. Auf diese Weise wird das Anliegen des EuGH dogmatisch nachvollziehbar umgesetzt und es entsteht kein Widerspruch mehr durch die Tatsache, dass die Erschöpfung sowohl hinsichtlich der heruntergeladenen als auch hinsichtlich der zum Download bereitgehaltenen Programmkopie eingetreten ist. Die Annahme eines virtuellen Vervielfältigungsstücks bindet das Nutzungsrecht, so dass auch keine freie Übertragbarkeit von Nutzungsrechten zu befürchten ist, die zu einem Systembruch führen würde.

Damit kann auch nicht auf die von *Hilty* befürwortete Wirkung einer implied license abgestellt werden, wonach der Ersterwerber lediglich seine Nutzungserlaubnis auf den Zweiterwerber übertrage.[633] Ausgehend von seinem Ansatz des Vorliegens eines Lizenzvertrages im Ganzen, nimmt er die Existenz einer aus dem angloamerikanischen Recht stammenden implied license an. Indem der Rechteinhaber Maßnahmen treffe, durch die der Nutzer eine zur Nutzung erforderliche Werkkopie herstellen könne, willige er auch in die Nutzung der heruntergeladenen Datei ein.[634] Für diese Sichtweise sieht er auch einen Anhaltspunkt in der UsedSoft-Entscheidung des EuGH, wonach das Herunterladen einer Programmkopie „sinnlos" wäre, „wenn diese Kopie von ihrem Besitzer nicht genutzt werden dürfte".[635] Daher könne der Rechteinhaber einen Parteiwechsel auf der Seite des Nutzungsberechtigten nicht verhindern, wenn sich für ihn durch den ersten Vertrag zur Nutzungsrechteeinräumung bereits eine angemessene Vergütung für die ganze zu erwartende Laufzeit ergeben habe.[636] *Hilty* stützt dieses Nutzungsrecht damit nicht auf den Erschöpfungsgrundsatz, der bei Fehlen eines veräußerbaren Trägers nicht mehr weiterhelfe,[637] sondern auf die tatsächlichen Umstände, aus denen sich ergebe, dass die Nutzung zulässig sein muss. Hintergrund ist dabei vor allem die wirtschaftliche Überlegung, dass der Rechteinhaber durch den ersten Nutzungsberechtigten bereits angemessen vergütet wurde und daher eine Interessenabwägung die Verkehrsfähigkeit der Nutzungsberechtigung ergibt, damit der erste Lizenznehmer den Restwert der Lizenz realisieren kann. Im Ergebnis stellt *Hilty* also nur auf das urheberrechtlich geschützte Werk

---

solche übertragen werden könne; *Appl/Schmidt*, MR 2014, 189 (192), sprechen sich für ein „abstraktes" Werkstück aus.
631 *Redeker*, CR 2014, 72 (75); *Redeker*, CR 2011, 634.
632 *Redeker*, CR 2014, 72 (75).
633 *Hilty*, CR 2012, 625 (629).
634 *Hilty*, CR 2012, 625 (629, 635).
635 EuGH v. 3.7.2012 – C-128/11, GRUR 2012, 904, Tz. 44 – UsedSoft.
636 *Hilty*, CR 2012, 625 (629, 632).
637 *Hilty*, CR 2012, 625 (630).

an sich ab, so dass der Begriff der Programmkopie der Richtlinie keine tragende Rolle mehr spielt.[638] Seine Konstruktion eines Lizenzvertrages lässt einen „Verkauf einer Programmkopie" daher gar nicht zu, weshalb man Art. 4 Abs. 2 Software-RL technologieneutral in dem Sinne verstehen müsse, dass es darauf ankomme, „dass der Rechteinhaber ein erstes Mal eine Nutzungserlaubnis erteilt hat".[639] Schon der Ausgangspunkt *Hiltys* ist abzulehnen, wonach nur ein Lizenzvertrag vorliegt. Dieser Begriff eines Lizenzvertrages ist viel zu unbestimmt, um damit rechtssichere Vorgänge rechtfertigen zu können. Denn ein gesetzlich normiertes Urhebervertragsrecht existiert in Deutschland nicht. Zudem können Rechtsmängel nicht angemessen Berücksichtigung finden, ohne auf bestimmte schuldrechtliche Vertragstypen zurückzugreifen.[640] Darüber hinaus wird neben dem Nutzungsrecht aber auch eine Programmkopie benötigt, auch wenn sie nur virtueller Natur ist. Es wird dem Nutzer also mehr als nur ein Nutzungsrecht überlassen.[641] Der Ansatz einer implied license ist damit abzulehnen.

bb. Der Begriff des Erstverkaufs

Die Prüfung des Vorliegens der Voraussetzung des Erstverkaufs veranlasst sowohl den EuGH als auch Generalanwalt *Bot* zu langen Ausführungen. Die Richter stellen zunächst klar, dass der „Verkauf" i. S. d. Art. 4 Abs. 2 Software-RL als autonomer Begriff des Unionsrechts mit der Folge der einheitlichen Auslegung definiert sei als eine Vereinbarung, nach der eine Person ihre Eigentumsrechte an einem ihr gehörenden körperlichen oder nichtkörperlichen Gegenstand gegen Zahlung eines Entgelts an eine andere Person abtrete.[642] Dabei seien der Vorgang des Herunterladens und der Abschluss eines Lizenzvertrages über die Nutzung dieser Kopie als unteilbares Ganzes in ihrer Gesamtheit zu prüfen, da das Herunterladen ohne Nutzungsmöglichkeit sinnlos wäre.[643] Daher liege im vorliegenden Fall eine Eigentumsübertragung an der Kopie des Computerprogramms vor, denn durch die öffentliche Zugänglichmachung dieser Kopie durch Oracle und den entsprechenden Abschluss eines Lizenzvertrages solle die Programmkopie gegen Zahlung eines Entgelts, das es dem Rechteinhaber ermöglichen soll, eine dem wirtschaftlichen Wert der Kopie des ihm gehörenden Werkes entsprechende Vergütung zu erzielen, dauerhaft nutzbar gemacht werden.[644] Der Eigentumsübergang trete zudem unabhängig davon ein, ob der Rechteinhaber die Programmkopie als Download oder über einen materiellen Datenträger zur Verfügung stellt, da beide Handlungen jeweils in Verbindung mit dem Abschluss des Lizenzvertrages untrennbar verbunden seien.[645] Die dauerhafte Nutzbar-

---
638 *Hilty*, CR 2012, 625 (628 ff.).
639 *Hilty*, CR 2012, 625 (631).
640 Vgl. dazu auch die Ausführungen unter B. III. 3. d. aa.
641 So auch *Druschel*, Die Behandlung digitaler Inhalte im GEKR, S. 137 f.
642 EuGH v. 3.7.2012 – C-128/11, GRUR 2012, 904, Tz. 39-42 – UsedSoft.
643 EuGH v. 3.7.2012 – C-128/11, GRUR 2012, 904, Tz. 44 – UsedSoft.
644 EuGH v. 3.7.2012 – C-128/11, GRUR 2012, 904, Tz. 45 f., 48 – UsedSoft.
645 EuGH v. 3.7.2012 – C-128/11, GRUR 2012, 904, Tz. 47 – UsedSoft.

machung der Programmkopie werde dabei dadurch erreicht, dass der Rechteinhaber das Nutzungsrecht hinsichtlich dieser ohne zeitliche Begrenzung einräumt.[646] Generalanwalt *Bot* geht ebenfalls von einer Eigentumsübertragung und damit vom Vorliegen eines Erstverkaufs aus und liefert für diese Ansicht weitere Argumente: So sieht er in der Software-RL eine Unterscheidung zwischen Verkauf und Vermietung als „oberste Einteilung".[647] Der Verkauf eines Computerprogramms oder einer Programmkopie sei daher im Umkehrschluss aus dem zwölften Erwägungsgrund der Software-RL, der die Vermietung als zeitweilige Verwendung definiert, unabhängig von der Einstufung durch die Parteien durch die unbefristete Übertragung des Eigentums an einer Programmkopie gegen eine einmalige Entgeltzahlung gekennzeichnet.[648] Entscheidend sei demnach die Unterscheidung zwischen vorübergehender Übertragung des Nutzungsrechts und endgültiger Nutzungsmöglichkeit der Programmkopie, welche im vorliegenden Fall zu einer Annahme eines Erstverkaufs führe.[649] Schließlich sei beim Verkaufsbegriff i. S. d. Art. 4 Abs. 2 Software-RL eine weite Auslegung erforderlich, um die praktische Wirksamkeit des Erschöpfungsgrundsatzes nicht zu beeinträchtigen. Dabei weist der EuGH auch auf den falsa demonstratio-Grundsatz hin, wonach das Gemeinte und nicht etwa das fälschlich Gesagte gelte.[650]

aaa. Die Eigentumsübertragung

Diskussionsbedürftig ist zunächst die Eigentumsübertragung, welche nach Ansicht der Richter für einen Erstverkauf vorliegen müsse.[651] Mit dem Begriff des Eigentumsübergangs könnten sowohl sachenrechtliche als auch schuldrechtliche Konsequenzen in den Mitgliedsstaaten verbunden sein. Eine so weitreichende Auslegung wird der EuGH aber nicht beabsichtigen. Es ist vielmehr davon auszugehen, dass die Richter lediglich den Versuch unternehmen, den auf die analoge Welt zugeschnittenen Erschöpfungsgrundsatz auf die digitale Welt zu übertragen. Es wird dem EuGH also nur um den urheberrechtlichen Begriff des „Erstverkaufes einer Programmkopie" gehen.[652] Auswirkungen auf die sachen- und schuldrechtliche Beurteilung in den Mitgliedsstaaten sind den Ausführungen des EuGH daher nicht zu entnehmen,[653] zumal ihm dazu ohnehin

---

646 EuGH v. 3.7.2012 – C-128/11, GRUR 2012, 904, Tz. 67, 72 – UsedSoft.
647 Schlussanträge des Generalanwalts *Bot*, BeckEuRS 2012, 677483, Tz. 56.
648 Schlussanträge des Generalanwalts *Bot*, BeckEuRS 2012, 677483, Tz. 56.
649 Schlussanträge des Generalanwalts *Bot*, BeckEuRS 2012, 677483, Tz. 58.
650 Schlussanträge des Generalanwalts *Bot*, BeckEuRS 2012, 677483, Tz. 59; zustimmend EuGH v. 3.7.2012 – C-128/11, GRUR 2012, 904, Tz. 49 – UsedSoft.
651 Es war angesichts seiner diesbezüglichen Äußerungen in einem früheren Fall fast schon zu erwarten, dass der EuGH entsprechende Ausführungen zu diesem Begriff vornimmt: EuGH v. 17.4.2008 – C-456/06, GRUR 2008, 604, Tz. 32 ff. – Le-Corbusier-Möbel.
652 So auch *Malevanny*, CR 2013, 422 (422); *Druschel*, Die Behandlung digitaler Inhalte im GEKR, S. 128; *Heydn*, in: Kilian/Heussen (Hrsg.), Computerrechts-Handbuch, 1. Abschn. Teil 2, Vermarktung von Gebrauchtsoftware, Rn. 31.
653 Im Ergebnis auch *Hoeren/Försterling*, MMR 2012, 642 (645); *Peifer*, AfP 2013, 89 (91); *Malevanny*, CR 2013, 422 (422); a.A. *Stieper*, ZUM 2012, 668 (668); *Hoeren*, MMR 2013, 486

D. Die urheberrechtliche Zulässigkeit der Weitergabe

die erforderliche Kompetenz fehlt. Weiterhin spricht für eine solche Interpretation des Urteils, dass sowohl der EuGH als auch der Generalanwalt betonen, dass eine weite Auslegung des Begriffs des Erstverkaufs zur Durchsetzung der Erschöpfungswirkung erforderlich sei. Dies ist vor allem vor dem Hintergrund von Bedeutung, dass jeder Mitgliedsstaat über ein eigenes Rechtssystem mit eigener Systematik verfügt. Eine am reinen Wortlaut des EuGH orientierte Auslegung würde dazu führen, dass selbst in Deutschland eine Umsetzung des Urteils nach dem derzeitigen Gesetzeswortlaut gar nicht möglich wäre. Denn nach überwiegender Meinung scheitert es hierzulande bereits am „Eigentum an der Kopie", wie es der EuGH in Tz. 46 des Urteils konkret ausdrückt.[654] Dann aber kann eine Eigentumsübertragung digitaler Güter erst recht nicht stattfinden.

Der Auffassung des EuGH kann daher – trotz der zugegebenermaßen unglücklichen Formulierung – nur zugestimmt werden: Ein „Verkauf" kann unabhängig davon gegeben sein, ob es sich um ein digitales oder um ein analoges Gut handelt. So wurde an einer anderen Stelle in dieser Arbeit bereits ausführlich beschrieben, dass für den Erwerb digitaler Güter das Kaufrecht nach §§ 453 Abs. 1 Var. 2, 433 BGB entsprechend anzuwenden ist und damit die Regeln für körperliche Güter entsprechend gelten müssen.[655] Darüber hinaus gilt nur in der deutschen Rechtsordnung das Trennungs- und Abstraktionsprinzip, so dass die anderen Mitgliedsstaaten bei der Umsetzung des Begriffs der „Eigentumsübertragung" weit weniger Probleme haben könnten. So gibt es beispielsweise bei der Umsetzung im französischen Recht keinerlei Schwierigkeiten, da dieses kein Sachenrecht kennt und ein Vertrag damit immer schuldrechtlicher Natur ist. Zudem weist der EuGH konkret darauf hin, dass eine weite Auslegung des Begriffs des Erstverkaufs erforderlich sei, indem „sämtliche Formen der Vermarktung eines Erzeugnisses umfasst" werden, damit die „praktische Wirksamkeit" der Erschöpfungsregel nicht beeinträchtigt werde.[656] Eine Beschränkung auf einen tatsächlichen Eigentumsübergang würde diesem Ziel nicht gerecht. Letztlich ist aber auch die Übersetzung als „Eigentumsübertragung" auch nicht zwingend: In der englischen Sprachfassung ist von einem „transfer of the right of ownership of the copy" die Rede, was sich noch eher als die deutsche Fassung als Übertragung der Inhaberschaft an der Kopie deuten lässt.[657] Dem EuGH kommt es also nicht auf eine Übertragung der Eigentumsrechte nach deutschem Verständnis an. Vielmehr hat er ein Verständnis beschrieben, das dem Gebot der Freiheit des Handels soweit wie möglich Rechnung trägt, dem spezifischen Gegenstand des Eigentums aber noch genügt.[658] Der EuGH meint also eine „wirtschaftliche

---

(489); *Schneider*, ITRB 2014, 120 (121); *Koch*, ITRB 2013, 9 (10 ff.).
654 EuGH v. 3.7.2012 – C-128/11, GRUR 2012, 904, Tz. 46 – UsedSoft; s. dazu die Ausführungen unter C. III. 1. b.
655 S. dazu die Ausführungen unter B. III. 3. d. cc.
656 EuGH v. 3.7.2012 – C-128/11, GRUR 2012, 904, Tz. 49 – UsedSoft.
657 So auch *Malevanny*, CR 2013, 422 (422).
658 *Ulmer/Hoppen*, ITRB 2012, 232 (233).

Eigentumsübertragung".[659] So bleibt den Mitgliedsstaaten überlassen, wie sie das Urteil in ihre Zivilrechtssysteme integrieren.[660] Entscheidend dabei ist jedoch, dass eine dauerhafte Nutzbarmachung gegeben ist und eine entsprechende Entlohnung erfolgt. Im deutschen Recht entspricht dies dem kaufvertraglichen Leitbild, so dass §§ 453 Abs. 1 Var. 2, 433 BGB entsprechend anzuwenden sind. Der Erstverkauf ist also so zu verstehen, dass der Rechteinhaber dem Ersterwerber ein zeitlich unbeschränktes Nutzungsrecht gegen die Zahlung eines Entgelts eingeräumt haben muss. Wichtig dabei ist die Verschaffung einer endgültigen Rechtsposition, die den fortwährenden Werkgenuss ermöglicht.[661]

Einen ganz anderen Weg beschreitet *Hilty*: Ausgangspunkt seiner Überlegung ist, losgelöst von der Anknüpfung an einen Datenträger, dass der Nutzer nur dafür etwas bezahlt, dass er eine urheberrechtlich relevante Handlung vornehmen darf. Diese Einwilligung in die Nutzung müsse sich jedoch nicht aus einem Vertrag ergeben, in dem die Modalitäten festgelegt werden, sondern aus Handlungen des Rechteinhabers, aus denen zu schließen ist, dass diese vom Nutzer vorgenommen werden dürfen.[662] Daher müsse man Art. 4 Abs. 2 Software-RL technologieneutral in dem Sinne verstehen, dass es darauf ankomme, „dass der Rechteinhaber ein erstes Mal eine Nutzungserlaubnis erteilt hat".[663] Die einseitige Abstellung auf die Einräumung von Nutzungsrechten ohne jede vertragsrechtliche Einordnung, wie es *Hilty* vorsieht, widerspricht allerdings sowohl dem Wortlaut der Software-RL, die gerade von einem „Erstverkauf" ausgeht, als auch dem deutschen Recht, wonach ein kaufvertragsähnliches Verhältnis bestehen muss.[664] Da das Lizenzrecht nicht gesetzlich geregelt ist, würde dies zudem erhebliche Rechtsunsicherheit herbeiführen. Darüber hinaus ist auch nicht davon auszugehen, dass der EuGH von einem Lizenzvertrag an sich ausgeht, obwohl im Urteil an mehreren Stellen der Begriff der Lizenz auftaucht.[665] Zum einen spricht der EuGH aber von einer untrennbaren Verbindung des Nutzungsrechts mit der Programmkopie,[666] zum anderen ergibt sich beispielsweise auch im Zusammenhang mit dem Aufspaltungsverbot in Tz. 71 des Urteils, dass der EuGH sehr wohl auch auf die Programmkopie und nicht nur das Nutzungsrecht abstellt.[667] Aus seiner Sicht folgerichtig lehnt *Hilty* diesen Passus des EuGH ab, da dieser „den Erwerb des Lizenzrechts auf der einen und den Erwerb der Kopie

---

659 *Dreier/Leistner*, GRUR 2013, 881 (888); *Druschel/Oehmichen*, CR 2015, 173 (179); ähnlich auch *Zech*, ZGE 2013, 368 (386).
660 *Malevanny*, CR 2013, 422 (422).
661 *Lehmann*, in: Lehmann/Meents (Hrsg.), Handbuch des FA IT-Recht, Kap. 3 Rn. 82; *Stieper*, Rechtfertigung, Rechtsnatur und Disponibilität der Schranken des Urheberrechts, S. 401.
662 *Hilty*, CR 2012, 625 (629).
663 *Hilty*, CR 2012, 625 (631).
664 S. dazu die Ausführungen unter B. III. 3. d. cc.
665 EuGH v. 3.7.2012 – C-128/11, GRUR 2012, 904, Tz. 21, 23, 28, 43 ff., 47 ff., 84 – UsedSoft.
666 EuGH v. 3.7.2012 – C-128/11, GRUR 2012, 904, Tz. 47, 84 – UsedSoft.
667 EuGH v. 3.7.2012 – C-128/11, GRUR 2012, 904, Tz. 71 – UsedSoft.

auf der andern Seite [...] vermenge".[668] Schließlich deutet auch die Interpretation des „Verkaufs" als „Eigentumsübergang" auf eine nicht-lizenzrechtliche Bewertung hin, wenngleich, wie ausgeführt, bei der Umsetzung ins deutsche Recht Vorsicht geboten ist. *Hiltys* Ausführungen stehen daher im Widerspruch zum Urteil des EuGH.

Im Ergebnis nimmt der EuGH also weder eine sachenrechtliche noch eine schuldrechtliche Einordnung vor, sondern legt lediglich den urheberrechtlichen Begriff des „Erstverkaufs" als „Eigentumsübertragung" aus.[669] Aufgrund der für das deutsche Recht missverständlichen Bezeichnung des Eigentumsübergangs wird versucht, dieses Wort in der weiteren Untersuchung durch den übergeordneten Begriff des „Erstverkaufs" zu ersetzen.

bbb. Untrennbare Verbindung zwischen Programmkopie und Nutzungsrecht

Nach den Ausführungen des EuGH sind der Download der Programmkopie und der Abschluss eines Lizenzvertrages über die zeitlich unbefristete Nutzung dieser Kopie ein „unteilbares" bzw. „untrennbares Ganzes".[670] Durch diese beiden Vorgänge werde das Eigentum übertragen, so dass ein „Verkauf" i. S. d. Art. 4 Abs. 2 Software-RL vorliege.[671] Im Ergebnis tritt damit also die Erschöpfungswirkung ein. Unklar bleibt jedoch, ob der Erstverkauf bereits mit der Bereitstellung des Downloads oder aber erst durch den Download selbst eintritt. Während der EuGH in den Tz. 44 und 84 S. 1, aber auch in den Tz. 47 und 75 des Urteils eher auf den durch den Nutzer durchgeführten Download abstellt, scheint nach den Äußerungen in den Tz. 45 und 84 S. 2 die Bereitstellung des Downloads durch den Rechteinhaber auszureichen.[672] Daraus lässt sich, wie bereits gezeigt, zumindest entnehmen, dass der EuGH sowohl an der zum Download bereit gehaltenen als auch an der heruntergeladenen Programmkopie die Erschöpfungswirkung eintreten lassen will. Daher kann auch dahinstehen, ob der Zweiterwerber die heruntergeladene Programmkopie des Ersterwerbers erhält oder selbst eine neue Kopie aus dem Internet herunterlädt.[673] Denn an beiden Programmkopien ist aufgrund der funktionellen Betrachtungsweise des EuGH Erschöpfung eingetreten. Dies klärt freilich noch nicht die Frage, ob der Download selbst für das Vorliegen eines Erstverkaufs erforderlich ist oder ob das Zugänglichmachen genügt. Denn das Urteil könnte auch einer solchen Auslegung zugänglich sein, dass die Anknüpfung der Erschöpfungswirkung an der zum Download bereit

---
668 *Hilty*, CR 2012, 625 (632 f.): Zudem sollte das Urheberrecht nicht dazu dienen, „Geschäftsmodelle mit Preisdifferenzierungen rechtlich abzusichern".
669 In diesem Sinne auch *Heinz*, Urheberrechtliche Gleichbehandlung von alten und neuen Medien, S. 83.
670 EuGH v. 3.7.2012 – C-128/11, GRUR 2012, 904, Tz. 44, 47 bzw. 84 S. 1; 88 – UsedSoft.
671 EuGH v. 3.7.2012 – C-128/11, GRUR 2012, 904, Tz. 42, 46 – UsedSoft.
672 EuGH v. 3.7.2012 – C-128/11, GRUR 2012, 904, Tz. 44 f., 47, 75, 84 – UsedSoft.
673 *Senftleben*, NJW 2012, 2924 (2926); *Ulmer/Hoppen*, GRUR-Prax 2012, 569 (571); a. A. *Heydn*, in: Kilian/Heussen (Hrsg.), Computerrechts-Handbuch, 1. Abschn. Teil 2, Vermarktung von Gebrauchtsoftware, Rn. 78.

gehaltenen Programmkopie erst dadurch möglich wird, dass durch den Download eine Kopie auf dem Rechner des Ersterwerber erstellt wurde. Dafür, dass bereits das Zugänglichmachen der Programmkopie für den Erstverkauf genügt, spricht, dass sich der tatsächlich durchzuführende Download dem Machtbereich des Rechteinhabers entzieht. Dieser kann die Datei nur zum Download bereithalten; sei es durch Übermittlung eines Links bei gleichzeitiger Übertragung der Nutzungsrechte oder durch einen technischen Automatismus, dass nach Vertragsschluss der Download-Button „aktiviert" wird. Daher hat der Rechteinhaber zum Zeitpunkt der tatsächlichen Bereitstellung der Datei bei erfolgter Einräumung der Nutzungsrechte, wodurch ein „Erstverkauf" i. S. d. Art. 4 Abs. 2 Software-RL vorliegt, alles Erforderliche getan. Auf den Download durch den Erwerber kommt es also nicht an.[674] Insofern sind die mehrfach geäußerten Hinweise des EuGH auf den untrennbaren Zusammenhang zwischen dem tatsächlichen Download der Programmkopie und dem diesbezüglichen Nutzungsrecht nur als Klarstellung dahingehend zu verstehen, dass die Erschöpfungswirkung auch die heruntergeladene Programmkopie erfasst.

Bei einer solchen Interpretation der untrennbaren Verbindung zwischen der Programmkopie und dem dazugehörigen Nutzungsrecht werden die Wertungen der analogen Welt in das digitale Umfeld sinnvoll umgemünzt. Der Eintritt der Erschöpfung an der heruntergeladenen Programmkopie entspricht dem Eintritt der Erschöpfung an dem gekauften Datenträger, auf dem sich die Software befindet. Die Parallele zur analogen Welt ist hier noch sehr leicht zu erkennen. Eine vergleichbare Fallkonstellation zu der, dass die Erschöpfung auch an einer online zur Verfügung gestellten Programmkopie eintreten kann, ist jedoch in der analogen Welt nicht kreierbar. Sie wird jedoch den technischen Unterschieden gerecht, die mit der Digitalisierung und dem damit verbundenen Downloadvertrieb einhergehen. Wenn der Rechteinhaber eine entsprechende Download-Möglichkeit auch nach dem eigentlichen Eigentumsübergang zulässt, spricht nichts gegen ein entsprechendes Ausnutzen durch den Zweiterwerber. Eine zum Download bereit gehaltene Programmkopie kann aber nur dann aufgrund der untrennbaren Verbindung von Programmkopie und entsprechendem Nutzungsrecht erschöpfungsfähig sein, wenn diese in gleicher Form zur Verfügung steht wie zum Zeitpunkt des Erstverkaufs. Wenn also der Ersterwerber einen entsprechenden Link zum Zugriff auf den Download erhalten hat, muss der Zweiterwerber auch diesen Downloadlink verwenden. Wenn die Datei grundsätzlich für jeden Internetnutzer ohne Zugangsbeschränkung frei zugänglich ist, liegt der untrennbare Zusammenhang des Nutzungsrechts mit dieser für jeden frei zugänglichen Programmkopie vor. Eine Weitergabe ist also auch hier möglich.

Regelmäßig wird von der zeitlichen Abfolge her zunächst der Abschluss eines Lizenzvertrages vorliegen und im Anschluss die „Freigabe" des Downloads. So kam der Lizenzerwerb bei UsedSoft durch eine Auftragsbestätigung des Lizenz-

---

[674] So z. B. auch *Kubach*, CR 2013, 279 (281).

gebers zustande, danach erst durfte der Erwerber den Download vornehmen.[675] Diese zeitliche Reihenfolge entspricht auch dem Procedere auf vielen anderen Downloadplattformen: Zuerst bestätigt der Nutzer den Abschluss des Lizenzvertrages, um im nächsten Moment den Download vornehmen zu können. Möglich ist dabei beispielsweise auch, dass man nach Abschluss des Lizenzvertrages einen bestimmten Downloadlink erhält oder aber dass der Rechteinhaber dem Erwerber eine Seriennummer mitteilt, bei deren Eingabe der Download startet. Zwingend ist diese Reihenfolge aber nicht. So werden viele Programme auch mit einem kostenlosen Nutzungsrecht frei herunterladbar ausgestaltet, aber nach Ablauf einer bestimmten Zeitspanne muss ein neuer, dann kostenpflichtiger Lizenzvertrag abgeschlossen werden. Dann verfügt der Nutzer bereits über eine Programmkopie, wenn der Vertrag abgeschlossen wird. Dem EuGH kommt es ohnehin nur darauf an, dass beide zusammenhängen und untrennbar verbunden sind. Denn damit Rechteinhaber den Erschöpfungsgrundsatz nicht durch innovative Gestaltungen tatsächlicher und rechtlicher Art umgehen können, ist nur entscheidend, dass im Ergebnis ein Geschäft vorliegt, nach dem der Ersterwerber eine Programmkopie erhält und diese zeitlich unbegrenzt nutzen darf, wofür der Erwerber ein Entgelt erhält.[676]

ccc. Die Einordnung des Wartungsvertrages

Der Ersterwerber der streitgegenständlichen Software hat mit dem Rechteinhaber einen Wartungsvertrag für diese Software abgeschlossen. Wartungsverträge kommen bei komplexer Unternehmenssoftware häufig vor, damit der Erwerber regelmäßige Updates, Fehlerberichtigungen, Verbesserungen oder auch erweiterte Funktionalitäten beziehen kann.[677] Bei diesem handelt es sich in der Regel um einen Dienstleistungsvertrag, für den monatlich ein entsprechendes Entgelt fällig wird. Der EuGH geht auch auf diesen Wartungsvertrag ein, der nach Meinung von Oracle die Erschöpfung verhindere, da die an den Zweitwerber verkaufte Programmkopie nicht mehr die ursprünglich heruntergeladene, sondern eine neue Kopie sei.[678] Das Gericht sieht die durch den Wartungsvertrag verbesserten, veränderten und ergänzten Funktionen jedoch als Bestandteil der ursprünglich heruntergeladenen Programmkopie an, die dadurch repariert und aktualisiert werde.[679] Daher erstrecke sich die Erschöpfung des Verbreitungsrechts auf die verkaufte Programmkopie in der vom Rechteinhaber verbesserten und aktualisierten Fassung.[680] Insofern sieht der EuGH einen untrennbaren Zusammenhang zwischen der Kopie auf der Internetseite des Rechteinhabers in

---
675 *Heydn*, in: Kilian/Heussen (Hrsg.), Computerrechts-Handbuch, 1. Abschn. Teil 2, Vermarktung von Gebrauchtsoftware, Rn. 67i f.
676 *Ulmer/Hoppen*, ITRB 2012, 232 (233 f.).
677 *Heydn*, in: Kilian/Heussen (Hrsg.), Computerrechts-Handbuch, 1. Abschn. Teil 2, Vermarktung von Gebrauchtsoftware, Rn. 77b.
678 EuGH v. 3.7.2012 – C-128/11, GRUR 2012, 904, Tz. 64 – UsedSoft.
679 EuGH v. 3.7.2012 – C-128/11, GRUR 2012, 904, Tz. 67 – UsedSoft.
680 EuGH v. 3.7.2012 – C-128/11, GRUR 2012, 904, Tz. 68 – UsedSoft.

der jeweils aktuellen Version und dementsprechenden Nutzungsrecht des Ersterwerbers.[681]

Im Ergebnis bedeutet das, dass der Zweiterwerber einen Anspruch auf die Version der Programmkopie hat, die der Ersterwerber zum Zeitpunkt der Weitergabe verwendet hat. Dagegen wird eingewandt, dass wegen der aufgrund des Wartungsvertrages stets aktualisierten Datei von einer Dienstleistung und nicht von einer Ware auszugehen sei.[682] Der EuGH macht hingegen deutlich, dass sich der Erschöpfungsgrundsatz gar nicht auf den Wartungsvertrag als Dienstleistungsvertrag erstrecke, der sich von dem Erstverkauf i.S.d. Art. 4 Abs. 2 Software-RL abtrennen lasse.[683] Insofern stellt sich die Frage, wie diese beiden Ansätze zusammenpassen: Auf der einen Seite lehnt der EuGH die Erstreckung des Erschöpfungsgrundsatzes auf den Wartungsvertrag ab, während er auf der anderen Seite die Erschöpfung auf das Ergebnis des Wartungsvertrages – die aktualisierte Programmversion – erstreckt. Eine gewisse Widersprüchlichkeit scheint dem EuGH selbst nicht verborgen geblieben zu sein, wenn er die beiden unterschiedlichen Ansatzpunkte mit dem Wort „gleichwohl" in Verbindung setzt.[684] Eine wirkliche Begründung bleibt der EuGH dabei schuldig. Aus der vom EuGH vorgenommenen Verknüpfung ergibt sich auch eine absurde Folge: Während der Ersterwerber nach der Überlassung der Software an den Zweiterwerber die eigene Programmkopie unbrauchbar machen muss und daher auch keine neuen Programmversionen beziehen darf, bleibt der Wartungsvertrag und damit auch seine Zahlungspflicht bestehen. Gleichzeitig müsste der Zweiterwerber selbst einen Wartungsvertrag abschließen, wenn er in Zukunft den Genuss von verbesserten Programmkopien kommen will.[685] Der Rechteinhaber könnte daher doppelt kassieren, obwohl er nur einmal „liefert". Diese Folge lässt sich allerdings damit rechtfertigen, dass der Ersterwerber nun einmal einen Wartungsvertrag für eine bestimmte Zeit abgeschlossen hat. Wenn er vor Ablauf des Wartungsvertrages seine Programmkopie weiterveräußern will, fällt das in seinen Verantwortungsbereich und er muss die Konsequenz der Weiterbezahlung auf sich nehmen. Daher ist gegen eine solche Konstruktion nichts einzuwenden.

Die Erstreckung der Erschöpfungswirkung auf den Wartungsvertrag lässt sich mit einem Vergleich zur Weiterveräußerung von Sachen erklären: Verändert sich der Zustand einer körperlichen Sache, indem etwa bei einem Auto nach dem Kauf ein Wartungsvertrag abgeschlossen wird, ist bei einem Weiterverkauf dieser Sache auch ihr Zustand zu diesem Verkaufszeitpunkt entscheidend.[686] Der EuGH überträgt damit also im Prinzip nur ein Prinzip der analogen Welt auf die

---

681 *Marly*, Praxishandbuch Softwarerecht, Rn. 211.
682 Erwägung der französischen Regierung, Schlussanträge des Generalanwalts *Bot*, BeckEuRS 2012, 677483, Tz. 40.
683 EuGH v. 3.7.2012 – C-128/11, GRUR 2012, 904, Tz. 66 – UsedSoft.
684 EuGH v. 3.7.2012 – C-128/11, GRUR 2012, 904, Tz. 67 – UsedSoft.
685 So auch *Marly*, Praxishandbuch Softwarerecht, Rn. 211.
686 Ähnlich *Druschel*, Die Behandlung digitaler Inhalte im GEKR, S. 133.

D. Die urheberrechtliche Zulässigkeit der Weitergabe

digitale. Zum Teil werden Updates und Upgrades im Gegensatz zur individuellen Instandhaltung bzw. Instandsetzung als kaufvertraglich einzustufende Einzelverträge eingeordnet.[687] Noch überzeugender scheint es jedoch, die Erstreckung des Nutzungsrechts auf die aktualisierte Programmversion deswegen anzunehmen, da der Ersterwerber aufgrund seines Nutzungsrechts und nicht aufgrund des Wartungsvertrages berechtigt ist, die aktualisierte Version der Software zu nutzen.[688] Rechtstechnisch wird dieses Ziel dadurch erreicht, dass der ursprüngliche Lizenzvertrag so auszulegen ist, dass er sich aufgrund des Wartungsvertrages auch auf aktualisierte Fassungen der Programmkopie bezieht. So wird zum einen der untrennbare Zusammenhang von Programmkopie und Nutzungsrecht gewahrt, den der EuGH so oft hervorhebt, zum anderen lässt sich auf diesem Weg am besten die Vorgabe des EuGH umsetzen, dass die Updates und Patches als „Bestandteil der ursprünglich heruntergeladenen Kopie" anzusehen sind.[689]

Da der Rechteinhaber oftmals im Internet nur noch die aktualisierte und verbesserte Programmversion anbietet und nicht mehr die ursprüngliche Version, ergibt die Erstreckung der Erschöpfung auf die aktualisierte und verbesserte Programmversion durchaus Sinn. Wäre die heruntergeladene Programmkopie nicht weitergabefähig, da sie sich nach der Installation selbst löscht und die installierte Version nicht weitergabefähig ist, dürfte der Zweiterwerber andernfalls die aktualisierte und verbesserte Version von der Webseite des Rechteinhabers nicht herunterladen. Zudem dürfte ein Nutzer auch Hardware, auf der regelmäßig Aktualisierungen des Betriebssystems eingespielt werden, nicht mehr mit dem Betriebssystem verkaufen.[690] Fraglich ist aber, ob der Ersterwerber auch die ursprüngliche Programmkopie mit dem Nutzungsrecht weitergeben darf, obwohl es in der Zwischenzeit einige Updates und Verbesserungen gegeben hat. Dies ist z. B. dann relevant, wenn der Ersterwerber nur die ursprüngliche heruntergeladene Programmkopie weitergeben kann, da die Updates direkt in das installierte Programm integriert wurden und nicht separat zur Verfügung stehen und es sich um eine nicht weitergabefähige installierte Programmkopie handelt. In einem solchen Fall ist davon auszugehen, dass sich die untrennbare Verbindung auch immer noch auf die ursprüngliche Programmversion bezieht. Die Erschöpfung auch der Updates beinhaltenden Programmversion dürfte nur als Zusatz bzw. Erweiterung gelten, aber nicht zwingend erforderlich sein. Andernfalls könnte der Rechteinhaber durch eine entsprechende technische Gestaltung das gerade eben beschriebene Szenario regelmäßig herbeiführen, so dass die Weitergabe faktisch ausgeschlossen wäre.

Anders ist die Sachlage allerdings zu beurteilen, wenn kein Wartungsvertrag zwischen dem Rechteinhaber und dem Ersterwerber abgeschlossen wurde, auf der Webseite des Herstellers aber nur eine Programmversion zur Verfügung ge-

---

687 *Hoeren/Försterling*, MMR 2012, 642 (645).
688 *Ohrtmann/Kuß*, BB 2012, 2262 (2263).
689 EuGH v. 3.7.2012 – C-128/11, GRUR 2012, 904, Tz. 67 – UsedSoft.
690 *Grützmacher*, ZGE 2013, 46 (67).

stellt wird, die mit kostenpflichtigen Updates und Upgrades angereichert ist, die Bestandteil eines Wartungsvertrages waren. Auf diese Programmkopie erstreckt sich der Erschöpfungsgrundsatz nicht.[691] Denn eine untrennbare Verbindung dieser Programmkopie mit dem ursprünglich eingeräumten Nutzungsrecht lässt sich hier nicht erkennen.

cc. Verbreitungsrecht vs. Recht der öffentlichen Zugänglichmachung

Der EuGH musste sich in systematischer Hinsicht aufgrund der Vorträge von Oracle und der Europäischen Kommission mit der Frage auseinandersetzen, ob der vorliegende Erwerbsvorgang des Computerprogramms mittels Download aus dem Internet dem Verbreitungsrecht unterliegt oder ob nicht vielmehr das Recht der öffentlichen Zugänglichmachung einschlägig ist. Die Unterscheidung ist insbesondere hinsichtlich des Eintritts der Erschöpfungswirkung relevant: Während das Verbreitungsrecht nach Art. 4 Abs. 2 Software-RL bzw. Art. 4 Abs. 1 InfoSoc-RL der Erschöpfungswirkung unterliegt, kann bei einer Handlung der öffentlichen Wiedergabe nach dem klaren Wortlaut des Art. 3 Abs. 1 InfoSoc-RL gem. Abs. 3 gerade keine Erschöpfung eintreten.[692]

---

691 So auch *Heÿn*, WRP 2014, 315 (316); offen gelassen von *Stögmüller*, K&R 2014, 194 (195).
692 Art. 3 Abs. 3 InfoSoc-RL: „Die in den Absätzen 1 und 2 bezeichneten Rechte erschöpfen sich nicht mit den in diesem Artikel genannten Handlungen der öffentlichen Wiedergabe oder der Zugänglichmachung für die Öffentlichkeit." Nichtsdestotrotz wurde erst kürzlich wieder der Versuch unternommen, den Erschöpfungsgrundsatz auch auf Dienstleistungen auszuweiten, vgl. dazu Generalanwältin *Kokott* (Schlussanträge der Generalanwältin *Kokott* v. 3.2.2011 – C-C04/08, BeckEuRS 2011, 620116, Tz. 182 ff.), denen ausführungen der EuGH jedoch nicht folgte (EuGH v. 4.10.2011 – C-403/08, C-429/08, GRUR 2012, 156, Tz. 159 – *FAPL/Murphy*; vgl. dazu auch *Berger*, ZUM 2012, 353 (359 ff.)). Diese Versuche könnten auch darauf zurückzuführen sein, dass der Nichteintritt der Erschöpfung ursprünglich auf den Coditel-Entscheidungen des EuGH beruht (EuGH v. 18.3.1980 – C-62/79, GRUR Int. 1980, 602 – *Coditel*, und EuGH v. 6.10.1982 – 262/81, NJW 1983, 1255 – *Coditel II*). Entscheidend für den Nichteintritt der Erschöpfungswirkung ist demnach, dass der Rechteinhaber bei seiner erstmaligen Erlaubnis zur Nutzung nicht in der Lage war, „eine Vergütung für jede Vorführung" zu erzielen (EuGH v. 18.3.1980 – C-62/79, GRUR Int. 1980, 602, Tz. 14 – *Coditel*). Das lässt sich durchaus dem Umkehrschluss zu, dass das Recht der öffentlichen Wiedergabe dann nicht mehr tangiert, sondern erschöpft ist, wenn der Rechteinhaber eine die gesamte Nutzung abdeckende Vergütung gleich zu Beginn tatsächlich hat erzielen können oder dazu zumindest die Gelegenheit hatte. Der EuGH trägt dem in seiner jüngeren Rechtsprechung gewissermaßen über das Kriterium der „neuen Öffentlichkeit" Rechnung, s. Urt. v. 7.12.2006 – C-306/05, GRUR 2007, 225 – *SGAE*; Urt. v. 15.3.2012 – C-135/10, GRUR 2012, 593 – *SCF*; Urt. v. 15.3.2012 – C-162/10, GRUR 2012, 597 – *Phonographic Performance (Ireland)*; Urt. v. 7.3.2013 – C-607/11, GRUR 2013, 500 – *ITV Broadcasting*; Urt. v. 13.2.2014 – C-446/12, K&R 2014, 256 – *Svensson*. Der klare Wortlaut des Art. 3 Abs. 3 InfoSoc-RL steht einer solchen Argumentation jedoch im Weg, zumal der EuGH in der UsedSoft-Entscheidung Coditel mit keinem Wort erwähnt. Vgl. zu diesem Thema *Dreier*, ZUM 2002, 28 (32), sowie *Dreier/Ganzhorn*, in: Bräutigam/Hoppen (Hrsg.), DGRI Jahrbuch 2013, S. 233 (248).

D. Die urheberrechtliche Zulässigkeit der Weitergabe

aaa. Bedeutung des Lex specialis-Gedankens

Der EuGH lehnt die Anwendung des Rechts der öffentlichen Zugänglichmachung mit einem Verweis auf Art. 1 Abs. 2 lit. a InfoSoc-RL ab, wonach die InfoSoc-RL „die bestehenden gemeinschaftsrechtlichen Bestimmungen [...] über den rechtlichen Schutz von Computerprogrammen" unberührt lässt und nicht beeinträchtigt.[693] Als Konsequenz dieser Norm sieht er die Bestimmungen der Software-RL, also insbesondere Art. 4 Abs. 2 Software-RL, als „[L]eges speciales" an.[694] Daher trete auch dann Erschöpfungswirkung nach Art. 4 Abs. 2 Software-RL ein, „wenn die im Ausgangsverfahren fragliche Vertragsbeziehung oder einer ihrer Aspekte auch unter den Begriff ‚öffentliche Zugänglichmachung' im Sinne von Art. 3 Abs. 1 der Richtlinie 2001/29 fallen sollte".[695] Diese Aussage wird vor dem Hintergrund verständlich, dass das Recht der öffentlichen Zugänglichmachung in der Software-RL keinerlei Erwähnung findet und auch nicht auf den Begriff des Rechts der öffentlichen Wiedergabe in der InfoSoc-RL verweist. Das wiederum hängt damit zusammen, dass diese Richtlinie ursprünglich aus dem Jahr 1991 stammt (91/250/EWG[696]), als man an eine Datenfernübertragung über das Internet noch gar nicht gedacht hat. Diese ursprüngliche Richtlinie wurde zwar im Jahr 2009 neu gefasst, inhaltlich blieb die Richtlinie jedoch im Wesentlichen unverändert.[697] Bemerkenswert ist die Aussage des EuGH auf den ersten Blick aber dennoch, da das Wort „auch" die Interpretation zulässt, dass der EuGH das parallele Vorliegen einer Verbreitungshandlung – sonst könnte keine Erschöpfung eintreten – und einer Handlung der öffentlichen Zugänglichmachung zumindest andeutet. Auch wenn die Vertragsbeziehung also nach der InfoSoc-RL unter das Recht der öffentlichen Zugänglichmachung fallen *sollte*, hätte der in Art. 4 Abs. 2 Software-RL geregelte Erschöpfungsgrundsatz (und damit das Verbreitungsrecht der Software-RL) wegen des Lex specialis-Grundsatzes Vorrang. Folglich könnten die Erschöpfungstatbestände der InfoSoc- und der Software-RL auseinanderfallen, was später noch einmal ausdrücklich bekräftigt wird.[698]

Heydn bringt gegen die Lex specialis-Annahme des EuGH vor, dass sich nicht erschließe, wie die Software-RL als Gesetz, das einen neuen technischen Sachverhalt gar nicht regelt, hinsichtlich dieses technischen Sachverhalts Lex specialis gegenüber einem späteren Gesetz sein könne, das diesen Sachverhalt explizit regle.[699] Mit dieser Kritik wird jedoch nicht hinreichend gewürdigt, dass die Software-RL im Jahr 2009 neu erlassen wurde und daher – unabhängig vom

---
693 EuGH v. 3.7.2012 – C-128/11, GRUR 2012, 904, Tz. 51 – UsedSoft; so auch Schlussanträge des Generalanwalts *Bot*, BeckEuRS 2012, 677483, Tz. 72.
694 EuGH v. 3.7.2012 – C-128/11, GRUR 2012, 904, Tz. 51 – UsedSoft.
695 EuGH v. 3.7.2012 – C-128/11, GRUR 2012, 904, Tz. 51 – UsedSoft.
696 Richtlinie 91/250/EWG des Rates vom 14.5.1991 über den Rechtsschutz von Computerprogrammen, ABl. EG Nr. L 122 v. 17.5.1991, S. 42-46.
697 So gab es nur Veränderungen hinsichtlich der Schutzfrist und bei Absatznummerierungen.
698 EuGH v. 3.7.2012 – C-128/11, GRUR 2012, 904, Tz. 60 – UsedSoft.
699 *Heydn*, MMR 2012, 591 (592).

Aussagegehalt der InfoSoc-RL – selbst das spätere Gesetz darstellt. Wenn sich in diesem neueren Gesetz nun trotz der Kenntnisse der neuen Gegebenheiten des Internetzeitalters keine Anhaltspunkte für eine Änderung des Verständnisses der Erschöpfungswirkung finden lassen, ist wohl mit Recht von einer Lex specialis-Bestimmung auszugehen. Zudem ist jedoch nicht gesagt, dass die InfoSoc-RL den Sachverhalt überhaupt explizit regelt. Auch wenn ein solcher Lex specialis-Grundsatz vor dem Prinzip der einheitlichen Auslegung europäischen Rechts etwas befremdlich wirkt, kann man diesen Grundsatz auch als Ausformung der einheitlichen Auslegung ansehen, da er das Verhältnis verschiedener Richtlinien zueinander regelt.

bbb. Die Schlussfolgerung des EuGH aus Art. 6 Abs. 1 WCT

Unabhängig vom Lex specialis-Grundsatz liegt nach Meinung des EuGH aber auch nach der InfoSoc-RL nicht nur eine öffentliche Zugänglichmachung, sondern auch eine Verbreitung vor, die wie der Erstverkauf i. S. d. Art. 4 Abs. 2 Software-RL zu einer Erschöpfung dieses Verbreitungsrechts führen kann.[700] Damit greift der EuGH einen Gedanken des Generalanwalts *Bot* auf: Demnach seien Art. 3 und 4 InfoSoc-RL im Lichte des Art. 6 Abs. 1 WCT vom 20.12.1996 so auszulegen, dass eine „[Handlung] der öffentlichen Wiedergabe" i. S. v. Art. 3 InfoSoc-RL „durch eine Eigentumsübertragung zu einer Handlung der Verbreitung" i. S. v. Art. 4 dieser Richtlinie werde, welche bei Vorliegen der entsprechenden Voraussetzungen nach dessen Abs. 2 zur Erschöpfung des Verbreitungsrechts führen könne.[701] Legt man das bereits thematisierte Verständnis des EuGH vom Erstverkauf zugrunde, gehen die Richter also davon aus, dass die öffentliche Wiedergabe zu einer Verbreitung wird, wenn der Rechteinhaber ein Recht zur zeitlich unbegrenzten Nutzung der Kopie einräumt, das sich auf eine zum Download bereitgehaltene Programmkopie bezieht. Obwohl der EuGH also zunächst erklärt, dass die Bestimmungen der Software-RL spezieller seien als diejenigen der InfoSoc-RL, geht er dennoch darauf ein, dass auch nach der InfoSoc-RL wegen Art. 6 Abs. 1 WCT bei einem Erstverkauf aus einer öffentlichen Wiedergabe eine Verbreitung werde. Damit stellt sich der EuGH also eine vergleichbare Fallgestaltung vor, die sich jedoch nicht nach der Software-RL, sondern nach der InfoSoc-RL beurteilt, und überträgt das Ergebnis – das Entstehen einer Verbreitungshandlung – auf die Software-RL. Die beiden Verwertungsrechte – öffentliche Wiedergabe und Verbreitung – liegen dabei nicht, wie zunächst zu vermuten ist, parallel, sondern zeitversetzt nacheinander vor. Auf Art. 3 Abs. 1 InfoSoc-RL stellt der EuGH vermutlich überhaupt nur deswegen ab, weil in der Software-RL keine öffentliche Zugänglichmachung vorgesehen ist.

Der Gedankengang des EuGH erschließt sich nicht auf Anhieb und seine Interpretation ist größtenteils selbst auslegungsbedürftig. So ist zum einen in An-

---
700 EuGH v. 3.7.2012 – C-128/11, GRUR 2012, 904, Tz. 52 – UsedSoft.
701 EuGH v. 3.7.2012 – C-128/11, GRUR 2012, 904, Tz. 52 – UsedSoft; Schlussanträge des Generalanwalts *Bot*, BeckEuRS 2012, 677483, Tz. 73.

betracht des Wortlauts der Gemeinsamen Erklärungen zu Art. 6 und 7 WCT fraglich, ob dieses Regelwerk hinsichtlich körperlich in Verkehr gebrachter Werkstücke Anwendung finden kann, zum anderen ist klärungsbedürftig, ob Art. 6 Abs. 1 WCT einer solchen Auslegung, wie sie der EuGH vornimmt, zugänglich ist.[702] Mit anderen Worten stellt sich die Frage, ob eine solche Auslegung mit den tatsächlichen Gegebenheiten beim Online-Vertrieb von Programmkopien in Einklang zu bringen ist.

ccc. Beschränkung des Art. 6 WCT auf körperliche Gegenstände

Obwohl die Unterzeichnung des WCT bereits im Jahre 1996 erfolgte, ist der Vertrag erst am 14.3.2010 sowohl in der Europäischen Union als auch in Deutschland in Kraft getreten. Ausweislich des 15. Erwägungsgrundes der InfoSoc-RL dient diese Richtlinie dazu, die Verpflichtungen des WCT zu erfüllen. Aus Art. 6 WCT sowie den Gemeinsamen Erklärungen zu den Art. 6 und 7 könnte sich nun ergeben, dass das Verbreitungsrecht bzw. dessen Erschöpfung nur körperliche Güter umfasst. Dann aber würde der EuGH mit seiner auf Art. 6 Abs. 1 WCT aufbauenden Begründung gegen diesen Vertrag verstoßen. Die beiden Absätze des Art. 6 WCT lauten wie folgt:

> „(1) Die Urheber von Werken der Literatur und Kunst haben das ausschließliche Recht zu erlauben, dass das Original und Vervielfältigungsstücke ihrer Werke durch Verkauf oder sonstige Eigentumsübertragung der Öffentlichkeit zugänglich gemacht werden.
>
> (2) Dieser Vertrag berührt nicht die Freiheit der Vertragsparteien, gegebenenfalls zu bestimmen, unter welchen Voraussetzungen sich das Recht nach Absatz 1 nach dem ersten mit Erlaubnis des Urhebers erfolgten Verkaufs des Originals oder eines Vervielfältigungsstücks oder der ersten sonstigen Eigentumsübertragung erschöpft."

Dem Wortlaut der beiden Absätze ist nicht zu entnehmen, dass es sich um körperliche Vervielfältigungsstücke handeln muss. Aus dem zweiten Absatz ergibt sich vielmehr, dass es den Vertragsparteien freisteht, die Voraussetzungen des Eintritts der Erschöpfung zu bestimmen. Zur teleologischen Auslegung dieser Normen können aber die das Verbreitungs- und das Vermietrecht betreffenden Gemeinsamen Erklärungen zu den Art. 6 und 7 beitragen (deutsche und englische Sprachfassung):

> „Die in diesen Artikeln im Zusammenhang mit dem Verbreitungs- und Vermietrecht verwendeten Ausdrücke ‚Vervielfältigungsstücke' und ‚Original und Vervielfältigungsstücke' beziehen sich ausschließlich auf

---

[702] *Grützmacher*, ZGE 2013, 46 (58), ist nicht „überzeugt"; Senftleben, NJW 2012, 2924 (2927), spricht nur von „zweifelhafter These", ohne näher darauf einzugehen; *Heydn*, MMR 2012, 591 (591), erkennt eine „gewagte Argumentation".

Vervielfältigungsstücke, die als körperliche Gegenstände in Verkehr gebracht werden können."[703]

„As used in these Articles, the expressions 'copies' and 'original and copies', being subject to the right of distribution and the right of rental under the said Articles, refer exclusively to fixed copies that can be put into circulation as tangible objects."

Der Wortlaut dieser Gemeinsamen Erklärungen spricht dafür, dass sich das Verbreitungsrecht und damit auch der Erschöpfungsgrundsatz nur auf körperliche Gegenstände beziehen. Eine Anwendung des Erschöpfungsgrundsatzes auf digitale Werkstücke scheint daher nicht möglich zu sein.[704] Die Beschränkung auf körperliche Vervielfältigungsstücke soll auch ganz bewusst formuliert worden sein, um die traditionelle Unterscheidung zwischen der Verbreitung in körperlicher und körperloser Form beizubehalten.[705] Vor allem die Freiheit der Vertragsparteien nach Art. 6 Abs. 2 WCT, die Voraussetzungen für die Erschöpfung festzulegen, könnte dadurch auf körperliche Vervielfältigungsstücke beschränkt sein.[706] Dem gegenüber steht jedoch der Wortlaut des Art. 6 WCT, in dem von der Beschränkung des Verbreitungsrechts auf körperliche Gegenstände nicht viel übrig geblieben ist. Dort ist – ähnlich wie in Art. 4 Abs. 1 InfoSoc-RL – nur noch von „Original und Vervielfältigungsstücke[n]" die Rede. Die Verkörperlichung ergibt sich damit ausschließlich aus den Gemeinsamen Erklärungen.

Der Beschränkung des Erschöpfungsgrundsatzes auf verkörperte Werke wegen des WCT werden gewichtige Argumente entgegengesetzt. Es wird vertreten, dass die Gemeinsamen Erklärungen aus dem Jahr 1996 stammen würden, als der Handel mit digitalen Gütern noch gar nicht bekannt gewesen sei.[707] Des Weiteren wird eingewandt, dass die Gemeinsamen Erklärungen – wie die vergleichbaren Erwägungsgründe von EU-Richtlinien – keine Bindungswirkung entfalten würden,[708] zumal ein Erwägungsgrund dann nicht mehr bei der Interpretation weiterhelfe, wenn er im eigentlichen Gesetzestext keine Berücksichtigung mehr finde.[709] Schließlich wird angeführt, dass der Begriff „tangible objects" beispielsweise in den USA, die einen maßgeblichen Einfluss auf die Gestaltung des WCT ausgeübt hätten, nicht so verstanden werde, dass ein kör-

---

703 WIPO-Urheberrechtsvertrag (WCT), ABl. EU Nr. L 89 v. 11.4.2000, S. 13.
704 Klar ablehnend daher auch *Stieper*, ZUM 2012, 668 (668); *Hansen/Wolff-Rojczyk*, GRUR 2012, 908 (909); *Krüger/Biehler/Apel*, MMR 2013, 760 (764); *Heydn*, in: Kilian/Heussen (Hrsg.), Computerrechts-Handbuch, 1. Abschn. Teil 2, Vermarktung von Gebrauchtsoftware, Rn. 89; *Heydn*, MMR 2012, 591 (591 f.); *Koch*, ITRB 2013, 38 (38); *Vinjel/Marsland/Gärtner*, CRi 2012, 97 (100).
705 *von Lewinski*, GRUR Int. 1997, 667 (674); *Koch*, ITRB 2013, 38 (38).
706 So etwa *Krüger/Biehler/Apel*, MMR 2013, 760 (764).
707 *Sosnitza*, K&R 2011, 243 (244).
708 Vgl. dazu die Ausführungen zur Bedeutung der Erwägungsgründe von EU-Richtlinien: *Hartmann*, GRUR Int. 2012, 980 (982); *Knies*, GRUR Int. 2002, 314 (316).
709 *Knies*, GRUR Int. 2002, 314 (316).

D. Die urheberrechtliche Zulässigkeit der Weitergabe

perlicher Datenträger nötig sei.[710] So sieht auch das U. S. Copyright Office eine Computerdatei als „tangible object"[711] und einen vollendeten Download selbst nach Umsetzung des WCT regelmäßig als Verbreitungshandlung an.[712]

Insgesamt hinterlassen die Gemeinsamen Erklärungen in Verbindung mit dem tatsächlichen Normtext hinsichtlich der Erschöpfungswirkung auf unkörperliche Gegenstände keine klare oder zwingende Botschaft in der Form, dass nur körperliche Gegenstände vom Verbreitungsrecht bzw. dem Erschöpfungsgrundsatz umfasst sind. Denn im Jahre 1996 ist man ausschließlich von einem Vertrieb körperlicher Gegenstände ausgegangen. Ein Vertrieb unkörperlicher Gegenstände war zum damaligen Zeitpunkt nicht vorstellbar. Dies zeigt sich auch an der praktischen Handhabung durch die Vereinigten Staaten, welche den WCT auch auf unkörperliche Gegenstände anwenden. Von den Gegebenheiten der heutigen digitalen Welt, die den körperlichen Handel zunehmend zu ersetzen scheinen, war damals noch nicht auszugehen. Insofern hat der Gesetzgeber den unkörperlichen Vertrieb digitaler Güter in der WCT schlichtweg nicht bedacht. Der weit gefasste Verbreitungsbegriff des Art. 6 Abs. 1 WCT („sonstige Eigentumsübertragung") lässt eine solche Auslegung ebenfalls zu.[713] Der EuGH verstößt mit seiner Auslegung daher nicht gegen den WCT.[714]

ddd. Das Vorliegen einer Verbreitungshandlung

Die Anwendung des Art. 6 Abs. 1 WCT lässt sich nach den Aussagen des Generalanwalts darauf zurückführen, dass die Software-RL das Recht der öffentlichen Wiedergabe nicht aufführt und die InfoSoc-RL dieses Recht zwar beinhaltet, aber weder eine Definition des Verbreitungsrechts noch des Rechts der öffentlichen Wiedergabe enthält. Da die InfoSoc-RL aber dazu dient, den Verpflichtungen des WCT nachzukommen, müssen sowohl das Recht der öffentlichen Wiedergabe nach Art. 3 Abs. 1 als auch das Verbreitungsrecht nach Art. 4

---

710 *Rigamonti*, GRUR Int. 2009, 14 (21).
711 U. S. Copyright Office, Copyright and Digital Files, online unter http://www.copyright.gov/help/faq/faq-digital.html: „[…] any original work of authorship fixed in tangible medium (including a computer file) […]".
712 Vgl. nur Capitol Records Inc. v. Thomas, 579 F.Supp2d 1210 (D. Minn. 2008).
713 *Fuchs* geht sogar davon aus, dass diese weite Formulierung auf eine Einbeziehung unkörperlicher Übertragungsformen hindeutet; *Fuchs*, Die Nutzungsrechtseinräumung im Rahmen von Individualsoftwareentwicklungsverträgen, S. 108.
714 Folglich liegt auch kein Verstoß gegen Art. 10 Abs. 1 WCT vor. Ein solcher wird vor dem Hintergrund angeführt, dass Computerprogramme über Art. 4 WCT ebenfalls schutzbedürftig sind und der EuGH eine neue Schrankenbestimmung für den Online-Vertrieb von Computerprogrammen eingeführt habe, die den Dreistufentest des Art. 10 Abs. 1 WCT wegen des Nichtvorliegens der Voraussetzung der „bestimmten Sonderfälle" nicht erfülle; so *Koch*, ITRB 2013, 38 (39); *Krüger/Biehler/Apel*, MMR 2013, 760 (765); *Biehler/Apel*, ZUM 2014, 727 (729); a. A. jedoch bereits *Lutz*, Softwarelizenzen und die Natur der Sache, S. 70; *Grützmacher*, ZGE 2013, 46 (59). Da aber das Verbreitungsrecht einschlägig ist und Art. 6 WCT durchaus die Erschöpfung hinsichtlich nichtkörperlicher Programmkopien zulässt, wird auch keine neue Schrankenregelung eingeführt.

Abs. 1 der InfoSoc-RL im Lichte des Art. 6 Abs. 1 WCT ausgelegt werden.[715] Diesen Hintergrund erwähnt der EuGH zwar nicht explizit, er verweist aber auf die Ausführungen des Generalanwalts und übernimmt die von diesem beschriebene Konsequenz im Wortlaut, dass nach Art. 6 Abs. 1 WCT eine Handlung der öffentlichen Wiedergabe durch Eigentumsübertragung zu einer Verbreitungshandlung werde.[716] Stellt man jedoch die Aussagen des EuGH und des Generalanwalts gegenüber, so werden im Detail doch unterschiedliche Auffassungen deutlich: Während der Generalanwalt davon ausgeht, dass Art. 3 Abs. 1 InfoSoc-RL grundsätzlich bei Computerprogrammen nicht zur Anwendung kommen kann,[717] lässt dies der EuGH vollkommen offen.[718] Es ist nicht ersichtlich, warum den Rechteinhabern von Computerprogrammen kein Schutz hinsichtlich der öffentlichen Zugänglichmachung zukommen soll. Auch wenn die Bestimmungen der Software-RL Leges speciales sind, kann dies nur bezüglich der geregelten Verwertungsrechte gelten. Die öffentliche Zugänglichmachung ist jedoch gar nicht geregelt, so dass diesbezüglich ein Rückgriff auf Art. 3 Abs. 1 InfoSoc-RL erforderlich ist. Hinsichtlich des Ergebnisses, dass eine Eigentumsübertragung zu einer Verbreitungshandlung führt, sind sich sowohl der EuGH als auch der Generalanwalt immerhin im Grundsatz einig. Obwohl diese Wertung unmittelbar nur das Verbreitungsrecht der InfoSoc-RL betrifft, überträgt der EuGH diese Wertung ausdrücklich auch auf das Verbreitungsrecht der Software-RL.[719]

Zu klären bleibt, ob die Aussage aus Art. 6 Abs. 1 WCT, dass eine Handlung der öffentlichen Wiedergabe durch eine Eigentumsübertragung zu einer Verbreitungshandlung wird, überhaupt sinnig ist.[720] Es ist auszuschließen, dass der Gesetzgeber des WCT im Jahr 1996 eine solche Fallgestaltung mit digitalen Gütern schon im Blick hatte. Zudem steht es den Mitgliedsstaaten nach Art. 6 Abs. 2 WCT frei, die Voraussetzungen der Erschöpfung selbst zu bestimmen. Dennoch kann die Wertung des Art. 6 Abs. 1 WCT möglicherweise auch den heutigen Gegebenheiten im Digitalzeitalter gerecht werden, auch wenn die Norm ursprünglich auf körperliche Gegenstände ausgerichtet war.

Art. 6 Abs. 1 WCT definiert das Verbreitungsrecht als das Recht, die Erlaubnis dazu zu erteilen, dass ein Werkstück „durch Verkauf oder sonstige Eigentumsübertragung" der Öffentlichkeit zugänglich gemacht wird. Damit wird auf den ersten Blick ein Gleichlauf mit den europäischen Richtlinien erkennbar: Art. 4 Abs. 2 InfoSoc-RL greift diese Begriffe im Wortlaut auf, während Art. 4 Abs. 2 Software-RL zwar nur den Begriff des Verkaufs erwähnt, der nach der Auslegung des EuGH aber eine Eigentumsübertragung beinhaltet. Aufgrund der

---

715 Schlussanträge des Generalanwalts *Bot*, BeckEuRS 2012, 677483, Tz. 72 f.
716 EuGH v. 3.7.2012 – C-128/11, GRUR 2012, 904, Tz. 52 – UsedSoft; Schlussanträge des Generalanwalts *Bot*, BeckEuRS 2012, 677483, Tz. 73.
717 Schlussanträge des Generalanwalts *Bot*, BeckEuRS 2012, 677483, Tz. 72.
718 EuGH v. 3.7.2012 – C-128/11, GRUR 2012, 904, Tz. 51 – UsedSoft.
719 EuGH v. 3.7.2012 – C-128/11, GRUR 2012, 904, Tz. 52 a. E. – UsedSoft.
720 Gegen diese These *Senftleben*, NJW 2012, 2924 (2927); *Stieper*, ZUM 2012, 668 (668).

vom EuGH angenommenen untrennbaren Einheit zwischen der Programmkopie und dem dazugehörigen Nutzungsrecht kommt ein solcher Verkauf bereits mit der Zugänglichmachung der Programmkopie bei Einräumung entsprechender Nutzungsrechte zustande. Damit tritt zugleich die Erschöpfungswirkung an der zum Download bereitgehaltenen Programmkopie ein. Im Umkehrschluss bedeutet das aber auch, dass der Abschluss eines Lizenzvertrages in Verbindung mit der Zugänglichmachung der Programmkopie eine Verbreitungshandlung nach Art. 4 Abs. 1 lit. c Software-RL ist. Demnach ist der Download selbst für die Verbreitungshandlung gar nicht erforderlich. Nichts anderes gilt beim Vertrieb körperlicher Programmkopien, denn auch dort hat der Rechteinhaber mit der Zurverfügungstellung des Datenträgers im Ladengeschäft bereits alles Erforderliche für die Verbreitung getan. Der Download entspricht also der Übergabe in der analogen Welt.[721] Eine solche Bewertung nimmt der EuGH übrigens selbst im Rahmen der wirtschaftlichen Vergleichbarkeit vor, indem er in der Online-Übertragung die funktionale Entsprechung der Aushändigung eines materiellen Datenträgers sieht.[722] Im Ergebnis stimmt die aus Art. 6 Abs. 1 WCT abgeleitete These, dass eine Eigentumsübertragung zu einer Verbreitungshandlung führe, also mit den tatsächlichen Gegebenheiten überein. Die zunächst als konstruiert wirkende Annahme eines Verbreitungsrechts findet seine Berechtigung. Will man die Regelungen der analogen Welt in die digitale Welt übertragen, muss eine solche Interpretation des Verbreitungsrechts fast zwangsläufig vorgenommen werden. Auf diese Weise wird ein Gleichlauf zwischen unkörperlichem und körperlichem Vervielfältigungsstück hergestellt, der wegen der beim Verbreitungsrecht üblichen Punkt-zu-Punkt-Übertragung folgerichtig ist. Bei einem Weiterverkauf der Programmkopie des Erst- an einen Zweiterwerber liegt dann konsequenterweise bereits durch den Verkauf – also beispielsweise durch die Mitteilung des Downloadlinks bei gleichzeitiger Einräumung der Nutzungsrechte – eine Verbreitungshandlung des Ersterwerbers vor. Zu diesem Zeitpunkt hat der Rechteinhaber bereits alles Erforderliche für die Verbreitung getan.

In Anbetracht der angestellten Überlegungen gerät die Äußerung, dass die Regelungen des Software-RL „[L]eges speciales" gegenüber denen aus der InfoSoc-RL seien, in den Hintergrund. Denn die Herleitung über Art. 6 Abs. 1 WCT, dass eine Handlung der öffentlichen Wiedergabe durch Eigentumsübergang zu einer Verbreitungshandlung werde, bezieht sich ausdrücklich auf die Art. 3 und 4 InfoSoc-RL und wird dann nur auf Art. 4 Software-RL „übertragen". Der EuGH leitet seine Gedanken also hinsichtlich einer zunächst nur für die InfoSoc-RL geltenden Norm – Art. 6 Abs. 1 WCT – ab. Es ist nicht zu erkennen, warum Art. 6 Abs. 1 WCT eine andere Auslegung verdienen sollte, wenn es sich um den Vertrieb eines unkörperlichen Werkes im Anwendungsbereich der InfoSoc-RL handelt. Die Lex specialis-Äußerung macht daher nur insofern Sinn, dass der

---

721 So auch *Redeker*, CR 2014, 73 (76 f.).
722 EuGH v. 3.7.2012 – C-128/11, GRUR 2012, 904, Tz. 61 – UsedSoft.

EuGH andere Gründe, die gegen die Erschöpfung auch unkörperlicher Gegenstände sprechen – wie z. B. die Erwägungsgründe 28 und 29 –, abwerten will.

eee. Abgrenzung zur öffentlichen Zugänglichmachung

Die ganz herrschende Meinung in der Literatur ordnet Online-Übertragungen von digitalen Gütern im Allgemeinen dem Recht der öffentlichen Zugänglichmachung zu.[723] Zurückzuführen ist dies zum einen auf die alte Vorstellung, dass ein Online-Dienst alles, was im Internet passiert, erfassen und eine öffentlichen Zugänglichmachung darstellen sollte.[724] Dabei ist man von reinen Dienstleistungsangeboten ausgegangen, die nichts mit dem Warenverkehr zu tun haben.[725] Vor allem aber beruht die Annahme einer öffentlichen Zugänglichmachung darauf, dass die Form der Verwertung für die Zuteilung nach europäischem Verständnis entscheidend sein soll: Die unkörperliche Verwertung bestimmt sich nach Art. 3 Abs. 1 InfoSoc-RL (Recht der öffentlichen Wiedergabe einschließlich der öffentlichen Zugänglichmachung), während sich die körperliche Verwertung nach Art. 4 Abs. 1 InfoSoc-RL (Verbreitungsrecht) richtet.[726] Vor dem Internetzeitalter nahm man also an, dass Urheberrechtswerke entweder in körperlicher Form eins-zu-eins an Kunden vertrieben oder aber in unkörperlicher Form eins-zu-viele wiedergegeben werden.[727] Insofern entscheidet also die jeweilige Verwertungsform über eine mögliche Erschöpfung, da diese nur beim Verbreitungsrecht vorgesehen ist. Daraus wird auch der gängige Grundsatz abgeleitet, dass dieselbe Verwertungshandlung nicht gleichzeitig körperlich und unkörperlich sein kann.[728] Fraglich ist aber, ob ein solches Verständnis, nur in diesen beiden Kategorien zu denken, noch zeitgemäß bzw. zwingend erforderlich ist.[729] Die neuen Gegebenheiten und tatsächlichen Umstände beim Online-Vertrieb können Anlass zum Umdenken geben. So löst auch der EuGH die strikte Zweiteilung durch die ausschließliche Bezugnahme auf die „körperli-

---

723 *Bäcker/Höfinger*, ZUM 2013, 623 (636); *Bardens*, Die Zweitverwertung urheberrechtlich geschützter Software, S. 134; *Bruch*, Der Handel mit gebrauchter Software, S. 94, 109; *Grützmacher*, CR 2007, 549 (550); *Heydn/Schmidl*, K&R 2006, 74 (76); *Koch*, ITRB 2013, 9 (10f.); *Koppe*, Die urheberrechtliche Erschöpfung, S. 178; *Kulpe*, Der Erschöpfungsgrundsatz nach Europäischem Urheberrecht, S. 73 ff.; *Loewenheim*, in: Schricker/Loewenheim (Hrsg.), UrhG, § 17 Rn. 45, § 69c Rn. 26; *Lutz*, Softwarelizenzen und die Natur der Sache, S. 62; *Marly*, Praxishandbuch Softwarerecht, Rn. 189 ff.; *Rehbinder/Peukert*, Urheberrecht, Rn. 467; *Schack*, GRUR 2007, 639 (643); *Schuppert/Greissinger*, CR 2005, 81 (82); *Waldenberger*, ZUM 1997, 176 (178); *Witte*, ITRB 2005, 86 (86f.).
724 *Heydn*, in: Kilian/Heussen (Hrsg.), Computerrechts-Handbuch, 1. Abschn. Teil 2, Vermarktung von Gebrauchtsoftware, Rn. 93; *Kubach/Schuster*, CR 2014, 504 (505).
725 *Hartmann*, GRUR Int. 2012, 980 (982f.).
726 *Bäcker/Höfinger*, ZUM 2013, 623 (637); *Koch*, ITRB 2013, 9 (12).
727 *Grützmacher*, ZGE 2013, 46 (60).
728 *Stieper*, ZUM 2012, 668 (668); *Koch*, ITRB 2013, 9 (12).
729 Kritisch zur Unterscheidung zwischen Waren und Dienstleistungen in der heutigen Zeit auch *Dreier*, IIC 2013, 137 (137 ff.); kritisch zur Grenze zwischen Übergabe eines körperlichen Trägers und Eröffnung der Möglichkeit eines Online-Downloads schon früher etwa *Berger*, GRUR 2002, 198 (200); *Knies*, GRUR Int. 2002, 314 (316); *Spindler*, GRUR 2002, 105 (110).

D. Die urheberrechtliche Zulässigkeit der Weitergabe

che und nichtkörperliche Programmkopie" auf, indem er ausschließlich auf das Endprodukt der Verwertung und gerade nicht mehr auf die Form der Verwertung abstellt.[730] Demnach ist das Verbreitungsrecht für den EuGH auch bei der unkörperlichen Verwertung einschlägig. *Hoeren* hat schon 1996 die Ansicht vertreten, dass mit der Digitalisierung die Grenzen von körperlicher und unkörperlicher Nutzung verschwimmen.[731]

Betrachtet man die tatsächlichen Vorgänge bei einem Downloadangebot für Computerprogramme durch einen Rechteinhaber, so liegt zunächst tatsächlich eine öffentliche Zugänglichmachung vor: Der Rechteinhaber lädt die Computerprogramme hoch und stellt sie der Öffentlichkeit insofern zur Verfügung, als die Endnutzer – zumindest nach dem Abschluss eines entsprechenden Vertrages – direkt darauf zugreifen können. Dadurch macht der Rechteinhaber die Computerprogramme also i.S.d. Art. 3 Abs. 1 InfoSoc-RL öffentlich zugänglich. Die Voraussetzungen der öffentlichen Zugänglichmachung sind dabei gegeben, obwohl das Computerprogramm als solches noch nicht direkt zugänglich ist, sondern erst nach einem entsprechenden Vertragsschluss. Denn dieser zumeist ohnehin automatisierte Vorgang – z.B. Abschluss eines Lizenzvertrages durch einen Mausklick des Erwerbers bei anschließender Freigabe des Downloads – ändert nämlich nichts daran, dass jede Person der Öffentlichkeit unter bestimmten Voraussetzungen auf die digitalen Inhalte zugreifen kann.[732] Das Recht der öffentlichen Zugänglichmachung erfasst also das Bereithalten von Software zum Download. Dies entspricht auch der „traditionellen" Kategorisierung, dass die unkörperliche Verwertung dem Recht der öffentlichen Wiedergabe zuzuordnen ist.

Nach herrschender Meinung ist auch der nachfolgende Downloadvorgang ein Teil der öffentlichen Zugänglichmachung.[733] Dem liegt jedoch eine falsche Vorstellung zugrunde: Denn der Download ist nur möglich, da zuvor ein entsprechender Verkauf stattgefunden hat, der sich – im Lichte des untrennbaren Zusammenhangs – im Abschluss eines Lizenzvertrages zwischen Rechteinhaber und Erwerber sowie der tatsächlichen Download-Möglichkeit gezeigt hat. Es handelt sich also nur um eine Punkt-zu-Punkt-Übertragung,[734] was per se das Recht der öffentlichen Zugänglichmachung ausschließt.[735] Der Download ist daher ein Vorgang, der sich nur an die öffentliche Zugänglichmachung an-

---

730 *Wiebe*, in: Leupold/Glossner (Hrsg.), MAH IT-Recht, Teil 3 Rn. 93; *Wiebe*, K&R 2014, 239 (240).
731 So schon *Hoeren*, CR 1996, 517 (519).
732 *Romano* spricht von einer „virtuellen Öffentlichkeit", an die sich die Download-Möglichkeit richtet; *Romano*, GRUR Int. 2006, 552 (554).
733 *Loewenheim*, in: Schricker/Loewenheim (Hrsg.), UrhG, § 17 Rn. 45; *Schulze*, in: Dreier/Schulze, UrhG, § 17 Rn. 30; *Bäcker/Höfinger*, ZUM 2013, 623 (636f.).
734 A.A. *Heydn*, in: Kilian/Heussen (Hrsg.), Computerrechts-Handbuch, 1. Abschn. Teil 2, Vermarktung von Gebrauchtsoftware, Rn. 91.
735 *Grützmacher*, ZGE 2013, 46 (57); *Haberstumpf*, CR 2012, 561 (564); *Schneider/Spindler*, CR 2014, 213 (223); *Kreutzer*, Verbraucherschutz im Urheberrecht, S. 110.

schließt, von dieser aber zu trennen ist. Es geht in erster Linie nicht mehr um das Angebot einer Dienstleistung, denn dieser Vorgang gehört in den Bereich des Warenverkehrs.[736] Die für die Öffentlichkeit bestimmte Zugänglichmachung konkretisiert sich auf eine bestimmte Person, mit der ein Vertrag abgeschlossen wurde. Aus einem abstrakten Verkaufsangebot an die Öffentlichkeit wird durch den Erstverkauf ein konkretes, wobei der Download dann den letzten Teil der Kaufabwicklung darstellt.[737] „Knackpunkt" ist damit – auf Computerprogramme gemünzt – der Erstverkauf i. S. d. Art. 4 Abs. 2 Software-RL. Auch wenn dieser bereits in der öffentlichen Zugänglichmachung durch den Rechteinhaber angelegt ist, handelt es sich ab dem Zeitpunkt des Abschlusses des Lizenzvertrages nicht mehr um eine öffentliche Zugänglichmachung, sondern um einen Akt der Verbreitung, der mit der tatsächlichen Zugriffsmöglichkeit des Erwerbers abgeschlossen wird.[738] Der Downloadvorgang ist eine Verbreitungshandlung.[739] Die Verbreitungshandlung des Rechteinhabers tritt zutage, wenn der Erwerber den Abrufvorgang hinsichtlich des gewünschten Produktes startet, der in der öffentlichen Zugänglichmachung des Rechteinhabers bereits angelegt ist. Mit diesem Abrufkommando wird zugleich der (von Seiten des Rechteinhabers meist automatisch ablaufende) Abschluss eines Lizenzvertrages vorgenommen, der dem Erwerber (ebenfalls zumeist automatisch) im nächsten Schritt das „Tor" zum Download öffnet.[740]

Damit kann Art. 6 Abs. 1 WCT tatsächlich im Sinne des EuGH auch für den Vertrieb von unkörperlichen Programmkopien zur Anwendung kommen. Eine Handlung der öffentlichen Wiedergabe wird durch den Eigentumsübergang zu einer Verbreitungshandlung. Es handelt sich also beim Online-Angebot zunächst um eine öffentliche Zugänglichmachung, in der die Verbreitung durch den Erstverkauf bereits angelegt ist. Sobald dieser stattfindet, „wird" aus der öffentlichen Zugänglichmachung eine Verbreitungshandlung. Dem Generalanwalt ist inso-

---

736 So auch *Redeker*, CR 2014, 73 (76f.).
737 *Kubach*, CR 2013, 279 (283). *Kulpe* regt zunächst die Aufspaltung aufeinander folgender Tätigkeiten an und verweist dabei auch auf EuGH-Entscheidungen. Bei der Online-Veräußerung handle es sich ihrer Meinung nach jedoch um einen einheitlichen Lebenssachverhalt, der einer Aufteilung der Vorgänge widerspricht; *Kulpe*, Der Erschöpfungsgrundsatz nach Europäischem Urheberrecht, S. 95 f.
738 Dies gilt zumindest dann, wenn der Abschluss des Lizenzvertrages der Bereitstellung der Programmkopie vorgelagert ist.
739 *Redeker*, CR 2014, 73 (76); *Kubach*, CR 2013, 279 (283). Ein solches Verständnis bekräftigt die These, dass ein Abrufübertragungsrecht abzulehnen ist. Dadurch, dass bei einer öffentlichen Zugänglichmachung mit anschließendem Download auch das Verbreitungsrecht betroffen ist, erübrigt sich das Erfordernis eines Abrufübertragungsrechts. Dadurch wird auch der von *Peukert* aufgezeigte Widerspruch aufgelöst. Vgl. dazu die Ausführungen unter B. III. 2. b. cc. ccc.
740 Soweit die Aussage von *Malevanny*, dass mit der tatsächlichen Zugänglichmachung der Programmkopie an den Erwerber der Rechteinhaber seine „aktive Verbreitungshandlung beende", so zu verstehen ist, dass der Downloadvorgang nicht mehr zwingend für die Einschlägigkeit des Verbreitungsrechts erforderlich ist, kann dem zugestimmt werden. Wenn damit allerdings gemeint ist, dass das Recht der öffentlichen Zugänglichmachung durch das Verbreitungsrecht komplett ersetzt wird, ist dem nicht mehr zuzustimmen; *Malevanny*, CR 2013, 422 (423).

fern zu widersprechen, als er – trotz des gleichen Ergebnisses – die öffentliche Zugänglichmachung bei Computerprogrammen ablehnt.

fff. Korrektur der Zweiteilung im deutschen Recht

Im deutschen Recht gibt es, ähnlich wie im europäischen Recht, eine strikte Zweiteilung. Nach § 15 Abs. 1 UrhG kann der Urheber sein Werk in körperlicher Form verwerten, § 15 Abs. 2 UrhG ermöglicht die Verwertung in unkörperlicher Form (Recht der öffentlichen Wiedergabe). Diesem Verständnis folgend, bezieht sich § 17 UrhG – als die dem § 69c Nr. 3 UrhG entsprechende Norm – bislang ausschließlich auf körperliche Gegenstände und § 19a UrhG auf unkörperliche Gegenstände. Demnach stellt nach überwiegender Literaturansicht die Online-Übertragung keine Verbreitung, sondern eine öffentliche Wiedergabe dar.[741] Zudem wird angenommen, dass eine Verwertungshandlung aufgrund dieser Zweiteilung auch nicht zeitgleich körperlich und unkörperlich sein könne, wie es der EuGH annimmt.[742] Zwar ist das Verbreitungsrecht in § 69c Nr. 3 S. 1 UrhG vom allgemeinen Teil separiert und unterliegt dort den Bestimmungen der Software-RL, dennoch prägt die Struktur des § 15 UrhG das grundsätzliche deutsche Verständnis der Verwertungsrechte, zu denen auch das (fast wortlautgleiche) Verbreitungsrecht in § 69c Nr. 3 S. 1 UrhG zählt.

Überträgt man die vom EuGH geäußerten und im Ergebnis stimmigen Bewertungen in das deutsche Recht, würde die bisherige Zweiteilung – konkret: körperliche Verbreitung und unkörperliche Wiedergabe – in Frage gestellt. Die zunächst vorliegende öffentliche Zugänglichmachung würde sich zwar in die (korrekte) Kategorie der unkörperlichen Verwertungshandlung einordnen lassen, das Verbreitungsrecht jedoch steht nur bei einer körperlichen Verwertungshandlung nach § 15 Abs. 1 UrhG zur Verfügung. Körperliche und unkörperliche Verwertung gehen also ineinander über.[743] Die strikte Zweiteilung wird jedoch dem technisch völlig veränderten Umfeld nicht mehr gerecht. Inzwischen ist eine Verbreitung im Wortsinne eben nicht mehr nur in körperlicher Form, sondern auch in unkörperlicher Form möglich und auch üblich. Mit der Digitalisierung verschwimmen die Grenzen von körperlicher und unkörperlicher Nutzung.[744] Darüber hinaus ist das alte Verständnis ohnehin durch die Erstreckung des Vervielfältigungsrechts auf elektronische Kopien aufgeweicht worden.[745] Nur das Ergebnis muss eine körperliche Festlegung sein.[746] Wenn aber schon das Vervielfältigungsrecht, das nach § 15 Abs. 1 Nr. 1 UrhG eindeutig systematisch zur körperlichen Verwertung gehört, auch zur unkörperlichen Verwertung her-

---

741 S. nur *Schricker*, in: Schricker/Loewenheim (Hrsg.), UrhG, § 17 Rn. 45; *Koch*, ITRB 2013, 9 (12).
742 *Wiebe*, in: Leupold/Glossner (Hrsg.), MAH IT-Recht, Teil 3 Rn. 94.
743 *Schulze*, NJW 2014, 721 (722).
744 So schon *Hoeren*, CR 1996, 517 (519).
745 So auch *Hartmann*, GRUR Int. 2012, 980 (983); *Peifer*, AfP 2013, 89 (90).
746 Heerma, in: Wandtke/Bullinger (Hrsg.), UrhG, § 16 Rn. 4.

angezogen werden kann, spricht nichts dagegen, die scheinbaren Zwänge auch beim Verbreitungsrecht zu lösen. Denn auch das Ergebnis der Verbreitungshandlung bei unkörperlichen Programmkopien ist letztendlich eine körperliche Festlegung. Dass eine Einordnung unter das Verwertungsrecht in unkörperlicher Form beim Online-Vertrieb nicht wirklich stimmig ist, zeigt sich schon am Oberbegriff der „öffentlichen Wiedergabe" in § 15 Abs. 2 UrhG: Es wird gerade nicht etwas öffentlich wiedergegeben wie bei einem Live-Stream oder einer Bilderpräsentation. Vielmehr transferiert der Nutzer eine Datei aus dem Internet auf seine Festplatte – was, losgelöst vom bisher überwiegenden urheberrechtlichen Verständnis, eine Verbreitung ist, da es dem Warenverkehr zuzuordnen ist. Es spricht daher nichts dagegen, das tradierte Bild der strikten Trennung körperlicher und unkörperlicher Verwertung zu korrigieren, da es nicht mehr der Lebenswirklichkeit entspricht.[747]

dd. Ausweitung der Erschöpfung auf immaterielle Güter

Die Erschöpfung des Verbreitungsrechts i. S. d. Art. 4 Abs. 2 Software-RL bezieht sich nach dem EuGH-Urteil auch auf nichtkörperliche Kopien von aus dem Internet heruntergeladenen Computerprogrammen.[748] Zum einen lässt, so die Richter, der Wortlaut des Art. 4 Abs. 2 Software-RL keine Rückschlüsse auf die Erscheinungsform der Kopie zu („[Verkauf] einer Programmkopie"), zum anderen gehen die Richter von einem deutlichen Willen des Unionsgesetzgebers hinsichtlich der Software-RL aus, körperliche und nichtkörperliche Programmkopien gleichzustellen.[749] Dabei führen sie insbesondere Art. 1 Abs. 2 Software-RL an, wonach die Richtlinie „alle Ausdrucksformen von Computerprogrammen" schütze, und den siebten Erwägungsgrund, wonach ein zu schützendes Computerprogramm „Programme in jeder Form umfassen" soll.[750] Nach dem EuGH müssen darüber hinaus die von Oracle, den Regierungen und der Kommission zudem geltend gemachten Erwägungsgründe und Bestimmungen der InfoSoc-RL gegenüber der Software-RL aus Gründen der Spezialität zurücktreten, zumal eine andere Bewertung der Erschöpfungswirkung im Anwendungsbereich der InfoSoc-RL wegen eines möglicherweise abweichenden gesetzgeberischen Willens nicht ausgeschlossen wird.[751] Unabhängig davon findet jedoch Generalanwalt *Bot* keine „klar[en]" oder „eindeutig[en]" Anhaltspunkte im 28. oder 29. Erwägungsgrund der InfoSoc-RL.[752] Der EuGH geht also trotz des an sich neutralen Wortlauts des Art. 4 Abs. 2 Software-RL aufgrund des Willens des Unionsgesetzgebers davon aus, dass sich die Erschöpfung auch auf immaterielle

---

747 So auch *Hantschel*, Softwarekauf und -weiterverkauf, S. 218; *Oswald*, Erschöpfung durch Online-Vertrieb urheberrechtlich geschützter Werke, S. 45 ff.
748 EuGH v. 3.7.2012 – C-128/11, GRUR 2012, 904, Tz. 59 – UsedSoft.
749 EuGH v. 3.7.2012 – C-128/11, GRUR 2012, 904, Tz. 55, 58 – UsedSoft.
750 EuGH v. 3.7.2012 – C-128/11, GRUR 2012, 904, Tz. 57 – UsedSoft.
751 EuGH v. 3.7.2012 – C-128/11, GRUR 2012, 904, Tz. 56, 60 – UsedSoft.
752 Schlussanträge des Generalanwalts *Bot*, BeckEuRS 2012, 677483, Tz. 74-76.

Güter erstrecke. Der Wortlaut der Norm lässt eine solche Auslegung zu, auch wenn er keine konkreten Hinweise für die Ansicht des EuGH liefert.[753]

aaa. Der Wille des Gesetzgebers der Software-Richtlinie

Der Wille des Gesetzgebers wird kontrovers diskutiert. Zum einen wird vertreten, dass die Entstehungsgeschichte der InfoSoc-RL und der Software-RL dafür spreche, den an eine körperliche Werkkopie anknüpfenden Erschöpfungsbegriff der jüngeren InfoSoc-RL auch der Software-RL zu Grunde zu legen.[754] Zum anderen erfährt die Ansicht des EuGH Zustimmung, da der Unionsgesetzgeber bei Erlass der konsolidierten Software-RL im Jahr 2009 die Gegebenheiten der Internetökonomie besser im Blick gehabt habe als beim Erlass der InfoSoc-RL im Jahr 2001, als Software noch weit überwiegend auf CDs vertrieben wurde.[755] Zudem wird auf die ursprüngliche Version der Software-RL aus dem Jahr 1991 hingewiesen, als trägerlose Programmkopien erst recht noch nicht gebräuchlich waren, so dass der Richtliniengeber die Frage gar nicht hatte regeln können.[756] Im Prinzip steht weniger in Streit, ob man im Jahr 1991 schon an den Vertrieb unkörperlicher Werkstücke dachte,[757] als vielmehr, ob der Uniongesetzgeber beim Erlass der konsolidierten Software-RL im Jahr 2009 einen anderen Wille hat erkennen lassen. Dagegen spricht zunächst, dass der Gesetzgeber die Erweiterung des Gedankens hätte deutlich sichtbar machen müssen.[758] Denn der Wortlaut der Richtlinie ist, wie beschrieben, nahezu unverändert geblieben, und aus diesem lässt sich – wie es auch der EuGH sieht – weder eine Erstreckung auf unkörperliche Programmkopien noch eine Beschränkung auf körperliche Programmkopien ablesen. Zudem hat der Gesetzgeber in der im Jahr 2001 erlassenen InfoSoc-RL das Verwertungsrecht auf öffentliche Zugänglichmachung in Anlehnung an Art. 8 WCT aus dem Jahr 1996 eingefügt, was sich im Hinblick auf den Grundsatz der einheitlichen Auslegung des Unionsrechts gegen die Ausdehnung der Erschöpfungswirkung auf Software anführen lässt.[759] Für die Erkennbarkeit eines anderen Willens des Unionsgesetzgebers spricht aber, dass die Richtlinie trotz der geringen Änderungen am Wortlaut überhaupt konsolidiert neu erlassen wurde.[760] Daher kann man in der Tatsache, dass die Erschöpfungsregel sowie die dazugehörigen Erwägungsgründe nicht geändert wurden, auch einen bewussten Verzicht des Unionsgesetzgebers auf die Beschränkung der Erschöpfung auf solche Programmkopien sehen, die auf einem materiellen Datenträger fixiert sind.[761] In diesem Lichte betrachtet, ergibt auch die Äußerung des EuGH Sinn,

---

753 *Blocher/Walter*, in: Walter/von Lewinski (Hrsg.), European Copyright Law, Rn. 5.4.37.
754 S. nur *Hansen/Wolff-Rojczyk*, GRUR 2012, 908 (909).
755 *Hartmann*, GRUR Int. 2012, 980 (984).
756 *Senftleben*, NJW 2012, 2924 (2925).
757 S. nur *Heydn*, MMR 2012, 591 (592).
758 *Rauer/Ettig*, EWS 2012, 322 (326).
759 *Stieper*, ZUM 2012, 668 (669).
760 *Peifer*, AfP 2013, 89 (91).
761 *Hartmann*, GRUR Int. 2012, 980 (982).

II. Der Erschöpfungsgrundsatz bei Software

dass „der Unionsgesetzgeber im konkreten Kontext dieser [Software-]Richtlinie einen anderen Willen zum Ausdruck gebracht hat"[762] als zu Beginn des Jahrtausends bei der InfoSoc-RL. Ein Vergleich mit der Datenbank-RL bestätigt dieses Ergebnis: Dort wird in den Erwägungsgründen 33 und 43 die Frage der Erschöpfung überdeutlich negativ beschieden. Aber auch der vom EuGH aufgeführte Art. 1 Abs. 2 Software-RL sowie der siebte Erwägungsgrund der Software-RL, die der EuGH als Grund für die vom Unionsgesetzgeber beabsichtigte Gleichstellung von körperlichen und nichtkörperlichen Programmkopien aufführt, untermauern seine Annahme.[763] Denn wenn die Richtlinie „alle Ausdrucksformen von Computerprogrammen" schützen und „Programme in jeder Form" umfassen soll, spricht dies in der Tat für eine gleiche Behandlung auch unkörperlicher Programmkopien.[764] Zudem bestimmt Art. 4 Abs. 1 lit. c Software-RL, dass „jede Form der öffentlichen Verbreitung" vom Verbreitungsrecht erfasst werde.

Aber selbst wenn man Aufzeichnungen aus der Anfangszeit der ursprünglichen Software-RL betrachtet, ist dem nicht zwingend ein bewusst anderer Wille des Unionsgesetzgebers zu entnehmen. So steht in einem Bericht der Kommission aus dem Jahr 2000 über die Umsetzung und Auswirkung der Richtlinie 91/250/EWG über den Rechtsschutz von Computerprogrammen, dass „sich nach der Richtlinie das Recht nur dann erschöpft, wenn eine Programmkopie, also eine Ware, verkauft wird, die Lieferung über Online-Dienste bewirkt hingegen keine Erschöpfung".[765] Fraglos bezieht sich der erste Teil des Satzes auf körperliche Programmkopien, da man damals noch gar nicht von einer unkörperlichen Verbreitung ausgehen konnte. Vor dem Hintergrund der heutigen EuGH-Rechtsprechung, wonach die Erschöpfung auch bei unkörperlicher Verbreitung aufgrund des freien Warenverkehrs eingreifen müsse, lässt sich jedoch aus teleologischen Gründen bereits aus diesem Teilsatz die Anwendung des Erschöpfungsgrundsatzes konstruieren. Viel wichtiger aber ist der zweite Teilsatz, bei dem von einem „Online-Dienst" die Rede ist. Unweigerlich ist mit diesem Begriff der Bezug zu einer Dienstleistung hergestellt, die jedoch beim Online-Handel mit digitalen Gütern gerade nicht einschlägig ist.

Im Ergebnis ist damit zwar kein „deutlicher Wille" des Unionsgesetzgebers erkennbar, unkörperlichen Programmkopien die Erschöpfungswirkung zukommen zu lassen, aber die Richtlinie unterscheidet in ihrer Ratio wohl tatsächlich nicht zwischen körperlichen und unkörperlichen Programmkopien.[766] Insofern verfängt der Einwand auch nicht, dass der EuGH durch die Ausweitung der

---
762 EuGH v. 3.7.2012 – C-128/11, GRUR 2012, 904, Tz. 60 a.E. – UsedSoft.
763 EuGH v. 3.7.2012 – C-128/11, GRUR 2012, 904, Tz. 57f. – UsedSoft.
764 A.A. jedoch z.B. *Schneider/Spindler*, CR 2012, 489 (492).
765 Bericht der Kommission der Europäischen Gemeinschaften an den Rat, das Europäische Parlament und den Wirtschafts- und Sozialausschuss über die Umsetzung und die Auswirkungen der Richtlinie 91/250/EWG über den Rechtsschutz von Computerprogrammen, KOM(2000) 199 endg. v. 10.4.2000, online unter http://eur-lex.europa.eu/LexUriServ/LexUriServ.do?uri=COM:2000:0199:FIN:DE:PDF, S. 18.
766 So auch *Rauer/Ettig*, EWS 2012, 322 (326).

Erschöpfung legislativ tätig werde,[767] obwohl er selbst noch vor geraumer Zeit mitteilte, dass es „nicht Sache des Gerichtshofs [sei], zugunsten der Urheber neue Rechte zu schaffen".[768] Denn wie die bisherige Untersuchung gezeigt hat, schafft der EuGH keine neuen Rechte, sondern passt nur die bestehenden Rechte an die neuen Gegebenheiten an, ohne dabei gegen die Normen selbst zu verstoßen.

bbb. Die Bedeutung der InfoSoc-Richtlinie

Unklar bleibt im Zusammenhang mit dem Willen des Gesetzgebers im Rahmen der Software-RL, welche Bedeutung der InfoSoc-RL zukommt. Während Generalanwalt *Bot* intensiv auf die InfoSoc-RL eingeht, verweist der EuGH zwar auch immer wieder auf diese und bindet sie in seine Entscheidung gewissermaßen mit ein, er setzt sich dabei jedoch nicht wirklich mit ihr auseinander. Daraus lässt sich zweierlei ableiten: Zum einen scheint der EuGH zumindest nicht abgeneigt zu sein, dass auch die InfoSoc-RL einer entsprechenden Interpretation des dortigen Erschöpfungsgrundsatzes wie bei der Software-RL zugänglich ist. Zum anderen erklärt sich die fehlende vertiefende Auseinandersetzung damit, dass das Gericht von einem Vorrang der Software-RL im Anwendungsbereich derselben ausgeht. Der EuGH hat die InfoSoc-RL im Wesentlichen nur dazu benutzt, um das Verbreitungsrecht durch die Eigentumsübertragung aus dem Recht der öffentlichen Zugänglichmachung abzuleiten, da nur die InfoSoc-RL auf den WCT konkret Bezug nimmt. Den Willen des InfoSoc-Gesetzgebers hat der EuGH also nicht thematisiert. Im Falle UsedSoft zeigt sich damit die Schwierigkeit, die sich aus dem Nebeneinander und gleichzeitigem Zusammenspiel spezieller Richtlinien wie der Software- und Datenbank-RL und einer dem allgemeinen Werkschutz dienenden InfoSoc-RL ergeben.[769] Gerade auch mit dem zunehmenden Aufkommen hybrider Produkte wird die Bewertung immer schwieriger, welche Normen welcher Richtlinie nun zur Anwendung kommen sollen.

ee. Wirtschaftliche Überlegungen

Die wirtschaftlichen Überlegungen des EuGH sind vom Leitgedanken der Abschottung der Märkte geprägt. Zudem nehmen die Richter eine kurz gehaltene Darstellung der wirtschaftlichen Vergleichbarkeit körperlicher und unkörperlicher Programmkopien vor. Eine umfassende wirtschaftliche Bewertung ist dabei jedoch nicht zu finden. Umso mehr wiegen für den EuGH die aufgeführten wirtschaftlichen Argumente.

---

767 *Rauer/Ettig*, EWS 2012, 322 (326).
768 EuGH v. 17.4.2008 – C-456/06, GRUR 2008, 604, Tz. 38 f. – Le Corbusier-Möbel.
769 So auch *Hartmann*, GRUR Int. 2012, 980 (983).

aaa. Leitgedanke der Abschottung der Märkte

Im Kern der wirtschaftlichen Überlegungen des EuGH geht es um eine der Warenverkehrsfreiheit zuzuordnende Begrifflichkeit. Denn der Zweck des Erschöpfungsgrundsatzes, so der EuGH, sei darin zu sehen, eine „Abschottung der Märkte" zu vermeiden. Bei einer Beschränkung der Erschöpfungswirkung auf materielle Datenträger könnte der Rechteinhaber den Wiederverkauf von aus dem Internet heruntergeladenen Kopien kontrollieren und bei jedem Wiederverkauf erneut ein Entgelt verlangen, obwohl der Erstverkauf der betreffenden Kopie bereits eine angemessene Vergütung ermöglicht haben sollte. Dies ginge über das zur Wahrung des spezifischen Gegenstands des fraglichen geistigen Eigentums Erforderliche hinaus.[770] Dabei verweist der EuGH auch auf seine Murphy-Entscheidung. Generalanwalt *Bot* zieht diese Entscheidung ebenfalls heran, indem er ausführt, dass der spezifische Gegenstand des geistigen Eigentums den betreffenden Rechteinhabern nur garantiere, eine angemessene Vergütung verlangen zu können.[771] Bei einer Kontrollmöglichkeit der Weiterveräußerung der Kopie durch den Rechteinhaber in der Form, dass er erneut eine Vergütung verlangen kann, würde das nicht zum Schutz des spezifischen Gegenstands des Urheberrechts, sondern zu einer Ausweitung seines Verwertungsmonopols führen.[772] Später stellt der EuGH zudem klar, dass das Vergütungsinteresse des Rechteinhabers zunächst befriedigt werden müsse, damit die Wirkung der Erschöpfung überhaupt eintreten könne. Demnach müsse der Rechteinhaber die Zahlung eines Entgelts erhalten, „das es diesem ermöglichen soll, eine dem wirtschaftlichen Wert der Kopie seines Werkes entsprechende Vergütung zu erzielen."[773]

Der EuGH macht demnach deutlich, dass der Rechteinhaber mit dem Erstverkauf die Chance gehabt haben muss, eine angemessene Vergütung zu erzielen. Der zehnte Erwägungsgrund der InfoSoc-RL macht ebenfalls die hervorgehobene Bedeutung des Vergütungsinteresses deutlich. Damit stützt sich der EuGH im Wesentlichen auf die Belohnungstheorie als Begründung für den Erschöpfungsgrundsatz, nach dem der Rechteinhaber durch die Erstveräußerung sein Verwertungsrecht „verbraucht" hat und keiner Zweitverwertung mehr bedarf.[774] Der allgemeine Zweck des Erschöpfungsgrundsatzes ist aber auch darin zu sehen, dass dem Rechteinhaber keine Kontrollmöglichkeit hinsichtlich seiner in den Verkehr gebrachter Werkstücke verbleiben soll, so dass er sie nicht dem freien Güterverkehr entziehen kann. So entspricht es auch nach der Begründung des deutschen Gesetzgebers nicht dem Zweck des Verbreitungsrechts, wenn der Urheber eine bleibende Befugnis zum Handel mit rechtmäßig in Verkehr ge-

---
770 EuGH v. 3.7.2012 – C-128/11, GRUR 2012, 904, Tz. 62 f. – UsedSoft.
771 EuGH v. 4.10.2011 – C-403/08, C-429/08, GRUR 2012, 156, Tz. 106-109 – FAPL/Murphy.
772 Schlussanträge des Generalanwalts *Bot*, BeckEuRS 2012, 677483, Tz. 83.
773 EuGH v. 3.7.2012 – C-128/11, GRUR 2012, 904, Tz. 88; 72 – UsedSoft.
774 So auch *Grützmacher*, ZGE 2013, 46 (48).

brachten Vervielfältigungsstücken erhält.[775] Damit soll verhindert werden, dass der Rechteinhaber entlang der Vertriebskette die Preise kontrollieren kann und der Käufer eines materiellen Datenträgers mehr Macht über die Verkehrsfähigkeit hat als der Käufer einer Datei.[776] Dies stimmt auch mit der früheren Rechtsprechung des EuGH in Sachen Grundig[777] (das Warenzeichenrecht betreffend), Polydor[778] (das Urheberrecht betreffend) und NEGRAM II[779] (das Patentrecht betreffend) überein, denen sich zwei fundamentale Prinzipien entnehmen lassen: Zum einen ist das wesentliche Ziel der Zusammenschluss der nationalen Märkte zu einem einheitlichen Markt, zum anderen sollen nur solche Beschränkungen des Binnenmarktes zulässig sein, welche die Investitionen des Schutzrechtsinhabers absichern, wohingegen eine weiter gehende Kontrolle des Vertriebs zu verhindern ist.[780] Im Ergebnis geht es also um die Verhinderung der Abschottung der Märkte, die der EuGH auch explizit anspricht. Es spricht nichts dagegen, die gerade thematisierten Entscheidungen, die den Handel mit physischen Waren betreffen, direkt fruchtbar zu machen. Denn die Online-Übertragung gegen einmalige Zahlung betrifft ebenfalls die Warenverkehrsfreiheit.[781] Damit ist auch die Verhinderung der Beschränkung der Warenverkehrsfreiheit als Zweck des Erschöpfungsgrundsatzes nach dem EuGH anzusehen, der sich der Verkehrssicherungstheorie entnehmen lässt.[782] Digitale Güter sind zwar nach bisherigem Verständnis keine „Waren", jedoch legt bereits § 16 Abs. 1 UrhG nahe, dass auch elektronische Speicherzustände körperlich sind.[783] Zudem würde eine Ausdehnung der Warenverkehrsfreiheit auch auf unkörperliche Gegenstände durch den EuGH seiner bisherigen Rechtsprechung zu vergleichbaren Gütern, die ebenfalls nicht greifbar sind, entsprechen. So hat er schon vor vielen Jahren Elektrizität[784] und Gas[785] in den Anwendungsbereich der Warenverkehrsfreiheit fallen lassen. Zudem machen digitale Güter inzwischen den überwiegenden Teil der Wertschöpfung in entwickelten Volkswirtschaften aus.[786] Dem EuGH geht es damit um die Verkehrsfähigkeit der Ware Software, auch wenn diese in unkörperlicher Form in den Verkehr gebracht wird.

Bei einem Vergleich der wirtschaftlichen Überlegungen des EuGH in der UsedSoft- und in der Murphy-Entscheidung kommen weitere interessante Details zu Tage. Im Rahmen des letztgenannten Urteils begründet der EuGH mit der

---

775 Amtl. Begr., BT-Drucks IV/270, S. 48.
776 *Dustmann*, in: Fromm/Nordemann (Bgr.), UrhG, § 19a Rn. 29.
777 EuGH v. 13.7.1966 – 56 und 58/64, GRUR Ausl. 1966, 580, Ls. 7 – Grundig.
778 EuGH v. 8.6.1971 – 78/70, GRUR Int 1971, 450 (454 f.) – Polydor.
779 EuGH v. 31.10.1974 – 15/74, GRUR Int. 1974, 454 (454) – NEGRAM II.
780 S. dazu *Grützmacher*, ZGE 2013, 46 (61 f.).
781 A.A. *Grützmacher*, ZGE 2013, 46 (62).
782 *Grützmacher* geht wohl aufgrund der fehlenden Verkörperung davon aus, dass der EuGH der Verkehrssicherungstheorie implizit eine Absage erteilt; *Grützmacher*, ZGE 2013, 46 (48).
783 *Peifer*, AfP 2013, 89 (91).
784 EuGH v. 15.7.1964 – 6/64, BeckRS 2004, 73386 – Costa/ENEL.
785 EuGH v. 21.6.2007 – C-173/05, BeckRS 2007, 70412, Tz. 39 – Kommission/Italien.
786 *Enchelmaier*, GPR 2013, 224 (226 f.).

II. Der Erschöpfungsgrundsatz bei Software

Dienstleistungsfreiheit den grenzüberschreitenden Handel und Einsatz physischer Decoder.[787] Demnach können Rechte des geistigen Eigentums zwingende Gründe des Allgemeinwohls sein, die eine Beschränkung der Dienstleistungsfreiheit rechtfertigen können.[788] Es können aber nur solche Ausnahmen von der Dienstleistungsfreiheit gerechtfertigt sein, die den „spezifischen Gegenstand" des betreffenden geistigen Eigentums ausmachen.[789] Dieser spezifische Gegenstand gewährleiste, so die Richter, den Rechteinhabern das Recht, Lizenzen gegen Zahlung einer Vergütung zu vergeben, wobei nur eine angemessene Vergütung garantiert sei.[790] Wie bei UsedSoft liegt gewissermaßen eine vertauschte Argumentation mit der Waren- und Dienstleistungsfreiheit vor: Während bei UsedSoft eine unkörperliche Weitergabe der für körperliche Exemplare konzipierten Erschöpfung unterworfen wird, beurteilt der EuGH in der Murphy-Entscheidung den Einsatz physischer Decoder nach der Dienstleistungsfreiheit. Dies lässt zum einen die Schlussfolgerung zu, dass die Grenzen der europarechtlich bedeutenden Unterscheidung von Waren- und Dienstleistungsverkehr verwischen und der EuGH inzwischen eher eine binnenmarktpolitische als eine urheberrechtliche Zielsetzung bei seiner Rechtsprechung verfolgt.[791] Dadurch lässt sich die bereits angestellte Vermutung bekräftigen, dass die strikte Zweiteilung in körperliche Verwertungsrechte, die der Erschöpfung unterliegen, und unkörperliche Verwertungsrechte, die nicht der Erschöpfung unterliegen, im digitalen Zeitalter nicht mehr aufrechterhalten werden kann. In beiden Urteilen gibt der EuGH aber zudem zu erkennen, dass in Ansehung dieser beiden Freiheiten auch im digitalen Kontext eine Abschottung nationaler Märkte zu verhindern und die Verwirklichung des Binnenmarktes durchzusetzen ist.[792] Waren- und Dienstleistungsfreiheit sind daher auch als funktional gleichgestellt anzusehen.[793] Die beiden Urteile liegen durchaus auf einer Linie mit der Coditel-Entscheidung, bei der es zwar um eine analoge öffentliche Wiedergabe eines Werkes geht, wonach es aber im Wesentlichen darauf ankommt, dass der Rechteinhaber die ihm zustehende Vergütung beim Verkauf des geschützten Erzeugnisses erhält.[794] Der auf diese Entscheidung zurückzuführende Grundsatz, dass bei einer öffentlichen Wiedergabe keine Erschöpfung eintreten könne, wird den Aussagen des Gerichts nicht gerecht: Der EuGH hat lediglich entschieden, dass die Dienstleistungsfreiheit nur dann zulässigerweise beschränkt wird, wenn durch die öffentliche Wiedergabe und deren Erschöpfung dem Rechteinhaber

---

787 EuGH v. 4.10.2011 – C-403/08, C-429/08, GRUR 2012, 156, Tz. 159 – FAPL/Murphy; *Dreier*, IIC 2013, 137.
788 EuGH v. 4.10.2011 – C-403/08, C-429/08, GRUR 2012, 156, Tz. 93 f. – FAPL/Murphy.
789 EuGH v. 4.10.2011 – C-403/08, C-429/08, GRUR 2012, 156, Tz. 106 – FAPL/Murphy.
790 EuGH v. 4.10.2011 – C-403/08, C-429/08, GRUR 2012, 156, Tz. 107 f. – FAPL/Murphy.
791 *Dreier/Leistner*, GRUR 2013, 881 (887 f.); *Dreier*, IIC 2013, 137 (138); so auch schon *Berger*, ZUM 2012, 198 (202 f.).
792 *Grützmacher*, ZGE 2013, 46 (66).
793 *Peifer*, AfP 2013, 89 (91).
794 EuGH v. 18.3.1980 – C-62/79, GRUR Int 1980, 602, Tz. 14 ff. – Coditel.

keine faire Vergütung zustehen würde.[795] Schon zur damaligen Zeit wurde also wesentlich auf die angemessene Vergütung abgestellt.[796]

bbb. Wirtschaftliche Vergleichbarkeit

Der EuGH hebt die wirtschaftliche Vergleichbarkeit bei der Veräußerung eines Computerprogramms auf einem materiellen Datenträger wie einer DVD und der Veräußerung mittels Download aus dem Internet hervor. Demzufolge entspreche die Online-Übertragung funktionell der Aushändigung eines materiellen Datenträgers. Schließlich gebiete der Gleichbehandlungsgrundsatz eine Auslegung des Art. 4 Abs. 2 Software-RL in dem Sinne, dass die Erschöpfung sowohl bei körperlichen als auch bei nichtkörperlichen Programmkopien eintreten könne.[797] Obwohl der EuGH alles andere als eine eingehende wirtschaftliche Untersuchung vornimmt,[798] ist die wirtschaftliche Vergleichbarkeit eines Vertriebs mittels Datenträger und über das Internet auf den ersten Blick kaum zu leugnen.[799] Im Prinzip handelt es sich um verschiedene Vertriebsformen der gleichen Produkte. Denn obwohl aus technischer Sicht eine Übertragung der ursprünglich erhaltenen Kopie nicht möglich ist, steht es einer solchen Übertragung wirtschaftlich gleich, wenn der Zweiterwerber eine Programmkopie und die entsprechende Nutzungserlaubnis des Ersterwerbers erhält und dieser seine Kopie unbrauchbar macht.[800] Dennoch werden diese beiden wirtschaftlich ähnlichen Vorgänge, deren neuere digitale Variante den älteren analogen Vorgang zunehmend substituiert, bislang urheberrechtlich unterschiedlich behandelt.[801] Eine Gleichbehandlung von auf einem körperlichen Datenträger vertriebener Software und der unkörperlichen Bereitstellung digitaler Güter ist auch nicht im europäischen Recht angelegt, wie sich hinsichtlich des Widerrufsrechts des Erwerbers beim Fernabsatz zeigt: Bei der Lieferung digitaler Inhalte, die nicht auf einem körperlichen Datenträger gespeichert sind, schließt Art. 16 lit. m Verbraucher-RL einen Widerruf aus, da eine „rückstandslose" Rückgabe hier unmöglich ist.[802] Will man die wirtschaftliche Vergleichbarkeit nicht nur oberflächlich, sondern eingehend untersuchen, sind zunächst die wirtschaftlichen Interessen der Beteiligten im Rahmen des Softwareverkaufs im Einzelnen herauszuarbeiten.[803] Dabei spielt natürlich auch die schon thematisierte Warenverkehrsfreiheit eine Rolle.

---

795 So auch *Grützmacher*, ZGE 2013, 46 (63f.).
796 Vgl. dazu auch Fn. 154.
797 EuGH v. 3.7.2012 – C-128/11, GRUR 2012, 904, Tz. 61 – UsedSoft.
798 *Stieper*, ZUM 2012, 668 (669).
799 So auch schon *Walter*, in: Walter (Hrsg.), Europäisches Urheberrecht, Stand der Harmonisierung und Ausblick, VII. Kap., Rn. 68.
800 *Druschel*, Die Behandlung digitaler Inhalte im GEKR, S. 138.
801 *Redeker*, CR 2014, 73 (74).
802 Vgl. BT-Drucks. 14/2658 v. 9.2.2000, S. 44 (zu § 312b Abs. 4 Nr. 1 BGB).
803 Vgl. dazu *Seitz*, „Gebrauchte" Softwarelizenzen, S. 25 ff. m. w. N.

II. Der Erschöpfungsgrundsatz bei Software

Der nach Maximierung der Rentabilität des Eigenkapitals strebende Rechteinhaber[804] ist an einem Ausgleich für das unternehmerische Risiko interessiert, was sich insbesondere in der umfassenden wirtschaftlichen Verwertung des Computerprogramms zeigt. In eine ähnliche Richtung geht das Interesse der Allgemeinheit an einem angemessenen Investitionsschutz mit der Möglichkeit der Gewinnerzielung für die Rechteinhaber. Der Rechteinhaber kann sein Computerprogramm aber auch in digitaler Form umfassend verwerten. Insofern gelten im analogen und digitalen Umfeld die gleichen Bedingungen. Der Rechteinhaber ist in seiner Preisgestaltung vollkommen frei[805] und muss sich gleichermaßen den Gesetzen des Marktes unterwerfen. Darüber hinaus ist für den Rechteinhaber ein effektiver Rechtsschutz von Software-Piraterie von großer Bedeutung. Die Gefahr der Software-Piraterie bei unkörperlich in Verkehr gebrachten Programmkopien ist zwar sicherlich größer als bei solchen Programmkopien, die der Rechteinhaber körperlich in den Verkehr gebracht hat,[806] doch besteht sie ebenso bei letztgenannten. Eine Kopie der Daten auf dem Rechner ist schnell erzeugt. So entstanden die ersten illegalen Tauschbörsen ja auch zu einer Zeit, als der Vertrieb digitaler Güter noch in den Kinderschuhen steckte. Durch den Einsatz technischer Schutzmaßnahmen kann der Rechteinhaber jedoch sicherstellen, dass die Gefahr von Raubkopien eingedämmt wird. Schließlich ist dem Rechteinhaber auch daran gelegen, ein stabiles Preismodell ohne die Möglichkeit der Unterwanderung seiner Preisstaffelung anbieten zu können. Denn der Rechteinhaber verlangt von unterschiedlichen Nutzern oftmals unterschiedliche Preise. So muss ein Privatnutzer von Software weniger bezahlen als ein gewerblicher Kunde, und bestimmte Unternehmen wie Bildungseinrichtungen erhalten günstigere Preise. Man könnte diese als „verbraucherfreundliche und bildungsfördernde Maßnahmen" bezeichnen.[807] Bei einer freien Weitergabe der digitalen Güter würde diese Preisstaffelung unterwandert, da bislang preislich nicht bevorzugte Unternehmen nun auf dem Zweitmarkt ebenfalls einen günstigeren Preis erhalten könnten. Die auf unterschiedliche Marktteilnehmer zugeschnittenen Preise könnten also unterlaufen werden.[808] Diese Problematik kann jedoch auch bei einem analogen Vertrieb von Software auftreten. Zudem dient das Urheberrecht nicht dazu, Geschäftsmodelle dinglich abzusichern.[809] Des Weiteren kann durch den Einsatz von DRM-Technologien eine gewisse Kontrolle stattfinden. Ansonsten müssen die Nutzer eben in Kauf nehmen, dass die Rechteinhaber die Preise für alle Nutzergruppen anheben.

---

804 Darunter fällt auch der Urheber selbst.
805 Kartellrechtliche Vorgaben müssen natürlich Beachtung finden.
806 *Marly* geht sogar davon aus, dass die Gefahr des Raubkopierens nicht größer als beim körperlichen Vertrieb ist; s. dazu *Marly*, EuZW 2012, 654 (657), und *Marly*, Praxishandbuch Softwarerecht, Rn. 198.
807 *Heydn*, in: Kilian/Heussen (Hrsg.), Computerrechts-Handbuch, 1. Abschn. Teil 2, Vermarktung von Gebrauchtsoftware, Rn. 77.
808 *Marly*, EuZW 2012, 654 (655).
809 *Grützmacher*, CR 2010, 141 (142); *Ohly*, JZ 2013, 42 (44).

D. Die urheberrechtliche Zulässigkeit der Weitergabe

Dem Ersterwerber kommt es primär auf eine Kostenminimierung an, indem er ungenutzte Ressourcen freisetzt. Auch beim Zweiterwerber stehen die finanziellen Interessen an erster Stelle: Dieser will möglichst kostengünstig Software erwerben. Diese Interessen des Erst- und Zweiterwerbers können bei beiden Vertriebsformen gleichermaßen befriedigt werden. Sowohl der Erst- als auch der Zweiterwerber haben zudem ein Interesse an einem rechtssicheren Erwerbsgeschäft, um sich später nicht mit Ansprüchen Dritter auseinandersetzen zu müssen. Durch den Nachweis der wirtschaftlichen Vergleichbarkeit des Online-Vertriebs und des klassischen Vertriebs soll ja gerade begründet werden, dass ein rechtskonformer Erwerbsvorgang auch beim Vertrieb digitaler Güter vorgenommen wird. Von einem gleichermaßen rechtssicheren Erwerbsgeschäft wird sicherlich erst dann auszugehen sein, wenn der Gesetzgeber eine entsprechende Klarstellung im Gesetzestext vorsieht, möglicherweise aber auch schon früher durch eine entsprechende Entscheidung des EuGH. Bis dahin kann das Interesse eines rechtssicheren Erwerbsvorgangs beim Online-Vertrieb digitaler Güter nicht in gleichem Maße befriedigt werden wie bei körperlichen Gegenständen.

Betrachtet man diese grundsätzlichen wirtschaftlichen Interessen der beteiligten Protagonisten, ist in den wesentlichen Punkten von einer wirtschaftlichen Vergleichbarkeit hinsichtlich des analogen und digitalen Vertriebs auszugehen.[810] Es bleibt jedoch das Interesse der Allgemeinheit an einem funktionierenden Wettbewerb mit der Folge der Preisminimierung.

ccc. Das Problem des Preiswettbewerbs

Ein im digitalen Umfeld stattfindender reiner Preiswettbewerb könnte dem Ziel eines funktionierenden Wettbewerbs zwischen Neu- und Gebrauchtmarkt zuwiderlaufen. Denn aufgrund der Tatsache, dass sich digitale Güter im Gegensatz zu analogen Gütern nicht abnützen, sind sie immer „neu". In der analogen Welt hingegen erfüllt das Recht des geistigen Eigentums mit der Erstveräußerung seine Funktion, wonach es zu einem erwünschten Wettbewerb zwischen neuen und gebrauchten Produkten kommt.[811] Dort gibt es daher wegen der auftretenden Abnützung einen Gebrauchtmarkt als zweiten Markt, der neben den Erstmarkt für die neuen Güter tritt. Bei digitalen Gütern besteht die Befürchtung, dass sich – da eine Abnützung nicht eintritt – der Zweitmarkt vom Erstmarkt nur hinsichtlich des Preises unterscheidet. Der Wettbewerb würde dann also ausschließlich über den Preis geführt, da es keinen Wettbewerb zwischen Neu und Gebraucht, sondern nur zwischen qualitativ gleichwertigen Daten gebe.[812] Da die Anbieter gebrauchter digitaler Inhalte diese Daten jedoch günstiger als die

---

810 So auch schon *Ammann*, in: Taeger (Hrsg.), DSRI Tagungsband 2011, S. 249 (255); *Bitter/Buchmüller/Uecker*, in: Hoeren (Hrsg.), Big Data und Recht, S. 41 (53).
811 *Ohly*, Gutachten F zum 70. Deutschen Juristentag, S. 50.
812 So etwa *Ohly*, Gutachten F zum 70. Deutschen Juristentag, S. 53; *Heydn*, in: Kilian/Heussen (Hrsg.), Computerrechts-Handbuch, 1. Abschn. Teil 2, Vermarktung von Gebrauchtsoftware, Rn. 76.

II. Der Erschöpfungsgrundsatz bei Software

Rechteinhaber anbieten könnten, wären die Rechteinhaber ebenfalls gezwungen, den Preis zu senken, um auf dem Markt bestehen zu können. Gleichzeitig wäre aber eine Erhöhung der Preise angebracht, um die an den Zweitmarkt verlorenen Umsätze wieder einzuspielen. Denn die Softwarehersteller würden mit ihren eigenen „gebrauchten" Produkten konkurrieren.[813]

Ein so gestalteter Zweitmarkt digitaler Güter weist seine Besonderheiten auf, die sich aus der gleich bleibenden Qualität ergeben. Es ist jedoch einerseits nicht damit zu rechnen, dass die Anbieter gebrauchter digitaler Güter den Preis sehr drücken werden, da sie ja – neben dem Ersterwerber – selbst auch noch etwas verdienen wollen. Andererseits weisen digitale Güter in der Tat zwar keinerlei äußerliche Gebrauchsspuren auf, dies kann jedoch auf ein Mal gehörte CDs oder ein Mal gelesene Bücher ebenfalls zutreffen.[814] Zudem sind „gebrauchte" digitale Güter zwar immer noch „neu", sie verlieren aber dennoch allein mit dem Ablauf von Zeit wie ihre analogen Entsprechungen an Wert. Insofern wird gerade bei der Markteinführung einer Software die Nachfrage am größten sein. Zu diesem Zeitpunkt ist die Software aber noch nicht auf dem Zweitmarkt verfügbar, zumindest nicht zu einem günstigeren Preis als vom Anbieter. Daher schafft der zeitversetzt eintretende Wettbewerb enorme Vorteile.[815] Des Weiteren kann gerade bei Software nur der Rechteinhaber selbst Updates garantieren. Bei der heutigen Schnelllebigkeit sind diese zwingend erforderlich, um Programmfehler zu beheben oder auch schädliche Cyber-Angriffe abwehren zu können. Den Rechteinhabern ist es möglicherweise gestattet, oftmals erforderliche Wartungsverträge nur mit solchen Nutzern abzuschließen, welche die Software direkt bei ihnen erworben haben. Andersfalls könnten sie hier ansetzen und den Preis für die Wartungen erhöhen, wenn der Zweiterwerber die Software nicht direkt vom Rechteinhaber erworben hat.[816] Letztlich bleibt es den Rechteinhabern unbenommen, selbst aktiv auf dem Zweitmarkt aufzutreten. Die technischen und logistischen Möglichkeiten und Voraussetzungen sollten sie aufgrund der Möglichkeit eines Erstvertriebs jedenfalls haben.

Ein von Gegnern der Ausdehnung der Erschöpfung auf unkörperliche Programmkopien gerne eingebrachtes Argument lautet, dass der Rechteinhaber keine angemessene Vergütung für die Überlassung berechnen könne, die auch die Weiterübertragung berücksichtigt, da der potenzielle Weiterverkauf nicht

---

813 *Marly*, EuZW 2012, 654 (655); *Marly*, Praxishandbuch Softwarerecht, Rn. 212.
814 *Redeker*, CR 2014, 73 (74).
815 *Ohly*, Gutachten F zum 70. Deutschen Juristentag, S. 53.
816 Sowohl die fehlende Bereitschaft zum Abschluss eines neuen Wartungsvertrages mit dem Zweiterwerber als auch das Verlangen höherer Entgelte können jedoch ein Missbrauch von Marktmacht i. S. d. Art. 102 AEUV bzw. §§ 19 ff. GWB in der Form des unberechtigten „refuse to deal" darstellen; *Marly*, Praxishandbuch Softwarerecht, Rn. 211, 1073 ff. *Grützmacher*, ITRB 2011, 133 (135 f.); *Hoeren/Försterling*, MMR 2012, 642 (646); *Ulmer/Hoppen*, ITRB 2012, 232 (237).

auf bestimmte Zwecke begrenzt sei wie bei analogen Gütern.[817] So komme nach *Heydn* etwa ein gebrauchtes Buch nicht für den Zweck des Schenkens in Betracht.[818] Weitere Beispiele bleibt er jedoch schuldig. Abgesehen davon, dass ein gebrauchtes Buch als Geschenk in der Tat nicht gleichwertig ist, gibt es kaum weitere Bedürfnisse, die sich nur mit dem Erstmarkt befriedigen lassen. Das immer größere Aufkommen von Second-Hand-Läden in der analogen Welt oder die Ankaufmöglichkeiten aller möglicher Gegenstände im Internet lassen vielmehr den Schluss zu, dass auch der Weiterverkauf von körperlichen Gegenständen nicht mehr auf bestimmte Zwecke begrenzt ist. Die angeführte „überschaubare Lebensdauer" analoger Werkexemplare[819] ist ohnehin fraglich aufgrund der stetig verbesserten Produktqualität, zumal auch digitalen Gütern aufgrund des Wertverlustes mit bloßem Zeitablauf nur eine überschaubare Lebensdauer zukommt.

Die Vermutung liegt daher nahe, dass trotz eines Zweitmarkts mit gebrauchter Software ein funktionierender Wettbewerb zu erwarten ist. Denn aus ökonomischer Sicht sind kaum Unterschiede zwischen analogen und digitalen Erwerbsvorgängen festzustellen. Zudem ist die Möglichkeit des digitalen Vertriebs auch für den Rechteinhaber erst einmal ein leichterer Weg der Softwareüberlassung, da die Vertriebsstrukturen nicht mehr so komplex sind wie in der analogen Welt. Dafür müssen die Rechteinhaber aber auch mit den Konsequenzen leben, die sich nicht nur in der vermehrt aufkommenden Software-Piraterie widerspiegeln, sondern auch in der Konkurrenz durch Zweitmärkte. Eine wirtschaftliche Vergleichbarkeit ist nach all dem also festzustellen.

ff. Unbrauchbarmachen und Aufspaltungsverbot

Als weitere Voraussetzung, die eng mit dem Erschöpfungsgrundsatz verbunden ist, gibt der EuGH vor, dass der Ersterwerber zum Zeitpunkt des Weiterverkaufs „seine Kopie" unbrauchbar machen müsse, um nicht das Vervielfältigungsrecht des Urhebers zu verletzen.[820] Zudem berechtige die Erschöpfung des Verbreitungsrechts nicht dazu, eine erworbene Lizenz aufzuspalten und das Recht zur Nutzung des betreffenden Computerprogramms nur für eine von ihm bestimmte Nutzerzahl weiterzuverkaufen.[821] Diese Aussage wiederholt das Gericht zu einem späteren Zeitpunkt fast wortgetreu.[822] Der EuGH stellt zudem klar, dass der Einsatz technischer Schutzmaßnahmen zur Ausräumung des Einwands, dass die

---

817 *Heydn*, in: Kilian/Heussen (Hrsg.), Computerrechts-Handbuch, 1. Abschn. Teil 2, Vermarktung von Gebrauchtsoftware, Rn. 76; *Ganea*, GRUR Int. 2005, 586 (590, 591); *Wiebe*, GRUR Int. 2009, 114 (117).
818 *Heydn*, in: Kilian/Heussen (Hrsg.), Computerrechts-Handbuch, 1. Abschn. Teil 2, Vermarktung von Gebrauchtsoftware, Rn. 76.
819 *Schulze*, NJW 2014, 721 (724).
820 EuGH v. 3.7.2012 – C-128/11, GRUR 2012, 904, Tz. 70 – UsedSoft.
821 EuGH v. 3.7.2012 – C-128/11, GRUR 2012, 904, Tz. 69 – UsedSoft.
822 EuGH v. 3.7.2012 – C-128/11, GRUR 2012, 904, Tz. 86 – UsedSoft.

II. Der Erschöpfungsgrundsatz bei Software

Erschöpfung zu beliebig vielen Vervielfältigungsstücken führen könnte, zulässig ist.[823]

aaa. Rechtlicher Hintergrund

Die Voraussetzung der Unbrauchbarmachung ergibt sich unmittelbar aus der Erschöpfungswirkung selbst: Dem Rechteinhaber muss beim Erstverkauf eine einmalige Entlohnung für die gesamte Nutzungsmöglichkeit des betreffenden Werkexemplars möglich gewesen sein, wobei er darüber hinausgehende Mehrfachnutzungen nicht zu dulden braucht.[824] Die Unbrauchbarmachung entspricht auch der Erschöpfung im analogen Bereich: Während dort im Rahmen der Eigentumsübertragung der Verkäufer jeden Eigenbesitz verliert,[825] muss auch bei Immaterialgütern der Veräußerer das Gut vollständig verlieren.[826] Zur rechtssicheren Durchführung dieser Unbrauchbarmachung darf der Rechteinhaber nach dem EuGH dabei technische Schutzmaßnahmen verwenden.[827] Die Pflicht, die eigene Programmkopie unbrauchbar zu machen, wird vor dem Hintergrund verständlich, dass die Programmkopie und der Lizenzvertrag über die Nutzung dieser Kopie nach Meinung des EuGH „ein unteilbares Ganzes" bilden.[828] Demnach tritt – wie im vorliegenden Fall – die Erschöpfung beim heruntergeladenen und beim auf dem Server installierten Computerprogramm ein, worauf sich die einzelnen Nutzungsrechte beziehen. Bei einem Verkauf des Computerprogramms – und damit auch der erworbenen Nutzungsrechte – würde ohne eine Unbrauchbarmachung der eigenen Programmkopie nun eine weitere, nicht gerechtfertigte Kopie beim Zweiterwerber entstehen. Im Zusammenhang mit dieser für die Erschöpfung notwendigen Unbrauchbarmachung der Programmkopie spricht der EuGH das Aufspaltungsverbot an. Auch wenn zuerst das Aufspaltungsverbot in einem eigenen Absatz (Tz. 69) und erst im darauf folgenden Absatz (Tz. 70) die Pflicht der Unbrauchbarmachung der eigenen Programmkopie thematisiert werden, macht das Wort „nämlich" deutlich, dass die Unbrauchbarmachung die Grundlage für das Aufspaltungsverbot darstellt. Das ergibt insofern Sinn, als der Erwerber bei der streitgegenständlichen Client-Server-Software diese nur einmal auf dem Server der Firma installieren muss und die einzelnen Nutzer entsprechend der Anzahl an erworbenen Nutzungsrechten dann von ihren Rechnern aus auf diese zugreifen. Wenn diese Programmkopie nun auf dem Server nicht unbrauchbar gemacht wird, kann der Ersterwerber – aufgrund der untrennbaren Verbindung von Programmkopie und Nutzungsrecht – auch kein Teil der Nutzungslizenzen abtreten. Dementsprechend gilt zwingend ein Aufspaltungs-

---
823 EuGH v. 3.7.2012 – C-128/11, GRUR 2012, 904, Tz. 79, 87 – UsedSoft.
824 *Dreier/Ganzhorn*, in: Bräutigam/Hoppen (Hrsg.), DGRI Jahrbuch 2013, S. 233 (239).
825 *Bassenge*, in: Palandt (Bgr.), BGB, § 929 Rn. 11. Diese Voraussetzung muss freilich nur beim Weiterverkauf beachtet werden und gilt nicht für den Erstverkauf.
826 So auch *Peifer*, AfP 2013, 89 (91 f.).
827 EuGH v. 3.7.2012 – C-128/11, GRUR 2012, 904, Tz. 79, 87 – UsedSoft; nähere Ausführungen dazu in Kapitel F.
828 EuGH v. 3.7.2012 – C-128/11, GRUR 2012, 904, Tz. 44 – UsedSoft.

D. Die urheberrechtliche Zulässigkeit der Weitergabe

verbot, denn der Ersterwerber nutzt bei einer bloßen Aufspaltung der Nutzungsrechte die auf seinem Server installierte Kopie weiter und kann seine Kopie nicht unbrauchbar machen.

Die Fallkonstellation, die der EuGH in Tz. 71 des Urteils anspricht, erschließt sich nicht sofort.[829] Gemeint hat der EuGH, dass der Erwerber, der zusätzliche Nutzungsrechte vom Rechteinhaber erwirbt, um seinen Nutzerkreis zu erweitern, diese nicht weitergeben darf, da sich die Wirkung der Erschöpfung des Verbreitungsrechts nicht auf diese Nutzungsrechte erstrecken würde. Auch dies lässt sich mit der untrennbaren Verbindung von Programmkopie und Nutzungsrecht erklären. Denn die zusätzlich erworbenen Nutzungsrechte sind nicht mit der Programmkopie verbunden, die auf dem eigenen Server liegt. Damit kann an diesen aber auch keine Erschöpfung eintreten und keine Weitergabe dieser Nutzungsrechte erfolgen. Lediglich die zuvor besessenen Nutzungsrechte kann der Erwerber mit samt der Programmkopie weiterveräußern.

bbb. Der Verweis auf technische Schutzmaßnahmen

Der EuGH erkennt die Gefahr eines Missbrauchs, indem nach dem Verkauf weiterhin illegale Programmkopien existieren könnten. Die Überprüfung der Unbrauchbarmachung der Programmkopie gestalte sich bei einem Rechteinhaber, der auf einem Datenträger gespeicherte Programmkopien verbreitet, jedoch ebenso schwer wie bei per Download vertriebenen Computerprogrammen.[830] Dabei sieht sich der EuGH der Kritik ausgesetzt, dass die Gefahr bei heruntergeladener Software wesentlich größer sei als bei auf Datenträgern vertriebener Software, da sich eine illegale Programmkopie auf dem Rechner durch nichts von einer legalen Kopie unterscheide, während eine Raubkopie auf einem Datenträger anders aussehe als eine Originaldatenträger.[831] Diese Kritik ist jedoch nicht stichhaltig. Denn eine Raubkopie auf einem Datenträger ist in der heutigen Zeit keineswegs sofort als solche erkennbar, da die nicht bespielte Seite kinderleicht mit dem originalen Aufdruck versehen werden kann. Zudem ist nicht gesagt, dass ein Ersterwerber eine auf einem Datenträger erworbene Programmkopie in gleicher Weise – also wiederum auf einem Datenträger – illegal kopiert. Dieser kann die Daten auch vom Datenträger lösen, so dass sich diese dann auf der Festplatte befinden. Die Gefahr besteht also sowohl bei Programmkopien zum Download als auch bei solchen, die der Rechteinhaber auf einem Datenträger vertreibt. Zuzugeben ist lediglich, dass sich illegale Kopien beim Downloadvertrieb noch einfacher herstellen lassen. Wie weit der Einsatz

---

829 EuGH v. 3.7.2012 – C-128/11, GRUR 2012, 904, Tz. 71 – UsedSoft.
830 EuGH v. 3.7.2012 – C-128/11, GRUR 2012, 904, Tz. 79 – UsedSoft.
831 *Wimmers/Schulz*, ZUM 2007, 162 (163); *Hansen/Wolff-Rojczyk*, GRUR 2012, 908 (909); *Heydn*, in: Kilian/Heussen (Hrsg.), Computerrechts-Handbuch, 1. Abschn. Teil 2, Vermarktung von Gebrauchtsoftware, Rn. 97a.

II. Der Erschöpfungsgrundsatz bei Software

technischer Schutzmaßnahmen durch die Rechteinhaber tatsächlich gehen darf, wird in einem eigenen Kapitel thematisiert.[832]

ccc. Anforderungen an das Unbrauchbarmachen

Eine Schwierigkeit bei der Umsetzung der Unbrauchbarmachung besteht darin, dass das Löschen eines Programms regelmäßig nicht dazu führt, dass es unwiderruflich gelöscht ist bzw. keinerlei Programmdateien mehr auf dem Rechner gespeichert sind. *Stieper* spricht daher vom „Ende für dieses Vertriebsmodell, da der Nachweis einer vollständigen Löschung für den Erwerber praktisch unmöglich ist und er diese Rechtsunsicherheit kaum hinnehmen wird."[833] Fraglich ist aber, welche Anforderungen an die Unbrauchbarmachung tatsächlich zu stellen sind. Für *Heydn* wird ein Löschen der entsprechenden Dateien den Anforderungen noch nicht gerecht, da die Programmdateien aus technischer Sicht physisch unverändert auf dem Rechner gespeichert bleiben und jederzeit wieder hergestellt werden können, bis der freie Speicherplatz des Speichermediums voll ist und die Programmdateien überschrieben werden.[834] Für ein dermaßen enges Verständnis des Unbrauchbarmachens spreche, so *Heydn*, dass der BGH in der ersten UsedSoft-Entscheidung noch die Formulierung „Programmkopie gelöscht hat oder nicht mehr verwendet"[835] gewählt habe, wohingegen die EuGH-Richter vorschrieben, dass die „Kopie unbrauchbar" zu machen sei.[836] Daher stelle das Unbrauchbarmachen ein „Mehr" gegenüber einem Löschen oder Nicht-mehr-verwenden dar.[837] Eine solche Auslegung ist jedoch keinesfalls zwingend und findet keine Anhaltspunkte in der Begründung der Gerichte. Die Umformulierung kann genauso gut damit zusammenhängen, dass ein Unbrauchbarmachen als Oberbegriff sowohl das Löschen als auch das Nicht-mehr-Verwenden umfasst. Jedenfalls ist nicht davon auszugehen, dass der EuGH so hohe technische Anforderungen an das Unbrauchbarmachen stellen will, die praktisch nur von Computerexperten zu erfüllen sind.[838] Im Kern geht es ja ohnehin nur darum, dass nicht zwei Programmkopien zur gleichen Zeit zur Verfügung stehen. Sobald die vorhandenen Programmkopien auf Seiten des Ersterwerbers nicht mehr in nutzbarer Form zur Verfügung stehen – beispielsweise durch Löschen oder Deinstallation –, sind die Voraussetzungen als erfüllt anzusehen.

---

832 S. dazu das Kapitel F.
833 *Stieper*, ZUM 2012, 668 (670).
834 *Heydn*, MMR 2014, 239 (240).
835 BGH v. 3.2.2011 – I ZR 129/08, GRUR 2011, 418, Tz. 30 – UsedSoft.
836 EuGH v. 3.7.2012 – C-128/11, GRUR 2012, 904, Tz. 70 – UsedSoft; BGH v. 17.7.2013 – I ZR 129/08, GRUR 2014, 264, Tz. 63 – UsedSoft II.
837 *Heydn*, MMR 2014, 239 (240).
838 In diesem Sinne auch *Leistner*, WRP 2014, 995 (996).

ddd. Zeitpunkt des Unbrauchbarmachens

Nach der EuGH-Entscheidung muss der Ersterwerber seine eigene Programmkopie „zum Zeitpunkt des Weiterverkaufs" unbrauchbar machen.[839] Diese Angabe ist nicht als Zeitangabe in dem Sinne zu verstehen, dass die Unbrauchbarmachung tatsächlich zeitgleich mit dem Abschluss des Lizenzvertrags erfolgen muss. Denn im konkret zu entscheidenden Fall entsteht nach dem Download keine weitergabefähige Programmkopie, so dass der Zweiterwerber zwingend eine Programmkopie aus dem Internet herunterladen muss. Soweit die Weitergabe jedoch dergestalt abläuft, dass der Zweiterwerber die vom Ersterwerber heruntergeladene Programmkopie erhält, benötigt er diese Programmkopie als Kopiervorlage. Ein Unbrauchbarmachen zum Zeitpunkt des Weiterverkaufs würde dazu führen, dass die heruntergeladene Programmkopie als Kopiervorlage nicht mehr vorhanden ist, was eine Weitergabe unmöglich macht.[840] Erst nach Beendigung des Herstellungsprozesses kann der Ersterwerber die ursprüngliche Programmkopie unbrauchbar machen. Denknotwendig müssen also in bestimmten Fallkonstellationen, zumindest bis der Kopiervorgang abgeschlossen ist, zwei Programmkopien im Spiel sein.[841] Dies macht eine gleichzeitige Unbrauchbarmachung jedoch unmöglich. Im Ergebnis darf der Ersterwerber also nach der tatsächlichen Weitergabe der Programmkopie über keine Programmkopie mehr verfügen.[842] Dafür spricht auch der Ausspruch des EuGH, dass der Erschöpfung nicht ihre praktische Wirksamkeit genommen werden darf. Bei einem wörtlichen Verständnis seiner Aussage würde man dies aber gerade tun. Eine Rechtfertigung für die Vervielfältigungshandlung, die mit der Erstellung einer weitergabefähigen Programmkopie einhergeht, ist damit freilich nicht ausgesprochen.[843]

eee. Umfang des Unbrauchbarmachens

Nach den Urteilsgründen des EuGH muss der Ersterwerber „seine Kopie" unbrauchbar machen.[844] Fraglich ist, ob der Verwendung des Singulars tatsächlich Bedeutung beizumessen ist. Denn nach Art. 5 Abs. 2 Software-RL steht dem Erwerber von Software das Recht zu, eine Sicherungskopie des Computerprogramms vorzunehmen. Wenn der Ersterwerber nach dem Weiterverkauf nun aber nur seine heruntergeladene Programmkopie unbrauchbar machen bzw. das installierte Computerprogramm löschen müsste, könnte er möglicherweise weiterhin auf das nach Art. 5 Abs. 2 Software-RL hergestellte Vervielfältigungsstück zurückgreifen. Das aber würde dem Zweck des Erschöpfungsgrundsatzes, die Verkehrsfähigkeit auch unkörperlicher Programmkopien herzustellen, zuwider-

---

839 EuGH v. 3.7.2012 – C-128/11, GRUR 2012, 904, Tz. 70 – UsedSoft; kritisch dazu *Stieper*, ZUM 2012, 668 (669).
840 *Hansen/Wolff-Rojczyk*, GRUR 2012, 908 (909).
841 So auch *Haberstumpf*, CR 2012, 561 (565).
842 So auch *Leistner*, WRP 2014, 995 (996); *Schneider/Spindler*, CR 2014, 213 (219 f.).
843 Vgl. dazu die Ausführungen unter D. IV.
844 EuGH v. 3.7.2012 – C-128/11, GRUR 2012, 904, Tz. 70 – UsedSoft.

laufen. Insofern muss man die Anforderung der Unbrauchbarmachung so verstehen, dass keinerlei Programmkopie weiterhin zur Verfügung stehen darf, so dass auch eine etwaige Sicherungskopie davon umfasst ist. Nur so werden die Regeln der analogen Welt, in der es nur einen bestimmten körperlichen Gegenstand gibt, an dem Erschöpfung eintreten kann, in das digitale Umfeld entsprechend umgesetzt. Die Unbrauchbarmachung „seiner Kopie" ist also nicht wörtlich zu verstehen. Eine Ausnahme besteht hinsichtlich Firmen-Backups des Servers, da der Rechteinhaber die Unternehmen als Ersterwerber kaum dazu verpflichten kann, ihre Backups zu löschen bzw. die entsprechenden Programmdateien zu entfernen. Der Aufwand wäre hier unverhältnismäßig hoch.

gg. Fazit

Der EuGH hat in fest umrissenen Grenzen den Erschöpfungsgrundsatz auf unkörperlich in Verkehr gebrachte Programmkopien ausgedehnt und mit diesen Einschränkungen erreicht, dass die bisher nur in der analogen Welt geltende Erschöpfung angemessen in das digitale Umfeld umgesetzt wird. Trotz einiger dogmatischer Schwächen, die jedoch allesamt nicht unvertretbar sind, ist sein Ergebnis als rechtspolitisch sinnvoll anzusehen. Die Begründung des Erschöpfungsgrundsatzes beruht einerseits auf der Belohnungstheorie.[845] Zudem wird deutlich, dass der Leitgedanke eines freien Warenverkehrs nicht vor der Digitalisierung Halt machen kann. Damit ist andererseits die Verkehrssicherungstheorie als Begründungsmodell für die Erschöpfung angesprochen, auch wenn diese ursprünglich nur auf die Verkehrsfähigkeit körperlicher Werkstücke abgestellt hat.[846] Insofern ist den Urteilsgründen anzumerken, dass der EuGH eine teleologische Betrachtungsweise im Blick gehabt und daher im Wesentlichen vom Ergebnis her argumentiert hat.[847] Bei der teleologischen Auslegung handelt es sich jedoch um die wichtigste Auslegungsmethode des EuGH.[848] Es ist daher etwas verwunderlich, dass der EuGH trotz dieser Vorgehensweise verhältnismäßig wenige wirtschaftliche Aspekte in seine Untersuchung hat einfließen lassen, wenngleich diese wenigen Aspekte von entscheidender Bedeutung für das Urteil sind. Die Entscheidung überzeugt auch deswegen, weil die Erschöpfung nicht von den von Anbietern als gleichwertige Alternativen angebotenen technischen Wegen der Übermittlung abhängen kann.[849] Mit dem Verweis auf die Zulässigkeit technischer Schutzmaßnahmen und der Möglichkeit der Rechteinhaber, erforderliche Wartungsverträge für Zweiterwerber beispielsweise nur zu erhöhten

---

845 *Marly*, Praxishandbuch Softwarerecht, Rn. 178; *Grützmacher*, ZGE 2013, S. 46 (48).
846 Vgl. dazu auch *Heinz*, Urheberrechtliche Gleichbehandlung von alten und neuen Medien, S. 78; a. A. *Grützmacher*, ZGE 2013, 46 (48), welcher der EuGH-Entscheidung nur ein Abstellen auf die Belohnungstheorie entnehmen kann.
847 So auch *Rauer/Ettig*, EWS 2012, 322 (326).
848 *von Lewinski*, in: Walter/von Lewinski (Hrsg.), European Copyright Law, Rn. 1.0.46; ähnlich *Pechstein/Drechsler*, in: Riesenhuber (Hrsg.), Europäische Methodenlehre, § 8 Rn. 39 f.; a.A. *Herdegen*, Europarecht, § 8 Rn. 73.
849 *Scholz*, ITRB 2013, 17 (20).

D. Die urheberrechtliche Zulässigkeit der Weitergabe

Preisen anzubieten oder komplett abzulehnen, können sich die Marktteilnehmer auf Augenhöhe begegnen.

Es deutet im Übrigen nichts darauf hin, dass der EuGH von einer analogen Anwendung des Art. 4 Abs. 2 Software-RL ausgeht. Vielmehr lässt der neutrale Wortlaut – wie der EuGH durch die vorgenommene Subsumtion des „Erstverkaufs einer Programmkopie" zeigt – auch eine direkte Anwendung der Norm[850] und damit die Erschöpfungswirkung auch bei unkörperlichen Programmkopien zu. Damit liegt also bereits keine für eine Analogie erforderliche Regelungslücke vor. Mit der Anknüpfung der Erschöpfung an einer virtuellen Programmkopie ist zudem die Unterscheidung zwischen körperlicher und unkörperlicher Weiterverbreitung online empfangener Werke obsolet.[851]

d. Die BGH-Entscheidung

Der BGH hat über ein Jahr nach der EuGH-Entscheidung sein Urteil zur Rechtssache verkündet.[852] Die schriftliche Urteilsbegründung ließ zudem ein weiteres halbes Jahr auf sich warten. Dieser ungewöhnlich lange Zeitraum zwischen Verkündung und schriftlicher Begründung kann ein Hinweis darauf sein, dass sich das Gericht mit der schriftlichen Ausarbeitung sehr schwer getan hat. Dafür spricht auch die Tatsache, dass der BGH im Rahmen der Vorlagefragen zumindest hinsichtlich der dritten Vorlagefrage eine andere Meinung als der EuGH vertritt.

Dem Urteil des BGH sind interessante Details zu den aufgeworfenen Rechtsfragen im Zusammenhang mit dem Erschöpfungsgrundsatz zu entnehmen.[853] So muss sich der BGH mit Einwänden der Klägerin Oracle auseinandersetzen, welche zum einen dem EuGH-Urteil teilweise die Bindungswirkung wegen falscher Annahmen absprechen will, zum anderen die Beurteilung des Berufungsgerichts wegen des Verkaufs von Nutzungsrechten anstatt von heruntergeladenen Programmkopien als korrekt bewertet. Zudem übernimmt der BGH die vom EuGH

---

850 So auch *Heydn*, in: Kilian/Heussen (Hrsg.), Computerrechts-Handbuch, 1. Abschn. Teil 2, Vermarktung von Gebrauchtsoftware, Rn. 97, und *Druschel*, Die Behandlung digitaler Inhalte im GEKR, S. 137. Für eine analoge Anwendung (noch vor der EuGH-Entscheidung) etwa *Hoeren*, Gutachten zur Frage der Geltung des urheberrechtlichen Erschöpfungsgrundsatzes bei der Online-Übertragung von Computerprogrammen, S. 6 ff.; *Kulpe*, Der Erschöpfungsgrundsatz nach Europäischem Urheberrecht, 141 f.
851 S. beispielhaft nur *Niethammer*, Erschöpfungsgrundsatz und Verbraucherschutz im Urheberrecht, der zwischen „Erschöpfung bei unkörperlicher Weiterverbreitung online empfangener Werke" (S. 90) und „Erschöpfung bei körperlicher Weiterverbreitung online empfangener Werke" (S. 97) differenziert.
852 BGH v. 17.7.2013 – I ZR 129/08, GRUR 2014, 264 – UsedSoft II.
853 Der BGH hat seine Prüfungsreihenfolge, die aus den Vorlagefragen hervorgeht, trotz der Schlussanträge des Generalanwalts *Bot* und des EuGH-Urteils beibehalten, indem er zunächst § 69d UrhG prüft. Die Ausführungen zur Rechtfertigung der Vervielfältigungshandlungen finden sich – wie diejenigen des EuGH – unter D. IV.

II. Der Erschöpfungsgrundsatz bei Software

aufgestellten Voraussetzungen für den Eintritt der Erschöpfung und setzt sie mit teilweise weiter gehenden Vorgaben in das deutsche Recht um. Im Ergebnis verweisen die Richter die Rechtssache an das OLG München zurück.[854] Der BGH erklärt dabei im Grunde nur, dass die Erschöpfung im digitalen Bereich nach dem EuGH-Urteil zulässig ist, äußert sich aber nicht zu den notwendigen tatsächlichen Voraussetzungen im konkreten Fall. Dies überlässt er dem OLG München.

aa. Bindungswirkung der Entscheidung

Oracle spricht der Entscheidung des EuGH aus zwei Gründen die Bindungswirkung ab: Die Annahmen des EuGH würden nicht nur in die Eigentumsordnung der Mitgliedstaaten eingreifen, sondern auch gegen den WCT verstoßen.[855]

aaa. Kein Eingriff in die Eigentumsordnung der Mitgliedstaaten

Die Klägerin sieht in der Annahme des EuGH, Eigentum an unkörperlichen Kopien einräumen zu können, einen Eingriff in die den Mitgliedstaaten nach Art. 345 AEUV als Regelungsmaterie vorbehaltene Eigentumsordnung.[856] Diese richte sich jedoch nach den Rechtsordnungen der Mitgliedstaaten, wobei gerade in Deutschland kein Eigentum an nichtkörperlichen Gegenständen möglich sei. Daraus schließt die Klägerin, dass auch der auf dieser Eigentumsübertragung aufbauende Eintritt der Erschöpfungswirkung im UsedSoft-Verfahren nicht bindend sei.[857] Der BGH wiederholt diesbezüglich nur die Äußerungen des EuGH, wonach der Wortlaut der Software-RL hinsichtlich der Bedeutung des Begriffs „Verkauf" nicht auf die nationalen Rechtsvorschriften verweise und daher für die Anwendung dieser Richtlinie als autonomer Begriff des Unionsrechts anzusehen sei, der im gesamten Gebiet der Union einheitlich ausgelegt werden müsse.[858] Den Begriff „Übertragung des Eigentums" habe der EuGH diesbezüglich nur zur Definition des Begriffs Verkauf verwendet, der im Gegensatz zum deutschen Recht die Einräumung eines zeitlich unbegrenzten Nutzungsrechts an einer nichtkörperlichen Programmkopie umfasse.[859] Damit bestätigt der BGH die zuvor vorgenommene Untersuchung, wonach der EuGH nur eine urheberrechtliche Eigentumsübertragung fordert, die keine unmittelbaren sachen- oder schuldrechtlichen Auswirkungen in den Mitgliedstaaten auslöst.

---

854 BGH v. 17.7.2013 – I ZR 129/08, GRUR 2014, 264, Tz. 33-46, 54-68 – UsedSoft II.
855 BGH v. 17.7.2013 – I ZR 129/08, GRUR 2014, 264, Tz. 33 – UsedSoft II.
856 So auch *Haberstumpf*, CR 2012, 561 (562); *Moritz*, K&R 2012, 456 (459); *Heydn*, in: Kilian/Heussen (Hrsg.), Computerrechts-Handbuch, 1. Abschn. Teil 2, Vermarktung von Gebrauchtsoftware, Rn. 86b ff.
857 BGH v. 17.7.2013 – I ZR 129/08, GRUR 2014, 264, Tz. 35 – UsedSoft II.
858 BGH v. 17.7.2013 – I ZR 129/08, GRUR 2014, 264, Tz. 36 – UsedSoft II; EuGH v. 3.7.2012 – C-128/11, GRUR 2012, 904, Tz. 39-41 – UsedSoft.
859 BGH v. 17.7.2013 – I ZR 129/08, GRUR 2014, 264, Tz. 36 – UsedSoft II; EuGH v. 3.7.2012 – C-128/11, GRUR 2012, 904, Tz. 47-49 – UsedSoft.

D. Die urheberrechtliche Zulässigkeit der Weitergabe

bbb. Kein Verstoß gegen Art. 6 WCT

Oracle wendet des Weiteren ein, dass der EuGH durch die Annahme der Erschöpfungswirkung Art. 6 WCT und die vereinbarte Erklärung zu Art. 6 und 7 WCT fehlerhaft beurteilt habe. Der WIPO-Urheberrechtsvertrag sei jedoch sowohl in Deutschland geltendes Recht als auch integraler Bestandteil der Unionsrechtsordnung, so dass er als völkerrechtlicher Vertrag gegenüber einer Auslegung der Richtlinie und einer richtlinienkonformen Auslegung nationalen Rechts vorrangig sei.[860] Dem entgegnet der BGH, dass die Vertragspartner des WIPO-Urheberrechtsvertrages das Verbreitungsrecht des Art. 6 Abs. 1 WCT nur als Mindestrecht gewährleisten müssten, so dass die Europäische Union für Urheber durchaus ein weiter gehendes Verbreitungsrecht mit einem ebenfalls weiter gehenden Erschöpfungsgrundsatz vorsehen könnten.[861] Diesbezüglich wird die Kritik vorgebracht, dass die Mindestrechte des Urhebers hinsichtlich seines Verbreitungsrechts vertragswidrig verkürzt würden, sollte sich der Erschöpfungsgrundsatz auf Werkexemplare erstrecken, die ursprünglich in körperloser Form in den Verkehr gelangt sind.[862] Als Sonderabkommen i. S. d. Art. 20 RBÜ (Revidierte Berner Übereinkunft) – vgl. Art. 1 Abs. 2, Abs. 4 WCT – kann der WCT das Urheberschutzniveau in der Tat nur erhöhen, nicht aber senken. Auch aus Art. 1 Abs. 4 WCT, der auf Art. 19 RBÜ verweist, ergibt sich, dass der WCT nur Mindestrechte regelt. Diese stehen der Ausweitung des Verbreitungsrechts durch den EuGH daher nicht entgegen.[863] Dass sich bei einer Ausweitung des Verbreitungsrechts aber zugleich auch die Erschöpfungswirkung dieses Rechts „ausweitet", steht dazu in keinem Widerspruch. Zudem sei daran erinnert, dass Art. 6 WCT keineswegs zwingend eine Beschränkung auf körperliche Werkkopien vorsieht.[864] Im Ergebnis liegt also keine fehlerhafte Beurteilung des EuGH vor.

bb. „Gegenstand" der Weitergabe

Der BGH greift auch den Gegenstand der Weitergabe nochmals auf. Er stellt dabei klar, dass mit der Formulierung „Weiterverkauf der Lizenz" nicht der Weiterverkauf des „nicht abtretbar[en]" vertraglichen Nutzungsrechts, sondern nur – mit dem Erwerb der „erschöpften" Programmkopie – das gesetzliche Recht zur bestimmungsgemäßen Benutzung nach Art. 5 Abs. 1 Software-RL gemeint sei.[865] Der Weiterverkauf setze allerdings keine Übergabe eines Datenträgers mit einer „erschöpften" Programmkopie voraus, da auch der Download einer Programmkopie von der Internetseite des Rechteinhabers möglich sei.[866] Dies

---
860 BGH v. 17.7.2013 – I ZR 129/08, GRUR 2014, 264, Tz. 38 – UsedSoft II.
861 BGH v. 17.7.2013 – I ZR 129/08, GRUR 2014, 264, Tz. 40 – UsedSoft II.
862 *Krüger/Biehler/Apel*, MMR 2013, 760 (764).
863 So auch *Stieper*, GRUR 2014, 270 (271); *Stieper*, ZGE 2011, 227 (233).
864 S. dazu die Ausführungen unter D. II. c. cc. ccc.
865 BGH v. 17.7.2013 – I ZR 129/08, GRUR 2014, 264, Tz. 43 – UsedSoft II.
866 BGH v. 17.7.2013 – I ZR 129/08, GRUR 2014, 264, Tz. 44 – UsedSoft II.

begründet der BGH damit, dass der EuGH im Rahmen der Prüfung des „Erstverkaufs einer Programmkopie" keinen Unterschied hinsichtlich der Zugänglichmachung über einen Download oder einen materiellen Datenträger erkennen könne, zumal er von der wirtschaftlichen Vergleichbarkeit beider Formen der Veräußerung ausgehe.[867] Der BGH liefert insofern keine neuen Erkenntnisse, sondern wiederholt nur die Aussagen des EuGH. Er geht einer Einordnung des konkreten Gegenstandes der Weitergabe also ebenfalls aus dem Weg, indem er nur auf die Programmkopie und damit auf das Ergebnis der Verwertungshandlung abstellt. Daher spricht das BGH-Urteil aber auch nicht gegen die Annahme einer virtuellen Programmkopie als Gegenstand des Weiterverkaufs.

cc. Konkretisierung der EuGH-Vorgaben

Nach der Feststellung des BGH, die Sache zur neuen Verhandlung und Entscheidung an das Berufungsgericht zurückzuweisen (§ 563 Abs. 1 ZPO), da der Senat aufgrund fehlender Feststellungen in der Sache nicht selbst entscheiden könne, weist er für das weitere Verfahren auf einige Punkte hin.[868] In diesem Zusammenhang konkretisiert der Senat einige der vom EuGH aufgestellten Voraussetzungen für den Eintritt der Erschöpfungswirkung. Dabei liegt der Schwerpunkt des BGH vor allem auf Fragen der Darlegungs- und Beweislast, die er bereits zu Beginn thematisiert hat. Demnach trage UsedSoft als Beklagte „nach allgemeinen Grundsätzen die Darlegungs- und Beweislast" für den Eintritt der Erschöpfung.[869] Diese Äußerung entspricht dem Grundsatz des deutschen Zivilprozessrechts und der einhelligen Meinung im urheberrechtlichen Schrifttum, dass die Darlegungs- und Beweislast für den Eintritt der Erschöpfung immer denjenigen trifft, der sich darauf beruft.[870]

aaa. Angemessene Vergütung

Der EuGH hat bekanntlich die Zahlung eines Entgelts verlangt, das es dem Rechteinhaber ermöglichen soll, eine dem wirtschaftlichen Wert der Kopie seines Werkes entsprechende bzw. angemessene Vergütung zu erzielen.[871] Auf den Einwand der Klägerin, dass das Bestehen eines Gebrauchtmarktes zu höheren Abgabepreisen des Herstellers führe und als zweiter Vertriebsweg bislang noch nicht berücksichtigt worden sei,[872] entgegnet der BGH, dass es nicht darauf ankomme, ob der Rechteinhaber eine dem wirtschaftlichen Wert der Programmko-

---
867 BGH v. 17.7.2013 – I ZR 129/08, GRUR 2014, 264, Tz. 43 f. – UsedSoft II.
868 BGH v. 17.7.2013 – I ZR 129/08, GRUR 2014, 264, Tz. 54 ff. – UsedSoft II.
869 BGH v. 17.7.2013 – I ZR 129/08, GRUR 2014, 264, Tz. 57 – UsedSoft II.
870 BGH v. 3.3.2005 – I ZR 133/02, ZUM 2005, 475 – Atlanta; *Peifer*, AfP 2013, 89 (92); *Stieper*, ZUM 2012, 668 (670); *Loewenheim*, in: Schricker/Loewenheim (Hrsg.), UrhG, § 17 Rn. 42; *Marly*, Praxishandbuch Softwarerecht, Rn. 221; *Walter*, in: Walter (Hrsg.), Europäisches Urheberrecht, Stand der Harmonisierung und Ausblick, VII. Kap., Rn. 69.
871 EuGH v. 3.7.2012 – C-128/11, GRUR 2012, 904, Tz. 62 f., 72 – UsedSoft.
872 BGH v. 17.7.2013 – I ZR 129/08, GRUR 2014, 264, Tz. 59 – UsedSoft II; so zuvor auch schon *Moritz*, K&R 2012, 456 (459).

pie entsprechende Vergütung tatsächlich erhalten habe. Stattdessen genüge nach dem EuGH-Urteil bereits die Möglichkeit der Erzielung einer angemessenen Vergütung beim Erstverkauf der betreffenden Kopie, welche im vorliegenden Fall bestanden habe.[873] Auch das OLG Frankfurt hat sich – noch vor der BGH-Entscheidung – zur Angemessenheit der Vergütung geäußert und ist dabei zu dem Ergebnis gelangt, dass ein vom Rechteinhaber festgesetzter Preis grundsätzlich als aus seiner Sicht angemessener Verwertungserlös anzusehen sei, da er sein Schutzrecht sonst nicht zu diesen Konditionen dem Markt zur Verfügung gestellt hätte.[874] Dass die Möglichkeit, eine angemessene Vergütung zu erzielen, genügen muss, ist nur interessengerecht. Schließlich ist es gerade die Aufgabe eines Marktteilnehmers, einen entsprechenden Preis selbst festzusetzen. Ob dieser Preis tatsächlich angemessen ist, lässt sich grundsätzlich erst im Nachhinein objektiv beurteilen, nicht aber schon im Vorfeld. Zudem liegt aus urheberrechtlicher Sicht keine Intensivierung der Nutzung vor, wenn die Nutzungsrechte weiter übertragen werden.[875]

bbb. Zeitlich unbegrenztes Nutzungsrecht

Der BGH weist darauf hin, dass der Rechteinhaber für die Erschöpfung des Verbreitungsrechts ein zeitlich unbegrenztes Nutzungsrecht einräumen müsse, die Klägerin jedoch entweder ein solches (Perpetual License) gegen einmalige Zahlung oder aber ein zeitlich begrenztes Nutzungsrecht (Fixed Term License) gegen wiederkehrende Zahlungen einräume. Daher trage UsedSoft als die Beklagte die Darlegungs- und Beweislast für das Vorliegen unbefristeter Nutzungsrechte[876] hinsichtlich der in Rede stehenden Computerprogramme.[877] Auffällig ist, dass der BGH von einer „einmaligen Zahlung" ausgeht, während der EuGH auf die Häufigkeit der Entgeltzahlung nicht Bezug nimmt. Eine solche Interpretation lässt sich dem EuGH-Urteil zwar mittelbar, aber nicht wörtlich entnehmen. Damit stellt sich die Frage, ob auch eine zeitlich gestreckte Zahlung möglich ist, soweit im Ergebnis eine dauerhafte Nutzungsmöglichkeit besteht. Naheliegend ist es, entscheidend darauf abzustellen, ob eine endgültige oder nur eine vorübergehende Überlassung der Programmkopie vorgesehen ist. Ob der Ersterwerber bei einer dauerhaften Überlassung dann tatsächlich eine einmalige Zahlung oder aber, wie beim Ratenkaufvertrag, die Bezahlung in mehreren vor-

---

873 BGH v. 17.7.2013 – I ZR 129/08, GRUR 2014, 264, Tz. 60 – UsedSoft II.
874 OLG Frankfurt a. M. v. 18.12.2012 – 11 U 68/11, GRUR 2013, 279 (281) – Adobe/UsedSoft.
875 *Heÿn*, WRP 2014, 315 (316).
876 Der BGH benutzt auch in Tz. 34 unter Bezugnahme auf den EuGH (Tz. 43, 45 des EuGH-Urteils) den Begriff „unbefristeten" anstatt eines „unbegrenzten" Nutzungsrechts. Diesen Begriff hat Oracle im UsedSoft-Beschluss des BGH selbst verwendet. Dabei handelt es sich jedoch um einen Begriff, der typisch für den Dienstvertrag und die Miete ist. Daher sollte für die Charakterisierung eines Kaufes der sowohl im Leitsatz des EuGH als auch des BGH verwendete Ausdruck „ohne zeitliche Begrenzung" oder „zeitlich unbegrenzt" verwendet werden. S. dazu ausführlich *Schneider/Spindler*, CR 2014, 213 (215 ff.).
877 BGH v. 17.7.2013 – I ZR 129/08, GRUR 2014, 264, Tz. 61 – UsedSoft II.

II. Der Erschöpfungsgrundsatz bei Software

her festgelegten Raten vorgenommen hat, kann keine Rolle spielen. Insofern ist der Ausdruck der „einmaligen Zahlung" nicht im wörtlichen Sinne zu verstehen.

Doch auch bei gestreckten Zahlungen, die nach den obigen Kriterien auf den ersten Blick dem Mietrecht unterfallen müssten, könnte man von einem Verkauf ausgehen, welches die Erschöpfung auslöst. Denkbar ist hier eine Anknüpfung an das Entgelt, das den „wirtschaftlichen Wert" abdeckt, wobei die Risikoverteilung als Abgrenzungskriterium dienen könnte:[878] Denn tragen beide Parteien durch den einheitlichen Kaufpreis das Risiko, dass entweder zu viel oder zu wenig gezahlt wird, liegt zweifelsfrei ein Verkauf vor. Trägt aber der Programmhersteller das Risiko, dass die Nutzungsdauer sich aus Sicht des Nutzers als kürzer erweist als vom Programmhersteller bei Festlegung des Mietpreises vorausgesehen, und muss der Nutzer nur so viel zahlen, wie er das Programm nutzt, erhält der Programmnutzer die Vergütung sozusagen als Ausgleich, dass keine Erschöpfung eintritt. Vor diesem Hintergrund könnte entscheidend auf die Kündigungsmöglichkeiten des Mietvertrages abgestellt werden. Sind diese nur kurz bemessen, bleibt es bei einem nicht die Erschöpfung auslösenden Mietvertrag. Sind die Kündigungsmöglichkeiten aber im Vergleich zu üblichen Nutzungszeiträumen länger bemessen, könnte man eher von einem Verkauf ausgehen, welcher der Erschöpfung unterliegt. Der Rechtssicherheit wegen sollte der Nutzungszeitraum dabei jedoch deutlich über den üblichen hinausgehen, um von einer solchen „Umwandlung" eines Mietvertrages in eine die Erschöpfung auslösende „Veräußerung" i. S. d. § 69c Nr. 3 S. 2 UrhG auszugehen.

Hinsichtlich der Darlegungs- und Beweislast für den Eintritt der Erschöpfung bietet es sich an, dass der Gebrauchtsoftwarehändler den zwischen dem Rechteinhaber und dem Ersterwerber abgeschlossenen Lizenzvertrag samt der Quittung vorlegt.[879] Aus dem Lizenzvertrag kann sich das zeitlich unbegrenzte Nutzungsrecht ergeben, während die Quittung auf das Vorliegen einer angemessenen Vergütung des Rechteinhabers hinweist.

ccc. Wartungsvertrag

Der BGH geht auch darauf ein, dass sich nach dem EuGH-Urteil die Erschöpfungswirkung auf die Kopie des verbesserten und aktualisierten Computerprogramms beziehe. Hier trage die Beklagte ebenfalls die Darlegungs- und Beweislast dafür, dass die Verbesserungen und Aktualisierungen des Computerprogramms von einem zwischen dem Rechteinhaber und dem Ersterwerber abgeschlossenen Wartungsvertrag gedeckt sind, damit sie ihre Kunden zum Download dieser Kopien veranlassen kann.[880]

---

878 Vgl. dazu *Dreier/Ganzhorn*, in: Bräutigam/Hoppen (Hrsg.), DGRI Jahrbuch 2013, S. 233 (238 f.).
879 *Stögmüller*, K&R 2014, 194 (195).
880 BGH v. 17.7.2013 – I ZR 129/08, GRUR 2014, 264, Tz. 62 – UsedSoft II.

D. Die urheberrechtliche Zulässigkeit der Weitergabe

dd. Zum Unbrauchbarmachen der eigenen Programmkopie

Nach dem BGH-Urteil obliegt es der Beklagten, das Unbrauchbarmachen der eigenen Programmkopie darzulegen und zu beweisen. Dabei erfülle die Übergabe eines Notartestats an den Zweiterwerber noch nicht diese Voraussetzung, wenn sich aus diesem nur ergibt, dass dem Notar eine Erklärung des ursprünglichen Lizenznehmers vorgelegen hat, wonach er rechtmäßiger Inhaber der Lizenzen gewesen sei, diese nicht mehr benutze und den Kaufpreis vollständig bezahlt habe.[881] Im konkreten Fall geht der BGH zudem nach den Feststellungen des LG Münchens von einer Zunahme der Vervielfältigungsstücke des Werkes aus, da die Vervielfältigung wegen des Server-Client-Programm-Systems auf dem Server des Ersterwerber weiter erhalten bleibe, obwohl der Zweiterwerber eine neue Vervielfältigung auf seinem Server erstelle. Wiederum liege die Darlegungs- und Beweislast auf Seiten der Beklagten, dass es nicht zu solchen Vervielfältigungen komme.[882] Zuvor stellt der BGH klar, dass die Erwerber, die bereits über eine auf ihrem Server installierte Programmkopie verfügen, gegen das Urheberrecht am Computerprogramm verstoßen, wenn sie zusätzliche Nutzungsrechte erwerben, da sie nicht gerechtfertigte Vervielfältigungen durch das Laden der Software in den Arbeitsspeicher vornehmen.[883] Damit beschreibt der BGH in seinen Worten, was der EuGH in Tz. 71 ausdrückt: Die Erschöpfung des Verbreitungsrechts bezieht sich nicht auf solche Nutzungsrechte, die ohne die mit ihr verbundene Programmkopie übertragen werden. Der BGH zeigt insofern die Konsequenz auf: eine Verletzung des Vervielfältigungsrechts. Denn indem keine Erschöpfung eintritt, kann auch § 69d Abs. 1 UrhG die Vervielfältigungshandlung nicht mehr rechtfertigen.

aaa. Die Darlegungs- und Beweislast

Da der EuGH dem Rechteinhaber die Verwendung technischer Schutzmaßnahmen zur Lösung des Problems zugesteht, liegt die Annahme nah, dass vor allem diesem die Sicherstellung der tatsächlichen Unbrauchbarmachung der Software aufzutragen ist.[884] Die Anknüpfung an den Urheber stellt auch die einfachste und an sich logische Lösung des Problems dar: Denn dieser wird in der Regel das entsprechende Know-how haben und hat sich schließlich selbst für diesen digitalen Vertriebsweg entschieden. Also könnte man es als folgerichtig ansehen, dass er auch die entsprechenden Konsequenzen tragen muss. Darüber hinaus sind die mit der Unbrauchbarmachung verbundenen Schwierigkeiten – also die Angst vor einer weiteren Nutzung durch den Ersterwerber – durch Echtheitszertifikate

---

881 BGH v. 17.7.2013 – I ZR 129/08, GRUR 2014, 264, Tz. 64 – UsedSoft II.
882 BGH v. 17.7.2013 – I ZR 129/08, GRUR 2014, 264, Tz. 65 S. 2 – UsedSoft II.
883 BGH v. 17.7.2013 – I ZR 129/08, GRUR 2014, 264, Tz. 65 S. 1 – UsedSoft II.
884 *Grützmacher*, ZGE 2013, 46 (73), geht davon aus, dass – wenn der Hersteller keinen DRM-Schutz zum Einsatz bringt und sowohl der Verkäufer als auch der Zweiterwerber den Verkauf bezeugen – die EuGH-Rechtsprechung einen prima-facie-Beweis bzw. eine Beweislastumkehr indiziere.

II. Der Erschöpfungsgrundsatz bei Software

und entsprechende Beweislastregeln, aber auch durch digitale Signaturen zumindest verminderbar.[885] Der BGH hat die Darlegungs- und Beweislast jedoch klar dem Gebrauchthändler aufgetragen. Insofern muss die Anwendung technischer Schutzmaßnahmen als freiwillige Möglichkeit angesehen werden, die zugunsten der Hersteller eingeräumt wird.[886] Diese sind jedoch keineswegs dazu verpflichtet, solche Maßnahmen einzusetzen. Den Nachweis der Unbrauchbarmachung muss jedenfalls der Gebrauchthändler erbringen, was mit den allgemeinen Darlegungs- und Beweislastgrundsätzen übereinstimmt.[887] Soweit die Anforderungen an das Erbringen der Darlegungs- und Beweislast nicht übertrieben ausgestaltet sind, verdient dies Zustimmung.[888]

bbb. Die Wirksamkeit eines Notartestats

Mit seiner Äußerung im Zusammenhang mit dem Notartestat verhilft der BGH leider nicht zu Rechtssicherheit. Denn er stellt nur klar, unter welchen Voraussetzungen ein Notartestat nicht den Anforderungen entspricht. Unter welchen Voraussetzungen die Unbrauchbarmachung der eigenen Programmkopie jedoch bewiesen werden kann oder ob dies mit einem Notartestat grundsätzlich nicht möglich ist, lässt der BGH offen. Dass das vorliegende Notartestat nicht zum Nachweis geeignet ist, liegt jedoch auf der Hand: Alleine die Zusicherung, die Kopie nicht mehr zu benutzen, sagt noch nichts darüber aus, ob die Kopie auch unbrauchbar gemacht, sprich gelöscht wurde. Sie könnte ja weiterhin auf der Festplatte oder einem Server abgespeichert sein. Insofern muss der Gebrauchthändler zwingend auch versichern können, dass die Programmkopie zum Zeitpunkt des Weiterverkaufs unbrauchbar gemacht wurde.[889] Damit erübrigt sich die Aussage über die Nichtbenutzung im Testat. Die weiteren Aussagen, dass der Ersterwerber ursprünglicher Lizenznehmer war und der Kaufpreis vollständig gezahlt wurde, bleiben davon unberührt und sollten weiter im Notartestat aufgeführt werden. Soweit das Notartestat also entsprechend abgeändert wird, dürfte nichts gegen seine Zulässigkeit sprechen.

Teilweise erfährt die Eignung eines Notartestats zum Nachweis der Rechtmäßigkeit der Weitergabe von Software Ablehnung, da ein Notar nur Erklärungen, Tatsachen und Vorgänge beurkunden könne, während die Beurteilung der Übertragbarkeit einer rechtmäßig erworbenen Lizenz den Gerichten obliege.[890] Zudem enthielten die in der Praxis verwendeten notariellen Bestätigungen weder eine Information über die Person des Ersterwerbers noch einen Nachweis der Lizenzinhaberschaft des Ersterwerbers, da dort oftmals nur vom „Lieferanten"

---

885 *Ohly*, Gutachten F zum 70. Deutschen Juristentag, S. 53; *Marly*, EuZW 2012, 654 (657); *Rigamonti*, GRUR Int. 2009, 14 (19 f.).
886 *Leistner*, WRP 2014, 995 (997 f.).
887 A. A. *Schneider/Spindler*, CR 2014, 213 (220).
888 So auch *Leistner*, WRP 2014, 995 (997 f.).
889 *Dreier/Ganzhorn*, in: Bräutigam/Hoppen (Hrsg.), DGRI Jahrbuch 2013, S. 233 (240).
890 *Heydn*, in: Kilian/Heussen (Hrsg.), Computerrechts-Handbuch, 1. Abschn. Teil 2, Vermarktung von Gebrauchtsoftware, Rn. 71.

behauptet werde, dass er rechtmäßiger Inhaber der Softwarelizenzen gewesen sei.[891] Doch der BGH hat schon früher eine lückenlose Beweiskette gefordert.[892] Dass OLG Frankfurt lehnt derartige Notartestate aus mehreren Gründen ab: Weder gehe daraus hervor, von wem die Software stamme und wie viele Lizenzen der Ersterwerber selbst erhalten habe, noch sei erkennbar, ob Lizenzen bereits anderweitig übertragen wurden oder ob ein vertragliches Übertragungsverbot bestand.[893] Bestätigung hat dieses Urteil kurze Zeit später durch dasselbe Gericht erfahren, wonach solche notarielle Bestätigungen sowie selbstgedruckte Lizenzurkunden irreführend seien.[894] Demnach sei ein solches Notartestat mit seinen fehlenden tatsächlichen Nachweisen nicht ausreichend.[895] Nach der UsedSoft-Entscheidung hat das OLG Frankfurt jedoch unter ausdrücklicher Berufung auf das UsedSoft-Urteil als Nachweis der Nutzungseinstellung neben einer vom Softwarehändler selbst erstellten Lizenzurkunde die Vorlage einer entsprechenden „Vernichtungserklärung" des Ersterwerbers genügen lassen, der zufolge der Erstkäufer die dem Weiterverkauf zugrunde liegende Programmkopie gelöscht bzw. unbrauchbar gemacht habe.[896] Eine so gestaltete Vernichtungserklärung sollte den Anforderungen des BGH in der Tat entsprechen. Es kann nicht im Sinne des EuGH sein, die Erschöpfungswirkung grundsätzlich auszudehnen, aber den Nachweis dafür aufgrund übertrieben strenger Anforderungen an die Darlegungs- und Beweislast nahezu unmöglich zu machen. Die Vorlage eines Notartestats ist daher grundsätzlich ausreichend, solange darin auch die Unbrauchbarmachung der beim Ersterwerber befindlichen Programmkopien bestätigt wird.[897]

ee. Fazit

Im Mittelpunkt der BGH-Entscheidungen stehen die Segelanweisungen für die Rechtsanwendung an das Berufungsgericht, die jedoch kaum neue Erkenntnisse zulassen. So hat sich der BGH insbesondere zur Darlegungs- und Beweislast geäußert und diese vollumfänglich dem Gebrauchthändler als Beklagten aufgetragen. Ausführungen zu den Tatbestandsmerkmalen des § 69c Nr. 3 S. 2 UrhG wie dem Vervielfältigungsstück oder der Veräußerung sind jedoch nicht aufzufinden. Obwohl der EuGH die Ausweitung der Erschöpfung vor allem mit der Waren-

---

891 *Heydn*, in: Kilian/Heussen (Hrsg.), Computerrechts-Handbuch, 1. Abschn. Teil 2, Vermarktung von Gebrauchtsoftware, Rn. 72.
892 BGH v. 20.1.1994 – I ZR 267/91, GRUR 1994, 363 (365) – Holzhandelsprogramm.
893 OLG Frankfurt a. M. v. 18.5.2010 – 11 U 69/09, ZUM 2011, 419 (421).
894 OLG Frankfurt a. M. v. 22.6.2010 – 11 U 13/10, ZUM-RD 2010, 604 (608).
895 *Heydn*, in: Kilian/Heussen (Hrsg.), Computerrechts-Handbuch, 1. Abschn. Teil 2, Vermarktung von Gebrauchtsoftware, Rn. 72b.
896 OLG Frankfurt a. M. v. 18.12.2012 – 11 U 68/11, GRUR 2013, 279 (282).
897 A.A. *Wolff-Rojczyk*, ITRB 2014, 75 (76), und *Leistner*, WRP 2014, 995 (997), die stattdessen den Zeugenbeweis dahingehend vorschlagen, dass der tatsächlich mit der Unbrauchbarmachung betraute Mitarbeiter über die vollständige und endgültige Unbrauchbarmachung der Kopien beim Ersterwerber als Zeuge vernommen wird.

verkehrsfreiheit begründet, gehen die Richter des BGH sogar noch weniger als ihre europäischen Kollegen auf wirtschaftliche Aspekte ein.

3. Bedeutung der UsedSoft-Rechtsprechung für das deutsche Recht

Aus der komplexen UsedSoft-Rechtsprechung lassen sich Leitlinien aufstellen, unter welchen Voraussetzungen die Weitergabe von unkörperlich in Verkehr gebrachten Programmkopien urheberrechtlich zulässig ist. Zudem gilt es, näher auf die Bindungswirkung der EuGH-Entscheidung einzugehen, um das Urteil dogmatisch widerspruchsfrei in das deutsche Recht umsetzen zu können. Schließlich zeigt die UsedSoft-Rechtsprechung erste Auswirkungen auf Entscheidungen deutscher Gerichte, die sich bereits mit Fragen des Weiterverkaufs von Software auseinandersetzen mussten.

a. Leitlinien für die Weitergabe von Software

Anhand der Entscheidungen des EuGH und des BGH im UsedSoft-Verfahren und den daraus gewonnenen Erkenntnissen lassen sich – die Erschöpfungswirkung betreffend – Leitlinien für die urheberrechtlich zulässige Weitergabe von online heruntergeladen Computerprogrammen aufstellen.[898] Die Voraussetzung eines Erstverkaufs einer Programmkopie i. S. d. Art. 4 Abs. 2 Software-RL liegt beim Abschluss eines Lizenzvertrages bei gleichzeitiger Bereitstellung der Programmkopie vor, wenn der Lizenzvertrag dem Urheber eine dem wirtschaftlichen Wert der Kopie entsprechende Vergütungsmöglichkeit gewährleistet und das dem Ersterwerber eingeräumte Nutzungsrecht zeitlich unbegrenzt erteilt wird. Bei einem Weiterverkauf kann der Ersterwerber sowohl die heruntergeladene als auch die auf dem Server des Rechteinhabers befindliche Programmkopie – sogar in verbesserter und aktualisierter Form – weitergeben, soweit der Rechteinhaber letztere wegen des untrennbaren Zusammenhangs von Programmkopie und Nutzungsrecht dem Zweiterwerber in gleicher Form zugänglich macht wie dem Ersterwerber. Spätestens unmittelbar nach dem Zeitpunkt der tatsächlichen Übergabe einer Programmkopie muss der Ersterwerber jedoch seine eigene Programmkopie unbrauchbar machen, damit es nicht zu einer Zunahme der Vervielfältigungsstücke des Werkes kommt. Soweit diese Voraussetzungen kumulativ vorliegen, kommt die Erschöpfungswirkung zum Tragen. Dabei trägt der Gebrauchthändler die Darlegungs- und Beweislast für das Vorliegen der Voraussetzungen der Erschöpfungswirkung.

---

[898] Vgl. dazu auch die Ausführungen von *Stögmüller*, GRUR-Prax 2014 und *Stögmüller*, K&R 2014, 194 (195).

b. Bindungswirkung

Europäische Richtlinien haben die deutschen urheberrechtlichen Bestimmungen über Computerprogramme in den §§ 69a ff. UrhG maßgeblich bestimmt. Art. 288 Abs. 3 AEUV schreibt vor, dass Richtlinien für die Mitgliedstaaten der EU hinsichtlich des zu erreichenden Ziels verbindlich sind. Lediglich hinsichtlich der Form und des Mittels gibt es keine Vorgaben. Wenn sich dem nationalen Gericht in einem schwebenden Verfahren eine Frage des Gemeinschaftsrechts stellt, muss es diese von Amts wegen gem. Art. 267 Abs. 3 AEUV dem Gerichtshof vorlegen, da das Auslegungsmonopol hinsichtlich des Unionsrechts gem. Art. 19 Abs. 1 EUV i.V.m. Art. 344 AEUV beim EuGH liegt. Die darauf folgende Entscheidung des EuGH muss dann im Rahmen einer richtlinien- bzw. gemeinschaftskonformen Auslegung des deutschen Urheberrechtsgesetzes berücksichtigt werden. Das lässt sich darauf zurückführen, dass der EuGH als gesetzlicher Richter i.S.d. Art. 101 Abs. 1 S. 2 GG anzusehen ist.[899] Der Grundsatz der gemeinschaftskonformen Auslegung nationaler Rechtsvorschriften erfordert, „dass die nationalen Gerichte unter Berücksichtigung des gesamten nationalen Rechts und unter Anwendung ihrer Auslegungsmethoden alles tun, was in ihrer Zuständigkeit liegt, um die volle Wirksamkeit der fraglichen Richtlinie zu gewährleisten und zu einem Ergebnis zu gelangen, das mit dem von der Richtlinie verfolgten Ziel übereinstimmt".[900] Diese Auslegungskompetenz des EuGH, welche in einem engen Zusammenhang mit dem Vorabentscheidungsverfahren steht, bezweckt, dass eine einheitliche Anwendung unionsrechtlicher Vorschriften gegeben ist.[901] Abgesehen von der unbestrittenen Bindungswirkung inter partes ist jedoch streitig, inwiefern Entscheidungen des EuGH auch eine rechtliche Bindungswirkung erga omnes entfalten, da sich eine solche Wirkung mangels Vorlagepflicht unterinstanzlicher Gerichte nicht so einfach begründen lässt.[902] Jedenfalls besteht insofern Einigkeit, dass eine tatsächliche Bindungswirkung besteht: Denn soweit ein Gericht die Rechtsprechung des EuGH nicht beachtet, stellt dies einen Berufungs- bzw. Revisionsgrund dar.[903] Daher müssen die nationalen Gerichte eine Auslegung der unter dem Einfluss des europäischen Rechts stehenden nationalen Normen vornehmen, die der Richtlinie nicht ihre praktische Wirksamkeit nimmt.[904] Dabei handelt es sich um die sog. richtlinienkonforme Auslegung. Diese kann aber nur soweit reichen, wie es die Methoden des nationalen Rechts zulassen.[905] Dazu sind auch die Analogie und teleologische Reduktion zu zählen.[906] Die Wirkung der Entscheidungen des EuGH darf

---
899 BVerfG v. 30.8.2010 – 1 BvR 1631/08, GRUR 2010, 999, Tz. 46 – Drucker und Plotter.
900 EuGH v. 4.7.2006 – C-212/04, NJW 2006, 2465, Tz. 111 – Adeneler u.a.
901 *Haratsch/Koenig/Pechstein*, Eurparecht, Rn. 562.
902 *Frenz*, Handbuch Europarecht, Bd. 5, Rn. 3406.
903 *Frenz*, Handbuch Europarecht, Bd. 5, Rn. 3407 m.w.N.
904 *Ulmer/Hoppen*, GRUR-Prax 2012, 569 (571 f.).
905 *Schroeder*, Grundkurs Europarecht, § 6 Rn. 66.
906 *Roth*, in: Riesenhuber (Hrsg.), Europäische Methodenlehre, § 14 Rn. 30; so auch *Völtz*, in: Taeger (Hrsg.), DSRI Tagungsband 2014, S. 269 (278).

nur nicht dazu führen, dass ein im Wortlaut einer Vorschrift klar zum Ausdruck gebrachter entgegenstehender Wille des nationalen Gesetzgebers missachtet wird.[907]

c. Die Umsetzung in deutsches Recht

Der EuGH und der BGH bestätigen ausdrücklich, dass unter bestimmten Voraussetzungen auch online übermittelte Software dem Erschöpfungsgrundsatz unterliegt. Der BGH unterlässt es dabei leider, zu beschreiben, welchen Einfluss die EuGH-Entscheidung auf die nationalen Normen ausübt. Konkret geht es um die Anwendung des in § 69c Nr. 3 S. 2 UrhG niedergeschriebenen Erschöpfungsgrundsatzes des Verbreitungsrechts. In Betracht kommen sowohl eine direkte[908] als auch eine analoge[909] Anwendung dieser Norm. Eine richtlinienkonforme Auslegung in dem Sinne, dass es sich bei dem in dieser Norm thematisierten Vervielfältigungsstück auch um ein digitales, ja sogar virtuelles Vervielfältigungsstück handeln kann, ist mit dem Wortlaut zu vereinbaren. Denn der Begriff „Stück" statt „Kopie" (vgl. Art. 4 Abs. 2 Software-RL) weist keineswegs zwingend auf die Veräußerung von etwas Körperlichem hin, wenngleich viele Stimmen in der Literatur genau davon ausgehen.[910] Dies zeigt etwa auch der umgangssprachlich benutzte Begriff „Musikstück", bei dem keineswegs von einer Verkörperung ausgegangen wird. Zudem umfasst auch § 16 Abs. 1 UrhG sowohl körperliche als auch unkörperliche Vervielfältigungsstücke. Darüber hinaus liegt kein abweichender Wille des Gesetzgebers vor: Dieser begründet die Einführung eines neuen Abschnitts für Computerprogramme damit, dass Computerprogramme Industrieprodukte seien, deren Schutz mit dem eines klassischen Werks nicht zu vergleichen sei.[911] Demnach hätte eine Integration in das klassische

---

907 *Herdegen*, Europarecht, § 8 Rn. 43; *Roth*, in: Riesenhuber (Hrsg.), Europäische Methodenlehre, § 14 Rn. 53.
908 *Leistner*, JZ 2014, 846 (851); *Ohly*, JZ 2013, 42 (43); *Peifer*, AfP 2013, 89 (90); *Druschel*, Die Behandlung digitaler Inhalte im GEKR, S. 137; *Zecher*, Zur Umgehung des Erschöpfungsgrundsatzes bei Computerprogrammen, S. 261; *Baus*, Verwendungsbeschränkungen in Software-Überlassungsverträgen, S. 85.
909 *Stieper*, GRUR 2014, 270 (271); *Czychowski*, in: Fromm/Nordemann (Bgr.), UrhG, § 69c Rn. 17; *Grützmacher*, in: Wandtke/Bullinger (Hrsg.), UrhG, § 69c Rn. 31; *Grützmacher*, ZGE 2013, 46 (70f.); *Hoeren*, Gutachten zur Frage der Geltung des Erschöpfungsgrundsatzes bei der Online-Übertragung von Computerprogrammen, S. 17; *Bardens*, Die Zweitverwertung urheberrechtlich geschützter Software, S. 164; *Bröckers*, Second Hand-Software im urheberrechtlichen Kontext, S. 224 f.; *Fuchs*, Die Nutzungsrechtseinräumung im Rahmen von Individualsoftwareentwicklungsverträgen, S. 115 m. w. N.; *Lutz*, Softwarelizenzen und die Natur der Sache, S. 103 f.; *Meyer*, Aktuelle vertrags- und urheberrechtliche Aspekte der Erstellung, des Vertriebs und der Nutzung von Software, S. 82.
910 S. nur *Stieper*, GRUR 2014, 270 (271); *Dietrich*, NJ 2014, 194 (195); *Hansen/Wolff-Rojczyk*, GRUR 2012, 908 (909); *Hauck*, NJW 2014, 3616 (3617); *Kilian*, GRUR Int. 2011, 895 (900); *Rath/Maiworm*, WRP 2012, 1051 (1052); a. A. jedoch etwa *Druschel/Oehmichen*, CR 2015, 233 (237).
911 BGBl. I v. 23.6.1993, S. 910.

D. Die urheberrechtliche Zulässigkeit der Weitergabe

Urheberrecht zu einer Ausstrahlungswirkung auf dieses geführt und möglicherweise eine Änderung traditioneller Vorschriften wie § 16 oder § 17 UrhG erforderlich gemacht.[912] Darüber hinaus verlangt auch der Begriff der Veräußerung keine analoge Anwendung,[913] wenngleich die Literatur vielfach als Definition die „körperliche Überlassung auf unbestimmte Dauer" ansieht.[914] Der Wortlaut lässt eine extensive Auslegung zu, die auch den Vertrieb unkörperlicher Programmkopien umfasst.[915] Das muss vor allem vor dem Hintergrund gelten, dass der europäische Gesetzgeber den spezielleren Begriff des Erstverkaufs verwendet, während im deutschen Recht der Oberbegriff der Veräußerung auszulegen ist. Wenn aber schon der enge Begriff des Erstverkaufs eine Erstreckung zulässt, muss dies erst recht für den weiten Begriff der Veräußerung gelten. Wie hinsichtlich des Erstverkaufs auf europäischer Ebene ist von einem urheberrechtlichen Verständnis im Sinne einer wirtschaftlichen Betrachtungsweise auszugehen,[916] so dass diese Auslegung dem Begriff der Veräußerung im BGB – wie z.B. bei § 566 BGB – nicht entgegensteht, womit immer eine Eigentumsübertragung verbunden wird.[917] Insofern kann § 69c Nr. 3 S. 2 UrhG extensiv ausgelegt werden und auf unkörperliche Programmkopien Anwendung finden. Auf das Problem einer möglicherweise fehlenden planwidrigen Regelungslücke kommt es daher gar nicht erst an.[918]

d. Auswirkung auf die Rechtsprechung

Schon vor der EuGH-Entscheidung musste sich die instanzgerichtliche Rechtsprechung mit dem Erschöpfungsgrundsatz bzw. der Zulässigkeit der Weitergabe von Software auseinandersetzen.[919] Die Gerichte hielten Weitergabeverbote des Verkäufers bzw. Softwareherstellers dabei regelmäßig für zulässig. Nach der

---

912 Amtl. Begr., BT-Drucks. 12/4022 v. 18.12.1992, S. 7 f.
913 *Grützmacher*, ZGE 2013, 46 (71), sieht den Gesetzeswortlaut hingegen als überschritten an.
914 S. nur *Grützmacher*, in: Wandtke/Bullinger (Hrsg.), UrhG, § 69c Rn. 30.
915 *Lehmann*, in: Lehmann/Meents (Hrsg.), Handbuch des FA IT-Recht, Kap. 3 Rn. 82; so schon *Mäger*, CR 1996, 522 (524 ff.).
916 Schon 1997 geht *Caduff* von einem urheberrechtlichen Begriff der Veräußerung aus, der keine unmittelbaren Auswirkungen auf das Sachen- oder Schuldrecht hat; *Caduff*, Die urheberrechtlichen Konsequenzen der Veräußerung von Computerprogrammen, S. 34 f.
917 *Weidenkaff*, in: Palandt (Bgr.), BGB, § 566 Rn. 8.
918 Vgl. dazu *Marly*, Praxishandbuch Softwarerecht, Rn. 212, und *Marly*, EuZW 2012, 654 (655, Fn. 11); OLG Düsseldorf v. 29.6.2009 – I-20 U 247/08, MMR 2009, 629 (630) („nicht leicht zu beantworten"); s. auch Spindler, CR 2008, 69 (71), der die Annahme einer planwidrigen Regelungslücke für „zumindest mutig" hält.
919 Vgl. dazu OLG München v. 3.8.2006 – 6 U 1818/08, ZUM 2006, 936; OLG München v. 3.7.2008 – 6 U 2759/07, ZUM 2009, 70 (n. rk.); OLG Frankfurt v. 12.5.2009 – 11 W 15/09, CR 2009, 423; OLG Frankfurt a.M. v. 22.6.2010 – 11 U 13/10, ZUM-RD 2010, 604; OLG Hamburg v. 16.10.2008 – 10 U 87/07, BeckRS 2010, 18231; OLG Düsseldorf v. 29.6.2009 – I-20 U 247/08, ZUM 2010, 629; OLG Hamburg v. 7.2.2007 – 5 U 140/06, CR 2007, 355; LG Hamburg, ZUM 2007, 159 (n. rk.); LG Düsseldorf v. 24.9.2009 – 12 O 23/09, CR 2009, 357; LG Düsseldorf v. 10.11.2008 – 14c O 223/08, CR 2009, 221; LG Hamburg v. 29.6.2006 – 315 O 343/06, CR 2006, 812; LG München I v. 28.11.2007 – 30 O 8684/07, CR 2008, 416; LG

II. Der Erschöpfungsgrundsatz bei Software

aufsehenerregenden UsedSoft-Entscheidung des EuGH sind die Entscheidungen nun allesamt im Sinne der EuGH-Rechtsprechung erfolgt. So stellt das LG Frankfurt a. M. fest, dass mit dem bloßen Verkauf eines Echtheitszertifikats keine Rechte übertragen würden.[920] Zudem führe eine Trennung der Lizenz von der Programmkopie des Ersterwerbers auch nach der UsedSoft-Entscheidung nicht zur Erschöpfung.[921] Das OLG Frankfurt a. M. äußert sich dahingehend, dass bei einer europarechtskonformen Auslegung des § 69c Nr. 3 S. 2 UrhG von einer Erschöpfung des Verbreitungsrechts an Programmkopien auszugehen sei.[922] Dabei geht das Gericht auf die vom EuGH aufgestellten Prüfungsschritte ein. Darüber hinaus thematisiert das gleiche Gericht die Aufspaltung von Volumenlizenzen.[923] Das OLG Frankfurt a. M. bestätigt in einem weiteren Urteil die Rechtsprechung des EuGH, dass die Beschränkung der Weiterübertragung zuvor erworbener Software dem Grundgedanken von § 69c Nr. 3 S. 2 UrhG widerspreche.[924] Auch das OLG und das LG Hamburg wurden mit der UsedSoft-Rechtsprechung konfrontiert: Das OLG Hamburg beurteilt die nur eingeschränkte Weitergabeerlaubnis – Weitergabe nur vom ersten Lizenznehmer auf einen Dritten bei gleichzeitiger Zustimmung des Dritten zum Lizenzvertrag – als unzulässig[925], genauso wie das LG Hamburg ein Weitergabeverbot mit Zustimmungserfordernis des Softwareherstellers, da es gegen das in § 69c Abs. 3 S. 2 UrhG verankerte gesetzliche Leitbild des Erschöpfungsgrundsatzes verstoße.[926] Auch im Zusammenhang mit dem Verkauf von Software auf analogen Datenträgern greifen die Gerichte schließlich auf die UsedSoft-Rechtsprechung zurück: Sowohl das OLG Hamm[927] als auch das OLG Hamburg[928] stellen Verstöße gegen § 307 BGB wegen eines Verstoßes gegen § 69c Nr. 3 S. 2 UrhG fest.

Damit wenden die Gerichte die Auslegungsgrundsätze des EuGH also strikt an und erachten Weitergabebeschränkungen grundsätzlich für unwirksam. *Hilgert* nimmt an, dass sich dabei eine Tendenz zeige, mit engen Leitplanken einer Ausuferung der Erschöpfung des Verbreitungsrechts bei unkörperlichen Vervielfältigungsstücken entgegen zu wirken.[929] Eine solche Tendenz ist den Urteilen jedoch nicht zwingend zu entnehmen. Zweifelsohne hat der EuGH zahlreiche Bedingungen und Voraussetzungen aufgestellt, die für den Eintritt der Erschöp-

---

München I v. 30.4.2008 – 33 O 7340/08, CR 2008, 414; LG München I v. 15.3.2007 – 7 O 7061/06, CR 2007, 356; LG München I v. 19.1.2006 – 7 O 23237/05, CR 2006, 159.
920 LG Frankfurt a. M. v. 27.9.2012 – 2-03 O 27/12, MMR 2013, 125 (126) (n. rk.).
921 LG Frankfurt a. M. v. 27.9.2012 – 2-03 O 27/12, MMR 2013, 125 (126) (n. rk.).
922 OLG Frankfurt a. M. v. 18.12.2012 – 11 U 68/11, GRUR 2013, 279 – Adobe/UsedSoft.
923 S. dazu D. II. 4. b.
924 OLG Frankfurt a. M. v. 5.11.2013 – 11 U 92/12, BeckRS 2014, 09012.
925 OLG Hamburg v. 30.4.2013 – 5 W 35/13, ZUM-RD 2014, 290.
926 LG Hamburg v. 25.10.2013 – 315 O 449/12, GRUR-RR 2014, 221 – Gebrauchte Software.
927 OLG Hamm v. 28.11.2012 – 12 U 115/12, GRUR-RR 2013, 427 – Finanzierungsleasing.
928 OLG Hamburg v. 30.4.2013 – 5 W 35/13, MMR 2014, 115 (116).
929 *Hilgert*, CR 2014, 354 (354).

D. Die urheberrechtliche Zulässigkeit der Weitergabe

fung einzuhalten sind. Von einem Entgegenwirken seitens der Gerichte kann bei bloßer Befolgung dieser Vorgaben jedoch keine Rede sein.

4. Folgen für andere Fallkonstellationen mit Software

Es stellt sich die Frage, ob sich die UsedSoft-Rechtsprechung auch auf andere Software-Fallkonstellationen übertragen lässt. Denn Gegenstand des Verfahrens zwischen UsedSoft und Oracle war ein spezieller Softwaretyp, eine Client-Server-Software, die sich beim Download direkt installiert hat. Derartige Software zeichnet sich zudem dadurch aus, dass sie der Erwerber nur einmal dauerhaft auf einem Server speichern muss. Auf diese physische Kopie der Software kann eine bestimmte Anzahl von Usern über das Netzwerk mit ihren Arbeitsplatzrechnern zugreifen, ohne die Software dabei selbst installieren zu müssen.[930] Die Berechtigung zur Verwendung durch eine bestimmte Anzahl von Nutzern beruht auf einer sog. Volumenlizenz, bei der sich der Preis nicht nach den einzelnen Lizenzen, sondern nach den Paketen richtet. Bei der Nutzung werden nur temporäre Kopien der jeweils benötigten Teile der Software in den Arbeitsspeicher der einzelnen Rechner geladen, welche beim Schließen des Programms wieder gelöscht werden. Eine weitere Besonderheit der vorliegenden Fallkonstellation liegt darin, dass die weitergegebene Software einer gewerblichen Nutzung dient und dass der Weiterverkauf über einen Gebrauchthändler als Vermittler abgelaufen ist. Zudem hatte der Ersterwerber einen speziellen Wartungsvertrag mit dem Rechteinhaber abgeschlossen.

Zu thematisieren ist daher die rechtliche Zulässigkeit der Weitergabe privat genutzter Software. Daneben gibt es jedoch zahlreiche andere Fallgestaltungen mit Software, welche der Ersterwerber per Download erworben hat.[931] So stellt sich die Frage nach der Zulässigkeit der Aufspaltung von Volumenlizenzen bei Einzelplatzanwendungen genauso wie die Zulässigkeit des Lizenz- bzw. Zertifikatehandels. Des Weiteren kann die Bedeutung von kostenlosen Updates und Patches untersucht werden, wenn zwischen dem Rechteinhaber und dem Ersterwerber kein Wartungsvertrag abgeschlossen wurde. Schließlich können Einschränkungen der tatsächlichen Verkehrsfähigkeit eines Werkstücks sowie hybride Produkte die Frage nach der Zulässigkeit der Weitergabe erschweren.

a. Die Weitergabe privat genutzter Software

Das UsedSoft-Verfahren hat eine gewerblich genutzte Software zum Gegenstand. Anhaltspunkte dafür, dass der EuGH oder BGH bei einer privat genutzten

---
930 Vgl. zu den technischen Einzelheiten auch *Seitz*, „Gebrauchte" Softwarelizenzen, S. 14 f.
931 Vgl. zu diesen Fallkonstellationen auch *Marly*, Praxishandbuch Softwarerecht, Rn. 200 ff., und *Heydn*, in: Kilian/Heussen (Hrsg.), Computerrechts-Handbuch, 1. Abschn. Teil 2, Vermarktung von Gebrauchtsoftware, Rn. 5 ff.

II. Der Erschöpfungsgrundsatz bei Software

Software anders entscheiden würde, sind jedoch nicht ersichtlich. Ganz im Gegenteil: Der EuGH erwähnt die gewerbliche Nutzung der streitgegenständlichen Software in den Urteilsbegründungen nicht einmal. Insofern hängen die Voraussetzungen der Erschöpfung bzw. der Rechtfertigung der Vervielfältigungshandlungen offensichtlich nicht von der Art der Nutzung ab. Die Software-RL unterscheidet ohnehin nicht zwischen gewerblicher und privater Nutzung. Letztlich sprechen auch Gründe des Verbraucherschutzes für einen Erst-recht-Schluss, denn spätestens seit Geltung der Verbraucher-RL hat auch der Verbraucherschutz einen großen Stellenwert im europäischen Recht.

Fraglich ist aber, ob die insbesondere vom BGH aufgestellten strengen Anforderungen an die Darlegungs- und Beweislast auch bei privat genutzter Software gelten. Dies ist für die praktischen Folgen der UsedSoft-Entscheidung auch deswegen von Bedeutung, da Zwischenhändler wie UsedSoft in der Regel nur gewerblich genutzte Software weiterveräußern. Sofern ein Erwerber privat genutzter Software diese weiterveräußern will, muss sich der Ersterwerber ohne Zwischenschaltung eines Dritten eigenständig um den Vertrieb kümmern. Dann aber liegt auch die Darlegungs- und Beweislast nicht mehr beim Zwischenhändler,[932] sondern beim Ersterwerber selbst. Genauso kann der Rechteinhaber den Zweiterwerber als Täter in Anspruch nehmen, wenngleich dieser möglicherweise schwieriger ausfindig zu machen ist. Jedenfalls muss derjenige den Eintritt der Erschöpfung nachweisen, der in Anspruch genommen wird. Angeknüpft werden kann dabei sowohl an eine Verletzung des Vervielfältigungsrechts, als auch – zumindest nach vorliegender Ansicht – an einer Verletzung des Verbreitungsrechts.

Die Anforderungen an die Darlegungs- und Beweislast können für den Erst- oder Zweiterwerber privat genutzter Software nicht so hoch sein wie für den Gebrauchthändler gewerblich genutzter Software. Denn während die Gebrauchthändler tagtäglich mit Notartestaten zu tun haben und sie ein entsprechendes Geschäftsmodell eingerichtet haben, fehlen Privatpersonen bei einem Weiterverkauf die entsprechenden Möglichkeiten. Die Gerichte können nicht verlangen, dass diese für eine einmalige Übertragung einer Programmkopie einen Notar aufsuchen müssen. Zudem hat privat genutzte Software in den allermeisten Fällen einen deutlich geringeren Warenwert als gewerblich genutzte Software. Insofern sind die Rechteinhaber auch nicht als so schutzwürdig anzusehen. Dennoch muss natürlich der vom BGH aufgestellte Grundsatz eingehalten werden, dass der Erst- oder Zweiterwerber den Nachweis des Eintritts der Erschöpfung inklusive dem Nachweis der Unbrauchbarmachung der eigenen Programmkopie(n) erbringen muss. Denkbar ist aber, dass die Vorlage des Lizenzvertrages mit der Quittung sowie eine schriftliche Erklärung, dass die Programmkopie unbrauchbar gemacht wurde, den Anforderungen des BGH bereits genügt. In diesen Fällen kann dem Verweis des EuGH auf technische Schutzmechanismen wieder

---

932 Die Darlegungs- und Beweislast liegt ohnehin nur deswegen bei UsedSoft als Zwischenhändler, da das Unternehmen als Störer anzusehen ist.

D. Die urheberrechtliche Zulässigkeit der Weitergabe

eine größere Bedeutung zukommen, da bei deren Einsatz die Angst der Rechteinhaber vor Softwarepiraterie eingeschränkt werden kann. Zudem sind DRM-Maßnahmen in Sinne von Registrierungen und automatischen Produktüberprüfungen inzwischen Gang und Gäbe, so dass die Rechteinhaber auf diesem Weg in der Praxis sicherstellen können, dass sich tatsächlich nur eine Programmkopie im Verkehr befindet. Im Ergebnis müssen der Erst- oder der Zweiterwerber bei privat genutzter Software, die ohne Zwischenschaltung eines Gebrauchthändlers weiterverkauft wird, kein Notartestat vorlegen.

Anders kann sich die Situation aber wiederum darstellen, wenn der Ersterwerber die privat nutzbare Software doch über einen Zwischenhändler weitergibt, denn dieser Händler verfügt über das entsprechende Know-how. Insofern können die Gerichte in diesen Fällen zumindest bei hochpreisiger Software wiederum ein Notartestat verlangen, dessen Erstellung und Gültigkeit im Verantwortungsbereich des Gebrauchthändlers liegt.

b. Aufspaltung von Volumenlizenzen bei Einzelplatzanwendung

Bei einer Einzelplatznutzung installiert der Erwerber das Computerprogramm im Gegensatz zur Client-Server-Software auf den einzelnen Rechnern dauerhaft.[933] Soweit der Ersterwerber nur eine Lizenz für einen Einzelplatz erworben hat, ist die Weitergabe an einen Zweiterwerber nach der UsedSoft-Rechtsprechung urheberrechtlich nicht zu beanstanden. Eine andere Bewertung könnte sich allerdings bei einer Volumenlizenz (auch Mehrfach- oder Paketlizenz genannt[934]) ergeben, bei der der Ersterwerber nur so viele dauerhafte Vervielfältigungen vornehmen darf, wie er Nutzungsrechte erworben hat. Gerade in der gewerblichen Softwarebranche werden oftmals Volumenlizenzen gehandelt. Dabei vertreibt der Rechteinhaber zumeist ein Lizenzbündel, das aus mehreren einzelnen Lizenzen besteht. So kann der Erwerber z. B. eine Paketlizenz für 500 Nutzer erwerben, also 500 Lizenzen bzw. Nutzungsrechte. Eine Aufspaltung ist bei der Weitergabe dann gleich in doppelter Hinsicht denkbar: Zunächst kann der Ersterwerber einen Teil der nicht (mehr) benötigten Lizenzen an den Softwaregebrauchthändler übertragen, welche dieser dann weiter aufspalten kann. Fraglich ist aber, ob eine solche Aufspaltung von Nutzungsrechten überhaupt urheberrechtlich zulässig ist.[935]

Einige Autoren schließen aus den Ausführungen des EuGH, dass die Richter ein allgemeines Aufspaltungsverbot von Lizenzen postulieren wollen und dieses Prinzip daher auch bei Volumenlizenzen für Einzelplatzanwendungen zur An-

---

933 Der nachfolgende Teil zur Aufspaltung von Volumenlizenzen wurde vom Autor in Teilen bereits vorveröffentlicht: *Dreier/Ganzhorn*, in: Bräutigam/Hoppen (Hrsg.), DGRI Jahrbuch 2013, S. 233 (240).
934 S. nur OLG Frankfurt v. 18.12.2012 – 11 U 68/11, GRUR 2013, 279 (282) – Adobe/UsedSoft.
935 Zur isolierten Weiterveräußerung von Upgrades und Updates sowie Basisversionen s. *Moos*, in: Scholz/Funk (Hrsg.), DGRI Jahrbuch 2012, S. 87 (92-102).

II. Der Erschöpfungsgrundsatz bei Software

wendung kommt.[936] Denkbar ist aber auch, dass die Argumentation des EuGH nur den im Sachverhalt vorliegenden Sonderfall eines Programms betrifft, das in einer Client-Server-Architektur zum Einsatz kommt, nicht hingegen bei anderen Programmen.[937] Für diese Sichtweise spricht zunächst der Wortlaut des Urteils, da der EuGH das Aufspaltungsverbot im Zusammenhang mit einem Verweis auf die Tz. 22 und 24 ausspricht, welche die streitgegenständliche Fallkonstellation, also die Client-Server-Lizenz, thematisieren.[938] Zudem begründet er das Aufspaltungsverbot damit, dass der Ersterwerber „seine eigene Kopie unbrauchbar machen [muss], um nicht das ausschließliche Recht des Urhebers auf Vervielfältigung [...] zu verletzen."[939] Bei der dem Urteil zugrunde liegenden Client-Server-Software kann der Ersterwerber aber die auf dem Server des Ersterwerbers installierte Kopie gerade nicht unbrauchbar machen, sondern die verbleibenden Nutzer greifen weiter auf diese zu, da alle dieselbe Vervielfältigung nutzen. Vor allem hat der Rechteinhaber nur eine Programmkopie in den Verkehr gebracht, wobei nach dem Weiterverkauf zwei Programmkopien benutzt werden (die eine auf dem Server des Ersterwerbers, die andere auf dem Server des Zweiterwerbers). Im Gegensatz dazu nutzt der Ersterwerber bei Volumenlizenzen über Einzelplatzsoftware die „verkaufte" Einzelplatzlizenz jedoch nicht mehr. Es sind genauso viele Programmkopien in Benutzung, wie ursprünglich vom Rechteinhaber in den Verkehr gebracht wurden. Es spricht daher einiges dafür, dass der EuGH das Aufspaltungsverbot nur hinsichtlich Client-Server-Software aussprechen wollte. Des Weiteren ist gerade bei Client-Server-Architekturen die Anzahl der Nutzer nur schwer kontrollierbar, so dass das vom EuGH diesbezügliche Aufspaltungsverbot sinnig ist.[940]

Etwas anderes könnte sich allerdings aus dem „untrennbaren Zusammenhang" zwischen der Programmkopie und dem entsprechenden Nutzungsrecht erge-

---

936 *Heydn*, in: Kilian/Heussen (Hrsg.), Computerrechts-Handbuch, 1. Abschn. Teil 2, Vermarktung von Gebrauchtsoftware, Rn. 75c f.; *Hartmann*, GRUR Int. 2012, 980 (981, 986 f.); *Stögmüller*, K&R 2014, 194 (195); *Taeger*, NJW 2013, 3698 (3699); *Walter*, MR-Int 2012, 34 (41); *Wiebe*, in: Leupold/Glossner (Hrsg.), MAH IT-Recht, Teil 3 Rn. 92; wohl auch *Rath/Maiworm*, WRP 2012, 1051 (1054); noch vor der EuGH-Entscheidung: *Grützmacher*, ZUM 2006, 302 (305) („urheberrechtlich schwer zu begründen"); *Heydn*, K&R 2011, 707 (707 ff.); *Redeker*, IT-Recht, Rn. 62c; *Ulmer/Hoppen*, GRUR-Prax 2012, 232 (237); OLG Frankfurt a.M. v. 12.5.2009 – 11 W 15/09, ZUM-RD 2009, 541.
937 *Dreier/Ganzhorn*, in: Bräutigam/Hoppen (Hrsg.), DGRI Jahrbuch 2013, S. 233 (240); *Hoeren/Försterling*, MMR 2012, 642 (645 f.); *Leistner*, WRP 2014, 995 (998); *Marly*, CR 2014, 145 (148); *Ohrtmann/Kuß*, BB 2012, 2262 (2263); *Stieper*, GRUR 2014, 270 (271); *Winklbauer/Geyer*, ZIR 2014, 93 (96); für eine Aufspaltungsrecht von Lizenzen schon vor der EuGH-Entscheidung etwa LG München I v. 28.11.2007 – 30 O 8684/07, MMR 2008, 563; LG Hamburg v. 29.6.2006 – 315 O 343/07, MMR 2006, 827 (n. rk.); *Moos*, in: Scholz/Funk (Hrsg.), DGRI Jahrbuch 2012, S. 87 (91); *Morscher/Dorigo*, in: Jörg/Arter (Hrsg.), Internet-Recht und IT-Verträge, S. 17 (59 f.).
938 EuGH v. 3.7.2012 – C-128/11, GRUR 2012, 904, Tz. 69 – UsedSoft; anders interpretiert wird der Verweis aber von *Heydn*, MMR 2014, 239 (241).
939 EuGH v. 3.7.2012 – C-128/11, GRUR 2012, 904, Tz. 70 – UsedSoft.
940 So auch *Marly*, Praxishandbuch Softwarerecht, Rn. 219.

ben, welcher der Unbrauchbarmachung zugrunde liegt. Versteht man diese untrennbare Verbindung so, dass es sich bei einer Volumenlizenz tatsächlich um *eine* Lizenz für eine bestimmte Anzahl von Nutzern handelt, könnte man argumentieren, dass diese eine Lizenz untrennbar mit den auf den Einzelplätzen installierten Programmkopien verbunden ist, also ein unteilbares Ganzes bildet. Eine Aufspaltung dieser einen Lizenz könne deswegen nicht möglich sein.[941] Richtigerweise ist jedoch davon auszugehen, dass es sich um ein Lizenzpaket handelt, das *mehrere* Lizenzen beinhaltet. Auch wenn nur von „einer Lizenz für X User" oder „einem Lizenzvertrag" die Rede ist, können dabei doch zugleich mehrere Nutzungsrechte, also Lizenzen, eingeräumt werden. Denn jedes dieser Nutzungsrechte ist grundsätzlich als ein eigenständig zu beurteilendes Recht zu behandeln, so dass eine „Aufspaltung" gar nicht stattfindet.[942] Jedes dieser einzelnen Nutzungsrechte ist dabei, wie es der EuGH vorsieht, selbst untrennbar mit einer bestimmten Programmkopie verbunden und bildet mit diesem ein unteilbares Ganzes. Soweit in einem Lizenzpaket 30 Nutzungsrechte enthalten sind, aber der Erwerber nur 20 davon nutzt, kann er also die zehn verbleibenden gemeinsam mit der jeweiligen Programmkopie weitergeben. Denn jede einzelne dieser zehn Lizenzen ist untrennbar mit einer virtuellen Programmkopie verbunden, die ihre physikalische Entsprechung wahlweise als heruntergeladene Version auf einem Computer oder aber als herunterladbare Version auf dem Server des Rechteinhabers hat. Dies ist die logische Folge der alternativen Anknüpfungsmöglichkeit der Erschöpfung an die heruntergeladene oder die zum Download bereitstehende Programmkopie. Wenn der Ersterwerber die zehn Lizenzen selbst bislang noch nicht verwendet hat, kann sich der Zweiterwerber die Kopien also vom Rechteinhaber herunterladen. Wenn die zehn Lizenzen bislang aber im Betrieb des Ersterwerbers benutzt wurden, gibt es zwei Möglichkeiten: Entweder er lässt dem Zweiterwerber die Programmkopien per E-Mail oder auf einem Datenträger zukommen und macht sie selbst bei sich unbrauchbar. Oder aber der Downloadlink des Rechteinhabers funktioniert noch und es genügt, diesen weiterzugeben und gleichzeitig die bislang genutzten Programmkopien unbrauchbar zu machen. Mit diesem Erklärungsmodell erscheint auch das Aufspaltungsverbot des EuGH logisch: Denn bei der im Rechtsstreit gegenständlichen Situation einer Client-Server-Software sind die einzelnen Nutzungsrechte tatsächlich mit einer einzigen Programmkopie untrennbar verbunden, die sich auf dem Server des Unternehmens befindet. Hier kann daher nicht einfach an eine neue Programmkopie angeknüpft werden, die der Rechteinhaber herunterlädt, denn es gibt immer noch eine physikalische Repräsentanz der virtuellen Programmkopie, auf die sich jedes einzelne Nutzungsrecht des Paketes bezieht. Erst wenn der Ersterwerber diese unbrauchbar macht, kann er das Nutzungsrecht

---

941 So etwa *Heydn*, in: Kilian/Heussen (Hrsg.), Computerrechts-Handbuch, 1. Abschn. Teil 2, Vermarktung von Gebrauchtsoftware, Rn. 75c.
942 *Marly*, Praxishandbuch Softwarerecht, Rn. 218; *Marly*, EuZW 2012, 654 (657); LG München I v. 28.11.2007 – 30 O 8684/07, MMR 2008, 563; LG Hamburg v. 29.6.2006 – 315 O 343/07, MMR 2006, 827; a. A. *Hilber*, CR 2008, 749 (753); *Heydn/Schmidl*, K&R 2006, 74 (78).

II. Der Erschöpfungsgrundsatz bei Software

mit der Programmkopie weitergeben. Das entspricht dann aber einer Übergabe des Programms inklusive aller Nutzungsrechte. Daher ist also anzunehmen, dass der EuGH das Aufspaltungsverbot nur für Client-Server-Software aufstellt.

Die BGH-Entscheidung schließt diese Ansicht nicht aus, ganz im Gegenteil: Bei seiner Darstellung verweist er immer wieder auf die auf dem „Server" installierte Kopie, was auf einen reinen Bezug zur Server-Client-Software hindeutet.[943] Des Weiteren spricht der BGH in diesem Zusammenhang von einer unzulässigen „Zunahme der Vervielfältigungsstücke des Werkes",[944] was ebenfalls die These stützt, dass der EuGH nur ein Aufspaltungsverbot hinsichtlich Client-Server-Software beabsichtigt hat. Auch das OLG Frankfurt a. M. musste sich – nach der EuGH-Entscheidung, aber noch vor der BGH-Entscheidung zu UsedSoft – zur Aufspaltung von Volumenlizenzen äußern. Streitgegenständlich war dabei eine Volumenlizenz für 40 Lizenzen (*eine* Lizenz für *40 Lizenzen*!) mit einer einheitlichen Lizenznummer für eine Einzelplatzanwendung, welche der Rechteinhaber nach Eingabe der Lizenznummer herunterladen konnte. Dabei stellt das OLG Frankfurt a. M. zunächst ganz im Sinne der Entscheidung des EuGH fest, dass bei einer europarechtskonformen Auslegung des § 69c Nr. 3 S. 2 UrhG von einer Erschöpfung des Verbreitungsrechts an den Programmkopien auszugehen ist.[945] Hinsichtlich des vom EuGH aufgestellten Aufspaltungsverbots von Volumenlizenzen äußert sich das OLG Frankfurt a. M. dahingehend, dass der Weiterverkauf einer Programmkopie nicht dazu führen dürfe, die Anzahl der mit dem Willen des Rechteinhabers in den Verkehr gebrachten Programmkopien zu verändern.[946] Der Weiterverkauf der 40 Lizenzen – welche auch 40 Nutzungsrechte beinhalten – ändere jedoch gerade nicht die mit Zustimmung des Rechteinhabers in den Verkehr gebrachte Anzahl an Lizenzen, so dass kein Eingriff in das Vervielfältigungsrecht des Rechteinhabers gegeben sei.[947] Es handle sich nämlich nicht um eine Server-Client-Architektur wie im UsedSoft-Fall, sondern um eine abweichende Sachverhaltskonstellation.[948] Dass der Rechteinhaber für die Nutzungsrechte eine einheitliche Seriennummer vergeben hat, wirke sich auf die Gesamtsumme der Lizenzen nicht aus, da diese nur ein notwendiger Schlüssel für die Installation sei.[949]

Es kommt daher immer entscheidend darauf an, dass die Anzahl der mit dem Willen des Rechteinhabers in den Verkehr gebrachten Programmkopien nicht höher ist als die Anzahl der nach dem Verkauf eines Teils der Programmkopien tatsächlich benutzten Kopien.[950] Wie auch hinsichtlich des Unbrauchbarmachens

---

943 BGH v. 17.7.2013 – I ZR 129/08, GRUR 2014, 264, Tz. 63, 65 – UsedSoft II; so auch *Marly*, CR 2014, 145 (148).
944 BGH v. 17.7.2013 – I ZR 129/08, GRUR 2014, 264, Tz. 65 – UsedSoft II.
945 OLG Frankfurt a. M. v. 18.12.2012 – 11 U 68/11, GRUR 2013, 279 (280) – Adobe/UsedSoft.
946 OLG Frankfurt a. M. v. 18.12.2012 – 11 U 68/11, GRUR 2013, 279 (282) – Adobe/UsedSoft.
947 OLG Frankfurt a. M. v. 18.12.2012 – 11 U 68/11, GRUR 2013, 279 (282 f.) – Adobe/UsedSoft.
948 OLG Frankfurt a. M. v. 18.12.2012 – 11 U 68/11, GRUR 2013, 279 (283) – Adobe/UsedSoft.
949 OLG Frankfurt a. M. v. 18.12.2012 – 11 U 68/11, GRUR 2013, 279 (282) – Adobe/UsedSoft.
950 So auch *Marly*, Praxishandbuch Softwarerecht, Rn. 220.

der Programmkopie obliegt dem Zweiterwerber dabei die Darlegungs- und Beweislast.[951] Folgt man dieser Argumentation, so existiert bei Einzelplatzanwendungen im Gegensatz zu Server-Client-Software kein Aufspaltungsverbot. Für den Fall, dass die Weiterveräußerung der Lizenzen „en bloc" erfolgt ist, liegt wegen der eingetretenen Erschöpfung des Verbreitungsrechts unstrittig eine zulässige Weitergabe vor.[952] Dieses Ergebnis ist vor dem Hintergrund nicht weiter verwunderlich, dass eine Aufspaltung von Lizenzen in dieser Konstellation gerade nicht mehr vorgenommen wird. Vorsicht ist jedoch bei einer zahlenmäßig nicht begrenzten „Unternehmenslizenz" angebracht:[953] Wenn der Ersterwerber eine solche Unternehmenslizenz an ein Unternehmen überträgt, welches mehr Mitarbeiter hat, oder an mehrere Unternehmen abtritt, soweit er die Lizenzen überzählig oft aufgeteilt hat, so würden die Nutzerzahlen nach der Übertragung größer sein als zuvor im eigenen Unternehmen.[954] Auch wenn eine Unternehmenslizenz keine konkrete Anzahl an Nutzern beinhaltet, so wird sich der vom Softwareunternehmen angebotene Preis doch nach der Größe des Unternehmens richten. Insofern kann die Unternehmenslizenz nicht als „Joker" für eine unendliche Anzahl an Lizenzen weiterübertragen werden. Im Ergebnis wäre eine Übertragung an ein größeres Unternehmen als rechtsmissbräuchlich einzustufen.[955]

Ein anderer gangbarer Weg zur Bewertung der Zulässigkeit der Aufspaltung von Volumenlizenzen, ohne auf die doppelte Nutzungsmöglichkeit abzustellen, wäre die Anknüpfung an die grundsätzlichere Frage, unter welchen Umständen die Aufspaltung ursprünglicher Paketlizenzen aus ökonomischer Sicht sinnvoll ist oder nicht. Bei Volumenlizenzen gibt es in aller Regel einen Mengenrabatt dergestalt, dass die einzelne Nutzungsberechtigung günstiger ist als bei Einzellizenzen.[956] Insofern könnte bei einem Eintritt der Erschöpfungswirkung ein Zwischenhändler Lizenz-Pakete aufkaufen, um diese dann aufzuspalten und einzeln zu höheren Preisen weiterzuverkaufen. Zum einen muss sich das jedoch gar nicht negativ auf den Rechteinhaber bzw. Händler auswirken, da er auch damit seine Vergütung erhält und mit verhältnismäßig wenigen Verkäufen und damit geringem Aufwand hohe Erlöse erzielen kann, während der aufkaufende Zwischenhändler viele einzelne Verträge abschließen muss. Zum anderen birgt ein solches Geschäftsmodell mit Volumenlizenzen eben ein solches Risiko. Daher ist die Annahme also nicht zwingend, dass der Eintritt der Erschöpfungswir-

---

951 BGH v. 17.7.2013 – I ZR 129/08, GRUR 2014, 264, Tz. 65 – *UsedSoft II*; OLG Frankfurt a. M. v. 18.12.2012 – 11 U 68/11, GRUR 2013, 279 (282) – *Adobe/UsedSoft*; *Stieper*, ZUM 2012, 668 (670).
952 *Moos*, in: Scholz/Funk (Hrsg.), DGRI Jahrbuch 2012, S. 87 (90) m. w. N.
953 Vgl. zum Folgenden auch *Marly*, Praxishandbuch Softwarerecht, Rn. 222.
954 *Marly*, EuZW 2012, 654 (657); *Sosnitza*, K&R 2006, 206 (209); ähnlich auch *Schuppert/Greissinger*, CR 2005, CR 2005, 81 (84 f.).
955 *Marly*, EuZW 2012, 654 (657); *Sosnitza*, K&R 2006, 206 (209); ähnlich auch *Schuppert/Greissinger*, CR 2005, 81 (84 f.).
956 Vergleichbare Fallgestaltungen gibt es etwa bei Hotelbuchungen oder Eintrittskarten für Sportereignisse.

kung dieses Geschäftsmodell aushöhlt. Selbst wenn dem aber so wäre, ist nicht einzusehen, warum ein Schutzrecht wie das Urheberrecht gerade dazu dienen soll, Geschäftsmodelle mit Preisdifferenzierungen rechtlich abzusichern.[957] Der EuGH schließt eine solche Wertung durch sein Urteil nicht aus. Er hat hinsichtlich der Aufspaltung von Nutzungsrechten eine sehr begriffliche Argumentation gewählt, welche für den konkreten Fall der Client-Server-Architektur zu einem Aufspaltungsverbot führt, da eine doppelte Nutzungsmöglichkeit gegeben ist. Bei einer „gewöhnlichen" Volumenlizenz für Einzelplatzanwendungen ist vielmehr davon auszugehen, dass der EuGH bei einer wirtschaftlichen Betrachtung zu keinem anderen Ergebnis gekommen wäre, da die Warenverkehrsfreiheit für ihn einen hohen Stellenwert besitzt. Das Problem der doppelten Nutzungsmöglichkeit stellt sich dort, wie gerade gezeigt, nicht.

c. Zulässigkeit des Lizenz- bzw. Zertifikatehandels

Wenn der Zweiterwerber bereits im Besitz eines Programmexemplars aus einem anderen Rechtsgeschäft ist oder seine eigene Nutzungslizenz abgelaufen ist, wäre für ihn die alleinige Übertragung des Nutzungsrechts vom Ersterwerber nützlich. Ein solcher Lizenzhandel wurde aber schon vor der UsedSoft-Entscheidung des EuGH überwiegend abgelehnt.[958] Die vereinzelt vertretene Ansicht, die den Lizenzhandel befürwortet, stützt dies darauf, dass wegen der eingetretenen Erschöpfung die Vorschrift des § 34 Abs. 1 UrhG nicht gelten dürfe.[959] Dies würde jedoch dem vom EuGH aufgestellten untrennbaren Zusammenhang zwischen der Programmkopie und der Einräumung entsprechender Nutzungsrechte widersprechen. Für dieses Ergebnis spricht auch Tz. 71 des EuGH-Urteils: Dort wird die Sachverhaltskonstellation beschrieben, nach der ein Ersterwerber, der bereits über eine Client-Server-Software mit einer bestimmten Anzahl von Nutzungsrechten verfügt, zusätzliche Nutzungsrechte vom Rechteinhaber erwirbt, um den Kreis der Nutzer seiner Software ausweiten zu können. Eine Weitergabe dieser zusätzlichen Nutzungsrechte verbietet ihm der EuGH, da sich die Wirkung der Erschöpfung des Verbreitungsrechts nicht auf diese Nutzungsrechte erstrecken würde. Das ergibt sich natürlich wiederum aus der untrennbaren Verbindung von Programmkopie und Nutzungsrecht. In dieser Konstellation wird aber beiläufig der einzig mögliche Weg beschrieben, wie eine Lizenz ohne Programmkopie übertragen werden kann: nämlich nur durch den Rechteinhaber selbst. Eine Weitergabe dieser Lizenz, die hier ausnahmsweise nicht mit einer Programmkopie verbunden ist, ist nur bei einer Zustimmung des Rechteinhabers möglich.[960] Der Eintritt der Erschöpfung – und damit die Voraussetzung für eine zulässige Weitergabe – tritt also nur an einem mit einer Programmkopie verbundenen

---

957 *Hilty*, CR 2012, 625 (633); *Grützmacher*, ZGE 2013, 46 (76).
958 *Heydn*, in: Kilian/Heussen (Hrsg.), Computerrechts-Handbuch, 1. Abschn. Teil 2, Vermarktung von Gebrauchtsoftware, Rn. 58 m. w. N.
959 *Sosnitza*, K&R 2006, 206 (210); *Hoeren*, CR 2006, 573 (575).
960 Vgl. § 34 Abs. 1 UrhG.

D. Die urheberrechtliche Zulässigkeit der Weitergabe

Nutzungsrecht ein. Der Grundgedanke des untrennbaren Zusammenhangs zwischen der Programmkopie und dem entsprechenden Lizenzvertrag, auf dem der EuGH seine gesamte Argumentation aufbaut, lässt daher den Rückschluss auf ein grundsätzliches Verbot eines Lizenzhandels zu.[961]
Für den Handel mit Echtheitszertifikaten kann nichts anderes gelten.[962] Dabei enthalten die gehandelten Echtheitszertifikate die Lizenzschlüssel (sog. Keys) zur Aktivierung der Software. Noch vor der UsedSoft-Entscheidung hat das OLG Frankfurt den Handel mit Echtheitszertifikaten für unzulässig bewertet, da das Einverständnis zur Vervielfältigung – das in der Nutzungslizenz enthalten ist – nur gegenüber dem Ersterwerber für dessen Zwecke und zum Einsatz beim Ersterwerber erteilt worden sei und nicht zur beliebigen Übertragung an Dritte.[963] Diese Ausführungen stimmen mit der Rechtsprechung des EuGH überein, wonach die Erschöpfung nur hinsichtlich der Programmkopie eintritt, die entweder dem Ersterwerber zum Download zur Verfügung gestellt wurde oder aber sich nun nach dem Download auf der Festplatte des Ersterwerbers befindet. Auch das LG Berlin hat den Handel mit Produktschlüsseln in Form von Seriennummern als unzulässig eingestuft.[964] Das LG Berlin begründet dies mit dem Aufspaltungsverbot des EuGH und dem untrennbaren Zusammenhang der Programmkopie mit dem Nutzungsrecht. Das Gericht drückt dies nur etwas anders aus, indem es erklärt, dass sich „die dem Produkt vom Rechteinhaber verliehene Form verändere".[965] Das LG Frankfurt a. M. hat nach der UsedSoft-Rechtsprechung ebenfalls klargestellt, dass mit dem bloßen Verkauf eines Echtheitszertifikats keine Rechte übertragen werden.[966] Nur eine im Jahr 2009 ergangene Entscheidung des OLG Frankfurt widerspricht den Gedanken des EuGH:[967] Demnach stelle der Verkauf eines gebrauchten Computers, dessen Festplatte die vormals aufgespielte OEM-Software nicht mehr enthält und dem auch kein Datenträger mit dieser Software beigefügt ist, auf dessen Gehäuse aber noch das Echtheitszertifikat eines Softwareherstellers klebt, keine Urheberrechtsverletzung dar, da sich der Zweiterwerber die Software mittels einer Recovery-CD

---

961 So z.B. auch *Moritz*, K&R 2012, 456 (458); *Heydn*, MMR 2012, 591 (592); *Scholz*, GRUR 2015, 142 (143); daher ist auch eine sog. stille Nachlizenzierung unzulässig; vgl. dazu *Heydn*, in: Kilian (Hrsg.), Computerrechts-Handbuch, 1. Abschn. Teil 2, Vermarktung von Gebrauchtsoftware, Rn. 75 f. *Seitz* und *Ammann* hingegen halten (noch vor der EuGH-Entscheidung) den Zweiterwerb von einfachen Nutzungsrechten für möglich; *Seitz*, „Gebrauchte" Softwarelizenzen, S. 281; *Ammann*, Der Handel mit Second Hand-Software aus rechtlicher Sicht, S. 194.
962 Vgl. dazu ausführlich *Hilgert*, CR 2014, 354 (356 ff.), der den isolierten Vertrieb von Lizenzschlüsseln grundsätzlich ablehnt; a. A. jedoch noch *Dreier/Ganzhorn*, in: Bräutigam/Hoppen (Hrsg.), DGRI Jahrbuch 2013, S. 233 (235).
963 OLG Frankfurt a.M. v. 12.5.2009 – 11 W 15/09, ZUM-RD 2009, 541 (543).
964 LG Berlin v. 11.3.2014 – 16 O 73/13, GRUR-RR 2014, 490 (490).
965 LG Berlin v. 11.3.2014 – 16 O 73/13, GRUR-RR 2014, 490 (490 f.).
966 LG Frankfurt a.M. v. 27.9.2012 – 2-03 O 27/12, MMR 2013, 125 (125) (n. rk.).
967 So auch *Heydn*, in: Kilian/Heussen (Hrsg.), Computerrechts-Handbuch, 1. Abschn. Teil 2, Vermarktung von Gebrauchtsoftware, Rn. 115a.

II. Der Erschöpfungsgrundsatz bei Software

legal wieder beschaffen könne.[968] Damit würde allerdings eine Weitergabe nur der Nutzungsberechtigung und nicht auch der Programmkopie vorliegen, was aufgrund des untrennbaren Zusammenhangs nach der EuGH-Rechtsprechung unzulässig ist. Insofern wäre die Installation eine nicht gerechtfertigte Vervielfältigungshandlung.

Der reine Lizenzhandel sowie der Handel mit Echtheitszertifikaten sind damit unzulässig. Gleiches gilt im Übrigen für den umgekehrten Fall, dass der Ersterwerber seinen Rechner oder seine Festplatte verkauft, auf dem sich noch die heruntergeladene Programmkopie befindet. Vor dem Weiterverkauf des Rechners oder der Festplatte muss er die Programmkopie löschen[969], soweit er nicht das Nutzungsrecht mit überträgt.

d. Kostenlose Updates und Patches ohne Wartungsvertrag

In der UsedSoft-Fallgestaltung hatte der Rechteinhaber einen speziellen Wartungsvertrag mit dem Ersterwerber abgeschlossen. Fraglich ist, ob die untrennbare Einheit zwischen der verbesserten Programmkopie und dem Nutzungsrecht auch dann besteht, wenn kein solcher Wartungsvertrag abgeschlossen wurde, aber kostenlose Updates oder Patches die ursprüngliche Programmversion dennoch verändert haben. Hier kann man auf einen Erst-recht-Schluss zurückgreifen: Wenn der EuGH schon bei einem entgeltlichen Wartungsvertrag, der zudem einen Dienstleistungsvertrag darstellt, von einer Erstreckung der Erschöpfungswirkung auf die aktualisierte Programmkopie ausgeht, wird das für ein mit kostenlosen Updates und Patches versehenes Computerprogramm erst recht gelten.[970] Denn der ursprüngliche Lizenzvertrag ist so auszulegen, dass er sich auch auf kostenlose Updates und Upgrades erstreckt.[971] Unabhängig davon besteht aber gerade bei sicherheitsrelevanten Patches unter Umständen eine Produktbeobachtungspflicht des Herstellers bzw. kaufrechtliche Gewährleistungsrechte.

e. Einschränkungen der tatsächlichen Verkehrsfähigkeit eines Werkstücks

Die UsedSoft-Konstellation betrifft einen Fall, in dem der Rechteinhaber auch dem Zweiterwerber eine Download-Möglichkeit der zunächst vom Ersterwerber heruntergeladenen Programmkopie ermöglicht. Oftmals bietet der Rechteinhaber einen solchen Service jedoch nicht an, sondern gestattet nur dem Ersterwerber den Download. Dann sind für eine Weitergabe der heruntergeladenen

---

968 OLG Frankfurt a. M. v. 23.6.2009 – 11 U 71/08, GRUR-RR 2010, 5 (5 f.) – CoA-Echtheitszertifikat.
969 So auch *Heydn*, in: Kilian/Heussen (Hrsg.), Computerrechts-Handbuch, 1. Abschn. Teil 2, Vermarktung von Gebrauchtsoftware, Rn. 98a.
970 Im Ergebnis auch *Leistner*, WRP 2014, 995 (999); *Marly*, CR 2014, 145 (147); *Schneider*, ITRB 2014, 120 (121); *Schneider/Spindler*, CR 2014, 213 (217).
971 Vgl. dazu die Ausführungen unter D. II. 2. c. bb. ccc.

D. Die urheberrechtliche Zulässigkeit der Weitergabe

Software zwei Fallgestaltungen zu unterscheiden.[972] Einerseits kann es sich um eine Software handeln, die sich automatisch unmittelbar beim Herunterladen auf dem Rechner installiert, andererseits kann es sich aber auch nur um eine installationsfähige Datei handeln, die der Ersterwerber zunächst abspeichern muss, um sie dann in einem zweiten Schritt erst zu installieren. Auch hier kann es aber möglich sein, dass nur eine nicht installationsfähige Datei zurückbleibt, wenn das Installationsprogramm bei der Installation die ursprüngliche, installationsfähige Programmkopie automatisch löscht. In beiden Fällen kann also die Situation eintreten, dass der Ersterwerber nur über eine nicht installationsfähige Software-Version verfügt.[973] Ganz ähnlich stellt sich die Problematik bei Apps für Smartphones oder Tablets dar: Die heruntergeladenen Apps werden direkt installiert und der Ersterwerber kann sie aufgrund des geschlossenen Systems nicht weitergeben. Eine installationsfähige Software-Version mit einer entsprechenden Setup-Datei gibt es also auch hier nicht. In diesen Fallkonstellationen kann der Erwerber in aller Regel auch keine installationsfähige Kopie von dem auf der Festplatte installierten Programm zur Weitergabe herstellen.[974] *Stieper* vertritt diesbezüglich die Meinung, dass sich dann die Erschöpfung auf die Verkehrsfähigkeit des Programms auch nicht auswirke.[975] Ein Weiterverkauf des Programms soll hier demnach nur bei einer Weitergabe des Datenträgers möglich zu sein, auf dem die Programmkopie installiert wurde.[976] *Heydn* zieht einen Vergleich zur Half-Life 2-Entscheidung des BGH,[977] bei der es wie hier um eine Einschränkung der tatsächlichen Verkehrsfähigkeit eines Werkstückes gehe, die auf der spezifischen Gestaltung der Software beruhe und daher den Erschöpfungsgrundsatz des Verbreitungsrechts nicht berühre.[978]

Trotz der Erstreckung der Erschöpfungswirkung auf unkörperlich in Verkehr gebrachte Vervielfältigungsstücke durch den EuGH und seiner Äußerung, dass der Erschöpfung nicht ihre „praktische Wirksamkeit"[979] genommen werden dürfe, muss es Grenzen geben. Der EuGH kann die Rechteinhaber von Software nicht dazu verpflichten, ihre Computersysteme derart umzugestalten, dass die Erwerber von Software diese auch weitergeben können. Software weist die Besonderheit auf, dass sie regelmäßig einer Installation bedarf und der Erwerber sie nicht – wie die anderen digitalen Güter – einfach nur „abspielen" kann. Inso-

---

972 *Heydn*, in: Kilian/Heussen (Hrsg.), Computerrechts-Handbuch, 1. Abschn. Teil 2, Vermarktung von Gebrauchtsoftware, Rn. 116a f.
973 Die Zulässigkeit der Vervielfältigungshandlungen, die bei Vorliegen einer installationsfähigen Datei in Betracht kommen, werden unter D. IV. thematisiert.
974 *Stieper*, ZUM 2012, 668 (669).
975 *Stieper*, ZUM 2012, 668 (700).
976 *Heydn*, in: Kilian/Heussen (Hrsg.), Computerrechts-Handbuch, 1. Abschn. Teil 2, Vermarktung von Gebrauchtsoftware, Rn. 116a.
977 BGH v. 11.2.2010 – I ZR 178/08, GRUR 2010, 822, Tz. 21 – Half-Life 2.
978 *Heydn*, in: Kilian/Heussen (Hrsg.), Computerrechts-Handbuch, 1. Abschn. Teil 2, Vermarktung von Gebrauchtsoftware, Rn. 116a. Diese Entscheidung ist Thema bei der Analyse der Zulässigkeit technischer Schutzmaßnahmen in Kapitel F.
979 EuGH v. 3.7.2012 – C-128/11, GRUR 2012, 904, Tz. 83 – UsedSoft.

II. Der Erschöpfungsgrundsatz bei Software

fern ist es der Komplexität von Software geschuldet, dass sich unüberwindliche Schwierigkeiten im Rahmen der Weitergabe ergeben, die dem Rechteinhaber nicht aufgelastet werden können. Zudem ist gerade den Nutzern von Apps auf Smartphones oder Tablets bewusst, dass es sich um ein geschlossenes System handelt, das keine Weitergabe zulässt. Auch der Erschöpfungsgrundsatz kann darüber nicht hinwegsehen. Wenn also das technische System bei Software darauf ausgerichtet ist, eine nicht weitergabefähige Programmkopie zu erstellen, liegt kein Verstoß gegen den Erschöpfungsgrundsatz vor. Würde man zur Wirksamkeit der Erschöpfungswirkung von den Rechteinhabern fordern, weitergabefähige Programmkopien zu entwickeln, wäre man auch nicht mehr weit davon entfernt, die Vertriebsform Erwerb oder Abo-Erwerb von den Rechteinhabern zu verlangen, obwohl sie nur Mietmodelle in ihrem Portfolio haben. Denn auch mit solchen Mietangeboten nimmt der Rechteinhaber dem Erschöpfungsgrundsatz gewissermaßen die praktische Wirksamkeit, wenngleich die Erschöpfung dabei gar nicht erst eintritt.

f. Anzuwendende Richtlinie bei hybriden Produkten

Die hybriden Produkte Computerspiele und E-Books (im weiteren und weitesten Sinne) beinhalten als sog. Multimediawerke neben anderen urheberrechtlichen geschützten Werken auch Computerprogramme.[980] Bei beiden Produkten fällt das den (Spiel-)Ablauf steuernde Computerprogramm unter § 2 Abs. 1 Nr. 1 Var. 3 UrhG und die audiovisuelle Darstellung am Bildschirm unter § 2 Abs. 1 Nr. 6 Var. 2 UrhG. Es handelt sich also um ein zusammengesetztes Produkt, bei dem das Computerprogramm nur einen Teil ausmacht.[981] Schwierigkeiten im Umgang mit diesen hybriden Produkten bereitet die Frage, welche urheberrechtlichen Vorschriften auf sie anzuwenden sind. Sollen die allgemeinen urheberrechtlichen Normen nach der InfoSoc-RL zur Geltung kommen oder etwa die speziellen Normen über Computerprogramme nach der Software-RL?

In einem Vorlagebeschluss des BGH legen die Richter genau diese Frage dem EuGH vor.[982] Konkret geht es um eine technische Schutzmaßnahme für ein Videospiel, die sowohl Computerprogramme als auch sonstige Werke schützt. Art. 1 Abs. 2 lit. a InfoSoc-RL könnte hier der Anwendung einer Art. 6 Abs. 2 Software-RL ins nationale Recht umsetzenden Vorschrift (§ 95a Abs. 3 UrhG) entgegenstehen. Der BGH fasst dabei die drei vorherrschenden Ansichten selbst

---
980 Nach *Peifer* können bei E-Books zumindest durch Softwarebefehle Funktionen eröffnet werden; *Peifer*, AfP 2013, 89 (90).
981 Vgl. auch *Hilty*, CR 2012, 625 (636); vgl. dazu auch B. I. 7.
982 BGH v. 6.2.2013 – I ZR 124/11, GRUR 2013, 1035 – Videospiel-Konsolen. Nach der Nintendo-Entscheidung des EuGH hat sich die Vorlagefrage des BGH erledigt, da demnach bei hybriden Produkten die §§ 95a ff. UrhG zur Anwendung kommen können. Eine allgemein gültige Antwort auf die Frage des Verhältnisses der beiden Richtlinien bleiben die Gerichte damit schuldig. Die Entscheidungsgründe der Videospielkonsolen II-Entscheidung des BGH v. 27.11.2014 – I ZR 124/11 liegen noch nicht vor.

D. Die urheberrechtliche Zulässigkeit der Weitergabe

zusammen.[983] Demnach könne sich der Schutz technischer Maßnahmen bei solchen hybriden Produkten zum einen wegen der Vorrangregelung des Art. 1 Abs. 2 lit. a InfoSoc-RL allein nach der speziellen Regelung des Art. 7 Abs. 1 lit. c Software-RL richten.[984] Zum anderen sei das anwendbare Recht bei hybriden Produkten nach dem Schwerpunkt des Schutzes zu bestimmen.[985] Schließlich könnten hybride Werke auch hybriden Schutz genießen, was zu einer parallelen Geltung der Richtlinien führt.[986]

Die Vertreter der Ansicht, die von einer ausschließlichen Anwendung der Software-RL ausgehen, könnten neuen Auftrieb durch die UsedSoft-Entscheidung des EuGH erhalten haben, wonach die Bestimmungen der Software-RL als Leges speciales gegenüber den Bestimmungen der InfoSoc-RL anzusehen sind.[987] Der Schutz der Software-RL beschränkt sich aber auf Computerprogramme und bei hybriden Produkten gibt es weitere Bestandteile, die urheberrechtlichem Schutz nach der InfoSoc-RL zugänglich sein können.[988] Ein grundsätzliches Abstellen auf die Software-RL wird daher dem Wesen hybrider Produkte nicht gerecht. Die sog. Schwerpunkttheorie hingegen führt nicht zu einer interessengerechten Lösung. Denn es ist nicht plausibel, weshalb der Urheber oder der Rechteinhaber den weiter gehenden Schutz der InfoSoc-RL verlieren sollte, nur weil er – beispielsweise bei Computerspielen – den hierdurch geschützten Filmsequenzen noch ein Computerprogramm für den Spielablauf hinzufügt.[989] Zudem ist der Schwerpunkt des Schutzes oftmals nicht eindeutig bestimmbar, so dass erhebliche Rechtsunsicherheit entstehen kann.[990] Vorzugswürdig erscheint daher eine parallele Geltung der Richtlinien, wie sie auch der BGH vorschlägt.[991] Denn selbst wenn der Schwerpunkt des Schutzes auf den Computerprogrammen liegen sollte, könne man die anderen schützenswerten Werke nicht vernachlässigen.[992] Zum Teil wird bei einer Kollision der parallel anwendbaren Vorschriften vorgeschlagen, nur diejenigen Vorschriften einheitlich zur Anwendung kommen zu lassen, die entweder rechtlich oder wirtschaftlich den engsten Bezug aufweisen.[993] Doch diese Einschränkung würde wieder zu

---

983 Vgl. dazu auch ausführlich *Kreutzer*, CR 2007, 1 (4 ff.).
984 BGH v. 6.2.2013 – I ZR 124/11, GRUR 2013, 1035, Tz. 21 – Videospiel-Konsolen; *Götting*, in: Schricker/Loewenheim (Hrsg.), UrhG, § 95a Rn. 4; vgl. auch *Kreutzer*, CR 2007, 1 (6).
985 BGH v. 6.2.2013 – I ZR 124/11, GRUR 2013, 1035, Tz. 22 f. m. w. N. – Videospiel-Konsolen.
986 BGH v. 6.2.2013 – I ZR 124/11, GRUR 2013, 1035, Tz. 24 m. w. N. – Videospiel-Konsolen.
987 EuGH v. 3.7.2012 – C-128/11, GRUR 2012, 904, Tz. 51, 56 – UsedSoft.
988 Vgl. dazu EuGH v. 23.1.2014 – C-355/12, GRUR Int. 2014, 285, Tz. 23 – Nintendo/PC Box. So auch *Hilgert*, CR 2014, 354 (356).
989 BGH v. 6.2.2013 – I ZR 124/11, GRUR 2013, 1035, Tz. 24 – Videospiel-Konsolen; so auch das LG Berlin v. 11.3.2014 – 16 O 73/13, GRUR-RR 2014, 490 (491); *Roth*, MMR 2013, 673 (673); *Bullinger/Czychowski*, GRUR 2011, 19 (21).
990 BGH v. 6.2.2013 – I ZR 124/11, GRUR 2013, 1035, Tz. 24 – Videospiel-Konsolen.
991 So etwa auch *Förster*, in: Duisberg/Picot (Hrsg.), Recht der Computer- und Videospiele, Kap. 2 Rn. 2; *Bullinger/Czychowski*, GRUR 2011, 19 (21 f.) m. w. N.
992 *Roth*, MMR 2013, 673 (673).
993 *Bullinger/Czychowski*, GRUR 2011, 19 (21 f.); *Förster*, in: Duisberg/Picot (Hrsg.), Recht der Computer- und Videospiele, Kap. 2 Rn. 23 ff.

der Rechtsunsicherheit führen, die man der Schwerpunkttheorie vorwirft. Zur Gewährung eines größtmöglichen Schutzes und zur Vermeidung von Abgrenzungsschwierigkeiten muss hingenommen werden, dass die für den Urheber und Rechteinhaber günstigsten Vorschriften zur Anwendung kommen. Dieses sog. Meistbegünstigungsprinzip sollte jedoch nicht hinsichtlich der Schrankenbestimmungen herangezogen werden, da diese mit den jeweiligen Nutzungsrechten korrespondieren. Andernfalls käme es zu einer nicht zu rechtfertigenden Bevorzugung der Urheber. Dieser sollte sich nicht die „Rosinen" herauspicken dürfen, indem er sich sowohl auf das vom Umfang her weitere Nutzungsrecht der einen Richtlinie als auch auf die vom Umfang her geringere Schranke der anderen Richtlinie beruft. Den Verwertern bzw. Nutzern stehen demnach die günstigeren Schrankenregelungen zu. Ein derartiges „beidseitiges" Meistbegünstigungsprinzip muss auch vor dem Hintergrund gelten, dass das Urheberrecht nicht nur den persönlichen und wirtschaftlichen Interessen des Urhebers dient, sondern auch der Schaffung eines fairen und angemessenen Ausgleichs zwischen den Interessen der Urheber, Verwerter und Nutzer.[994] Gerade die Schranken bezwecken einen Interessenausgleich und sind das Produkt einer vorweggenommenen Abwägung.[995]

Auch der EuGH äußert sich in einem kürzlich ergangenen Urteil dahingehend, dass hinsichtlich der grafischen und klanglichen Bestandteile eines Videospiels als Teile des Gesamtwerkes urheberrechtlicher Schutz nach der InfoSoc-RL bestehe.[996] Er stellt also klar, dass sich der Schutz am Gesamtwerk orientiere und nicht an einzelnen Bestandteilen. Damit scheinen die Richter der Auffassung des BGH zu folgen, wonach hybriden Produkten wie Computerspielen ein hybrider Schutz zukommt.[997] Allerdings hat das vorlegende italienische Gericht keine dem BGH-Beschluss vergleichbare Vorlagefrage formuliert. Der EuGH hat sich nur im Zusammenhang mit der zu beantwortenden Vorlagefrage genötigt gesehen, zunächst etwas zum Verhältnis der beiden Richtlinien zu sagen. Insofern ist noch keine endgültige Entscheidung getroffen worden. Es sprechen aber, wie gezeigt, gewichtige Gründe dafür, hybriden Produkten im Sinne des Meistbegünstigungsprinzips auch hybriden Schutz zukommen zu lassen.

Hinsichtlich der Erschöpfungswirkung als Schrankenbestimmung bedeutet dies, dass es bei hybriden Produkten wie Computerspielen und E-Books (im weiteren und weitesten Sinne) auf die Auslegung des in der InfoSoc-RL niedergelegten Erschöpfungsgrundsatzes gar nicht mehr ankommt. Da der Erschöpfungsgrundsatz in der Software-RL auch unkörperliche Werkstücke erfasst, steht den Verwertern und Nutzern im Anwendungsbereich der Software-RL bereits der größtmögliche Schutz zu.

---

994 *Ohly*, Gutachten F zum 70. Deutschen Juristentag, S. 21.
995 *Dreier*, in: Dreier/Schulze, UrhG, Vor. § 44a Rn. 1.
996 EuGH v. 23.1.2014 – C-355/12, GRUR Int. 2014, 285, Tz. 22 f. – Nintendo/PC Box.
997 So auch *Schneider*, ITRB 2014, 120 (121); LG Berlin v. 11.3.2014 – 16 O 73/13, GRUR-RR 2014, 490 (491).

5. Auswirkungen auf die Lizenzierungspraxis

Im Rahmen der allgemeinen rechtlichen Bewertung des Online-Erwerbs hat sich herausgestellt, dass der Urheber bzw. Rechteinhaber im Ergebnis dem Händler ein Nutzungsrecht für den Downloadvertrieb und dem Endnutzer ein Nutzungsrecht für den Downloaderwerb einräumen muss. Das Nutzungsrecht für den Downloadvertrieb beinhaltet dabei nach der bisherigen Darstellung lediglich das Recht der öffentlichen Zugänglichmachung.[998] Wie die infolge der UsedSoft-Entscheidung vorgenommenen Überlegungen gezeigt haben, ist jedoch – zumindest im Anwendungsbereich der Software-RL – nicht nur das Recht der öffentlichen Zugänglichmachung, sondern auch das Verbreitungsrecht zu beachten. Denn nach dem EuGH wird eine Handlung der öffentlichen Wiedergabe durch Eigentumsübergang zu einer Verbreitungshandlung. Dementsprechend müsste der Urheber bzw. der Rechteinhaber zukünftig das Nutzungsrecht für den Downloadvertrieb dergestalt formulieren, dass neben dem Recht der öffentlichen Zugänglichmachung auch das Verbreitungsrecht eingeräumt wird. Es ist allerdings nicht zu erwarten, dass die Urheber bzw. Rechteinhaber dies tatsächlich tun. Denn dadurch würden sie eingestehen, dass nach dem Erstverkauf die Erschöpfungswirkung eintritt mit der Folge, dass sie keinerlei Kontrolle mehr über die verkaufte Programmkopie haben. Es ist jedoch nicht zwingend erforderlich, dass sie das Verbreitungsrecht explizit einräumen: Indem sie das Recht der öffentlichen Zugänglichmachung einräumen und beschreiben, dass der Händler das Werk zum Download anbieten kann, erfolgt konkludent auch die Einräumung des dazu erforderlichen Verbreitungsrechts. Denn der Rechteinhaber will ja genauso wie der Händler, dass die Produkte mittels Download „vertrieben" werden. Im Rahmen der Lizenzierung von per Download vertriebenen Computerprogrammen erhalten die Händler neben dem Recht der öffentlichen Zugänglichmachung also auch (konkludent) das Verbreitungsrecht.[999]

III. Der Erschöpfungsgrundsatz bei anderen digitalen Gütern

Eine der wichtigsten offenen Fragen im Anschluss an die UsedSoft-Rechtsprechung ist die nach der Übertragbarkeit ihrer Grundsätze auf andere digitale Güter: Können also Musik-, Film- oder Bilddateien unter den gleichen Voraussetzungen wie Computerprogramme weitergegeben werden, ohne dass der Rechteinhaber dagegen vorgehen kann? Auf den ersten Blick ist Vorsicht geboten – schließlich beruht das UsedSoft-Urteil des EuGH im Wesentlichen auf

---

998 Vgl. dazu die Ausführungen unter B. III. 2. b.
999 *Malevanny* geht dabei möglicherweise etwas zu weit, wenn seine Äußerung so zu verstehen ist, dass der Rechteinhaber nur noch das Verbreitungsrecht einräumen muss: *Malevanny*, CR 2013, 422 (426).

III. Der Erschöpfungsgrundsatz bei anderen digitalen Gütern

der Software-RL, während für alle anderen Güter nur die InfoSoc-RL gilt.[1000] Allerdings beruht die Entscheidung auch auf allgemeinen Grundsätzen, welche möglicherweise alle digitalen Güter betreffen. Jedenfalls gibt es bei anderen digitalen Inhalten als Software weniger Besonderheiten, da beispielsweise keine Updates oder Upgrades bei Musik- und Filmwerken existieren und der Zweiterwerber in der Regel auch nicht auf eine weiterhin zum Download bereitgehaltene Kopie des Rechteinhabers zurückgreifen kann, die sich mit einer Seriennummer aktivieren lässt.

In der Fachliteratur sind im Zusammenhang mit der Übertragbarkeit der Grundsätze der UsedSoft-Rechtsprechung zahlreiche Abhandlungen erschienen. Die Meinungen gehen dabei weit auseinander. Während sich ein Teil der Literatur grundsätzlich für eine Übertragbarkeit der Grundsätze ausspricht,[1001] lehnt dies ein anderer Teil entschieden ab.[1002] Zu Letzteren zählen dabei auch solche, die zwar die Übertragung an sich befürworten, sie aber mit der gegenwärtigen Rechtslage nicht für vereinbar halten. Schließlich gibt es zahlreiche Stimmen, die der Weitergabe digitaler Güter offen gegenüberstehen, wenngleich bei einigen dieser Stimmen eine gewisse Skepsis zu erkennen ist.[1003] Auffällig wird der

---

1000 Die Bewertung hybrider Produkte erfolgt unter D. III. 4. a. (vgl. auch die Ausführungen unter D. II. 4. f.).
1001 *Appl/Schmidt*, MR 2014, 189 (194 ff.); *Cichon/Kloth/Kramer/Nordemann*, GRUR Int. 2014, 920 (926 ff.); *Dreier*, in: Dreier/Schulze, UrhG, § 69c Rn. 24; *Ganzhorn*, CR 2014, 492 (494 ff.); *Hartmann*, GRUR Int. 2012, 980 (981 ff.); *Hilty*, CR 2012, 625 (633 ff.); *Hoeren/Försterling*, MMR 2012, 642 (647); *Hoeren/Jakopp*, MMR 2014, 646 (646 ff.); *Kubach*, CR 2013, 279 (281 ff.); *Kubach*, in: Taeger (Hrsg.), DSRI Tagungsband 2013, S. 361 (370 ff.); *Malevanny*, CR 2013, 422 (425 f.); *Neuber*, WRP 2014, 1274 (1274 ff.); *Peifer*, AfP 2013, 89 (90 ff.); *Redeker*, CR 2014, 73 (77); *Redeker*, in: Bräutigam/Hoppen (Hrsg.), DGRI Jahrbuch 2013, S. 251 (263); *Schmitt*, MR 2012, 256 (259 f.); *Schneider/Spindler*, CR 2012, 489 (497); *Streit/Jung*, MR-Int 2012, 6 (11 f.); *Terhaag/Telle*, K&R 2013, 549 (551 ff.); *Walter*, MR-Int 2012, 40 (41).
1002 *Bäcker*, ZUM 2014, 333 (335); *Biehler/Apel*, ZUM 2014, 727 (727); *Dietrich*, NJ 2014, 194 (196 f.); *Dreyer*, in: Grünberger/Leible (Hrsg.), DRM 2.0, S. 131 (143); *Dustmann*, in: Fromm/Nordemann (Bgr.), UrhG, § 19a Rn. 29 f.; *Hansen*, GRUR 2014, 862 (863); *Hansen*, GRUR-Prax 2013, 207 (207); *Hansen/Libor*, AfP 2012, 447 (450); *Hauck*, NJW 2014, 3616 (3617 f.); *Hilgert*, CR 2014, 354 (355 f.); *Jani*, K&R 2012, 297 (298); *Jani*, in: Wöhrn (Hrsg.), FS Wandtke, S. 334 f., 340 f.; *Kloth*, GRUR-Prax 2013, 239 (240 f.); *Kotthoff*, in: Dreyer/Kotthoff/Meckel (Hrsg.), UrhG, § 69c Rn. 25; *Krüger/Biehler/Apel*, MMR 2013, 760 (765); *Moritz*, JWITR 5/2014 Anm. 3; *Ohly*, NJW-Beil. 2014, 47 (48); *Peukert*, GRUR-Beil. 2014, 77 (80); *Rauer/Ettig*, EWS 2012, 322 (327); *Rehbinder/Peukert*, Urheberrecht, Rn. 467; *Schack*, Urheber- und Urhebervertragsrecht, Rn. 463a; *Scholz*, ITRB 2013, 17 (20 f.); *Schulze*, in: Dreier/Schulze, UrhG, § 17 Rn. 30; *Schulze*, EIPR 2014, 9 (12 f.); *Stieper*, ZUM 2012, 668 (670); *Winklbauer/Geyer*, ZIR 2014, 93 (97 ff.); *Wöhrn*, in: Wandtke (Hrsg.), Urheberrecht, 3. Kap. Rn. 97.
1003 *Bitter/Buchmüller/Uecker*, in: Hoeren (Hrsg.), Big Data und Recht, S. 41 (53); *Dreier/Leistner*, GRUR 2013, 881 (887 f.); *Eichelberger*, WRP 2013, 852 (856); *Fischl*, Deutscher Anwaltspiegel 14/2012, 11 (13); *Ganzhorn*, in: Taeger (Hrsg.), DSRI Tagungsband 2013, S. 483 (501 f.); *Ganzhorn*, InTeR 2014, 31 (38); *Grützmacher*, ZGE 2013, 46 (81 f.); *Harn Lee*, IIC 2012, 846 (852 f.); *Hilty/Köklü/Hafenbrädl*, IIC 2013, 263 (288); *Leistner*, CMLR 2014, 559 (580 ff.); *Linklater*, JIPITEC 2014, 12 (17 ff.); *Lutz*, IPRB 2013, 237 (239); *Marly*, EuZW 2012, 654 (657); *Ohly*, JZ 2013, 42 (44); *Ohrtmann/Kuß*, BB 2012, 2262 (2264 f.); *Picot*,

D. Die urheberrechtliche Zulässigkeit der Weitergabe

Konflikt sogar innerhalb der Kommentierung von *Dreier/Schulze* zum Urheberrecht: Während *Dreier* die Weitergabe auch bei anderen digitalen Gütern als zulässig erachtet, spricht sich *Schulze* dagegen aus.[1004]

Da der allgemeine Erschöpfungsgrundsatz in § 17 Abs. 2 UrhG unter dem Einfluss des europäischen Rechts steht, muss der Blick zunächst auf die Online-Erschöpfung im Anwendungsbereich der InfoSoc-RL gerichtet werden, bevor – ausgehend von den Ergebnissen dieser Untersuchung – die Online-Erschöpfung im deutschen Recht näher betrachtet werden kann.

1. Online-Erschöpfung im Anwendungsbereich der InfoSoc-RL

Die Frage nach der Erschöpfung bei anderen Werkarten als Computerprogrammen beurteilt sich nach der InfoSoc-RL. Der EuGH hat in seinem UsedSoft-Urteil zwar an einer Stelle darauf aufmerksam gemacht, dass er bei einer entsprechenden Vorlagefrage die InfoSoc-RL anders als die Software-RL interpretieren könnte: „Doch selbst wenn sich aus Art. 4 Abs. 2 der Richtlinie 2001/29 […] ergäbe, dass die Erschöpfung des Verbreitungsrechts nur materielle Güter beträfe, […]".[1005] Diese Formulierung lässt aber auch den Schluss zu, dass er die InfoSoc-RL durchaus auch im Sinne der Software-RL auslegen könnte, wenngleich der EuGH keine verbindlichen Entscheidungen über die Auslegung des Erschöpfungsgrundsatzes der InfoSoc-RL treffen konnte. Dafür spricht auch, dass der EuGH davon ausgeht, dass in beiden Richtlinien verwendete Begriffe dieselbe Bedeutung haben müssen.[1006] Eine unterschiedliche Behandlung des Erschöpfungsgrundsatzes in der Software- und InfoSoc-RL würde dennoch nicht zwingend zu Wertungswidersprüchen führen.[1007] Denn wegen Art. 1 Abs. 2 lit. a InfoSoc-RL und dem daraus abgeleiteten Lex specialis-Grundsatz durch den EuGH wird deutlich, dass beide Richtlinien unabhängig voneinander zu untersuchen sind und es daher möglich ist, dass der InfoSoc-RL ein anderer Wille zu entnehmen ist als der Software-RL. Dies macht der EuGH selbst deutlich, indem er feststellt, dass „der Unionsgesetzgeber im konkreten Kontext dieser Richtlinie [2009/24/EG] einen anderen Willen zum Ausdruck gebracht hat" als in der Richtlinie 2001/29/EG. Das schließt auf der anderen Seite aber natürlich nicht aus, dass bestimmte Überlegungen hinsichtlich des Erschöpfungsgrundsatzes bei der Software-RL auch hinsichtlich der InfoSoc-RL gelten müssten.

---

in: Duisberg/Picot (Hrsg.), Recht der Computer- und Videospiele, Kap. 4 Rn. 43; *Rath/Maiworm*, WRP 2012, 1051 (1055); *Schneider*, ITRB 2014, 120 (123); *Schneider/Spindler*, CR 2014, 213 (222 f.); *Scholz*, in: Oelschlägel/Scholz (Hrsg.), Handbuch Versandhandelsrecht, Kap. 10 Rn. 358; *Stang*, in: Möhring/Nicolini (Bgr.), UrhG, § 85 Rn. 23; *von Welser*, GRUR-Prax 2012, 326 (326).
1004 *Dreier*, in: Dreier/Schulze, UrhG, § 69c Rn. 24; *Schulze*, in: Dreier/Schulze, UrhG, § 17 Rn. 30.
1005 EuGH v. 3.7.2012 – C-128/11, GRUR 2012, 904, Tz. 60 – UsedSoft.
1006 EuGH v. 3.7.2012 – C-128/11, GRUR 2012, 904, Tz. 60 – UsedSoft.
1007 *Jani*, in: Wöhrn (Hrsg.), FS Wandtke, S. 331 (335).

III. Der Erschöpfungsgrundsatz bei anderen digitalen Gütern

Die die Erschöpfung betreffende Vorschrift in der InfoSoc-RL befindet sich in Art. 4 Abs. 2. Dort heißt es:

„Das Verbreitungsrecht erschöpft sich in der Gemeinschaft in Bezug auf das Original oder auf Vervielfältigungsstücke eines Werkes nur, wenn der Erstverkauf dieses Gegenstands oder eine andere erstmalige Eigentumsübertragung in der Gemeinschaft durch den Rechteinhaber oder mit dessen Zustimmung erfolgt."

Die Auslegung dieser Norm entscheidet darüber, ob der Erschöpfungsgrundsatz grundsätzlich auf alle digitalen Güter anwendbar ist.

a. Vorliegen eines „Erstverkaufs eines Vervielfältigungsstücks"

Nach Art. 4 Abs. 2 InfoSoc-RL kommt es wie nach der Software-RL zunächst auf einen „Erstverkauf" an. Anstatt einer Programmkopie ist nun aber „das Original oder ein Vervielfältigungsstück" erforderlich, welches erstmals verkauft worden sein muss. Was zumindest in deutscher Sprache noch auf eine unterschiedliche Bedeutung hinweisen könnte, bestätigt die englische Sprachfassung nicht: Dort stehen „copies of the work" in der InfoSoc-RL dem Begriff „copy of a program" in der Software-RL gegenüber, was sich sinngemäß entspricht. Es spricht daher nicht viel für eine unterschiedliche Auslegung durch den EuGH, zumal er die einheitliche Auslegung europäischer Richtlinien im UsedSoft-Urteil mehrfach betont. Damit dürfte der EuGH dem Begriff des Vervielfältigungsstücks in der InfoSoc-RL entnehmen, dass darunter – wie bei der im UsedSoft-Verfahren streitgegenständlichen Software – ein unkörperlicher Gegenstand fallen kann. So sind also Musik- oder Filmwerke in digitaler Form als Vervielfältigungsstücke i. S. d. Art. 4 Abs. 2 InfoSoc-RL anzusehen.

Noch deutlicher stellt sich die Situation beim „Erstverkauf" dar. In der Software-RL wird in Art. 4 Abs. 2 lediglich der „Erstverkauf" angesprochen, wohingegen die InfoSoc-RL etwas ausführlicher einen „Erstverkauf dieses Gegenstands oder eine andere erstmalige Eigentumsübertragung" beschreibt. Da der EuGH im Rahmen seiner Auslegung den Begriff Erstverkauf als Eigentumsübertragung definiert, entspricht die Begrifflichkeit in der InfoSoc-RL genau dieser Definition. Damit liegt es nahe, dass beiden Begriffen die gleiche Bedeutung zukommt. Daran kann auch die Tatsache nichts ändern, dass der EuGH in einer früheren Entscheidung für eine Verbreitung einen dinglichen Eigentumsübergang gefordert hat.[1008] Damit ein Erstverkauf im Sinne der InfoSoc-RL vorliegt, müssen die digitalen Güter also – entsprechend der Auslegung durch den EuGH – dauerhaft überlassen werden in dem Sinne, dass ein zeitlich unbegrenztes Nutzungsrecht gegen Zahlung eines Entgelts eingeräumt werden muss. Bei Vorliegen der Vertriebsform (Abo-)Erwerb für digitale Inhalte liegt demnach ein Erstverkauf vor.

1008 EuGH v. 17.4.2008 – C-456/06, GRUR 2008, 604, Tz. 33 ff. – Le-Corbusier-Möbel.

D. Die urheberrechtliche Zulässigkeit der Weitergabe

Zum Teil wird angenommen, durch die Anknüpfung an das Wort „Gegenstand" würden nur körperliche Träger eines urheberrechtlich geschützten Werkes der Erschöpfung erliegen.[1009] In der englischen Sprachfassung findet jedoch – wie in der Software-RL – das Wort „copy" Verwendung, das daher auch einer anderen Auslegung zugänglich ist, selbst wenn dem im deutschen Recht nicht so wäre.[1010] Insgesamt zeigen die Formulierungen in den jeweiligen Art. 4 Abs. 2 der Richtlinien einen „bedeutungs- und funktionsähnlichen Wortlaut von Vervielfältigungsstück und Kopie", so dass von einer einheitlichen Rechtslage hinsichtlich des Erschöpfungsgrundsatzes auszugehen ist.[1011] Der Wortlaut des Art. 4 Abs. 2 InfoSoc-RL lässt es zumindest zu, dass auch das körperlose Inverkehrbringen im Rahmen eines Downloads erfasst sein kann. Bei dem Übertragungsgegenstand handelt es sich wie bei der Software-RL um ein virtuelles Vervielfältigungsstück, so dass das auf Seiten des Veräußerers vor der Weitergabe und auf Seiten des Erwerbers nach der Weitergabe genutzte Exemplar nur die physikalisch erforderliche Repräsentanz des virtuellen Exemplars ist.[1012]

b. Bedeutung der öffentlichen Zugänglichmachung

Oben wurde bereits ausführlich der Ausspruch des EuGH untersucht, nach dem eine Handlung der öffentlichen Wiedergabe durch eine Eigentumsübertragung zu einer Verbreitungshandlung wird.[1013] Dabei hat sich der EuGH auf Art. 6 Abs. 1 WCT bezogen, dessen Bestimmungen Art. 3 und 4 InfoSoc-RL umsetzen sollen. In erster Linie ging es also um eine öffentliche Zugänglichmachung nach der InfoSoc-RL, die durch eine Eigentumsübergang zu einer Verbreitungshandlung nach der InfoSoc-RL führt. Diese Argumente überträgt der EuGH auf die Software-RL, obwohl der Grundsatz in der InfoSoc-RL verankert ist. Damit kann auf die an anderer Stelle erfolgten Ausführungen verwiesen werden, welche gezeigt haben, dass in der Tat aus einer öffentlichen Zugänglichmachung einer Werkkopie durch eine Eigentumsübergang – also durch den Erstverkauf, der sich aus der Bereitstellung eines Programmkopie bei gleichzeitiger Einräumung eines entsprechenden Nutzungsrechts ergibt – eine Verbreitungshandlung wird. Somit liegt also zunächst eine öffentliche Zugänglichmachung durch den Rechteinhaber vor, die dann jedoch zu einer Verbreitungshandlung wird. Die öffentliche Zugänglichmachung ist also regelmäßig beim Online-Vertrieb digitaler Güter die conditio-sine-qua-non für die Verbreitung und doch von dieser getrennt zu betrachten. Insofern spielt der nach Art. 3 Abs. 3 InfoSoc-RL vor-

---

1009 *Krüger/Biehler/Apel*, MMR 2013, 760 (763).
1010 So auch *Malevanny*, CR 2013, 422 (426).
1011 *Hartmann*, GRUR Int. 2012, 980 (982).
1012 Vgl. dazu die Ausführungen unter D. II. 2. c. aa. bbb.
1013 Vgl. dazu die Ausführungen unter D. II. 2. c. cc.

III. Der Erschöpfungsgrundsatz bei anderen digitalen Gütern

geschriebene Ausschluss des Erschöpfungsgrundsatzes hinsichtlich der öffentlichen Wiedergabe überhaupt keine Rolle.

Art. 8 WCT, der das Recht der öffentlichen Wiedergabe regelt, klärt damit nicht die Frage einer Online-Erschöpfung.[1014] Auch wenn die Urheber der Denkschrift zum WCT ausführen, dass durch die Zugänglichmachung eine Erschöpfung in Bezug auf das Verbreitungsrecht nicht eintrete,[1015] sucht man im Wortlaut des Art. 8 WCT vergebens nach einem Hinweis auf diesen Gedanken. Einem Erwägungsgrund kommt aber keine Bedeutung zu, wenn er im eigentlichen Gesetzestext keinen Widerhall findet.[1016] Genau so stellt sich die Situation bei Art. 8 WCT dar. Darüber hinaus wird in der Denkschrift klargestellt, dass Art. 8 WCT die Vertragsparteien nicht daran hindere, solche Ausnahmen- und Schrankenregelungen aufrechtzuerhalten, die bereits nach der RBÜ zulässig sind.[1017] Die RBÜ kennt allerdings gar kein allgemeines Verbreitungsrecht, so dass nichts gegen eine Ausweitung der Erschöpfung spricht.[1018] Letztlich sei in Erinnerung gerufen, dass man 1996 die Gegebenheiten der heutigen digitalen Welt noch nicht erfassen konnte.

c. Wille des Unionsgesetzgebers

Die InfoSoc-RL hat grundsätzlich die Förderung des europäischen Binnenmarktes zum Gegenstand.[1019] In Frage steht, ob dem Willen des Gesetzgebers eine Beschränkung des Erschöpfungsgrundsatzes auf körperliche Werkstücke zu entnehmen ist. Dass Art. 6 WCT einer Ausweitung des Erschöpfungsgrundsatzes auf digitale Inhalte nicht im Wege steht, wurde bereits an anderer Stelle gezeigt.[1020] Einer Ausweitung des Erschöpfungsgrundsatzes auf immaterielle Güter könnten jedoch die Äußerungen im Gesetzgebungsverfahren, vor allem aber die Erwägungsgründe 28 und 29 der InfoSoc-RL selbst, entgegenstehen. Ein Teil der Literatur spricht sich daher dafür aus, dass diese der Erschöpfung im Hinblick auf solche unkörperliche Werkexemplare zuwiderlaufen, welche nicht der Software-RL unterfallen.[1021] Dem gegenüber vertreten aber auch zahl-

---

1014 *Marly*, Praxishandbuch Softwarerecht, Rn. 194.
1015 Denkschrift zum WIPO-Urheberrechtsvertrag, Begründung zu Art. 8, BT-Drucks. 15/15 v. 25.10.2005, S. 45.
1016 Vgl. *Hartmann*, GRUR Int. 2012, 980 (982); *Knies*, GRUR Int. 2002, 314 (316).
1017 Denkschrift zum WIPO-Urheberrechtsvertrag, Begründung zu Art. 8, BT-Drucks. 15/15 v. 25.10.2005, S. 45.
1018 *Marly*, Praxishandbuch Softwarerecht, Rn. 195.
1019 *Völtz*, in: Taeger (Hrsg.), DSRI Tagungsband 2014, S. 269 (278).
1020 S. dazu die Ausführungen unter D. II. 2. c. cc. ccc.
1021 *Stieper*, ZUM 2012, 668 (668, 670); *Dietrich*, NJ 2014, 194 (197); *Fuchs*, Die Nutzungsrechtseinräumung im Rahmen von Individualsoftwareentwicklungsverträgen, S. 109 f.; *Hansen/Libor*, AfP 2012, 447 (450); *Hilgert*, CR 2014, 354 (355); *Jani*, in: Wöhrn (Hrsg.), FS Wandtke, S. 331 (337); *Krüger/Biehler/Apel*, MMR 2013, 760 (762 f.); *Senftleben*, NJW 2012, 2924 (2925).

D. Die urheberrechtliche Zulässigkeit der Weitergabe

reiche Autoren die gegenteilige Position.[1022] Der EuGH hat aufgrund seines Lex specialis-Einwandes offen gelassen, ob sich aus den Erwägungsgründen 28 und 29 der InfoSoc-RL ergibt, dass eine Erschöpfung des Verbreitungsrechts nur körperliche Güter betrifft.[1023]

aa. Erwägungsgrund 29

Der 29. Erwägungsgrund der InfoSoc-RL hat in deutscher Sprache folgenden Wortlaut:

> „Die Frage der Erschöpfung stellt sich weder bei Dienstleistungen allgemein noch bei Online-Diensten im Besonderen. Dies gilt auch für materielle Vervielfältigungsstücke eines Werks oder eines sonstigen Schutzgegenstands, die durch den Nutzer eines solchen Dienstes mit Zustimmung des Rechteinhabers hergestellt worden sind. Dasselbe gilt daher auch für die Vermietung oder den Verleih des Originals oder von Vervielfältigungsstücken eines Werks oder eines sonstigen Schutzgegenstands, bei denen es sich dem Wesen nach um Dienstleistungen handelt. Anders als bei CD-ROM oder CD-I, wo das geistige Eigentum in einem materiellen Träger, d. h. einem Gegenstand, verkörpert ist, ist jede Bereitstellung eines Online-Dienstes im Grunde eine Handlung, die zustimmungsbedürftig ist, wenn das Urheberrecht oder ein verwandtes Schutzrecht dies vorsieht."

Bei einer am Wortlaut orientierten Auslegung deutet einiges darauf hin, dass der Erwägungsgrund nur Dienstleistungen umfasst. Denn dem Ausdruck „weder bei Dienstleistungen allgemein noch bei Online-Diensten im Besonderen" lässt sich entnehmen, dass auch der Online-Dienst dienstleistungsähnlichen Charakter haben muss: Die Dienstleistung ist wegen des Wortes „allgemein" als Oberbegriff anzusehen, während der Online-Dienst wegen der Wörter „im Besonderen" auf einen konkret benannten Unterfall hinweist. Dafür spricht auch der dritte Satz des Erwägungsgrundes, der nur dann zur Geltung kommen soll, wenn es sich „dem Wesen nach um Dienstleistungen handelt". Bei einer solchen Auslegung wäre der Online-Handel mit digitalen Gütern also nicht betroffen,[1024] da, wie die vorstehenden Untersuchungen und auch das EuGH-Urteil gezeigt haben, selbst bei gleichzeitigem Vorliegen eines Wartungsvertrages keine Dienstleistung, sondern ein kaufähnlicher Vertrag vorliegt. Dem gegenüber kann auch nicht eingewandt werden, dass der Begriff „Online-Dienst" für alles stehe, was im

---

1022 *Appl/Schmidt*, MR 2014, 189 (199); *Böttcher*, Die urheberrechtliche Erschöpfung, S. 159; *Druschel*, Die Behandlung digitaler Inhalte im GEKR, S. 142 ff.; *Grützmacher*, ZGE 2013, 46 (81); *Schneider/Spindler*, CR 2012, 489 (497); *Scholz*, ITRB 2013, 17 (20); *Winklbauer/Geyer*, ZIR 2014, 93 (98); schon vor dem UsedSoft-Urteil des EuGH etwa *Dreier*, ZUM 2002, 28 (32); *Grützmacher*, ZUM 2006, 302 (304); *Hantschel*, Softwarekauf und -weiterverkauf, S. 242; *Knies*, GRUR Int. 2002, 314 (316); *Seitz*, „Gebrauchte" Softwarelizenzen, S. 156 ff.
1023 EuGH v. 3.7.2012 – C-128/11, GRUR 2012, 904, Tz. 60 – UsedSoft.
1024 So auch *Grützmacher*, ZGE 2013, 46 (57).

III. Der Erschöpfungsgrundsatz bei anderen digitalen Gütern

Internet geschehe.[1025] Denn bei Erlass der Richtlinie im Jahr 2001 konnte man die Entwicklung noch nicht absehen und keine genaue Differenzierung vornehmen, welche Online-Geschäftsmodelle wie einzuordnen sind. Dafür lässt sich auch die Neuausrichtung auf europäischer Ebene mit der Verbraucher-RL und dem GERK anführen, worin sowohl körperliche als auch unkörperliche Werke Gegenstand kaufrechtlicher Geschäfte sein können.[1026] Mit dem Oberbegriff der „Dienstleistungen", unter den sich der Begriff des Online-Dienstes einordnen muss, lässt sich ein Erwerbsvorgang der vorliegenden Art jedenfalls nicht vereinbaren.[1027]

Dennoch wird vertreten, dass das Anbieten digitaler Güter zum Download eine öffentliche Zugänglichmachung und keine Punkt-zu-Punkt-Übertragung sei, da die Software jedem gleichermaßen und gleichzeitig zur Verfügung gestellt werde.[1028] Damit würde es sich um eine Bereitstellung eines Online-Dienstes handeln, der auch vom 29. Erwägungsgrund erfasst wäre. Diese Ansicht übersieht jedoch, dass der Download nur demjenigen zur Verfügung steht, der zuvor einen entsprechenden Kaufvertrag abgeschlossen hat. Insofern handelt es sich bei der Übermittlung um den letzten Teil der Kaufabwicklung, die allein zwischen den beiden Vertragsparteien erfolgt.[1029] Eine öffentliche Zugänglichmachung liegt zwar ebenfalls vor, diese ist aber vorgelagert und ist nur die Voraussetzung des nachgelagerten Prozesses, also des Downloads, der eine Verbreitungshandlung darstellt.[1030] Der Download ist aber sehr wohl eine Punkt-zu-Punkt-Übertragung, welche der Annahme der Einschlägigkeit des Rechts der öffentlichen Zugänglichmachung, das auf eine Eins-zu-viele-Übertragung ausgelegt ist, entgegensteht.[1031] Bei einer solchen Auslegung verbleibt durchaus auch Raum für den zweiten Satz des Erwägungsgrundes, nach dem die Erschöpfung auch nicht bei materiellen Vervielfältigungsstücken eintritt, die der Nutzer eines solchen Dienstes selbst herstellt. Betroffen sein könnten etwa Werkstücke beim Abo-Mietvertrag, die dem Nutzer den Download der Werkstücke nur für die Zeit der Abo-Laufzeit gewähren.[1032] Im Ergebnis betrifft der 29. Erwägungsgrund also nicht den streitgegenständlichen,

---

1025 *Heydn*, in: Kilian/Heussen (Hrsg.), Computerrechts-Handbuch, 1. Abschn. Teil 2, Vermarktung von Gebrauchtsoftware, Rn. 93.
1026 *Druschel*, Die Behandlung digitaler Inhalte im GEKR, S. 143.
1027 A.A. *Stieper*, ZUM 2012, 668 (670); *Bäcker/Höfinger*, ZUM 2013, 623 (637).
1028 *Koch*, ITRB 2013, 38 (39); *Heydn*, in: Kilian/Heussen (Hrsg.), Computerrechts-Handbuch, 1. Abschn. Teil 2, Vermarktung von Gebrauchtsoftware, Rn. 91.
1029 So auch *Kubach*, CR 2013, 279 (283).
1030 Vgl. dazu auch die Ausführungen unter D. II. 2. c. cc. eee.
1031 So auch *Grützmacher*, in: Wandtke/Bullinger (Hrsg.), UrhG, § 69c Rn. 31; *Haberstumpf*, CR 2012, 561 (564); *Huppertz*, CR 2006, 145 (149); *Scholz*, ITRB 2013, 17 (21); *von Ungern-Sternberg*, in: Schricker/Loewenheim (Hrsg.), UrhG, § 19a Rn. 5 f.; *Schrader/Rautenstrauch*, K&R 2007, 251 (253).
1032 Z.B. Spotify als Musikdienst; so auch *Malevanny*, CR 2013, 422 (426); a.A. *Heydn*, in: Kilian/Heussen (Hrsg.), Computerrechts-Handbuch, 1. Abschn. Teil 2, Vermarktung von Gebrauchtsoftware, Rn. 90, 92; *Loewenheim*, in: Schricker/Loewenheim (Hrsg.), UrhG, § 69c Rn. 34.

kaufähnlichen Vertrag.[1033] Es ist daher nicht zutreffend, dass sich – wie es der Erwägungsgrund formuliert – die Frage der Erschöpfung bei Dienstleistungen bzw. Online-Diensten nicht stellt.[1034] Diese Frage stellt sich nämlich – gerade im Hinblick auf den zweiten Satz des Erwägungsgrundes – sehr wohl, und zwar immer dann, wenn nach einer öffentlichen Zugänglichmachung eine Übermittlung und damit eine Verbreitungshandlung vorgenommen wird. Einige Autoren gehen zu Recht davon aus, dass die Frage nach der Online-Erschöpfung nicht geregelt wurde.[1035] Dafür spricht auch, dass aufgrund des nahezu identischen Wortlauts Erwägungsgrund 33 der Datenbank-RL als Vorbild für Erwägungsgrund 29 der InfoSoc-RL diente, Online-Datenbanken im Hinblick auf die ständige Erreichbarkeit und das Erfordernis eines Verbindungsaufbaus für jede Nutzung jedoch eindeutig eine Dienstleistung darstellen und sich daher deutlich vom Online-Vertrieb digitaler Güter unterscheiden.[1036]

Erwägungsgründe beschreiben die gesetzgeberischen Motive für die wesentlichen Bestimmungen der EU-Rechtsakte. Ihnen kommt aber nicht die gleiche Bedeutung und Bindungswirkung zu wie den in einem EU-Rechtsakt niedergelegten verfügenden Vorschriften.[1037] Dies ergibt sich auch aus einem gemeinsamen Leitfaden des Europäischen Parlaments, des Rates und der Kommission, wonach Erwägungsgründe „im Gegensatz zum verfügenden Teil so formuliert [sind], dass ihre Unverbindlichkeit deutlich wird".[1038] Zum Teil wird sogar angenommen, dass Regelungsabsichten aus den Erwägungsgründen, die im normativen Teil eines Rechtsakts keinen Anhalt finden, erst gar nicht zu berücksichtigen sind.[1039] Vor diesem Hintergrund kann dem 29. Erwägungsgrund keinerlei Bindungswirkung im Zusammenhang mit der Frage zukommen, ob auch immaterielle Güter von der Erschöpfung erfasst werden.

bb. Erwägungsgrund 28

Der 28. Erwägungsgrund der InfoSoc-RL beschäftigt sich konkret mit dem Erschöpfungsgrundsatz:

1033 So auch *Ohly*, JZ 2013, 42 (43), da Datenübertragungen dem Leitbild des Verkaufs von Sachen näher stünden als Online-Dienstleistungen.
1034 *Redeker*, CR 2014, 73 (76); *Marly*, Praxishandbuch Softwarerecht, Rn. 193; *Kubach*, CR 2013, 279 (283); *Kubach/Schuster*, CR 2014, 504 (505).
1035 *Hilber*, CR 2008, 749 (752); *Hoeren*, CR 2006, 573 (574); *Knies*, GRUR Int. 2002, 314 (316); *Malevanny*, CR 2013, 422 (423 f.); *Reinbothe*, GRUR Int. 2001, 733 (737); *Sosnitza*, K&R 2011, 243 (244).
1036 *Sosnitza*, K&R 2006, 206 (208); *Hoeren*, CR 2006, 573 (574).
1037 *Hartmann*, GRUR Int. 2012, 980 (982); *Knies*, GRUR Int. 2002, 314 (316).
1038 Gemeinsamer Leitfaden des Europäischen Parlaments, des Rates und der Kommission für Personen, die in den Gemeinschaftsorganen an der Abfassung von Rechtstexten mitwirken, Ziff. 10.1.
1039 *Knies*, GRUR Int. 2002, 314 (316); *Riesenhuber*, in: Riesenhuber (Hrsg.), Europäische Methodenlehre, § 11 Rn. 36 f.

III. Der Erschöpfungsgrundsatz bei anderen digitalen Gütern

> „Der unter diese Richtlinie fallende Urheberrechtsschutz schließt auch das ausschließliche Recht ein, die Verbreitung eines in einem Gegenstand verkörperten Werks zu kontrollieren. Mit dem Erstverkauf des Originals oder dem Erstverkauf von Vervielfältigungsstücken des Originals in der Gemeinschaft durch den Rechteinhaber oder mit dessen Zustimmung erschöpft sich das Recht, den Wiederverkauf dieses Gegenstands innerhalb der Gemeinschaft zu kontrollieren. Dies gilt jedoch nicht, wenn das Original oder Vervielfältigungsstücke des Originals durch den Rechteinhaber oder mit dessen Zustimmung außerhalb der Gemeinschaft verkauft werden."

Wie dem ersten Satz zu entnehmen ist, umfasst der Urheberrechtsschutz „auch" das Recht, die „Verbreitung eines in einem Gegenstand verkörperten Werks" zu kontrollieren. Die bloße Nichterwähnung unkörperlicher Gegenstände lässt aber keine Rückschlüsse darauf zu, dass für diese das Verbreitungsrecht gerade nicht vorgesehen sein soll. Zudem kann das Wort „auch" ebenso als bloße Klarstellung verstanden werden. Dass damit zugleich der Ausschluss eines anderen Rechts in Verbindung gebracht wird, ist nicht ersichtlich.[1040] Generalanwalt *Bot* hat sogar den Umkehrschluss aus diesem ersten Satz gezogen und geht von einer Erfassung auch anderer Formen der Verbreitung aus.[1041] Eine solche Interpretation geht allerdings etwas zu weit, da sie dem Wortlaut nicht mehr zu entnehmen ist. Vielmehr deutet der Erwägungsgrund weder für noch gegen eine Erstreckung der Erschöpfungswirkung auf unkörperliche Gegenstände hin. Darüber hinaus greift der für den 28. Erwägungsgrund einschlägige Art. 4 Abs. 1 InfoSoc-RL die Einschränkung auf „verkörperte Werke" gar nicht mehr auf:

> „Die Mitgliedstaaten sehen vor, dass den Urhebern in Bezug auf das Original ihrer Werke oder auf Vervielfältigungsstücke davon das ausschließliche Recht zusteht, die Verbreitung an die Öffentlichkeit in beliebiger Form durch Verkauf oder auf sonstige Weise zu erlauben oder zu verbieten."

Damit wird also aus einer Verbreitung „eines in einem Gegenstand verkörperten Werks" die Verbreitung von Vervielfältigungsstücken „in beliebiger" Form. Der für die Weitergabe erforderliche Download stellt ein solches Vervielfältigungsstück dar, das damit ebenfalls der Erschöpfung unterliegt. Von einer Begrenzung auf körperliche Gegenstände, wie es noch im Erwägungsgrund aufgeführt ist, kann aufgrund des eindeutigen Wortlautes des Art. 4 Abs. 1 InfoSoc-RL nicht mehr die Rede sein.[1042] Vor dem Hintergrund, dass Erwägungsgründen ohnehin keine dem tatsächlichen Normtext gleiche Bedeutung und Bindungswirkung zukommen,[1043] sind aus dem 28. Erwägungsgrund keine Rückschlüsse auf eine

---

1040 In diesem Sinne auch *Malevanny*, CR 2013, 422 (426).
1041 Schlussanträge des Generalanwalts *Bot*, BeckEuRS 2012, 677483, Tz. 75.
1042 So auch *Redeker*, CR 2014, 73 (77); *Hartmann*, GRUR Int. 2012, 980 (982 f.).
1043 Vgl. dazu Fn. 499.

D. Die urheberrechtliche Zulässigkeit der Weitergabe

Beschränkung der Erschöpfungswirkung auf körperliche Gegenstände zu ziehen.

cc. Erwägungen im Gesetzgebungsverfahren

Mit Blick auf die InfoSoc-RL und ihre Erwägungsgründe wird deutlich, dass zum Zeitpunkt der Erstellung der Richtlinie eine strikte Trennung zwischen Warenverkehr (Erwägungsgrund 28) und Dienstleistungen (Erwägungsgrund 29) beabsichtigt war. Darauf weisen bereits die gesetzgeberischen Materialien zur InfoSoc-RL hin, wonach die Erschöpfungswirkung auf körperliche Vervielfältigungsstücke eines Werkes begrenzt werden soll.[1044] Nach dem Grünbuch „Urheberrecht und verwandte Schutzrechte in der Informationsgesellschaft" der Kommission kommt eine Erschöpfung des Verbreitungsrechts an einer Vervielfältigung eines Werkes nur in Frage, „soweit" dieses in einem „materiellen Träger enthalten" ist,[1045] was auch später seinen Niederschlag in Erwägungsgrund 29 der InfoSoc-RL gefunden hat. In einem Folgedokument wird geschrieben, dass zwischen den betroffenen Parteien große Übereinstimmung geherrscht habe, dass die Erschöpfung nicht auf Werke angewendet werden dürfe, die online verwertet würden, da dies letztlich eine Dienstleistung darstelle, woran sich die Kommission in ihrer Handlungsempfehlung für die InfoSoc-RL ausdrücklich angeschlossen hat.[1046] Deutlich wird dabei erneut, dass alle Überlegungen der Beschränkung der Erschöpfungswirkung auf körperliche Güter auf der Annahme beruhen, dass im Zusammenhang mit unkörperlichen Gütern nur Dienstleistungen angeboten werden können. In der damaligen Zeit wird das auch so gewesen sein. Aber nur aufgrund dieser Annahme, dass körperliche Güter dem Warenverkehr unterliegen und unkörperliche Güter im Rahmen von Dienstleistungen auftreten, entstand die Kategorisierung, dass digitale Güter immer dem Verbreitungsrecht unterfallen und unkörperliche Güter im Rahmen von Dienstleistungen dem Recht der öffentlichen Wiedergabe. Somit wurde der Online-Erwerb mittels Download in der heutigen Form damals überhaupt noch nicht berücksichtigt. Man hat zur damaligen Zeit noch nicht annehmen können, dass Rechteinhaber digitale Inhalte auch direkt über das Internet verbreiten könnten. Mit anderen Worten hat man die Frage der Erschöpfung unkörperlich in Verkehr gebrachter Werke also in der InfoSoc-RL noch nicht regeln können.[1047]

Diese Zweiteilung entspricht jedoch nicht mehr den gegebenen Nutzungsvorgängen digitaler Güter im Internetzeitalter.[1048] Eine korrekte Einordnung des Online-Handels mit digitalen Gütern fällt aufgrund der damit ungeeigneten und

---

1044 *Krüger/Biehler/Apel*, MMR 2013, 760 (763) m.w.N.
1045 Kommission der Europäischen Gemeinschaft, Grünbuch Urheberrecht und verwandte Schutzrechte in der Informationsgesellschaft, KOM(95) 382 endg., S. 47.
1046 Kommission der Europäischen Gemeinschaften, Follow-Up to the Green Paper on Copyright and Related Rights in the Information Society, COM(96) final, S. 18 f.
1047 So auch schon *Knies*, GRUR Int. 2002, 214; *Neuber*, WRP 2014, 1274 (1275).
1048 *Hartmann*, GRUR Int. 2012, 980 (983).

überholten Kategorien schwer. Vielmehr handelt es sich um ein Mischgebilde aus öffentlicher Zugänglichmachung und Verbreitungshandlung. Das widerspricht dem ursprünglichen gesetzgeberischen Willen, dass der Erschöpfungsgrundsatz nur auf körperliche Güter anzuwenden ist. Eine zeitgemäße Einordnung – ohne die „falsche" Vorstellung einer Dienstleistung – erfordert jedoch die Ausweitung auf unkörperliche Güter. Die Form der Verwertung kann also nicht mehr darüber entscheiden, ob die Erschöpfungswirkung eintritt oder nicht. Da eine derartige Auslegung dem Wortlaut des Verbreitungsrechts bzw. des Erschöpfungsgrundsatzes in Art. 4 Abs. 1 und 2 InfoSoc-RL nicht entgegensteht, ist diese trotz des vermeintlich entgegenstehenden Willens möglich. Entscheidend wird damit die teleologische Auslegung, die insbesondere auch wirtschaftliche Überlegungen berücksichtigt. Im Grunde intendiert auch die InfoSoc-RL nichts anderes, wie ihr fünfter Erwägungsgrund klarstellt. Demnach soll der technischen Entwicklung Rechnung getragen werden, indem auch neue wirtschaftliche Verwertungsformen beachtet werden.[1049] Wenn die Erschöpfung nun aber beim Online-Vertrieb nicht eingreifen würde, käme es zu einer nicht gewollten Wettbewerbsverzerrung – vgl. den ersten Erwägungsgrund der InfoSoc-RL – und einer Abschottung des nachgelagerten Gebrauchtmarktes, was sich nur auf die neue Verwertungsform des Online-Vertriebs zurückführen lässt.[1050]

d. Wirtschaftliche Vergleichbarkeit

Hinsichtlich der wirtschaftlichen Überlegungen kann zu einem großen Teil auf die Ausführungen im Anschluss an das EuGH-Urteil zurückgegriffen werden.[1051] Das gilt vor allem für die Verhinderung der Abschottung der Märkte als dem Leitgedanken des EuGH, der im Wesentlichen auf der Warenverkehrsfreiheit beruht. Wie auch Software unterfallen die übrigen digitalen Güter der Warenverkehrsfreiheit.[1052] Im Zusammenhang mit der wirtschaftlichen Vergleichbarkeit ergeben sich jedoch geringfügige Unterschiede, die eine andere Bewertung möglich machen. Diese Unterschiede sind darauf zurückzuführen, dass Computerprogramme keine urheberrechtlichen Werke im engeren Sinn, sondern vielmehr gewerbliche Schutzgüter im Allgemeinen sind, während bei den sonstigen urheberrechtlich geschützten Werken ideelle und geistige Interessen der Rechteinhaber im Vordergrund stehen.[1053] Des Weiteren waren die im Rahmen von Software aufgeführten Interessen teilweise auf gewerblich genutzte Software zugeschnitten, was bei den übrigen digitalen Inhalten nicht in diesem Maße zutrifft. Bei der Ausgestaltung der wirtschaftlichen Interessen wird daher

---

1049 *Hoeren/Jakopp*, MMR 2014, 646 (649).
1050 Vgl. dazu *Hoeren/Jakopp*, MMR 2014, 646 (649).
1051 Vgl. dazu die Ausführungen unter D. II. 2. c. ee.
1052 In den Erläuterungen des österreichischen Gesetzgebers zur Novellierung des Gesetzes zur Buchpreisbindung werden E-Books im Hinblick auf die Grundfreiheit in der EU explizit als „Ware" qualifiziert; vgl. dazu *Wittmann*, MR 2014, 284 (284).
1053 *Seitz*, „Gebrauchte" Softwarelizenzen, S. 27.

D. Die urheberrechtliche Zulässigkeit der Weitergabe

im Folgenden ausschließlich auf die Faktoren eingegangen, die zu einer anderen Bewertung führen könnten.

Dabei ist zunächst das Interesse des Urhebers und des Rechteinhabers an einem effektiven Rechtsschutz vor Piraterie und dem damit einhergehenden Kontrollverlust zu nennen. Die Situation stellt sich hier etwas schwieriger dar als bei Software, bei der technische Schutzmaßnahmen gebräuchlicher sind als bei den sonstigen digitalen Gütern. Da insbesondere im Musikbereich jedoch schon sehr früh auf DRM gesetzt wurde, sind die Möglichkeiten dazu durchaus vorhanden. Zudem ist die Entwicklung technischer Schutzmechanismen heute sehr weit, so dass ein angemessener Schutz vor Piraterie durch DRM umsetzbar erscheint.[1054] Mit der ständigen Angebundenheit an das Internet sind beispielsweise Überprüfungen dahingehend, ob ein Vervielfältigungsstück tatsächlich nur einmal benutzt wird, möglich. Der Erschöpfungsgrundsatz dient aber ohnehin nicht dazu, Urheberrechtsverletzungen zu vermeiden, so dass die Argumentation mit der Angst vor solchen Verletzungen aufgrund des Kontrollverlustes regelungsfremd ist.[1055]

Das Interesse des Ersterwerbers digitaler Inhalte ist etwas anders gelagert als bei gewerblich genutzter Software. Ihm geht es zwar regelmäßig auch um Kostenminimierung durch Freisetzung ungenutzter Ressourcen, jedoch in einer anderen Form: Wer sein E-Book gelesen hat oder sich an der gekauften Musik „satt" gehört hat, verliert sein Interesse an den Werken – und will sie zu Geld machen, um möglicherweise neue Werke anschaffen zu können. Dies ist jedoch das typische Interesse, das der Erschöpfungsgrundsatz befriedigen kann. Vor diesem Hintergrund ist das Interesse sehr wohl vergleichbar.

Das Interesse der Allgemeinheit an einem angemessenen Investitionsschutz ist oftmals etwas geringer zu bewerten als bei Software, da dort regelmäßig größere Investitionen getätigt werden. Für die Herstellung eines Filmwerks kann hingegen beispielsweise noch größerer Aufwand betrieben werden. Aus diesem Gedanken lassen sich also keine relevanten Indizien für die wirtschaftliche Vergleichbarkeit gewinnen.

Letztlich bleibt das Ziel eines funktionierenden Wettbewerbs. Wie auch beim Handel mit Software ist das Problem des Preiswettbewerbs hier der Knackpunkt. Während bei Software regelmäßige Updates bzw. Upgrades zwingend erforderlich sind und die Rechteinhaber daher gewissermaßen die Kontrolle über die Computerprogramme behalten, sieht es bei anderen digitalen Gütern anders aus. So muss ein Film- oder Musikwerk nicht mehr überarbeitet werden, sondern es behält seine ursprüngliche Form bei. Daher wird befürchtet, dass bei einer

---

1054 *Niethammer* geht hingegen davon aus, dass keine vergleichbare Sach- und Rechtslage für eine Ausweitung des Erschöpfungsgrundsatzes gilt, da weder der technische noch der rechtliche Ansatz die negativen wirtschaftlichen Auswirkungen eindämmen könnten; *Niethammer*, Erschöpfungsgrundsatz und Verbraucherschutz im Urheberrecht, S. 95 f.
1055 S. nur *Terhaag/Telle*, K&R 2013, 549 (552); *Rigamonti*, GRUR Int. 2009, 14 (19 f.).

III. Der Erschöpfungsgrundsatz bei anderen digitalen Gütern

Anwendbarkeit des Erschöpfungsgrundsatzes auf unkörperliche Werkstücke der Primärmarkt zusammenbrechen könnte. Die Frage, welchen Grund es gäbe, das Original zu kaufen, wenn es eine riesige Auswahl identischer, aber günstiger Kopien gibt, hat durchaus ihre Berechtigung.[1056] Aber auch bei anderen digitalen Gütern als Software mildert der zeitversetzt eintretende Wettbewerb bei gleichzeitigem Aktualitätsbedarf der Nutzer den befürchteten Preiswettbewerb ab.[1057] Daher ist auch nicht anzunehmen, dass der Primärmarkt tatsächlich zusammenbrechen könnte. Jedenfalls lässt sich aus dieser Angst keine andere urheberrechtliche Bewertung herleiten, die ihren Ursprung im Erschöpfungsgrundsatz findet.

Wirtschaftlich ist der Vertrieb körperlicher und unkörperlicher Werkstücke frappierend ähnlich. Der Rechteinhaber kann auch seinen Nutzen aus der unkörperlichen Vertriebsform ziehen, da die Vertriebskosten deutlich geringer sind. Diese beschränken sich im Prinzip auf die Erstellung der first-copy – weiter gehende Kosten für Vervielfältigungsstücke fallen kaum noch an. Letztlich steht es in der freien Entscheidung der Urheber bzw. Rechteinhaber, ob die Werke überhaupt in digitalen Nutzungsarten veröffentlicht werden.[1058] Also müssen sie dann auch mit den Konsequenzen leben. Der Vergleich hinkt natürlich insofern, als ein ausschließlich analoger Vertrieb heute kaum mehr Rückhalt bei der zahlenden Kundschaft finden würde. Dennoch hat der Rechteinhaber zunächst die Wahl der Verbreitungsform. Er kann sich auch dafür entscheiden, vermehrt Mietservices anzubieten, die grundsätzlich nicht dem Erschöpfungsgrundsatz unterliegen. Nicht einzusehen ist es jedenfalls, dass der Rechteinhaber durch die Wahl der unkörperlichen Vertriebsform nun mehr Macht haben soll als im analogen Bereich, indem der Erschöpfungsgrundsatz nur auf körperliche Vervielfältigungsstücke beschränkt ist.

Im Ergebnis ist – vor allem im Hinblick auf das Ziel, die Abschottung von Märkten zu verhindern – davon auszugehen, dass der EuGH bei einer entsprechenden Vorlagefrage die Erschöpfungswirkung auf alle digitalen Güter zumindest aus wirtschaftlichen Gründen ausweiten wird. Denn die Vermutung liegt nahe, dass trotz eines Zweitmarkts mit gebrauchten digitalen Gütern ein funktionierender Wettbewerb besteht. Im Gegenteil ist gerade eine Marktabschottung digitaler Güter zu vermeiden, wie Generalanwalt *Kokott* im Fall Murphy bereits angedeutet hat.[1059] Dabei geht es jedoch immer nur um die urheberrechtliche Seite der Medaille. Nicht auszuschließen ist, dass der Urheber bzw. der Rechteinhaber

---

1056 *Börsenblatt online*, Artikel v. 28.8.2014.
1057 *Ohly*, Gutachten F zum 70. Deutschen Juristentag, S. 53; a. A. jedoch *Zech*, ZGE 2013, 368 (394), der zudem die bloß sinkende Nachfrage wegen inhaltlicher Veralterung nicht als berücksichtigungsfähiges Argument ansieht.
1058 *Dustmann*, in: Fromm/Nordemann (Bgr.), UrhG, § 12 Rn. 10; *Dreyer*, in: Dreyer/Kotthoff/Meckel (Hrsg.), UrhG, § 12 Rn. 5.
1059 Schlussanträge der Generalanwältin *Kokott* v. 3.2.2011 – C-C04/08, BeckEuRS 2011, 620116, Tz. 184 ff.

D. Die urheberrechtliche Zulässigkeit der Weitergabe

aufgrund der Gefahr für den Erstmarkt auf vertragsrechtlicher Ebene die Weitergabe untersagen kann. Dies wird später in einem eigenen Kapitel untersucht.[1060]

e. Indizien für einen weiten Erschöpfungsbegriff durch den EuGH

Der UsedSoft-Entscheidung lassen sich einige Indizien dafür entnehmen, dass sich der EuGH für einen grundsätzlich weiten Erschöpfungsbegriff ausspricht, obwohl ein Computerprogramm Gegenstand der Entscheidung war und die Richter daher im Wesentlichen die Software-RL herangezogen haben. So sind – wie bei der Auslegung des Begriffs des Erstverkaufs oder der wirtschaftlichen Vergleichbarkeit bereits gezeigt – wesentliche Erwägungsgründe des Urteils auch auf andere digitale Güter übertragbar. Doch es gibt weitere Indizien für eine Ausweitung der Erschöpfungswirkung auch bei anderen digitalen Gütern als Software.

So befasst sich der EuGH im Rahmen der Begründung der Erschöpfungswirkung auch mit der InfoSoc-RL, die für Software ja an sich keine Rolle spielt. Daraus könnte man den Rückschluss ziehen, dass die Ausführungen zur Verkehrsfähigkeit von elektronischen Gütern verallgemeinerungsfähig sind.[1061] Denn die InfoSoc-RL wäre zur Begründung an sich nicht erforderlich gewesen, was für einen zumindest gewissen Einfluss der InfoSoc-RL spricht. Zudem arbeitet der EuGH allgemeine Prinzipien heraus, insbesondere hinsichtlich des Erschöpfungsgrundsatzes.[1062] Ein weiteres Indiz für einen vom EuGH beabsichtigten Gleichlauf aller unkörperlichen Werkstücke mit den körperlichen ist in den immer wiederkehrenden Verweisen auf materielle Datenträger zu sehen. So mache es weder beim Eigentumsübergang oder der Überprüfung der Unbrauchbarmachung der Programmkopie, noch bei einer allgemeinen wirtschaftlichen Betrachtung einen Unterschied, ob sich eine Werkkopie auf einem materiellen Datenträger befinde oder nicht.[1063] Auch die auf den ersten Blick etwas gekünstelt wirkende Erstreckung der Erschöpfung auf die aktualisierte und verbesserte Programmkopie könnte man als Indiz werten: Wenn schon ein Wartungsvertrag mit dem eigentlichen Kaufvertrag verbunden wird, um die Erschöpfungswirkung auszuweiten, muss dies erst recht bei anderen digitalen Gütern als Software gelten, bei denen regelmäßig ein solcher Wartungsvertrag gar nicht existiert.

Weiter lässt sich anführen, dass das Erschöpfungsprinzip in den europäischen Richtlinien im Wesentlichen inhaltsgleich definiert sei, was eine Beschränkung nur auf Software unwahrscheinlich mache.[1064] Diese Ansicht lässt sich auch damit belegen, dass der EuGH ansonsten fast „exzessiv" darum bemüht ist, gleiche Begriffe im europäischen Urheberrecht einer einheitlichen Auslegung

---
1060 S. dazu Kapitel E.
1061 *Peifer*, AfP 2013, 89 (91).
1062 *Hilty*, CR 2012, 625 (633).
1063 EuGH v. 3.7.2012 – C-128/11, GRUR 2012, 904, Tz. 47, 61, 79 – UsedSoft.
1064 *Peifer*, AfP 2013, 89 (91); *Hartmann*, GRUR Int. 2012, 980 (982).

zuzuführen.[1065] Andererseits ergibt sich aus den Erwägungsgründen 33 und 43 der Datenbank-RL und selbst der Rechtsprechung des EuGH, dass sich die Erschöpfung dort nur auf die Veräußerung körperlicher Vervielfältigungsstücke beziehe.[1066] Auch im Markenrecht knüpft die Erschöpfung nach dem EuGH an den Vertrieb eines körperlichen Gegenstands an.[1067] Zudem verstößt der EuGH im UsedSoft-Urteil quasi selbst gegen den Grundsatz, dass die in den europäischen Richtlinien verwendeten Begriffe grundsätzlich dieselbe Bedeutung haben müssen,[1068] indem er die Erschöpfungswirkung auf unkörperliche Programmkopien erstreckt, während dies in der Datenbank-Richtlinie explizit in Erwägungsgrund 43 ausgeschlossen wird.[1069] Der EuGH sieht allerdings selbst eine Ausnahme von diesem Grundsatz für den Fall vor, „dass der Unionsgesetzgeber in einem konkreten gesetzgeberischen Kontext einen anderen Willen zum Ausdruck gebracht hat".[1070] Einen solchen anderen Willen gebe es beispielsweise im UsedSoft-Verfahren.[1071] Auch hinsichtlich § 24 Abs. 1 MarkenG hat der BGH im UsedSoft-Urteil entschieden, dass der dort niedergeschriebene Erschöpfungsgrundsatz nicht nur für körperliche Gegenstände gilt.[1072] Im Prinzip ist damit aus dem Grundsatz einheitlicher Auslegung nicht allzu viel abzuleiten, zumal dieser Grundsatz in der Rechtsprechung des EuGH kein Prinzip ohne Ausnahmen ist.[1073]

In der UsedSoft-Entscheidung hat der EuGH der Warenverkehrsfreiheit eine alles überstrahlende Bedeutung eingeräumt. Es lässt sich daraus ableiten, dass die Ausweitung des Erschöpfungsgrundsatzes nicht auf unkörperlich in Verkehr gebrachte Programmkopien beschränkt sein, sondern für alle anderen unkörperlich in Verkehr gebrachten Güter ebenso gelten soll. Vor diesem Hintergrund erscheint die Ablehnung der digitalen Erschöpfung in der InfoSoc-RL als Ausnahme vom sonst geltenden Postulat des freien Warenverkehrs.[1074] Soweit sich der EuGH als „Hüter einer Grundfreiheit in der EU"[1075] in naher Zukunft im Zusammenhang mit der Erschöpfung mit der InfoSoc-RL auseinandersetzen muss, würde eine Ablehnung der digitalen Erschöpfung daher überraschen.[1076] Denn eine abweichende Auslegung würde wegen der wirtschaftlichen Betrachtung des

---
1065 *Ohly*, JZ 2013, 42 (43).
1066 EuGH v. 9.11.2014 – C-203/02, GRUR 2005, 244, Tz. 58 f. – BHB-Pferdewetten.
1067 EuGH v. 3.6.2010 – C-127/09, GRUR 2010, 723 – Parfümtester.
1068 EuGH v. 4.10.2011 – C-403/08, C-429/08, GRUR 2012, 156, Tz. 187 f. – FAPL/Murphy.
1069 *Hansen/Wolff-Rojczyk*, GRUR 2012, 908 (909).
1070 EuGH v. 4.10.2011 – C-403/08, C-429/08, GRUR 2012, 156, Tz. 188 a. E. – FAPL/Murphy.
1071 EuGH v. 3.7.2012 – C-128/11, GRUR 2012, 904, Tz. 60 – UsedSoft.
1072 BGH v. 17.7.2013 – I ZR 129/08, GRUR 2014, 264, Tz. 50 – UsedSoft II.
1073 *Leistner*, GRUR 2014, 1145 (1149).
1074 *Senftleben*, NJW 2012, 2924 (2926).
1075 *Senftleben*, NJW 2012, 2924 (2926).
1076 Etwas anderes ergibt sich auch nicht aus der Allposters-Entscheidung des EuGH (EuGH v. 22.1.2015 – C-419/13, BeckRS 2015, 80147): Demnach sei die Erschöpfungsregel dann nicht anwendbar, wenn das Trägermedium einer Reproduktion eines geschützten Werkes ersetzt wurde und das Werk in seiner neuen Form erneut in Verkehr gebracht wurde (Tz. 49). Streitgegenständlich war allerdings ein Papierposter, dessen Abbildung auf Leinwand „übertragen"

D. Die urheberrechtliche Zulässigkeit der Weitergabe

EuGH zu eindeutigen Wertungswidersprüchen führen. Selbst wenn sich aus der InfoSoc-RL eine Beschränkung auf körperlich in Verkehr gebrachte Vervielfältigungsstücke ergeben sollte, stünde mit Art. 34 AEUV eine Norm des Primärrechts zur Verfügung, um dieses entgegenstehende Sekundärrecht notfalls zu überwinden.[1077]

f. Dogmatische Einordnung

Im Ergebnis spricht einiges dafür, dass die Online-Erschöpfung hinsichtlich aller digitaler Güter eintreten muss. Gerade der von den Gegnern dieser Auffassung immer wieder vorgebrachte Art. 3 InfoSoc-RL bzw. dessen 29. Erwägungsgrund betreffen gar nicht die relevante Online-Übertragung. Zu klären bleibt damit, wie die Erweiterung der Erschöpfungswirkung dogmatisch einzuordnen ist. In Betracht kommen sowohl eine direkte als auch eine analoge Anwendung des Art. 4 Abs. 2 InfoSoc-RL. In der InfoSoc-RL ist eine Unterscheidung zwischen körperlicher Werkverwertung nach Art. 3 und unkörperlicher Werkverwertung nach Art. 4 InfoSoc-RL angelegt, wie auch den Erwägungsgründen und der Entstehungsgeschichte der Normen zu entnehmen ist. Im Wortlaut des eigentlichen Richtlinientexts spiegelt sich diese strikte Trennung jedoch nicht wider. Der Wortlaut lässt eine entsprechende Erstreckung auf unkörperliche Werkkopien zu, da bei einem „Vervielfältigungsstück" – wie bei § 69c UrhG im deutschen Recht – noch nicht zwingend von einem körperlichen Gegenstand auszugehen ist, auch wenn dies über lange Zeit hin so gesehen wurde.[1078] Nichts anderes gilt für den Begriff des „Gegenstandes", der im allgemeinen Sprachgebrauch längst nicht mehr zwingend mit einer Verkörperung einhergeht. So ist beispielsweise mit dem „Gegenstand dieser Arbeit" nichts anderes als das Thema gemeint, ohne dass ein Bezug zu einem verkörperten Objekt besteht. Daher stellt es also keinen Verstoß gegen den Wortlaut der Norm dar, wenn er auch unkörperliche Werkkopien erfasst. Auch wird damit nicht gegen den Sinn und Zweck der Norm verstoßen, da die heutigen Vertriebsstrukturen über das Internet mit dem damaligen Verständnis zum Zeitpunkt der Richtlinienentstehung nicht vergleichbar sind. So ist – auch im Sinne einer technologiefreundlichen Auslegung – von einer direkten Anwendbarkeit des Art. 4 Abs. 2 InfoSoc-RL auf unkörperliche Vervielfältigungsstücke auszugehen.

2. Online-Erschöpfung nach deutschem Recht

Ausgehend von der Möglichkeit einer Online-Erschöpfung im Anwendungsbereich der InfoSoc-RL, ist im deutschen Recht eine richtlinienkonforme Ausle-

---
wurde. Im Gegensatz dazu unterscheiden sich bei digitalen Gütern das Original und die Kopie jedoch gerade nicht. Daher liegt kein vergleichbarer Sachverhalt vor.
1077 *Druschel*, Die Behandlung digitaler Inhalte im GEKR, S. 142.
1078 So etwa *Heinz*, Urheberrechtliche Gleichbehandlung von alten und neuen Medien, S. 83 f.

III. Der Erschöpfungsgrundsatz bei anderen digitalen Gütern

gung erforderlich. Beim „europäischen" Erschöpfungsgrundsatz geht um den freien Warenverkehr im Binnenmarkt, während das deutsche Urheberrechtsgesetz in erster Linie den freien Warenverkehr innerhalb der Bundesrepublik ermöglichen will. Nach der Begründung zum Dritten Änderungsgesetz wollte der deutsche Gesetzgeber den in der EuGH-Rechtsprechung entwickelten Grundsatz der gemeinschaftsweiten Erschöpfung jedoch ausdrücklich verankern,[1079] wenngleich dies der Gesetzestext nicht deutlich zum Ausdruck bringt. Dennoch steht § 17 Abs. 2 UrhG unter europäischem Einfluss, wie sich auch dem Wortlaut entnehmen lässt:

> „Sind das Original oder Vervielfältigungsstücke des Werkes mit Zustimmung des zur Verbreitung Berechtigten im Gebiet der Europäischen Union oder eines anderen Vertragsstaates des Abkommens über den Europäischen Wirtschaftsraum im Wege der Veräußerung in Verkehr gebracht worden, so ist ihre Weiterverbreitung mit Ausnahme der Vermietung zulässig."

Damit ergeben sich trotz des unterschiedlichen Blickwinkels im Hinblick auf den freien Warenverkehr keine wesentlichen Unterschiede. So hat sich auch der BGH zu Beginn des Jahrtausends dahingehend geäußert, dass „das nationale Urheberrecht […] die Verkehrsfähigkeit der einmal mit Zustimmung des Berechtigten in Verkehr gebrachten Waren ebenso sichern [möchte], wie die Bestimmungen des EG-Vertrages die Verkehrsfähigkeit der Güter innerhalb des Binnenmarktes gewährleisten sollen".[1080] Auch dem UsedSoft-Urteil des EuGH liegt ja ein rein innerdeutscher Sachverhalt zugrunde, was den EuGH aber nicht davon abgehalten halt, allgemein auf die europäische Warenverkehrsfreiheit abzustellen.[1081]

Bevor die Umsetzbarkeit der Online-Erschöpfung auf europäischer Ebene in das deutsche Recht thematisiert wird, soll ein Blick auf die innerdeutsche Rechtsprechung zur Online-Erschöpfung digitaler Güter geworfen werden.

a. Der Gebrauchthandel im Spiegel der Rechtsprechung

Weder der EuGH noch der BGH mussten sich bislang mit der Frage auseinanderzusetzen, ob die Weitergabe anderer digitaler Güter als Software zulässig ist oder nicht. Die instanzgerichtliche Rechtsprechung steht einer Übernahme der Grundsätze des EuGH in Sachen UsedSoft auf Werke, die der InfoSoc-RL unterfallen, bislang ablehnend gegenüber. So hat das OLG Hamm bei Hörbüchern – dem LG Bielefeld als Vorinstanz zustimmend[1082] – das pauschale Wei-

---
1079 *Loewenheim*, in: Schricker/Loewenheim (Hrsg.), UrhG, § 17 Rn. 43.
1080 BGH v. 4.5.2000 – I ZR 256/97, BGHZ 144, 232, GRUR 2001, 51 (54) – Parfumflakon.
1081 So auch *Schulze*, EIPR 2014, 9 (13).
1082 LG Bielefeld v. 5.3.2013 – 4 O 191/11, GRUR-RR 2013, 281 – Hörbuch.

D. Die urheberrechtliche Zulässigkeit der Weitergabe

tergabeverbot schuldrechtlicher Art für zulässig erachtet.[1083] In einem Urteil des LG Berlin wird im Sinne der im Jahr 2010 ergangenen Half-Life 2-Entscheidung des BGH[1084] das Eingreifen des Erschöpfungsgrundsatzes bei Computerspielen verneint, auch wenn die Nutzung des Spieles nur mit einem Benutzerkonto möglich ist, welches nach den AGB des Anbieters nicht weitergegeben werden darf.[1085] Noch vor der UsedSoft-Entscheidung des EuGH hat sich sowohl das OLG Stuttgart als auch das LG Berlin und das LG Hamburg gegen eine Erschöpfung beim Online-Vertrieb von Hörbüchern, Musikdateien bzw. E-Books ausgesprochen.[1086]

Insofern lässt sich konstatieren, dass es sich um eine wohl gefestigte Rechtsprechung handelt, welche sich gegen die Übertragbarkeit digitaler Güter ausspricht.[1087] Die Entscheidungen werden im Folgenden vor dem Hintergrund untersucht, ob sie neue Erkenntnisse liefern, die gegen oder aber auch für eine Übertragbarkeit der Grundsätze der UsedSoft-Rechtsprechung sprechen. Dabei wird insbesondere auf das ausführlich begründete Urteil des OLG Hamm eingegangen.[1088]

aa. Erkenntnisse aus dem Urteil des OLG Hamm

Das OLG Hamm hat das Eingreifen des Erschöpfungsgrundsatzes beim Online-Vertrieb von Hörbüchern abgelehnt. Gegenstand des Verfahrens war eine AGB-Klausel des Anbieters, in der dem Kunden der Weiterverkauf und die dafür notwendige Anfertigung einer Kopie der Hörbuchdatei, welche zuvor durch Download gegen Bezahlung erworben wurde, untersagt wurde.[1089]

aaa. Keine direkte Anwendbarkeit des § 17 Abs. 2 UrhG

Das OLG Hamm stellt beim Download von Hörbüchern nicht auf das Verbreitungsrecht, sondern das Recht der öffentlichen Zugänglichmachung nach § 19a UrhG ab, welches gerade keine Erschöpfung kennt.[1090] Dabei wird maßgeblich auf die Entstehungsgeschichte der betroffenen Bestimmungen des UrhG abgestellt, um § 19a UrhG vom – nach Meinung des OLG Hamm – nicht einschlägigen Verbreitungsrecht abzugrenzen. Überraschenderweise setzt sich das OLG

1083 OLG Hamm v. 15.5.2014 – 22 U 60/13, GRUR 2014, 853 – Hörbuch-AGB.
1084 BGH v. 11.2.2010 – I ZR 178/08, GRUR 2010, 822 – Half-Life 2.
1085 LG Berlin v. 21.1.2014 – 15 O 56/13, CR 2014, 400.
1086 OLG Stuttgart v. 3.11.2011 – 2 U 49/11, GRUR-RR 2012, 243 – Hörbuch-AGB; LG Berlin v. 14.7.2009 – 16 O 67/08, GRUR-RR 2009, 329 (n. rk.); LG Hamburg v. 20.9.2011 – 312 O 414/10, BeckRS 2013, 19556.
1087 Auch das OLG Hamm (Urteil v. 24.3.2015 – 10 U 5/11) hat in einer aktuellen – bei Drucklegung dieser Arbeit aber noch nicht veröffentlichten – Entscheidung die Erschöpfungswirkung von E-Books verneint.
1088 Diese Urteilsanmerkung wurde vom Autor bereits vorveröffentlicht: *Ganzhorn*, CR 2014, 492 (495 f.).
1089 Der AGB-spezifische Teil des Urteils wird erst in Kapitel E diskutiert.
1090 OLG Hamm v. 15.5.2014 – 22 U 60/13, GRUR 2014, 853 (855 ff.) – Hörbuch-AGB.

III. Der Erschöpfungsgrundsatz bei anderen digitalen Gütern

Hamm aber gerade nicht damit auseinander, ob beim Verkauf einer Datei per Download überhaupt eine „Dienstleistung" oder ein „Online-Dienst" vorliegt, wonach die Erschöpfung ausweislich des 29. Erwägungsgrundes ausgeschlossen ist.[1091] Des Weiteren ist zu bedenken, dass die historische Auslegung nur eine mögliche Auslegungsmethode ist und gerade bei Sachverhalten, die das schnelllebige Internet betreffen, mit Vorsicht zu genießen ist, zumal die gesetzgeberischen Erwägungen noch aus den 90er Jahren stammen. Es ist demnach nicht zielführend, die Argumentation im Wesentlichen auf historischen Erwägungen aufzubauen. Es sind in diesem Zusammenhang also keine neuen Erkenntnisse auszumachen.

Angemerkt sei an dieser Stelle noch eine bemerkenswerte Äußerung des OLG Hamm im Rahmen der Begründung, warum den Erwägungen des LG Hamburg[1092], welches bei der Verneinung der Erschöpfung auf das ebenfalls betroffene Vervielfältigungsrechts abstellt, das nicht erschöpfen könne, nicht zuzustimmen sei. Das OLG Hamm lehnt den Ansatz des LG Hamburg zwar im Ergebnis zurecht ab, begründet dies jedoch mit der „gerade bei den hier streitgegenständlichen Hörbüchern lebensnahen" Möglichkeit, dass nur *eine* Kopie der Datei auf einem physischen Datenträger angefertigt werde.[1093] Diese Äußerung verwundert vor dem Hintergrund, dass es vielmehr gerade als lebensfremd zu beurteilen ist, dass der Ersterwerber ein Hörbuch aus dem Internet direkt auf das Speichermedium überträgt, das er später dem Zweiterwerber mit übergibt. Die Hörbuch-Datei wird in den allermeisten Fällen entweder direkt auf dem Computer oder einem mobilen Endgerät abgespeichert – es ist stark zu bezweifeln, dass der Weiterverkauf der Hörbuch-Datei inklusive dieser konkreten Hardware die Regel ist.

bbb. Keine analoge Anwendbarkeit des § 17 Abs. 2 UrhG

Das OLG Hamm thematisiert auch die analoge Anwendung des Erschöpfungsgrundsatzes.[1094] Dabei verneint es das Vorliegen einer Regelungslücke insbesondere wegen des gescheiterten Gesetzesentwurfes „zur Ermöglichung der privaten Weiterveräußerung unkörperlicher Werkexemplare". Der Schlussfolgerung, dass der Gesetzgeber aufgrund der Ablehnung dieses Entwurfes keinen Handlungsbedarf sehe, kann jedoch nicht zugestimmt werden: Der Gesetzgeber hat sich lediglich dagegen entschieden, eine neue Norm, welche die Weitergabe digitaler Güter explizit regelt, ins Gesetzbuch aufzunehmen. Das schließt aber nicht aus, dass sich möglicherweise bereits aus der derzeitigen Gesetzeslage ein solches Recht ergeben könnte. Auch der Ablehnung einer systemwidrigen Regelungslücke wegen des Fehlens einer Substanzverschiebung beim Download

---
1091 Vgl. dazu *Kubach/Schuster*, CR 2014, 504 (504 ff.).
1092 LG Hamburg v. 20.9.2011 – 312 O 414/10, BeckRS 2013, 19556.
1093 OLG Hamm v. 15.5.2014 – 22 U 60/13, GRUR 2014, 853 (856) – Hörbuch-AGB.
1094 OLG Hamm v. 15.5.2014 – 22 U 60/13, GRUR 2014, 853 (858 ff.) – Hörbuch-AGB.

von Hörbüchern kann nicht gefolgt werden.[1095] Es geht schließlich auch beim Kauf einer CD nicht um den Datenträger, sondern den Inhalt auf dem Datenträger. Dementsprechend ist die heruntergeladene Datei sehr wohl eine relevante „Substanz".

Keine neuen Erkenntnisse liefern darüber hinaus die detaillierten Ausführungen zur Differenzierung des nationalen Gesetzgebers und des EuGH von Software auf der einen und den übrigen Digitalgütern auf der anderen Seite.[1096] Erwähnenswert ist in diesem Zusammenhang nur die Äußerung, dass die Eigentumsübertragung „nur bei Computerprogrammen auch in anderer Weise erfolgen könne als durch Übergabe eines körperlichen Vervielfältigungsstücks".[1097] Dieses Verständnis des OLG Hamm ist mit den Entscheidungsgründen des EuGH nur schwer vereinbar.

ccc. Weitere Kriterien des OLG Hamm

Als überraschend erweist sich schließlich die Argumentation des OLG Hamm, dass durch das Weitergabeverbot keine Gefährdung des Vertragszwecks eintrete, da der Verbraucher beim Online-Erwerb eines Hörbuches nicht von einer eigentümerähnlichen Stellung ausgehen könne. Vielmehr unterstellt es dem Erwerber die Kenntnis, nur begrenzte Rechte zu erwerben.[1098] Spätestens seit der UsedSoft-Entscheidung des EuGH muss man jedoch stark bezweifeln, ob diese Ansicht noch vertreten werden kann. Ganz im Gegenteil wird Verbrauchern durch „Kauf"-Angebote von digitalen Gütern auf Webseiten doch eher der Eindruck vermittelt, dass sie die gleichen Rechte haben wie beim Kauf eines Datenträgers. Insofern liegen gute Argumente dafür vor, von einer eigentümerähnlichen Stellung des Verbrauchers auszugehen. Eine detaillierte Auseinandersetzung mit der vertragstypologischen Einordnung des Vertrages zwischen Anbieter und Verbraucher hat das Gericht aber leider nicht vorgenommen.

Trotz umfangreicher Ausführungen konnte das OLG Hamm damit also keine neuen Argumente liefern, die zwingend für oder gegen eine Übertragbarkeit auf andere Güter sprechen. Jedenfalls kollidiert das Ergebnis des OLG Hamm, die Online-Erschöpfung abzulehnen, in erheblichem Maße mit den Bestrebungen der Schaffung eines funktionierenden, „digitalen" Binnenmarktes.[1099]

bb. Weitere Rechtsprechung

Sowohl zwei dem EuGH-Urteil in Sachen UsedSoft nachfolgende Entscheidungen des LG Berlin als auch zwei vorausgegangene Entscheidungen könnten jedoch neue Gedanken oder Ideen liefern. AGB-rechtliche Erwägungen werden

---
1095 OLG Hamm v. 15.5.2014 – 22 U 60/13, GRUR 2014, 853 (858) – Hörbuch-AGB.
1096 OLG Hamm v. 15.5.2014 – 22 U 60/13, GRUR 2014, 853 (858 f.) – Hörbuch-AGB.
1097 OLG Hamm v. 15.5.2014 – 22 U 60/13, GRUR 2014, 853 (859 f.) – Hörbuch-AGB.
1098 OLG Hamm v. 15.5.2014 – 22 U 60/13, GRUR 2014, 853 (860) – Hörbuch-AGB.
1099 *Hoeren/Jakopp*, MMR 2014, 646 (647).

III. Der Erschöpfungsgrundsatz bei anderen digitalen Gütern

dabei außen vorgelassen, da diese später in einem eigenen Abschnitt thematisiert werden.[1100]

Das LG Berlin musste sich zunächst mit einem Fall befassen, in dem ein Rechteinhaber in seinen AGB die Nutzung seiner angebotenen Computerspiele von der vorherigen Registrierung eines Nutzerkontos abhängig macht und dem Nutzer verbietet, dieses Nutzerkonto weiterzugeben. Das Gericht lehnt dabei den Eintritt der Erschöpfungswirkung ab, da die Software nicht nur lokal auf einem Rechner ausgeführt werde, sondern einen ständigen Austausch mit den Servern der Rechteinhaber, auf dem sich für den Spielbetrieb wesentliche Programmteile befinden, erfordere.[1101] Aufgrund dieses Dienstleistungselements gehe die Leistung des Rechteinhabers über die Verbreitung einer Programmkopie hinaus.[1102] Im Hinblick auf die bisherige Untersuchung handelt es sich dabei um ein interessengerechtes Ergebnis. Die Dienstleistung des Rechteinhabers hat bei dem streitgegenständlichen Computerspiel eine wesentliche Bedeutung, die sich auch darin zeigt, dass sich Programmteile für den Spielbetrieb auf den dortigen Servern befinden. Damit unterscheidet sich die Fallkonstellation deutlich von der im UsedSoft-Verfahren. Für Dienstleistungen gilt der klare Grundsatz, dass eine Erschöpfungswirkung nicht eintreten kann. Ansonsten wäre der Rechteinhaber auch verpflichtet, jedem Zweiterwerber Zugriff auf ihren Server zu gestatten und diesem gegenüber Dienstleistungen zu erbringen – er könnte sich seinen Vertragspartner also nicht mehr aussuchen.[1103] In einem anderen Verfahren des LG Berlin erklärt das Gericht, dass die InfoSoc-RL eine ausdrückliche Beschränkung der Erschöpfung auf körperliche Vervielfältigungsstücke enthalte.[1104] Denn die Erschöpfung sei an dasjenige Produkt geknüpft, das der Rechteinhaber freiwillig in den Verkehr gegeben habe.[1105] Das Gericht geht dabei jedoch nicht näher auf die InfoSoc-RL oder ihre Erwägungsgründe ein, so dass dem Urteil – abgesehen von Erkenntnissen zum Lizenzhandel[1106] – nichts weiter zu entnehmen ist.

Drei weitere Entscheidungen sind noch vor dem UsedSoft-Urteil des EuGH ergangen. Das OLG Stuttgart lehnt beim Online-Vertrieb von Hörbüchern den Eintritt der Erschöpfung mit einem Verweis auf Art. 3 Abs. 3 und Erwägungsgrund 29 der InfoSoc-RL sowie Erwägungsgrund 43 der Datenbank-RL ab.[1107] Zudem weist das Gericht auf die vom EuGH in einer früheren Entscheidung geforderte Notwendigkeit der Übertragung von Eigentum am Gegenstand hin,

---
1100 S. dazu Kapitel E.
1101 LG Berlin v. 21.1.2014 – 15 O 56/13, CR 2014, 400 (402) (n. rk.).
1102 LG Berlin v. 21.1.2014 – 15 O 56/13, CR 2014, 400 (402 f.) (n. rk.).
1103 So auch LG Berlin v. 21.1.2014 – 15 O 56/13, CR 2014, 400 (403) (n. rk.).
1104 LG Berlin v. 11.3.2014 – 16 O 73/13, GRUR-RR 2014, 490 (490).
1105 LG Berlin v. 11.3.2014 – 16 O 73/13, GRUR-RR 2014, 490 (490).
1106 S. dazu die Ausführungen unter D. II. 4. c.
1107 OLG Stuttgart v. 3.11.2011 – 2 U 49/11, GRUR-RR 2012, 243 (244) – Hörbuch-AGB; so auch das Instanzgericht: LG Stuttgart v. 14.4.2011 – 17 O 513/10, BeckRS 2011, 19820.

welche beim Download von Hörbüchern gerade nicht vorliege.[1108] Da die Richter weder eine Auseinandersetzung mit der Frage nach dem tatsächlichen Vorliegen einer öffentlichen Zugänglichmachung noch nach der Eigentumsübertragung vornehmen, ist der Erkenntnisgewinn nicht sehr groß. Es zeigt jedoch, wie wenig problemorientiert das Gericht in der Entscheidung vorgegangen ist. Das LG Berlin äußert sich ebenfalls dahingehend, dass der Erschöpfungsgrundsatz weder direkt noch analog beim Online-Vertrieb von Musikdateien zur Anwendung komme.[1109] Zum einen könne sich das Verbreitungsrecht nur an körperlichen Werkstücken erschöpfen, zum anderen wird wiederum auf den 29. Erwägungsgrund der InfoSoc-RL abgestellt.[1110] Die Begründung des LG Berlin fällt dabei sehr knapp aus und beschäftigt sich nicht einmal mit dem seinerzeit bestehenden Streitstand in der Literatur. Schließlich lehnt auch das LG Hamburg die Erschöpfung im Zusammenhang mit dem Online-Vertrieb von E-Books und Hörbüchern mangels Existenz einer Verkörperung und mit Verweis auf Erwägungsgrund 29 der InfoSoc-RL ab.[1111] Der Gegenansicht wird mit der Löschungspflicht des Vervielfältigungsstücks durch den Ersterwerber bzw. mit der Möglichkeit des Einsatzes von DRM-Technologien zur Begegnung des Missbrauchs eine „gewisse Hilflosigkeit angesichts des tatsächlich bestehenden Missbrauchs der Kopiermöglichkeiten" attestiert.[1112] Zugleich weist das Gericht auf die fehlende Möglichkeit der Erschöpfung des Vervielfältigungsrechts hin, das durch das Abspeichern auf einem Datenträger betroffen sei.[1113] Zwar ist die Begründung des LG Hamburg tiefgründiger als diejenige des LG Berlin und beinhaltet auch aktuelle Literatur und Rechtsprechung, dennoch werden keine „neuen" Hinweise bezüglich der Erschöpfungswirkung geliefert, welche die Diskussion voranbringen. Insbesondere die angesprochene Missbrauchsgefahr darf im urheberrechtlichen Kontext – konkret bei § 17 Abs. 2 UrhG – keine Rolle spielen, sondern muss in Verbindung mit DRM oder AGB thematisiert werden.

cc. Erkenntnisse aus fremdländischen Urteilen

Schließlich darf auch ein Blick auf zwei niederländische Urteile, welche jeweils E-Books betreffen, nicht fehlen. Zunächst erklärt das Bezirksgericht Amsterdam in einer Verfügungsentscheidung, dass der Erschöpfungsgrundsatz auf E-Books Anwendung finden müsse.[1114] Von größerer Bedeutung für den Untersuchungsgegenstand kann aber vor allem ein Urteil des Appellationsgerichts Den Haag

---
1108 OLG Stuttgart v. 3.11.2011 – 2 U 49/11, GRUR-RR 2012, 243 (244) – Hörbuch-AGB.
1109 LG Berlin v. 14.7.2009 – 16 O 67/08, GRUR-RR 2009, 329 (330) – Musikdownloadportal (n. rk.).
1110 LG Berlin v. 14.7.2009 – 16 O 67/08, GRUR-RR 2009, 329 (330) – Musikdownloadportal (n. rk.).
1111 LG Hamburg v. 20.9.2011 – 312 O 414/10, BeckRS 2013, 19556.
1112 LG Hamburg v. 20.9.2011 – 312 O 414/10, BeckRS 2013, 19556.
1113 LG Hamburg v. 20.9.2011 – 312 O 414/10, BeckRS 2013, 19556.
1114 Bezirksgericht Amsterdam v. 21.7.2014 – C/13/567567/KG ZA 14-795 SP/MV.

III. Der Erschöpfungsgrundsatz bei anderen digitalenGütern

werden.[1115] Dabei wurde dem EuGH unter einer ausführlichen Begründung die Frage vorgelegt, ob als Ausfluss des Erschöpfungsgrundsatzes ein Recht des elektronischen Verleihs von E-Books durch öffentliche Bibliotheken anzuerkennen sei. Mit einer Entscheidung des EuGH kann noch im Jahr 2015 gerechnet werden.

Die Erkenntnisse aus den im Zusammenhang mit anderen digitalen Gütern als Software erlassenen Gerichtsurteilen sind daher bislang wenig ergiebig.

b. Umsetzbarkeit ins deutsche Recht

Entgegen der vorstehenden Urteile deutscher Gerichte ist eine Online-Erschöpfung nicht nur nach der Software-RL, sondern sehr wohl auch nach der InfoSoc-RL möglich. Diese Online-Erschöpfung lässt sich entweder über eine direkte oder aber über eine analoge Anwendung des § 17 Abs. 2 UrhG ins deutsche Recht überführen. Nur wenn beide Varianten nicht umsetzbar sind, wäre der Gesetzgeber gefordert.

aa. Direkte Anwendbarkeit des § 17 Abs. 2 UrhG

Für eine direkte Anwendung des § 17 Abs. 2 UrhG muss die Auslegung der Norm eine entsprechende Ausweitung der Erschöpfung zulassen. Vom teleologischen Gesichtspunkt her gesehen, ist eine Ausweitung der Erschöpfung angebracht, wie die bisherigen Untersuchungsergebnisse gezeigt haben.

aaa. Grammatikalische Auslegung

Der Wortlaut der Norm stellt regelmäßig den Ausgangspunkt dar, bildet aber zugleich auch die Grenze der Auslegung: Eine Auslegung, die dem Wortlaut widerspricht, ist nicht zulässig. Auch wenn viele Autoren den Begriff des „Vervielfältigungsstücks" im Sinne eines körperlichen Werkes verstehen, verdient dies keine Zustimmung.[1116] Bei einem Vervielfältigungsstück kann es sich nach dem reinen Wortsinn sowohl um ein verkörpertes als auch um ein nicht verkörpertes Werkexemplar handeln. Nichts anderes gilt im Hinblick auf den Begriff der „Veräußerung". Dieser Begriff ist im Grunde der Oberbegriff zu dem auf europäischer Ebene verwendeten Begriff des „Erstverkaufs". Er ist damit weiter und umfasst neben dem Kauf auch Kausalgeschäfte wie den Tausch oder die Schenkung.[1117] Da es sich beim Online-Erwerb digitaler Güter mittels Download regelmäßig um einen Kaufvertrag handelt, erfasst der Wortlaut der Norm diese Vertriebsform. Letztlich muss das Werk in den Verkehr gebracht werden. An die-

---

1115 Appellationsgericht Den Haag v. 3.9.2014 – C/09/445039/HA ZA 13-690; online unter http://ipkitten.blogspot.de/2014/09/dutch-court-refers-questions-to-cjeu-on.html.
1116 Ausführlich dazu Fn. 372.
1117 Vgl. dazu *Loewenheim*, in: Schricker/Loewenheim (Hrsg.), UrhG, § 17 Rn. 48.

D. Die urheberrechtliche Zulässigkeit der Weitergabe

ser Voraussetzung könnte man zweifeln, da bei einem Download der Erwerber eine eigene Kopie des Vervielfältigungsstücks auf seinem Endgerät erstellt und der Verkäufer nicht etwa, wie in der analogen Welt, ein bestimmtes verkörpertes Werk tatsächlich übergibt, wodurch er jegliche Verfügungsgewalt über den Gegenstand verliert. Der Wortsinn des Ausdrucks „in den Verkehr bringen" lässt es jedoch zu, dass bereits die Bereitstellung des Vervielfältigungsstücks genügt. So stellt der Verkäufer in einem Kaufhaus einen körperlichen Gegenstand gewissermaßen auch nur bereit und der Käufer greift dann darauf zu. Zwar erstellt der Käufer in diesem Fall in der Tat keine Kopie, sondern erhält das Original, dies hat aber keine Auswirkungen auf den Begriff des Inverkehrbringens.

Der Wortlaut des § 17 Abs. 2 UrhG steht einer entsprechenden Anwendung der Erschöpfung auf unkörperliche Werkkopien also nicht entgegen. Zwar muss eingestanden werden, dass der Wortlaut keineswegs darauf angelegt ist, er widerspricht einer solchen Auslegung aber auch nicht.

bbb. Systematische Auslegung

Die Stellung einer Norm im Gesetz kann als Erkenntnisquelle für den Inhalt und die Bedeutung der Vorschrift dienen. § 17 Abs. 2 UrhG steht zum einen in unmittelbarem Zusammenhang mit § 17 Abs. 1 UrhG, zum anderen aber auch mit § 15 Abs. 1 UrhG, der auf diese Norm verweist. Aus § 17 Abs. 1 UrhG selbst können keine neuen Erkenntnisse gewonnen werden. Die Norm verwendet die gleichen Begrifflichkeiten wie § 17 Abs. 2 UrhG (Vervielfältigungsstück, Inverkehrbringen), so dass auf die Ausführungen zur grammatikalischen Auslegung verwiesen werden kann. Anders stellt sich die Situation jedoch bei § 15 UrhG dar.

Der Struktur des § 15 UrhG lässt sich eine strikte Zweiteilung für die Verwertungsrechte entnehmen: Während § 15 Abs. 1 UrhG die „körperliche" Werkverwertung vorsieht, worunter nach § 15 Abs. 1 Nr. 2 UrhG auch das Verbreitungsrecht nach § 17 UrhG fällt, befasst sich § 15 Abs. 2 UrhG mit der „unkörperliche[n]" Werkverwertung, worunter sich beispielsweise nach § 15 Abs. 2 Nr. 2 UrhG das Recht der öffentlichen Zugänglichmachung einordnen lässt. Nach dieser systematischen Einordnung mit dem eindeutigen Wortlaut kann sich § 17 UrhG nur auf eine körperliche Werkverwertung beziehen.[1118] Die körperliche und unkörperliche Verwertung ist damit fest im Urheberrecht angelegt. Wenngleich eine solche Struktur nicht mehr zeitgemäß ist,[1119] so ist sie doch derzeit gesetzlich niedergeschrieben. Aus der InfoSoc-RL geht diese klare Trennung zumindest aus dem Wortlaut nicht so eindeutig hervor. Das Verbreitungsrecht bei Computerprogrammen ist hingegen einer direkte Anwendung des § 69c Nr. 1 UrhG auf die unkörperliche Verwertung zugänglich, da es sich um eine spezielle Norm für Computerprogramme handelt, auf die § 15 UrhG gerade nicht verweist.

1118 So auch *Ammann*, in: Taeger (Hrsg.), DSRI Tagungsband 2011, S. 249 (255); *Fischer*, Lizenzierungsstrukturen, S. 112 f.
1119 Vgl. dazu D. II. 2. c. cc. fff.

ccc. Historische Auslegung

Im Jahre 1996 wurde in Art. 8 WCT und Art. 10 und 14 WPPT das Recht der öffentlichen Wiedergabe einschließlich der öffentlichen Zugänglichmachung niedergelegt, das sich auch in Art. 3 InfoSoc-RL wiederfindet. Aus der Einführung eines solchen Ausschließlichkeitsrechts folgt unmittelbar das Verständnis, zwischen Online-Übertragung und Werkverbreitung zu differenzieren.[1120] Nicht anders ist das Verständnis des deutschen Gesetzgebers bei der Urheberrechtsnovelle 2003, mit der die Bestimmungen des WCT und der InfoSoc-RL in das deutsche Recht umgesetzt werden sollten. Auch der deutsche Gesetzgeber wollte die Unterscheidung zwischen körperlicher Verbreitung und unkörperlicher Online-Verwertung vornehmen.[1121] Dem steht nicht entgegen, dass der vorliegende Fall des Online-Vertriebs digitaler Güter dabei möglicherweise noch gar nicht berücksichtigt wurde. Der historischen Sichtweise lässt sich daher keine Ausweitung des Erschöpfungsgrundsatzes im Rahmen des § 17 Abs. 2 UrhG entnehmen.

ddd. Fazit

Zwar spricht die teleologische Auslegung für eine Erstreckung des Erschöpfungsgrundsatzes auf unkörperliche Werkexemplare, die Entstehungsgeschichte und der historische Kontext und vor allem die systematisch Auslegung lassen die Erstreckung trotz des an sich neutralen Wortlauts jedoch nicht zu. Daher geht man auch seit vielen Jahren ohne Rücksicht auf das technisch völlig veränderte Umfeld überwiegend davon aus, dass unter das Verbreitungsrecht des § 17 UrhG „nur die Verbreitung körperlicher Werkstücke (Original oder Vervielfältigungsstücke)" fällt und die Anwendbarkeit bei einer Online-Nutzung mit einem Verweis auf die Wiedergabe in unkörperlicher Form ausgeschlossen ist.[1122] Schon vor der Urheberrechtsnovelle 2003, die im Anschluss an die InfoSoc-RL in Kraft getreten ist, wurde vertreten, dass das Bereitstellen von Werken über das Internet eine Verbreitungshandlung sei[1123] bzw. es wurde zumindest eine analoge Anwendung befürwortet.[1124] Der Gesetzgeber hat sich jedoch dazu entschieden, das Recht der öffentlichen Zugänglichmachung unter § 15 Abs. 2 UrhG einzuordnen. Auch der BGH stellt in regelmäßigen Abständen klar, dass sich die Verbreitung im urheberrechtlichen Sinne nur auf die Verwertung in körperlicher Form beschränkt.[1125] Dementsprechend erfasst § 17 UrhG nur körperliche Werk-

---

1120 *Grützmacher*, in: Wandtke/Bullinger (Hrsg.), UrhG, § 69c Rn. 28.
1121 *Marly*, Praxishandbuch Softwarerecht, Rn. 189 f.
1122 S. nur *Loewenheim*, in: Schricker/Loewenheim (Hrsg.), UrhG, § 17 Rn. 5 m.w.N. und § 69c Rn. 26.
1123 S. nur bzgl. § 69c Nr. 3 S. 2 UrhG *Mäger*, CR 1996, 522 (524 ff.); *Baus*, Verwendungsbeschränkungen in Software-Überlassungsverträgen, S. 85.
1124 S. nur *Koehler*, Der Erschöpfungsgrundsatz des Urheberrechts im Online-Bereich, S. 72.
1125 BGH v. 11.2.2010 – I ZR 178/08, GRUR 2010, 822, Tz. 19 f. – Half-Life 2; BGH v. 6.11.1953 – I ZR 97/52, BGHZ 11, 135 (144), GRUR 1954, 216 (219) – Lautsprecherübertragungen; BGH v. 15.5.1986 – I ZR 22/84, GRUR 1986, 742 (743) – Videofilmvorführung.

exemplare als Handelsobjekte.[1126] Dabei ist jedoch die althergebrachte Einordnung des Verbreitungsrechts bzw. der Erschöpfungsregel unter die körperlichen Verwertungsrechte (§ 15 Abs. 1 UrhG) alles andere als zwingend, wie die anerkannte Erstreckung des Vervielfältigungsrechts auf elektronische Kopien zeigt.[1127] Eine direkte Anwendung des § 17 Abs. 2 UrhG ist aber nicht möglich.

bb. Analoge Anwendbarkeit des § 17 Abs. 2 UrhG

Die analoge Anwendung einer Norm verlangt das Vorliegen einer vergleichbaren Interessenlage und einer unbewussten Regelungslücke.[1128]

aaa. Vergleichbare Interessenlage

Dass eine vergleichbare Interessenlage vorliegt, haben die bisherigen Ausführungen dieser Arbeit aufgezeigt.[1129] Der Regelungszweck des Erschöpfungsgrundsatzes ist hauptsächlich die Garantie der Verkehrsfähigkeit von Werkstücken. Dies ist ein allgemein gültiger Grundsatz, der sowohl hinsichtlich körperlicher als auch unkörperlicher Werkkopien Geltung für sich beanspruchen kann. Die Konstellation bei der Online-Übertragung ist also sehr ähnlich.[1130] Von einer vergleichbaren Interessenlage ist daher auszugehen.

bbb. Unbewusste Regelungslücke

Weitaus schwieriger zu beantworten ist die Frage nach einer unbewussten Regelungslücke. *Heydn* etwa verneint eine solche, da man sich in Deutschland bereits 1996 mit dieser Thematik in der Fachpresse beschäftigt habe.[1131] Bereits im Rahmen der Prüfung der direkten Anwendbarkeit des § 17 Abs. 2 UrhG wurde erörtert, dass der deutsche Gesetzgeber die im WCT und der InfoSoc-RL angelegte Unterscheidung zwischen körperlicher Verbreitung und unkörperlicher Online-Verwertung vornehmen wollte.[1132] Der Gesetzgeber nimmt diesbezüglich jedoch nicht ausdrücklich Stellung, sondern erklärt nur, dass die maßgebliche Verwertungshandlung bereits das Zugänglichmachen des Werkes für den interaktiven Abruf sei, um einen frühzeitigen Schutz zugunsten des Urhebers sicherzustellen.[1133] An der Einschlägigkeit des § 19a UrhG für den Akt der öffentlichen Zugänglichmachung besteht jedoch weitgehend Einigkeit, nicht jedoch

---

1126 *Loewenheim*, in: Schricker/Loewenheim (Hrsg.), UrhG, § 17 Rn. 5 m. w. N.; OLG Stuttgart v. 14.4.2011 – 17 O 513/529, K&R 2012, 294 (295); OLG Frankfurt a. M. v. 12.5.2009 – 11 W 15/09, MMR 2009, 544; OLG Düsseldorf v. 29.6.2009 – I-20 U 247/08, MMR 2009, 629.
1127 So auch *Peifer*, AfP 2013, 89 (90); *Hartmann*, GRUR Int. 2012, 980 (983).
1128 *Rüthers/Fischer/Birk*, Rechtstheorie mit juristischer Methodenlehre, Rn. 889.
1129 S. vor allem die Ausführungen unter D. III. 1. d.
1130 *Terhaag/Telle*, K&R 2013, 549 (552).
1131 *Heydn*, in: Kilian/Heussen (Hrsg.), Computerrechts-Handbuch, 1. Abschn. Teil 2, Vermarktung von Gebrauchtsoftware, Rn. 96.
1132 S. dazu D. III. 2. b. aa. ccc.
1133 Amtl. Begr., BR-Drucks. 684/02 v. 16.8.2002, S. 36.

hinsichtlich des sich unmittelbar an die Zugänglichmachung anschließenden Verbreitungsakts, der sich in der Anfertigung eines neuen Werkexemplars niederschlägt. Diesbezüglich ist keine Stellungnahme des deutschen Gesetzgebers zu finden.[1134] Da dieser aber ein Abbild der internationalen Rechtsvereinheitlichung schaffen wollte,[1135] kommt es entscheidend darauf an, was die Auslegung des WCT und der InfoSoc-RL ergibt. Diese Auslegung hat im Rahmen der vorliegenden Untersuchung ergeben, dass eine Online-Erschöpfung digitaler Güter weder vorgesehen noch ausgeschlossen ist, da nur auf das „Einstellen eines Werkes in das Internet"[1136] abgestellt wurde, welches eine öffentliche Zugänglichmachung darstellt. Die daran anschließende Anfertigung eines Vervielfältigungsstücks als Verbreitungshandlung ist jedoch eine eigene und andere Verwertungshandlung, die nach den Grundsätzen dieses Verwertungsrechts, das eine Erschöpfung vorsieht, zu behandeln ist.[1137] Insofern liegt eine unbewusste Regelungslücke vor, die aufgrund der vergleichbaren Interessenlage eine analoge Anwendung des § 17 Abs. 2 UrhG auf digitale Güter ermöglicht.[1138]

ccc. Richtlinienkonforme Auslegung

Die richtlinienkonforme Auslegung findet erst dort ihre Grenzen, wo ein entgegenstehender Wille des nationalen Gesetzgebers im Wortlaut einer Vorschrift klar zum Ausdruck kommt.[1139] Wie im Rahmen der grammatikalischen Auslegung erörtert, lässt sich dem Wortlaut des § 17 Abs. 2 UrhG nicht entnehmen, dass diese Norm nur auf körperliche Werkkopien anwendbar ist. Insofern führt die richtlinienkonforme Auslegung des § 17 Abs. 2 UrhG sowie die gerade angestellte Untersuchung zu dem Ergebnis, dass diese Norm analog auf unkörperliche Werkkopien Anwendung finden kann.[1140]

c. Konflikte mit anderen Normen bei Ausdehnung der Erschöpfungswirkung

Der Ausweitung der Erschöpfungswirkung könnten im deutschen Recht die Privatkopieschranke des § 53 Abs. 1 UrhG sowie hinsichtlich E-Books das Buchpreisbindungsgesetz und das Phänomen der Self-Publisher entgegenstehen.

1134 So auch *Marly*, Praxishandbuch Softwarerecht, Rn. 192.
1135 Amtl. Begr., BR-Drucks. 684/02 v. 16.8.2002, S. 36.
1136 Denkschrift zum WIPO-Urheberrechtsvertrag, Begründung zu Art. 8, BT-Drucks. 15/15 v. 25.10.2005, S. 45.
1137 So auch *Marly*, Praxishandbuch Softwarerecht, Rn. 196 f.
1138 So auch *Ammann*, in: Taeger (Hrsg.), DSRI Tagungsband 2011, S. 249 (257 f.). Schon im Jahr 2000 ging *Koehler* von einer analogen Anwendung des § 17 Abs. 2 UrhG bei einer Online-Übermittlung aus; *Koehler*, Der Erschöpfungsgrundsatz des Urheberrechts im Online-Bereich, S. 129.
1139 *Herdegen*, Europarecht, § 8 Rn. 43; *Roth*, in: Riesenhuber (Hrsg.), Europäische Methodenlehre, § 14 Rn. 53.
1140 So auch *Hoeren/Jakopp*, MMR 2014, 646 (647 ff.); *Terhaag/Telle*, K&R 2013, 549 (552).

D. Die urheberrechtliche Zulässigkeit der Weitergabe

aa. Das Unbrauchbarmachen und § 53 Abs. 1 UrhG

Sowohl der EuGH als auch der BGH verlangen vom Ersterwerber, dass er seine Werkkopie unbrauchbar machen muss, damit es zu keiner Vermehrung von Vervielfältigungsstücken kommt. Nun kann der Ersterwerber aber zumindest nach dem deutschem Urheberrechtsgesetz eine (wenn nicht sogar mehrere!) Kopie(n) für den privaten Gebrauch nach § 53 Abs. 1 UrhG anfertigen. Wenn er nach dem Weiterverkauf aber nur das heruntergeladene Vervielfältigungsstück unbrauchbar machen müsste, könnte er möglicherweise weiterhin auf die nach § 53 Abs. 1 UrhG hergestellten Vervielfältigungsstücke zurückgreifen. Das wiederum würde dem Erschöpfungsgrundsatz genauso die „praktische Wirksamkeit"[1141] nehmen, wie wenn kein Vervielfältigungsstück auf Seiten des Zweiterwerbs hergestellt werden dürfte. Denn wie für eine praktische Wirksamkeit des Erschöpfungsgrundsatzes der Zweiterwerber bei einem Weiterverkauf den Zugriff auf das Vervielfältigungsstück haben muss, hat der Ersterwerber im Gegenzug seine eigenen Vervielfältigungsstücke zu löschen, auch wenn er sich für deren Erstellung noch auf eine gesetzliche Schranke berufen konnte.[1142] Damit ist die Anforderung des Unbrauchbarmachens der eigenen Werkkopien so zu verstehen, dass keinerlei Vervielfältigungsstücke weiterhin verwendet werden dürfen, so dass auch Privatkopien davon umfasst sind. Für Computerprogramme gilt Entsprechendes hinsichtlich § 69d Abs. 2 UrhG, da § 53 Abs. 1 UrhG dort nicht zur Anwendung kommt.[1143]

bb. E-Books und der Erschöpfungsgrundsatz

Bei E-Books liegen aufgrund der Geltung des BuchPrG und dem zunehmenden Aufkommen von sog. Self-Publishern einige Besonderheiten vor. Fraglich ist, ob sich daraus Auswirkungen auf den Eintritt der Erschöpfungswirkung ergeben könnten.[1144]

Bücher und E-Books (§ 2 Abs. 1 Nr. 3 BuchPrG) unterfallen in Deutschland dem BuchPrG.[1145] Ausweislich § 1 dient dieses Gesetz dem Schutz des Kulturgutes Buch, dem Erhalt eines breiten Buchangebots und der Gewährleistung vieler

---

1141 EuGH v. 3.7.2012 – C-128/11, GRUR 2012, 904, Tz. 83 – UsedSoft.
1142 A.A. hins. der österreichischen Parallelvorschrift *Appl/Schmidt*, MR 2014, 189 (197), da bei einer Löschungsverpflichtung die Freistellung von Privatkopien „entkernt" würde.
1143 S. dazu auch D. II. 2. c. ff. eee.
1144 Der nachfolgende Abschnitt wurde vom Autor bereits vorveröffentlicht: *Ganzhorn*, CR 2014, 492 (496 f.).
1145 Vgl. dazu ausführlich *Ganzhorn*, in: Taeger (Hrsg.), DSRI Tagungsband 2013, S. 483 (492 ff.) m.w.N. Mit Wirkung vom 1.12.2014 hat der österreichische Gesetzgeber im österreichischen BuchPrG nun E-Books explizit in § 1 S. 1 aufgenommen. Ein Referentenentwurf des Bundesministeriums für Wirtschaft und Energie hat nun auch eine Gesetzesänderung des deutschen BuchPrG angestoßen, wonach E-Books ausdrücklich unter die Buchpreisbindung fallen sollen; online unter http://www.bmwi.de/BMWi/Redaktion/PDF/Gesetz/referentenentwurf-zweites-gesetz-buchpreisbindungsgesetz,property=pdf,bereich=bmwi2012,sprache=de,rwb=true.pdf.

III. Der Erschöpfungsgrundsatz bei anderen digitalen Gütern

Verkaufsstellen. Erreicht werden sollen diese Ziele dadurch, dass Verleger oder Importeure einen Endpreis für den Verkauf an den Letztabnehmer festsetzen (§ 5 Abs. 1 BuchPrG). Hintergrund der Preisbindung ist die Doppelfunktion von Büchern, welche andere Waren nicht innehaben: Bücher sind nicht nur ein Kultur-, sondern auch ein Wirtschaftsgut.[1146] Diese Doppelfunktion rechtfertigt das der freien Marktwirtschaft fremde System der Preisbindung. Bei einer Ausweitung des Erschöpfungsgrundsatzes auf E-Books könnte das BuchPrG unter Druck geraten, das den Verlagen die Preishoheit zuweist, um einen Preisverfall und Dumping-Preise zu vermeiden. Erst wenn das Buch einmal an einen Endabnehmer verkauft wurde, kann dieser den weiteren Verkaufspreis selbst bestimmen. Denn der Handel mit gebrauchten Büchern wird nicht durch das BuchPrG erfasst.[1147] Das gedruckte Buch wird dabei in aller Regel Gebrauchsspuren aufweisen. Demgegenüber gibt es beim E-Book als digitaler Datei jedoch gerade keinen Qualitätsverlust durch die Benutzung. Insofern ist das „gebrauchte" E-Book im gleichen Zustand wie das „neue" E-Book, kostet jedoch weniger. Dies wiederum kann negative Folgen für den Primärmarkt haben: Warum sollte der Verbraucher das E-Book teuer beim Verlag erwerben, wenn er das identische Werkstück in der gleichen Qualität günstiger herunterladen kann? Sinn und Zweck des BuchPrG könnten somit in Frage gestellt werden. Dabei ist jedoch zu berücksichtigen, dass auch bei gedruckten Büchern der Weiterverkaufspreis zwar deutlich unter dem nach dem BuchPrG festgesetzten Betrag liegt, das Buch sich aber in neuwertigem Zustand befinden kann. Zudem ist nicht zu befürchten, dass die Wiederverkäufer den Preis für gebrauchte E-Books zu niedrig ansetzen. Aufgrund der Gleichwertigkeit gegenüber dem „originalen" E-Book wird sich der Zweiterwerber auch mit einem nur leicht günstigeren Preis zufriedengeben, zumal der Weiterverkäufer an einem höheren Umsatz interessiert sein wird. Insofern unterscheiden sich die Gegebenheiten in der realen und der digitalen Welt doch nicht so sehr, wie zunächst vermutet. Dass bei E-Books die Gefahr krimineller und gegen das Urheberrecht verstoßende Machenschaften – wie z. B. massenhaftes Erstellen von Vervielfältigungsstücken – größer ist als bei gedruckten Büchern, steht außer Frage. Hier müssen sich technische Lösungen finden lassen, welche gewährleisten, dass ein ein Mal verkauftes Werk auch tatsächlich nur ein Mal weitergegeben werden kann. Im Ergebnis kann das BuchPrG der Ausweitung des Erschöpfungsgrundsatzes auf E-Books damit nicht entgegenstehen.

In den letzten Jahren hat sich in der Buchbranche zudem ein Phänomen zu einer Massenbewegung entwickelt: Self-Publishing.[1148] Das Internet und die Digitalisierung haben es möglich gemacht, dass Schriftsteller ganz oder im Wesentlichen auf die Dienste von Verlagen zur Veröffentlichung ihrer Bücher verzichten können. Der Boom von Self-Publishern kann Einfluss auf die Frage nach der

---

1146 *Wallenfels/Russ*, BuchPrG, § 1 Rn. 4.
1147 *Wallenfels/Russ*, BuchPrG, § 3 Rn. 60.
1148 Vgl. dazu die Ausführungen unter B. I. 5. a. aa.

D. Die urheberrechtliche Zulässigkeit der Weitergabe

Anwendung des Erschöpfungsgrundsatzes auf E-Books haben. Für Self-Publisher gilt das BuchPrG in aller Regel nicht, um die Autoren vor den aufwändigen Reglementierungen zu bewahren.[1149] Man könnte daher den Schluss ziehen, dass man die Selbstverleger daher auch vor einer Anwendung des Erschöpfungsgrundsatzes schützen muss. Hier muss jedoch differenziert werden: Durch die Nichtanwendbarkeit des BuchPrG auf E-Books von Self-Publishern werden weder Rechte von irgendwelchen Marktteilnehmern beschnitten, noch wird der Schutzzweck des BuchPrG verletzt. Die Nichtgeltung des Erschöpfungsgrundsatzes würde jedoch die Rechte der Erwerber der E-Books beschneiden, da ihnen die Weitergabe der erworbenen Produkte untersagt würde, obwohl sie von einer eigentümerähnlichen Stellung ausgehen. Insofern müssen sich Self-Publisher wie alle anderen Verkäufer von digitalen Gütern den Marktregeln beugen und die Weitergabe ihrer verkauften Waren aufgrund des eingetretenen Erschöpfungsgrundsatzes dulden. Nicht anders ergeht es im Übrigen unbekannten Künstlern von Musik- oder Filmwerken, die ihre Werke selbst auf ihrer Webseite verkaufen wollen.

Der Ausweitung der Erschöpfungswirkung stehen daher keine innerdeutschen Besonderheiten im Weg.

3. Auswirkungen auf die Lizenzierungspraxis

Die Auswirkungen einer analogen Anwendung des § 17 Abs. 2 UrhG auf die Lizenzierungspraxis digitaler Güter unterscheiden sich nicht von denen, die bei Software bereits thematisiert wurden. Insofern ist ein vollumfänglicher Verweis auf diese Ausführungen möglich.[1150] Im Ergebnis sollten die Rechteinhaber also bei der Lizenzierung von per Download vertriebenen digitalen Gütern im Allgemeinen beachten, dass sie den Händlern neben dem Recht der öffentlichen Zugänglichmachung (damit) auch das Verbreitungsrecht einräumen.

4. Sonderfragen

Zusammenfassend lässt sich damit festhalten, dass die Erschöpfungswirkung immer dann eintritt, wenn ursprünglich ein Download eines digitalen Guts mit Zustimmung des Rechteinhabers erfolgt ist, dieser dabei dem Erwerber ein zeitlich unbegrenztes Nutzungsrecht gegen ein angemessenes Entgelt eingeräumt hat und der Ersterwerber im Zeitpunkt der Übergabe seine eigenen Werkkopien unbrauchbar macht. Sonderfragen stellen sich nun insbesondere hinsichtlich der Behandlung hybrider Produkte, der Anwendungsfälle für das Aufspaltungsverbot sowie der Erschöpfung bei anderen Veräußerungsformen als dem Verkauf.

1149 Ohne Begründung *Wallenfels/Russ*, BuchPrG, § 2 Rn. 2; mit ausführlicher Begründung *Ganzhorn*, in: Taeger (Hrsg.), DSRI Tagungsband 2013, S. 483 (494 ff.) m. w. N.
1150 S. dazu D. II. 5.

III. Der Erschöpfungsgrundsatz bei anderen digitalen Gütern

a. Behandlung hybrider Produkte

Nach der hier vertretenen Auffassung kommen bei hybriden Produkten die Bestimmungen beider Richtlinien im Sinne eines beidseitigen Meistbegünstigungsprinzips zur Anwendung.[1151] Da sich der Erschöpfungsgrundsatz sowohl nach der Software- als auch nach der InfoSoc-RL ebenfalls auf unkörperliche Vervielfältigungsstücke erstreckt, kommt es jedoch zu keinen Widersprüchen. Die Vermeidung eines solchen Wertungswiderspruchs ist aber ein weiterer Beleg dafür, dass die Erschöpfungswirkung sowohl körperlich als auch unkörperlich in Verkehr gebrachte Vervielfältigungsstücke erfassen muss.

b. Anwendungsfälle für das Aufspaltungsverbot

Der EuGH hat hinsichtlich Client-Server-Software ein Aufspaltungsverbot von Nutzungsrechten deklariert. Die Untersuchung hat ergeben, dass sich dieses Verbot im Wesentlichen darauf zurückführen lässt, dass es nicht zu einer Vermehrung von Vervielfältigungsstücken kommen darf.[1152] Fraglich ist, ob sich aus dem Aufspaltungsverbot auch Konsequenzen für andere digitale Güter ergeben können.

Bei E-Books oder Musikwerken ist beispielsweise die Fallkonstellation denkbar, nach der auf dem Erstmarkt einige Werkexemplare nur in einem Paket verkauft werden, so dass es sich um eine Sammlung handelt. Hat der Ersterwerber beispielsweise fünf E-Books im Rahmen einer Sammlung erworben, stellt sich die Frage, ob er nun auch ein einzelnes E-Book aus dieser Sammlung weiterverkaufen darf. Wenn er seine eigene Werkkopie unbrauchbar macht, spricht nichts gegen einen solchen Einzelverkauf. Denn es tritt keine Vermehrung von Vervielfältigungsstücken ein. Es wird ja nicht eine Lizenz vom Ersterwerber erworben, sondern ein Lizenzpaket mit mehreren Nutzungsrechten. Also lässt sich auch nichts dagegen anführen, eine Werkkopie mit dem jeweiligen Nutzungsrecht weiterzuveräußern. Anders könnte sich die Situation nur dann darstellen, wenn die fünf E-Books technisch miteinander dergestalt verbunden werden, dass tatsächlich nur noch ein E-Book vorliegt.

Eine andere Fallgestaltung ist gegeben, wenn man gerade beim Erwerb von Fotos für einen festen monatlichen Beitrag auf beliebig viele Fotos zugreifen kann und diese auch nach Ende der Laufzeit weiterbenutzen darf. Die Anzahl an herunterladbaren Fotos ist hier zwar an sich unbegrenzt, richtet sich aber nach dem Bedarf des Ersterwerbers als Vertragspartner. Insofern besteht hier eine Parallele zur Unternehmenslizenz, bei der eine Aufspaltung auch nicht möglich ist. Anders stellt sich die Situation aber dann dar, wenn monatlich eine bestimmte Anzahl an Werkstücken heruntergeladen werden darf, z. B. zwei E-Books, aber

---

1151 S. dazu die Ausführungen unter D. II. 4. f.
1152 S. dazu die Ausführungen unter D. II. 4. b.

nur eines davon benötigt wird. Der Download eines zweiten E-Books mit anschließendem Weiterverkauf ist zulässig.

Die Frage nach einem Aufspaltungsverbot stellt sich schließlich immer dann, wenn dem Erwerber eines E-Books die Nutzung auf mehreren Endgeräten gestattet ist. So könnte er beispielsweise bei drei Nutzungsrechten das E-Book nur auf zwei Endgeräten nutzen und das Nutzungsrecht für ein drittes Endgerät weiterverkaufen wollen. Mit dem untrennbaren Zusammenhang der Programmkopie mit dem Nutzungsrecht lässt sich in diesem Fall nicht argumentieren, da dieses dritte Nutzungsrecht mit der dritten Programmkopie tatsächlich untrennbar verbunden bleibt. Im Gegensatz zu den bisherigen Fallgestaltungen hat jedoch nur ein bestimmter Nutzer drei Nutzungsrechte erhalten. Insofern kann man auch hier eine Parallele zum Verbot der Aufspaltung einer Unternehmenslizenz ziehen:[1153] Auch dort sind die Nutzungsrechte für die Bedürfnisse eines Unternehmens maßgeschneidert, unabhängig von der Anzahl der einzelnen Lizenzen. Das Gleiche muss bei Nutzungsrechten für ein einzelnes Werk für eine Person gelten: Wenn diese die drei Nutzungsrechte nicht selbst benötigt, so verfallen die restlichen Nutzungsrechte und können nicht übertragen werden. Ohne ein Aufspaltungsverbot käme es zudem zu einer Zunahme der Nutzerzahl, obwohl die Nutzungsrechte auf eine Person zugeschnitten sind. Denn der EuGH stellt – wenngleich in einem anderen Zusammenhang – in Tz. 71 des Urteils klar, dass der Kreis der Nutzer der Kopie nicht ausgeweitet werden darf.[1154] Daher dürfen derartige Nutzungsrechte also nicht aufgespalten werden. Aus denselben Gründen ist im Übrigen auch die Aufspaltung einer „Familienlizenz" unzulässig, also wenn die im Beispiel vorliegenden drei Nutzungsrechte auch von Familienmitgliedern wahrgenommen werden dürfen.[1155]

c. Die Erschöpfung bei anderen Veräußerungsformen

Die Frage nach der Anwendung der Erschöpfung bei anderen Veräußerungsformen als dem Kauf stellt sich nicht nur im Verhältnis zwischen Rechteinhaber und Ersterwerber, sondern auch im Verhältnis zwischen dem Erst- und dem Zweiterwerber.

aa. Erstverkauf und andere (erstmalige) Veräußerungsformen

In der InfoSoc- und der Software-RL ist nur von einem Erstverkauf als Veräußerungsart die Rede, der zwischen dem Rechteinhaber und dem Endnutzer als Ersterwerber vorliegen muss. Es stellt sich allerdings die Frage, ob auch andere Veräußerungsformen wie der Tausch oder die Schenkung, aber auch das Werkvertragsrecht neben dem Kauf vom Erschöpfungsrecht erfasst sein sollen. In ers-

---
1153 S. dazu die Ausführungen unter D. II. 4. b.
1154 EuGH v. 3.7.2012 – C-128/11, GRUR 2012, 904, Tz. 71 – UsedSoft.
1155 So auch (ohne Begründung) *Streit/Jung*, MR-Int 2012, 6 (12).

ter Linie betrifft die Veräußerung zwar nur die „Eigentumsübertragung". Wie die bisherige Untersuchung jedoch gezeigt hat, wird davon bei digitalen Gütern auch die zeitlich unbegrenzte Einräumung von Nutzungsrechten abgedeckt. Insofern sind also auch dann Eigentümerinteressen berührt, wenn gar kein Eigentum im Wortsinn übertragen wird, sondern nur Nutzungsrechte endgültig eingeräumt werden. Naheliegend ist es, dass jede Form der Veräußerung zur Erschöpfung führt, da der Erschöpfungsgrundsatz die Abgrenzung der Eigentümerinteressen gegen diejenigen des Urhebers oder Inhabers von Leistungsschutzrechten zum Gegenstand hat und sich nicht auf das Verhältnis zwischen Rechteinhaber und Käufer beschränkt.[1156] Daher spricht Art. 4 Abs. 2 InfoSoc-RL auch von jeder „anderen Eigentumsübertragung dieses Gegenstands". Zudem gehen die Richtlinien von einem weiten Verständnis des Verbreitungsrechts aus, was sich an der Software- und der Datenbank-RL zeigt („jede[r] öffentlichen Verbreitung"), während Art. 9 Abs. 1 der Richtlinie 2006/115/EG[1157] nur bestimmt, dass die Schutzgegenstände „im Wege der Veräußerung oder auf sonstige Weise zur Verfügung" gestellt werden.[1158] Daher löst jede Veräußerung die Erschöpfungswirkung aus und nicht nur der Verkauf. Gleiches gilt auch für den deutschen Begriff der Veräußerung in § 17 Abs. 2 UrhG bzw. § 69c Nr. 3 S. 2 UrhG, und das ganz unabhängig von einer richtlinienkonformen Auslegung.[1159]

Obwohl es bei digitalen Gütern statt auf den Eigentumsübergang auf die endgültige Einräumung von Nutzungsrechten ankommt, gilt bei diesen nichts anderes. So ist auch bei einer Schenkung, einem Werkvertrag oder einem Tausch vom Eintritt der Erschöpfungswirkung auszugehen, solange die Einräumung von Nutzungsrechten zeitlich unbegrenzt erfolgt ist.[1160] Keine Veräußerung liegt jedoch dann vor, wenn nur eine Miete oder Leihe im Rahmen des Ersterwerbs vorliegt, da es sich hierbei nur um eine zeitlich begrenzte Rechteeinräumung handelt. Im Ergebnis kommt es damit also entscheidend darauf an, ob die Überlassung endgültiger oder nur vorübergehender Natur ist.

bb. Weiterverkauf und sonstige Weiterveräußerungsformen

Eine weitere Frage stellt sich dahingehend, ob dem Ersterwerber nach Eintritt der Erschöpfung nur eine Weiterverkaufsmöglichkeit zusteht oder aber er das erworbene Produkt auch verschenken oder tauschen darf. Grundsätzlich kann der

---

[1156] *Walter*, in: Walter (Hrsg.), Europäisches Urheberrecht, Stand der Harmonisierung und Ausblick, VII. Kap., Rn. 66.
[1157] Richtlinie 2006/115/EG v. 12.12.2006 zum Vermietrecht und Verleihrecht sowie zu bestimmten dem Urheberrecht verwandten Schutzrechten in Bereich des geistigen Eigentums (kodifizierte Fassung), ABl. L 376 v. 27.12.2006, S. 28.
[1158] *Walter*, in: Walter (Hrsg.), Europäisches Urheberrecht, Stand der Harmonisierung und Ausblick, VII. Kap., Rn. 66.
[1159] Vgl. nur *Loewenheim*, in: Schricker/Loewenheim (Hrsg.), UrhG, § 17 Rn. 48 bzw. *Grützmacher*, in: Wandtke/Bullinger (Hrsg.), UrhG, § 69c Rn. 30; vgl. dazu auch *Marly*, Praxishandbuch Softwarerecht, Rn. 181 m. w. N.
[1160] *Redeker*, CR 2014, 73 (78); a. A. *Walter*, MR-Int 2012, 34 (41).

D. Die urheberrechtliche Zulässigkeit der Weitergabe

Erwerber nach Eintritt der Erschöpfung aufgrund seiner eigentümerähnlichen Position frei über den erworbenen Gegenstand verfügen, so dass ihm auch jede Form der Veräußerung ohne ein Zustimmungsbedürfnis des Urhebers zur Verfügung steht.[1161] Dagegen spricht auch nicht Art. 5 lit. c und Art. 7 Abs. 2 Unterabs. 1 lit. b letzter Satz der Datenbank-RL, nach der nur der „Weiterverkauf dieses Vervielfältigungsstücks" nicht kontrolliert werden darf. Ein Ausschluss des Verschenkens und Tauschens wird mit dieser Formulierung nicht beabsichtigt gewesen sein, da der Gesetzgeber damit nur auf den die Erschöpfung ausschließenden „Erstverkauf" verweist.[1162] Dieser ist nur als wichtigster Fall der Veräußerung anzusehen, der andere Veräußerungsformen nicht ausschließen will.

Darüber hinaus ist jedoch auch eine Verleihung der erworbenen Werkkopie möglich. Denn ausdrücklich ausgeschlossen ist lediglich das Vermietrecht nach § 17 Abs. 2 UrhG bzw. § 69c Nr. 2 S. 2 UrhG, worunter nach § 17 Abs. 3 UrhG die zeitlich begrenzte, unmittelbar oder mittelbar Erwerbszwecken dienende Gebrauchsüberlassung zu verstehen ist. Da eine Leihe jedoch einen unentgeltlichen Charakter aufweist, wird diese Form der Bereitstellung nur für Bibliotheken eine Rolle spielen.[1163] Für den gewöhnlichen Verbraucher als Ersterwerber spielt eine kostenlose Verleihung höchstens im privaten Umfeld eine Rolle, was aus urheberrechtlicher Sicht auch wegen § 53 Abs. 1 UrhG keinerlei Probleme bereitet.

IV. Rechtfertigung der Vervielfältigungshandlungen de lege lata

Wenn an einem körperlichen Gegenstand das Verbreitungsrecht erschöpft ist, geht die weitere Verbreitung dieses Gegenstandes ohne urheberrechtlich relevante Handlungen einher. Im digitalen Umfeld ist dies jedoch anders: Bei der Weitergabe digitaler Güter müssen in aller Regel zwangsweise Vervielfältigungshandlungen vorgenommen werden, die einer Rechtfertigung bedürfen.[1164] Das Vervielfältigungsrecht kann sowohl im Rahmen der Übergabe als auch bei der anschließenden Benutzung einschlägig sein. In aller Regel verbietet der Rechteinhaber in seinen AGB allerdings die Weitergabe.[1165] Die eingetretene

---

1161 *Walter*, in: Walter (Hrsg.), Europäisches Urheberrecht, Stand der Harmonisierung und Ausblick, VII. Kap., Rn. 68.
1162 *von Lewinski*, in: Walter (Hrsg.), Europäisches Urheberrecht, Art. 5 Rn. 14 Datenbank-RL; *Walter*, in: Walter (Hrsg.), Europäisches Urheberrecht, Stand der Harmonisierung und Ausblick, VII. Kap., Rn. 68.
1163 Dann kommt auch der gesetzliche Vergütungsanspruch nach § 27 Abs. 2 UrhG zur Geltung; vgl. zur Bedeutung der UsedSoft-Entscheidung für den Verleih von E-Books durch Bibliotheken *Hartmann*, GRUR Int. 2012, 980 (987 f.).
1164 Anders kann sich die Situation in geschlossenen Systemen darstellen, vgl. dazu *Bäcker/Höfinger*, ZUM 2013, 623 (639 f.).
1165 Daher kann auch nicht auf den Ansatz von *Koppe* zurückgegriffen werden, nach der eine konkludent erteilte Erlaubnis zur Verbreitung der Werkstücke anzunehmen ist; *Koppe*, Die urheberrechtliche Erschöpfung, S. 186 f.

Erschöpfung kann nicht als Rechtfertigungsgrund ins Feld geführt werden, da der Erschöpfungsgrundsatz nach allgemeiner Meinung ausschließlich das Verbreitungs- und nicht das Vervielfältigungsrecht betrifft.[1166] Das hat der EuGH in seinem Urteil zwar nicht mit aller Deutlichkeit ausgedrückt, dies ergibt sich jedoch aus der Pressemeldung, die ein Tag vor der Verkündung des Urteils veröffentlicht wurde, und aus den Ausführungen des Generalanwalts *Bot*.[1167]

Zur Rechtfertigung kommen neben der Übertragung des vertraglichen Nutzungsrechts vor allem die gesetzlichen Schrankenregelungen in Betracht. Aber auch die Rechtsfigur der „Einwilligung" oder aber ein ungeschriebener Rechtfertigungsgrund könnten herangezogen werden.

1. Übertragung des vertraglichen Nutzungsrechts

Die einfachste Möglichkeit, die Vervielfältigungshandlungen des Zweiterwerbers zu rechtfertigen, liegt in der Übertragung des vertraglich zwischen dem Rechteinhaber und dem Ersterwerber vereinbarten Nutzungsrechts. Dieses als Nutzungsrecht zum Downloaderwerb zu bezeichnende Recht beinhaltet die Befugnis, zumindest die beim Download anfallende Vervielfältigung zu rechtfertigen, darüber hinaus unter Umständen weitere Vervielfältigungshandlungen z.B. zur Nutzung auf mehreren Endgeräten. Bei einer Übertragung dieses Nutzungsrechts hätte der Zweiterwerber die gleichen Befugnisse wie der Ersterwerber. Obwohl sich aus der Zweckübertragungsregel des § 31 Abs. 5 UrhG ergibt, dass der Urheber im Zweifel keine weiter gehenden Rechte einräumt, als es der Zweck des Vertrages erfordert, könnte es möglich sein, dass statt des Downloads von der Webseite des Herstellers nun der Download der vom Ersterwerber zur Verfügung gestellten Datei oder die Speicherung der E-Mail mit der Datei als Anhang gerechtfertigt ist. Lediglich die Erstellung eines weitergabefähigen Vervielfältigungsstücks wäre von diesem Nutzungsrecht nicht erfasst, soweit man nicht in der Befugnis zum Download die allgemeine Befugnis zur Weitergabe „hineinliest". Da das Urhebervertragsrecht nicht europarechtlich geregelt ist, unterliegt es dem Recht der einzelnen Mitgliedsstaaten. In Deutschland bestimmt

---

1166 BGH v. 4.5.2000 – I ZR 256/97, BGHZ 144, 232, GRUR 2001, 51 (53) – Parfumflakon; OLG Frankfurt a.M. v. 12.5.2009 – 11 W 15/09, MMR 2009, 544 (545); OLG München v. 3.7.2008 – 6 U 2759/07, MMR 2008, 601; *Wiebe*, in: Spindler/Schuster (Hrsg.), Recht der elektronischen Medien, 13. Teil, § 19a Rn. 1; vgl. auch EuGH v. 9.11.2014 – C-203/02, GRUR 2005, 244, Tz. 58 – BHB-Pferdewetten und BGH v. 21.4.2005 – I ZR 1/02, GRUR 2005, 940 (942) – Marktstudien; *Loewenheim*, in: Schricker/Loewenheim (Hrsg.), UrhG, § 17 Rn. 42. A.A. jedoch *Meyer*, Aktuelle vertrags- und urheberrechtliche Aspekte der Erstellung, des Vertriebs und der Nutzung von Software, S. 82 f.; *Hoeren*, Gutachten zur Frage der Geltung des urheberrechtlichen Erschöpfungsgrundsatzes bei der Online-Übertragung von Computerprogrammen, S. 19 f.
1167 Pressemeldung des EuGH Nr. 94/12 v. 3.7.2012, online unter http://curia.europa.eu/jcms/upload/docs/application/pdf/2012-07/cp120094de.pdf: „Anders als das ausschließliche Verbreitungsrecht erschöpft sich das ausschließliche Vervielfältigungsrecht nicht mit dem Erstverkauf."; zudem Schlussanträge des Generalanwalts *Bot*, BeckEuRS 2012, 677483, Tz. 97.

D. Die urheberrechtliche Zulässigkeit der Weitergabe

sich die Übertragung des Nutzungsrechts ausschließlich nach § 34 Abs. 1 UrhG, ein gutgläubiger Erwerb von Nutzungsrechten ist darüber hinaus nicht möglich.[1168] Zu klären ist daher, ob das Nutzungsrecht des Ersterwerbers nach dieser Norm auch gegen den Willen des Urhebers bzw. Rechteinhabers übertragen werden kann oder ob es als unübertragbares Nutzungsrecht ausgestaltet ist.

a. Die Voraussetzungen des § 34 Abs. 1 UrhG

Im Gegensatz zu den bisherigen Rechtsverhältnissen in der Lizenzkette vom Urheber bis zum Endnutzer, bei denen aufgrund der gebundenen Rechteeinräumung stets eine Verbindung zwischen dem Veräußerer und dem Erwerber besteht, verbleiben im Verhältnis zwischen Erst- und Zweiterwerber keinerlei Nutzungsrechte beim Ersterwerber. Insofern tritt der Zweiterwerber unmittelbar in die Rechtsposition des Ersterwerbers ein. In einer solchen Situation ist § 34 Abs. 1 UrhG einschlägig: Es handelt sich also nicht um eine Einräumung, sondern um eine Übertragung von Nutzungsrechten, welche sich durch rechtsgeschäftliche Einigung nach §§ 398, 413 BGB bestimmt.[1169] Demnach ergibt sich folgendes Schema:[1170]

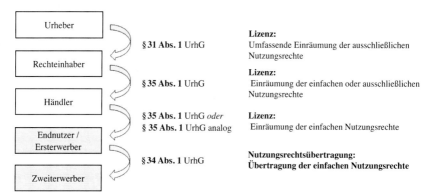

Abb. 3: Der Weg der Nutzungsrechte zum Zweiterwerber

Zur Übertragung des Nutzungsrechts ist nach § 34 Abs. 1 UrhG die Zustimmung des Urhebers erforderlich. Die Zustimmung kann dabei entweder bereits

---

1168 BGH v. 12.2.1952 – I ZR 115/51, BGHZ 5, 116 (119), GRUR 1952, 530 (531) – Parkstraße 13; BGH v. 26.3.2009 – I ZR 153/06, GRUR 2009, 946, Tz. 19 – Reifen Progressiv; BGH v. 3.2.2011 – I ZR 129/08, GRUR 2011, 418, Tz. 15 – UsedSoft; *Schricker/Loewenheim*, in: Schricker/Loewenheim (Hrsg.), UrhG, Vor. § 28 Rn. 102 m.w.N.; *Schulze*, in: Dreier/Schulze, UrhG, § 31 Rn. 24.
1169 *Grüneberg*, in: Palandt (Bgr.), BGB, § 413 Rn. 2; *Berger*, in: Berger/Wündisch (Hrsg.), Urhebervertragsrecht, § 1 Rn. 162.
1170 Angelehnt an das Schaubild von *Zimmeck*, ZGE 2009, 324 (324), welcher die Übertragung von Nutzungsrechten bei Computerprogrammen skizziert.

IV. Rechtfertigung der Vervielfältigungshandlungen de lege lata

im Lizenzvertrag zwischen Urheber bzw. Rechteinhaber gegenüber dem Ersterwerber – was selten vorkommen wird – oder aber im Einzelfall erteilt werden. In der Praxis wird der Urheber die Weitergabe an einen Dritten aber regelmäßig in den Lizenzbedingungen verweigern oder eine entsprechende Regelung ist im Lizenzvertrag gar nicht erst vorhanden. In diesen Fällen erscheint eine Übertragung mangels Zustimmung nicht möglich.

Im Gebrauchtsoftware-Handel als einziger etablierter Form eines Zweitmarktes mit digitalen Gütern ist zwischen Erst- und Zweiterwerber ein Gebrauchthändler tätig. Lizenzrechtlich sind dabei zwei Rechtsübertragungen vorzunehmen: zunächst vom Ersterwerber auf den Gebrauchthändler, dann von diesem auf den Zweiterwerber.[1171] Beide Übertragungen erfolgen gem. § 34 Abs. 1 UrhG. Diese Konstellation ist jedoch ebenfalls problematisch, da der Urheber auch hier in der Regel keine Einwilligung erteilen wird.

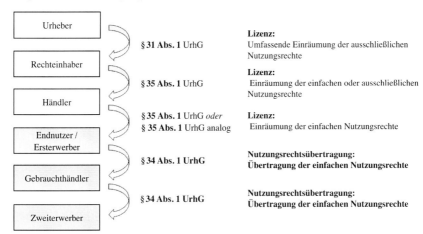

Abb. 4: Der Weg der Nutzungsrechte zum Zweiterwerber mit Gebrauchthändler

Die §§ 31 ff. UrhG, welche die Einräumung von Nutzungsrechten behandeln, finden dabei gem. § 69a Abs. 4 UrhG auch auf Computerprogramme Anwendung,[1172] so dass weder hinsichtlich Software noch hinsichtlich Hybridprodukten Besonderheiten gelten.

1171 *Heydn*, in: Kilian/Heussen (Hrsg.), Computerrechts-Handbuch, 1. Abschn. Teil 2, Vermarktung von Gebrauchtsoftware, Rn. 51; *Heydn* geht dabei aber davon aus, dass die Einräumung der Nutzungsrechte vom Rechteinhaber auf den Ersterwerber nach § 31 UrhG abläuft. Richtigerweise erfolgt diese Einräumung aber nach § 35 Abs. 1 i. V. m. § 31 Abs. 1 UrhG.
1172 *Dreier*, in: Dreier/Schulze, UrhG, § 69a Rn. 34.

D. Die urheberrechtliche Zulässigkeit der Weitergabe

b. Das Problem des Zustimmungserfordernisses

Fraglich ist, ob das Zustimmungserfordernis des Urhebers umgangen werden kann. Für eine solche Umgehung kommt nur § 34 Abs. 1 S. 2 UrhG in Frage: „Der Urheber darf die Zustimmung nicht wider Treu und Glauben verweigern." Möglicherweise könnte dieser Satz als Einfallstor für die freie Übertragbarkeit vertraglicher Nutzungsrechte gelten. Entscheidend kommt es dann darauf an, ob es gegen Treu und Glauben verstößt, wenn der Urheber trotz eingetretener Erschöpfung des Verbreitungsrechts die Zustimmung zur Übertragung des Nutzungsrechts verweigert. Problematisch ist jedoch bereits die Formulierung der Norm. Demnach ist eine bewusste Zustimmung des Urhebers immer erforderlich. Wird diese also vom Urheber verweigert, muss der Zweiterwerber zur endgültigen Klärung und damit der Durchsetzung seines Rechts gerichtliche Hilfe in Anspruch nehmen.[1173] Des Weiteren deutet der Verweis auf den Begriff „Treu und Glauben" darauf hin, dass die Norm nur eine Ungerechtigkeit im Einzelfall verhindern will. Es handelt sich also um eine Ausnahmevorschrift.[1174] Auf das Massengeschäft ist § 34 Abs. 1 S. 2 UrhG daher nicht ausgelegt.[1175] Die Norm erlaubt vielmehr eine differenzierte Lösung, die den beteiligten Interessen im Einzelfall weitgehend gerecht werden kann.[1176] Diese Vermutung bestätigt sich durch Fallbeispiele aus der Rechtsprechung. So hat das OLG Nürnberg die Zustimmung eines Softwareherstellers in einem Fall für erforderlich gehalten, in dem dieser seine Zustimmung zur Übertragung der Nutzungsrechte für eine Betriebssystemsoftware verweigert hatte, die speziell auf eine bestimmte Hardware zugeschnitten war, für den Betrieb der Hardware unerlässlich war und durch keine Software eines anderen Herstellers ersetzt werden konnte.[1177] In einem anderen Fall hingegen hat das OLG Karlsruhe die Pflicht zur Zustimmung, in dem es um die Übertragung nur eines Teils des Softwarelizenzpakets ging, verweigert.[1178] Interessant ist hier jedoch die Begründung für die Ablehnung: Die Verweigerung der Zustimmung „verstößt jedenfalls im hier vorliegenden Fall nicht gegen Treu und Glauben, weil sie die Aufspaltung des einheitlich gewährten Nutzungsrechts gerade auch bei Berücksichtigung der Wertungen des Erschöpfungsgrundsatzes nicht hinzunehmen hat."[1179] Damit wird erkennbar, dass das Gericht zwar urheberrechtliche Grundsätze im Blick hatte, eine irgendwie geartete Abwägung in diesem Zusammenhang jedoch gerade nicht vorgenommen hat.

1173 *Schulze*, in: Dreier/Schulze, UrhG, § 34 Rn. 20.
1174 *Schulze*, in: Dreier/Schulze, UrhG, § 34 Rn. 18.
1175 So auch *Koch*, ITRB 2013, 38 (41).
1176 *Haberstumpf*, CR 2012, 561 (572); *Haberstumpf*, CR 2009, 345 (347 ff.).
1177 OLG Nürnberg v. 20.6.1989 – 3 U 1342/88, NJW 1989, 2634 (2635).
1178 OLG Karlsruhe v. 27.7.2011 – 6 U 18/10, GRUR-RR 2012, 98 (104) – Aufspaltungsverbot.
1179 OLG Karlsruhe v. 27.7.2011 – 6 U 18/10, GRUR-RR 2012, 98 (104) – Aufspaltungsverbot.

IV. Rechtfertigung der Vervielfältigungshandlungen de lege lata

c. Anwendbarkeit des § 34 Abs. 1 S. 2 UrhG beim Weiterverkauf digitaler Güter

In Teilen der Literatur wird dennoch zumindest erwogen, trotz fehlender Zustimmung des Urhebers von der Übertragung des vertraglichen Nutzungsrechts nach § 34 Abs. 1 UrhG aufgrund einer teleologischen Reduktion auszugehen.[1180] Demnach trage § 34 Abs. 1 S. 2 UrhG der Verkehrsfähigkeit Rechnung[1181] und der Zustimmungsvorbehalt bezwecke den Schutz der Urheberpersönlichkeitsrechte, die gerade bei Computerprogrammen nur in geringem Maße zum Ausdruck kommen.[1182] Dabei wird sogar eine konkludente Zustimmung des Urhebers bei einem Weiterverkauf für möglich gehalten.[1183] Dem scheint nun jedoch der BGH einen Riegel vorgeschoben zu haben: Demnach könne das vertraglich eingeräumte Nutzungsrecht nicht wirksam weiterübertragen werden, die Bestimmung „nicht abtretbar" in dem zwischen Rechteinhaber und Ersterwerber geschlossene Vertrag sei daher wirksam.[1184] Die Entscheidung verwirklicht damit die Kernaussage des § 34 Abs. 1 S. 1 UrhG, dass nur der Urheber selbst eine Übertragung von Nutzungsrechten ermöglichen kann.[1185] Die Möglichkeit, über § 34 Abs. 1 S. 2 UrhG doch noch von einer freien Übertragbarkeit des vertraglich eingeräumten Nutzungsrechts auszugehen, hat der BGH dabei gar nicht erst in Betracht gezogen. Denkbar ist, dass die Richter diesen Weg nicht für erforderlich gehalten haben, da sie im zu entscheidenden Fall stattdessen auf die Übertragung des gesetzlichen Nutzungsrechts abstellen konnten. Daher besteht die Möglichkeit, dass der BGH bei Fehlen einer Regelung für ein gesetzliches Nutzungsrecht – also bei allen anderen Gütern als Software – doch noch auf § 34 Abs. 1 UrhG zurückkommen könnte.[1186] Darauf deuten jedoch zum einen seine eindeutig formulierten Entscheidungsgründe in Tz. 43 des Urteils nicht hin, zum anderen wurde bereits der Ausnahmecharakter der Vorschrift des § 34 Abs. 1 S. 2 UrhG angesprochen, der eine Anwendung im Massengeschäft nicht rechtfertigt.

[1180] *Haberstumpf*, CR 2009, 345 (349); *Haberstumpf*, CR 2012, 561 (567); *Hantschel*, Softwarekauf und -weiterverkauf, S. 316 f.; *Harte-Bavendamm/Wiebe*, in: Kilian/Heussen (Hrsg.), Computerrechts-Handbuch, Abschn. 51 Rn 89; *Herzog*, Handel mit gebrauchter Software, S. 90 ff.; *Köhler/Fritzsche*, in: Lehmann (Hrsg.), Rechtsschutz und Verwertung von Computerprogrammen, Kap. XIII Rn. 60; *Redeker*, CR 2011, 634 (637); *Redeker*, IT-Recht, Rn. 78; *Schmidt*, in: Lehmann (Hrsg.), Rechtsschutz und Verwertung von Computerprogrammen, Kap. XV Rn. 72; *Zech*, ZGE 2013, 368 (377 f.); *Zech*, ZUM 2014, 3 (10); *Zecher*, Zur Umgehung des Erschöpfungsgrundsatzes bei Computerprogrammen, S. 123 ff.; *Zimmeck*, ZGE 2009, 324 (327); s. auch *Stieper*, GRUR 2014, 270 (271); a.A. *Hansen*, GRUR-Prax 2012, 143 (143).
[1181] *Zech*, ZGE 2013, 368 (378).
[1182] *Grützmacher*, in: Wandtke/Bullinger (Hrsg.), UrhG, § 69a Rn. 70; *Zimmeck*, ZGE 2009, 324 (327).
[1183] *Redeker*, IT-Recht, Rn. 78; *Harte-Bavendamm/Wiebe*, in: Kilian/Heussen (Hrsg.), Computerrechts-Handbuch, Abschn. 51 Rn 89.
[1184] BGH v. 17.7.2013 – I ZR 129/08, GRUR 2014, 264, Tz. 43 – UsedSoft II.
[1185] So auch *Stögmüller*, K&R 2014, 194 (196).
[1186] *Ganzhorn*, CR 2014, 492 (495); *Dreier/Ganzhorn*, in: Bräutigam/Hoppen (Hrsg.), DGRI Jahrbuch 2013, S. 233 (249).

Denn in der Regel muss der Urheber gerade nicht zustimmen.[1187] Daran ändert auch die Tatsache nichts, dass ein Ausnahmefall immer dann vorliegt, wenn keine berechtigten Belange des Urhebers an einer Ablehnung der Übertragung des Nutzungsrechts bestehen. Eine solche Interessenlage wird regelmäßig vorliegen, denn der Urheber hat seine Vergütung durch den Erstverkauf erhalten und seine Interessen sind durch den Eintritt der Erschöpfung befriedigt, während der Ersterwerber gerade aufgrund des Erschöpfungseintritts ein Interesse an der Weitergabe hat. Dennoch bleibt es bei einem Ausnahmecharakter der Vorschrift, da sich der Wille des Gesetzgebers in § 34 Abs. 1 S. 1 UrhG niederschlägt, die freie Übertragbarkeit vertraglich eingeräumter Nutzungsrechte aufgrund des Zustimmungserfordernisses durch den Urheber auszuschließen. Ginge man von einer Zustimmungspflicht beim Weiterverkauf digitaler Güter aus, würde dieses Nutzungsrecht faktisch doch übertragbar ausgestaltet, da es sich um ein Massengeschäft handelt.

Interessant ist ein obiter dictum des LG Hamburg, nach der § 34 UrhG „nach Eintritt der Erschöpfung [...] nicht mehr einschlägig ist".[1188] Diese Äußerung ist überraschend, da das Verhältnis von § 69c Nr. 3 S. 2 und § 34 UrhG bislang kein Streitpunkt in der Rechtsprechung oder Literatur war. Noch im Jahr 2011 hat das OLG Karlsruhe hinsichtlich der identischen Weitergabeklausel des gleichen Softwareherstellers geurteilt, dass diese „mit der in § 34 Abs. 1 UrhG getroffenen gesetzlichen Regelung im Einklang" stehe.[1189] Es handelt sich also um eine Kehrtwende des LG Hamburg, ohne dazu eine Begründung zu liefern. Wie das dem Urteil des LG Hamburg nachfolgende BGH-Urteil in Sachen UsedSoft klarstellt, ist § 34 UrhG aber auch noch nach Eintritt der Erschöpfungswirkung einschlägig.

2. Gesetzliche Schrankenregelungen

Da eine Übertragung des vertraglichen Nutzungsrechts damit in den meisten Fällen nicht möglich ist, kommen die gesetzlichen Schrankenregelungen zur Rechtfertigung der Vervielfältigungshandlungen in Betracht. Die Schrankenbestimmungen, welche in den §§ 44a ff. UrhG geregelt sind, haben die Funktion, einen Interessenausgleich zwischen Urhebern bzw. Rechteinhabern und Werkvermittlern bzw. Endnutzern insofern zu schaffen, welcher das Eigentum einerseits und den Zugang, die Nutzung und den Wettbewerb andererseits betrifft.[1190] Für eine Rechtfertigung der vorzunehmenden Vervielfältigungen bei der Weitergabe digitaler Güter kommen im deutschen Recht im Wesentlichen § 69d Abs.1, § 44a Nr. 2 und § 53 Abs. 1 UrhG in Betracht.

1187 LG Frankfurt a.M. v. 6.7.2011 – 2-06 O 576/09, ZUM 2012, 162 (165) (n. rk.).
1188 LG Hamburg v. 25.10.2013 – 315 O 449/12 (n. rk.), CR 2014, 15 (17).
1189 OLG Karlsruhe v. 27.7.2011 – 6 U 18/10, GRUR-RR 2012, 98 (101).
1190 *Dreier*, in: Dreier/Schulze, UrhG, Vor. § 44a Rn. 1.

IV. Rechtfertigung der Vervielfältigungshandlungen de lege lata

a. § 69d Abs. 1 UrhG

Nach Art. 5 Abs. 1 Software-RL bzw. § 69d Abs. 1 UrhG bedürfen unter anderem nach § 69c Nr. 1 UrhG vorgenommene Vervielfältigungshandlungen nicht der Zustimmung des Rechteinhabers, wenn sie für eine bestimmungsgemäße Benutzung des Computerprogramms durch jeden zur Verwendung eines Vervielfältigungsstücks des Programms Berechtigten notwendig sind. Der bestimmungsgemäße Gebrauch umfasst dabei alle Handlungen, welche die vereinbarte Nutzung erfordert, insbesondere das Laden, Anzeigen, Laufenlassen, Übertragen und Speichern, sofern es eine Vervielfältigung nach § 69c Nr. 1 UrhG darstellt.[1191] Wie auf europäischer Ebene dem Namen der Richtlinie sowie auf deutscher Ebene dem Wortlaut und die systematische Einordnung der Norm – Abschnitt 8, Besondere Bestimmungen für Computerprogramme – zu entnehmen ist, bezieht sich diese Vorschrift ausschließlich auf die Werkart Computerprogramme. Fraglich ist jedoch, ob diese Norm auch Vervielfältigungshandlungen im Rahmen der Weitergabe und bei der anschließenden Nutzung durch den Zweiterwerber rechtfertigen kann. Mit diesen Fragen mussten sich insbesondere der EuGH und der BGH im UsedSoft-Verfahren auseinandersetzen.

aa. UsedSoft-Rechtsprechung

Die beteiligten Gerichte im UsedSoft-Verfahren mussten sich neben dem Erschöpfungsgrundsatz mit der Rechtfertigung von bei der Weitergabe zu tätigenden Vervielfältigungshandlungen und dabei vor allem mit Art. 5 Abs. 1 Software-RL auseinandersetzen, den der deutsche Gesetzgeber mit § 69d Abs. 1 UrhG ins deutsche Recht umgesetzt hat. Zur Vergegenwärtigung werden die beiden Vorlagefragen nochmals zitiert:

> „1. Ist derjenige, der sich auf eine Erschöpfung des Rechts zur Verbreitung der Kopie eines Computerprogramms berufen kann, ‚rechtmäßiger Erwerber' im Sinne von Art. 5 Abs. 1 der Richtlinie 2009/24/EG?
>
> 3. Für den Fall, dass auch die zweite Frage bejaht wird: Kann sich auch derjenige, der eine ‚gebrauchte' Softwarelizenz erworben hat, für das Erstellen einer Programmkopie als ‚rechtmäßiger Erwerber' nach Art. 5 Abs. 1 und Art. 4 Abs. 2 Halbsatz 1 der Richtlinie 2009/24/EG auf eine Erschöpfung des Rechts zur Verbreitung der vom Ersterwerber mit Zustimmung des Rechteinhabers durch Herunterladen des Programms aus dem Internet auf einen Datenträger angefertigten Kopie des Computerprogramms berufen, wenn der Ersterwerber seine Programmkopie gelöscht hat oder nicht mehr verwendet?"[1192]

1191 *Dreier*, in: Dreier/Schulze, UrhG, § 69d Rn. 7 f.
1192 BGH v. 3.2.2011 – I ZR 129/08, GRUR 2011, 418 – UsedSoft.

D. Die urheberrechtliche Zulässigkeit der Weitergabe

Mit der ersten Vorlagefrage will der BGH darüber Auskunft erhalten, ob nur derjenige zu Vervielfältigungshandlungen berechtigt sei, der über ein vom Rechteinhaber abgeleitetes Nutzungsrecht am Computerprogramm verfügt, oder auch derjenige, der sich auf eine Erschöpfung des Rechts zur Verbreitung der Programmkopie berufen kann. Der BGH favorisiert dabei die zweite Variante, indem er feststellt, dass die Nutzung eines Computerprogramms regelmäßig dessen Vervielfältigung erfordere; die durch den Eintritt der Erschöpfung erwirkte Verkehrsfähigkeit sei weitgehend sinnlos, wenn diese Vervielfältigung nicht erfasst sei.[1193] Es geht dabei also um die Vervielfältigungshandlungen, die zwangsläufig bei der Nutzung von Software im Arbeitsspeicher anfallen. Hinsichtlich der dritten Vorlagefrage spricht sich der BGH jedoch gegen eine analoge Anwendung des Art. 5 Abs. 1 Software-RL aus, da die Erschöpfung des Verbreitungsrechts allein die Verkehrsfähigkeit einer vom Rechteinhaber oder mit seiner Zustimmung veräußerten, auf einem Datenträger verkörperten Programmkopie nur gewährleisten und nicht bewirken soll.[1194] Während sich die erste Frage also auf die Rechtfertigung der bei der Benutzung der Software anfallenden Vervielfältigungshandlungen beschränkt, handelt die dritte Vorlagefrage nur von der Rechtfertigung für die Erstellung der (ersten) Programmkopie.

Sowohl Generalanwalt *Bot* als auch der EuGH beantworten die beiden Vorlagefragen gemeinsam und in wesentlich geringerem Umfang als die zweite, ausschließlich den Erschöpfungsgrundsatz betreffende Frage. Dies ist insofern nachvollziehbar, als für beide Vorlagefragen ein „rechtmäßiger Erwerber" vorliegen muss und Unterschiede nur hinsichtlich der konkret zu rechtfertigenden Vervielfältigungshandlung bestehen. Als zumindest ungewöhnliche Besonderheit ist zudem festzuhalten, dass der EuGH zu einem anderen Ergebnis als Generalanwalt *Bot* gelangt. Dieser schließt sich nämlich der Auffassung des BGH an und erklärt, dass sich die Erschöpfungsregel nicht auf die Erstellung der ersten Programmkopie erstrecke. Eine Anwendung des Art. 5 Abs. 1 Software-RL würde gar den „Grundsatz der Rechtssicherheit, der die Vorhersehbarkeit europäischer Normen gebietet, in Frage stellen".[1195] Der EuGH hingegen führt aus, dass der zweite und jeder weitere Erwerber einer Programmkopie „rechtmäßiger Erwerber" derselben i. S. d. Art. 5 Abs. 1 Software-RL sei, da der Rechteinhaber dem Weiterverkauf einer Programmkopie nach Erschöpfung des Verbreitungsrechts nicht mehr widersprechen könne. Somit könne beim Weiterverkauf der Programmkopie durch den Ersterwerber der neue Erwerber diese zulässigerweise herunterladen, was auch zur bestimmungsgemäßen Benutzung des Computerprogramms erforderlich sei.[1196]

Der BGH schließt sich den Ausführungen des EuGH im Wesentlichen an, wenngleich er zumindest hinsichtlich der dritten Vorlagefrage selbst zuvor eine

---
1193 BGH v. 3.2.2011 – I ZR 129/08, GRUR 2011, 418, Tz. 20-22 – UsedSoft.
1194 EuGH v. 3.7.2012 – C-128/11, GRUR 2012, 904, Tz. 30-32 – UsedSoft.
1195 Schlussanträge des Generalanwalts *Bot*, BeckEuRS 2012, 677483, Tz. 94-100.
1196 EuGH v. 3.7.2012 – C-128/11, GRUR 2012, 904, Tz. 75-81 – UsedSoft.

andere Tendenz hatte. Der Zweiterwerber könne sich hinsichtlich der von ihm vorzunehmenden Vervielfältigungshandlungen auf die Bestimmung des § 69d Abs. 1 UrhG berufen, wenn er als „rechtmäßiger Erwerber" anzusehen ist.[1197] Diese Voraussetzung liege immer dann vor, wenn das Recht zur Verbreitung der Programmkopie erschöpft und der Weiterverkauf der Lizenz an den Erwerber mit dem Weiterverkauf der von der Internetseite des Rechteinhabers heruntergeladenen Programmkopie verbunden sei.[1198] Der Umfang der bestimmungsgemäßen Nutzung ergebe sich dabei aus dem zwischen dem Rechteinhaber und dem Ersterwerber geschlossenen Lizenzvertrag, wobei der Gebrauchthändler darlegen und beweisen müsse, dass dem Zweiterwerber die zur Feststellung der bestimmungsgemäßen Nutzung erforderlichen Informationen in geeigneter Weise erteilt werden.[1199]

bb. Bewertung dieser Rechtsprechung

aaa. Übertragung des gesetzlichen Nutzungsrechts

Eine der zahlreichen Unklarheiten nach dem UsedSoft-Urteil des EuGH bezieht sich auf das Verständnis des Begriffs der „Nutzungslizenz": Meint der EuGH mit der Äußerung, „dass sich der zweite und jeder weitere Erwerber einer Nutzungslizenz auf die Erschöpfung des Verbreitungsrechts nach Art. 4 Abs. 2"[1200] Software-RL berufen könne, das vertragliche oder das gesetzlich fixierte Nutzungsrecht? Die Entscheidungsgründe des EuGH lassen darauf schließen, dass nur das gesetzliche Nutzungsrecht tatsächlich auf den Zweiterwerber übergeht, der Ersterwerber aber aufgrund des untrennbaren Zusammenhangs zwischen der Programmkopie und dem abgeschlossenen Lizenzvertrag mit dem Weiterverkauf der Programmkopie sowohl das gesetzliche als auch das vertragliche Nutzungsrecht verliert.

Der Übergang des gesetzlichen Nutzungsrechts lässt sich damit erklären, dass sich der Zweiterwerber für die anfallenden Vervielfältigungshandlungen auf § 69d Abs. 1 UrhG berufen kann. Wenn der Ersterwerber sein gesetzliches Nutzungsrecht jedoch behalten könnte, würde es zu einer Verdopplung der gesetzlichen Nutzungsrechte kommen. Auch der BGH geht von der Übertragung des gesetzlichen Nutzungsrechts aus.[1201] Der Verlust des vertraglichen Nutzungsrechts ergibt sich daraus, dass der Ersterwerber seine Programmkopie unbrauchbar machen muss. Auch hier lässt sich mit dem postulierten untrennbaren Zusammenhang argumentieren: Wenn der Ersterwerber seine Programmkopie unbrauchbar machen muss, muss das Gleiche für das unmittelbar dazugehörige vertraglich vereinbarte Nutzungsrecht gelten. Was mit dem vertraglichen Nutzungsrecht,

---

1197 BGH v. 17.7.2013 – I ZR 129/08, GRUR 2014, 264, Tz. 28-30 – UsedSoft II.
1198 BGH v. 17.7.2013 – I ZR 129/08, GRUR 2014, 264, Tz. 30 – UsedSoft II.
1199 BGH v. 17.7.2013 – I ZR 129/08, GRUR 2014, 264, Tz. 68 – UsedSoft II.
1200 EuGH v. 3.7.2012 – C-128/11, GRUR 2012, 904, Tz. 88 – UsedSoft.
1201 BGH v. 17.7.2013 – I ZR 129/08, GRUR 2014, 264, Tz. 43 – UsedSoft II.

das dem Ersterwerber zusteht, nun passiert, thematisiert der EuGH nicht. Dies ist vor dem Hintergrund aber nicht weiter verwunderlich, da der EuGH bei der Vornahme einer Regelung in diesem Bereich – dem Urhebervertragsrecht – seine Regelungskompetenz überschritten hätte, denn das Urhebervertragsrecht ist nicht harmonisiert. Dementsprechend ist auch die Äußerung des BGH nur folgerichtig, dass das vertragliche Nutzungsrecht nicht übertragen werden kann, da es als „nicht abtretbar" vereinbart wurde.[1202] Es wird in diesem Zusammenhang daher vertreten, dass das vertragliche Nutzungsrecht bei einem Weiterverkauf untergehen müsse, da es andernfalls zu einer Vermehrung der Nutzungsrechte kommen würde.[1203] Dem ist vor dem Hintergrund der untrennbaren Verbindung von Programmkopie und Nutzungsrecht zuzustimmen. Das dem vom Rechteinhaber eingeräumte vertragliche Nutzungsrecht erlischt ipso iure bei einer Weiterveräußerung der Programmkopie. Dogmatisch lässt sich das Erlöschen des vertraglichen Nutzungsrechts mit einer konkludent vereinbarten auflösenden Bedingung der Nutzungsrechtseinräumung erklären.[1204]

Die Anwendung des gesetzlichen Nutzungsrechts wird zum Teil deswegen abgelehnt, weil der Rechteinhaber ein berechtigtes Interesse daran habe, die Einräumung und Weitergabe von Nutzungsrechten zu kontrollieren, um mögliche Missbräuche auszuschließen, und der Softwarehersteller ein berechtigtes Interesse daran habe, zu erfahren, wer die Softwarte nutzt.[1205] Ein solches Interesse des Softwareherstellers ist jedoch höchstens bei sehr teurer Software oder Individualsoftware anzuerkennen.[1206] Ansonsten ist nicht ersichtlich, warum das Interesse des Softwareherstellers an der Identität des Erwerbers größer sein soll als das Interesse des Erwerbers, die Software weiterzuverkaufen. Das Interesse des Rechteinhabers an der Kontrolle der Nutzungsrechte hingegen greift schon der EuGH auf und verweist auf die Möglichkeit technischer Schutzmaßnahmen. An dieser Abwägung ist nichts auszusetzen.

Ob die Übertragung des gesetzlichen Nutzungsrechts über §69d Abs. 1 UrhG eine tragfähige Lösung darstellt, hängt vor allem vom Verständnis des Begriffes des „zur Verwendung Berechtigten" und der damit zusammenhängenden dogmatischen Einordnung der Norm ab.

bbb. Der Zweiterwerber als „zur Verwendung Berechtigter"

Schon vor der EuGH- und der anschließenden BGH-Entscheidung wurde die Berechtigung, die sich aus Art. 5 Abs. 1 Software-RL bzw. §69d Abs. 1 UrhG

[1202] BGH v. 17.7.2013 – I ZR 129/08, GRUR 2014, 264, Tz. 43 – UsedSoft II.
[1203] *Leistner*, WRP 2014, 995 (1001); *Heydn*, MMR 2014, 105 (106); *Heydn*, in: Kilian/Heussen (Hrsg.), Computerrechts-Handbuch, 1. Abschn. Teil 2, Vermarktung von Gebrauchtsoftware, Rn. 104; *Scholz*, GRUR 2015, 142 (146).
[1204] So *Scholz*, GRUR 2015, 142 (146).
[1205] *Heydn*, in: Kilian/Heussen (Hrsg.), Computerrechts-Handbuch, 1. Abschn. Teil 2, Vermarktung von Gebrauchtsoftware, Rn. 111.
[1206] So auch *Stögmüller*, K&R 2014, 194 (196).

IV. Rechtfertigung der Vervielfältigungshandlungen de lege lata

ergibt, zur Nutzung des Computerprogramms durch den Zweiterwerber bei einer zuvor eingetretenen Erschöpfung der Programmkopie befürwortet.[1207] Dem wird jedoch entgegengehalten, dass mit dem Begriff „rechtmäßiger Erwerber" i.S.d. Art. 5 Abs. 1 Software-RL bzw. „zur Verwendung Berechtigten" i.S.d. § 69d Abs. 1 UrhG nur der Erwerber gemeint sei, der aufgrund eines unmittelbar mit dem Rechteinhaber geschlossenen Vertrags zur Nutzung des Computerprogramms befugt sei.[1208] In der vorliegenden Fallkonstellation liegt ein solches vom Rechteinhaber abgeleitetes Nutzungsrecht aber nicht vor, da nur das gesetzliche Nutzungsrecht übertragen wurde. Es ist damit zu klären, ob die Einräumung eines vertraglichen Nutzungsrechts entweder aufgrund der „Berechtigung" oder aber der Rechtsnatur der Vorschrift erforderlich ist.

Bezüglich der „Berechtigung" verdient zunächst Beachtung, dass die Formulierungsunterschiede im europäischen und deutschen Recht – „rechtmäßiger Erwerber" in der Software-RL, „zur Verwendung Berechtigter" in § 69d Abs. 1 UrhG – nur sprachlicher Natur sind und keine sachliche Bedeutung haben.[1209] Der Wortlaut lässt jedenfalls nach beiden Formulierungen keine Rückschlüsse auf das Erfordernis einer Einräumung eines vertraglichen Nutzungsrechts zu. Wenn der Zweiterwerber vom Ersterwerber eine Programmkopie erwirbt, an der bereits Erschöpfung eingetreten ist, liegt in urheberrechtlicher Hinsicht ein rechtmäßiger Erwerbsvorgang vor. Der Zweiterwerber ist dann ein „rechtmäßiger Erwerber".[1210] Die Entstehungsgeschichte der Norm auf europäischer Ebene deutet darauf hin, dass bereits der Erwerb eines Vervielfältigungsstücks zur Nutzung berechtigt. So haben die ursprünglichen Entwurfsfassungen der Software-RL noch eine ausdrückliche Trennung von Kauf und Lizenzierung vorgesehen, die in der endgültigen Entwurfsfassung unter dem Begriff „Erwerb" zusammengefasst wurden, was jedoch ohne inhaltliche Reduktion einhergehen sollte.[1211] Nach dem Wortlaut und der Entstehungsgeschichte des Art. 5 Abs. 1 Software-RL ist also ein vom Rechteinhaber abgeleitetes Nutzungsrecht für den Begriff des „rechtmäßigen Erwerbers" nicht erforderlich. Es genügt vielmehr, wenn ein rechtmäßiger Erwerber vorliegt. Aufgrund richtlinienkonformer Aus-

---

[1207] BGH v. 3.2.2011 – I ZR 129/08, GRUR 2011, 418, Tz. 22 m.w.N. – UsedSoft; *Stieper*, Rechtfertigung, Rechtsnatur und Disponibilität der Schranken des Urheberrechts, S. 115 f. m.w.N.; *Blocher/Walter*, in: Walter/von Lewinski (Hrsg.), European Copyright Law, Rn. 5.5.24.
[1208] Schlussanträge des Generalanwalts *Bot*, BeckEuRS 2012, 677483, Tz. 98; Regierungen von Frankreich, Italien und Irland im Verfahren vor dem EuGH, s. dazu EuGH v. 3.7.2012 – C-128/11, GRUR 2012, 904, Tz. 82 – UsedSoft; *Haberstumpf*, CR 2009, 345 (346); *Heydn*, in: Kilian/Heussen (Hrsg.), Computerrechts-Handbuch, 1. Abschn. Teil 2, Vermarktung von Gebrauchtsoftware, Rn. 103; *Loewenheim*, in: Schricker/Loewenheim (Hrsg.), UrhG, § 69d Rn. 4; *Moritz*, in: Schneider (Hrsg.), FS Heussen, S. 221 (226 f.). S. auch BGH v. 20.1.1994 – I ZR 267/91, GRUR 1994, 363 – Holzhandelsprogramm.
[1209] Amtl. Begr., BT-Drucks. 12/4022 v. 18.12.1992, S. 12.
[1210] So auch *Druschel*, Die Behandlung digitaler Inhalte im GEKR, S. 131.
[1211] Geänderter Vorschlag für eine RL des Rates über den Schutz von Computerprogrammen, ABl. EG Nr. C 320/22, 27; Vorschlag für eine RL des Rates über den Schutz von Computerprogrammen, ABl. EG Nr. C 231/78, 80; so auch *Fuchs*, Die Nutzungsrechtseinräumung im Rahmen von Individualsoftwareentwicklungsverträgen, S. 134 f. m.w.N.

D. Die urheberrechtliche Zulässigkeit der Weitergabe

legung kann für § 69d Abs. 1 UrhG nichts anderes gelten. Daher geht der EuGH zu Recht davon aus, dass nicht nur der Erwerber ein „rechtmäßiger Erwerber" ist, der aufgrund eines unmittelbar mit dem Urheberrechtsinhaber geschlossenen Vertrages zur Nutzung des Computerprogramms befugt ist.

Einer solchen Auslegung könnte die dogmatische Einordnung des § 69d Abs. 1 UrhG entgegenstehen, denn wenn die Norm als urhebervertragsrechtliche Norm anzusehen ist, kann die rechtsgeschäftliche Einräumung von Nutzungsrechten nicht durch § 69d Abs. 1 UrhG substituiert werden. Nur wenn man die Norm als Schrankenvorschrift oder gesetzliches Nutzungsrecht ansieht, bedarf es keiner gesonderten rechtsgeschäftlichen Nutzungsrechteeinräumung. Die Rechtsnatur des § 69d Abs. 1 UrhG ist sowohl in der Rechtsprechung als auch in der Literatur umstritten.[1212] Neben den beiden genannten Standpunkten gibt es auch eine vermittelnde Ansicht, nach der der Norm eine Doppelnatur zukommt.[1213] Ohne eine eingehende Diskussion der vertretenen Standpunkte vorzunehmen, kann zumindest festgehalten werden, dass die an anderer Stelle bereits thematisierte Entstehungsgeschichte des Art. 5 Abs. 1 Software-RL gegen die rein urhebervertragsrechtliche Einordnung spricht. Auf der anderen Seite beginnt § 69d Abs. 1 UrhG mit den Worten „Soweit keine besonderen vertraglichen Bestimmungen vorliegen", was die Einordnung als reine Schrankenregelung unmöglich macht. Im Ergebnis wird man daher der vermittelnden Ansicht folgen müssen, die von einer Doppelnatur des § 69d Abs. 1 UrhG ausgeht. Jedenfalls ist damit eine Auslegung im Sinne des EuGH bzw. BGH möglich.

ccc. Der Umfang der bestimmungsgemäßen Benutzung

Fraglich ist, was nun genau unter die bestimmungsgemäße Benutzung i. S. d. Art. 5 Abs. 1 Software-RL bzw. § 69d Abs. 1 UrhG fällt.

1) Bedeutung des vertraglichen Nutzungsrechts

Während der EuGH hinsichtlich der bestimmungsgemäßen Benutzung nur die Erfassung des Downloads anspricht, der für die bestimmungsgemäße Benutzung

---

1212 Zum Streitstand: *Dreier*, in: Dreier/Schulze, UrhG, § 69d Rn. 2; *Bardens*, Die Zweitverwertung urheberrechtlich geschützter Software, S. 201 ff.; *Fiedler*, Der Computerprogrammschutz und die Schutzrechtskumulation von Urheber- und Patentrecht, S. 165 ff.; *Fuchs*, Die Nutzungsrechtseinräumung im Rahmen von Individualsoftwareentwicklungsverträgen, S. 136 ff.; *Grützmacher*, in: Wandtke/Bullinger (Hrsg.), UrhG, § 69d, Rn. 25 f.; *Hantschel*, Softwarekauf und -weiterverkauf, S. 38 ff.; *Herzog*, Handel mit gebrauchter Software, S. 24 ff.; *Hilty*, MMR 2003, 3 (9 ff.); *Lenhard*, Vertragstypologie von Softwareüberlassungsverträgen, S. 75 ff.; *Lutz*, Softwarelizenzen und die Natur der Sache, S. 122 ff.; *Seitz*, „Gebrauchte" Softwarelizenzen, S. 101 ff.; *Stieper*, Rechtfertigung, Rechtsnatur und Disponibilität der Schranken des Urheberrechts, S. 145 ff.
1213 So etwa *Herzog*, Handel mit gebrauchter Software, S. 50; *Fuchs*, Die Nutzungsrechtseinräumung im Rahmen von Individualsoftwareentwicklungsverträgen, S. 143; *Dreier*, in: Dreier/Schulze, UrhG, § 69d Rn. 2.

IV. Rechtfertigung der Vervielfältigungshandlungen de lege lata

erforderlich sei,[1214] ergibt sich diese bestimmungsgemäße Benutzung nach dem BGH aus dem zwischen dem Rechteinhaber und dem Ersterwerber geschlossenen Lizenzvertrag.[1215] Eine entsprechende Wertung des EuGH-Urteils wurde auch in der Literatur vorgenommen: Bedeutung habe das vertragliche Nutzungsrecht insofern, als es im Rahmen des Art. 5 Abs. 1 Software-RL definiere, was als „bestimmungsgemäße Benutzung des Computerprogramms" anzusehen sei.[1216] Erklären lässt sich diese Schlussfolgerung erneut daraus, dass der EuGH die Programmkopie und die entsprechende Lizenz als vertragliches Nutzungsrecht als „unteilbares Ganzes" ansieht. Da die Übertragung des vertraglichen Nutzungsrechts jedoch nicht Gegenstand des Unionsrechts ist, musste der EuGH einen anderen Weg finden, damit das vertragliche Nutzungsrecht beim Zweiterwerber „ankommt". Daher stellt das gesetzliche Nutzungsrecht bildlich gesprochen den Träger für das vertragliche Nutzungsrecht dar. Es ist ein gesetzliches Recht, dessen Umfang sich jedoch am vertraglichen Recht orientiert. Aus der vom EuGH geforderten untrennbaren Verbindung der Lizenz mit der Programmkopie ergibt sich also, dass die Lizenz dem Schicksal der Kopie folgen muss, so dass der Zweiterwerber automatisch zu den gleichen Vervielfältigungen berechtigt ist wie der Ersterwerber.[1217]

Als großer Schwachpunkt der Rechtfertigung im Rahmen der Weitergabe notwendiger Vervielfältigungshandlungen wird angesehen, dass es sich bei § 69d Abs. 1 UrhG um eine allgemeingültige, gesetzliche Schranke handelt, welche gerade keine Rücksicht auf individuelle Absprachen nimmt.[1218] Die Norm beschreibe nur die dem Nutzungsberechtigten zustehenden Mindestrechte bzw. konkretisiere den Umfang eines eingeräumten Nutzungsrechts, falls dieses nicht korrekt beschrieben ist.[1219] Sicherlich ist zuzugeben, dass dem § 69d Abs. 1 UrhG ursprünglich eine andere Bedeutung zukommt als die Trägereigenschaft für das vertragliche Nutzungsrecht. Dennoch zielt die Norm – wie auch ihre europäische Ausgangsnorm – nach ihrem Wortlaut auf die „bestimmungsgemäße Benutzung" ab. Dieser Begriff nimmt damit gewissermaßen Bezug auf den Überlassungszweck des Vertrages zwischen dem Rechteinhaber und dem Ersterwerber.[1220] Dies nutzen der EuGH und der BGH aus, indem sie die Bedeutung der Norm ausdehnen. Das gesetzliche Nutzungsrecht entspricht damit in seinem

---

1214 EuGH v. 3.7.2012 – C-128/11, GRUR 2012, 904, Tz. 75, 81 – UsedSoft.
1215 BGH v. 17.7.2013 – I ZR 129/08, GRUR 2014, 264, Tz. 68 – UsedSoft II.
1216 *Heydn*, in: Kilian/Heussen (Hrsg.), Computerrechts-Handbuch, 1. Abschn. Teil 2, Vermarktung von Gebrauchtsoftware, Rn. 75d.
1217 So auch *Hilty/Köklü/Hafenbrädl*, IIC 2013, 263 (281, Fn. 68); *Malevanny*, CR 2013, 422 (424).
1218 *Ohly*, Gutachten F zum 70. Deutschen Juristentag, S. 53; *Hansen/Wolff-Rojczyk*, GRUR 2012, 908 (910).
1219 *Moritz*, in: Schneider (Hrsg.), FS Heussen, S. 221 (226f.); *Fuchs*, Die Nutzungsrechtseinräumung im Rahmen von Individualsoftwareentwicklungsverträgen, S. 146.
1220 *Feiler/Schuba*, in: Taeger (Hrsg.), DSRI Tagungsband 2012, S. 351 (361). So auch schon *Meyer*, Aktuelle vertrags- und urheberrechtliche Aspekte der Erstellung, des Vertriebs und der Nutzung von Software, S. 65 m.w.N.

D. Die urheberrechtliche Zulässigkeit der Weitergabe

Umfang dem vom Rechteinhaber dem Ersterwerber vertraglich eingeräumten Nutzungsrecht. Nicht gefolgt werden kann daher auch der Ansicht, dass der Zweiterwerber bei einer Anwendung des Art. 5 Abs. 1 Software-RL unendlich viele Vervielfältigungen vornehmen und damit alle vertraglichen Regelungen umgehen könnte.[1221] Durch die Begrenzung der zulässigen Handlungen auf die Handlungen, die auch der Ersterwerber vornehmen konnte, ist eine solche noch weiter gehende Auslegung des § 69d Abs. 1 UrhG nicht möglich. Die Norm muss also richtlinienkonform in der Form ausgelegt werden, dass die Grenze des gesetzlichen Nutzungsrechts das vertragliche Nutzungsrecht des Ersterwerbers darstellt.

Art. 5 Abs. 1 Software-RL bzw. § 69d Abs. 1 UrhG sind aufgrund der Anknüpfung an die bestimmungsgemäße Benutzung geeignet, dem Zweiterwerber die ursprünglich dem Ersterwerber zustehenden Nutzungsrechte einzuräumen.[1222] Oftmals wird das gesetzliche Nutzungsrecht ohnehin dem vertraglichen Nutzungsrecht entsprechen. Wenn aber beispielsweise der Rechteinhaber dem Erwerber die Nutzung der Software auf zwei Rechnern statt nur auf einem gewährt, werden auch die vertraglich vereinbarten Nutzungsrechte benötigt.

Manche Autoren verstehen die vom EuGH befürwortete Anwendung des Art. 5 Abs. 1 Software-RL auf den Zweiterwerber in dem Sinne, dass damit nicht nur eine Erschöpfung hinsichtlich des Verbreitungs-, sondern auch hinsichtlich des Vervielfältigungsrechts eintrete.[1223] Generalanwalt *Bot* spricht in diesem Zusammenhang von einer „Umgehung [des] Hindernisses", dass der Erschöpfungsgrundsatz nur das Verbreitungsrecht betreffe.[1224] Dies ist insofern richtig, als die Wertungen des Erschöpfungsgrundsatzes auf das gesetzliche Nutzungsrecht übertragen werden. Von einer Erstreckung des Erschöpfungsgrundsatzes auf das Vervielfältigungsrecht kann jedoch keine Rede sein. Vielmehr handelt es sich um einen „Kunstgriff" des EuGH,[1225] indem er schon das Herunterladen der Software durch den Ersterwerber unter Art. 5 Abs. 1 Software-RL subsumiert und diese Norm damit weit auslegt. Einer solchen Auslegung ist diese Norm, wie gezeigt wurde, durchaus auch zugänglich, wenngleich bislang niemand eine solche vorgenommen hat. Zudem stellt der EuGH selbst klar, dass die Erschöpfungswirkung nicht das Vervielfältigungsrecht erfasst, indem der Ersterwerber für eine zulässige Weitergabe seine Kopie unbrauchbar machen muss, da ansonsten das Vervielfältigungsrecht des Rechteinhabers verletzt wird.[1226]

1221 Angedeutet bei *Hansen/Wolff-Rojczyk*, GRUR 2012, 908 (910).
1222 So auch *Leistner*, JZ 2014, 846 (851); *Lutz*, Softwarelizenzen und die Natur der Sache, S. 148 f.
1223 *Heydn*, in: Kilian/Heussen (Hrsg.), Computerrechts-Handbuch, 1. Abschn. Teil 2, Vermarktung von Gebrauchtsoftware, Rn. 105; *Rauer/Ettig*, EWS 2012, 322 (327).
1224 Schlussanträge des Generalanwalts *Bot*, BeckEuRS 2012, 677483, Tz. 98.
1225 *Rauer/Ettig*, EWS 2012, 322 (326).
1226 *Jani*, in: Wöhrn (Hrsg.), FS Wandtke, S. 331 (338 f.).

IV. Rechtfertigung der Vervielfältigungshandlungen de lege lata

2) Erstreckung auf den Download und die Installation

Während sich der BGH zum Download ausschweigt, führt der EuGH gleich an zwei Stellen aus, dass das Herunterladen eine nach Art. 5 Abs. 1 Software-RL zulässige Vervielfältigung sei, da sie „erforderlich ist, damit der rechtmäßige Erwerber das Computerprogramm bestimmungsgemäß benutzen kann".[1227] Das Wort „damit" weißt zwar eigentlich final darauf hin, dass der Download gerade erst der bestimmungsgemäßen Benutzung dient, welche durch Art. 5 Abs. 1 Software-RL abgedeckt ist, zuvor ist aber von einer nach Art. 5 Abs. 1 Software-RL zulässigen Vervielfältigung die Rede. Dies deutet also vielmehr darauf hin, dass es für das Eingreifen dieses – zumindest äußerlichen – gesetzlichen Nutzungsrechts genügt, dass die Handlung die bestimmungsgemäße Benutzung erst ermöglicht. Auch wenn der BGH den Download nicht konkret aufführt, so wird durch seine gesamten Ausführungen doch klar, dass er den Umfang des gesetzlichen Nutzungsrechts wie der EuGH auffasst, so dass der Download unter die bestimmungsgemäße Benutzung zu subsumieren ist. Wenn schon der vorgelagerte Download unter die bestimmungsgemäße Benutzung fällt, kann für die anschließende Installation – soweit diese nicht von selbst abläuft – und der damit verbundenen Vervielfältigungshandlung nichts anderes gelten. Denn auch hier handelt es sich eigentlich noch nicht um eine bestimmungsgemäße Benutzung der Software, da diese für eine Benutzung ja erst installiert werden muss.

Teilweise wird vertreten, dass das Herunterladen nicht unter den „zwingenden Kern" der „bestimmungsgemäßen Benutzung" falle,[1228] so dass die Downloadhandlung nicht über Art. 5 Abs. 1 Software-RL gerechtfertigt werden könne.[1229] Der 13. Erwägungsgrund der Software-RL greift in der Tat den Vorgang des Downloads im Rahmen der bestimmungsgemäßen Benutzung nicht auf. Wie aber schon mehrfach erwähnt wurde, haben Erwägungsgründe keinen zwingenden Charakter. Zudem ist das Vorliegen einer „bestimmungsgemäßen Benutzung" durch den Download insbesondere vor dem Hintergrund folgerichtig, dass der EuGH die Erschöpfung zumindest auch an die Programmkopie anknüpft, die zum Download bereitgehalten wird.[1230] Des Weiteren ist zu beachten, dass das Ausmaß und die Bedeutung des zwingenden Kerns von Benutzerbefugnissen nach der Gesetzesbegründung zu § 69d UrhG durch die Rechtsprechung festgelegt werden soll.[1231] Damit obliegt es also auch dem EuGH sowie dem BGH, die

---
1227 EuGH v. 3.7.2012 – C-128/11, GRUR 2012, 904, Tz. 75, 81 – UsedSoft.
1228 BGH v. 24.2.2000 – I ZR 141/97, ZUM-RD 2000, 419 (421) – Programmfehlerbeseitigung; *Loewenheim*, in: Schricker/Loewenheim (Hrsg.), UrhG, § 69d Rn. 13 f.; *Dreier*, in: Dreier/Schulze, UrhG, § 69d Rn. 12.
1229 Insb. im Vorfeld des EuGH-Urteils: BGH v. 3.2.2011 – I ZR 129/08, GRUR 2011, 418, Tz. 32 m. w. N. – UsedSoft; Schlussanträge des Generalanwalts *Bot*, BeckEuRS 2012, 677483, Tz. 98; *Leistner*, CR 2011, 209 (214).
1230 *Malevanny*, CR 2013, 422 (424); *Feiler/Schuba*, in: Taeger (Hrsg.), DSRI Tagungsband 2012, 351 (357, 362); *Kubach*, CR 2013, 279 (280).
1231 Amtl. Begr., BT-Drucks. 12/4022 v. 18.12.1992, S. 12; *Loewenheim*, in: Schricker/Loewenheim (Hrsg.), UrhG, § 69d Rn. 13; *Marly*, Praxishandbuch Softwarerecht, Rn. 234.

D. Die urheberrechtliche Zulässigkeit der Weitergabe

Grenzen des zwingenden Kerns festzulegen, was dieser vorliegend mit dieser Erweiterung getan hat.

Im Ergebnis ist der Erstreckung des Art. 5 Abs. 1 Software-RL bzw. § 69d Abs. 1 UrhG auf den Download der Software und auf die Installation zuzustimmen, auch wenn diese Handlungen selbst nach dem eigentlichen Wortsinn noch nicht zwingend als bestimmungsgemäße *Benutzung* des Computerprogramms anzusehen sind.[1232] Sie machen diese Benutzung jedoch überhaupt erst möglich und hängen damit eng mit ihr zusammen. Zum Teil wird die Rechtfertigung der Vervielfältigungshandlung beim Download auch direkt darauf gestützt, dass durch den zeitlich vor dem Download bereits stattfindenden Eigentumserwerb die Downloadhandlungen der bestimmungsgemäßen Verwendung dienende Handlungen seien.[1233]

Nach der hier vertretenen Auffassung fallen sowohl das Recht zum Download als auch das Recht zur Installation bereits unter das vom Rechteinhaber dem Ersterwerber eingeräumte Nutzungsrecht für den „Downloaderwerb". Da das gesetzliche Nutzungsrecht im Umfang diesem vertraglichen Nutzungsrecht entspricht, ist es damit automatisch von der bestimmungsgemäßen Benutzung erfasst. Eine solche Auslegung widerspricht auch nicht den Ausführungen des EuGH oder des BGH.

3) Erstellung eines übergabefähigen Werkexemplars

Weder der EuGH noch der BGH mussten sich mit der Frage auseinandersetzen, ob das gesetzliche Nutzungsrecht auch die Erstellung eines übergabefähigen Werkexemplars rechtfertigt oder ob die Rechtfertigung nur hinsichtlich der erzeugten Erstkopie gilt. Oftmals wird eine weitere Vervielfältigung der Erstkopie zur Weitergabe jedoch erforderlich sein, da der Rechteinhaber nicht immer eine Download-Möglichkeit zur Verfügung stellt und der Ersterwerber nur in Ausnahmefällen auch den Datenträger weitergeben will, auf dem sich die Erstkopie befindet.

Teilweise wird darin eine rechtswidrige Vervielfältigung gesehen, da sie weder mit Zustimmung des Rechteinhabers erfolge, noch für eine bestimmungsgemäße Benutzung des Computerprogramms notwendig sei.[1234] Zudem würde die Vervielfältigung ersichtlich nicht zur bestimmungsgemäßen Benutzung durch den Ersterwerber dienen, wenn er selbst die übergabefähige Programmkopie erstelle.[1235] Betrachtet man jedoch die Entscheidungsgründe des EuGH, so ist davon auszugehen, dass auch diese Vervielfältigung unter Art. 5 Abs. Software-

---

[1232] A.A. etwa *Seitz*, „Gebrauchte" Softwarelizenzen, S. 137, der Handlungen im Rahmen der Beschaffung des Datenbestandes nicht als von § 69d Abs. 1 UrhG erfasst ansieht.
[1233] *Kubach*, CR 2013, 279 (281).
[1234] *Haberstumpf*, CR 2012, 561 (570).
[1235] *Rauer/Ettig*, EWS 2012, 322 (327); *Ohrtmann/Kuß*, BB 2012, 2262 (2264); *Bardens*, Die Zweitverwertung urheberrechtlich geschützter Software, S. 173 f.

IV. Rechtfertigung der Vervielfältigungshandlungen de lege lata

RL bzw. § 69d Abs. 1 UrhG fällt,[1236] da die Richter bereits den Download als Vervielfältigung ansehen, die erforderlich ist, damit eine bestimmungsgemäße Benutzung überhaupt erst möglich wird. Gleiches gilt aber für die Erstellung eines übergabefähigen Werkstücks: Auch diese Vervielfältigung ist erforderlich, damit eine bestimmungsgemäße Benutzung möglich wird, auch wenn sie dem Download noch eine Stufe vorgelagert ist. Denn wenn der Ersterwerber dem Zweiterwerber eine physikalisch existente Programmkopie zukommen lässt, muss der Ersterwerber jene Kopie entweder selbst ins Internet hochladen oder aber durch den Versand einer E-Mail vervielfältigen, während der Zweiterwerber dennoch einen Download vornimmt. Dabei kann es keine Rolle spielen, dass der Ersterwerber diese Vervielfältigungshandlung durchführt, zu dessen bestimmungsgemäßer Benutzung diese Handlung gerade nicht mehr zählen kann. Vielmehr ist von einer wertenden Betrachtung im Sinne der EuGH-Rechtsprechung auszugehen, die diese Vervielfältigungshandlung dem Zweiterwerber zurechnet, da diese Kopie nur deswegen vom Ersterwerber angefertigt wird, damit der Zweiterwerber das Computerprogramm bestimmungsgemäß nutzen kann.[1237] Demnach ist die Erstellung einer übergabefähigen Programmkopie ebenfalls über Art. 5 Abs. 1 Software-RL bzw. § 69d Abs. 1 UrhG gerechtfertigt.[1238]

Kubach vertritt die Meinung, dass es sich bei der Erstellung eines übergabefähigen Werkexemplars nur um eine „vermeintliche" Vervielfältigung handle, da die virtuelle Programmkopie nur „aus der materialisierten Verpackung herausgelöst und weitertransportiert" werde, was nur „ein[en] bloße[n] Transport von einem zum nächsten Eigentümer" darstelle.[1239] Eine solche Sicht lässt sich jedoch mit dem geltenden Urheberrecht nicht rechtfertigen. Wenn tatsächlich ein Vervielfältigungsstück geschaffen wird, kann nicht aufgrund der Annahme einer virtuellen Programmkopie davon ausgegangen werden, dass im Ergebnis überhaupt keine Vervielfältigungshandlung gegeben ist. Sicherlich tritt diese neue Programmkopie faktisch an die Stelle der vom Ersterwerber heruntergeladenen[1240] und man kann annehmen, dass es sich nur aus technischen Gründen um eine neue Programmkopie handelt.[1241] Dennoch entsteht ein neues Vervielfältigungsstück, das einer Rechtfertigung bedarf. Daran kann beispielsweise auch die beim neuen Vertriebsmodell von ReDigi verwendeten „Scheibchenmethode" nichts ändern, nach der bei der Übertragung laut Anbieter keine Kopie mehr erstellt werde, da schon während des Uploads gleichzeitig die alte Materialisierung der Kopie

---
1236 So auch OLG Frankfurt a. M. v. 18.12.2012 – 11 U 68/11, GRUR 2013, 279 (281 f.) – Adobe/UsedSoft.
1237 *Ohrtmann/Kuß*, BB 2012, 2262 (2264).
1238 So auch LG Düsseldorf v. 26.11.2008 – 12 O 431/08, CR 2009, 221; *Grützmacher*, in: Wandtke/Bullinger (Hrsg.), UrhG, § 69c Rn. 36; *Hilber*, CR 2008, 749 (753); *Marly*, Praxishandbuch Softwarerecht, Rn. 197; *Sosnitza*, K&R 2006, 206 (210); zumindest nicht ausgeschlossen von *Hoeren*, GRUR 2010, 665 (672).
1239 *Kubach*, CR 2013, 279 (281).
1240 So auch OLG Frankfurt a. M. v. 18.12.2012 – 11 U 68/11, GRUR 2013, 279 (282) – Adobe/UsedSoft.
1241 *Peifer*, AfP 2013, 89 (91).

D. Die urheberrechtliche Zulässigkeit der Weitergabe

verschwinde:[1242] Auch hier entsteht faktisch ein neues Vervielfältigungsstück, das der Rechtfertigung bedarf. Eine solche Rechtfertigung kann aber über Art. 5 Abs. 1 Software-RL bzw. § 69d Abs. 1 UrhG erfolgen.

ddd. Bedeutung vertraglicher Abreden

Sowohl Art. 5 Abs. 1 Software-RL als auch § 69d Abs. 1 UrhG erlangen nach dem klaren Wortlaut nur bei Fehlen spezifischer (Art. 5 Abs. 1 Software-RL) oder besonderer (§ 69d Abs. 1 UrhG) vertraglicher Bestimmungen Geltung. Zum Teil wird vertreten, dass ein Abtretungsverbot im Lizenzvertrag eine solche besondere bzw. spezifische vertragliche Bestimmung darstelle, welche die Anwendung dieser Vorschriften auf den Zweiterwerber ausschlössen.[1243] Der EuGH äußert sich in diesem Zusammenhang nur mittelbar, indem er vom Eintritt der Erschöpfung „ungeachtet der [...] Klausel" spricht[1244] und indem er den 13. Erwägungsgrund der Software-RL aufführt, nach dem bestimmte Handlungen „nicht vertraglich untersagt werden dürfen"[1245]. Eine weitere Auseinandersetzung mit dieser Thematik ist jedoch nicht zu finden. Der BGH hingegen nimmt sich diesem Problem ausführlich an. Art. 5 Abs. 1 Software-RL bzw. § 69d Abs. 1 UrhG enthielten demnach insofern einen zwingenden Kern, als urheberrechtlich relevante Nutzungen, die für die vertragsgemäße Verwendung des Programms unerlässlich sind, nicht durch vertragliche Bestimmungen ausgeschlossen werden könnten.[1246] Daran könne weder das ausdrückliche Verbot des Weiterverkaufs oder des Herunterladens der Kopie noch die Einräumung „*lediglich*" eines Nutzungsrechts, das nicht abtretbar sei, etwas ändern.[1247] Das dem Zweiterwerber durch diese Normen vermittelte Recht könne also nicht durch spezifische (Art. 5 Abs. 1 Software-RL) oder besondere (§ 69d Abs. 1 UrhG) vertragliche Bestimmungen ausgeschlossen werden, die dieses Recht dem Ersterwerber vorbehalten.[1248]

Manche Autoren wenden diesbezüglich ein, dass die im 13. Erwägungsgrund der Software-RL aufgeführten, nicht vertraglich untersagbaren Nutzungshandlungen in Art. 5 Abs. 1 Software-RL keine Erwähnung fänden, so dass beim Vorliegen spezifischer vertraglicher Bestimmungen immer diese gelten müssten.[1249] Im deutschen Recht stellt sich ein ähnliches Problem, da nicht nur § 69d Abs. 1 UrhG von einem Vorrang vertraglicher Abreden ausgeht, sondern auch § 69f Abs. 2 UrhG, wonach § 69d Abs. 1 gerade nicht als zwingende Vorschrift aufgeführt wird. Dabei hat sich jedoch zumindest im deutschen Recht der Termi-

---

1242 S. dazu C. II. 1. b.
1243 *Bräutigam*, CR 2008, 551 (552); LG Mannheim v. 22.12.2009 – 2 O 37/09, MMR 2010, 323 (325) (n. rk.).
1244 EuGH v. 3.7.2012 – C-128/11, GRUR 2012, 904, Tz. 84 – UsedSoft.
1245 EuGH v. 3.7.2012 – C-128/11, GRUR 2012, 904, Tz. 76 – UsedSoft.
1246 BGH v. 17.7.2013 – I ZR 129/08, GRUR 2014, 264, Tz. 31 f. – UsedSoft II.
1247 BGH v. 17.7.2013 – I ZR 129/08, GRUR 2014, 264, Tz. 31 – UsedSoft II.
1248 BGH v. 17.7.2013 – I ZR 129/08, GRUR 2014, 264, Tz. 66 f. – UsedSoft II.
1249 *Vinjel/Marsland/Gärtner*, CRi 2012, 97 (102).

IV. Rechtfertigung der Vervielfältigungshandlungen de lege lata

nus eines „zwingenden Kerns" entwickelt,[1250] den auch der BGH, wie angeführt, aufgreift. Demnach sind bestimmte Handlungen für den Erwerber von Software unerlässlich und fallen daher zwingend unter den Begriff der bestimmungsgemäßen Nutzung. Dass sich diese Überlegungen nur auf das deutsche Recht beziehen, ändert nichts an der Tatsache, dass sie aus teleologischen Gesichtspunkten hinsichtlich der Ausgangsvorschrift im europäischen Recht auch dort gelten müssen. Der Verweis auf den Wortlaut dieses Erwägungsgrundes, der im tatsächlichen Richtlinientext in Art. 5 Abs. 1 Software-RL keine Entsprechung mehr findet, führt zu keinem anderen Ergebnis: Erwägungsgründe sind nur eine Auslegungshilfe ohne zwingenden Charakter. Gerade als Auslegungshilfe kann dem Erwägungsgrund jedoch entnommen werden, dass es bestimmte, nicht abdingbare Handlungen geben muss. Der zwingende Kern des Art. 5 Abs. 1 Software-RL bezieht sich auch nicht nur auf die Nutzung durch den Ersterwerber selbst.[1251] Für eine solche Absicht des Unionsgesetzgebers gibt es keine Anhaltspunkte im Gesetzestext, der vielmehr von einem „rechtmäßigen Erwerber" spricht. Ein solcher kann jedoch auch der Zweit- oder jeder weitere Erwerber sein. Schließlich wird – trotz Zustimmung im Ergebnis – die Herleitung des EuGH hinsichtlich der Unbeachtlichkeit vertraglicher Abreden kritisiert: Diese ergebe sich demnach nicht aus dem Erschöpfungsgrundsatz, sondern aus dem gesetzlichen Leitbild des zugrunde liegenden Kaufvertrags nach § 307 Abs. 2 Nr. 2 BGB.[1252] Ob sich die Unbeachtlichkeit tatsächlich auch aus § 307 Abs. 2 Nr. 2 BGB ergibt, wird sich erst im Rahmen der Prüfung der Wirksamkeit vertraglicher Weitergabe zeigen.[1253]

eee. Die Darlegungs- und Beweislast

Die Darlegungs- und Beweislast für den zulässigen Weiterverkauf liegt regelmäßig beim Gebrauchthändler bzw. dem Zweiterwerber.[1254] Indem der Erwerb des gesetzlichen Nutzungsrechts nachgewiesen werden muss, müssen zugleich alle Voraussetzungen für den Eintritt der Erschöpfungswirkung nachgewiesen werden (Tz. 56). Dabei ist der vollständige Nachweis der Lizenzkette bis hin zum Ersterwerber erforderlich. Das betrifft zum einen die Einräumung eines zeitlich unbegrenzten Nutzungsrechts durch Vorlage des Lizenzvertrages bzw.

1250 *Grützmacher*, in: Wandtke/Bullinger (Hrsg.), UrhG, § 69d Rn. 34, 69g Rn. 39; *Dreier*, in: Dreier/Schulze, UrhG, § 69d Rn. 12; *Wiebe*, in: Spindler/Schuster (Hrsg.), Recht der elektronischen Medien, 13. Teil, § 69g Rn. 1.
1251 So aber *Heydn*, in: Kilian/Heussen (Hrsg.), Computerrechts-Handbuch, 1. Abschn. Teil 2, Vermarktung von Gebrauchtsoftware, Rn. 103a.
1252 So schon *Stieper*, Rechtfertigung, Rechtsnatur und Disponibilität der Schranken des Urheberrechts, S. 364 ff., 383 ff., 400 ff.
1253 S. dazu die Ausführungen unter E. VI. 3.
1254 Da UsedSoft seiner Darlegungs- und Beweislast hinsichtlich des Eintritts der Erschöpfungswirkung im Verfahren gegen Oracle offenbar nicht nachkommen konnte, hat UsedSoft seine Berufung zurückgezogen; vgl. dazu http://www.telemedicus.info/article/2940-Das-Ende-des-Falles-UsedSoft.html. Der Volltext des finalen Beschlusses des OLG München hat bei Drucklegung dieser Arbeit allerdings noch nicht vorgelegen.

einer Kopie davon (Tz. 61), wodurch zugleich dem Zweiterwerber der Umfang der bestimmungsgemäßen Benutzung der Programmkopie aufgezeigt wird (Tz. 68). Zum anderen muss aber auch die Unbrauchbarmachung der Programmkopien nachgewiesen werden (Tz. 63 f.). Gibt es mehrere Vorerwerber der Software, muss nachgewiesen werden, dass alle die Software unbrauchbar gemacht haben. Schließlich muss ein etwaiger Softwarewartungsvertrag bzw. eine Kopie davon vorgelegt werden, um das Nutzungsrecht hinsichtlich der aktualisierten und veränderten Programmkopie nachweisen zu können (Tz. 62).[1255]

fff. Fazit

Der EuGH hat mit der Annahme der Einschlägigkeit des Art. 5 Abs. 1 Software-RL eine gewagte Lösung gewählt, die jedoch Rückhalt im Wortlaut der Norm und in ihrer Begründung findet. Mit der Rechtfertigung über diese Norm und ihrer damit einhergehenden neuen Bedeutung wird einmal mehr deutlich, dass der Grundsatz der Erschöpfung für den EuGH eine alles andere überstrahlende Bedeutung hat, auch wenn dies zu Lasten der Rechtsicherheit geht. Dem EuGH muss dabei zu Gute gehalten werden, dass andernfalls die eingetretene Erschöpfung in der Tat bedeutungs- und folgenlos wäre. Der Erst- bzw. Zweitwerber hätte zwar das Recht auf seiner Seite, jedoch keine Möglichkeit, dieses einzufordern. Die Freiheit des Warenverkehrs mit Computerprogrammen würde so „durch die Hintertür des Art. 5 Abs. 1 der Software-RL torpediert".[1256] Der BGH hat die Entscheidung im Sinne des EuGH ins deutsche Recht umgesetzt.

Demnach wird also beim Weiterverkauf einer Programmkopie das gesetzliche Nutzungsrecht nach Art. 5 Abs. 1 Software-RL bzw. § 69d Abs. 1 UrhG „übertragen", dessen Umfang sich nach dem zwischen dem Rechteinhaber und dem Ersterwerber abgeschlossenen vertraglichen Nutzungsrecht bestimmt. Von diesen Normen sind neben den bei der tatsächlichen Nutzung der Software anfallen Vervielfältigungshandlungen auch solche erfasst, die beim Download, der Installation oder auch bei der Erstellung eines übergabefähigen Werkexemplars anfallen. Denn all diese Handlungen dienen dazu, die bestimmungsgemäße Benutzung zu ermöglichen.

cc. Geltung für andere digitale Inhalte als Software

§ 69d Abs. 1 UrhG kann also Vervielfältigungen von Computerprogrammen rechtfertigen, wobei der Umfang der Nutzungsrechte nicht über denjenigen hinausgehen kann, der dem Ersterwerber ursprünglich zustand. Bei den anderen digitalen Gütern, die der InfoSoc-RL unterliegen, kann jedoch nicht auf die computerspezifische Ausnahmevorschrift zurückgegriffen werden. Denn die §§ 69a-g UrhG beruhen auf der Software-RL, welche nach Art. 1 Software-RL ausschließlich bei Computerprogrammen Anwendung finden. Dies wird in der

---
1255 S. dazu *Heydn*, MMR 2014, 239 (241).
1256 *Stieper*, ZUM 2012, 668 (668).

IV. Rechtfertigung der Vervielfältigungshandlungen de lege lata

Überschrift vor den §§ 69a-g UrhG im deutschen Urheberrechtsgesetz deutlich, wenn von „Besondere[n] Bestimmungen für Computerprogramme" die Rede ist.

Möglich ist aber eine Anwendung des § 69d Abs. 1 UrhG hinsichtlich hybrider Produkte, die auch aus Software-Elementen bestehen. Derartige mitgespeicherte Software-Elemente sind nicht selbstständig nutzbar, da ihnen eine reine Hilfsfunktion zukommt.[1257] Da eine parallele Anwendung der Software- und der InfoSoc-RL im Sinne des Meistbegünstigungsprinzips erfolgen muss,[1258] können sich sowohl der Erst- als auch der Zweiterwerber auf die Regelung des § 69d Abs. 1 UrhG berufen. Dies gilt ganz unabhängig davon, ob die noch zu untersuchenden Schrankenbestimmungen ebenfalls einschlägig sind.

b. § 53 Abs. 1 UrhG

Hinsichtlich anderer digitaler Güter als Software wird in der Literatur teilweise auf die Anwendung des § 53 Abs. 1 UrhG für die bei der Weitergabe und der Benutzung notwendigen Vervielfältigungshandlungen verwiesen, um diese – vergleichbar mit § 69d Abs. 1 UrhG bei Software – zu rechtfertigen.[1259] Nach § 53 Abs. 1 UrhG sind Vervielfältigungen eines Werkes durch eine natürliche Person zum privaten Gebrauch auf beliebigen Trägern nur zulässig, sofern sie weder unmittelbar noch mittelbar Erwerbszwecken dienen, soweit nicht zur Vervielfältigung eine offensichtlich rechtswidrig hergestellte oder öffentlich zugänglich gemachte Vorlage verwendet wird. Wichtig sind dabei insbesondere die ersten beiden Voraussetzungen: der Privatgebrauch und der Erwerbszweck. Eine nicht offensichtlich rechtswidrig hergestellte oder öffentlich zugänglich gemachte Vorlage wird hingegen zumindest auf Seiten des Ersterwerbers regelmäßig vorliegen, da das Vervielfältigungsstück dem Ersterwerber zulässigerweise nach Eintritt der Erschöpfung überlassen wird.[1260]

aa. Anwendungsfälle

Zunächst soll ein Blick auf die Vervielfältigungshandlungen des Ersterwerbers geworfen werden. Dieser muss regelmäßig eine Vervielfältigung vornehmen, um dem Zweiterwerber die Nutzung zu ermöglichen. Dazu kann er die Datei z. B. in die Cloud hochladen oder aber per E-Mail versenden, zudem kann er eine Kopie auf einem weitergabefähigen Datenträger erstellen. Nach § 53 Abs. 1 UrhG

1257 *Hilty*, CR 2012, 625 (634, 636).
1258 S. dazu die Ausführungen unter D. II. 4. f.
1259 *Bäcker/Höfinger*, ZUM 2013, 623 (637 f.); *Druschel*, Die Behandlung digitaler Inhalte im GEKR, S. 147; *Hansen/Libor*, AfP 2012, 447 (450); *Kubach*, CR 2013, 279 (283); *Leistner*, CMLR 2014, 559 (584); *Leistner*, JZ 2014, 846 (851); *Marly*, EuZW 2012, 654 (657); *Neuber*, WRP 2014, 1274 (1278); *Ohly*, JZ 2013, 42 (44); *Ohly*, Gutachten F zum 70. Deutschen Juristentag, S. 53; *Redeker*, CR 2014, 73 (77); *Scholz*, ITRB 2013, 17 (19); *Stieper*, ZUM 2012, 668 (670).
1260 *Scholz*, ITRB 2013, 17 (19).

muss die Vervielfältigung zum privaten Gebrauch und nicht zu Erwerbszwecken erfolgen. „Privater Gebrauch" meint den Gebrauch in der Privatsphäre zur Befriedigung rein persönlicher Bedürfnisse durch die eigene Person oder die mit ihr durch ein persönliches Band verbundenen Personen.[1261] Zum Teil wird der Begriff dabei so eng verstanden, dass er nur den tatsächlichen Freundeskreis umfasst, der nur „hinsichtlich aller Beziehungspersonen unter- und zueinander bestehender sogenannter wahrer Freundschaft gegeben ist, die von innerer Gleichartigkeit geprägt ist".[1262] Auch wenn man den privaten Gebrauch nicht derart restriktiv auslegt, so ist der Empfängerkreis des Vervielfältigungsstücks doch zumindest auf die Privatsphäre beschränkt. Die Privatsphäre kann in Zeiten von Facebook mit Hunderten von vermeintlichen „Freunden" recht weit reichen. Beim Verkauf an eine bisher nicht bekannte Person ist jedoch kein privater Gebrauch mehr gegeben. Im Regelfall der Weitergabe digitaler Güter verkauft der Ersterwerber das Vervielfältigungsstück gerade an solche bislang unbekannten Personen weiter. Der private Gebrauch lässt allerdings nur eine Weitergabe im Familien- und Freundeskreis zu. Die angefertigten Vervielfältigungsstücke dürfen zudem weder unmittelbar noch mittelbar Erwerbszwecken dienen. Dabei ist es ausreichend, wenn neben privaten Zwecken *auch* Erwerbszwecke verfolgt werden.[1263] Damit die Privilegierung des § 53 Abs. 1 UrhG nicht leer läuft, kann jedoch nicht jeder indirekte erwerbswirtschaftliche Zweck – insbesondere sehr entfernte Erwerbszwecke und spätere Benutzungsänderungen – ausreichen,[1264] sondern es muss ein konkreter Zusammenhang zwischen der Herstellung der Vervielfältigung und dem Erwerbszweck bestehen.[1265] Wenn die Weitergabe nicht an Familienmitglieder oder Freunde erfolgt, sondern an unbekannte Dritte, ist von einer gewerblichen Nutzung auszugehen, da der Ersterwerber durch den Weiterverkauf Einnahmen generieren will. Gleiches gilt für einen möglichen Zwischenhändler: Auch dieser will zumindest eine Provision für die Vermittlung von Erst- an Zweiterwerber erhalten. Auch dann liegt ein Erwerbszweck vor. Aber selbst bei der Weitergabe an Freunde wird zum Teil eine Gegenleistung in Form von einer Geldzahlung erwartet. Auch dann liegt ein Erwerbszweck vor, der die Anwendbarkeit des § 53 Abs. 1 UrhG ausschließt. Möglich könnte es noch sein, dass die Vervielfältigungshandlung des Ersterwerbers dem Zweiterwerber zugerechnet wird. Es handelt sich dann um eine Vervielfältigung „durch einen anderen" i.S.d. § 53 Abs. 1 S. 2 UrhG, also eine Vervielfältigung „auf

---

[1261] Amtl. Begr., BT-Drs., 10/837, S. 9, 16; BGH v. 14.4.1978 – I ZR 111/76, GRUR 1978, 474 (475) – Vervielfältigungsstücke (zum früheren Begriff „persönlichen Gebrauch", der gleichbedeutend ist); *Loewenheim*, in: Schricker/Loewenheim (Hrsg.), UrhG, § 53 Rn. 14 m.w.N.
[1262] *Flechsig*, GRUR 1993, 532 (538).
[1263] BGH v. 24.6.1993 – I ZR 148/91, GRUR 1993, 899 (900) – Dia-Duplikate; *Dreier*, in: Dreier/Schulze, UrhG, § 53 Rn. 10.
[1264] Dennoch ist etwa bei vereinsinternen Veranstaltungen eines gemeinnützigen Vereins aufgrund der angestrebten Einnahmen durch Mitgliedsbeiträge von einem mittelbaren Erwerbszweck auszugehen, da diese Veranstaltungen zumindest dem Mitgliedererhalt oder gar dem Neumitgliedergewinn dienen; vgl. dazu *Ganzhorn*, ZStV 2014, 53 (58) m.w.N.
[1265] *Dreier*, in: Dreier/Schulze, UrhG, § 53 Rn. 10.

IV. Rechtfertigung der Vervielfältigungshandlungen de lege lata

Bestellung".[1266] Diese Norm kann jedoch nur zur Anwendung kommen, wenn die Vervielfältigung „unentgeltlich" geschieht. Daran scheitert es jedoch, da der Zweiterwerber im Rahmen des abgeschlossenen Kaufvertrages einer Zahlungspflicht unterliegt. § 53 Abs. 1 UrhG rechtfertigt also nicht die Erstellung einer weitergabefähigen Kopie des Werkes durch den Ersterwerber. Die Norm des § 53 Abs. 6 S. 1 UrhG stünde dem allerdings nicht im Wege, obwohl sie die Verbreitung des selbst hergestellten Vervielfältigungsstücks verbietet. Denn aufgrund der Annahme einer virtuellen Programmkopie als Gegenstand der Übertragung ist davon auszugehen, dass auch an dem nach § 53 Abs. 1 UrhG hergestellten Vervielfältigungsstück Erschöpfung eingetreten ist, da das Nutzungsrecht vorübergehend mit *dieser* Programmkopie verbunden ist.[1267]

Anders sieht die Situation beim Zweiterwerber aus. Der Download des Vervielfältigungsstücks aus der Cloud oder das Abspeichern der E-Mail, aber auch das Übertragen der auf einem Datenträger befindlichen Datei auf die eigene Festplatte dient dem privaten Gebrauch und gerade nicht zu Erwerbszwecken. Die Vervielfältigungshandlungen des Zweiterwerbers dürften sich dem ersten Anschein nach also regelmäßig über § 53 Abs. 1 UrhG rechtfertigen lassen.[1268] Problematisch wird an dieser Stelle jedoch das Merkmal der offensichtlich rechtswidrig hergestellten oder öffentlich zugänglich gemachten Vorlage. Denn wenn die Vervielfältigungshandlung des Ersterwerbers nicht nach § 53 Abs. 1 UrhG gerechtfertigt werden kann, könnte es sich um eine solche offensichtlich rechtswidrig hergestellte Vorlage handeln. Der Zweiterwerber könnte sich also möglicherweise nur dann auf § 53 Abs. 1 UrhG berufen, wenn die Vervielfältigung des Ersterwerbers gerechtfertigt werden kann. Die Anforderungen an eine „offensichtlich rechtswidrige hergestellte Vorlage" sind jedoch hoch. Eine solche liegt nur dann vor, wenn die Möglichkeit einer Erlaubnis durch den Rechteinhaber sowie einer irgendwie gearteten Privilegierung aller Wahrscheinlichkeit nach ausgeschlossen werden kann.[1269] Aufgrund der eingetretenen Erschöpfung an dem urheberrechtlich geschützten Werk kann davon jedoch nicht ausgegangen werden. Vielmehr deutet die Erschöpfung darauf hin, dass eine Verbreitung zulässig ist und daher auch die dafür erforderlichen Vervielfältigungshandlungen gerechtfertigt sind. Eine offensichtlich rechtswidrig hergestellte Vorlage ist daher nicht anzunehmen. Der Zweiterwerber kann sich grundsätzlich auf § 53 Abs. 1 UrhG berufen.

Die Anwendungsfälle für § 53 Abs. 1 UrhG beim Ersterwerber sind also auf den privaten Kreis beschränkt, der bei einem Weiterverkauf – wie der Name schon

---

1266 *Stieper*, Rechtfertigung, Rechtsnatur und Disponibilität der Schranken des Urheberrechts, S. 404 f.
1267 *Niethammer* hat – noch vor der EuGH-Entscheidung – eine teleologische Reduktion des § 53 Abs. 6 S. 1 UrhG für die vorliegende Fallgestaltung vorgeschlagen; zumindest angesprochen hat das auch *Ammann*, in: Taeger (Hrsg.), DSRI Tagungsband 2011, S. 249 (259).
1268 So auch *Bäcker/Höfinger*, ZUM 2013, 623 (640).
1269 *Dreier*, in: Dreier/Schulze, UrhG, § 53 Rn. 12.

sagt – in den seltensten Fällen vorliegen wird. Die Vervielfältigungshandlung des Zweiterwerbers hingegen findet ihre Rechtfertigung in § 53 Abs. 1 UrhG. Ein grundsätzlicher Rückgriff auf § 53 Abs. 1 UrhG für die bei der Weitergabe anfallenden Vervielfältigungshandlungen nur aufgrund des eingetretenen Erschöpfungsgrundsatzes entbehrt daher einer rechtlichen Grundlage.[1270]

bb. Schwachpunkte der Norm

Abgesehen vom eingeschränkten Anwendungsbereich des § 53 Abs. 1 UrhG existieren weitere Schwächen: So handelt es sich bei § 53 Abs. 1 UrhG um eine gesetzliche Schrankenbestimmungen, welche an sich unabhängig von den Nutzungsbeschränkungen sind, die zwischen dem Rechteinhaber und dem Ersterwerber gegolten haben.[1271] Ein Übergang individueller Beschränkungen auf den Zweiterwerber – zum Beispiel die Nutzung auf nur drei Rechnern des Nutzers – ist daher nicht leicht konstruierbar. § 69d Abs. 1 UrhG stellt zwar ebenfalls eine gesetzliche Schranke dar, die Tatbestandsvoraussetzung der „bestimmungsgemäßen Benutzung" hat der EuGH jedoch gewissermaßen als Einfallstor für die vertraglichen Nutzungsrechte verwendet. Ein solches Einfallstor ist in § 53 Abs. 1 UrhG nicht zu finden.[1272] Es könnte höchstens über den Begriff „zum privaten Gebrauch" konstruiert werden. Unabhängig davon ist die Privatkopieschranke in Art. 5 Abs. 2 lit. b InfoSoc-RL als optionale Schranke ausgestaltet, so dass die Mitgliedsstaaten die Norm nicht zwingend in ihre nationalen Urheberrechtsgesetze aufnehmen müssen. Daher gibt es hier keine Einheitlichkeit auf europäischer Ebene, so dass der EuGH auf diese Norm möglicherweise gar nicht abstellen wird.

cc. Anwendbarkeit auf E-Books und E-Journals

Ganz grundsätzlich stellt sich die Frage, ob § 53 Abs. 1 UrhG überhaupt für E-Books und E-Journals herangezogen werden kann. Denn nach § 53 Abs. 4 lit. b UrhG ist die Vervielfältigung eines „Buches oder einer Zeitschrift, wenn es sich um eine im wesentlichen vollständige Vervielfältigung handelt" stets nur mit der Einwilligung des Berechtigten zulässig. Zu diskutieren ist damit, ob diese Norm auch auf die elektronische Form von Büchern und Zeitschriften anwendbar ist. Wenn dies zu bejahen ist, kommt § 53 Abs. 1 UrhG als Rechtfertigungsnorm für (private) Vervielfältigungshandlungen von E-Books und E-Journals nicht in Betracht. Denn bei einer Kopie eines E-Books handelt es sich immer um eine „vollständige Vervielfältigung", wie es § 53 Abs. 4 lit. b UrhG verlangt. Vereinzelt wird eine Anwendung des § 53 Abs. 1 UrhG befürwortet, da Art. 53 Abs. 4 lit. b UrhG nicht auf Bücher in digitaler Form anzuwenden

---

1270 Anders aber wohl *Druschel*, Die Behandlung digitaler Inhalte im GEKR, S. 147.
1271 *Ohly*, Gutachten F zum 70. Deutschen Juristentag, S. 53.
1272 *Leistner*, JZ 2014, 846 (851).

sei.[1273] Dafür spricht zunächst der Normzweck, nach dem bei der Kopie eines kompletten Buches eine zu große Beeinträchtigung der Absatzmöglichkeiten der Verlagsprodukte vorliegt, die durch den Vergütungsanspruch nicht hinreichend abgegolten werde.[1274] Zudem zeigt die Gesetzesformulierung, dass nur gedruckte Bücher und Zeitschriften erfasst sein können, da eine nur teilweise Vervielfältigung eines E-Books oder eines E-Journals regelmäßig mehr Aufwand erfordert als die Vervielfältigung des ganzen Werkes. Auf der anderen Seite sind die Absatzmöglichkeiten im digitalen Umfeld mindestens genauso beeinträchtigt wie im analogen Umfeld.[1275] Vor allem gilt aber auch das BuchPrG ebenfalls für die elektronischen Erscheinungsformen.[1276] Wenn aber schon das BuchPrG auch E-Books erfasst, sollte im Sinne der Gleichbehandlung auch bei anderen Gesetzestexten nichts anderes gelten, wenn nicht zwingende Gründe für eine Ungleichbehandlung sprechen. Solche zwingenden Gründe sind nicht erkennbar, im Gegenteil: Aufgrund der Ähnlichkeit von Büchern und E-Books sollte eine Gleichbehandlung beider Erscheinungsformen angestrebt werden.[1277] § 53 Abs. 4 lit. b UrhG umfasst daher auch elektronische Bücher und Zeitschriften, so dass § 53 Abs. 1 UrhG nicht zur Rechtfertigung von Vervielfältigungen von E-Books und E-Journals dienen kann.[1278]

c. § 44a Nr. 2 UrhG

Nach § 44a Nr. 2 UrhG sind vorübergehende Vervielfältigungshandlungen zulässig, die flüchtig oder begleitend sind und einen integralen und wesentlichen Teil eines technischen Verfahrens darstellen und deren alleiniger Zweck es ist, eine rechtmäßige Nutzung eines Werkes oder sonstigen Schutzgegenstands zu ermöglichen, und die keine eigenständige wirtschaftliche Bedeutung haben. Die Norm setzt Art. 5 Abs. 1 InfoSoc-RL, welches die einzige zwingende Schrankenbestimmung auf EU-Ebene ist, in deutsches Recht um. Insofern ist eine Anwendung dieser Norm durch den EuGH zumindest denkbar. Für ein Eingreifen des § 44a Nr. 2 UrhG müssen alle Tatbestandsvoraussetzungen kumulativ vorliegen.

Entscheidend kommt es bei dieser Norm darauf an, dass die Vervielfältigungshandlung nur vorübergehender Natur ist. Als vorübergehend i. S. v. § 44a UrhG sind solche Vervielfältigungshandlungen anzusehen, die bei der Übermittlung oder Nutzung eines Werkes in digitaler Form aufgrund der Konfiguration des

---

1273 *Kitz*, MMR 2001, 727 (729 f.); *Kuß*, K&R 2012, 76 (80); *Kuß*, in: Taeger (Hrsg.), DSRI Tagungsband 2011, S. 171 (180 f.); *Scholz*, ITRB 2013, 17 (18).
1274 Amtl. Begr., BT-Drucks. 10/837 v. 22.12.1983, S. 17.
1275 Ob dieser Beweggrund des Gesetzgebers im digitalen Umfeld noch aufrechterhalten werden kann, ist eine andere Frage.
1276 *Ganzhorn*, in: Taeger (Hrsg.), DSRI Tagungsband 2013, S. 483 (492 ff.) m. w. N.
1277 Vgl. dazu auch *Ganzhorn*, CR 2014, 492 (492 ff.).
1278 Davon geht – wenngleich ohne Begründung – auch *Ammann* aus; *Ammann*, in: Taeger (Hrsg.), DSRI Tagungsband 2011, S. 249 (258).

D. Die urheberrechtliche Zulässigkeit der Weitergabe

Telekommunikations- und des Computersystems aus rein technischen Gründen vorgenommen und nach einer nicht ins Gewicht fallenden Zeit automatisch wieder gelöscht werden.[1279] Aufgrund dieser Anforderungen kann nur eine Rechtfertigung der Zwischenspeicherungen im Speicher bei der Nutzung digitaler Güter in Betracht kommen. Es ist geradezu das Paradebeispiel für eine gerechtfertigte Vervielfältigungshandlung, wie schon Erwägungsgrund 33 der InfoSoc-RL zeigt, der beispielhaft „Handlungen des Cachings" aufzählt. Daher kommen sämtliche vorübergehende Vervielfältigungen im Zuge des Cachings sowohl auf Einzelgeräten als auch in Client-Server-Architekturen in Betracht.[1280] Bei einem Download oder bei der Erstellung einer übergabefähigen Programmkopie auf einem Datenträger ist aber keine nur vorübergehende Vervielfältigung anzunehmen, da sie weder aufgrund des Computersystems aus rein technischen Gründen getätigt, noch automatisch wieder gelöscht wird.[1281]

Wenngleich damit zumindest die bei der Nutzung digitaler Güter anfallenden Zwischenspeicherungen grundsätzlich dem § 44a Nr. 2 UrhG unterfallen können,[1282] muss ihr alleiniger Zweck auf die Ermöglichung der rechtmäßigen Nutzung gerichtet sein. Rechtmäßig ist eine Nutzung nur dann, wenn sie vom jeweiligen Rechteinhaber erlaubt oder im Rahmen gesetzlicher Schrankenbestimmungen zulässig und auch sonst nicht durch Gesetz beschränkt ist.[1283] Nun handelt es sich bei der Nutzung digitaler Güter ja gerade um an sich urheberrechtsfreie Nutzungen, bei der die Vervielfältigungshandlungen nur beiläufig aus technischen Gründen auftreten. In einem solchen Fall werden nach dem EuGH die zu diesem Zweck erfolgenden Vervielfältigungen bei Vorliegen der übrigen Voraussetzungen durch § 44a Nr. 2 UrhG abgedeckt.[1284] Die weiteren Voraussetzungen – flüchtig oder begleitend, integraler und wesentlicher Teil eines technischen Verfahrens sowie keine eigenständige wirtschaftliche Bedeutung – liegen ebenfalls vor. Unabhängig davon ist die vom Zweiterwerber vorgenommene Vervielfältigungshandlung – abgesehen von E-Books und E-Journals – regelmäßig über § 53 Abs. 1 UrhG gerechtfertigt, was eine gesetzliche Schrankenbestimmung darstellt.[1285] § 44a Nr. 2 UrhG fungiert dann

---

1279 EuGH v. 4.10.2011 – C-403/08, C-429/08, GRUR 2012, 156, Tz. 161 ff. – FAPL/Murphy; EuGH v. 16.7.2009 – C-5/08, GRUR 2009, 1041, Tz. 62 ff. – Infopaq/DDF; *Dreier*, in: Dreier/Schulze, UrhG, § 44a Rn. 4.
1280 *Loewenheim*, in: Schricker/Loewenheim (Hrsg.), UrhG, § 44a Rn. 13 f.; *von Welser*, in: Wandtke/Bullinger (Hrsg.), UrhG, § 44a Rn. 4; *Dreier*, in: Dreier/Schulze, UrhG, § 44a Rn. 4.
1281 So im Ergebnis auch *Dreier*, in: Dreier/Schulze, UrhG, § 44a Rn. 4, hinsichtlich Downloading.
1282 *Stieper*, Rechtfertigung, Rechtsnatur und Disponibilität der Schranken des Urheberrechts, S. 111 f.; *Loewenheim*, in: Schricker/Loewenheim (Hrsg.), UrhG, § 44a Rn. 14; *Dreier*, in: Dreier/Schulze, UrhG, § 44a Rn. 1; a.A. jedoch *Druschel*, Die Behandlung digitaler Inhalte im GEKR, S. 25 f. m. w. N., der § 44a UrhG nur das Surfen von Inhalten im Internet ganz allgemein ermögliche.
1283 Vgl. dazu Erwägungsgrund 33 InfoSoc-RL; *Dreier*, in: Dreier/Schulze, UrhG, § 44a Rn. 8.
1284 EuGH v. 4.10.2011 – C-403/08, C-429/08, GRUR 2012, 156, Tz. 171 – FAPL/Murphy.
1285 A. A. *Redeker*, der davon ausgeht, dass es bei der gewerblichen Weitergabe oftmals bereits an der rechtmäßigen Erstellung der Erstkopie fehlen wird; *Redeker*, CR 2014, 73 (77).

als „schrankenbegleitende Schranke"[1286] und dient dazu, dass der Nutzer den Privilegierungstatbestand tatsächlich in Anspruch nehmen kann, obwohl dabei urheberrechtsrelevante technisch bedingte vorübergehende Vervielfältigungen auftreten, die nicht von der Schrankenbestimmung gedeckt sind.[1287] Um eine solche Situation handelt es sich bei § 53 Abs. 1 UrhG. Möglicherweise kann aber die eingetretene Erschöpfung des Verbreitungsrechts dazu führen, dass die werkgenussinduzierten Vervielfältigungen nach § 44a Nr. 2 UrhG zustimmungsfrei vorgenommen werden dürfen. Vor dem Hintergrund, dass die Norm nicht nur eine Absicherung der durch Gesetz erlaubten Benutzung, sondern auch hinter dem Erlaubnissatz stehende Privilegierung bezweckt, muss § 44a Nr. 2 UrhG solche vorübergehende Vervielfältigungen erfassen, die ein Erwerber nach Erschöpfungseintritt anfertigt.[1288] Andernfalls würde die mit der Erschöpfung einhergehende erlaubnisfreie Weiterverbreitung ins Leere gehen. Die Norm des § 44a Nr. 2 UrhG kann daher alle bei der Nutzung durch den Zweiterwerber anfallenden Zwischenspeicherungen rechtfertigen.

Hinsichtlich Computerprogrammen stellt sich die Frage, ob die Norm des § 44a UrhG überhaupt zur Anwendung kommen kann oder ob diese Norm von der speziellen Norm des § 69d Abs. 1 UrhG verdrängt wird.[1289] Da der EuGH die relevanten Vervielfältigungshandlungen bei der Weitergabe von Computerprogrammen in seiner UsedSoft-Entscheidung bereits über Art. 5 Abs. 1 Software-RL und damit § 69d Abs. 1 UrhG als gerechtfertigt angesehen hat, muss der Frage nicht weiter nachgegangen werden.[1290] Die These, dass die Bestimmungen der Software-RL als Leges speciales gegenüber denjenigen aus der InfoSoc-RL gelten, spricht jedoch für ein Verdrängen des § 44a Nr. 2 UrhG. Zudem seien, so der BGH, gerade bei der streitgegenständlichen Client-Server-Software jedoch auch die Voraussetzungen des § 44a Nr. 2 UrhG nicht erfüllt, da das Laden in den Arbeitsspeicher zusätzlicher Rechner im Rahmen der Weitergabe eine eigenständige wirtschaftliche Bedeutung darstelle.[1291] Dem kann nur zugestimmt werden. Das Fehlen einer eigenständigen wirtschaftlichen Bedeutung kann nur dann angenommen werden, wenn die vorübergehende Vervielfältigung keine neue, eigenständige Nutzungsmöglichkeit eröffnet.[1292] Die Client-Server-Architektur zeichnet sich gerade dadurch aus, dass die Software nur einmal auf dem Server installiert wird und auf diese dann von den einzelnen Rechnern der Nutzer zugegriffen wird. Bei einem Zugriff eines Nutzers auf diese Software und der damit einhergehenden Vervielfältigungshandlung wird jedoch gerade eine neue,

---

1286 *Poeppel*, Die Neuordnung der urheberrechtlichen Schranken im digitalen Umfeld, S. 443.
1287 *Sucker*, Der digitale Werkgenuss im Urheberrecht, S. 132.
1288 *Sucker*, Der digitale Werkgenuss im Urheberrecht, S. 135 f.
1289 Vgl. dazu *Dreier*, in: Dreier/Schulze, UrhG, § 44a Rn. 2, § 69c Rn. 9 m.w.N.; *Hantschel*, Softwarekauf und -weiterverkauf, S. 45 ff.
1290 Dies könnte jedoch auch damit zusammenhängen, dass sich die Vorlagefragen ausschließlich auf die Auslegung des Art. 5 Abs. 1 Software-RL bezogen haben.
1291 BGH v. 3.2.2011 – I ZR 129/08, GRUR 2011, 418, Tz. 16 f. – UsedSoft.
1292 *Dreier*, in: Dreier/Schulze, UrhG, § 44a Rn. 9.

D. Die urheberrechtliche Zulässigkeit der Weitergabe

eigenständige Nutzungsmöglichkeit eröffnet. Die Vervielfältigung hat in diesem Fall eine eigenständige wirtschaftliche Bedeutung.

d. Zwischenergebnis

Während sich demnach alle im Rahmen der Weitergabe erforderlichen Vervielfältigungshandlungen bei Software und Hybridprodukten über § 69d Abs. 1 UrhG rechtfertigen lassen, muss bei den der InfoSoc-RL unterfallenden digitalen Gütern differenziert werden: § 44a Nr. 2 UrhG deckt zwar alle technisch bedingten Vervielfältigungshandlungen des Zweiterwerbers bei der Nutzung der digitalen Inhalte ab, § 53 Abs. 1 UrhG gilt zudem regelmäßig für die vom Zweiterwerber erstellten dauerhaften Werkkopien, jedoch gibt es keine Möglichkeit der Rechtfertigung hinsichtlich der Erstellung einer weitergabefähigen Werkkopie auf Seiten des Ersterwerbers. Darüber hinaus krankt die Lösung über § 53 Abs. 1 UrhG daran, dass es kein „Einfallstor" für die vertraglich eingeräumten Nutzungsrechte gibt und dass die Norm auf E-Books und E-Journals nicht zur Anwendung kommen kann.

3. Analoge Anwendung von Schrankenregelungen

Da die gesetzlichen Schrankenbestimmungen somit nicht alle Vervielfältigungshandlungen rechtfertigen, könnten die notwendigen Nutzungshandlungen über eine analoge Anwendung der Schranken konstruiert werden. Der deutsche Gesetzgeber ist europarechtlich an den abschließenden Schrankenkatalog in Art. 5 InfoSoc-RL gebunden, wie Erwägungsgrund 32 der InfoSoc-RL klarstellt. Demnach besteht zwar ein abschließender Katalog von Schranken, deren Einführung wird den Mitgliedstaaten jedoch optional überlassen.[1293] Wenn ein Mitgliedstaat jedoch eine Schranke in das nationale Recht einführen will, muss es sich an deren genauen Wortlaut halten. Die Mitgliedsstaaten können daher auch keine Schranke in einem geringeren Umfang als dem in der Richtlinie umschriebenen errichten.[1294] Im Gegensatz zum amerikanischen Recht, welches eine Generalklausel im Sinne des „fair-use" vorsieht[1295], verfügt das europäische und deutsche Recht der Schrankenregelungen zwar über eine gewisse Rechtssicherheit, der Preis dieser vermeintlichen Rechtssicherheit ist allerdings die Schwierigkeit im Umgang mit neuen Nutzungsformen, bei denen flexiblere Bestimmungen helfen könnten.[1296] Vor diesem Hintergrund sind einige bemerkenswerte Entscheidungen des BGH in der jüngeren Vergangenheit zu den Schrankenbestimmungen

---

1293 *Spindler*, in: Grünberger/Leible (Hrsg.), Liegt die Zukunft des Urheberrechts in Europa?, S. 227 (231 f.).
1294 *Dreier*, in: Dreier/Schulze, UrhG, Vor. § 44a Rn. 5.
1295 17 USC § 107.
1296 So auch *Ohly*, NJW-Beil. 2014, 47 (49).

IV. Rechtfertigung der Vervielfältigungshandlungen de lege lata

ergangen.[1297] Eine weite Auslegung der Schrankenbestimmungen im Sinne einer Analogie wird überwiegend abgelehnt, da die gesetzlichen Schrankenbestimmungen das Ergebnis einer vom Gesetzgeber vorgenommenen, grundsätzlich abschließenden Güterabwägung darstellen.[1298] Die technische Entwicklung schreitet jedoch deutlich schneller voran, als der Gesetzgeber reagieren kann, und es entstehen vermehrt auch ganz neue Nutzungsformen, die der Gesetzgeber noch nicht in seiner Abwägung berücksichtigen konnte. Der Frage nach der grundsätzlichen Möglichkeit einer analogen Anwendung der Schrankenbestimmungen muss jedoch gar nicht weiter nachgegangen werden, wenn sich ohnehin keine Norm zur analogen Anwendung anbieten sollte. Für eine analoge Anwendung zur Rechtfertigung der bei der Weitergabe erforderlichen Vervielfältigungshandlungen kommen überhaupt nur §§ 44a und 69d Abs. 1 UrhG in Betracht. Dazu muss vor allem eine vergleichbare Interessenlage gegeben sein. Die analoge Anwendung anderer Normen ist zu fernliegend, als dass sie einer näheren Untersuchung bedürfen. So ist eine vergleichbare Interessenlage bei § 53 Abs. 1 UrhG schon aufgrund der Normbezeichnung „Vervielfältigungen zum privaten und sonstigen eigenen Gebrauch" und dem Ausschluss jeglicher erwerbsmäßiger Vervielfältigungszwecke undenkbar.

Eine analoge Anwendung des § 69d Abs. 1 UrhG ist jedenfalls insofern naheliegend, als der EuGH sich hinsichtlich der bei der Weitergabe anfallenden Vervielfältigungshandlungen auf die Einschlägigkeit dieser Norm berufen hat. Das Gericht hat der Norm dabei eine neue Bedeutung zugemessen, die über seine bisherige Bedeutung hinausgeht. Denn zur „bestimmungsgemäßen" Benutzung zählt nun bereits der Download, um eine bestimmungsgemäße Benutzung überhaupt erst vornehmen zu können. Zwar handelt es sich um eine nur für Computerprogramme geltende Vorschrift, die Art. 5 Abs. 1 Software-RL umsetzt, dennoch dient sie – quasi als Parallelvorschrift zu § 44a UrhG – im Prinzip dazu, die Nutzung begleitende Vervielfältigungshandlungen zu rechtfertigen. Gegen eine vergleichbare Interessenlage kann aber die Computer-Spezifizität angeführt werden. Denn wenn § 69d Abs. 1 UrhG neben dem Computerprogramm von einer „Fehlerberichtigung" spricht, wird deutlich, dass vom Normzweck nur Computerprogramme umfasst sein sollen. Zudem existiert für andere digitale Güter als Software gerade mit der Vorschrift des § 44a UrhG eine vergleichbare Regelung. Die speziell für Computerprogramme dienende Vorschrift des § 69d Abs. 1 UrhG kann daher nicht auch auf andere Güter angewandt werden.[1299]

1297 S. insb. BGH v. 20.11.2008 – I ZR 112/06, GRUR 2009, 403 (405) – Metall auf Metall; BGH v. 29.4.2010 – I ZR 69/08, GRUR 2010, 628 – Vorschaubilder.
1298 Vgl. zuletzt BGH v. 29.4.2010 – I ZR 69/08, GRUR 2010, 628, Tz. 24 – Vorschaubilder; BGH v 24.1.2002 – I ZR 102/99, BGHZ 150, 6, GRUR 2002, 605 – Verhüllter Reichstag – m. w. N.; aus der Literatur s. nur *Melichar*, in: Schricker/Loewenheim (Hrsg.), UrhG, Vor. § 44a Rn. 21 m. w. N.
1299 *Hoeren/Jakopp* haben die Möglichkeit einer analogen Anwendung des § 69d Abs. 1 UrhG zumindest angesprochen, ohne dem aber weiter nachzugehen; *Hoeren/Jakopp*, MMR 2014, 646 (649).

D. Die urheberrechtliche Zulässigkeit der Weitergabe

In Frage steht noch, ob § 44a UrhG in analoger Form zur Rechtfertigung der Vervielfältigungshandlungen herangezogen werden kann. Wie an anderer Stelle bereits ausgeführt, kann § 44a Nr. 2 UrhG in der Tat die „beiläufigen" Vervielfältigungen bei der Werknutzung rechtfertigen. Dies gilt jedoch nicht für die Erstkopie bzw. den Download sowie die Erstellung eines übergabefähigen Vervielfältigungsstücks, da es sich hier nicht um vorübergehende Vervielfältigungen i. S. d. § 44a UrhG handelt. Im Grunde und vereinfacht ausgedrückt, geht es bei dieser Norm darum, Vervielfältigungen zu rechtfertigen, die nur beiläufig aus technischen Gründen vorgenommen werden. Vergleicht man die Argumentation des EuGH im UsedSoft-Fall, könnte man eine Parallele ziehen: Während der EuGH neben der bestimmungsgemäßen Benutzung auch die Vervielfältigung, die die bestimmungsgemäße Benutzung überhaupt erst ermöglicht, von § 69d Abs. 1 UrhG erfasst sieht, könnte man in § 44a UrhG auch die Vervielfältigungen rechtfertigen, aufgrund derer die weiteren Vervielfältigungen nach § 44a UrhG sowieso gerechtfertigt sind. Das ist auch vor dem Hintergrund nicht undenkbar, dass der EuGH § 44a UrhG als einzige Schranke als zwingend und verpflichtend für alle Mitgliedsstaaten ansieht. Insofern könnte er diese Norm als sein Einfallstor für eine Rechtfertigung der bei der Weitergabe anfallenden Vervielfältigungen ansehen. Gegen eine analoge Anwendung lassen sich jedoch gewichtige Gründe anführen. So werden von § 44a UrhG nach dem eindeutigen Wortlaut nur vorübergehende Vervielfältigungen erfasst, die bei einer dauerhaften Kopie gerade nicht vorliegen. Eine solche dauerhafte Vervielfältigung muss aber getätigt werden, um die Datei benutzen zu können. Darüber hinaus darf die Vervielfältigung keine eigenständige wirtschaftliche Bedeutung haben. Die Erstkopie hat aber gerade eine solche Bedeutung, da sie eine neue, eigenständige Nutzungsmöglichkeit eröffnet. Während der EuGH seine Auslegung immerhin am Wortlaut des Art. 5 Abs. 1 Software-RL festmachen konnte, ist dies schon wegen der beiden gerade aufgeführten Voraussetzungen nicht möglich. Außerdem kann der EuGH bei Art. 5 Abs. 1 Software-RL den Begriff der „bestimmungsgemäßen Benutzung" für seine Zwecke ausnutzen. Einen vergleichbaren Begriff sucht man in § 44a UrhG vergeblich. Eine analoge Anwendung des § 44a UrhG ist daher mangels vergleichbarer Interessenlage nicht möglich.[1300]

Damit ist eine analoge Anwendung von Schrankenbestimmungen für die Rechtfertigung der bei der Weitergabe digitaler Güter anfallenden Vervielfältigungshandlungen nicht zielführend.[1301] Da im europäischen und deutschen Recht auch keine fair-use-Regel vorhanden ist, kann über die Schrankenbestimmungen keine Rechtfertigung konstruiert werden.

1300 So aber *Feiler*, JIL Vol. 16 2012, 1 (18 f.).
1301 Der Gesetzesentwurf der Fraktion DIE LINKE, BT-Drucks. 17/8377 v. 18.1.2012, S. 6, kann hingegen so gedeutet werden, dass eine (analoge?) Rechtfertigung über § 53 UrhG oder § 44a UrhG als möglich angesehen wird.

IV. Rechtfertigung der Vervielfältigungshandlungen de lege lata

4. Die Einwilligungslösung

Dem BGH wurde die Problematik der unflexiblen europäischen Schrankenregelungen schon selbst zum Verhängnis. So hat er in einer Aufsehen erregenden Entscheidung eine schlichte Einwilligung des Urhebers angenommen, um eine Handlung trotz eines an sich bestehenden Eingriffs in das Recht der öffentlichen Zugänglichmachung nach § 19a UrhG zu rechtfertigen.[1302] In einem späteren Urteil konkretisiert er sein Verständnis der schlichten Einwilligung dahingehend, dass eine solche nicht mehr vorliege, wenn die betroffene Datei nicht mit Zustimmung des Urhebers ins Internet gestellt wurde.[1303] Ungeachtet aller Schwierigkeiten um die dogmatische Erfassung der Rechtsfigur der Einwilligung[1304] besteht Konsens darüber, dass mit einer Einwilligung kein Transfer positiver Nutzungsbefugnisse erfolgt.[1305] Fraglich ist, ob eine solche schlichte Einwilligung des Urhebers auch hinsichtlich der bei der Weitergabe anfallenden Vervielfältigungshandlungen angenommen werden kann. In der Vorschaubilder-Entscheidung des BGH hatte die Künstlerin das Werk ohne Zugangssperren ins Internet gesetzt. Sie hat damit die Vorzüge des freien Internets genutzt und die Internetnutzer hatten freien Zugang auf das Werk. Wer jedoch Werke ohne technische Einschränkungen frei zugänglich macht, erklärt sich auch mit den üblichen Nutzungshandlungen einverstanden.[1306] Bei den hier gegenständlichen Online-Vertriebsmodellen liegen allerdings ganz andere Voraussetzungen vor: Es können nur diejenigen Nutzer auf die Werke zugreifen, die zuvor einen entsprechenden Kaufvertrag abschließen. Alle anderen Nutzer haben keinerlei Zugriffsmöglichkeit auf die Werke. Damit nimmt der Urheber mit seinem Werk aber gerade nicht an der freien Kommunikation im Internet teil. Eine schlichte Einwilligung hinsichtlich der Vervielfältigungshandlungen, die im Rahmen der Weitergabe vorgenommen werden, lässt sich daher nicht konstruieren. Durch den zugangskontrollierten Vertrieb seiner Werke macht der Urheber vielmehr deutlich, dass er nur dem zahlenden Käufer entsprechende Nutzungsrechte einräumen will.

5. Ungeschriebene Rechtfertigung

Da demnach keine geschriebenen Normen zur Rechtfertigung aller notwendigen Vervielfältigungshandlungen in Betracht kommen, rücken ungeschriebene

---

1302 BGH v. 29.4.2010 – I ZR 69/08, BGHZ 185, 291, GRUR 2010, 628, Tz. 33 ff. – Vorschaubilder.
1303 BGH v. 19.10.2011 – I ZR 140/10, GRUR 2012, 602, Tz. 25 – Vorschaubilder II.
1304 Vgl. dazu grundlegend *Ohly*, Die Einwilligung im Privatrecht, S. 178 ff.; *Ohly*, GRUR 2012, 983 (983 ff.); s. zudem *Leenen*, Urheberrecht und computergestützte Erkennung, S. 189 ff.; *Tinnefeld*, Die Einwilligung in urheberrechtliche Nutzungen im Internet, S. 6 ff.; *von Zimmermann*, Die Einwilligung im Internet, S. 8 ff.
1305 *Haedicke*, Rechtskauf und Rechtsmängelhaftung, S. 93.
1306 *Bullinger*, in: Wandtke/Bullinger (Hrsg.), UrhG, § 19a Rn. 42.

D. Die urheberrechtliche Zulässigkeit der Weitergabe

Rechtfertigungsgründe ins Zentrum der Untersuchung. Ohne eine solche ungeschriebene Rechtfertigung konkret auszusprechen, wird von einigen Autoren eingefordert, dass die zur Weitergabe vorgenommenen Vervielfältigungshandlungen zulässig sein müssten, da ansonsten ein gesetzliches Recht – der Grundsatz der Erschöpfung – aus technischen Gründen leer liefe.[1307] Dass überhaupt bestimmte Grundsätze trotz Fehlens einer entsprechenden gesetzlichen Regelung in Ausnahmefällen gelten können, zeigt sich im deutschen Recht sogar auf verfassungsrechtlicher Ebene: So werden neben den geschriebenen auch ungeschriebene Gesetzgebungskompetenzen anerkannt.[1308] Konkret im Zusammenhang mit dem Vervielfältigungsrecht bzw. dem Erschöpfungsgrundsatz könnten sowohl europäische als auch deutsche Gerichte Hinweise darauf liefern, dass eine ungeschriebene Rechtfertigung von Vervielfältigungshandlungen grundsätzlich konstruierbar ist. Sofern dem zuzustimmen ist, muss das Für und Wider einer solchen Annahme thematisiert werden.

a. Hinweise aus der Rechtsprechung

Im deutschen Rechtskreis ergingen bislang – abgesehen von den UsedSoft-Urteilen – drei höchstrichterliche Urteile, die sich mit Vervielfältigungshandlungen im Zusammenhang mit dem Erschöpfungsgrundsatz auseinandersetzen mussten. Nur die Parfumflakon-Entscheidung des BGH[1309] aus dem Jahr 2000 kann aber Erkenntnisse für eine ungeschriebene Rechtfertigung liefern. Die OEM-Entscheidung[1310] betrifft hingegen die durch Händler initiierte Weitergabe von originalverpackten, in einer Folie einschweißten Disketten, auf denen sich die Software befindet. Dabei stellt sich das Problem unzulässiger Vervielfältigungshandlungen nicht, da niemand auf den verschiedenen Vertriebsstufen die ungeöffnete und damit „neue" Diskette installieren, geschweige denn nutzen konnte. Genauso wenig ist dabei die Half-Life 2-Entscheidung[1311] von Bedeutung, welche die Problematik der Verwendung technischer Schutzmaßnahmen betrifft und in einem eigenen Kapitel untersucht wird.[1312] Auf europäischer Ebene können zwei Urteile herangezogen werden, welche Rückschlüsse auf die Zulässigkeit der Annahme einer ungeschriebenen Rechtfertigung von Vervielfältigungsstü-

---

1307 *Redeker*, CR 2014, 73 (77 f.); *Hilty*, CR 2012, 625 (631 f.), wobei sich seine Konstruktion einer „implied License" nicht auf den Erschöpfungsgrundsatz bezieht; *Hoeren/Jakopp*, MMR 2014, 646 (649); *Redeker*, CR 2011, 634 (637); ebenso schon *Redeker*, Der EDV-Prozess, Rn. 44, für Software vor Inkrafttreten des § 69d Abs. 1 UrhG.
1308 Zu den ungeschriebenen Gesetzgebungskompetenzen zählen die Bundeskompetenz kraft Sachzusammenhang, die Annexkompetenz des Bundes sowie die Kompetenz des Bundesgesetzgebers kraft Natur der Sache; vgl. dazu *Ipsen*, Staatsrecht I. Staatsorganisatonsrecht, Rn. 590 ff.
1309 BGH v. 4.5.2000 – I ZR 256/97, BGHZ 144, 232, GRUR 2001, 51 – Parfumflakon.
1310 BGH v. 6.7.2000 – I ZR 244/97, GRUR 2001, 153 – OEM-Version.
1311 BGH v. 11.2.2010 – I ZR 178/08, GRUR 2010, 822 – Half-Life 2.
1312 S. dazu Kapitel F.

cken liefern können. Die Dior/Evora-Entscheidung[1313] stammt bereits aus dem Jahr 1997, während die TU Darmstadt/Ulmer-Entscheidung[1314] erst kürzlich ergangen ist. Da die Parfumflakon-Entscheidung des BGH und das erstgenannte Urteil des EuGH thematisch eng zusammenhängen, werden diese zuerst und in chronologischer Reihenfolge analysiert. Im Kern geht es bei der Untersuchung der Urteile nur um die Möglichkeit der Annahme ungeschriebener Rechtfertigungsgründe für Vervielfältigungshandlungen.

aa. Die Dior/Evora-Entscheidung des EuGH

Das Dior/Evora-Urteil des EuGH stammt bereits aus dem Jahr 1997 und hat den markenrechtlichen Erschöpfungsgrundsatz zum Gegenstand.[1315] Demnach hat ein Wiederverkäufer nicht nur das Recht, mit einer Marke versehene Waren, die vom Markeninhaber oder mit seiner Zustimmung in der Gemeinschaft in den Verkehr gebracht worden sind, weiterzuverkaufen, sondern auch das Recht, die Marke zu benutzen, um der Öffentlichkeit den weiteren Vertrieb dieser Waren anzukündigen.[1316] Dies ergebe sich, so die Richter, daraus, dass die für die Ankündigung entsprechende Norm im Lichte der Vertragsbestimmungen über den freien Warenverkehr, insbesondere des Art. 36 AEUV, auszulegen sei, und dass der Grundsatz der Erschöpfung des Rechts den Markeninhabern die Möglichkeit nehmen soll, die nationalen Märkte abzuschotten und dadurch die Beibehaltung eventueller Preisunterschiede zwischen den Mitgliedsstaaten zu fördern.[1317] Wenn aber das Verbotsrecht für die Benutzung einer Marke zur Ankündigung des weiteren Vertriebs nicht ebenso erschöpft wäre wie das Verbotsrecht des Wiederverkaufs, würde der Wiederverkauf erheblich erschwert und der mit dem Grundsatz der Erschöpfung verfolgte Zweck verfehlt.[1318]

Der EuGH erkennt damit ein Werbe- bzw. Ankündigungsrecht im Urheberrecht an.[1319] Betrachtet man die vom EuGH deklarierte Durchsetzung des markenrechtlichen Erschöpfungsgrundsatzes, kann man auch hinsichtlich des urheberrechtlichen Vervielfältigungsrechts festhalten, dass er aufgrund seiner wirtschaftlich-binnenmarktorientierten Ausrichtung, die Erschöpfungswirkung allgemein abzusichern, soweit das für die praktische Wirksamkeit der Erschöpfungswirkung notwendig ist, eine ungeschriebene Rechtfertigung annehmen könnte.[1320] Dies gilt vor allem vor dem Hintergrund, dass der EuGH in der UsedSoft-Entscheidung zum Teil die gleichen Begrifflichkeiten – z.B. „Märkte abschotten" – zur Begründung verwendet.

1313 EuGH v. 4.11.1997 – C-337/95, GRUR Int. 1998, 140 – Dior/Evora.
1314 EuGH v. 11.9.2014 – C-117/13, GRUR 2014, 1078 – TU Darmstadt/Ulmer.
1315 EuGH v. 4.11.1997 – C-337/95, GRUR Int. 1998, 140 – Dior/Evora.
1316 EuGH v. 4.11.1997 – C-337/95, GRUR Int. 1998, 140, Tz. 38 – Dior/Evora.
1317 EuGH v. 4.11.1997 – C-337/95, GRUR Int. 1998, 140, Tz. 37 – Dior/Evora.
1318 EuGH v. 4.11.1997 – C-337/95, GRUR Int. 1998, 140, Tz. 37 – Dior/Evora.
1319 *Niethammer*, Erschöpfungsgrundsatz und Verbraucherschutz im Urheberrecht, S. 149.
1320 *Leistner*, CMLR 2014, 559 (582 ff.); *Leistner*, JZ 2014, 846 (851).

bb. Die Parfumflakon-Entscheidung des BGH

Im Parfumflakon-Urteil des BGH wird der Grundsatz, dass sich die Erschöpfung nur auf das Verbreitungsrecht und nicht auch auf das Vervielfältigungsrecht bezieht, erstmals gebrochen. Dem Erwerber eines Parfums in einem urheberrechtlich geschützten Parfumflakon wird dabei die Abbildung in einem Werbeprospekt – eine zweidimensionale Vervielfältigung des dreidimensionalen Flakons – zum Zwecke des Weiterverkaufs erlaubt. Begründet wird dies damit, dass „in derartigen Fällen [...] mit der Ausübung des Verbreitungsrechts üblicherweise ein derartiger Eingriff in das Vervielfältigungsrecht verbunden [sei], der auch sonst nicht als eine gesondert zustimmungsbedürftige Handlung angesehen wird. Vielmehr wird derjenige, der urheberrechtlich berechtigt ist, die Ware zu vertreiben, auch hinsichtlich der darüber hinausgehenden, sich jedoch im Rahmen üblicher Absatzmaßnahmen haltenden Nutzung ohne weiteres als berechtigt angesehen, ohne dass es der Konstruktion einer [...] zusätzlichen Nutzungsrechtseinräumung bedürfte."[1321]

Dementsprechend erlaubt der BGH also in Ausnahmefällen sehr wohl Vervielfältigungshandlungen über den Erschöpfungsgrundsatz, wenn sie erforderlich sind, um die Verkehrsfähigkeit eines Werkstücks zu gewährleisten, wie z.B. bei Angeboten und anderen Werbehinweisen auf angebotene Ware.[1322] § 17 Abs. 2 UrhG sei Ausdruck des allgemeinen Grundsatzes, dass das Urheberrecht gegenüber dem Interesse an der Verkehrsfähigkeit zurücktreten müsse.[1323] Der BGH sieht des Weiteren eine Parallele zum Markenrecht, bei dem auch das Recht, die Marke in der Werbung oder in anderen Ankündigungen zu benutzen, Gegenstand des zeichenrechtlichen Gerbrauchs sei; schließlich verweist er noch auf die Dior/Evora-Entscheidung des EuGH.[1324] Betrachtet man die Entscheidungsgründe des BGH, sprechen diese ebenfalls dafür, bei der Weitergabe digitaler Güter eine Rechtfertigung der notwendigen Vervielfältigungshandlungen anzunehmen.[1325] Dies gilt vor allem hinsichtlich der Aussage, dass die „darüber hinausgehende, sich jedoch im Rahmen üblicher Absatzmaßnahmen haltende Nutzung ohne weiteres als berechtigt" anzusehen ist. In dieser Klarheit und Deutlichkeit formuliert, fällt es nicht schwer, auch die Vervielfältigung im Rahmen der Weitergabe als „übliche" Nutzung anzusehen.

1321 BGH v. 4.5.2000 – I ZR 256/97, BGHZ 144, 232, GRUR 2001, 51 (53) – Parfumflakon.
1322 BGH v. 4.5.2000 – I ZR 256/97, BGHZ 144, 232, GRUR 2001, 51 (53) – Parfumflakon; so auch *Hoeren/Voelkel*, in: Hoeren (Hrsg.), Big Data und Recht, S. 11 (14).
1323 BGH v. 4.5.2000 – I ZR 256/97, BGHZ 144, 232, GRUR 2001, 51 (53) – Parfumflakon.
1324 BGH v. 4.5.2000 – I ZR 256/97, BGHZ 144, 232, GRUR 2001, 51 (53) – Parfumflakon.
1325 So auch *Ammann*, Der Handel mit Second Hand-Software aus rechtlicher Sicht, S. 264; *Bardens*, Die Zweitverwertung urheberrechtlich geschützter Software, S. 179, 184; *Lutz*, Softwarelizenzen und die Natur der Sache, S. 108 ff.

cc. Die TU Darmstadt/Ulmer-Entscheidung des EuGH

Ein erst kürzlich ergangenes Urteil des EuGH betrifft – ohne Zusammenhang zum Erschöpfungsgrundsatz – das Recht der Bibliotheken, Vervielfältigungen vorzunehmen.[1326] Der EuGH erklärt es für zulässig, dass öffentliche Bibliotheken gedruckte Bücher aus ihrem Bestand auch ohne Zustimmung der Rechteinhaber digitalisieren dürften, um sie auf elektronischen Leseplätzen zur Verfügung zu stellen. Dies begründet er damit, dass das in Art. 5 Abs. 3 lit. n InfoSoc-RL niedergelegte Recht der Bibliotheken, Werke aus ihrem Bestand öffentlich zugänglich zu machen, einen Großteil seines sachlichen Gehalts und seiner praktischen Wirksamkeit verlieren würde, wenn der Bibliothek kein akzessorisches Recht zur Digitalisierung und damit der Vervielfältigung der betreffenden Werke zustehen würde.[1327] Auffällig ist dabei, dass der EuGH – wie in der UsedSoft-Entscheidung – davon spricht, dass dem Recht nicht seine „praktische Wirksamkeit" genommen werden dürfe.[1328] Obwohl die Richter im nächsten Absatz die Rechtfertigung der Vervielfältigungshandlungen dann doch über eine geschriebene Norm (Art. 5 Abs. 2 lit. c InfoSoc-RL) ableiten,[1329] bleibt der Eindruck aufgrund der Formulierung in Tz. 43 des Urteils, dass sie eine Rechtfertigung auch angenommen hätten, wenn Art. 5 Abs. 2 lit. c InfoSoc-RL nicht existieren würde. Der BGH ist im Vorlageschluss eher von einer solchen ungeschriebenen Annexkompetenz aus Art. 5 Abs. 3 lit. n InfoSoc-RL ausgegangen, wenngleich er auch auf Art. 5 Abs. 2 lit. c InfoSoc-RL verweist.[1330] Damit zeigt sich jedenfalls, dass sich Vervielfältigungshandlungen auch aufgrund einer ungeschriebene Annexkompetenz rechtfertigen lassen können. Dem Erschöpfungsgrundsatz würde ebenfalls die praktische Wirksamkeit genommen, wenn man zwar die Verbreitung als zulässig ansehen, die dazu erforderlichen Vervielfältigungshandlungen allerdings nicht zulassen würde.

b. Bewertung

Die aufgeführten Urteile zeigen, dass selbst der EuGH und der BGH in bestimmten Fallgestaltungen von ungeschriebenen Rechtfertigungsgründen ausgehen. Einer Übertragung auf die vorliegende Fallkonstellation der Weiterveräußerung digitaler Güter stehen viele Autoren dennoch skeptisch gegenüber. So wird etwa gegen eine Übertragung der Grundsätze des Parfumflakon-Urteils des BGH auf den Gebrauchthandel mit digitalen Gütern angeführt, dass es bei den Vervielfältigungen im Zuge der Weitergabe digitaler Güter eben nicht darum

---

1326 EuGH v. 11.9.2014 – C-117/13, GRUR 2014, 1078 – TU Darmstadt/Ulmer, Vorlagefragen von BGH v. 20.9.2012 – I ZR 69/11, GRUR 2013, 503 – Elektronische Leseplätze.
1327 EuGH v. 11.9.2014 – C-117/13, GRUR 2014, 1078, Tz. 43 – TU Darmstadt/Ulmer.
1328 EuGH v. 11.9.2014 – C-117/13, GRUR 2014, 1078, Tz. 43 – TU Darmstadt/Ulmer.
1329 EuGH v. 11.9.2014 – C-117/13, GRUR 2014, 1078, Tz. 44 – TU Darmstadt/Ulmer.
1330 BGH v. 20.9.2012 – I ZR 69/11, GRUR 2013, 503, Tz. 21-23 m.w.N. – Elektronische Leseplätze.

D. Die urheberrechtliche Zulässigkeit der Weitergabe

gehe, ein konkretes, mit Zustimmung des Rechteinhabers in Verkehr gebrachtes Werkstück durch Vervielfältigung verkehrsfähig zu halten, sondern gänzlich neue Vervielfältigungsstücke herzustellen.[1331] Der EuGH – und ihm folgend der BGH – haben einer ausschließlichen Anknüpfung an ein konkretes Vervielfältigungsstück jedoch einen Riegel vorgeschoben, indem die Erschöpfung auch an der online zur Verfügung gestellten Werkkopie eintreten kann. Auch die Übertragung der Parfumflakon-Rechtsprechung auf den Handel mit gebrauchter Software wird zum Teil mit Verweis auf den fehlenden Eigentumserwerb an einem körperlichen Gegenstand abgelehnt.[1332] Die UsedSoft-Rechtsprechung hat aber gezeigt, dass die Anknüpfung an die (Un-)Körperlichkeit kein Kriterium mehr ist und dass eine Eigentumsübertragung im urheberrechtlichen Sinne auch dann vorliegt, wenn Nutzungsrechte ohne zeitliche Beschränkung gegen Bezahlung eines Entgelts eingeräumt werden.

Der Erschöpfungsgrundsatz würde leerlaufen, wenn man die für die Weitergabe erforderlichen Vervielfältigungshandlungen als nicht gerechtfertigt ansieht. Eine Rechtfertigung de lege lata ist jedoch nur bei Software bzw. hybriden Produkten über Art. 5 Abs. 1 Software-RL bzw. § 69d Abs. 1 UrhG möglich, meistens jedoch nicht bei digitalen Inhalten, die ausschließlich der InfoSoc-RL unterfallen. Die Annahme einer Annexkompetenz als ungeschriebenem Rechtfertigungsgrund ist daher die einzige Lösung. Angesichts der Tatsache, dass der EuGH die Ausweitung der Erschöpfung im Wesentlichen auf die Verhinderung der Abschottung nachgelagerter Märkte gestützt hat, ist eine Rechtfertigung zwingend. Wenngleich eine ungeschriebene Rechtfertigung nur in Ausnahmefällen angenommen werden sollte, liegen solche aufgrund der fehlenden gesetzlichen Vorschriften hier gerade vor.[1333]

Malevanny vertritt die These, dass bei Software ein Rückgriff auf Art. 5 Abs. 1 Software-RL für die vom Zweiterwerber vorgenommene Vervielfältigungshandlung durch den Download nicht notwendig sei, da diese Vervielfältigung der Verbreitung immanent sei und es sich daher aus der Natur der Verbreitung eine Ausnahme vom Grundsatz ergebe, dass sich der Erschöpfungsgrundsatz nur auf das Verbreitungsrecht beziehe.[1334] Diese erste Vervielfältigung sei wegen des technologischen Wandels dem Aufgabenbereich des Käufers zuzuordnen.[1335] Der Verkäufer dürfe sich dann aber nicht durch die Flucht in den Online-Vertrieb seiner Verantwortung für die Herstellung des ersten Vervielfältigungsstücks ent-

---

[1331] *Hoeren*, GRUR 2010, 665 (672).
[1332] *Heydn*, in: Kilian/Heussen (Hrsg.), Computerrechts-Handbuch, 1. Abschn. Teil 2, Vermarktung von Gebrauchtsoftware, Rn. 63.
[1333] Auch *Seitz* beruft sich auf die Dior/Evora- und die Parfumflakon-Entscheidung zur Rechtfertigung von Vervielfältigungshandlungen; *Seitz*, „Gebrauchte" Softwarelizenzen, S. 190 ff.
[1334] *Malevanny*, CR 2013, 422 (424 f.); auch *Hilty* geht von einer ungeschriebenen Rechtfertigung aus, begründet dies jedoch nicht mit dem Erschöpfungsgrundsatz, sondern mit einer „implied license"; *Hilty*, CR 2012, 625 (629 ff.); *Hilty/Köklü/Hafenbrädl*, IIC 2013, 263 (264). Dieser Ansatz ist jedoch grundsätzlich abzulehnen, s. dazu D. II. 2. c. aa. bbb.
[1335] *Malevanny*, CR 2013, 422 (424 f.).

IV. Rechtfertigung der Vervielfältigungshandlungen de lege lata

ziehen, während er sich gleichzeitig auf die Verletzung des Vervielfältigungsrechts beruft, um den Weiterverkauf zu verhindern.[1336] Dem ist zunächst dahingehend zuzustimmen, dass sich ein Funktionswandel vollzogen hat. Lange Zeit hat der Verkäufer die erste Vervielfältigung insbesondere durch das Brennen eines Werkstückes auf CD oder DVD noch selbst getätigt, nun überlässt er diese Tätigkeit dem Käufer, indem die Werkstücke nur noch online zum Download zur Verfügung gestellt werden. Fraglich ist allerdings, ob man daraus wirklich den Schluss ziehen kann, dass die Vervielfältigungshandlung deswegen quasi unter das erschöpfte Verbreitungsrecht fällt und demnach zustimmungsfrei vom Käufer vorgenommen werden kann. *Malevanny* stützt sich für diese Ausnahme vom Grundsatz, dass sich der Erschöpfungsgrundsatz nur auf das Verbreitungsrecht beziehe, vor allem auf das Parfumflakon-Urteil des BGH. Dabei erkennt er selbst an, dass sich die dort aufgestellten Grundsätze nicht direkt auf die Fälle des Software-Gebrauchthandels übertragen lassen.[1337] Das LG Hamburg habe aber trotzdem die analoge Erschöpfung des für die digitale Veräußerung notwendigen Vervielfältigungsrechts gerade auf dieses Urteil gestützt.[1338] *Malevannys* Ansicht verdient insofern keine Zustimmung, als seine Aussagen so zu verstehen sind, dass sich der Erschöpfungsgrundsatz unmittelbar auch auf die Vervielfältigung erstrecke, denn die Erschöpfung betrifft ausschließlich das Verbreitungsrecht. Jedoch würde die Erschöpfungswirkung ausgehöhlt, wenn die für die Weiterverbreitung erforderlichen Vervielfältigungshandlungen nicht erlaubt würden. Daher ergibt sich also nicht unmittelbar, sondern nur mittelbar aus dem Erschöpfungsgrundsatz, dass die Vervielfältigungen gerechtfertigt sein müssen. Mit der auf den Funktionswandel bezogenen Argumentation schafft er ein weiteres Argument für eine ungeschriebene Rechtfertigung. Im Ergebnis ist ihm daher doch zuzustimmen.

Damit ist von einer ungeschriebenen Rechtfertigung der bei der Weitergabe digitaler Güter anfallenden Vervielfältigungshandlungen, die nicht bereits einer Schrankenbestimmung unterliegen, auszugehen, um der Erschöpfung nicht ihre praktische Wirksamkeit zu nehmen. Dagegen sprechen auch nicht etwa die vom EuGH herangezogenen Normen Art. 5 Abs. 1 Software-RL bzw. § 69d Abs. 1 UrhG zur Rechtfertigung der vorgenommenen Vervielfältigungshandlungen. Im Gegensatz zur InfoSoc-RL hatten die Richter mit den genannten Normen einen möglichen Anknüpfungspunkt für eine sich aus dem Gesetz ergebende Rechtfertigung, den sie auch ausgenutzt haben. Dabei haben sie in Kauf genommen, dass diese Lösung etwas konstruiert wirkt und sie gewissermaßen eine „Umwidmung" der Normen vornehmen musste. Hätte der EuGH einen solchen Anknüpfungspunkt jedoch nicht zur Verfügung gehabt, wie es im Anwendungsbereich der InfoSoc-RL der Fall ist, würde es sehr überraschen, wenn die Richter die

---
1336 *Malevanny*, CR 2013, 422 (425 Fn. 30).
1337 *Malevanny*, CR 2013, 422 (425); vgl. dazu auch *Hoeren*, GRUR 2010, 665 (672).
1338 *Malevanny*, CR 2013, 422 (425 Fn. 30): LG Hamburg v. 29.6.2007 – 315 O 343/06, ZUM 2007, 159 (n. rk.).

praktische Wirksamkeit der Erschöpfung aufgrund einer fehlenden gesetzlichen Bestimmung scheitern lassen würden.

V. Rechtfertigung der öffentlichen Zugänglichmachung

Nach der Rechtfertigung der bei der Weitergabe anfallenden Vervielfältigungshandlungen stellt sich die Frage, ob auch Handlungen der öffentlichen Zugänglichmachung gerechtfertigt werden können. Dazu ist zunächst zu klären, wann dieses Verwertungsrecht überhaupt im Rahmen der Weitergabe zum Tragen kommen kann. Wenn das Verwertungsrecht tatsächlich einschlägig ist, müssen die entsprechenden Rechtfertigungsmöglichkeiten geprüft werden, da eine Zustimmung des Rechteinhabers in aller Regel nicht vorliegen wird. Zudem wird das vom EuGH als Voraussetzung für das Vorliegen der Öffentlichkeit geschaffene Kriterium des „neuen Publikums" unter die Lupe genommen. Abschließend werden die Konsequenzen der rechtlichen Analyse zum Recht der öffentlichen Zugänglichmachung untersucht.

1. Anwendungsfälle

Wenn der Ersterwerber die von ihm erworbenen digitalen Inhalte weiterveräußern will, benötigt er dazu nicht zwingend das Recht auf öffentliche Zugänglichmachung. Wenn er mit dem potenziellen Zweiterwerber über sein privates Umfeld Kontakt aufnimmt oder die Weitergabe per E-Mail erfolgt, muss er die Dateien nicht der Öffentlichkeit zugänglich machen. Hierbei handelt es sich um eine Punkt-zu-Punkt-Übertragung. Das Gleiche gilt, wenn er die Datei beispielsweise in ein Cloud-System wie die Dropbox hochlädt und nur dem Erwerber den Zugriffslink auf die Datei zukommen lässt.

Anders stellt sich die Situation freilich dar, wenn ein Zwischenhändler die digitalen Güter der Ersterwerber per Upload oder per E-Mail von diesen empfängt und diese Güter dann der Öffentlichkeit zum Download zur Verfügung stellt. Im Grunde unterscheidet sich diese Vertriebsform nur insofern vom Erstvertrieb, als dass der Gebrauchthändler die einmal erhaltene Kopie mit dem dazugehörigen Nutzungsrecht auch nur einmal an einen Zweiterwerber weiterveräußern darf. Dennoch kann potenziell jede Person der Öffentlichkeit auf diese Datei – bei Abschluss eines entsprechenden Kaufvertrages – zugreifen. Der Gebrauchthändler benötigt also das Verwertungsrecht der öffentlichen Zugänglichmachung.

Zwischen diesen beiden Extremen gibt es jedoch einen großen Spielraum. Ob das Verwertungsrecht der öffentlichen Zugänglichmachung notwendig ist, hängt vom technischen Ablauf des jeweiligen Vertriebsmodells ab. Würde ein Anbieter z.B. nur als unbeteiligter Vermittler agieren, indem er ausschließlich eine Plattform mit dem Webspace zur Verfügung stellt, so dass die Ersterwerber ihre digitalen Güter hochladen können und die Zweiterwerber dann die Ersterwerber um Mitteilung des Zugangscodes für den Download bitten müssten, wäre wohl immer noch von einer öffentlichen Zugänglichmachung auszugehen. Denn auch hier kann potenziell jeder auf die Dateien zugreifen, auch wenn der Versand des Zugangscodes nicht automatisiert durch den Ersterwerber ablaufen würde, dieser also noch aktiv eingreifen müsste. Dient die Plattform aber nur zur Herstellung des Kontakts mit dem Zweiterwerber – z. B. vergleichbar mit eBay –, ohne dass die Datei schon im Vorfeld z. B. in die Dropbox hochgeladen wird, liegt eher keine öffentliche Zugänglichmachung vor.

Den Anwendungsfällen ist zu entnehmen, dass das Vorliegen einer öffentlichen Zugänglichmachung vom jeweiligen Einzelfall abhängt. Der naheliegende Verdacht, dass es entscheidend darauf ankommt, ob die Datei schon vor oder erst nach dem Vertragsschluss mit dem Zweiterwerber ins Internet hochgeladen wurde, kann nicht immer überzeugen: Zwar wird regelmäßig keine öffentliche Zugänglichmachung vorliegen, wenn die Datei erst nach dem Vertragsschluss hochgeladen wird, bei einem Upload im Vorfeld ist es jedoch ebenfalls möglich, dass keine öffentliche Zugänglichmachung vorliegt, z. B. beim Abspeichern der Datei in der „privaten" Dropbox. Wenn später der Link für den Zugriff verschickt wird, muss nicht zwingend eine öffentliche Zugänglichmachung vorliegen. Als Regel gilt, dass bei einem Upload von Dateien an einen „aktiven" Gebrauchthändler eine öffentliche Zugänglichmachung gegeben ist, während der E-Mail-Versand digitaler Güter an den Zweiterwerber grundsätzlich keine öffentliche Zugänglichmachung darstellt. Bei einem abstrakten Anbieten unter bloßer Nennung eines Titels oder entsprechender Suchfunktion wird es darauf ankommen,[1339] ob eine Übertragung der Datei in der Nennung des Titels oder der Suchfunktion angelegt ist oder nicht. Muss der Anbieter selbst noch aktiv handeln, indem er die E-Mail mit der Datei verschickt, liegt noch keine öffentliche Zugänglichmachung vor. Wenn die Suche aber letztendlich dazu führt, dass die Datei mit wenigen Klicks heruntergeladen werden kann, ist von der Einschlägigkeit der öffentlichen Zugänglichmachung auszugehen.[1340] Es kommt daher hauptsächlich auf den technischen Ablauf der Bereitstellung bzw. Übertragung der Datei an.

Es fällt also schwer, eine allgemeingültige Aussage darüber zu treffen, ob und wann eine öffentliche Zugänglichmachung gegeben ist. Der konkrete Einzelfall ist entscheidend. Da es bislang – außer im Softwarebereich – noch keine funktionierenden, legalen Vertriebsmodelle für den Zweitvertrieb digitaler Güter gibt, ist die Analyse entsprechend schwierig. Handelt es sich um ein geschlossenes

---

[1339] *Druschel*, Die Behandlung digitaler Inhalte im GEKR, S. 146, geht in einem solchen Fall davon aus, dass das Recht der öffentlichen Zugänglichmachung grundsätzlich nicht einschlägig ist.
[1340] Fraglich ist natürlich, wer die öffentliche Zugänglichmachung vornimmt: der Anbieter oder der Ersterwerber? Vgl. dazu *Dreier*, in: Dreier/Schulze, UrhG, § 19a Rn. 6a m. w. N. Vorliegend geht es aber nur darum, ob überhaupt eine öffentliche Zugänglichmachung bei der Weitergabe vorliegt, die einer Rechtfertigung bedarf.

D. Die urheberrechtliche Zulässigkeit der Weitergabe

System, stellt sich das Problem zumeist gar nicht: Wenn nur die Zuordnung zu einem auf einem Server liegenden digitalen Inhalt von Erst- zu Zweiterwerber wechselt, ist lediglich vor dem Erstverkauf eine öffentliche Zugänglichmachung vorzunehmen.[1341]

2. Rechtfertigung ohne Zustimmung

Die Rechtfertigung einer Handlung der öffentlichen Zugänglichmachung bei der Weitergabe digitaler Güter ist im Prinzip nur mit der Zustimmung des Rechteinhabers möglich.[1342] Denn der eingetretene Erschöpfungsgrundsatz betrifft nur das Verbreitungsrecht und erstreckt sich weder auf das Vervielfältigungsrecht noch auf das Recht der öffentlichen Zugänglichmachung.[1343] Eine Zustimmung wird der Rechteinhaber aber in der Praxis kaum erteilen, da er dadurch mit seinem eigenen Produkt auf dem gleichen Markt konkurrieren würde. Eine analoge Anwendung des Erschöpfungsgrundsatzes ist wegen Art. 3 Abs. 3 InfoSoc-RL nicht möglich.[1344] Andere Schrankenbestimmungen kommen gar nicht erst in Betracht. Fraglich ist daher, ob die öffentliche Zugänglichmachung auf einem anderen Weg gerechtfertigt werden kann.

Koch nimmt an, dass der EuGH in seinem UsedSoft-Urteil dem Ersterwerber und jedem Folgeerwerber das Recht zugesteht, das Werkexemplar auch öffentlich zugänglich zu machen.[1345] Zur Begründung dient vor allem Tz. 81 des EuGH-Urteils, wonach ein neuer Erwerber die Programmkopie auf seinen Computer herunterladen könne. Um dies zu ermöglichen, müsse der Ersterwerber, so *Koch*, im Vorfeld das Werkexemplar auf seinen Server hochgeladen und online zugänglich gemacht haben.[1346] Die Feststellung des EuGH beruht jedoch auf der besonderen Fallkonstellation, wonach der Rechteinhaber die dem Ersterwerber angebotene Download-Möglichkeit weiterhin bereithält, so dass auch der Zweiterwerber darauf zugreifen kann. Es ist nicht ersichtlich, dass der EuGH mit dieser Äußerung eine Schranke für den Ersterwerber und jeden Folgeerwerber einführen wollte, die diesen die öffentliche Zugänglichmachung ermöglicht. Ganz im Gegenteil ergibt sich aus diversen Gründen im Zusammenhang mit dem UsedSoft-Urteil des EuGH, dass die öffentliche Zugänglichmachung gerade nicht vom Erschöpfungsgrundsatz erfasst wird. Zum einen macht der EuGH die Zulässigkeit des Weiterverkaufs einer Programmkopie davon abhängig, dass er seine eigene Programmkopie unbrauchbar macht, um nicht das Vervielfälti-

---

1341 Vgl. dazu *Bäcker/Höfinger*, ZUM 2013, 623 (639 f.).
1342 So dazu D. I. 2.
1343 Vgl. nur *von Ungern-Sternberg*, in: Schricker/Loewenheim (Hrsg.), UrhG, § 19a Rn. 7.
1344 S. nur *von Ungern-Sternberg*, in: Schricker/Loewenheim (Hrsg.), UrhG, § 19a Rn. 5 ff.
1345 *Koch*, ITRB 2013, 9 (13 ff.); ähnlich schon *Lutz*, Softwarelizenzen und die Natur der Sache, S. 67 f., für den Fall, dass das Zugänglichmachen als unkörperliche (Weiter-)Verbreitung behandelt wird.
1346 *Koch*, ITRB 2013, 9 (13).

gungsrecht zu verletzen,[1347] womit er von einer ausschließlichen Zulässigkeit der Punkt-zu-Punkt-Übertragung ausgeht.[1348] Zum anderen begründet der EuGH die Anwendbarkeit des Art. 5 Abs. 1 Software-RL für die vorzunehmenden Vervielfältigungen damit, dass der Erschöpfung „ihre praktische Wirksamkeit" nicht genommen werden dürfe.[1349] Während im Rahmen der Verbreitung digitaler Güter Vervielfältigungshandlungen zwingend vorgenommen werden müssen, trifft dies auf die öffentliche Zugänglichmachung jedoch gerade nicht zu. Eine Verbreitung ist auch ohne einen Eingriff in dieses Verwertungsrecht möglich. Die praktische Wirksamkeit des Erschöpfungsgrundsatzes wird also nicht eingeschränkt, wenn eine Rechtfertigung für die öffentliche Zugänglichmachung nicht gegeben ist.

Ein Recht zur öffentlichen Zugänglichmachung wollen dem Ersterwerber nicht einmal diejenigen zugestehen, die sich für eine freie Übertragbarkeit digitaler Güter aussprechen. So ist selbst im Gesetzesentwurf der Fraktion DIE LINKE zur „Ermöglichung der privaten Weiterveräußerung unkörperlicher Werkexemplare" die Einfügung eines § 17a UrhG mit dem Titel „Weiterveräußerung von Werkexemplaren" vorgesehen, in dessen Abs. 2 S. 2 die öffentliche Zugänglichmachung ausdrücklich ausgeschlossen wird:

> „Eine öffentliche Zugänglichmachung von Vervielfältigungsstücken des Werkes durch den Erwerber ist nicht zulässig."[1350]

Begründet wird dies zu Recht damit, dass die Interessen der Rechteinhaber dadurch unverhältnismäßig beeinträchtigt würden.[1351] Denn nur das Verbreitungsrecht kann sich nach dem Gesetz erschöpfen, nicht jedoch das Recht der öffentlichen Zugänglichmachung. Dieses steht ausschließlich dem Urheber bzw. Rechteinhaber zu und kann durch keine Schranke gerechtfertigt werden. Eine Beschränkung des Vervielfältigungsrechts lässt sich noch damit rechtfertigen, dass die praktische Wirksamkeit des Erschöpfungsgrundsatzes ansonsten leerliefe. Bei der öffentlichen Zugänglichmachung kann davon jedoch keine Rede mehr sein, die Weitergabe könnte höchstens erschwert werden. Diese Erschwernis ist jedoch interessengerecht: Hier kommt wieder der Gedanke an den Zusammenbruch des Primärmarktes zum Tragen, da sich der Zweitmarkt bei einer ohne Zustimmung des Rechteinhabers vorgenommenen öffentlichen Zugänglichmachung überhaupt nicht mehr vom Erstmarkt unterscheiden würde. Muss es sich bei der Weitergabe aber um eine ausschließliche Punkt-zu-Punkt-Übertragung handeln, erschwert dies den Handel mit gebrauchten Gütern auf ein angemessenes Maß. Ein Massengeschäft wird damit nur schwer möglich sein, da die Weitergabe ohne öffentliche Zugänglichmachung einigen Aufwand erfordert.

1347 EuGH v. 3.7.2012 – C-128/11, GRUR 2012, 904, Tz. 70 – UsedSoft.
1348 So auch *Stieper*, ZUM 2012, 668 (669).
1349 EuGH v. 3.7.2012 – C-128/11, GRUR 2012, 904, Tz. 83 – UsedSoft.
1350 BT-Drucks. 17/8377 v. 18.1.2012, S. 3.
1351 BT-Drucks. 17/8377 v. 18.1.2012, S. 6.

D. Die urheberrechtliche Zulässigkeit der Weitergabe

Zudem besteht hier die Möglichkeit der Rechteinhaber, an der Weitergabe zu partizipieren: Wenn sich der Handel mit gebrauchten digitalen Gütern nur sinnvoll und erfolgreich mit einer öffentlichen Zugänglichmachung bewerkstelligen lässt, können die Rechteinhaber den Gebrauchthändlern Lizenzen ausschließlich für die öffentliche Zugänglichmachung erteilen. Auf diesem Weg könnten auch sie eine Rolle auf dem Zweitmarkt spielen. Eine eigene Teilnahme als aktive Gebrauchthändler kommt bei digitalen Gütern – soweit es sich nicht um Software und eventuell auch Computerspiele handelt – eher weniger in Betracht, denn dann würden die Händler als Rechteinhaber in der Tat mit sich selbst in Konkurrenz treten. Insofern stellt die Partizipation am Zweitmarkt durch die Einräumung von Lizenzen eine deutlich erfolgversprechendere Maßnahme dar.

3. Das Kriterium des „neuen Publikums"

Der EuGH hat in den letzten Jahren in mehreren Entscheidungen den auch bei der öffentlichen Zugänglichmachung relevanten Begriff der „Öffentlichkeit" präzisiert. Dabei hat er unter anderem das Kriterium des „neuen Publikums" eingeführt. Diese Voraussetzung könnte dazu führen, dass die erneute öffentliche Zugänglichmachung auf einem Zweitmarkt gar nicht mehr „öffentlich" und somit eine Zustimmung des Rechteinhabers für die Zugänglichmachung doch nicht erforderlich wäre. Aufgrund richtlinienkonformer Auslegung wäre dann auch der BGH gezwungen, § 19a UrhG dementsprechend auszulegen, da das Recht der öffentlichen Wiedergabe nach der Svensson-Entscheidung des EuGH vollharmonisiert ist.[1352]

Für eine Einstufung als „öffentliche Wiedergabe" i. S. v. Art. 3 Abs. 1 Software-RL, worunter auch das Recht der öffentlichen Zugänglichmachung fällt, ist es „erforderlich, dass ein geschütztes Werk unter Verwendung eines technischen Verfahrens, das sich von dem bisher verwendeten unterscheidet, oder, ansonsten, für ein neues Publikum wiedergegeben wird, d. h. für ein Publikum, an das die Inhaber des Urheberrechts nicht gedacht hatten, als sie die ursprüngliche öffentliche Wiedergabe erlaubten".[1353] Dabei kommt es dem EuGH auf die Frage nach dem Erreichen eines neuen Publikums nur an, wenn die zum Einsatz kommenden Wiedergabeverfahren identisch sind.[1354] Da das Wiedergabeverfahren in den hier vorliegenden Fallgestaltungen identisch ist – sowohl auf dem Erstmarkt als auch auf dem Zweitmarkt werden die digitalen Inhalte über das Internet zum

---

1352 EuGH v. 13.2.2014 – C-466/12, GRUR 2014, 360, Tz. 34 f. – Svensson.
1353 EuGH v. 21.10.2014 – C-348/13, GRUR 2014, 1196, Tz. 14 – BestWater International; EuGH v. 13.2.2014 – C-466/12, GRUR 2014, 360, Tz. 14 – Svensson; EuGH v. 7.3.2013 – C-607/11, GRUR 2013, 500, Tz. 37 – ITV Broadcasting/TVC; EuGH v. 15.3.2012 – C-135/10, GRUR 2012, 593, Tz. 91 – SCF; EuGH v. 15.3.2012 – C-162/10, GRUR 2012, 597, Tz. 49 ff. – Phonographic Performance (Ireland); EuGH v. 4.10.2011 – C-403/08, C-429/08, GRUR 2012, 156, Tz. 197 f. – FAPL/Murphy; EuGH v. 7.12.2006, C-306/05, GRUR 2007, 225, Tz. 40 ff. – SGAE.
1354 EuGH v. 7.3.2013 – C-607/11, GRUR 2013, 500, Tz. 39 – ITV Broadcasting/TVC.

V. Rechtfertigung der öffentlichen Zugänglichmachung

Kauf angeboten –, ist die Frage nach dem Angebot an ein neues Publikum von Bedeutung. Das ursprüngliche Angebot der Rechteinhaber richtet sich an grundsätzlich alle Nutzer im Internet. Diese erhalten die Möglichkeit, gegen Bezahlung eines Entgelts eine Datei zur dauerhaften Nutzung zu erwerben. Gleiches gilt jedoch für den Gebrauchthändler, der die „gebrauchte" Datei weiterverkaufen will: Auch dieser richtet sich an die gleiche Klientel, das Internetpublikum, und bietet dieser ebenfalls gegen Zahlung eines Entgelts die Dateien an. Obwohl damit im Prinzip das gleiche Publikum angesprochen wird, kann das Vorliegen eines „neuen Publikums" dennoch bezweifelt werden. Denn die Inhalte werden ja nicht kostenlos angeboten, sondern nur gegen Zahlung eines Entgelts an den Rechteinhaber. Beim Zweitvertrieb erhält hingegen der Gebrauchthändler das Entgelt. Insofern handelt es sich also bei den Zweiterwerbern um ein von einer Autorisierung des Rechteinhabers nicht abgedecktes Publikum.[1355] Dieses Ergebnis steht in Einklang mit dem vom EuGH mit dem Kriterium des neuen Publikums vermutlich beabsichtigten Ziels, unterschiedliche Märkte mit ihren jeweiligen „Käuferschichten" zu identifizieren.[1356] Unabhängig davon ist aber ohnehin ungewiss, ob das neue Publikum als tatbestandsausschließendes Kriterium zu verstehen ist. Denn während der EuGH das Kriterium lange Zeit nur dazu verwendet hat, um das Vorliegen einer öffentlichen Wiedergabe positiv zu begründen, hat er in den letzten beiden Urteilen im vergangenen Jahr aus dem Fehlen eines neuen Publikums auch die öffentliche Wiedergabe ausgeschlossen. Die vom EuGH entwickelten verschiedenen Kriterien mussten bislang keineswegs kumulativ vorliegen, um von einer öffentlichen Wiedergabe auszugehen, was sich beispielsweise am Kriterium des Erwerbszwecks des Nutzers zeigt.[1357] Der EuGH hat damit eine „ökonomisch-vergütungsorientierte Gesamtbetrachtung" vorgenommen, wobei die einzelnen Beurteilungsmerkmale „die Rolle von Typenmerkmalen [spielen], die eine flexible, zweckorientierte Beurteilung neuartiger Sachverhalte ermöglichen".[1358] Gegen das Kriterium des neuen Publikums als tatbestandsausschließendes Merkmal spricht in der hier vorliegenden Fallgestaltung einer Zweitverwertung digitaler Güter, dass damit der Erschöpfungsgrundsatz in das Recht der öffentlichen Zugänglichmachung Eingang finden würde.[1359] Dies widerspricht jedoch Art. 3 Abs. 3 InfoSoc-RL.

Damit kann auch das Kriterium des neuen Publikums nichts daran ändern, dass für eine öffentliche Zugänglichmachung im Rahmen der Weitergabe digitaler Güter immer die Zustimmung des Rechteinhabers erforderlich ist.

1355 In diesem Sinne wohl auch *Leistner*, GRUR 2014, 1145 (1154).
1356 *Völtz*, CR 2014, 721 (723).
1357 So dazu *Ohly*, Gutachten F zum 70. Deutschen Juristentag, S. 58 m.w.N.
1358 *Leistner*, GRUR 2014, 1145 (1150).
1359 So auch *Völtz*, CR 2014, 721 (723, 725).

D. Die urheberrechtliche Zulässigkeit der Weitergabe

4. Konsequenzen

Möglichen Gebrauchthändlern stehen damit zwei Möglichkeiten zur Verfügung: Entweder sie entwickeln ein Geschäftsmodell, bei dem weder sie selbst noch die Ersterwerber[1360] die Inhalte öffentlich zugänglich machen, oder sie holen die Rechteinhaber mit ins Boot und entwickeln gemeinsam ein Konzept. Letztere Möglichkeit wird jedoch vermutlich erst dann umsetzbar sein, wenn der EuGH mit seiner Rechtsprechung die Erschöpfung auch auf andere digitale Güter als Software explizit ausgedehnt hat. Die Entwicklung eines erfolgreichen Geschäftsmodells ohne eine öffentliche Zugänglichmachung wird sich jedoch nur sehr schwer konstruieren lassen, vor allem wenn es auf einen Massenmarkt ausgelegt ist. Dies ist aber ebenfalls interessengerecht, da eine – gewissermaßen – mittelbare Erstreckung der Erschöpfungswirkung auch auf das Recht der öffentlichen Zugänglichmachung zu weit gehen würde. Das Verwertungsrecht der öffentlichen Zugänglichmachung steht alleine dem Rechteinhaber zu und unterliegt nicht der Erschöpfung – also benötigen Dritte die Zustimmung, um dieses Recht nutzen zu können. Dies kommt in den vorliegenden Fallgestaltungen dem Schutz des Primärmarktes zugute. Zugleich tut sich aber auch ein perfektes Einfallstor für die Rechteinhaber auf, indem sie an einem möglichen Erfolg des Zweitmarktes partizipieren können. Bei einer entsprechenden Erstreckung der Erschöpfungswirkung auf alle digitalen Güter können sie an einem Erfolg der Zweitverwertung teilhaben, indem sie den Anbietern eine Lizenz zur öffentlichen Zugänglichmachung erteilen.

VI. Vorschläge für eine Gesetzesänderung

Wie gezeigt wurde, sind die bei der Weitergabe digitaler Güter urheberrechtlich relevanten Nutzungshandlungen – abgesehen vom Recht der öffentlichen Zugänglichmachung – de lege lata bereits gerechtfertigt. Dennoch kann es sinnvoll sein, der Rechtssicherheit und Klarstellung wegen gesetzgeberisch tätig zu werden. Zwar sind die zumeist in den AGB der Anbieter vorgesehenen Weitergabeverbote oder -beschränkungen einer gerichtlichen Kontrolle zugänglich, der betroffene Endnutzer muss dazu jedoch eine individuelle Klage einreichen, die in Deutschland mehrere Jahre in Anspruch nehmen kann, wie auch das UsedSoft-Verfahren zeigt. Außerdem ist das deutsche Urheberrechtsgesetz stark vom europäischen Recht geprägt, so dass Gesetzesänderungen selten ohne Rücksicht auf das europäische Recht durchgeführt werden können oder eben direkt auf europäischer Ebene vorgenommen werden müssen. Da die Technik sehr schnell voranschreitet, ist zudem davon abzuraten, technologiespezifische Vorschriften in das UrhG aufzunehmen. Vielmehr muss das Urheberrecht so flexibel ausge-

---

1360 Denn aufgrund der Störerhaftung würde das wieder auf sie zurückfallen.

staltet werden, dass auch unvorhergesehene Konfliktlagen sachgerecht gelöst werden können.[1361]

Hinsichtlich einer Gesetzesänderung könnte man de lege ferenda sowohl bei einer Klarstellung der Erschöpfungswirkung hinsichtlich unkörperlicher Gegenstände, als auch bei einer Änderung des § 34 Abs. 1 UrhG sowie einer Korrektur des Schrankenkataloges ansetzen. Eine sehr radikale Veränderung der derzeitigen Rechtslage würde durch eine Stärkung des Beteiligungsgrundsatzes herbeigeführt. Abschließend wird ein Blick auf die tatsächlichen Chancen solcher Gesetzesänderungen geworfen.

1. Klarstellung der Erschöpfungswirkung

Nach der hier vertretenen Auffassung erstreckt sich die Erschöpfungswirkung sowohl nach § 69c Nr. 3 S. 2 UrhG als auch nach § 17 Abs. 2 UrhG auf unkörperlich in Verkehr gebrachte Werkexemplare, was selbstverständlich ebenso für die europäischen Normen – also Art. 4 Abs. 2 Software- bzw. InfoSoc-RL – gilt. Während die softwarespezifische Norm des § 69c Nr. 3 S. 2 UrhG dabei einer direkten Anwendung zugänglich ist, muss § 17 Abs. 2 UrhG analog angewendet werden. Fraglich ist daher, ob der europäische bzw. deutsche Gesetzgeber hier überhaupt gefordert ist.

a. Anpassung des § 69c Nr. 3 S. 2 UrhG

Zum Teil wird angeregt, zur Klarstellung und dem Gebot klarer Richtlinienumsetzung entsprechend auf gesetzgeberischer Ebene das körperliche „Vervielfältigungsstück" durch das Wort „Programmkopie", wie es auch Art. 4 Abs. 2 Software-RL ausspricht, in § 69c Nr. 3 S. 2 UrhG zu ersetzen.[1362] Dem Begriff „Vervielfältigungsstück" ist die Körperlichkeit jedoch gar nicht immanent, so dass eine Gesetzesänderung nicht notwendig erscheint. Der derzeitige Wortlaut lässt eine solche Auslegung zu, nach der auch unkörperliche Programmkopien erfasst sind. Mit den UsedSoft-Urteilen liegen zudem höchstrichterliche Entscheidungen vor, die es aufgrund der vorgeschriebenen richtlinienkonformen Auslegung nicht zulassen, die Erschöpfungswirkung des § 69c Nr. 3 S. 2 UrhG nur auf körperlich in Verkehr gebrachte Vervielfältigungsstücke zu beschränken.[1363]

1361 *Ohly*, Gutachten F zum 70. Deutschen Juristentag, S. 23.
1362 *Ohly*, Gutachten F zum 70. Deutschen Juristentag, S. 54.
1363 Formulierungsvorschläge zur Regelung der Online-Erschöpfung wurden etwa von *Koehler*, Der Erschöpfungsgrundsatz des Urheberrechts im Online-Bereich, S. 179, und *Hantschel*, Softwarekauf und -weiterverkauf, S. 335, unterbreitet. *Ammann*, Der Handel mit Second Hand-Software aus rechtlicher Sicht, S. 242, spricht sich für eine Klarstellung dahingehend aus, dass die Erschöpfung analog auf online übermittelte Inhalte Anwendung finden soll.

D. Die urheberrechtliche Zulässigkeit der Weitergabe

b. Anpassung des Art. 4 InfoSoc-RL bzw. des § 17 UrhG

Malevanny argumentiert, dass für die Erlangung von Rechtssicherheit im Bereich des Handels mit den online erworbenen Werken das Handeln des europäischen Gesetzgebers erforderlich ist.[1364] Insofern könnte man an Art. 4 InfoSoc-RL ansetzen und sowohl hinsichtlich des Verbreitungsrechts in Abs. 1 als auch hinsichtlich der Erschöpfungswirkung in Abs. 2 klarstellen, dass auch unkörperlich in Verkehr gebrachte Vervielfältigungsstücke von diesen Normen umfasst werden. Im deutschen Recht genügt eine solche Klarstellung in § 17 Abs. 1 und Abs. 2 UrhG allerdings vermutlich nicht, da § 15 Abs. 1 UrhG auf diese Norm verweist und von einer „körperlichen" Verwertungsform spricht.

Die vorliegende Arbeit zeigt auf, dass die traditionelle Unterscheidung zwischen körperlicher und unkörperlicher Werkverwertung den heutigen Gegebenheiten nicht mehr gerecht wird. Die Aufhebung dieser gefestigten Strukturen durch eine entsprechende Änderung des § 15 UrhG sowie des § 17 UrhG sollte jedoch nicht erfolgen, solange noch keine höchstrichterliche Rechtsprechung durch den EuGH erfolgt ist.[1365] Wenn der EuGH durch eine entsprechende Entscheidung jedoch die Voraussetzungen schafft und die Erschöpfungswirkung auf nicht verkörperte Werkkopien erstreckt – womit nach der hier vertretenen Ansicht in naher Zukunft zu rechnen ist –, bieten sich folgende Umformulierungen im deutschen Urheberrechtsgesetz an:

„§ 15 Allgemeines

(1) Der Urheber hat das ausschließliche Recht, sein Werk in körperlicher oder unkörperlicher Form zu verwerten; das Recht umfaßt insbesondere […]."

„§ 17 Verbreitungsrecht

(1) Das Verbreitungsrecht ist das Recht, das Original oder Vervielfältigungsstücke des Werkes in körperlicher und unkörperlicher Form der Öffentlichkeit anzubieten oder in Verkehr zu bringen."

Bei einer derartigen Umformulierung des § 15 Abs. 1 UrhG wäre eine Änderung des § 17 Abs. 1 UrhG an sich nicht mehr erforderlich, da § 15 UrhG ohnehin auf § 17 UrhG verweist. Aufgrund des immer noch weit verbreiteten Grundsatzes, dass sich die Erschöpfungswirkung grundsätzlich nur auf verkörperte Werkexemplare bezieht, sollte eine solche Änderung dennoch vorgenommen werden. Eine Anpassung des § 17 Abs. 2 UrhG wird hingegen nicht notwendig sein. Denn wenn bereits das Verbreitungsrecht nach § 17 Abs. 1 UrhG unkörperliche Werkkopien umfasst, muss das Gleiche für den darauf Bezug nehmenden Erschöpfungsgrundsatz gelten. Dass sich § 15 Abs. 1 UrhG nicht mehr nur auf die

---

1364 *Malevanny*, CR 2013, 423 (427); so auch *Redeker*, CR 2011, 634 (637), noch vor der EuGH-Entscheidung zu UsedSoft.
1365 In diesem Sinne auch *Ohly*, Gutachten F zum 70. Deutschen Juristentag, S. 23.

körperliche Verwertungsform beschränkt, hat natürlich nicht nur Auswirkungen auf § 17 UrhG, sondern auch auf die exemplarisch aufgeführten Verwertungsrechte des § 16 UrhG und § 18 UrhG. Damit entsteht jedoch kein Widerspruch, denn sowohl beim Vervielfältigungsrecht[1366] als auch beim Ausstellungsrecht[1367] kann es unkörperliche Komponenten geben, so dass die Verwertung in „unkörperlicher Form" hier keineswegs leerläuft.

Einen ganz anderen Ansatz hat die Fraktion DIE LINKE mit ihrem Entwurf eines Gesetzes zur Ermöglichung der privaten Weiterveräußerung unkörperlicher Werkexemplare verfolgt.[1368] Demnach soll ein neuer § 17a UrhG nach § 17 UrhG mit folgendem Wortlaut eingefügt werden:

„§ 17a. Weiterveräußerung von Werkexemplaren

(1) Vervielfältigungsstücke des Werkes, die vom Berechtigten im Gebiet der Europäischen Union oder eines anderen Vertragsstaates des Abkommens über den Europäischen Wirtschaftsraum im Wege der Veräußerung in Verkehr gebracht wurden, dürfen vom rechtmäßigen Erwerber weiterveräußert werden, soweit dieser keine weitere Vervielfältigung des veräußerten Werkexemplars zurückbehält."

Damit wollten die Autoren nicht am Erschöpfungsgrundsatz oder an den bestehenden Verwertungsrechten ansetzen, sondern vielmehr ein neues Verwertungsrecht schaffen. Der vorgeschlagene Gesetzestext entspricht jedoch gerade den Folgen einer eingetretenen Erschöpfung. Insofern birgt der Ansatz einen Widerspruch in sich: Wenn die Erschöpfungswirkung nach der derzeitigen Gesetzeslage eintritt, erübrigt sich die vorgeschlagene Norm, da sich das Recht bereits aus dem Erschöpfungsgrundsatz selbst ergibt. Tritt die Erschöpfungswirkung jedoch nicht ein, würde diese über die vorgeschlagene Norm doch wieder aufleben. Das Gleiche muss gelten, wenn – wovon die Autoren wohl ausgehen – schon das Verbreitungsrecht nicht einschlägig ist. In diesen Fällen dennoch die Wirkung der dem Verbreitungsrecht immanenten Erschöpfungswirkung zur Geltung zu bringen, lässt sich systematisch nicht rechtfertigen. Der Ansatz wurde daher mit Recht nicht weiter verfolgt.

2. Änderung des § 34 Abs. 1 UrhG

Bereits im Rahmen der Rechtfertigung der Vervielfältigungshandlung wurde thematisiert, ob die Nutzungsrechte des Ersterwerbers über § 34 UrhG weiterveräußert werden können. Der Wortlaut des § 34 Abs. 1 UrhG steht dem jedoch entgegen, da es der Zustimmung des Ersterwerbers bedarf. Die Frage ist nun, ob

---
1366 Das Vervielfältigungsrecht erstreckt sich auch auf elektronische Speicherzustände; s. dazu etwa *Hartmann*, GRUR Int. 2012, 980 (983); *Peifer*, AfP 2013, 89 (90).
1367 S. dazu *Schulze*, in: Dreier/Schulze, UrhG, § 18 Rn. 2.
1368 BT-Drucks. 17/8377 v. 18.1.2012, S. 3. Der Wortlaut der Norm beruht auf dem Formulierungsvorschlag von *Kreutzer*, Verbraucherschutz im Urheberrecht, S. 113 f.

D. Die urheberrechtliche Zulässigkeit der Weitergabe

die Norm dahingehend geändert werden kann, dass Nutzungsrechte unabhängig von der Vereinbarung zwischen dem Ersterwerber und dem Rechteinhaber übertragen werden können. Dann wäre sichergestellt, dass der Zweiterwerber über die gleichen Nutzungsrechte verfügt wie der Ersterwerber zuvor. Damit bestünde nach *Ohly* dogmatisch das eigentliche Äquivalent der Erschöpfung.[1369] Da das Urhebervertragsrecht nicht unionsweit harmonisiert ist, kann der deutsche Gesetzgeber diese Normänderung theoretisch auch vornehmen. Problematisch stellt sich jedoch die Tatsache dar, dass mit einer entsprechenden Ausgestaltung einer freien Übertragbarkeit ein schwerwiegender Eingriff in das Urhebervertragsrecht und in die Vertragsfreiheit im Allgemeinen verbunden ist. Zudem bestimmen die §§ 413, 399 BGB, dass die Übertragbarkeit eines Rechts grundsätzlich ausgeschlossen werden kann. Insofern „müssten wohl für digitale Güter im Allgemeinen, unabhängig von ihrem urheberrechtlichen Schutz, Übertragungsmöglichkeiten ausgeschlossen werden".[1370]

Vereinzelt wird vorgeschlagen, § 34 UrhG für die Einräumung einfacher Nutzungsrechte, die gleichartig in einer Vielzahl von Fällen erfolgt, einzuschränken.[1371] So könnte die Norm dahingehend ergänzt werden, dass bei Online-Erwerbsvorgängen der Erwerber das Nutzungsrecht in gleichem Umfang und in der gleichen Weise weiter zu übertragen berechtigt und verpflichtet ist.[1372] Eine Beeinträchtigung der persönlichen Interessen des Urhebers könne, so *Ohly*, darin nicht gesehen werden: Zum einen könne der Urheber bei Massengeschäften ohnehin seinen Vertragspartner nicht individuell auswählen, zum anderen würden Beschränkungen der Übertragung digitaler Güter durch Verwerter in deren wirtschaftlichem Interesse vorgenommen, dessen Schutz § 34 UrhG nicht diene.[1373] Auch wenn diese Einschränkungen in der AGB-Kontrolle keine Leitbildfunktion erlangen würden, da in erster Linie auf die Wertungen des Kaufrechts abzustellen sei, würde die Änderung des § 34 UrhG doch zumindest zum Ausdruck bringen, dass das Urheberrecht Übertragungsbeschränkungen nicht erzwinge.[1374]

Das Problem an dieser Lösung ist jedoch bereits darin zu sehen, dass mit einer Übertragung des dem Ersterwerber eingeräumten Nutzungsrechts noch keine Rechtfertigung für Vervielfältigungshandlungen verbunden sind, die zur Weitergabe notwendig sind. Gemeint sind also solche Vervielfältigungen, die zur Weiterverbreitung des Werkstücks dienen. Der Ersterwerber kann an den Zweiterwerber nämlich nicht mehr Rechte übertragen als ihm selbst zuvor vom Rechteinhaber eingeräumt wurden. Es ist nicht davon auszugehen, dass schon

---

1369 *Ohly*, Gutachten F zum 70. Deutschen Juristentag, S. 55.
1370 *Ohly*, Gutachten F zum 70. Deutschen Juristentag, S. 55.
1371 *Zech*, ZGE 2013, 368 (380); *Zech*, ZUM 2014, 3 (10); *Koch*, ITRB 2013, 38 (41); ähnlich bzgl. Software auch *Bröckers*, Second Hand-Software im urheberrechtlichen Kontext, S. 235 f.
1372 *Koch*, ITRB 2013, 38 (41).
1373 *Ohly*, Gutachten F zum 70. Deutschen Juristentag, S. 56.
1374 *Ohly*, Gutachten F zum 70. Deutschen Juristentag, S. 56.

dem Ersterwerber konkludent ein solches Recht eingeräumt wurde.[1375] Eine entsprechende Änderung des § 34 Abs. 1 UrhG ist daher im Ergebnis abzulehnen.

3. Korrektur des Schrankenkatalogs

Im Rahmen der Prüfung der analogen Anwendbarkeit von Schranken wurde bereits festgestellt, dass der deutsche Gesetzgeber europarechtlich an den abschließenden Schrankenkatalog des Art. 5 InfoSoc-RL gebunden ist und sich bei der Einführung einer Schranke in das nationale Recht an deren genauen Wortlaut halten muss.[1376] Denn bei der Umsetzung der einzelnen in Art. 5 Abs. 2 und 3 InfoSoc-RL aufgezählten Schranken steht es den Mitgliedsstaaten trotz ihres fakultativen Charakters nicht frei, deren Parameter „inkohärent, nicht harmonisiert und möglicherweise von Mitgliedsstaat zu Mitgliedsstaat variierend auszugestalten".[1377] Es steht jedoch schon auf europäischer Ebene keine Schrankenbestimmung parat, um die bei der Weitergabe anfallenden Vervielfältigungshandlungen zu rechtfertigen. Der deutsche Gesetzgeber wird insofern daran gehindert, selbst eine entsprechende Schranke einzufügen. Nur der europäische Gesetzgeber könnte eine neue Schranke einführen.[1378] Denkbar ist eine dem Art. 5 Abs. 1 Software-RL vergleichbare gesetzliche Lizenz, die den Katalog des Art. 5 InfoSoc-RL ergänzt. So könnte eine entsprechende Vorschrift folgenden Wortlaut haben:

> „Wenn das Verbreitungsrecht hinsichtlich einer nicht verkörpert in den Verkehr gebrachten Werkkopie nach Art. 4 Abs. 2 erschöpft ist, bedürfen die für den Vorgang der Übertragung einer Kopie dieses Werkes notwendigen Vervielfältigungshandlungen bei einer Weiterveräußerung nicht der Zustimmung des Rechteinhabers. Das Gleiche gilt für Vervielfältigungshandlungen des Berechtigten, die eine bestimmungsgemäße Benutzung ermöglichen. Dabei darf es nach Abschluss der Übertragung jedoch nicht zu einer Zunahme der Vervielfältigungsstücke des Werkes kommen."

Während der erste Satz der Regelung die Erstellung eines weitergabefähigen Vervielfältigungsstücks auf Seiten des Ersterwerbers erfassen würde, könnten mit dem zweiten Satz die auf Seiten des Zweiterwerbers anfallenden dauerhaften Vervielfältigungen gerechtfertigt werden. Damit wäre ein weitgehender Gleichlauf zwischen der Software- und der InfoSoc-RL hergestellt. Der Wortlaut der Norm knüpft daher auch ganz bewusst zum Teil an Art. 5 Abs. 1 Software-RL an, um die vom EuGH in der UsedSoft-Entscheidung vorge-

---

1375 In diesem Sinne jedoch *Zech*, ZGE 2013, 368 (380).
1376 Vgl. dazu D. IV. 3.
1377 EuGH v. 3.9.2014 – C-201/13, GRUR 2014, 972, Tz. 16 m.w.N. – Deckmyn/Vandersteen.
1378 So auch der Vorschlag von *Kulpe*, Der Erschöpfungsgrundsatz nach Europäischem Urheberrecht, S. 147 f. Zu den rechtlichen Vorgaben für die Neuordnung der urheberrechtlichen Schranken s. ausführlich *Poeppel*, Die Neuordnung der urheberrechtlichen Schranken im digitalen Umfeld, S. 105 ff.

D. Die urheberrechtliche Zulässigkeit der Weitergabe

nommenen Wertungen hinsichtlich einiger Begriffe zu übernehmen. Der Begriff der „bestimmungsgemäßen Benutzung" soll dabei wie bei Art. 5 Abs. 1 Software-RL als „Einfallstor" für die zwischen dem Rechteinhaber und dem Ersterwerber eingeräumten vertraglichen Nutzungsrechte dienen. Dem Zweiterwerber stehen dann die gleichen Rechte zu wie dem Ersterwerber. Die bestimmungsgemäße Benutzung selbst, sprich die technisch bedingten beiläufigen Vervielfältigungshandlungen, bedürfen wegen der Einschlägigkeit des § 44a Nr. 2 UrhG keiner weiteren Rechtfertigung. Der Begriff des „Berechtigten" macht die Notwendigkeit eines wirksamen Veräußerungsgeschäfts zwischen dem Erst- und Zweiterwerber deutlich, das den Zweiterwerber zu einem *Berechtigten* macht. Der dritte Satz verankert schließlich eine gesetzliche Löschpflicht, obwohl sich diese Pflicht bereits aus dem Erschöpfungsgrundsatz ergibt. Einer gesetzlichen Klarstellung dieser Pflicht, möglicherweise verbunden mit einer Androhung finanzieller Sanktionen bei Zuwiderhandlungen,[1379] könnte insofern aber eine Signalwirkung zukommen, als sie der Etablierung der Folgen des digitalen Erschöpfungsgrundsatzes für die Nutzer dient.

Die vorgeschlagene Vorschrift soll einen Kompromiss finden zwischen einer weitgehenden, technologieneutralen Formulierung, welche die Gefahr einer Aushöhlung des Vervielfältigungsrechts für den Rechteinhabers birgt, und einer engen, starren Formulierung, die mit der Schnelllebigkeit des technischen Fortschritts möglicherweise nicht mithalten und daher schon nach kurzer Zeit keine Anwendung mehr finden könnte. Die für die Rechtfertigung der Vervielfältigungshandlungen bei der Weitergabe vorgeschlagene Norm dürfte auch den Dreistufentest bestehen. Nach dieser sich aus Art. 9 Abs. 2 RBÜ, Art. 13 TRIPS[1380], Art. 10 WCT sowie Art. 5 Abs. 5 InfoSoc-RL ergebenden Regelung müssen Schrankenregelungen auf bestimmte Sonderfälle begrenzt sein, und sie dürfen darüber hinaus weder die normale Auswertung des Werkes beeinträchtigen noch die berechtigten Interessen des Urhebers unzumutbar verletzen.[1381] Wie bereits im Rahmen der Untersuchung der gesetzgeberischen Klarstellung der Erschöpfungswirkung angemerkt, gilt es jedoch, zunächst die höchstrichterliche Entscheidung des EuGH abzuwarten. Erst dann sollte der europäische Gesetzgeber eine der vorgeschlagenen Vorschrift zumindest ähnelnde Norm in die InfoSoc-RL aufnehmen, die der deutsche Gesetzgeber dann ins deutsche Recht umsetzen könnte.

Alternativ ist an die Einführung einer fair-use-Schranke zu denken, die derzeit nur im amerikanischen Rechtssystem existiert, vermehrt aber auch für das europäische bzw. deutsche Urheberrecht als sinnvoll erachtet wird.[1382] Für eine

---

[1379] So schon *Ammann*, Der Handel mit Second Hand-Software aus rechtlicher Sicht, S. 242.
[1380] Trade-Related Aspects of Intellectual Property Rights (Übereinkommen über handelsbezogene Aspekte der Rechte des geistigen Eigentums).
[1381] Vgl. dazu auch *Dreier*, in: Dreier/Schulze, UrhG, Vor. § 44a Rn. 21.
[1382] S. dazu etwa *Bitter/Buchmüller/Uecker*, in: Hoeren (Hrsg.), Big Data und Recht, S. 41 (53); *Dreier/Leistner*, GRUR 2013, 881 (888); *Förster*, Fair Use, S. 211 ff.; *Hüttner*, Flexibilisie-

solche Schranke wird vor allem ihre Flexibilität angeführt, die es den Gerichten ermöglicht, auch neue Technologien und Geschäftsmodelle des Internets umfassend zu beurteilen.[1383] Jedoch ist mit einer solchen Schranke eine erhebliche Rechtsunsicherheit verbunden, da es sich um eine Art „Treu und Glauben"-Ansatz handelt.[1384] Zum Teil wird daher auch eine vermittelnde Ansicht vertreten, die ein Schrankensystem vorsieht, das die Vorteile des europäischen, fixen Schrankenkatalogs mit den Vorteilen der amerikanischen, flexiblen fair-use-Schranke vereinbart.[1385] Jedenfalls ist die Diskussion diesbezüglich immer noch im Fluss und es ist nicht zu erwarten, dass schon bald das derzeitige Schrankensystem zugunsten eines neuen, offeneren Systems überarbeitet wird. Es bleiben zudem Zweifel, ob eine fair-use-Schranke der Rechtfertigung massenhaft vorgenommener Vervielfältigungshandlungen dienen kann. Da die fair-use-Schranke sicher nicht den bestehenden Schrankenkatalog komplett verdrängen würde, dürfte die Schranke nämlich nur in Ausnahmefällen einschlägig sein. Von einem Ausnahmefall kann bei einem möglichen Massengeschäft wie der Weitergabe digitaler Güter aber nicht die Rede sein.[1386]

Eine Korrektur des Schrankenkatalogs ist daher durch die Einführung einer weiteren Ausnahmebestimmung auf europäischer Ebene möglich, die der deutsche Gesetzgeber dann ins deutsche Recht umsetzen kann. Damit wären die bei der Weitergabe anfallenden Vervielfältigungshandlungen sowohl auf Seiten des Erst- als auch des Zweiterwerbers gerechtfertigt. Die Vervielfältigungen, die beim Werkgenuss beiläufig vorgenommen werden müssen, lassen sich über § 44a Nr. 2 UrhG rechtfertigen. Durch eine gesetzgeberische Maßnahme würde verhindert, dass die erforderlichen Vervielfältigungen nur aufgrund ungeschriebener Rechtfertigungsgründe zulässig wären.

4. Stärkung des Beteiligungsgrundsatzes

Ein sehr radikaler Ansatz wäre in der Stärkung des Beteiligungsgrundsatzes des Urhebers zu sehen. Derzeit werden die dem eigentlichen Werkgenuss – lesen, hören, betrachten – vorgelagerten Verwertungshandlungen – vervielfältigen,

---

rung der urheberrechtlichen Schrankenregelungen in Deutschland, S. 262 ff.; *Kleinemenke*, Fair Use im deutschen und europäischen Urheberrecht?, S. 381 ff.; *Leistner*, JZ 2014, 846 (852); *Ohly*, Gutachten F zum 70. Deutschen Juristentag, S. 63 ff.; *Poeppel*, Die Neuordnung der urheberrechtlichen Schranken im digitalen Umfeld, S. 489 ff.
1383 *Ohly*, Gutachten F zum 70. Deutschen Juristentag, S. 64.
1384 *Spindler*, in: Grünberger/Leible (Hrsg.), Liegt die Zukunft des Urheberrechts in Europa?, S. 227 (242).
1385 S. nur *Spindler*, in: Grünberger/Leible (Hrsg.), Liegt die Zukunft des Urheberrechts in Europa?, S. 227 (240 ff. m. w. N.), und *Ohly*, Gutachten F zum 70. Deutschen Juristentag, S. 63 ff. m. w. N., die beide den „Wittem-Code" aufgreifen.
1386 Eine andere Bewertung ist allerdings dann möglich, wenn eine Schrankengeneralklausel als Auffangtatbestand eingeführt wird; s. dazu *Kleinemenke*, Fair Use im deutschen und europäischen Urheberrecht?, S. 539 ff. m. w. N.

verbreiten, öffentlich zugänglichmachen – nach § 15 UrhG geschützt.[1387] Alternativ könnte man aufgrund des Wandels durch die Digitalisierung und die Vernetzung direkt am Werkgenuss anknüpfen. Dazu wäre jedoch eine Änderung des § 15 UrhG notwendig, indem entweder der Werkgenuss selbst mit aufgenommen oder aber indem für den Werkgenuss zumindest die Bezahlung einer angemessenen Vergütung festgesetzt wird.[1388] Eine solche Gesetzesänderung könnte jedoch die heutigen Grundstrukturen des Urheberrechts in seinen Grundfesten erschüttern. Denn für eine entsprechende Umsetzung muss zunächst einmal gewährleistet sein, dass die Technik so weit ist, den tatsächlichen Werkgenuss beim Endnutzer zuverlässig zu erfassen. Teilweise ist dies heute schon möglich, wie das Beispiel Spotify zeigt: Der Dienst kann überwachen, von wem wie lange und wie oft welches Lied gehört wird.[1389] Alleine die Verwaltung und Durchführung dieser Überwachung kann jedoch für viele Anbieter dieser Dienste mehr Geld kosten, als letztendlich den Rechteinhabern an Vergütung zusteht. Außerdem könnte es zu Akzeptanzproblemen durch die Überwachung der Endnutzer kommen, da sich das Datenschutzrecht als sehr sensibles Thema darstellt. Bevor die Technik hier nicht noch weiter ist, ein ausgeklügeltes System entwickelt wurde und vor allem flächendeckend eingesetzt werden kann, ist die Stärkung des Beteiligungsgrundsatzes auf dem Wege einer Gesetzesänderung weder sinnvoll noch möglich.

5. Chancen für eine Gesetzesänderung

Die soeben dargestellten Vorschläge für eine Gesetzesänderung beziehen sich sowohl auf das europäische als auch das deutsche Recht. Auf beiden Ebenen ist jedoch nicht davon auszugehen, dass in nächster Zeit der (Unions-)Gesetzgeber tatsächlich aktiv wird.

Auf europäischer Ebene ist ein interner Entwurf der EU-Kommission eines White Papers mit dem Titel „A Copyright Policy For Creativity and Innvoation in the European Union" an die Öffentlichkeit gelangt, in dem gesetzgeberische Initiativen im Bereich des Online-Erschöpfungsgrundsatzes als verfrüht angesehen werden.[1390] Eine Änderung des Art. 4 Abs. 2 Software-RL zur Klarstellung ist jedoch nach der Auslegung des EuGH ohnehin nicht mehr erforderlich. Ob der EuGH Art. 4 Abs. 2 InfoSoc-RL im gleichen Sinne auslegen wird, wird sich vermutlich schon bald zeigen. Insofern kann dem internen Entwurf durchaus zugestimmt werden, die weitere Entwicklung zunächst abzuwarten. Der deutsche Gesetzgeber hat im Zusammenhang mit dem Gesetzesentwurf der Fraktion DIE LINKE zur „Ermöglichung der privaten Weiterveräußerung unkörperlicher

---
1387 „Stufensystem der mittelbaren Erfassung des Endverbrauchers", vgl. dazu B. II. 1. a. aa.
1388 S. dazu ausführlich *Schulze*, NJW 2014, 721 (723).
1389 S. zur möglichen Überwachung der Rezeption digitaler Güter *Boie*, SZ v. 12.7.2014, S. 12.
1390 Online unter https://netzpolitik.org/wp-upload/White-Paper-EC-Copyright-Reform.pdf, S. 7.

Werkexemplare"[1391] schon im Jahr 2012 gezeigt, dass er an einer Änderung des Urheberrechtsgesetzes derzeit nicht interessiert ist. Sowohl im Koalitionsvertrag zwischen CDU/CSU und SPD aus dem Jahr 2013[1392] als auch in der Digitalen Agenda der Bundesregierung[1393] wird immerhin darauf hingewiesen, dass man die rechtlichen Rahmenbedingungen dem digitalen Zeitalter anpassen und die verschiedenen Interessen ausgleichen wolle. Mittel- bis langfristig könnte auch ein noch zu schaffendes „allgemeines Datenrecht" Abhilfe schaffen, wofür derzeit allerdings noch keine konkreten Bemühungen des Gesetzgebers erkennbar sind.[1394]

Unabhängig davon spricht einiges dafür, die weitere Marktentwicklung abzuwarten. Denn eine Prognose für die tatsächlichen wirtschaftlichen Auswirkungen einer Ausdehnung des Erschöpfungsgrundsatzes fällt schwer.[1395] Nicht ausgeschlossen werden kann beispielsweise, dass die Downloadvertriebsmodelle eine immer geringere Rolle spielen werden. Ohnehin ist aber damit zu rechnen, dass der EuGH in naher Zukunft die Bedeutung des Erschöpfungsgrundsatzes im Zusammenhang mit digitalen Gütern weiter präzisiert. Insofern ist es angebracht, diese weiteren Entscheidungen – sowie die Marktentwicklung allgemein – abzuwarten. Selbst wenn der EuGH eine Erstreckung des Erschöpfungsgrundsatzes auf alle digitalen Güter annimmt, ist eine Gesetzesänderung jedoch nicht zwingend erforderlich: Aufgrund der Bindungswirkung der Entscheidungen des EuGH ist davon auszugehen, dass sich die nationalen Gerichte an die Grundsätze des EuGH halten. Zudem hat das UsedSoft-Urteil des EuGH bereits gezeigt, wie schnell auch die Unternehmen mit Änderungen hinsichtlich ihrer AGB reagieren. Daher hätte eine Gesetzesänderung dann nur den Nutzen der Rechtssicherheit und Klarstellung. Diese Grundsätze gelten jedoch nur für die Erschöpfungswirkung, nicht hingegen für das Vervielfältigungsrecht. Die nur über ungeschriebene Rechtfertigungsgründe als zulässig anzusehenden Vervielfältigungshandlungen im Rahmen der Weitergabe bedürfen einer gesetzlichen Grundlage.

VII. Zusammenfassung

Die Weitergabe digitaler Güter ist aus urheberrechtlicher Perspektive grundsätzlich zulässig. Denn der Erschöpfungsgrundsatz erstreckt sich nicht nur im Anwendungsbereich der Software-RL auf unkörperlich in Verkehr gebrachte Vervielfältigungsstücke, sondern auch im Anwendungsbereich der InfoSoc-RL. Eine Rechtfertigung der im Rahmen der Weitergabe anfallenden Vervielfältigungshandlungen ist zumindest bei Computerprogrammen und hybriden Pro-

---
1391 BT-Drucks. 17/8377 v. 18.1.2012.
1392 Koalitionsvertrag zwischen CDU/CSU und SPD, 18. Legislaturperiode, S. 133.
1393 Digitale Agenda 2014-2017 der Bundesregierung, S. 15.
1394 *Hartmann*, GRUR Int. 2012, 980 (983, 989) m. w. N.
1395 *Ohly*, Gutachten F zum 70. Deutschen Juristentag, S. 55.

dukten über eine gesetzliche Bestimmung – § 69d Abs. 1 UrhG – möglich. Bei den übrigen digitalen Gütern genügen die Schrankenregelungen des § 53 Abs. 1 UrhG bzw. § 44a Nr. 2 UrhG zumeist jedoch nicht, um alle relevanten Nutzungshandlungen zu rechtfertigen. Diesbezüglich kann jedoch auf ungeschriebene Rechtfertigungsgründe zurückgegriffen werden, um der Erschöpfung nicht ihre praktische Wirksamkeit zu nehmen. Eine erneute öffentliche Zugänglichmachung bei der Weitergabe ist allerdings ohne Zustimmung des Rechteinhabers nicht möglich. Eine Gesetzesänderung zur Klarstellung der Erschöpfungswirkung und zur Einführung einer neuen Schrankenregelung für die bei der Weitergabe anfallenden Vervielfältigungshandlungen würde zu mehr Rechtssicherheit führen. Hier sollte jedoch auf eine EuGH-Entscheidung zur Erschöpfungswirkung im Anwendungsbereich der InfoSoc-RL gewartet werden, zumal in naher Zukunft ohnehin nicht von einem Aktivwerden der Gesetzgeber auszugehen ist. Das Hauptproblem der Weitergabe digitaler Güter liegt jedoch darin begründet, dass derzeit im Prinzip – mit Ausnahme im Softwarebereich – keine funktionierenden legalen Vertriebsmodelle existieren. Eine Analyse der bei einer Weitergabe tatsächlich anfallenden Nutzungshandlungen fällt dementsprechend schwer. Auch in diesem Zusammenhang könnte sich die Marktsituation jedoch schlagartig ändern, wenn der EuGH ein positives Urteil zur Ausweitung des Erschöpfungsgrundsatzes spricht.

Die vorgenommenen Ausführungen zur urheberrechtlichen Zulässigkeit der Weitergabe digitaler Güter wurden im Grundsatz auf dem UsedSoft-Urteil aufgebaut, dem Autoren in der Literatur Prädikate wie „dogmatische Sensation"[1396], „Paukenschlag" oder „kryptisch"[1397] zugeschrieben haben. Den Äußerungen ist durchaus ein wahrer Gehalt zu entnehmen, wenngleich das Urteil, wie sich gezeigt hat, Zustimmung verdient. Jedenfalls ist weder anzunehmen, dass das Urteil „die begrifflichen Grundlagen und Existenzberechtigung nicht nur des Software-Urheberrechts, sondern des Urheberrechts überhaupt in Frage stellt"[1398], noch dass man „[e]ine differenzierte, sorgfältige, widerspruchsfreie, dogmatisch schlüssige und konsistente Begründung" für sein Ergebnis vergeblich sucht[1399]. Das Urteil sorgt eher dafür, das bisherige Rechtsverständnis bezüglich des Onlinehandels zu überdenken und an die gegebenen Normen anzupassen. Würde man die UsedSoft-Entscheidung nicht auch auf andere digitale Güter als Software übertragen, bliebe man quasi auf halbem Weg stehen. Denn die derzeitigen Probleme im Zusammenhang mit der Einordnung des Online-Vertriebs sind im Wesentlichen auf die nicht mehr zeitgemäße Unterscheidung von Waren und Dienstleistungen zurückzuführen. Stattdessen kommt es aber entscheidend darauf an, dass der Rechteinhaber dem Nutzer eine endgültige Rechtsposition einräumt. Wenn auch weiterhin maßgeblich auf die Differenzierung zwischen

---

[1396] *Schneider/Spindler*, CR 2012, 489 (489); *Haberstumpf*, CR 2012, 561 (561).
[1397] *Schneider/Spindler*, CR 2012, 489 (497 f.).
[1398] *Haberstumpf*, CR 2012, 561 (561).
[1399] *Heydn*, in: Kilian/Heussen (Hrsg.), Computerrechts-Handbuch, 1. Abschn. Teil 2, Vermarktung von Gebrauchtsoftware, Rn. 81b.

VII. Zusammenfassung

Waren und Dienstleistungen abgestellt werden soll, müssen zumindest die jeweiligen Kriterien für die beiden Kategorien an das digitale Zeitalter angepasst werden.

Die bisherige Untersuchung hat gezeigt, dass auch das Interesse der Rechteinhaber an einem Ausschluss der Weiterübertragung – wie das Interesse des Käufers an der freien Übertragbarkeit digitaler Inhalte – ebenfalls berechtigt sein kann. Ein gerechter Interessenausgleich ist aber nicht die Aufgabe des Urheberrechts, sondern des Schuldrechts, insbesondere des Kaufrechts und der AGB-Kontrolle.[1400] Möglicherweise können die Rechteinhaber also vertragliche Einschränkungen vornehmen, um die urheberrechtlichen Regelungen wieder auszuhebeln. Diesem Thema widmet sich das folgende Kapitel.

1400 *Ohly*, NJW-Beil. 2014, 47 (48); *Ohly*, Gutachten F zum 70. Deutschen Juristentag, S. 55; *Stieper*, Rechtfertigung, Rechtsnatur und Disponibilität der Schranken des Urheberrechts, S. 364 ff., 383 ff., 400 ff.

E. Die Wirksamkeit vertraglicher Weitergabeverbote und -beschränkungen

Unabhängig von der urheberrechtlichen Zulässigkeit der Weitergabe digitaler Güter stellt sich die Frage, ob die Weitergabe bei Massengeschäften mit vertraglichen Mitteln verhindert werden kann.[1401] Eine rein vertragsrechtliche Analyse ohne Berücksichtigung der urheberrechtlichen Befugnisse wird jedoch nicht möglich sein: Urheberrechtliche Erwägungen spielen auch eine wichtige Rolle dabei, ob eine Bestimmung, welche der Weitergabe im Weg steht, zulässig ist oder nicht.[1402] Als Untersuchungsgegenstand kommen nicht nur Weitergabeverbote in Betracht, sondern auch Weitergabebeschränkungen. Gemeint sind damit Bestimmungen, nach denen die Weitergabe zwar nicht per se verboten, aber an Bedingungen geknüpft wird, welche die Weitergabe erschweren. Ziel dieses Kapitels ist es nicht, alle in der Praxis verwendeten Vertragsklauseln gegenüber dem Ersterwerber auf ihre Zulässigkeit zu überprüfen. Vielmehr geht es darum, allgemein gültige Leitlinien herauszuarbeiten, anhand derer sich die Frage der AGB-rechtlichen Zulässigkeit leichter beantworten lässt.

Um der Wirksamkeit vertraglicher Weitergabeverbote und -beschränkungen, die dem Ersterwerber gegenüber verwendet werden, auf den Grund zu gehen, wird zunächst das Verhältnis zwischen den gesetzlichen Schrankenbestimmungen und vertraglichen Regelungen beschrieben (I.). Nach einer Kategorisierung der verwendeten Vertragsklauseln (II.) werden die möglichen Formen vertraglicher Beschränkungen erörtert (III.) und ein Überblick zur Rechtsprechung gegeben (IV.). Im Anschluss wird die Wirksamkeit sowohl vertraglicher Weitergabeverbote (V.) als auch vertraglicher Weitergabebeschränkungen (VI.) untersucht. Darüber hinaus bedarf die Zulässigkeit eines Lizenzmodells mit einer Preisstaffelung (VII.) einer Analyse. Abgerundet wird das Kapitel mit einem Formulierungsvorschlag für eine interessengerechte Vertragsklausel (VIII.). AGB-rechtliche Fragen im Zusammenhang mit technischen Schutzmaßnahmen werden im anschließenden Kapitel behandelt.[1403]

I. Zur Frage der Abdingbarkeit von Schranken

Das Verhältnis von vertraglichen Regelungen und urheberrechtlichen Schrankenbestimmungen ist, abgesehen von einigen Ausnahmen, weder nach europäischem noch nach deutschem Recht geregelt. Der fest verankerte Grundsatz der Vertragsfreiheit spricht auf der einen Seite dafür, dass vertragliche Regelungen

---

1401 Zur Frage der Zulässigkeit vertraglicher Beschränkungen des Erschöpfungsgrundsatzes bei Rechtswahl zugunsten amerikanischen und englischen Rechts vgl. *Lejeune*, ITRB 2014, 235 (236).
1402 Vgl. dazu auch *Cichon*, GRUR-Prax 2010, 381.
1403 S. dazu Kapitel F.

den Schranken vorgehen. Andererseits liegt den Schrankenbestimmungen bereits eine Abwägung verschiedener Interessen zugrunde, die zum Teil sogar verfassungsrechtlich geschützt sind. Nach herrschender Meinung können vertragliche Bestimmungen die Schranken zumindest nicht mit dinglicher Wirkung abbedingen.[1404] Darauf lassen auch Urteile des EuGH und des BGH schließen.[1405]

Eine schuldrechtliche Wirkung vertraglicher Regelungen, die nur inter partes Geltung erlangen kann, ist aber durchaus möglich.[1406] Darauf weisen die im Urheberrechtsgesetz erwähnten ausdrücklichen Verbote solcher Vereinbarungen hin. So sehen die §§ 55a S. 3, 69g Abs. 2, 87e und 95b Abs. 1 S. 2 UrhG vor, dass den jeweiligen Schranken entgegenstehende vertragliche Vereinbarungen „nichtig" bzw. „unwirksam" sind. Zudem bestimmt die sachenrechtliche Norm des § 137 BGB, dass zwar dingliche Verfügungsbeschränkungen verboten, schuldrechtliche Dispositionen aber erlaubt sind. Darüber hinaus würde ein Verbot schuldrechtlich wirkender Beschränkungen den Grundsatz der Privatautonomie aushöhlen. Schließlich ist zu berücksichtigen, dass eine Interessenabwägung im Rahmen der AGB-Kontrolle stattfinden kann. Eine schuldrechtliche Beschränkung urheberrechtlicher Schranken ist daher grundsätzlich möglich. Dazu muss sie aber nach deutschem Recht der AGB-Kontrolle nach §§ 305 ff. BGB standhalten.

Der Rechteinhaber kann also nicht verhindern, dass die Erschöpfungswirkung hinsichtlich eines urheberrechtlich geschützten Werkes aufgehoben wird. Er könnte aber vertragliche Ansprüche – vorwiegend Schadensersatzansprüche – gegen den Ersterwerber geltend machen, wenn die vertraglichen Regelungen AGB-rechtlich zulässig sind. Durch die Rechtsfolgen einer möglichen Vertragsverletzung könnte es zum faktischen Zwang kommen, die Weiterverbreitung zu unterlassen.[1407]

II. Kategorisierung der verwendeten Vertragsklauseln

Grundsätzlich muss danach unterschieden werden, ob der Anbieter bzw. der Rechteinhaber mit einer Vertragsklausel ein Weitergabeverbot oder aber nur eine Weitergabebeschränkung beabsichtigt.

1404 *Stieper*, Rechtfertigung, Rechtsnatur und Disponibilität der Schranken des Urheberrechts, S. 178 ff., 213; *Gräbig*, Abdingbarkeit und vertragliche Beschränkungen urheberrechtlicher Schranken, S. 58 ff.
1405 EuGH v. 27.6.2013 – C-457/11, C-458/11, C-459/11, C-460/11, GRUR 2013, 812, Tz. 37 – VG Wort/Kyocera u. a.; Schlussanträge der Generalanwältin *Sharpston*, BeckEuRS 2013, 80163, Tz. 112; BGH v. 17.7.2013 – I ZR 129/08, GRUR 2014, 264, Tz. 31, 67 – UsedSoft II.
1406 S. dazu *Ohly*, Gutachten F zum 70. Deutschen Juristentag, S. 67; *Scholz*, GRUR 2015, 142 (147); *Stieper*, Rechtfertigung, Rechtsnatur und Disponibilität der Schranken des Urheberrechts, S. 263 f.; *Zech*, ZGE 2013, 368 (371).
1407 *Seitz*, „Gebrauchte" Softwarelizenzen, S. 185.

E. Die Wirksamkeit vertraglicher Weitergabeverbote und -beschränkungen

1. Weitergabeverbote

Weitergabeverbote kann der Anbieter in vielfältiger Weise aussprechen.[1408] So können Vertragsklauseln vor allem die Formulierungen „kein Weiterverkauf", „kein Weitervertrieb", „keine Weitergabe" oder „keine Übertragung" vorsehen. Exemplarisch ist in den Nutzungsbedingungen des iTunes-Stores von Apple unter der Rubrik „Nutzungsregeln" folgender Text zu finden:

> „Nicht gestattet ist jedoch der Weiterverkauf und die Weitergabe der CD oder der iTunes Produkte, soweit dies nicht nach den gesetzlichen Schrankenbestimmungen der §§ 44 ff. UrhG erlaubt ist."[1409]

In den AGB von musicload gibt es unter B.5.3.3 eine ähnliche Formulierung:

> „Eine über die in Ziffer B.I.5.1 bis B.I.5.3 hinausgehende Nutzung ist nicht gestattet. Dies gilt vor allem für die entgeltliche Verteilung, den Vertrieb oder die sonstige Veräußerung hergestellter gebrannter Audio CDs, Kopien oder Mitschnitte."[1410]

Oftmals lassen sich aber auch Verbote finden, die das Nutzungsrecht als „nicht abtretbar" oder „nicht übertragbar" einstufen. Möglich ist auch die Untersagung einer „Unterlizenzierung". Als Beispiel dient der Abschnitt „1. Kindle-Inhalte" der Nutzungsbedingungen für den Kindle-Shop von Amazon, wonach die Nutzer

> „(…) die Rechte an den Kindle-Inhalten oder Teilen davon nicht verkaufen, vermieten, verleihen, vertreiben"[1411]

dürfen. Verbote wie dieses beziehen sich auf das vertraglich eingeräumte Nutzungsrecht. Eine Übertragung des vertraglichen Nutzungsrechts ist im deutschen Recht gem. § 34 Abs. 1 S. 1 UrhG jedoch ohne Zustimmung des Urhebers gar nicht möglich. Insofern ist der Lizenzhandel bzw. Handel mit Echtheitszertifikaten bereits urheberrechtlich unzulässig,[1412] so dass eine solche die Übertragung ausschließende Vertragsklauseln in AGB – zumindest auf den ersten Blick – nicht unzulässig sein können.[1413] Der durchschnittliche Verbraucher als Nutzer wird bei digitalen Gütern jedoch kaum das Nutzungsrecht von der Werkkopie trennen können, wie es der EuGH bzw. das Urheberrechtsgesetz tut.

[1408] S. die Übersicht typischer Klauseln bei *Marly*, Praxishandbuch Softwarerecht, Rn. 1624.
[1409] Online unter https://www.apple.com/legal/internet-services/itunes/de/terms.html#SERVICE. Zur Thematik der Anwendung des deutschen Rechts bei ausländischen Anbietern s. nur *Bitter/Buchmüller/Uecker*, in: Hoeren (Hrsg.), Big Data und Recht, S. 42 f.; *Zimmeck*, ZGE 2009, 324 (341 ff.).
[1410] Online unter http://www.iris-media.info/IMG/pdf/f/5/3/agb_musicload_de.pdf.
[1411] Online unter http://www.amazon.de/gp/help/customer/display.html?nodeId=201014950.
[1412] Vgl. dazu auch die Ausführungen unter D. II. 4. c.
[1413] So etwa *Heydn*, in: Kilian/Heussen (Hrsg.), Computerrechts-Handbuch, 1. Abschn. Teil 2, Vermarktung von Gebrauchtsoftware, Rn. 57; *Heydn*, MMR 2014, 239 (239 f.); *Scholz*, GRUR 2015, 142 (145).

Vielmehr versteht er solche Formulierungen in dem Sinne, dass er den digitalen Inhalt nicht weitergeben darf. Da die scheinbar kundenfeindlichste Auslegung maßgeblich ist,[1414] müssen solche Klauseln im Sinne reiner Weitergabeverbote behandelt werden. Die Weitergabe des Nutzungsrechts einschränkende Klauseln können daher sehr wohl gegen die §§ 307 ff. BGB verstoßen.

2. Weitergabebeschränkungen

Neben Weitergabeverboten sind auch Weitergabebeschränkungen möglich. Derartige Klauseln finden hauptsächlich bei Software Verwendung. Diese können auf unterschiedliche Weise ausgesprochen werden. So kann der Rechteinhaber vom Ersterwerber die Mitteilung des Namens des Zweiterwerbers verlangen, für eine Weitergabe kann ein zusätzliches Entgelt anfallen oder aber die Weitergabe bedarf einfach nur der Anzeige durch den Ersterwerber. Darüber hinaus kann das Erfordernis, vor der Weitergabe die schriftliche Zustimmung des Rechteinhabers einzuholen sowie bei der Weitergabe alle eigenen Programmkopien unbrauchbar zu machen, vertraglich abbedungen werden.

III. Formen vertraglicher Beschränkungen

Vertragliche Beschränkungen können entweder individualvertraglich vereinbart werden oder aber sie sind Bestandteil von AGB.

1. Individualvertragliche Abreden

Bei Individualvertraglichen Vereinbarungen ist eine Wirksamkeitskontrolle nur hinsichtlich der §§ 134, 138 und 242 BGB möglich.[1415] Dazu müsste das betreffende Veräußerungsverbot jedoch mit Grundsätzen der Rechtsordnung in Widerspruch stehen, was in aller Regel nicht der Fall sein wird.[1416] Daher sind individualvertraglich vereinbarte Weitergabeverbote zulässig. Solche individualvertragliche Abreden können beim Ersterwerb digitaler Güter in Massenge-

---

1414 *Grüneberg*, in: Palandt (Bgr.), BGB, § 305c Rn. 18 m. w. N.
1415 Kartellrechtliche Überlegungen sind nicht Gegenstand dieser Untersuchung. Vgl. dazu etwa *Ammann*, Der Handel mit Second Hand-Software aus rechtlicher Sicht, S. 108 ff.
1416 So auch etwa *Ammann*, Der Handel mit Second Hand-Software aus rechtlicher Sicht, S. 89; *Dreier*, in: Dreier/Schulze, UrhG, Vor. § 44a Rn. 9; *Marly*, Praxishandbuch Softwarerecht, Rn. 1633 m. w. N.; *Zech*, ZGE 2013, 368 (378); offen gelassen von *Leistner*, WRP 2014, 995 (1002). Von der Unzulässigkeit individualvertraglicher Weitergabeverbote geht jedoch *Redeker* mit Blick auf das europäische Recht aus, während individuell ausgehandelte Löschungsgebote grundsätzlich möglich sind; *Redeker*, ITRB 2013, 68 (69). Auch *Schneider/Spindler* halten das Weitergabeverbot als Individualvereinbarung für unwirksam; *Schneider/Spindler*, CR 2014, 213 (215).

schäften aber nahezu ausgeschlossen werden, da Händler den Nutzern für gewöhnlich immer AGB vorlegen.

2. Allgemeine Geschäftsbedingungen

Soweit individualvertragliche Vertragsabreden vorliegen, ist das AGB-Recht nach § 305b BGB nicht anwendbar. Üblicherweise erhält der Ersterwerber jedoch die digitalen Güter von Händlern, die für eine Vielzahl von Verträgen vorformulierte Vertragsbedingungen verwenden (vgl. § 305 Abs. 1 S. 1 BGB), welche die Weitergabebeschränkungen beinhalten und nach § 305 Abs. 2 BGB Vertragsbestandteil werden.[1417] Klärungsbedürftig ist zunächst die Frage, ob Weitergabeverbote und Weitergabebeschränkungen überhaupt Gegenstand der AGB-Kontrolle sein können oder ob es sich nicht vielmehr um Leistungsbeschreibungen handelt. Denn nach der Begründung des Regierungsentwurfs sind Klauseln nach § 307 Abs. 3 S. 1 BGB einer AGB-Kontrolle entzogen, wenn sie nur eine Leistungsbeschreibung enthalten, also den Umfang der von den Parteien geschuldeten Vertragsleistungen festlegen.[1418] Zum Teil wird vertreten, dass nur die Hauptleistungspflichten der richterlichen Inhaltskontrolle entzogen sind.[1419] Die Rechtsprechung geht etwas weiter und beschränkt den kontrollfreien Raum auf den „enge[n] Bereich der Leistungsbezeichnungen, ohne deren Vorliegen mangels Bestimmtheit oder Bestimmbarkeit des wesentlichen Vertragsinhalts ein wirksamer Vertrag nicht mehr angenommen werden kann".[1420] Demnach sind solche Klauseln inhaltlich zu kontrollieren, die das Hauptleistungsversprechen einschränken, verändern, ausgestalten oder modifizieren.[1421] Wenn eine Weitergabe verboten wird, stellt dies eine Einschränkung bzw. Modifizierung des Hauptleistungsversprechens dar, welches auf die Einräumung eines dauerhaften Nutzungsrechts gerichtet ist. Damit handelt es sich nicht um eine Leistungsbeschreibung. Auch ohne eine solche Klausel liegt ein wirksamer Vertrag vor. Weitergabeverbote unterliegen daher der AGB-Kontrolle.[1422]

1417 Vgl. zur wirksamen Einbeziehung etwa *Ammann*, Der Handel mit Second Hand-Software aus rechtlicher Sicht, S. 146 f.; *Bardens*, Die Zweitverwertung urheberrechtlich geschützter Software, S. 190 f.
1418 *Wurmnest*, in: Säcker/Rixecker (Hrsg.), MüKo BGB, Bd. 2, § 307 Rn. 12; LG Hamburg v. 20.9.2011 – 312 O 414/10, BeckRS 2013, 19556.
1419 *Wurmnest*, in: Säcker/Rixecker (Hrsg.), MüKo BGB, Bd. 2, § 307 Rn. 12.
1420 BGH v. 21.4.1993 – IV ZR 33/92, NJW-RR 1993, 1049 (1050); BGH v. 30.6.1995 – V ZR 184/94, NJW 1995, 2637 (2638); BGH v. 24.3.1999 – IV ZR 90–98, NJW 1999, 2279 (2280).
1421 BGH v. 21.4.1993 – IV ZR 33/92, NJW-RR 1993, 1049 (1050); BGH v. 30.6.1995 – V ZR 184/94, NJW 1995, 2637 (2638); BGH v. 24.3.1999 – IV ZR 90–98, NJW 1999, 2279 (2280).
1422 Das LG Hamburg sieht sogar bereits das Zurverfügungstellen eines Textes in Form von Audiodateien zum Abspielen und Anhören als Hauptleistung an und fügt hinzu: „Welche Ausgestaltung die Datei erfährt, mittels derer dieser Text übermittelt wird, und welche Lizenzbedingungen wiederum der Übermittlung der Datei zugrunde liegen, ist eine Ausgestaltung bzw. Modifikation dieses Hauptleistungsversprechens"; LG Hamburg v. 20.9.2011 – 312 O 414/10, BeckRS 2013, 19556.

IV. Überblick zur Rechtsprechung

Obwohl ein Abtretungsverbot in einer AGB-Klausel Gegenstand der UsedSoft-Rechtsprechung war, haben die Gerichte keine AGB-rechtliche Würdigung vorgenommen. Das Abtretungsverbot wird also nicht explizit geprüft, auch wenn es der BGH als wirksam erachtet. Dies ergibt sich daraus, dass er das vertraglich eingeräumte Nutzungsrecht als „nicht abtretbar" bezeichnet und daher dem Ersterwerber verwehrt, das Recht zur Vervielfältigung der Programme wirksam auf den Gebrauchthändler bzw. den Zweiterwerber zu übertragen.[1423] Zahlreiche Instanzgerichte haben sich jedoch in den vergangenen Jahren mit der Frage nach der AGB-rechtlichen Zulässigkeit von Weitergabeverboten auseinandergesetzt. Die nachfolgende Darstellung der Entscheidungen dient lediglich dazu, einen Überblick über die Rechtsprechung zu erhalten, ohne bereits eine rechtliche Würdigung vorzunehmen. Die Wirksamkeit von Weitergabeverboten und Weitergabebeschränkungen in AGB wird erst in den nächsten Abschnitten untersucht.

1. Urteile vor der UsedSoft-Entscheidung des EuGH

Schon vor der EuGH-Entscheidung musste sich die instanzgerichtliche Rechtsprechung mit dem Erschöpfungsgrundsatz bzw. der Zulässigkeit der Weitergabe von Software auseinandersetzen.[1424] Die Gerichte hielten Weitergabeverbote des Verkäufers bzw. Softwareherstellers dabei grundsätzlich für zulässig. Aus AGB-rechtlicher Sicht interessanter sind jedoch die Urteile, die den Online-Vertrieb von Hörbüchern, Musikdateien bzw. E-Books zum Gegenstand hatten.

Das LG Berlin hat keinen Verstoß gegen § 307 Abs. 2 Nr. 2 BGB festgestellt, da an unkörperlichen Dateien keine Erschöpfung eintreten könne.[1425] Auch ein Verstoß gegen § 305c BGB liege nicht vor, da die vorgelegten Bestimmungen dem Wesen eines urheberrechtlichen Lizenzvertrags entsprechen würden.[1426] Das LG Hamburg hat eine ausführliche AGB-Prüfung vorgenommen. § 307 Abs. 2 Nr. 2 BGB sei nicht berührt, da der Gegenstand ein Vertrag eigener Art und kein Kauf-

---

[1423] BGH v. 17.7.2013 – I ZR 129/08, GRUR 2014, 264, Tz. 43 – UsedSoft II.
[1424] Vgl. dazu OLG München v. 3.8.2006 – 6 U 1818/08, ZUM 2006, 936; OLG München v. 3.7.2008 – 6 U 2759/07, ZUM 2009, 70 (n. rk.); OLG Frankfurt v. 12.5.2009 – 11 W 15/09, CR 2009, 423; OLG Frankfurt a.M. v. 22.6.2010 – 11 U 13/10, ZUM-RD 2010, 604; OLG Hamburg v. 16.10.2008 – 10 U 87/07, BeckRS 2010, 18231; OLG Düsseldorf v. 29.6.2009 – I-20 U 247/08, ZUM 2010, 629; OLG Hamburg v. 7.2.2007 – 5 U 140/06, CR 2007, 355; LG Hamburg, ZUM 2007, 159 (n. rk.); LG Düsseldorf v. 22.4.2009 – 12 O 23/09, CR 2009, 357; LG Düsseldorf v. 26.11.2008 – 14c O 223/08, CR 2009, 315; LG München I v. 28.11.2007 – 30 O 8684/07, CR 2008, 416; LG München I v. 30.4.2008 – 33 O 7340/08, CR 2008, 414; LG München I v. 15.3.2007 – 7 O 7061/06, CR 2007, 356; LG München I v. 19.1.2006 – 7 O 23237/05, CR 2006, 159.
[1425] LG Berlin v. 14.7.2009 – 16 O 67/08, GRUR-RR 2009, 329 (n. rk.).
[1426] LG Berlin v. 14.7.2009 – 16 O 67/08, GRUR-RR 2009, 329 (n. rk.).

E. Die Wirksamkeit vertraglicher Weitergabeverbote und -beschränkungen

vertrag sei.[1427] § 307 Abs. 1 BGB sei hingegen aufgrund des fehlenden Eintritts der Erschöpfung nicht einschlägig.[1428] Das LG Stuttgart lehnt eine unangemessene Benachteiligung nach § 307 Abs. 2 Nr. 2 BGB ab, da der Kunde die primäre Nutzungsmöglichkeit des erworbenen Hörbuchs erhalte.[1429] Das Gleiche gelte für § 307 Abs. 2 Nr. 2 BGB i. V. m. § 17 Abs. 2 UrhG, da die Erschöpfung bei digitalen Gütern nicht eintreten könne.[1430] Das OLG Stuttgart als Berufungsinstanz stimmt dem LG Stuttgart zu, nimmt dabei aber keine saubere AGB-Prüfung anhand der §§ 307 ff. BGB mehr vor.[1431] Lediglich das Transparenzgebot nach § 307 Abs. 1 S. 2 BGB spricht das Gericht an und kann keinen Verstoß erkennen.[1432] Im Ergebnis gehen damit alle Gerichte von der AGB-rechtlichen Zulässigkeit von Weitergabeverboten aus, da beim Online-Vertrieb digitaler Güter keine Erschöpfung eintrete.

2. Urteile nach der UsedSoft-Entscheidung des EuGH

Nach der UsedSoft-Entscheidung des EuGH wurden einige Entscheidungen gefällt, die in AGB vorgesehene Weitergabebeschränkungen von Software zum Gegenstand hatten. Das OLG Frankfurt a. M. urteilte, dass ein Zustimmungsvorbehalt für Weiterübertragungen dem Grundgedanken des § 69c Nr. 3 S. 2 UrhG widerspreche und daher ein Verstoß gegen „§ 307 BGB" vorliege.[1433] Das OLG Hamburg musste sich mit einer Klausel auseinandersetzen, nach der die Übertragbarkeit auf einen einzigen Übertragungsvorgang beschränkt und darüber hinaus von der Zustimmung des Dritten hinsichtlich der Bestimmungen des Lizenzvertrages abhängig ist. Nach Ansicht des Gerichts verstößt die streitgegenständliche Regelung dabei gegen § 307 Abs. 2 Nr. 1 BGB, da die Klausel von der gesetzlichen Regelung des § 69c Nr. 3 S. 2 UrhG abweiche und mit deren wesentlichen Grundgedanken nicht zu vereinbaren sei.[1434] Mit derselben Begründung beurteilt das LG Hamburg ein Weitergabeverbot mit Zustimmungserfordernis des Softwareherstellers als unzulässig, wenngleich das Gericht zum Teil nur allgemein auf die Norm des § 307 BGB verweist.[1435] Im Zusammenhang mit körperlich in Verkehr gebrachter Software hat das OLG Hamm schließlich entschieden, dass die in Lizenzbedingungen des Herstellers vorgesehenen Einschränkungen der Eigentumsrechte des Käufers sowohl als überraschende Klausel als auch als Abweichung vom urheberrechtlichen Leitbild der §§ 17 Abs. 2, 69c Nr. 3 UrhG und den wesentlichen Rechten und Pflichten eines kaufver-

---

1427 LG Hamburg v. 20.9.2011 – 312 O 414/10, BeckRS 2013, 19556.
1428 LG Hamburg v. 20.9.2011 – 312 O 414/10, BeckRS 2013, 19556.
1429 LG Stuttgart v. 14.4.2011 – 17 O 513/10, BeckRS 2011, 19820.
1430 LG Stuttgart v. 14.4.2011 – 17 O 513/10, BeckRS 2011, 19820.
1431 OLG Stuttgart v. 3.11.2011 – 2 U 49/11, GRUR-RR 2012, 243 – Hörbuch-AGB.
1432 OLG Stuttgart v. 3.11.2011 – 2 U 49/11, GRUR-RR 2012, 243 – Hörbuch-AGB.
1433 OLG Frankfurt a. M. v. 5.11.2013 – 11 U 92/12, BeckRS 2014, 09012.
1434 OLG Hamburg v. 30.4.2013 – 5 W 35/13, MMR 2014, 115 (116).
1435 LG Hamburg v. 25.10.2013 – 315 O 449/12, GRUR-RR 2014, 221 – Gebrauchte Software (n. rk.).

traglich ausgestalteten Softwareüberlassungsvertrages nicht Vertragsbestandteil bzw. unwirksam seien.[1436]

Doch auch für andere digitale Güter als Software geltende AGB standen bereits im Fokus der Gerichte. So hat das OLG Hamm bei Hörbüchern – dem LG Bielefeld als Vorinstanz zustimmend[1437] – das pauschale Weitergabeverbot schuldrechtlicher Art für zulässig erachtet.[1438] Die in Frage stehenden Regelungen seien hinreichend transparent i. S. v. § 307 Abs. 1 S. 2, Abs. 3 S. 2 BGB und würden weder gegen wesentliche Grundgedanken der gesetzlichen Regelung nach §§ 307 Abs. 2 Nr. 1 BGB i. V. m. §§ 17 Abs. 2, 31 Abs. 5 UrhG verstoßen, noch den Vertragszweck nach § 307 Abs. 2 Nr. 2 BGB gefährden. Letztlich liege auch keine unangemessene treuwidrige Benachteiligung gem. § 307 Abs. 1 S. 1 BGB vor.[1439] Dabei geht das Gericht jedoch fälschlicherweise davon aus, dass der Erschöpfungsgrundsatz weder direkt noch analog anwendbar ist und dass nicht das Leitbild eines Kaufvertrages zugrunde zu legen ist. In einem Urteil des LG Berlin wird im Sinne der im Jahr 2010 ergangenen Half Life 2-Entscheidung des BGH[1440] das Eingreifen des Erschöpfungsgrundsatzes bei Computerspielen verneint, auch wenn die Nutzung des Spieles nur mit einem Benutzerkonto möglich ist, welches nach den AGB des Anbieters nicht weitergegeben werden darf.[1441] Die Klausel verstoße dabei nicht gegen § 307 Abs. 2 Nr. 1 BGB i. V. m. §§ 17 Abs. 2, 69c Nr. 3 S. 2 UrhG.

Vergleicht man die nach der UsedSoft-Entscheidung des EuGH ergangenen Entscheidungen in der deutschen Rechtsprechung, so fällt schnell auf, dass die Gerichte nur Verstöße gegen § 307 BGB bei Weitergabebeschränkungen für Software festgestellt haben. Bei anderen digitalen Gütern wird der Eintritt der Erschöpfung jedoch noch abgelehnt, so dass für diese Gerichte ein Verstoß gegen das AGB-Recht nicht in Frage kommt.

V. Wirksamkeit von Weitergabeverboten

Bestimmungen in AGB, die Weitergabeverbote zum Gegenstand haben, sind den §§ 305-310 BGB unterworfen. Soweit nicht bereits eine überraschende Klausel nach § 305c BGB vorliegt, müssen die Bestimmungen der Inhaltskontrolle nach §§ 307-309 BGB standhalten. Da jedoch weder die Klauselverbote ohne Wertungsmöglichkeit nach § 309 BGB noch die Klauselverbote mit Wertungsmöglichkeit nach § 308 BGB Weitergabeverbote oder Vergleichbares thematisieren, stellt nur die Generalklausel des § 307 BGB das Einfallstor für solche Bestim-

---
1436 OLG Hamm v. 28.11.2012 – 12 U 115/12, GRUR-RR 2013, 427 – Finanzierungsleasing.
1437 LG Bielefeld v. 5.3.2013 – 4 O 191/11, GRUR-RR 2013, 281 – Hörbuch.
1438 OLG Hamm v. 15.5.2014 – 22 U 60/13, GRUR 2014, 853 – Hörbuch-AGB.
1439 OLG Hamm v. 15.5.2014 – 22 U 60/13, GRUR 2014, 853 (855 ff.) – Hörbuch-AGB.
1440 BGH v. 11.2.2010 – I ZR 178/08, GRUR 2010, 822 – Half-Life 2.
1441 LG Berlin v. 21.1.2014 – 15 O 56/13, CR 2014, 400.

E. Die Wirksamkeit vertraglicher Weitergabeverbote und -beschränkungen

mungen dar. Diese Norm kann dabei auf vielfältige Weise einschlägig sein, was eine genaue Differenzierung erforderlich macht. Dennoch verweisen Gerichte, wie gerade gezeigt wurde, zum Teil lediglich pauschal auf eine Unwirksamkeit nach § 307 BGB, ohne die konkrete Bestimmung des § 307 BGB zu nennen.[1442] Die Literatur ist in der Frage der Zulässigkeit von Weitergabeverboten bei digitalen Gütern bislang gespalten. Während ein Teil der Literatur von der Unwirksamkeit solcher Vertragsklauseln ausgeht,[1443] halten andere schuldrechtliche Verbote für zulässig.[1444]

1. § 305c BGB

Nach § 305c Abs. 1 BGB werden solche Bestimmungen in AGB gar nicht erst Vertragsbestandteil, welche nach den Umständen, insbesondere nach dem äußeren Erscheinungsbild des Vertrags, so ungewöhnlich sind, dass der Vertragspartner des Verwenders mit ihnen nicht rechnen muss. § 305c Abs. 2 BGB bestimmt darüber hinaus, dass Zweifel bei der Auslegung der AGB zu Lasten des Verwenders gehen. Soweit eine überraschende Klausel nach dieser Vorschrift gegeben ist, wird diese Klausel nicht Vertragsinhalt.[1445]

Weitergabeverbote sind inzwischen fast immer anzutreffen, wenn andere digitale Güter als Software per Download erworben werden können. Ein solches Verbot ist die Regel, während die freie Übertragbarkeit nur ausnahmsweise zulässig ist. Da diese Bestimmungen zumeist nicht nur versteckt im Kleingedruckten stehen, sondern oftmals zusätzlich auch noch beim ersten Öffnen der Datei oder in der E-Mail mit der Bestellbestätigung auf diese hingewiesen wird, ist davon auszugehen, dass der Endnutzer damit rechnen kann. Zudem hat auch die Presse gerade durch die UsedSoft-Entscheidungen des EuGH und des BGH das Thema mehrfach aufgegriffen. In diesem Sinne hat das OLG Hamburg in einer kürzlich ergangenen Entscheidung eines vergleichbaren Falles festgestellt, dass Weitergabebeschränkungen hinsichtlich eines Tickets für ein Fußballspiel in den AGB des Veranstalters aufgrund der „wiederholten öffentlichen Diskussion"

[1442] So z. B. teilweise das LG Hamburg v. 25.10.2013 – 315 O 449/12 (n. rk.), CR 2014, 15 (16 f).
[1443] *Bardens*, Die Zweitverwertung urheberrechtlich geschützter Software, S. 192 f.; *Gennen*, in: Schwartmann (Hrsg.), Praxishandbuch Medien-, IT- und Urheberrecht, Kap. 21 Rn. 138; *Grützmacher*, in: Wandtke/Bullinger (Hrsg.), UrhG, § 69c Rn. 38; *Hartmann*, GRUR Int. 2012, 980 (985 f.); *Redeker*, IT-Recht, Rn. 79; *Schmidt-Kessel*, K&R 2014, 475 (483); *Scholz*, GRUR 2015, 142 (148); *Weisser/Färber*, MMR 2014, 364 (366); *Winklbauer/Geyer*, ZIR 2014, 93 (97); *Zech*, ZGE 2013, 368 (376).
[1444] *Kuß*, K&R 2012, 76 (80); *Schulze*, in: Dreier/Schulze, UrhG, Vor. § 31 Rn. 24; *Heydn*, in: Kilian/Heussen (Hrsg.), Computerrechts-Handbuch, 1. Abschn. Teil 2, Vermarktung von Gebrauchtsoftware, Rn. 69.
[1445] *Grüneberg*, in: Palandt (Bgr.), BGB, § 305c Rn. 2.

keine überraschende Klausel i. S. d. § 305c Abs. 1 BGB darstelle.[1446] Eine überraschende Klausel liegt daher bei Weitergabeverboten nicht vor.[1447]

2. § 307 Abs. 1, Abs. 2 BGB

a. § 307 Abs. 1, Abs. 2 Nr. 1 BGB

Die Vorschrift des § 307 Abs. 2 Nr. 1 BGB bestimmt, dass eine unangemessene Benachteiligung im Zweifel anzunehmen ist, wenn eine Bestimmung mit wesentlichen Grundgedanken der gesetzlichen Regelung, von der abgewichen wird, nicht zu vereinbaren ist. Nicht unumstritten ist, ob urheberrechtliche Normen überhaupt Gegenstand einer AGB-Kontrolle nach § 307 Abs. 2 Nr. 1 BGB sein können.[1448] Die herrschende Meinung geht jedoch davon aus, dass sich die Inhaltskontrolle nach § 307 Abs. 2 Nr. 1 BGB im Bereich des Urhebervertragsrechts auf die „wesentlichen Grundgedanken" des Urheberrechtsgesetzes erstreckt.[1449] Als Norm mit Leitbildfunktion wird vor allem § 34 UrhG angesehen.[1450] Aber auch dem Erschöpfungsgrundsatz in §§ 17 Abs. 2, 69c Nr. 3 S. 2 UrhG ist ein wesentlicher Grundgedanke zu entnehmen, wie die vorliegende Arbeit gezeigt hat.[1451] Trotz der UsedSoft-Entscheidung kommt der Norm des § 69d Abs. 1 UrhG keine Leitbildfunktion zu.[1452]

Obwohl die Eigentumsübertragung beim Kaufvertrag eine gesetzliche Regelung i. S. d. § 307 Abs. 2 Nr. 1 UrhG mit Leitbildfunktion ist, sind die den Erschöpfungsgrundsatz thematisierenden Normen als Sonderregelungen der Eigentumsbefugnisse zu verstehen. Insofern genügt es, wenn auf die Erschöpfungsnormen als spezielle Ausprägungen der Eigentumsbefugnisse eingegangen wird.[1453] Darüber hinaus gelten die Vorschriften des Kaufrechts bei digitalen Gütern nur ent-

---

1446 OLG Hamburg v. 13.6.2013 – 3 U 31/10, MMR 2014, 595.
1447 Eher für eine überraschende Klausel sprechen sich jedoch etwa *Ammann*, Der Handel mit Second Hand-Software aus rechtlicher Sicht, S. 89 ff., und *Redeker*, IT-Recht, Rn. 79, aus.
1448 So sind nach *Stieper* Schrankenbestimmungen nicht unmittelbar Maßstab einer Inhaltskontrolle, sondern es ist ein Messen am vertragstypenspezifischen gesetzlichen Leitbild erforderlich; *Stieper*, Rechtfertigung, Rechtsnatur und Disponibilität der Schranken des Urheberrechts, S. 383 ff.; s. auch *Hofmann*, UFITA 2014, 381 (404).
1449 *Schricker/Loewenheim*, in: Schricker/Loewenheim (Hrsg.), UrhG, Vor. § 28 Rn. 40 m. w. N.; s. auch *Dreier*, in: Dreier/Schulze, UrhG, Vor. § 44a Rn. 9.
1450 Nach *Heydn* steht ein Übertragungsverbot im Einklang mit § 34 Abs. 5 S. 2 UrhG; *Heydn*, in: Kilian/Heussen (Hrsg.), Computerrechts-Handbuch, 1. Abschn. Teil 2, Vermarktung von Gebrauchtsoftware, Rn. 69. Nach *Marly* kommt dieser Norm jedoch keine Leitbildfunktion zu; *Marly*, Praxishandbuch Softwarerecht, Rn. 1644.
1451 So auch *Zech*, ZUM 2014, m. w. N.; *Hoeren* sieht den Erschöpfungsgrundsatz gar als eines der „zentralen Prinzipien des gesamten Immaterialgüterrechts" an; *Hoeren*, in: von Westphalen/Thüsing (Hrsg.), Vertragsrecht und AGB-Klauselwerke, Teil „Klauselwerke", IT-Verträge, Rn. 17.
1452 A. A. *Leistner*, WRP 2014, 995 (1002).
1453 A. A. *Marly*, Praxishandbuch Softwarerecht, Rn. 1641.

sprechend, da gerade kein Eigentum übertragen, sondern Nutzungsrechte eingeräumt werden. § 307 Abs. 2 Nr. 2 UrhG ist dafür der bessere Anknüpfungspunkt.

aa. Der Erschöpfungsgrundsatz, §§ 17 Abs. 2, 69c Nr. 3 S. 2 UrhG

Der Erschöpfungsgrundsatz bezweckt die Verkehrsfähigkeit von Werkexemplaren. Der Grundsatz gilt nach vorliegender Ansicht sowohl für körperlich als auch für unkörperlich in Verkehr gebrachte Werkstücke. Der Rechteinhaber hatte die Möglichkeit, mit der ersten Veräußerung eine angemessene Vergütung zu erzielen – im Gegenzug erhält der Erwerber die volle Verfügungsberechtigung über das erschöpfte Vervielfältigungsstück. Der Erschöpfungsgrundsatz sorgt für „verfassungskonforme Konkordanz und ist insofern einfachgesetzliche Ausprägung des verfassungsrechtlich verankerten und ihr als wesentlicher Grundgedanke zugrunde liegenden Verhältnismäßigkeitsgrundsatz".[1454] Diese gesetzgeberische Wertung würde umgangen, wenn der Rechtehändler das urheberrechtlich gewährte Weitergaberecht auf schuldrechtlicher Ebene verhindern könnte. Die Interessen des Erwerbers würden also einseitig zu Gunsten der Interessen des Rechteinhabers aufgehoben. Die §§ 307 ff. BGB dienen gerade der Herstellung eines Interessenausgleichs. Wenn eine Norm mit Leitbildfunktion einen Interessenausgleich widerspiegelt, können sich Bestimmungen in AGB nicht darüber hinwegsetzen. Damit sind Übertragungsverbote gem. § 307 Abs. 1, Abs. 2 Nr. 1 BGB i. V. m. §§ 17 Abs. 2, 69c Nr. 3 S. 2 UrhG unwirksam, da sie vom urheberrechtlichen Leitbild des Erschöpfungsgrundsatzes abweichen.[1455]

bb. Die Übertragung von Nutzungsrechten, § 34 Abs. 1 UrhG

§ 34 Abs. 1 S. 1 UrhG macht die Übertragung eines vertraglich eingeräumten Nutzungsrechts von der Zustimmung des Urhebers abhängig. Daher könnte man in Erwägung ziehen, dass die in den AGB ausgehandelten Weitergabeverbote diesem Grundsatz entsprechen und daher wirksam sind. Jedoch sind auch die Wertungen des § 34 Abs. 1 S. 2 UrhG zu berücksichtigen, wonach Weiterübertragungen nicht von vornherein verweigert werden können. Ein Weitergabeverbot könnte diesem Gedanken widersprechen. Wie die vorliegende Arbeit gezeigt hat, wird allerdings das vertraglich eingeräumte Nutzungsrecht bei einer Weitergabe digitaler Güter gar nicht weiter übertragen, sondern gewissermaßen nur das gesetzliche Nutzungsrecht. Es geht also nicht um die Übertragung eines vertraglich eingeräumten Nutzungsrechts, sondern um die Verbreitung eines Werkes. Daher kann kein Verstoß gegen § 34 UrhG vorliegen. Ebenso kann auch keine

---

1454 *Ammann*, Der Handel mit Second Hand-Software aus rechtlicher Sicht, S. 149 f.
1455 Hins. Software: *Bardens*, Die Zweitverwertung urheberrechtlich geschützter Software, S. 192 f.; *Bruch*, Der Handel mit gebrauchter Software, S. 118; *Grützmacher*, in: Wandtke/Bullinger (Hrsg.), UrhG, § 69c Rn. 38; *Weisser/Färber*, MMR 2014, 364 (366); a. A. *Heydn*, in: Kilian/Heussen (Hrsg.), Computerrechts-Handbuch, 1. Abschn. Teil 2, Vermarktung von Gebrauchtsoftware, Rn. 69.

Abweichung von der Regelung des § 31 Abs. 5 UrhG festgestellt werden, nach der im Zusammenhang mit der Einräumung von Nutzungsrechten im Zweifel der Vertragszweck entscheidet, auf welche Nutzungsarten sich die Nutzungsrechte erstrecken. Übertragungsverbote sind also im Hinblick auf §§ 34 und 31 Abs. 5 UrhG AGB-rechtlich zulässig.[1456]

b. § 307 Abs. 1, Abs. 2 Nr. 2 BGB

Die Vorschrift des § 307 Abs. 2 Nr. 2 BGB bestimmt, dass eine unangemessene Benachteiligung im Zweifel anzunehmen ist, wenn eine Bestimmung wesentliche Rechte oder Pflichten, die sich aus der Natur des Vertrags ergeben, so einschränkt, dass die Erreichung des Vertragszwecks gefährdet ist. Entscheidend ist dabei, inwieweit der Verwender der AGB sog. Kardinalpflichten der gegenständlichen Vertragsart verletzt.[1457] Beim Online-Vertrieb digitaler Güter, wobei der Rechteinhaber dem Ersterwerber ein dauerhaftes Nutzungsrecht einräumt und im Gegenzug die Möglichkeit hat, eine angemessene Vergütung zu erhalten, sind die Vorschriften des Kaufrechts entsprechend anzuwenden. Die Pflicht zur Eigentumsübergabe wird dabei durch die Pflicht zur Einräumung eines unbegrenzten Nutzungsrechts ersetzt.[1458] Ein wesentlicher Grundgedanke des Kaufvertragsrechts ist jedenfalls die freie Verfügungsbefugnis des Käufers über den von ihm erworbenen Gegenstand. Damit gilt die Verkehrsfähigkeit als vertragliches Leitbild. Insofern ist die Verschaffung einer weiterveräußerungsfähigen Position eine Kardinalpflicht des Kaufvertrages.[1459] Ein Weiterveräußerungsverbot steht dieser Kardinalpflicht entgegen. Die Verkehrsfähigkeit wird nicht nur eingeschränkt, sondern komplett aufgehoben. Der Käufer kann nicht mehr frei über den erworbenen Gegenstand verfügen. Somit sind Übertragungsverbote gem. § 307 Abs. 1, Abs. 2 Nr. 2 BGB unzulässig.[1460]

1456 A. A. *Marly*, Praxishandbuch Softwarerecht, Rn. 1644; *Seitz*, „Gebrauchte" Softwarelizenzen, S. 186 f.
1457 BGH v. 20.7.2005 – VIII ZR 121/04, NJW-RR 2005, 1496 (1505).
1458 Vgl. dazu die Ausführungen unter B. III. 3. d. cc.
1459 *Zech*, ZGE 2013, 368 (383, 385 m. w. N.).
1460 *Bardens*, Die Zweitverwertung urheberrechtlich geschützter Software, S. 193; *Bruch*, Der Handel mit gebrauchter Software, S. 117 f.; *Grützmacher*, in: Wandtke/Bullinger (Hrsg.), UrhG, § 69c Rn. 38; *Huppertz*, CR 2006, 145 (150); *Marly*, Praxishandbuch Softwarerecht, Rn. 1649; *Schmidt-Kessel*, K&R 2014, 475 (483); *Stieper*, Rechtfertigung, Rechtsnatur und Disponibilität der Schranken des Urheberrechts, S. 400; *Weisser/Färber*, MMR 2014, 364 (366); a. A. aus unterschiedlichen Gründen *Ammann*, Der Handel mit Second Hand-Software aus rechtlicher Sicht, S. 152 f. (Weitergabeverbot richtet sich nur auf Beschränkung der Verfügungsbefugnis bereits erworbenen Eigentums); *Heydn*, in: Kilian/Heussen (Hrsg.), Computerrechts-Handbuch, 1. Abschn. Teil 2, Vermarktung von Gebrauchtsoftware, Rn. 69 (kein kaufrechtliches Leitbild).

c. Widerlegung des Zweifelsatzes

Nach § 307 Abs. 2 BGB führen die von § 307 Abs. 2 Nr. 1 und Nr. 2 BGB missbilligten Verstöße nicht generell, sondern nur „im Zweifel" zur Nichtigkeit. Daher kann der Verwender der betreffenden AGB die Vermutung des § 307 Abs. 2 BGB widerlegen. Zu klären ist also, ob Weitergabeverbote den Erwerber digitaler Güter entgegen den Geboten von Treu und Glauben gem. § 307 Abs. 1 S. 1 UrhG unangemessen benachteiligen oder ob überwiegende Interessen des Rechteinhabers vorliegen. Dabei muss eine Abwägungsentscheidung getroffen werden.

Grundsätzlich ist die Einschränkung der Verkehrsfreiheit in AGB nicht interessengerecht, weswegen bei körperlichen Gegenständen bis auf wenige Ausnahmefälle kein Weitergabeverbot zulässigerweise vereinbart werden kann. Bei digitalen Gütern ist die Situation jedoch wirtschaftlich vergleichbar, wie an anderer Stelle bereits ausführlich thematisiert wurde.[1461] Die Rechteinhaber können mit dem Erstverkauf eine angemessene Vergütung erhalten. Die Erwerber hingegen entrichten ein Entgelt für die zeitlich unbegrenzte Nutzung eines Werkexemplars. Die gesetzlich eingetretene Erschöpfung verschafft ihnen darüber hinaus die Möglichkeit, frei über dieses erworbene Produkt zu verfügen. Dem Rechteinhaber kommt – wie im analogen Umfeld – keine Rolle bei dieser Zweitverwertung zu. Dem befürchteten Kontrollverlust können die Rechteinhaber mit DRM-Maßnahmen entgegenwirken, ohne das Kundeninteresse damit zu gefährden. Die Interessenabwägung fällt daher aufgrund des Grundsatzes der Verkehrsfähigkeit zugunsten der Nutzer aus, die durch ein Weitergabeverbot unangemessen benachteiligt würden.[1462]

Grützmacher spricht sich dafür aus, dass ganz gewichtige wirtschaftliche Gründe ausnahmsweise ein Weitergabeverbot rechtfertigen können.[1463] *Scholz* schließt sich ihm an und hält Weitergabeverbote in bestimmten „Sonderkonstellationen" für zulässig. Dabei spricht er explizit etwa individuell für den Auftraggeber entwickelte Software oder sehr komplexe Standardanwendungen für den langfristigen Einsatz in Unternehmen an.[1464] Auch wenn diese besonderen Interessen in bestimmten Situationen vorliegen sollten, sieht § 307 Abs. 1 UrhG eine umfassende Interessenabwägung vor, die ebenfalls die Interessen der Erwerber berücksichtigt. Diese sind grundsätzlich auf die freie Übertragbarkeit erworbener Gegenstände ausgerichtet. Bei Individualsoftware kann es aber in der Tat in Ausnahmesituationen zu einem überwiegenden Interesse und damit einer AGB-rechtlichen Zulässigkeit eines Weitergabeverbots kommen.

1461 S. dazu die Ausführungen unter D. II. 2. c. ee. und D. III. 1. d.
1462 A.A. Zech, ZGE 2013, 368 (395).
1463 *Grützmacher*, in: Wandtke/Bullinger (Hrsg.), UrhG, § 69c Rn. 39.
1464 *Scholz*, GRUR 2015, 142 (148).

Eine Widerlegung des Zweifelsatzes wird den Rechteinhabern zumindest im Massenvertrieb digitaler Güter aber nicht gelingen. Der Eintritt des Erschöpfungsgrundsatzes sowie die Verkehrsfähigkeit erworbener Produkte als Leitgedanken stellen berechtigte Interessen der Erwerber dar, welche überwiegende Interessen der Rechteinhaber ausschließen.[1465]

3. § 307 Abs. 1 S. 2 BGB

Nach § 307 Abs. 1 S. 2 BGB sind solche Bestimmungen in AGB unwirksam, welche den Vertragspartner des Verwenders entgegen den Geboten von Treu und Glauben unangemessen benachteiligen, die sich aus einer unklaren und nicht verständlichen Bestimmung ergeben (Transparenzgebot). Die Anforderungen an Klarheit und Verständlichkeit setzen voraus, dass die verwendete Klausel für den angesprochenen Verkehrskreis aus sich heraus verständlich ist.[1466] Da die Weitergabeverbote sehr klar und deutlich formuliert werden, kommt diese Norm jedoch nicht in Betracht.

4. Zwischenergebnis

Formularmäßig vorgeschriebene Weitergabeverbote sind in aller Regel nach § 307 Abs. 1, Abs. 2 Nr. 1 und Nr. 2 BGB unwirksam.

VI. Wirksamkeit von Weitergabebeschränkungen

Die Rechteinhaber schließen durch die Verwendung von Weitergabebeschränkungen die Weiterveräußerung nicht grundsätzlich aus, sondern machen sie von der Einhaltung bestimmter Bedingungen abhängig. Im Folgenden werden exemplarisch vier vor allem bei Software übliche Beschränkungen untersucht, um allgemeine Leitlinien für die Beurteilung von Weitergabebeschränkungen aufzustellen.

1. Einwilligungsvorbehalt

Sehr großer Beliebtheit bei den Rechteinhabern erfreuen sich Einwilligungsvorbehalte. Die Ersterwerber müssen also vor einer Weitergabe die Zustimmung der Rechteinhaber einholen. Zum Teil besteht in besonders umschriebenen Fällen sogar eine Zustimmungspflicht. Auch wenn ein Einwilligungsvorbehalt bei Software nicht als überraschende Klausel nach § 305c Abs. 1 BGB zu bewerten

---

[1465] S. dazu ausführlich *Marly*, Praxishandbuch Softwarerecht, Rn. 1651 ff.; *Ammann*, Der Handel mit Second Hand-Software aus rechtlicher Sicht, S. 105 f.
[1466] *Grüneberg*, in: Palandt (Bgr.), BGB, § 307 Rn. 21.

E. Die Wirksamkeit vertraglicher Weitergabeverbote und -beschränkungen

ist, so müsste man bei allen anderen digitalen Gütern sehr wohl davon ausgehen. Unabhängig davon liegt aber – auch bei Software – ein Verstoß gegen § 307 Abs. 1, Abs. 2 Nr. 1, Nr. 2 BGB vor, da die Verkehrsfähigkeit durch eine solche Klausel eingeschränkt würde. Eine solche Beschränkung ist – trotz § 34 Abs. 1 S. 2 UrhG, der nur die Weitergabe des vertraglich eingeräumten Nutzungsrechts betrifft – gesetzlich nicht vorgesehen, wie sowohl die Erschöpfungstatbestände als auch das Leitbild eines Kaufvertrages zeigen. Ein berechtigtes Interesse der Rechteinhaber könnte lediglich bei teurer (Individual-)Software angenommen werden. In diesem Sinne hat sich auch das LG Hamburg geäußert, wonach durch den Einwilligungsvorbehalt die Weiterveräußerung unter den Vorbehalt gestellt werde, dass die Zustimmung im freien Ermessen des Rechteinhabers steht, was gesetzlich nicht vorgesehen ist.[1467] Einwilligungsvorbehalte sind daher AGB-rechtlich unzulässig.[1468]

2. Mitteilungspflicht des Namens des Zweitkäufers

Der Rechteinhaber verlangt zum Teil in AGB, dass ihm der Weiterveräußerer Informationen zum Zweitwerber erteilt. Die Vereinbarung einer Mitteilungspflicht als wirksames Mittel gegen Mehrfachnutzung begegnet jedoch einigen Bedenken. Aus rechtlicher Sicht liegen ein Verstoß gegen das Leitbild der Erschöpfung und ein Eingriff in die persönliche Sphäre des Veräußernden vor.[1469] Auch das Leitbild eines Kaufvertrages widerspricht einer solchen Mitteilungspflicht. Zudem ist zu befürchten, dass die Mitteilungspflicht insbesondere dann, wenn die Weitergabe digitaler Güter zu einem Massengeschäft wird, auf Dauer zu einem ausufernden Dokumentationsmanagement führt.[1470] Vereinzelt wird zwar angenommen, dass der Softwarehersteller ein berechtigtes Interesse daran hat, zu erfahren, wer die Softwarte nutzt,[1471] ein solches Interesse des Softwareherstellers ist jedoch höchstens bei sehr teurer Software oder Individualsoftware anzuerkennen.[1472] Das Interesse des Rechteinhabers an der Kontrolle der Nutzungsrechte greift schon der EuGH auf und verweist auf die Möglichkeit technischer Schutzmaßnahmen. Außerhalb vom Softwarebereich ist es jedenfalls immer unangemessen, wenn der Ersterwerber dem Rechteinhaber bei einer Weitergabe den Namen des Zweitwerbers mitteilen muss. Dabei kann die Klausel

---

1467 LG Hamburg v. 25.10.2013 – 315 O 449/12, CR 2014, 15 (16) (n. rk.).
1468 So auch *Ammann*, Der Handel mit Second Hand-Software aus rechtlicher Sicht, S. 107; *Baus*, Verwendungsbeschränkungen in Software-Überlassungsverträgen, S. 230 f.; *Grützmacher*, in: Wandtke/Bullinger (Hrsg.), UrhG, § 69c Rn. 39 m. w. N.; *Redeker*, ITRB 2013, 68 (69); *Seitz*, „Gebrauchte" Softwarelizenzen, S. 187; a. A. *Scholz*, GRUR 2015, 142 (149).
1469 *Hartmann*, GRUR Int. 2012, 980 (985).
1470 *Hartmann*, GRUR Int. 2012, 980 (985).
1471 *Heydn*, in: Kilian/Heussen (Hrsg.), Computerrechts-Handbuch, 1. Abschn. Teil 2, Vermarktung von Gebrauchtsoftware, Rn. 111.
1472 So auch *Stögmüller*, K&R 2014, 194 (196).

in der Regel sogar als überraschend i. S. d. § 305c Abs. 1 BGB eingestuft werden. Eine Mitteilungspflicht ist damit ebenfalls AGB-rechtlich unzulässig.[1473]

3. Verbot der Anfertigung von Vervielfältigungsstücken

Fraglich ist, ob das formularmäßige Verbot der Anfertigung von Vervielfältigungsstücken zur Weitergabe zulässig ist. Auch wenn man § 53 Abs. 1 UrhG keinen Leitbildcharakter zuspricht[1474] und daher keinen Verstoß gegen § 307 Abs. 1, Abs. 2 Nr. 1 BGB feststellen kann, ist eine solche Klausel doch zumindest gem. § 307 Abs. 1, Abs. 2 Nr. 2 BGB unzulässig. Denn die den kaufvertraglichen Normen zu entnehmende Pflicht zur Verschaffung einer endgültigen Rechtsposition und der damit einhergehenden freien Verfügbarkeit über den Gegenstand schließt das Recht mit ein, den Gegenstand weiterzuveräußern. Das Verbot der Anfertigung von Vervielfältigungsstücken schränkt dieses Recht bezüglich unkörperlich in Verkehr gebrachter Vervielfältigungsstücke ein. Die Bedeutung des Weitergaberechts des Ersterwerbers wird auch dadurch deutlich, dass die Vervielfältigungshandlungen zum Teil über ungerechtfertigte Schrankenbestimmungen hergeleitet werden müssen, wie die urheberrechtliche Untersuchung in dieser Arbeit gezeigt hat.[1475] Hinsichtlich der für Computerprogramme bzw. hybride Produkte geltenden Parallelnorm des § 69d Abs. 1 UrhG gilt nichts anderes. Hier haben sogar der EuGH und der BGH klargestellt, dass es einen „zwingenden Kern" von Vervielfältigungshandlungen gebe, die nicht vertraglich ausgeschlossen werden können.[1476] Bestimmungen in AGB, welche die Anfertigung von Vervielfältigungsstücken zur Weitergabe untersagen, sind daher generell unzulässig.

4. Löschungsgebot

Teilweise schreibt der Rechteinhaber vor, dass der Ersterwerber bei einer Weitergabe seine eigenen Werkkopien löschen muss. Eine solche Klausel entspricht der urheberrechtlichen Erschöpfungswirkung, da deren Eintritt gerade davon abhängt, dass die eigenen Kopien unbrauchbar gemacht werden. Zum Teil wird eingewandt, dass eine Löschungspflicht für gekaufte Gegenstände den Grundgedanken der gesetzlichen Regelung des Kaufrechts widerspreche, da der Verkäufer nicht dazu verpflichtet werden könne, den nicht mehr genutzten Gegenstand

---

1473 A.A. *Ammann*, Der Handel mit Second Hand-Software aus rechtlicher Sicht, S. 107; *Leistner*, WRP 2014, 995 (1002); *Seitz*, „Gebrauchte" Softwarelizenzen, S. 187.
1474 *Zech*, in: Leible/Ohly/Zech (Hrsg.), Wissen – Märkte – Geistiges Eigentum, S. 187 (197); a.A. etwa *Reinbacher/Schreiber*, UFITA 2012, 771 (788).
1475 S: dazu D. IV. 5.
1476 S. dazu D. IV. 2. a. bb. ddd. sowie BGH v. 17.7.2013 – I ZR 129/08, GRUR 2014, 264, Tz. 31 f., 66 f. – UsedSoft II; EuGH v. 3.7.2012 – C-128/11, GRUR 2012, 904, Tz. 76, 84 – UsedSoft.

zu vernichten.[1477] Eine solche Bewertung berücksichtigt jedoch nicht die Besonderheiten, die digitale Güter mit sich bringen. Der Gegenstand, an dem Erschöpfung eingetreten ist, befindet sich nach der Weitergabe beim Zweiterwerber. Das beim Ersterwerber zurückbleibende Vervielfältigungsstück hingegen ist nicht mehr untrennbar mit einem Nutzungsrecht verbunden. Daher handelt es sich bei dieser Kopie auch nicht mehr um das erworbene Vervielfältigungsstück. Ein Widerspruch zu einer gesetzlichen Regelung des Kaufrechts ist damit nicht zu erkennen. Die nach der Weitergabe vorgeschriebene Löschungspflicht ist also AGB-rechtlich zulässig.[1478]

5. Leitlinien für die Beurteilung

Der Rechteinhaber kann weder verhindern, dass die Erschöpfungswirkung eintritt, noch dass bei der Einräumung eines zeitlich unbegrenzten Nutzungsrechts die Regelungen des Kaufrechts entsprechend zur Anwendung kommen. Daher sind Bestimmungen in AGB, die eine Beschränkung der Weitergabe vorsehen, in der Regel unwirksam.[1479] Anders stellt sich die Situation bei solchen Einschränkungen hinsichtlich der Weitergabe dar, die nur die Voraussetzungen der Erschöpfungswirkung vertraglich festschreiben.[1480] So kann dem Ersterwerber aus AGB-rechtlicher Sicht vorgeschrieben werden, bei der Weitergabe alle Vervielfältigungsstücke unbrauchbar zu machen oder dem Zweiterwerber die lizenzvertraglichen Beschränkungen des Nutzungsumfangs mitzuteilen. Weitergabebeschränkungen können im Grunde nur dann ausnahmsweise zulässig sein, wenn sie den Nutzer trotz der eingetretenen Erschöpfung und der grundsätzlich freien Verfügungsbefugnis über den erworbenen Gegenstand nicht unangemessen benachteiligen.

VII. Zulässigkeit eines Lizenzmodells mit Preisstaffelung

Immer wieder kommt die Frage nach der Zulässigkeit eines Lizenzmodells auf, das eine Preisstaffelung vorsieht. Dabei werden für digitale Güter zwei verschiedene Preise aufgerufen: Soweit der Nutzer ein weitergabefähiges Produkt erhalten will, zahlt er mehr, als wenn er von vornherein auf die Weitergabe verzichten will. Vor allem wirtschaftlich kann eine solche Preisdifferenzierung

---
1477 *Redeker*, ITRB 2013, 68 (70).
1478 So auch *Leistner*, WRP 2014, 995 (1002); *Marly*, Praxishandbuch Softwarerecht, Rn. 1667; *Scholz*, GRUR 2015, 142 (149).
1479 Ausnahmen sind nur bei teurer (Individual-)Software denkbar. Zudem können Weitergabebeschränkungen im Zusammenhang mit technischen Schutzmaßnahmen einer anderen Beurteilung unterliegen; vgl. dazu die Ausführungen unter F. V.
1480 So auch *Leistner*, WRP 2014, 995 (1002), und so ähnlich (aber etwas zu weitgehend) *Scholz*, GRUR 2015, 142 (149). *Redeker* rät von solchen Klauseln ab, da sie überflüssig und schwer zu formulieren seien; *Redeker*, ITRB 2013, 68 (69 f.).

VII. Zulässigkeit eines Lizenzmodells mit Preisstaffelung

zwischen günstigen Produkten mit eingeschränkten und Premium-Produkten mit umfassenden Nutzungsmöglichkeiten sinnvoll sein.[1481] Die Nutzer müssen jedoch schon beim Kauf wissen, ob sie den Inhalt später einmal weitergeben wollen. Zudem ist fraglich, ob ein solches Modell auf Akzeptanz bei der zahlenden Kundschaft stoßen wird. Denn es ist davon auszugehen, dass der derzeitige Preis digitaler Güter für nicht weitergabefähige Produkte gelten wird, während der Nutzer für weitergabefähige Produkte mehr bezahlen muss. Wer also sein Produkt später einmal weiterverkaufen will, muss mehr bezahlen als bisher. Das wird den Nutzern kaum zu vermitteln sein, da viele schon heute im Grunde davon ausgehen, dass nichts gegen die Weitergabe spricht. Dieses Ergebnis wird durch die bisherige Untersuchung untermauert.

Ob eine solche Preisdifferenzierung zudem rechtlich zulässig ist, ist zu bezweifeln. Wenn der Ersterwerber tatsächlich schon beim Ersterwerb wissen muss, ob er ein weitergabefähiges Produkt erhalten will oder nicht, wird hinsichtlich des nicht weitergabefähigen Produktes die gesetzlich eintretende Erschöpfungswirkung vertraglich ausgeschlossen. Absolute Weitergabeverbote in AGB sind jedoch immer unzulässig, wie die bisherigen Ausführungen gezeigt haben. Anders könnte die Situation dann zu bewerten sein, wenn der Ersterwerber ein weitergabefähiges Produkt unter Vorbehalt erhält. Die Weitergabe könnte in den AGB insofern beschränkt sein, als dafür ein bestimmtes Entgelt fällig wird.[1482] Für die Zulässigkeit einer solchen Preisstaffelung wird angeführt, dass der Rechteinhaber für die unübertragbare, billigere Lizenz kein Entgelt erhalte, das es ihm ermögliche, eine dem wirtschaftlichen Wert der Kopie seines Werkes entsprechende Vergütung zu erzielen, die auch die Weiterveräußerung mitberücksichtigt.[1483] Sowohl der EuGH als auch der BGH sind jedoch so zu verstehen, dass der Rechteinhaber bei jedem einzelnen Erstverkauf die Gelegenheit dazu hat, eine angemessene Vergütung zu erzielen.[1484] Wendet man diese Grundsätze auf die vorliegende Fallgestaltung an, würde bei dem nicht weitergabefähigen Produkt eine angemessene Vergütung vorliegen, während beim weitergabefähigen Produkt eine unangemessen hohe Vergütung verlangt würde. Darüber hinaus behindert der Rechteinhaber in dieser Fallkonstellation offenkundig den freien Warenverkehr. Eine Vergütungsmöglichkeit beim Weiterverkauf widerspricht also ebenfalls dem Grundsatz der Erschöpfung.[1485] Darüber hinaus verdient die Auffassung *Ammanns* Zustimmung, wonach einer Preisdifferenzierung auch der das bürgerliche Recht prägende Grundsatz der Äquivalenz von Leistung und Gegenleistung in Widerspruch steht, da die Rechteinhaber finanzielle Ansprüche

---
1481 *Ohly*, Gutachten F zum 70. Deutschen Juristentag, S. 24, 55.
1482 So etwa (als rechtlich zulässig) vorgeschlagen von *Redeker*, ITRB 2013, 68 (69).
1483 *Heydn*, in: Kilian/Heussen (Hrsg.), Computerrechts-Handbuch, 1. Abschn. Teil 2, Vermarktung von Gebrauchtsoftware, Rn. 70, mit Verweis auf EuGH v. 3.7.2012 – C-128/11, GRUR 2012, 904, Tz. 72 – UsedSoft.
1484 Vgl. dazu nur BGH v. 17.7.2013 – I ZR 129/08, GRUR 2014, 264, Tz. 60 – UsedSoft II.
1485 Für zulässig halten ein solches Modell allerdings etwa *Winklbauer/Geyer*, ZIR 2014, 93 (97). und *Scholz*, GRUR 2015, 142 (149 f.).

erheben, für die sie keine Gegenleistung erbringen müssen.[1486] Die Kosten für die Weitergabe sind aber allein ihrem Interessenbereich zuzuordnen.[1487] Somit liegt bei einer Preisdifferenzierung ein Verstoß gegen § 307 Abs. 1, Abs. 2 Nr. 1 BGB vor, da sowohl das urheberrechtliche Erschöpfungsprinzip als auch das bürgerlich-rechtliche Äquivalenzprinzip entgegensteht.

VIII. Vorschlag für eine interessengerechte Vertragsklausel

Die vertragsrechtliche Untersuchung hat bis zu diesem Punkt ergeben, dass ein Weitergabeverbot in AGB sowohl dem gesetzlich verankerten Grundsatz der Erschöpfung als auch dem rechtlichen Leitbild des Kaufvertrages widerspricht. Dennoch darf nicht außer Acht gelassen werden, dass umgekehrt eine vollständige Freigabe der Weitergabe den Primärmarkt zumindest stark beeinträchtigen könnte. Denn wenn ein Musik- oder Filmwerk schon wenige Tage nach der Veröffentlichung in gleichwertiger Qualität – digitale Inhalte nutzen sich ja nicht ab, es gibt also keine „gebrauchten" Dateien – auf einem Zweitmarkt zu einem günstigeren Preis angeboten würde, würde ein reiner Preiswettbewerb entstehen und die Anbieter auf dem Primärmarkt hätten aufgrund des höheren Preises schon bald weniger zahlungswillige Käufer. Auf Dauer könnte dies dazu führen, dass die Kreativbranche zusammenbricht. Dabei ist auch fraglich, ob die Urheber dann noch eine dem wirtschaftlichen Wert der Programmkopie entsprechende Vergütung erzielen können.

1. Formulierungsvorschlag

Abhilfe könnte ein Kompromiss schaffen, der ein zeitlich begrenztes Weitergabeverbot postuliert und sich damit insbesondere den Aktualitätsbedarf der Käufer zunutze macht. Im Ergebnis handelt es sich dabei gar nicht um ein Weitergabeverbot, sondern um eine Weitergabebeschränkung, die nach den bisherigen Ausführungen unter engen Voraussetzungen zulässig sein können. Eine entsprechende AGB-Klausel könnte lauten:

„Eine Weitergabe des Werkstücks ist erst nach Ablauf von sechs Monaten nach dem Kaufdatum zulässig."

Ein ähnlicher und dem Aktualitätsbedarf auf den ersten Blick besser zu Gesicht stehender Ansatz ist die Anknüpfung an den Zeitpunkt, zu dem der Rechteinhaber das Werkstück erstmals in digitaler Form in den Verkehr gebracht hat. Diese Lösung krankt jedoch an mehreren Stellen: Zum einen müssten die Angebote der Anbieter für eine transparente Umsetzung dieses Vorhabens diesen Erstveröffentlichungstermin angeben. Damit könnten jedoch nicht nur potenzielle

---
1486 *Ammann*, Der Handel mit Second Hand-Software aus rechtlicher Sicht, S. 151.
1487 *Ammann*, Der Handel mit Second Hand-Software aus rechtlicher Sicht, S. 151.

VIII. Vorschlag für eine interessengerechte Vertragsklausel

Kunden abgeschreckt werden, die auf diesem Weg vielleicht erfahren, dass das vermeintlich „neue" Werk schon vier Monate alt ist. Vor allem werden sich die Kunden aber immer dann, wenn der Ablauf der sechs Monate näher rückt, zweimal überlegen, ob sie das Produkt wirklich schon jetzt erwerben wollen oder ob sie nicht einfach noch ein paar Tage warten und es dann günstiger auf dem Zweitmarkt erwerben wollen. Um dieses Problem zu vermeiden, müsste man das Weitergabeverbot um einen weiteren Zeitraum erweitern, so dass beispielsweise erst nach acht Monaten eine Weitergabe zulässig wird. Um dieser Komplexität aus dem Weg zu gehen, ist das Kaufdatum als Anknüpfungspunkt vorzuziehen. Gleichzeitig wird dadurch der positive Effekt erreicht, dass Verbraucher, die hauptsächlich wegen des gewerblichen Weiterverkaufs das Produkt überhaupt erst erwerben, eine gewisse Wartezeit einhalten müssen.

Der Zeitraum von sechs Monaten ist freilich willkürlich gewählt. Diesbezüglich könnte man wirtschaftswissenschaftliche Forschungen anstellen, ab welchem Zeitpunkt im Mittelwert ein solcher Wertverlust eingetreten ist, der die freie Veräußerungsbefugnis rechtfertigt. Dabei sollte jedoch aufgrund der Bedeutung des Erschöpfungsgrundsatzes der frühestmögliche Zeitpunkt gewählt werden. Dass überhaupt der Ablauf einer bestimmten Frist herangezogen wird, ist grundsätzlich nichts Außergewöhnliches. So gibt es im Zivilrecht Gewährleistungs- und Verjährungsfristen oder im Urheberrecht das Erlöschen des Urheberrechts siebzig Jahre nach dem Tod des Urhebers. Diese Zahlen sind alle gewissermaßen willkürlich.

2. Interessenausgleich

Durch eine solche aufschiebende Bedingung würden sowohl die Interessen der Urheber und Werkverwerter an einer umfassenden Verwertung ihrer Werke als auch die Interessen der Endnutzer an einer der analogen Welt zumindest vergleichbaren Verfügungsbefugnis an den „gekauften" Werkstücken berücksichtigt. Denn der Rechteinhaber hat dadurch in der entscheidenden ersten Verkaufsphase das Verkaufsmonopol und kann damit tatsächlich eine dem wirtschaftlichen Wert entsprechende angemessene Vergütung erzielen. Der Aktualitätsbedarf der Endnutzer kann dabei gar nicht hoch genug bewertet werden. Dies zeigt sich etwa daran, dass in den Verkaufscharts von Musik- oder Filmwerken mehrere Wochen nach der Veröffentlichung ein Titel kaum noch Sprünge nach oben macht. Die Käufer andererseits müssen zwar eine gewisse Zeit abwarten, können dann jedoch über das erworbene Produkt frei verfügen und es weiterverkaufen. Die Karenzzeit dient ausschließlich dem Erhalt des Primärmarktes, an dem auch jeder Verbraucher ein Interesse haben dürfte. Zudem ist das Interesse daran, ein gerade erworbenes Produkt wieder loszuwerden, sehr gering.

Die AGB-rechtliche Zulässigkeit einer solchen Klausel steht nicht im Widerspruch zu den bereits erarbeiteten Ergebnissen. Demnach sind Weitergabebeschränkungen nur dann ausnahmsweise zulässig, wenn sie den Nutzer trotz der eingetretenen Erschöpfung und der grundsätzlich freien Verfügungsbefugnis über den erworbenen Gegenstand nicht unangemessen benachteiligen. Die Interessen der Erwerber an einer sofortigen Weiterveräußerung sind als sehr gering einzustufen, während das Interesse des Verwenders – aber auch der Allgemeinheit – sehr groß ist. Die Möglichkeit der Weiterveräußerung wird auch nicht vollständig aufgehoben, sie wird nur zeitlich eingeschränkt. Im Gegensatz zu anderen Weitergabebeschränkungen muss der Ersterwerber auch keine bestimmten Anforderungen erfüllen, um sein Weiterveräußerungsrecht geltend machen zu können. Vielmehr muss er nur eine bestimmte Zeit abwarten. Eine Parallele kann in Weiterverkaufsverboten von Autos gesehen werden. Der BGH hat ein Verbot der Weiterveräußerung vor Erhalt des Kraftfahrzeugs als wirksam eingestuft, um die Entstehung eines „grauen Marktes" zu verhindern.[1488] Auch wenn es dabei um die Verhinderung der Weiterveräußerung fabrikneuer Autos gegen höhere als die Lieferpreise ging, was bei digitalen Gütern nicht zu befürchten ist, zeigen diese Entscheidungen doch, dass ein zeitlich begrenztes Weitergabeverbot grundsätzlich als möglich anzusehen ist.

Die vorgeschlagene Klausel birgt natürlich eine gewisse Missbrauchsgefahr in der Praxis. Soweit eine Absicherung über DRM vorgenommen wird, kann diese Gefahr jedoch eingedämmt werden. Aber selbst ohne den Einsatz von DRM kann der Rechteinhaber der Missbrauchsgefahr entgegenwirken. Wenn Plattformen für den Zweitvertrieb aufgebaut werden und alle Rechteinhaber die vorgeschlagene Klausel verwenden, kann der Rechteinhaber den Plattformanbieter als Störer in Anspruch nehmen. Denn dieser muss dann sicherstellen, dass nur solche digitalen Güter gehandelt werden, deren Verkaufsdatum bereits ein halbes Jahr zurückliegt. Wenn keine Plattformen für den Zweitvertrieb existieren und digitale Inhalte daher nur bei einem Direktkontakt von Erst- und Zweiterwerber weitergegeben werden, besteht ohnehin keine Gefahr für einen Zusammenbruch des Primärmarktes.

3. Anwendungsbereich

Eine andere Frage ist die, ob eine einheitliche Frist von sechs Monaten für alle untersuchten digitalen Güter gelten kann. Bei etwas teurerer Software wird für den Erwerber ein Weiterverkauf aufgrund eines möglicherweise abgeschlossenen Wartungsvertrages ohnehin noch nicht nach sechs Monaten in Betracht kommen. In Massengeschäften spielt solche Software aber auch keine große Rolle. Für (sonstige) Software, Computerspiele, Musik, Filme, E-Books und E-Journals könnte die gewählte Frist durchaus für einen angemessenen Interessenausgleich sorgen. Bedenken bestehen jedoch hinsichtlich E-Papers sowie Fotos und Bilder.

1488 BGH v. 7.10.1981 – VIII ZR 214/80, NJW 1982, 178 (178 ff.); BGH v. 24.9.1980 – VIII ZR 273/79, NJW 1981, 117 (117 ff.).

E-Papers sind zumeist tages- oder zumindest wochenaktuell, so dass eine Sperrfrist von sechs Monaten keinesfalls die Interessen der Rechteinhaber und Erwerber angemessen berücksichtigt. Vielmehr ist davon auszugehen, dass bei E-Papers überhaupt keine Frist festgesetzt werden darf. Das Aktualitätsbedürfnis kann hierbei nur „sofort" befriedigt werden. Dennoch ist kaum vorstellbar, dass sich viele Ersterwerber tagtäglich die Mühe machen, die E-Papers anderen zur Verfügung zu stellen. Ein den Erstmarkt zerstörender Zweitmarkt ist daher nicht zu befürchten. Das andere Extrem stellen Fotos und Bilder dar. Sofern sie nicht tagesaktuelle Ereignisse widerspiegeln, spielt das Aktualitätsbedürfnis der Nutzer hier so gut wie keine Rolle. Ein schönes Panoramabild ist heute noch genauso schön wie in einigen Jahren, zumindest wenn man es bis dahin noch nicht gesehen hat. Fotos und Bilder spielen jedoch hauptsächlich dann eine Rolle, wenn sie in irgendeiner Form öffentlich verwertet werden, denn ihnen kommt nicht die gleiche Bedeutung wie etwa Musik- oder Filmwerken zu, die dem reinen privaten Werkgenuss dienen. Für eine öffentliche Verwertung benötigen die Nutzer jedoch die entsprechenden Verwertungsrechte der Rechteinhaber, wofür sie wiederum bezahlen müssen. Der Handel mit digitalen Fotos und Bildern zum privaten Werkgenuss wird sich daher in stark umrissenen Grenzen halten. Sowohl bei E-Papers als auch bei Fotos und Bildern ist also keine Zerstörung des Zweitmarktes zu befürchten. Für diese Produkte ist die vorgeschlagene Klausel also nicht interessengerecht und daher AGB-rechtlich unzulässig.

IX. Zusammenfassung

Die vor allem für den Massenvertrieb digitaler Güter relevante Frage der AGB-rechtlichen Zulässigkeit von Weitergabeverboten und -beschränkungen verdient eine differenzierte Betrachtung. Während Weitergabeverbote aufgrund der eingetretenen Erschöpfung und des gesetzlichen Leitbildes des Kaufvertragsrechts grundsätzlich unzulässig sind, gilt dies für Weitergabebeschränkungen nur in der Regel. Denn Weitergabebeschränkungen, die nur die Voraussetzungen der Erschöpfungswirkung vertraglich festschreiben, sind sehr wohl zulässig. Weitergabebeschränkungen können darüber hinaus nur dann ausnahmsweise zulässig sein, wenn sie den Nutzer trotz der eingetretenen Erschöpfung und der grundsätzlich freien Verfügungsbefugnis über den erworbenen Gegenstand nicht unangemessen benachteiligen. Eine solche interessengerechte Klausel liegt etwa vor, wenn die Weitergabe des Werkstücks erst nach Ablauf von sechs Monaten nach dem Kaufdatum gestattet wird. Aufgrund der Besonderheiten von E-Journals sowie Fotos und Bildern kann diese Klausel für diese Produkte jedoch keine Geltung erlangen. Nichts anderes gilt für ein Lizenzmodell mit einer Preisstaffelung, das ebenfalls AGB-rechtlich unzulässig ist.

F. Die Zulässigkeit technischer Schutzmaßnahmen

Die vorangegangenen Ausführungen haben gezeigt, dass eine Weitergabe digitaler Güter urheberrechtlich keinen Bedenken begegnet und der Weitergabe entgegenstehende schuldrechtliche Weitergabeverbote und -beschränkungen in der Regel unzulässig sind. Die besonderen Eigenschaften digitaler Güter – vor allem die schnelle und verlustfreie Reproduktionsmöglichkeit – lassen jedoch ein Schutzbedürfnis auf Seiten der Urheber und Rechteinhaber entstehen. Diesem Schutzbedürfnis können in der Regel technische Schutzmaßnahmen gerecht werden, durch die der Rechteinhaber die Kontrolle über die Programmkopie behält. Dieses Kapitel will der Frage nachgehen, ob ihr Einsatz im Zusammenhang mit der Weitergabe digitaler Güter auch auf Grenzen stoßen kann. Denn die Weiterverbreitung digitaler Güter kann auf diesem Weg aus tatsächlichen Gründen eingeschränkt werden, indem kein weitergabefähiges Produkt zur Verfügung gestellt wird oder das Vervielfältigungsstück für den Zweiterwerber faktisch nicht nutzbar ist. So entsteht ein Schutzniveau, das deutlich über die Grenzen des vom Gesetzgeber beabsichtigten Urheberrechtsschutzes hinausreicht.[1489] Ziel der Untersuchung ist es, die Grenze zwischen zulässigen technischen Schutzmaßnahmen und unzulässiger Kontrolle der Weitergabe zu ziehen. Dabei stehen die höchstrichterlichen Entscheidungen des EuGH und des BGH im Mittelpunkt, denen Äußerungen bezüglich technischer Schutzmaßnahmen zu entnehmen sind. Auf kartellrechtliche Aspekte wird dabei nicht eingegangen.

Um die Zulässigkeit technischer Schutzmaßnahmen zu untersuchen, müssen zunächst grundlegende Voraussetzungen wie die gesetzlichen Bestimmungen oder die verschiedenen Erscheinungsformen erörtert werden (I.). Daraufhin erfolgt eine Darstellung (II.) und Auswertung (III.) der höchstrichterlichen Rechtsprechung, die sich mit der Zulässigkeit technischer Schutzmaßnahmen auseinandergesetzt hat. Des Weiteren wird eine Bewertung vorgenommen, die den Einsatz technischer Schutzmaßnahmen im Zusammenhang mit der Weiterveräußerung digitaler Güter unter die Lupe nimmt (IV.). Schließlich werden die Folgen dieser Bewertung für die AGB-rechtliche Zulässigkeit entsprechender Klauseln thematisiert (V.).

1489 *Stieper*, Rechtfertigung, Rechtsnatur und Disponibilität der Schranken des Urheberrechts, S. 433.

I. Grundlagen

1. Gesetzliche Bestimmungen

Technische Schutzmaßnahmen[1490] sind Gegenstand in drei Richtlinien. Sowohl nach der InfoSoc- und der Software-RL als auch nach der Richtlinie 98/84/EG[1491] sind Handlungen in Bezug auf technische Schutzmaßnahmen verboten, die mit dem Zweck durchgeführt werden, diese zu umgehen. Die InfoSoc-RL bietet dabei den weitesten Schutzbereich. Eine Definition des Begriffs der technischen Schutzmaßnahmen findet sich in Art. 6 Abs. 3 S. 1 InfoSoc-RL:

> „Im Sinne dieser Richtlinie bezeichnet der Ausdruck ‚technische Maßnahmen' alle Technologien, Vorrichtungen oder Bestandteile, die im normalen Betrieb dazu bestimmt sind, Werke oder sonstige Schutzgegenstände betreffende Handlungen zu verhindern oder einzuschränken, die nicht von der Person genehmigt worden sind, die Inhaber der Urheberrechte oder der dem Urheberrecht verwandten gesetzlich geschützten Schutzrechte oder des in Kapitel III der Richtlinie 96/9/EG verankerten Sui-generis-Rechts ist."

Technische Schutzmaßnahmen dienen also der „Effektuierung" der urheberrechtlichen Rechte und finden ihre Begründung im Urheberrecht.[1492] Diese Maßnahmen müssen darüber hinaus „wirksam" sein. Dazu bestimmt Art. 6 Abs. 3 S. 2 InfoSoc-RL:

> „Technische Maßnahmen sind als ‚wirksam' anzusehen, soweit die Nutzung eines geschützten Werks oder eines sonstigen Schutzgegenstands von den Rechteinhabern durch eine Zugangskontrolle oder einen Schutzmechanismus wie Verschlüsselung, Verzerrung oder sonstige Umwandlung des Werks oder sonstigen Schutzgegenstands oder einen Mechanismus zur Kontrolle der Vervielfältigung, die die Erreichung des Schutzziels sicherstellen, unter Kontrolle gehalten wird."

Technische Schutzmaßnahmen zielen demnach darauf ab, die Nutzbarkeit der Software über den lizenzierten Umfang hinaus zu verhindern.[1493] Im deutschen Urheberrechtsgesetz finden sich für alle urheberrechtlich geschützten Werke außer Software die entsprechenden Regelungen in den §§ 95a-96. § 95a Abs. 2 UrhG setzt Art. 6 Abs. 3 InfoSoc-RL dabei fast wortgleich um.

1490 Teilweise wird auch der Begriff technische Schutz*mechanismen* verwendet (Technical Protection Measures).
1491 Richtlinie 98/84/EG v. 20.11.1998 des Europäischen Parlaments und Rates vom 20. November 1998 über den rechtlichen Schutz von zugangskontrollierten Diensten und von Zugangskontrolldiensten, ABl. L 320 v. 28.11.1998, S. 54.
1492 *Riesenhuber*, in: Leible/Ohly/Zech (Hrsg.), Wissen – Märkte – Geistiges Eigentum, S. 141 (152).
1493 *Hoppen*, CR 2013, 9 (10).

F. Die Zulässigkeit technischer Schutzmaßnahmen

Während § 95a UrhG technischen Schutzmaßnahmen einen rechtlichen Schutz gegen die unerlaubte Umgehung gewährt, sorgt § 95b UrhG für den Vorrang einiger für besonders wichtig erachteter Schrankenbestimmungen. Für Software gilt hingegen lediglich die Norm des § 69f Abs. 2 UrhG, da § 69a Abs. 5 UrhG die §§ 95a ff. UrhG explizit ausschließt. Demnach kann der Rechteinhaber gegen Mittel vorgehen, die allein dazu bestimmt sind, die unerlaubte Beseitigung oder Umgehung technischer Programmschutzmechanismen zu erleichtern. Bei hybriden Produkten gelten im Sinne des Meistbegünstigungsprinzips die für den Urheber und Rechteinhaber günstigsten Vorschriften, so dass diese den Schutz nach §§ 95a ff. UrhG in Anspruch nehmen können.[1494]

2. Übersicht über die Erscheinungsformen

Der Begriff der technischen Schutzmaßnahmen ist sehr weit zu verstehen.[1495] Sie bestehen daher in vielfältiger Form. Der Rechteinhaber kann damit sowohl den Zugang zu einem digitalen Werk als auch dessen Nutzung kontrollieren. Die Maßnahmen können an der Verhinderung des unautorisierten Kopierens eines Werkexemplars oder an der Verhinderung der Verbreitung von Werkexemplaren ansetzen. Viele technische Schutzmaßnahmen lassen sich unter dem Begriff der DRM-Systeme zusammenfassen. Darüber hinaus spielen Nutzerkonten eine große Rolle.[1496]

a. DRM-Systeme

Der Begriff der DRM-Systeme wird in der Literatur nicht einheitlich verwendet.[1497] Vereinfacht stellen DRM-Systeme technische Lösungen dar, die auf die Kontrolle der Nutzung digitaler Medien ausgerichtet sind und eine Rechteverwaltung bei digitalen Objekten ermöglichen.[1498] Es kommen vor allem

---

1494 So auch EuGH v. 23.1.2014 – C-355/12, GRUR 2014, 255, Tz. 23 – Nintendo Unternehmen/ PC Box u.a.; s. dazu auch *Peukert*, in: Loewenheim (Hrsg.), Handbuch des Urheberrechts, § 34 Rn. 8, sowie die Ausführungen unter D. II. 4. f.
1495 EuGH v. 23.1.2014 – C-355/12, GRUR 2014, 255, Tz. 27 – Nintendo Unternehmen/PC Box u.a.
1496 Auch geschlossene Systeme könnte man unter den Begriff der technischen Schutzmaßnahmen im weitesten Sinne subsumieren. Dann müsste man jedoch auch ein Betriebssystem als geschlossenes System verstehen. Die Einbeziehung dieser Systeme würde an dieser Stelle jedoch zu weit gehen. Vgl. dazu aber etwa *Dreier*, in: Dreier/Schulze, UrhG, § 95a Rn. 14, sowie die Ausführungen unter D. II. 4. e. Eine rechtliche Bewertung geschlossener Systeme sollte unter dem kartellrechtlichen Gesichtspunkten vorgenommen werden.
1497 S. dazu nur *Stieper*, Rechtfertigung, Rechtsnatur und Disponibilität der Schranken des Urheberrechts, S. 433 f.; *Kulpe*, Der Erschöpfungsgrundsatz nach Europäischem Urheberrecht, S. 123; *Santangelo*, Der urheberrechtliche Schutz digitaler Werke, S. 11 f.
1498 *Hoppen*, CR 2013, 9 (10); zu den technischen Grundlagen und diversen Erscheinungsformen s. etwa *Hoppen*, CR 2013, 9 (9 ff.); *Ulmer/Hoppen*, GRUR-Prax 2012, 569 (571); oder auch *Böttcher*, Die urheberrechtliche Erschöpfung, S. 229 ff.; *Fischer*, Lizenzierungsstrukturen,

Produktschlüssel, Produktaktivierungsschlüssel, individuelle Registrierung des Programms, autorisierende Hintergrundkommunikation oder Abfragen über das Internet in Betracht. Dabei gibt es unzählige Gestaltungs-, aber auch Kombinationsmöglichkeiten verschiedener Techniken. Der effektive Rechtsschutz gegen Raubkopien wird wegen der Individualisierungsmöglichkeiten beim Download von Sachverständigen sogar besser eingestuft als beim Vertrieb von Datenträgern.[1499]

Vor allem im Zusammenhang mit der Weitergabe ist es schon heute technisch umsetzbar, dass sich die Werke über das Internet bei einem Hintergrundsystem des Anbieters anmelden, der überprüft, ob eine durch eine entsprechende Kennung individualisierte Werkkopie zeitgleich auf unterschiedlichen Systemen im Einsatz ist.[1500] Daher ist es auch möglich, dass nach einem Deinstallationsprozess die erteilte Autorisierung wieder freigegeben wird, so dass eine Neuinstallation auf einem anderen System – also etwa auf dem des Zweiterwerbers – ermöglicht wird.

b. Benutzerkonten

Sehr beliebt bei den Anbietern ist die Verwendung von individualisierten Benutzerkonten. Jede erworbene Werkkopie wird mit dem Account verknüpft und kann anschließend nicht mehr von Dritten genutzt werden. Ein Zugriff des Nutzers ist nur möglich bei Eingabe der individuellen Zugangsdaten. Darüber hinaus wird die Weiterveräußerung des Benutzerkontos vertraglich abbedungen. Daher ist es natürlich auch nicht erlaubt, einzelne Werkkopien weiterzuveräußern. Auf diesem Weg kann ein Weiterverkauf faktisch ausgeschlossen werden.

c. Hardwarekomponenten

Auch Hardwarekomponenten kann der Rechteinhaber einsetzen, um der unberechtigten Nutzung der Inhalte entgegenzuwirken. So können sog. Dongles zum Schutz von Computerprogrammen und Smartcards zum Schutz von Pay-TV-Programmen sowie im Mobilfunk verwendet werden. Auf diesen Dongles bzw. Smartcards werden Daten gespeichert, übertragen und verarbeitet, wodurch die Berechtigung des Nutzers festgestellt werden kann. Schließlich gibt es Trusted-Computing-Architekturen als Sicherheitssysteme im Chipkarten-Format, die eine Kontrolle durch die Rechteinhaber ermöglichen.[1501] Da solche hard-

---

S. 69 ff.; *Kulpe*, Der Erschöpfungsgrundsatz nach Europäischem Urheberrecht, S. 124 ff.; vgl. zudem *Bechtold*, Vom Urheber- zum Informationsrecht, S. 19 ff.
1499 *Hoppen*, CR 2013, 9 (15).
1500 *Hoppen*, CR 2013, 9 (12 ff.).
1501 S. zu den Hardwarekomponenten *Santangelo*, Der urheberrechtliche Schutz digitaler Werke, S. 9 m. w. N.

F. Die Zulässigkeit technischer Schutzmaßnahmen

waregebundenen Mittel die Vorteile des Online-Vertriebs für die Parteien wieder zunichtemachen,[1502] wird hier nicht weiter auf diese eingegangen.

3. Verhältnis zu Schrankenbestimmungen

Zumindest im Rahmen der InfoSoc-RL können technische Schutzmaßnahmen eine überschießende Wirkung entfalten, wenn Rechteinhaber durch ihren Einsatz nicht nur unrechtmäßige Handlungen, sondern auch aufgrund der gesetzlichen Schrankenbestimmungen an sich rechtmäßige Handlungen verhindern. Art. 6 Abs. 4 InfoSoc-RL sieht daher für bestimmte Schrankenregelungen vor, dass der Rechteinhaber Mittel zur Nutzung der betreffenden Beschränkungen zur Verfügung stellen muss. Diese Bestimmung hat der deutsche Gesetzgeber in § 95b UrhG in das deutsche Recht umgesetzt. Demnach kann man zwischen durchsetzungsstarken Schranken, denen Vorrang vor technischen Schutzmaßnahmen einzuräumen ist, und durchsetzungsschwachen Schranken unterscheiden, deren Ausübung durch technische Maßnahmen vereitelt wird.[1503] Zwar ist § 95b Abs. 1 UrhG nicht gem. § 95b Abs. 3 UrhG ausgeschlossen,[1504] in § 95b Abs. 1 UrhG ist jedoch weder der Erschöpfungsgrundsatz noch das Recht zur Anfertigung einer digitalen Privatkopie enthalten, die für eine Weitergabe digitaler Güter erforderlich sind. Zudem bestünde selbst bei Einschlägigkeit des § 95b Abs. 1 UrhG kein Selbsthilferecht des Nutzers.[1505] Auf den ersten Blick wird damit den technischen Schutzvorkehrungen der Vorrang gegenüber der Schranke der Erschöpfung gewährt.[1506] Im Anwendungsbereich der Software-RL existiert mit § 69f Abs. 2 UrhG nur eine einzige Norm, die technische Schutzmaßnahmen zum Gegenstand hat. Sie gewährt zwar keinen dem § 95b UrhG entsprechenden Schutz, aber Mittel, die alleine dazu bestimmt sind, die unerlaubte Beseitigung oder Umgehung technischer Programmschutzmechanismen zu erleichtern, unterliegen immerhin einem Vernichtungsanspruch. Das grundsätzliche Verhältnis technischer Schutzmaßnahmen gegenüber Schrankenbestimmungen ist dementsprechend unklar.

Aufgrund der eindeutigen Gesetzeslage sowohl auf europäischer als auch auf deutscher Ebene ist die Zulässigkeit der Umgehung technischer Schutzmaßnah-

---

1502 *Grützmacher*, ZGE 2013, 46 (68).
1503 Vgl. dazu *Riesenhuber*, in: Leible/Ohly/Zech (Hrsg.), Wissen – Märkte – Geistiges Eigentum, S. 141 (156 f.).
1504 Die Ausschlussnorm des § 95b Abs. 3 UrhG ist auf den Zugang zu Werken beschränkt. Dies ergibt sich aus dem Wortlaut und aufgrund der Tatsache, dass eine Ausweitung des Schutzes auf die gelieferte Kopie eine unbegründete Privilegierung des Online-Vertriebs darstellen würde. Vgl. dazu *Wandtke/Ost*, in: Wandtke/Bullinger (Hrsg.), UrhG, § 95b Rn. 45.
1505 BT-Drucks. 15/38 v. 6.11.2002, S. 27; *Sucker*, Der digitale Werkgenuss im Urheberrecht, S. 198. *Dreyer* bezeichnet § 95b Abs. 1 UrhG gar als „stumpfes Schwert"; *Dreyer*, in: Dreyer/Kotthoff/Meckel (Hrsg.), UrhG, Vor. §§ 95a ff. Rn. 8.
1506 So auch *Böttcher*, Die urheberrechtliche Erschöpfung, S. 243; *Niethammer*, Erschöpfungsgrundsatz und Verbraucherschutz im Urheberrecht, S. 135; *Sucker*, Der digitale Werkgenuss im Urheberrecht, S. 197.

men, die dem Erschöpfungsgrundsatz die Wirkung nehmen und die Erstellung von Kopien zur Weitergabe unmöglich machen, zumindest im Anwendungsbereich der InfoSoc-RL nicht konstruierbar.[1507] Auch eine analoge Anwendung des § 95b Abs. 1 UrhG im deutschen Recht kommt daher nicht in Betracht. Ein anderer Ansatz könnte aber sein, gar nicht erst von einer zulässigen technischen Schutzmaßnahme auszugehen. Die Möglichkeit der Annahme einer unzulässigen technischen Schutzmaßnahme sehen aber weder die europäischen Richtlinien noch das deutsche Urheberrechtsgesetz vor. Vielmehr scheinen die Regelungswerke von der grundsätzlichen Zulässigkeit wirksamer technischer Schutzmaßnahmen auszugehen, wenn nur deren Umgehung geschützt wird. Eventuell ergibt sich jedoch aus der höchstrichterlichen Rechtsprechung eine Handhabe, ungeachtet der gesetzlichen Bestimmungen zum Schutz technischer Schutzmaßnahmen Einschränkungen beim Einsatz dieser Maßnahmen vorzunehmen.

II. Rechtsprechung zu technischen Schutzmaßnahmen

Technische Schutzmaßnahmen sind sehr selten im Fokus der Rechtsprechung der höchsten Gerichte. Für die vorliegende Arbeit interessante Äußerungen zu technischen Schutzmaßnahmen finden sich insbesondere in der Half-Life 2-Entscheidung des BGH sowie in den UsedSoft- und Nintendo-Entscheidungen des EuGH. Die Session-ID-Entscheidung[1508] des BGH, wonach das Schutzrecht des § 19a UrhG und der rechtliche Umgehungsschutz nach den §§ 95a ff. UrhG unterschiedliche Schutzgegenstände betreffen, findet dabei genauso wenig Berücksichtigung wie die VG-Wort-Entscheidung[1509] des EuGH, wonach Rechteinhaber auch dann einen Vergütungsanspruch haben, wenn technische Schutzmaßnahmen hinsichtlich geschützter Werke verwendet wurden.

1. Die Half-Life 2-Entscheidung des BGH

Der BGH-Entscheidung liegt ein Sachverhalt zugrunde, nach dem die Nutzung eines auf DVD vertriebenen Computerspiels nur möglich ist, wenn eine Internetverbindung zu den Servern des Rechteinhabers aufgebaut und für den Nutzer nach Eingabe einer ihm zugewiesenen individuellen Kennung ein Benutzerkonto beim Rechteinhaber eingerichtet wird. Das Benutzerkonto ermöglicht dem Nutzer, das Spiel via Internet mit anderen Nutzern zu spielen, kostenlose Weiterentwicklungen zu beziehen sowie weitere spielebezogene Leistungen des Rechteinhabers in Anspruch zu nehmen. Die AGB des Rechteinhabers sehen

---
1507 S. dazu *Böttcher*, Die urheberrechtliche Erschöpfung, S. 252 m. m. N.; *Dreyer*, in: Grünberger/Leible (Hrsg.), DRM 2.0, S. 131 (137).
1508 BGH v. 29.4.2010 – I ZR 39/08, GRUR 2011, 56 – Session-ID.
1509 EuGH v. 27.6.2013 – C-457/11 bis C-460/11, GRUR Int. 2013, 821 – VG Wort.

zudem ein Übertragungsverbot des Benutzerkontos vor, dessen Eröffnung nur einmal möglich ist. Faktisch ist damit eine Weitergabe des Computerspiels nicht möglich.

Der BGH äußert sich dahingehend, dass der Erwerber der DVD weder rechtlich noch tatsächlich daran gehindert sei, diese an einen Dritten weiterzuveräußern. Dass der Rechtsverkehr am Erwerb des ohne Nutzerkonto praktisch nicht nutzbaren Originaldatenträgers kein Interesse habe, steht seiner Ansicht nach nicht im Widerspruch zum Schutzzweck des Erschöpfungsgrundsatzes, welcher der Sicherung des freien Warenverkehrs dient.[1510] Die Rechtsfolge der Erschöpfung begrenze demnach nur Behinderungen des Warenverkehrs in Folge der Ausübung des Verbreitungsrechts, während Einschränkungen der rechtlichen oder tatsächlichen Verkehrsfähigkeit eines Werkstücks, die sich nicht aus dem Verbreitungsrecht des Urhebers als solchem ergeben, sondern auf anderen Umständen wie etwa auf der spezifischen Gestaltung des betreffenden Werkes oder Werkstücks beruhen, den Grundsatz der Erschöpfung des urheberrechtlichen Verbreitungsrechts nicht berühren würden. Daher könne der Urheber sein Werk so gestalten, dass es nur auf eine bestimmte Art und Weise genutzt werden könne und seine Weiterveräußerung infolge seiner konkreten Ausgestaltung eingeschränkt oder faktisch ausgeschlossen sei, da wegen der beschränkten Nutzungsmöglichkeiten ein nennenswertes Interesse nachfolgender Erwerber nicht bestehe.[1511] Schließlich ergänzt der BGH, dass der Erschöpfungsgrundsatz keinen Anspruch darauf gebiete, mit dem Erwerb des auf dem körperlichen Datenträger gespeicherten urheberrechtlich geschützten Computerprogramms auch eine entsprechende Nutzungsmöglichkeit einzuräumen.[1512]

Nach dem BGH steht der Erschöpfungsgrundsatz also technischen Schutzmaßnahmen nicht entgegen, die sich nicht aus dem Verbreitungsrecht als solchem, sondern aus der spezifischen Gestaltung des Werkstücks ergeben. Denn der Datenträger selbst kann weitergegeben werden, auch wenn der Zweiterwerber das Computerspiel mangels Benutzerkonto nicht nutzen kann.

2. Die UsedSoft-Entscheidung des EuGH

Der EuGH erwähnt in seiner UsedSoft-Entscheidung technische Schutzmaßnahmen nur zur Ausräumung des Einwands, dass die Erschöpfung zu beliebig vielen Vervielfältigungsstücken führen könnte. Konkret geht es um die Schwierigkeiten, die der Nachweis der Unbrauchbarmachung der Programmkopien beim Ersterwerber sowohl beim Vertrieb mittels Datenträger als auch mittels Download mit sich bringt. Der EuGH sieht die Lösung des Problems in technischen Hilfsmitteln, indem „es dem – ‚herkömmlichen' oder ‚digitalen' – Vertreiber frei

---
1510 BGH v. 11.2.2010 – I ZR 178/08, GRUR 2010, 822, Tz. 20 – Half-Life 2.
1511 BGH v. 11.2.2010 – I ZR 178/08, GRUR 2010, 822, Tz. 21 – Half-Life 2.
1512 BGH v. 11.2.2010 – I ZR 178/08, GRUR 2010, 822, Tz. 22 – Half-Life 2.

II. Rechtsprechung zu technischen Schutzmaßnahmen

[steht], technische Schutzmaßnahmen, etwa Produktschlüssel, anzuwenden."[1513] Später wird an diese Möglichkeit des Rechteinhabers noch einmal erinnert:

> „Außerdem ist darauf hinzuweisen, dass der Rechteinhaber, also Oracle, beim Weiterverkauf einer Nutzungslizenz durch den Weiterverkauf einer von seiner Internetseite heruntergeladenen Programmkopie berechtigt ist, mit allen ihm zur Verfügung stehenden technischen Mitteln sicherzustellen, dass die beim Verkäufer noch vorhandene Kopie unbrauchbar gemacht wird."[1514]

Technische Schutzmaßnahmen sollen dem Verkäufer also die Überwachung ermöglichen, ob die Software wirklich nur einmal oder doch mehrfach genutzt wird.[1515] So kann dieser auf der ersten Vertriebsstufe seinen eigenen Vertragspartner kontrollieren und ihn entweder als Verletzer des Urheberrechts oder einer Vertragspflicht in Anspruch nehmen, wenn er die Ursprungskopie nach einer Weitergabe weiternutzt.[1516]

3. Die Nintendo-Entscheidung des EuGH

Die Nintendo-Entscheidung des EuGH handelt von sog. mod chips und game copiers, die von PC Box vertrieben werden. Diese ermöglichen das Abspielen solcher Videospiele auf Nintendo-Spielekonsolen, die nicht von Nintendo oder von Nintendo lizenzierten Herstellern produziert wurden. Als technische Schutzmaßnahme sieht Nintendo vor, dass sich auf den von ihnen vertriebenen Datenträgern ein digitaler Code befindet, der nur bei einem erfolgreichen Abgleich mit einer technischen Vorrichtung auf der jeweiligen Spielekonsole das Spiel zum Laufen bringen kann.

Zum einen stellt der EuGH klar, dass der Begriff „wirksame technische Maßnahme" auch technische Maßnahmen umfassen könne, die hauptsächlich darin bestehen, nicht nur den Datenträger mit einer Erkennungsvorrichtung zu versehen, um das Werk gegen Handlungen zu schützen, die vom Inhaber des Urheberrechts nicht genehmigt wurden, sondern auch die tragbaren Geräte oder die Konsolen, die den Zugang zu diesen Spielen und deren Benutzung sicherstellen sollen.[1517] Damit nimmt der EuGH zutreffend eine weite Definition des Begriffs der „wirksamen technischen Schutzmaßnahme" an. Technische Schutzmaßnahmen fallen also auch dann in den Schutzbereich des Art. 6 InfoSoc-RL, wenn

---

1513 EuGH v. 3.7.2012 – C-128/11, GRUR 2012, 904, Tz. 79 – UsedSoft.
1514 EuGH v. 3.7.2012 – C-128/11, GRUR 2012, 904, Tz. 87 – UsedSoft.
1515 Überraschenderweise greift der BGH in seiner UsedSoft II-Entscheidung technische Schutzmaßnahmen gar nicht auf.
1516 *Peifer*, AfP 2013, 89 (92).
1517 EuGH v. 23.1.2014 – C-355/12, GRUR 2014, 255, Tz. 26-28 – Nintendo Unternehmen/PC Box u. a.

sie sich zum Teil als digitaler Code auf dem Datenträger befinden und zum Teil in der Konsole verbaut sind.

Für technische Schutzmaßnahmen weit wichtiger sind jedoch die Ausführungen des EuGH zur zweiten Vorlagefrage. Demnach müssten nämlich technische Schutzmaßnahmen, die sowohl zustimmungsbedürfte Handlungen als auch nicht zustimmungsbedürftige Handlungen behindern oder stark erschweren, einer Verhältnismäßigkeitsprüfung unterzogen werden. Die Maßnahmen müssten dabei zur Verwirklichung des Ziels, nicht genehmigte Handlungen in Bezug auf Werke zu verhindern oder zu unterbinden, geeignet sein und dürften nicht über das hierzu Erforderliche hinausgehen. Nach dem EuGH darf es keine anderen Maßnahmen geben, die zu geringeren Beeinträchtigungen oder Beschränkungen der Handlungen Dritter, für die es keiner Genehmigung des Inhabers der Urheberrechte bedarf, führen, dabei aber einen vergleichbaren Schutz für die Rechte des Betroffenen bieten. Als Kriterien könnten die Kosten für die verschiedenen Arten technischer Maßnahmen, die technischen und praktischen Aspekte ihrer Durchführung und ein Vergleich der Wirksamkeit dieser verschiedenen Arten technischer Schutzmaßnahmen herangezogen werden, wobei diese Wirksamkeit nicht absolut sein müsse.[1518]

Der BGH hat die Ausführungen des EuGH in seiner Videospielkonsolen II-Entscheidung bereits aufgegriffen. Die Entscheidung wurde an das Berufungsgericht zurückverwiesen, da es nicht geprüft habe, ob der Einsatz der technischen Schutzmaßnahme den Grundsatz der Verhältnismäßigkeit wahre und legale Nutzungsmöglichkeiten nicht in übermäßiger Weise beschränkt würden.[1519]

III. Auswertung der Entscheidungen

Die gerade thematisierten Entscheidungen liefern einige Erkenntnisse zur Reichweite technischer Schutzmaßnahmen. Vergleicht man die Urteile, so scheint zunächst die Half-Life 2-Entscheidung im Widerspruch zur UsedSoft-Entscheidung zu stehen. Kann eine diesbezügliche Divergenz tatsächlich festgestellt werden, muss der Frage nachgegangen werden, wie dieser Widerspruch aufzulösen ist. Darüber hinaus bedarf der in der Nintendo-Entscheidung des EuGH erstmals erwähnte und vom BGH aufgegriffene Verhältnismäßigkeitsgrundsatz einer näheren Erörterung.

1518 EuGH v. 23.1.2014 – C-355/12, GRUR 2014, 255, Tz. 30-33, 38 – Nintendo Unternehmen/ PC Box u. a.
1519 BGH v. 27.11.2014 – I ZR 124/11, MMR-Aktuell 2014, 364182 – Videospielkonsolen II (Entscheidungsgründe noch nicht veröffentlicht).

III. Auswertung der Entscheidungen

1. Der Widerspruch zwischen Half-Life 2 und UsedSoft

Die UsedSoft-Entscheidung des EuGH steht insofern mit der Half-Life 2-Entscheidung in Widerspruch, als der BGH Einschränkungen der rechtlichen oder tatsächlichen Verkehrsfähigkeit mit dem Erschöpfungsgrundsatz für vereinbar hält, während der EuGH über weite Strecken mit der Bedeutung der Verkehrsfähigkeit für den Binnenmarkt argumentiert. Zwar ist eine Weitergabe des Datenträgers auch in dem der Half-Life 2-Entscheidung zugrunde liegenden Sachverhalt nach dem BGH ausdrücklich gestattet, die Veräußerung der DVD ergibt jedoch für den Folgeerwerber keinen Sinn, da er das Computerspiel ohne Erstellung eines Benutzerkontos – was ihm nicht mehr möglich ist – nicht nutzen kann. Die Verkehrsfähigkeit wird damit behindert. Zu weit ginge es dabei allerdings, wenn man einen Widerspruch der beiden Entscheidungen schon darin sehen würde, dass der Rechteinhaber nach dem EuGH-Urteil technische Mittel *nur* zur Überprüfung der Unbrauchbarmachung der Erstkopie einsetzen darf.[1520] Denn technische Schutzmaßnahmen können dem Rechteinhaber auch beispielsweise helfen, zu viele Vervielfältigungsstücke beim Ersterwerber aufzuspüren. Der EuGH schließt dies auch keineswegs aus. Im zugrunde liegenden Sachverhalt geht es ohnehin nicht um technische Schutzmaßnahmen. Der EuGH äußert sich lediglich an zwei Stellen dazu, dass technische Schutzmaßnahmen den Rechteinhaber unterstützen können, ungerechtfertigte Vervielfältigungen beim Ersterwerber auszuschließen. Zur grundsätzlichen Zulässigkeit technischer Schutzmaßnahmen wird damit noch nichts gesagt. Insofern besteht also noch nicht zwingend ein Widerspruch zwischen den beiden Entscheidungen.

Dennoch hat der EuGH deutlich gemacht, dass der Rechteinhaber „mit allen ihm zur Verfügung stehenden technischen Mitteln"[1521] die Überprüfung vornehmen darf, dass die Erstkopie beim Ersterwerber unbrauchbar gemacht wird. Diese Gestattung beruht im Wesentlichen darauf, dass der EuGH aufgrund der Gewährleistung des freien Warenverkehrs eine Abschottung nachgelagerter Märkte verhindern will, ihm die Gefahr eines Missbrauchs aber durchaus bewusst ist. Zur Ausräumung dieser Gefahr sind daher technische Schutzmaßnahmen erlaubt. Ganz und gar nicht im Sinne des EuGH ist es allerdings, dass faktische Abschottungen entstehen, wie sie beim Half-Life 2-Sachverhalt unstrittig gegeben sind. Dies wird auch deutlich, wenn der EuGH erklärt, dass der Rechteinhaber nicht die Kontrolle über den Wiederverkauf einer digitalen Kopie haben[1522] oder der Erschöpfungswirkung nicht ihre „praktische Wirksamkeit"[1523] genommen werden dürfe. Der Erschöpfungsgrundsatz und damit einhergehend die Verkehrsfähigkeit haben für den EuGH damit höchste Priorität. Auch im Zusammenhang mit Art. 5 Abs. 1 Software-RL stellt der EuGH klar, dass die

---

1520 So etwa *Peifer*, AfP 2013, 89 (93); *Marly*, Praxishandbuch Softwarerecht, Rn. 217; *Druschel*, Die Behandlung digitaler Inhalte im GEKR, S. 221.
1521 EuGH v. 3.7.2012 – C-128/11, GRUR 2012, 904, Tz. 87 – UsedSoft.
1522 EuGH v. 3.7.2012 – C-128/11, GRUR 2012, 904, Tz. 63 – UsedSoft.
1523 EuGH v. 3.7.2012 – C-128/11, GRUR 2012, 904, Tz. 49, 83 – UsedSoft.

F. Die Zulässigkeit technischer Schutzmaßnahmen

Erschöpfungsregel „leer liefe, wenn der Zweiterwerber nicht dieselben Nutzungsmöglichkeiten hätte wie der Ersterwerber". Diese Äußerungen stehen in direktem Widerspruch zum BGH, der Einschränkungen der rechtlichen oder tatsächlichen Verkehrsfähigkeit vom Grundsatz der Erschöpfung als nicht berührt ansieht. Nach den Ausführungen des BGH ist eine Marktabschottung zulässig, da der Rechteinhaber auch nach dem Erstverkauf die Kontrolle über das veräußerte Werkstück behält. Denn der Datenträger selbst, dessen Weiterveräußerung als zulässig bewertet wird, ist wertlos. Die Half-Life 2-Entscheidung des BGH ist daher als überholt anzusehen.[1524] Demnach können technische Schutzmaßnahmen, welche wie Benutzerkonten die Wirkung der Erschöpfung verhindern, sehr wohl unzulässig sein. Ob sich die Erschöpfungswirkung tatsächlich in jedem Einzelfall gegenüber der technischen Schutzmaßnahme durchsetzen kann, ist damit aber noch nicht gesagt. Jedenfalls muss die Erschöpfungswirkung maßgeblich Berücksichtigung finden.

Mit Blick auf die frühere EuGH-Rechtsprechung konnte die Half-Life 2-Entscheidung des BGH schon zum damaligen Zeitpunkt mit guten Gründen abgelehnt werden. Denn 1997 hat der EuGH bereits in der Dior/Evora-Entscheidung[1525] festgestellt, dass eine bloße Beeinträchtigung der Weitervertriebsmöglichkeiten durch den Zweiterwerber mit der Warenverkehrsfreiheit unvereinbar ist. Bei Half-Life 2 ging es jedoch sogar um einen uneingeschränkten Ausschluss der wirtschaftlichen Weiterverbreitungsmöglichkeit.[1526] Eine dermaßen deutliche Ablehnung, wie sie der BGH in Half-Life 2 vornimmt, lässt sich damit nicht vereinbaren.

Die tatsächlichen Gegebenheiten des Computerspiels in der Half-Life 2-Entscheidung lassen jedoch Zweifel daran zu, ob der Widerspruch zwischen dieser und der UsedSoft-Entscheidung tatsächlich so groß ist. Denn es deutet viel darauf hin, dass ein Spielebetrieb nur bei einer bestehenden Internetverbindung zu den Servern der Beklagten möglich war.[1527] Dies geht allerdings nicht unmittelbar aus dem Urteil hervor und auch die Urteilsbegründung fasst diesen Gedanken nicht auf. Einige Autoren gehen zumindest darauf ein, dass der Account *auch* ein Spielen gegen andere Teilnehmer im Internet ermöglicht hat. Damit liegt also neben der Nutzung der Software als solche auch eine Dienstleistungskomponente vor. Fraglich ist, ob diese Komponente zu einer anderen Bewertung des Verhältnisses von Half-Life 2 und UsedSoft führt. Dies wiederum

---

1524 *Druschel*, Die Behandlung digitaler Inhalte im GEKR, S. 222 f.; *Kloth*, GRUR-Prax 2013, 239 (241); *Marly*, CR 2014, 145 (149); *Marly*, Praxishandbuch Softwarerecht, Rn. 217; *Peifer*, AfP 2013, 89 (93); *Rath/Maiworm*, WRP 2012, 1051 (1055); *Schneider/Spindler*, CR 2014, 213 (220 ff.); *Senftleben*, NJW 2012, 2924 (2926 f.); *Stieper*, ZUM 2012, 668 (670); *Winklbauer/Geyer*, ZIR 2014, 93 (96); a.A. *Dietrich*, NJ 2014, 194 (196); *Stögmüller*, K&R 2014, 194 (196).
1525 EuGH v. 4.11.1997 – C-337/95, GRUR Int. 1998, 140 – Dior/Evora.
1526 So auch *Dreier*, in: Büscher (Hrsg.), FS Bornkamm, S. 749 (758); a.A. aber *Sucker*, Der digitale Werkgenuss im Urheberrecht, S. 163.
1527 S. nur *Adler*, Rechtsfragen der Softwareüberlassung, S. 225.

hängt entscheidend von der Einschlägigkeit des Erschöpfungsgrundsatzes ab. Eine Erschöpfung ist bei Dienstleistungen bekanntlich nicht möglich. Bei Vertragsgestaltungen, die sowohl eine kauf- als auch eine dienstleistungsrechtliche Komponente aufweisen, indem etwa eine Online-Spieleumgebung zur Verfügung gestellt wird oder gegen andere Spieler online gespielt werden kann, wird teilweise danach unterschieden, worin der Schwerpunkt der Leistungspflicht besteht bzw. ob die Dienstleistungen im Mittelpunkt des Softwareprodukts stehen.[1528] Zum Teil wird die Geltung des Erschöpfungsgrundsatzes in diesen Fällen aber auch komplett abgelehnt.[1529] Natürlich hat die Dienstleistung hier eine eigenständige Bedeutung. Dennoch ist ein Spielen auch ohne Inanspruchnahme dieser Dienstleistung möglich. Berücksichtigt man darüber hinaus die UsedSoft- und Murphy-Rechtsprechung, wonach der Rechteinhaber bereits mit dem ersten Inverkehrbringen eine entsprechend hohe Vergütung erzielen konnte,[1530] spricht dies für das Eingreifen des Erschöpfungsgrundsatzes. Dafür lässt sich auch anführen, dass der Erschöpfung nicht „die praktische Wirksamkeit"[1531] genommen werden darf. Eine Differenzierung nach dem Schwerpunkt der Leistungspflicht ist vor diesem Hintergrund auch nicht zielführend, zumal eine solche Abwägungsentscheidung immer große Rechtsunsicherheit mit sich bringt. Im Ergebnis ist daher auch bei Vorliegen von Dienstleistungselementen ein Eingreifen des Erschöpfungsgrundsatzes anzunehmen,[1532] so dass die Bewertung des Verhältnisses der Half-Life 2- und der UsedSoft-Entscheidung keiner Korrektur bedarf. Etwas anderes gilt jedoch dann, wenn das Computerspiel tatsächlich nur online gespielt werden kann. In diesem Fall verdrängt die Dienstleistungskomponente die kaufrechtliche Komponente fast vollständig, auch wenn nur eine Einmalzahlung zu Vertragsbeginn zu erbringen ist. Hier muss der Grundsatz zur Geltung kommen, dass Dienstleistungen nicht der Erschöpfung unterliegen. In diesem Sinne hat sich auch das LG Berlin geäußert.[1533]

2. Die Verhältnismäßigkeitsprüfung

a. Dogmatische Begründung

Bislang ist man, soweit ersichtlich, weder in der Literatur noch in der Rechtsprechung davon ausgegangen, dass der Schutzbereich des Art. 6 InfoSoc-RL bzw. § 95a UrhG von einer Verhältnismäßigkeitsprüfung abhängt. Doch eine sol-

---

1528 *Druschel*, Die Behandlung digitaler Inhalte im GEKR, S. 223; *Malevanny*, CR 2013, 422 (425).
1529 *Leistner*, WRP 2014, 995 (1003); *Hilgert*, CR 2014, 354 (359 f.).
1530 EuGH v. 3.7.2012 – C-128/11, GRUR 2012, 904, Tz. 45, 49, 63, 72, 88 – UsedSoft; EuGH v. 4.10.2011 – C-403/08, C-429/08, GRUR 2012, 156, Tz. 36 – FAPL/Murphy.
1531 EuGH v. 3.7.2012 – C-128/11, GRUR 2012, 904, Tz. 49, 83 – UsedSoft.
1532 So auch *Marly*, Praxishandbuch Softwarerecht, Rn. 217.
1533 LG Berlin v. 21.1.2014 – 15 O 56/13, CR 2014, 400 (402) (n. rk.); s. dazu ausführlich unter D. III. 2. a. bb.

che Prüfung ist mit Blick auf Erwägungsgrund 48 der InfoSoc-RL gar nicht so fernliegend, wonach der Rechtsschutz für technische Schutzmaßnahmen „auch das Verhältnismäßigkeitsprinzip berücksichtigen" sollte. Dogmatisch lässt sich diese Prüfung in der Formulierung des Art. 6 Abs. 3 S. 1 InfoSoc-RL bzw. § 95a Abs. 2 S. 1 UrhG verorten, dass technische Schutzmaßnahmen „dazu bestimmt" sein müssen, bestimmte Handlungen zu verhindern. Eine technische Schutzmaßnahme, die ohne ersichtlichen Grund sowohl die Verwertungsrechte schützt als auch z. B. eine Marktabschottung bewirkt, wie es in der Nintendo-Entscheidung der Fall ist,[1534] dient nicht dazu, Urheberrechte zu schützen, vielmehr wird das Ziel der Marktabschottung verfolgt.[1535] Die Entscheidung des EuGH verdient Zustimmung, da eine Verhältnismäßigkeitsprüfung mit dem Wortlaut vereinbar ist und in Erwägungsgrund 48 der InfoSoc-RL bereits angelegt ist. Zudem ermöglicht sie eine gerechte Einzelfallabwägung.[1536] In der deutschen Gesetzesbegründung wird außerdem beschrieben, dass „die Einrichtung von Schutzmechanismen allein zum Zwecke der Marktzugangsbeschränkung [nicht] geschützt" ist.[1537] Der Zweck muss also immer auf den Schutz von urheberrechtlich geschützten Gegenständen gerichtet sein.[1538] Wenn eine Maßnahme nicht nur auf den Schutz von urheberrechtlich geschützten Gegenständen gerichtet ist, ist eine Interessenabwägung zielführend.

b. Reichweite der Verhältnismäßigkeit

Fraglich ist, ob der Verhältnismäßigkeitsgrundsatz auch dann zur Anwendung kommen kann, wenn durch Schranken gedeckte Nutzungshandlungen durch die technische Schutzmaßnahme unmöglich gemacht werden. Der EuGH spricht in diesem Zusammenhang nur von „Handlungen Dritter, für die es keiner Genehmigung des Inhabers der Urheberrechte bedarf".[1539] Vom Wortlaut her bestehen keine Bedenken. Dagegen spricht aber, dass Art. 6 Abs. 4 InfoSoc-RL (bzw. § 95b Abs. 1 UrhG) das Verhältnis zwischen technischen Schutzmaßnahmen und Schranken abschließend regelt, zumal der Umgehungsschutz des Rechteinhabers ja selbst bei einer Einschlägigkeit dieser Norm(en) weiterhin bestehen bleibt. Die Erwägungsgründe 51 und 52 der InfoSoc-RL bestimmen jedoch, dass Art. 6 Abs. 4 InfoSoc-RL sicherstellen soll, dass „dafür Sorge getragen wird, dass die Ziele bestimmter Ausnahmen oder Beschränkungen [...] erreicht werden können" und dass „die Begünstigten der betreffenden Ausnahme oder Beschränkung sie tatsächlich nutzen können". Diese Aussagen beziehen sich zwar nur auf die explizit im Gesetzestext genannten Ausnahmebestimmungen,

---

[1534] *Rauch*, MR 2014, 303 (304).
[1535] *Rauch*, MR 2014, 303 (305).
[1536] *Rauch*, MR 2014, 303 (305).
[1537] BT-Drucks. 15/38 v. 6.11.2002, S. 26.
[1538] *Czychowski*, in: Fromm/Nordemann (Bgr.), UrhG, § 95a Rn. 14.
[1539] EuGH v. 23.1.2014 – C-355/12, GRUR 2014, 255, Tz. 32 – Nintendo Unternehmen/PC Box u. a.

III. Auswertung der Entscheidungen

für diese scheint jedoch unter bestimmten Voraussetzungen bereits der Umgehungsschutz des Rechteinhabers nicht gegeben zu sein, was sich aus einer Verhältnismäßigkeitsprüfung ergeben kann. Dieser Gedanke lässt sich aber auch auf andere wichtige Schrankenbestimmungen übertragen, zumal nach dem 48. Erwägungsgrund nicht solche „Handlungen untersagt werden [sollen], deren wirtschaftlicher Zweck und Nutzen nicht in der Umgehung technischer Schutzvorkehrungen besteh[en]". Der Verhältnismäßigkeitsgrundsatz sollte daher auch bei einer Einschränkung von Handlungen, die den urheberrechtlichen Schranken unterliegen, angewandt werden.[1540] Dies entspricht auch dem Ansatz von Generalanwältin *Sharpston*, nach der im Rahmen der Verhältnismäßigkeitsprüfung auch zu berücksichtigen ist, wie wichtig die unterbundenen Handlungen für den Nutzer sind.[1541]

c. Anwendbarkeit im Rahmen der Software-Richtlinie

Explizit erhält der Nutzer im Anwendungsbereich der Software-RL keinen Anspruch auf eine Schrankenbegünstigung. Für die Weitergabe benötigt der Erwerber jedoch die Rechte aus §§ 69c Nr. 3 sowie § 69d Abs. 1 UrhG. Teilweise wird vertreten, dass § 69f Abs. 2 UrhG dann nicht zur Anwendung kommen kann, wenn der Tatbestand des § 69d Abs. 1 UrhG erfüllt ist.[1542] Zudem wird zum Teil ein Selbsthilferecht aus Erwägungsgrund 50 der InfoSoc-RL[1543] oder aber aus § 69d UrhG[1544] abgeleitet, das jedoch zumeist nicht weiterhilft, da Umgehungsmittel meist nicht zur Verfügung stehen. Fraglich ist, ob auch hier der Verhältnismäßigkeitsgrundsatz Anwendung finden kann.

Natürlich muss beachtet werden, dass die Bestimmungen der Software-RL Leges speciales gegenüber den Bestimmungen der InfoSoc-RL sind. Die Software-RL sagt im Zusammenhang mit technischen Schutzmaßnahmen nach Art. 7 Abs. 1 lit. c jedoch lediglich aus, dass die Mitgliedsstaaten geeignete Maßnahmen gegen „das Inverkehrbringen oder de[n] Erwerbszwecken dienende[n] Besitz von Mitteln, die allein dazu bestimmt sind, die unerlaubte Beseitigung oder Umgehung technischer Programmschutzmechanismen zu erleichtern", vorsehen sollen. Äußerungen zur Zulässigkeit technischer Schutzmaßnahmen sind damit nicht verbunden. Wie den bisherigen Ausführungen zu entnehmen ist, ergibt sich allerdings aus dem 48. Erwägungsgrund der InfoSoc-RL, dass der Rechtsschutz von technischen Schutzmaßnahmen grundsätzlich das Verhältnismäßigkeits-

---

[1540] So auch *Leistner*, WRP 2014, 995 (1003); *Rauch*, MR 2014, 303 (305 f.); *Weisser/Färber*, MMR 2014, 364 (366).
[1541] Schlussanträge der Generalanwältin *Sharpston*, BeckRS 2013, 82019, Tz. 61.
[1542] *Grützmacher*, in: Wandtke/Bullinger (Hrsg.), UrhG, § 69f Rn. 17, 20; *Böttcher*, Die urheberrechtliche Erschöpfung, S. 244 f.
[1543] *Niethammer*, Erschöpfungsgrundsatz und Verbraucherschutz im Urheberrecht, S. 138 f.
[1544] *Fuchs*, Die Nutzungsrechtseinräumung im Rahmen von Individualsoftwareentwicklungsverträgen, S. 254; *Böttcher*, Die urheberrechtliche Erschöpfung, S. 245; dagegen *Dreyer*, in: Grünberger/Leible (Hrsg.), DRM 2.0, S. 131 (137 f.).

prinzip berücksichtigen soll und dass Handlungen nicht untersagt werden sollen, deren wirtschaftlicher Zweck und Nutzen nicht in der Umgehung technischer Schutzvorkehrungen bestehen. Erwägungsgrund 50 der InfoSoc-RL stellt zwar klar, dass ein solcher harmonisierter Rechtsschutz die speziellen Schutzbestimmungen der Software-RL unberührt lässt, dies betrifft ausweislich des dritten Satzes dieses Erwägungsgrundes jedoch vor allem die spezifischen Schranken des Testlaufs, der Programmanalyse und der Dekompilierung der Software-RL, deren Umgehungsmittel nicht bekämpft werden sollen. Insofern gehen im Anwendungsbereich der Software-RL die Schranken also im Gegensatz zur InfoSoc-RL eher vor.[1545] Jedenfalls findet sich in der Software-RL keine Aussage zum grundsätzlichen Schutz technischer Schutzmaßnahmen. Also spricht nichts dagegen, die in Erwägungsgrund 50 zu findende Verhältnismäßigkeitsprüfung auch im Anwendungsbereich der Software-RL vorzunehmen.[1546] Im Rahmen der Abwägung kann durchaus Berücksichtigung finden, dass die Software-RL keinen grundsätzlichen Vorrang technischer Schutzmaßnahmen gegenüber Schrankenbestimmungen wie die InfoSoc-RL vorsieht, sondern vielmehr eher den Schranken den Vorzug zu geben scheint.

Als Einfallstor für eine Abwägungsentscheidung dient sowohl nach der Software-RL als auch nach dem deutschen Urheberrechtsgesetz der Begriff „unerlaubt". Ob die Beseitigung oder die Umgehung technischer Schutzmaßnahmen unerlaubt ist oder nicht, ergibt sich aus einer Verhältnismäßigkeitsprüfung. Dabei muss natürlich wiederum in besonderem Maße die Bedeutung des Erschöpfungsgrundsatzes beachtet werden.

d. Einfluss der Erschöpfungswirkung

Die Bedeutung der Erschöpfungswirkung hat der EuGH in der UsedSoft-Entscheidung mehr als deutlich gemacht. Allerdings sind seine Äußerungen im Zusammenhang mit technischen Schutzmaßnahmen nicht so weitgehend zu verstehen, dass technische Beschränkungen nur zulässig sind, um das Unbrauchbarmachen der Werkkopie beim Ersterwerber sicherzustellen.[1547] Insofern bietet es sich an, dass die Erschöpfungswirkung zwar im Rahmen der Verhältnismäßigkeitsprüfung eine tragende Rolle spielt, aber eben keine absolute Wirkung entfaltet. Dagegen spricht auch nicht, dass der EuGH in der UsedSoft-Entscheidung, die sich ausschließlich im Anwendungsbereich der Software-RL abspielt, das Verhältnismäßigkeitsprinzip gar nicht erwähnt. Denn technische Schutzmaßnahmen waren nicht Gegenstand des Verfahrens, der EuGH erwähnt sie nur zur „Besänftigung" der Rechteinhaber. Er macht diesen klar, dass sie technische Schutzmaßnahmen anwenden dürfen, um ihre Rechte zu schützen.

1545 *Rauch*, MR 2014, 303 (308).
1546 Ebenso im Ergebnis, aber mit anderer Herleitung: *Schneider/Spindler*, CR 2014, 213 (222).
1547 S. dazu F. III. 1.

IV. Bewertung technischer Beschränkungen der Weitergabe

Technische Schutzmaßnahmen müssen also sowohl im Anwendungsbereich der InfoSoc- als auch der Software-RL dem Verhältnismäßigkeitsgrundsatz genügen, um die Befugnis der Nutzer zur Umgehung dieser Maßnahmen zu verhindern. Im Rahmen der Abwägung kommt der Erschöpfungswirkung entscheidende Bedeutung zu, da deren Wirksamkeit nicht leerlaufen darf. Das gilt vor allem vor dem Hintergrund, dass das Fernhalten von Produkten von Sekundärmärkten eine Verminderung der Anzahl verfügbarer Werke sowie eine Stabilisierung des Preisspektrums für digitale Werke aufgrund des fehlenden Wettbewerbs befürchten lässt.[1548] Auf der anderen Seite ist ein legitimes Interesse der Rechteinhaber an der Verhinderung von Raubkopien anzuerkennen. Zudem besteht etwa ein schutzwürdiges Interesse der Rechteinhaber, wirksame räumliche Beschränkungen der Erschöpfung außerhalb des Gebiets der Europäischen Union und Nutzungen, die über eine Weiterverbreitung hinausgehen, durch technische Beschränkungen abzusichern.[1549]

1. DRM-Systeme

Mittels DRM-Systemen ist es grundsätzlich möglich, einen Kompromiss zwischen den Interessen der Rechteinhaber und der Nutzer zu finden. Hierzu gibt es grundsätzlich zwei Möglichkeiten: Zum einen können technische Schlüssel eingesetzt werden, welche die Software identifizieren und rückverfolgbar machen, ohne die Weitergabe oder Nutzung durch Zweiterwerber zu behindern. Dies lässt sich etwa durch Freigabeschlüssel erreichen, die periodisch eine Meldung erfordern, damit die Freischaltung erhalten bleibt.[1550] Ebenso können Rechteinhaber durch automatisierte Anfragen überprüfen, ob zu viele Vervielfältigungsstücke verwendet werden. Zum anderen sind etwas weiter gehende technische Beschränkungen denkbar, bei denen der Zweiterwerber zunächst einen Anspruch auf Freischaltung geltend machen muss, bevor er das Produkt nutzen kann.[1551] Sofern dieses Verfahren nicht unnötig komplex ausgestaltet wird und zügig vonstattengeht, ist eine solche Beschränkung verhältnismäßig. Während der Nutzer von seinem Weitergaberecht Gebrauch machen kann, hat der Rechteinhaber die Kontrolle darüber, ob die Werkkopie beim Ersterwerber nach der Weitergabe tatsächlich unbrauchbar gemacht wurde. Dazu darf auch eine Identifizierung beim Zweiterwerber vorgenommen werden.

1548 *Böttcher*, Die urheberrechtliche Erschöpfung, S. 246; *Niethammer*, Erschöpfungsgrundsatz und Verbraucherschutz im Urheberrecht, S. 137.
1549 *Dreyer*, in: Grünberger/Leible (Hrsg.), DRM 2.0, S. 131 (139).
1550 *Schneider/Spindler*, CR 2014, 213 (220). Datenschutzrechtliche Probleme werden bei der vorliegenden Untersuchung nicht berücksichtigt.
1551 *Schneider/Spindler*, CR 2012, 489 (496).

F. Die Zulässigkeit technischer Schutzmaßnahmen

Eine allgemeingültige Verhältnismäßigkeitsprüfung hinsichtlich DRM-Systemen fällt aufgrund der vielen Gestaltungsmöglichkeiten dieser Systeme schwer. Einerseits spielt die Freiheit des Warenverkehrs eine große Rolle, was sich auch im ersten Erwägungsgrund der InfoSoc-RL widerspiegelt, nach dem die Schaffung eines europäischen Binnenmarktes durch die Richtlinie bezweckt wird, andererseits bezwecken technische Schutzmaßnahmen den Schutz vor unerlaubter Nutzung urheberrechtlich geschützter Werke und Leistungen,[1552] was gerade bei digitalen Gütern nicht leicht zu verhindern ist. Insofern gilt der Grundsatz, dass bei einer Einschränkung des Erschöpfungsgrundsatzes durch DRM-Systeme eher von einer Unverhältnismäßigkeit auszugehen ist. Unter bestimmten Umständen kann dieser Grundsatz jedoch auch widerlegt werden. Erhalten die Nutzer schnell und unkompliziert trotz der Beschränkungen die Möglichkeit zur Weitergabe, ist das Gleichgewicht in den meisten Fällen wiederhergestellt.

2. Benutzerkonten

Im Zusammenhang mit Benutzerkonten wird zumeist die Frage aufgeworfen, ob das Verbot der Übertragbarkeit des Benutzerkontos zulässig ist oder nicht. Praxisrelevant und für diese Untersuchung entscheidend ist jedoch vielmehr die Frage, ob eine Weitergabe des mit dem Account verknüpften Werkes möglich sein muss oder nicht. Denn die Weitergabe des Accounts ergibt nur dann Sinn, wenn tatsächlich nur ein Werkexemplar mit diesem verbunden ist oder aber wenn zwar mehrere Werkexemplare mit einem Account verbunden sind, aber alle Werke weiterveräußert werden sollen. Solche Situationen spielen in der Praxis weniger eine Rolle, zumal auch der Zweiterwerber noch nicht über einen Account verfügen dürfte.

Die Verwendung von Benutzerkonten als technische Schutzmaßnahme muss verhältnismäßig sein. Bezugnehmend auf den EuGH muss das Benutzerkonto zunächst dazu geeignet sein, nicht genehmigte Handlungen in Bezug auf Werke zu verhindern oder zu unterbinden.[1553] Durch die Bindung eines Werkes an ein Benutzerkonto ist es nicht möglich, dass ein Werk gleichzeitig von verschiedenen Personen genutzt wird. Daher ist diese Maßnahme geeignet, nicht genehmigte Handlungen zu verhindern. Darüber hinaus gibt der EuGH im Rahmen der Prüfung der Erforderlichkeit vor, dass es keine anderen Maßnahmen geben dürfe, die zu geringeren Beeinträchtigungen oder Beschränkungen der Handlungen Dritter führen, für die es keiner Genehmigung des Inhabers der Urheberrechte bedarf, dabei aber einen vergleichbaren Schutz für die Rechte des Betroffenen bieten. Als Kriterien sind etwa die Kosten, die technischen und praktischen Aspekte der Durchführung und ein Vergleich der Wirksamkeit der verschiedenen Arten tech-

---
[1552] *Dreier*, in: Dreier/Schulze, UrhG, § 95a Rn. 1.
[1553] EuGH v. 23.1.2014 – C-355/12, GRUR 2014, 255, Tz. 30-33, 38 – Nintendo Unternehmen/PC Box u. a.

nischer Schutzmaßnahmen heranzuziehen.[1554] Selbstredend würde der Einsatz von DRM-Systemen zu geringeren Beeinträchtigungen führen, allerdings kann dann auch nicht mehr von einem vergleichbaren Schutz ausgegangen werden. Denn die Bindung von Werkstücken an Accounts erschwert die Erstellung von funktionstüchtigen Raubkopien ungemein. Der Schutz der Rechteinhaber durch Benutzerkonten ist also besser als bei der Verwendung von DRM-Systemen. Zulässig könnte aber der Einsatz dieser technischen Schutzmaßnahme sein, wenn eine Übertragung der Werke durch die Rechteinhaber ermöglicht wird. Denkbar ist etwa, dass der Rechteinhaber auf Anforderung des Nutzers ein bestimmtes Werk einem anderen Account zuordnen muss. Der Aufwand dafür dürfte sich in Grenzen halten, zumal eine solche Funktion vom Rechteinhaber auch programmiert werden könnte. Gewiss fallen dafür Kosten an – entweder im Rahmen der Programmierung oder aber in Form von Lohnkosten für die Durchführung der Weitergabe durch Mitarbeiter –, diese müssten sich aber in vertretbaren Grenzen halten. Jedenfalls wird die Wirksamkeit eines solchen Schutzes vergleichbar mit dem bisherigen Schutz sein. Auf diesem Weg wäre ein Kompromiss zwischen den Interessen der Rechteinhaber und der Nutzer gefunden. Der Aufwand für die Nutzer hält sich auch im Rahmen, so dass nicht von einer schwerwiegenden Beschränkung des Erschöpfungsgrundsatzes auszugehen ist. Ohne eine Option auf Weitergabe sind Benutzerkonten jedenfalls nicht mehr verhältnismäßig, da sie dann zur Verhinderung eines legitimen Gebrauchtmarktes führen würden.[1555]

3. Rechtsfolgen

Das Urheberrechtsgesetz bzw. die europäischen Richtlinien gebieten es nicht, technische Schutzmaßnahmen an erschöpfter Gebrauchtsoftware zu beseitigen. Vielmehr wird die Umgehung von technischen Schutzmaßnahmen, die urheberrechtlich nicht schützenswerte Gegenstände und Befugnisse betreffen, lediglich nicht untersagt. Daher hat der Nutzer in den gerade gezeigten Fällen also ein Recht darauf, die Schutzmaßnahmen zu umgehen. Doch der durchschnittlich technisch versierte Nutzer ist oftmals gar nicht dazu in der Lage, die technischen Schutzmaßnahmen auszuhebeln.[1556] Damit tritt aber eine nur schwer hinnehmbare Situation ein, für die zumindest das Urheberrechtsgesetz keine Lösung vorsieht: Der Rechteinhaber kann technische Schutzmaßnahmen vorsehen, für die er zwar keinen Rechtsschutz erhält, die aber vom Nutzer auch nicht überwunden werden können. Damit kommt es zu einer Schutzrechtsausweitung, die so vom Gesetzgeber nicht beabsichtigt sein kann.

1554 EuGH v. 23.1.2014 – C-355/12, GRUR 2014, 255, Tz. 30-33, 38 – Nintendo Unternehmen/PC Box u.a.
1555 *Weisser/Färber*, MMR 2014, 364 (366).
1556 *Böttcher*, Die urheberrechtliche Erschöpfung, S. 256; *Sucker*, Der digitale Werkgenuss im Urheberrecht, S. 204; s. auch *Jütte*, in: Taeger (Hrsg.), DSRI Tagungsband 2014, S. 237 (251).

Lösen kann man das Problem allerdings auf vertragsrechtlicher Ebene.[1557] Insbesondere das Sachmängelgewährleistungsrecht bietet sich dazu an. Denn nach der hier vertretenen Meinung ist beim Vertrieb digitaler Güter zum Download das Kaufrecht entsprechend anzuwenden. Der Erwerber geht dabei grundsätzlich davon aus, dass er eine eigentümerähnliche Position erhält und daher das erworbene Produkt bei Bedarf auch weiterveräußern kann. Wenn technische Schutzmaßnahmen eine solche Weitergabe verhindern, eignet sich das Produkt nicht für die nach dem Vertrag vorausgesetzte Verwendung nach § 434 Abs. 1 S. 2 Nr. 1 BGB (analog). Demnach liegt ein Mangel vor.[1558] Klärt der Rechteinhaber bzw. Händler also nicht deutlich über das Bestehen und auch die Auswirkungen technischer Schutzmaßnahmen auf, kann er die Nacherfüllung nach §§ 437 Nr. 1, 439 Abs. 1 BGB (analog) vom Rechteinhaber bzw. Händler verlangen. Diese sind dann gezwungen, die Weitergabe zu ermöglichen. Liegen aber entsprechende Hinweise des Rechteinhabers vor, besteht mit der AGB-Kontrolle die Möglichkeit, eine unangemessene Benachteiligung der Erwerber festzustellen.[1559] Somit ist schon jetzt ein differenziertes Schutzsystem auf vertragsrechtlicher Ebene vorhanden, um interessengerechte Lösungen zu finden.

Dem Vorschlag einer Gesetzesänderung, wonach der Katalog der privilegierten Schranken in Art. 6 Abs. 4 bzw. § 95b Abs. 1 S. 1 UrhG um den Erschöpfungsgrundsatz und die zur Weitergabe erforderlichen Vervielfältigungshandlungen erweitert werden soll,[1560] ist nur bedingt zuzustimmen. Zwar würde eine Aufnahme dieser Bestimmungen gewiss nicht schaden, sie verhilft dem Nutzer jedoch nicht sofort dazu, sein Werk weitergeben zu können. Vielmehr muss er sein Recht erst durchsetzen. Vorzuziehen wäre daher eine Bestimmung, nach der eine technische Schutzmaßnahme unzulässig ist, wenn sie die Wirkung der Erschöpfung zunichtemacht. Eine solche die Rechteinhaber einschränkende Bestimmung müsste jedoch auf europäischer Ebene geschaffen werden, was derzeit nicht zu erwarten ist.

1557 *Mackenrodt*, Technologie statt Vertrag? Sachmangelbegriff, negative Beschaffenheitsvereinbarungen und AGB beim Kauf digitaler Güter (im Erscheinen).
1558 *Dreier/Vogel*, Software- und Computerrecht, S. 173; *Marly*, Praxishandbuch Softwarerecht, Rn. 1534 ff., 1793 f.; *Schack*, ZUM 2002, 497 (506); *Schneider/Spindler*, CR 2014, 213 (221); s. zur grundsätzlichen Anwendbarkeit des Sachmängelgewährleistungsrechts *Stieper*, Rechtfertigung, Rechtsnatur und Disponibilität der Schranken des Urheberrechts, S. 505.
1559 S. dazu den nächsten Abschnitt.
1560 *Böttcher*, Die urheberrechtliche Erschöpfung, S. 257; *Niethammer*, Erschöpfungsgrundsatz und Verbraucherschutz im Urheberrecht, S. 142; *Sucker*, Der digitale Werkgenuss im Urheberrecht, S. 211; s. auch *Stieper*, Rechtfertigung, Rechtsnatur und Disponibilität der Schranken des Urheberrechts, S. 526.

V. Technische Schutzmaßnahmen in AGB

Technische Schutzmaßnahmen finden Eingang in AGB, indem ihre Funktionsweise beschrieben oder aber indem ihre Umgehung – wie etwa bei Benutzerkonten das Verbot der Weitergabe – untersagt wird. Der BGH hat im bereits thematisierten Half-Life 2-Urteil entschieden, dass vertraglich ausbedungte Weitergabeverbote von Benutzerkonten zulässig sind, da sie weder gegen § 307 Abs. 1, Abs. 2 Nr. 1 und 2 BGB noch gegen § 307 Abs. 1 S. 2 BGB verstoßen. Wie die ausführlichen Darstellungen zum Widerspruch zwischen der Half-Life 2- und der UsedSoft-Entscheidung deutlich machen,[1561] ist dieses Urteil jedoch nicht mehr haltbar. Denn Vertragsklauseln, welche die Weiterveräußerung faktisch verhindern, widersprechen dem Erschöpfungsprinzip als Ausfluss des Grundsatzes der Warenverkehrsfreiheit.[1562] Insofern kann vor allem auf die Ergebnisse des vorangegangenen Abschnitts[1563] verwiesen werden: Soweit eine unzulässige technische Schutzmaßnahme – vor allem nach dem Verhältnismäßigkeitsgrundsatz – gegeben ist, liegt auch ein Verstoß gegen § 307 Abs. 1, Abs. 2 Nr. 1 und 2 BGB vor. § 307 Abs. 2 Nr. 1 BGB wird dabei in Verbindung mit dem Erschöpfungsgrundsatz angewandt, § 307 Abs. 2 Nr. 2 BGB in Verbindung mit dem Leitbild eines Kaufvertrages.[1564] Von einer überraschenden Klausel nach § 305c BGB wird man allerdings genauso wenig ausgehen können wie von einem Verstoß nach § 307 Abs. 1 S. 2 BGB. AGB-rechtlich zulässig sind hingegen technische Maßnahmen, die der Erschöpfungswirkung nicht ihre Wirksamkeit nehmen, wie etwa solche Maßnahmen, welche die Verifizierung erlauben.[1565]

Technische Schutzmaßnahmen, welche faktisch zu einem Übertragungsverbot führen, sind daher in der vom Anwender vorgesehenen Form in der Regel AGB-rechtlich unzulässig.[1566]

VI. Zusammenfassung

Technische Schutzmaßnahmen stellen ein an sich zulässiges Mittel für die Rechteinhaber dar, um sich vor unbefugten Eingriffen in ihre Verwertungsrechte zu schützen. Dazu zählt insbesondere das Erschweren der Erstellung rechtswidriger Kopien. Der Einsatz dieser technischen Beschränkungen darf jedoch nicht so weit gehen, dass ein legitimer Zweitmarkt verhindert wird. Denn dadurch würde der Rechteinhaber der Erschöpfungswirkung ihre praktische Wirksamkeit nehmen. Die Zulässigkeit der Benutzung technischer Schutzmaßnahmen

---

1561 S. dazu F. III. 1.
1562 *Peifer*, AfP 2013, 89 (93).
1563 S. dazu F. IV.
1564 Vgl. dazu die ausführliche Darstellung unter E. V. 2.
1565 *Schneider/Spindler*, CR 2014, 213 (220).
1566 So auch etwa *Druschel*, Die Behandlung digitaler Inhalte im GEKR, S. 223 f.; *Malevanny*, CR 2013, 422 (425).

F. Die Zulässigkeit technischer Schutzmaßnahmen

bestimmt sich daher – sowohl nach der InfoSoc- als auch nach der Software-RL – nach dem Verhältnismäßigkeitsprinzip, wobei dem Erschöpfungsgrundsatz entscheidende Bedeutung zukommt. In der Regel sind solche Maßnahmen unzulässig, die faktisch zu einem Übertragungsverbot führen. Wenn keine Vereinbarung zwischen Rechteinhaber und Nutzer vorliegt, die den Einsatz technischer Schutzmaßnahmen genau beschreibt, liegt in der Folge ein kaufvertraglicher Mangel vor. Liegt eine entsprechende Vereinbarung hingegen vor, ist der Einsatz technischer Schutzmaßnahmen – zumindest in der vorgesehenen Form – AGB-rechtlich unzulässig.

G. Schlussbetrachtung

Die Ausgangsfrage, ob die derzeitige Gesetzeslage die im Zusammenhang mit digital vertriebenen Werkexemplaren auftretenden Probleme adäquat lösen und für einen gerechten Interessenausgleich zwischen den beteiligten Protagonisten sorgen kann, ist im Grunde zu bejahen. Sowohl die InfoSoc- und die Software-RL als auch das deutsche Urheberrechtsgesetz stehen einer Ausweitung des Erschöpfungsgrundsatzes auf digitale Inhalte nicht entgegen. Die Erschöpfung hat auch in der digitalen Welt ihre Berechtigung, da digitale Güter genauso „Waren" sind wie ihre analogen Entsprechungen. Eine Ablehnung der Erschöpfung würde die Verkehrsfähigkeit digitaler Güter massiv beschränken, so dass die Warenverkehrsfreiheit nicht zur Geltung kommen könnte. Allerdings bereiten die für die Weitergabe erforderlichen Vervielfältigungshandlungen aus rechtlicher Sicht Schwierigkeiten, da sie nicht immer über die geltenden Schrankenbestimmungen gerechtfertigt werden können. Um der Erschöpfungswirkung nicht ihre praktische Wirksamkeit zu nehmen, muss eine ungeschriebene Rechtfertigung für solche Handlungen angenommen werden, die zur Übertragung des jeweiligen digitalen Inhalts notwendig sind.

Sofern die Weitergabe durch vertragliche Verbote oder Beschränkungen erschwert wird, sind diese Klauseln in aller Regel unzulässig. Die Unwirksamkeit dieser Bestimmungen beruht dabei nicht nur auf dem urheberrechtlichen Erschöpfungsgrundsatz, sondern auch auf dem vertraglichen Leitbild des Kaufvertrages. Denn der Vertrieb digitaler Güter per Download, bei dem ein zeitlich unbegrenztes Nutzungsrecht gegen Zahlung einer angemessenen Vergütung eingeräumt wird, richtet sich grundsätzlich nach den kaufrechtlichen Vorschriften, die entsprechend zur Anwendung kommen. Dadurch erhält der Nutzer eine eigentümerähnliche Rechtsposition, die ihn zur Weitergabe der erworbenen digitalen Produkte berechtigt. Das Verbot der Weitergabe widerspricht diesem Leitbild.

Dennoch muss berücksichtigt werden, dass der Rechteinhaber ein berechtigtes Interesse daran hat, sich vor unzulässigen Nutzungshandlungen der Erwerber – vor allem auch vor Piraterie – zu schützen. Dafür sind digitale Inhalte besonders anfällig, da sie sich schnell, verlustfrei und ohne technische Kenntnisse beliebig oft reproduzieren lassen. Technische Schutzmaßnahmen verhelfen dem Rechteinhaber wieder zur Kontrolle der Verwertungshandlungen. Der Einsatz dieser Maßnahmen ist jedoch nur dann zulässig, wenn sie die Weitergabe nicht unnötig erschweren. Dies bestimmt sich nach einer Verhältnismäßigkeitsprüfung. Werden unverhältnismäßige und damit unzulässige technische Schutzmaßnahmen verwendet, liegt entweder – beim Fehlen vertraglicher Bestimmungen – ein Sachmangel vor oder aber – beim Vorliegen entsprechender vertraglicher Bestimmungen – eine unwirksame AGB-Klausel.

G. Schlussbetrachtung

Im Ergebnis kann die derzeitige Gesetzeslage für einen gerechten Interessenausgleich sorgen. Das gilt vor allem vor dem Hintergrund, dass etwa im Rahmen vertraglicher Klauseln oder der Zulässigkeit technischer Schutzmaßnahmen Abwägungsentscheidungen getroffen werden müssen, welche die beiderseitigen Interessen berücksichtigen können. Zweifelsohne kommt der Erschöpfung dabei eine entscheidende Bedeutung zu, wie auch die klare Haltung des EuGH in seiner UsedSoft-Entscheidung zeigt.[1567] Interessanterweise stand die deutsche Literatur einer Übertragung der Erschöpfung auf Computerprogramme in digitaler Form vor der EuGH-Entscheidung überwiegend ablehnend gegenüber, was sich im Anschluss an dieses Urteil merklich wandelte. Ausgelöst durch die ausschließlich Computerprogramme betreffende Aussage des EuGH, entwickelte sich zudem eine ganz eigene Dynamik der wissenschaftlichen Diskussion, in der immer mehr Autoren die Erschöpfung auch auf andere digitale Inhalte erstrecken wollten. Mit Blick auf die der Software-RL zugrundeliegenden Bestimmungen, welche einer Erstreckung der Erschöpfung digital in Verkehr gebrachter Programmkopien weniger deutlich entgegenstehen als die Bestimmungen und Erwägungsgründe der InfoSoc-RL, stellt sich die Frage, ob der EuGH bzw. der BGH die Erschöpfungswirkung auch dann auf digitale Inhalte angewendet hätte, wenn ein der InfoSoc-RL unterfallendes Werk Gegenstand des Verfahrens gewesen wäre. Mit guten Argumenten lässt sich vertreten, dass vor allem der BGH einen solchen Abstraktionsschritt nicht vorgenommen und eine entsprechende Frage gar nicht erst dem EuGH vorgelegt hätte.

Die Rechteinhaber werden also mit einer neuen Situation konfrontiert, da sie den Eintritt der Erschöpfung nicht mehr verhindern können. Als Gegenmaßnahme wird ihnen vorgeschlagen, nur noch Geschäftsmodelle mit befristeter Zurverfügungstellung digitaler Güter anzubieten.[1568] Sofern nur ein zeitlich begrenztes Nutzungsrecht eingeräumt wird, kommt die Erschöpfungswirkung tatsächlich nicht zum Tragen. Eine vorübergehende Überlassung ist allerdings mit der Verpflichtung nach § 535 Abs. 1 S. 2 BGB analog verbunden, die Mietsache auch während der Vertragslaufzeit mangelfrei zu halten. Dies bedeutet einen erhöhten Aufwand für die Rechteinhaber. Darüber hinaus ist zu bezweifeln, dass das ausschließliche Angebot von Mietmodellen die Bedürfnisse der Nutzer befriedigen kann.

Viele Autoren sehen in der verstärkten Verwendung technischer Schutzmaßnahmen einen Ausweg für die Rechteinhaber.[1569] Zweifellos bieten sich technische Schutzmaßnahmen an, die Interessen der Rechteinhaber zu schützen. Wie die vorliegende Untersuchung jedoch gezeigt hat, dürfen diese Maßnahmen nicht so weit gehen, dass sie den Erschöpfungsgrundsatz beschneiden. Dennoch ist die Verwendung technischer Schutzmaßnahen den Rechteinhabern dringend an-

---
1567 A.A. jedoch *Schulze*, der einen sehr restriktiven Ansatz verfolgt. Seiner Meinung nach ist der Erschöpfungsgrundsatz nicht mehr zeitgemäß; *Schulze*, NJW 2014, 721 (724 f.).
1568 Statt vieler: *Leistner*, JZ 2014, 846 (850 f.); *Stieper*, ZUM 2012, 668 (670).
1569 Statt vieler: *Ohly*, JZ 2013, 42 (44); *Peifer*, AfP 2013, 89 (93).

zuraten, um die Wirkung der Erschöpfung unter Kontrolle zu halten. Die freie Weitergabe könnte sonst von einigen Nutzern fälschlicherweise so verstanden werden, dass eine eigene Nutzung weiterhin möglich bleibt. Nach der hier vertretenen Auffassung wird ein gerechter Interessenausgleich damit erreicht, dass der Rechteinhaber die Weitergabe auf AGB-rechtlicher Ebene erst nach Ablauf von sechs Monaten nach dem Kaufdatum gestattet. Dem Rechteinhaber bleibt damit in der entscheidenden ersten Verkaufsphase das Verkaufsmonopol, das aufgrund des Aktualitätsbedarfs der Nutzer eine Zerstörung des Primärmarktes verhindert. Die Nutzer hingegen können nach kurzer Zeit frei über das erworbene Produkt verfügen, wobei das Interesse eines Weiterverkaufs in den ersten sechs Monaten ohnehin als gering zu bewerten ist. Die Karenzzeit dient daher ausschließlich dem Erhalt des Primärmarktes, ohne die berechtigten Interessen der Nutzer wesentlich zu beeinträchtigen.

Das Urheberrecht ist davon geprägt, auf technische Neuerungen und die daraus resultierenden Marktentwicklungen reagieren zu müssen.[1570] Die derzeitige Gesetzeslage kann die Ausweitung des Erschöpfungsgrundsatzes und die damit verbundenen rechtlichen Schwierigkeiten jedoch auffangen. Zumindest solange sich der EuGH noch nicht zur „digitalen Erschöpfung" im Anwendungsbereich der InfoSoc-RL geäußert hat, sollte auf eine Gesetzesänderung verzichtet werden. Das eingangs erwähnte Zitat von *Rifkin*, nach dem die Verlagerung des Primärhandels in den Cyberspace zu grundsätzlichen Veränderungen führen wird, bestätigt sich damit auch in rechtlicher Hinsicht: Der ursprünglich nur für die analoge Welt vorgesehene Erschöpfungsgrundsatz hat seine Bedeutung in der digitalen Welt nicht etwa verloren, sondern gilt dort erst recht. Denn der Handel mit Musikwerken oder Computerspielen vollzieht sich zunehmend in digitaler Form und ersetzt den Handel mit Datenträgern. Wenn die Warenverkehrsfreiheit im „Cyberspace" nicht auf der Strecke bleiben soll, müssen die Erschöpfung und die für ihre Wirksamkeit erforderlichen Nutzungshandlungen auch hier zur Geltung kommen.

1570 *Schricker*, in: Schricker, Urheberrecht auf dem Weg zur Informationsgesellschaft, S. 5; zuletzt *Ohly*, Gutachten F zum 70. Deutschen Juristentag, S. 9.

Literaturverzeichnis

Alle Internetquellen befinden sich auf dem Stand vom 15.5.2015.

Adler, Benjamin:	Rechtsfragen der Softwareüberlassung. Eine Untersuchung insbesondere der vielschichtigen Aspekte von sogenannten Weitergabeverboten, Berlin 2014.
Ammann, Thorsten:	Das Online-Erwerbsgeschäft – Digitale Enteignung des Bürgers?, in: Taeger, Jürgen (Hrsg.), Die Welt im Netz – Folgen für Wirtschaft und Gesellschaft, Tagungsband DSRI-Herbstakademie 2011, Edewecht 2011, S. 249-261.
	Der Handel mit Second Hand-Software aus rechtlicher Sicht, Diss., Edewecht 2011.
Appl, Clemens, Schmidt, Marlene:	Zweitverwertung gebrauchter Digitalgüter. Die Folgen des UsedSoft-Urteils für Schöpfungen anderer Werkarten, MR 2014, 189-200.
Ari, Mukit H.:	Computerspiele. Urheberrecht und Abgrenzung zu weiteren im Computerspielemarkt relevanten Immaterialgüterrechten, Diss., Zürich/St. Gallen 2014.
Bäcker, Kerstin:	Anmerkung zu BGH, Urteil vom 17. Juli 2013 – I ZR 129/08 – UsedSoft II, ZUM 2014, 333-335.
Bäcker, Kerstin, Höfinger, Michael:	Online-Vertrieb digitaler Inhalte: Erstvertrieb, nachgelagerte Nutzungen und nachgelagerte Märkte, ZUM 2013, 623-641.
Bardens, Johannes:	Die Zweitverwertung urheberrechtlich geschützter Software, Diss., München 2013.
Baus, Christoph A.:	Verwendungsbeschränkungen in Software-Überlassungsverträgen, Diss., Köln 2004.
Bechtold, Stefan:	Vom Urheber- zum Informationsrecht. Implikationen des Digital Rights Management, Diss., München 2002.
Becker, Leo:	In-App-Käufe: EU drängt Apple und Google zu mehr Verbraucherschutz, Heise online v. 27.2.2014, online unter http://heise.de/-2126531.
Berger, Christian:	Aktuelle Entwicklungen im Urheberrecht – Der EuGH bestimmt die Richtung, ZUM 2012, 353-361.
	Die Erschöpfung des urheberrechtlichen Verbreitungsrechts als Ausprägung der Eigentumstheorie des BGB, AcP 2001, 411-450.
	Urheberrechtliche Erschöpfungslehre und digitale Informationstechnologie, GRUR 2002, 198-203.
Berger, Christian, Wündisch, Sebastian (Hrsg.):	Urhebervertragsrecht. Handbuch, Baden-Baden 2008.
Bergmann, Alfred:	Zur Reichweite des Erschöpfungsgrundsatzes bei der Online-Übermittlung urheberrechtlich geschützter Werke, in: Ahrens, Hans-Jürgen u. a. (Hrsg.), Festschrift für Willi Erdmann zum 65. Geburtstag, Köln u. a. 2002, S. 17-28.

Literaturverzeichnis

Biehler, Manuel, Apel, Simon:	Anmerkung zu OLG Hamm, Urteil vom 15. Mai 2014 – I-22 U 60/13 – Keine Erschöpfung des Verbreitungsrechts bei per Download vertriebenen Hörbüchern, ZUM 2014, 727-729.
BITKOM:	Mobile: Rekord bei App-Downloads, Artikel v. 26.3.2013, online unter http://www.bitkom.org/de/presse/78284_75628.aspx.
Blenk, Josef:	„Streaming" – eine Urheberrechtsverletzung? Eine kurze Bewertung von „Streaming" aus strafrechtlicher und urheberrechtlicher Sicht, AfP 2014, 220-223.
Boie, Johannes:	Die berechnete Erzählung, Süddeutsche Zeitung v. 12.7.2014, S. 12.
Boie, Johannes, Müller, Lothar:	Die Welt der Kunst im Zwischenspeicher, Süddeutsche Zeitung v. 23.8.2014, S. 16.
Börsenblatt online:	Gebrauchtverkauf von E-Books bleibt untersagt: „Primärmarkt für digitale Inhalte würde zusammenbrechen", Artikel v. 28.8.2014, online unter http://www.boersenblatt.net/812858.
	Hörbücher und Filme im Buchhandel: Der bewegte Markt, Artikel v. 18.4.2013, online unter http://www.boersenblatt.net/604176/.
Börsenverein des Deutschen Buchhandels:	Das Hörbuchlexikon, online unter http://www.boersenverein.de/de/portal/glossar/181934?_nav=&glossar=H&wort=188251.
	Der Buchmarkt in Deutschland: Zahlen & Fakten, online unter http://www.boersenverein.de/de/182716.
Böttcher, Horst:	Die urheberrechtliche Erschöpfung und ihre Bedeutung im digitalen Umfeld, Diss., Bern 2013.
Bräutigam, Peter:	Anm. zu OLG München, Urt. v. 3.7.2008 – 6 U 2759/07 (n. rk.), CR 2008, 551-553.
	Das Nutzungsverhältnis bei sozialen Netzwerken. Zivilrechtlicher Austausch von IT-Leistung gegen personenbezogene Daten, ZUM 2012, 635-641.
Bröckers, Stefan:	Second Hand-Software im urheberrechtlichen Kontext, Diss., Frankfurt a. M. 2010.
Bruch, Matthias:	Der Handel mit gebrauchter Software – legal oder das Ende eines Geschäftsmodells?, Berlin 2010.
Büchner, Thomas:	Die rechtlichen Grundlagen der Übertragung virtueller Güter, Diss., Baden-Baden 2011.
Bullinger, Christian, Czychowski, Christian:	Digitale Inhalte: Werk und/oder Software?, GRUR 2011, 19-26.
Bundesverband Interaktive Unterhaltungssoftware (Hrsg.):	Gamer in Deutschland 2011, E-Book, Berlin 2011, abrufbar online unter http://www.biu-online.de/fileadmin/user_upload/pdf/BIU_Profilstudie_Gamer_in_Deutschland_2011.pdf.

Bundesverband Musikindustrie (Hrsg.):	Musikindustrie in Zahlen 2012, E-Book, Berlin 2013, online unter http://www.musikindustrie.de/fileadmin/piclib/statistik/branchendaten/jahreswirtschaftsbericht-2012/download/Jahrbuch_BVMI_2012.pdf.
Busch, Thomas:	Zur urheberrechtlichen Einordnung der Nutzung von Streamingangeboten, GRUR 2011, 496-503.
Büscher, Mareile, Müller, Judith:	Urheberrechtliche Fragestellungen des Audio-Video-Streamings, GRUR 2009, 558-560.
Byrne, David:	Das ist keine Lösung!, Süddeutsche Zeitung v. 5.11.2013, S. 11.
Caduff, Melchior:	Die urheberrechtlichen Konsequenzen der Veräusserung von Computerprogrammen, Diss., Bern 1997.
Cichon, Caroline:	Weitergabe digital vertriebener Werkexemplare wie E-Books im Spannungsfeld zwischen Urheber- und Vertragsrecht, GRUR-Prax 2010, 381-385.
Cichon, Caroline, Kloth, Matthias, Kramer, Andreas, Nordemann, Jan Bernd:	Exhaustion issues in copyright law (Q240), GRUR Int. 2014, 920-928.
Clement, Reiner, Schreiber, Dirk:	Internetökonomie, 2. Aufl., Berlin/Heidelberg 2013.
Cooke, Chris:	ReDigi secures patent for "copy-less" digital transfer technology, Complete Music Update v. 30.1.2014, online unter http://www.completemusicupdate.com/article/redigi-secures-patent-for-copy-less-digital-transfer-technology/.
Cookson, Robert:	ReDigi to open second-hand digital market, Financial Times v. 17.1.2013, online unter http://www.ft.com/cms/s/0/74b33052-5e54-11e2-a771-00144feab49a.html#axzz3A5JTJlh0.
CounterFights Anti-Piracy (Hrsg.):	E-Book Piraterie bei eBay.de, Ergebnisse einer viermonatigen Studie über rechtsverletzende Auktionen mit kopierten E-Books, E-Book, Jena 2013, abrufbar online unter http://www.counterfights.com/dokumente.php?file=2013-04_E-Book_Studie.pdf.
Dax, Patrick:	Markt für Secondhand-MP3s, FUZO-Archiv v. 11.12.2008, online unter http://www.fuzo-archiv.at/artikel/1500714v2.
Dietrich, Nils:	Von UsedSoft II und dessen Folgen. Die „Online-Erschöpfung" nach dem Urteil des BGH im deutschen Recht, NJ 2014, 194-198.
Donle, Christian:	Die Bedeutung des § 31 Abs. 5 UrhG für das Urhebervertragsrecht, Diss., München 1992.
Dorner, Michael:	Big Data und „Dateneigentum". Grundfragen des modernen Daten- und Informationshandels, CR 2014, 617-628.
dpa:	Rückgang bei den Musik-Downloads in den USA, Heise online v. 4.1.2014, online unter http://heise.de/-2075065.

Literaturverzeichnis

	Studie: Lesen von E-Books für Ältere weniger anstrengend, Heise online v. 7.2.2013, online unter http://heise.de/-1799421.
Dreier, Thomas:	Die Umsetzung der Urheberrechtsrichtlinie 2001/29/EG in deutsches Recht, ZUM 2002, 28-43.
	EuGH, Privatkopie und kein Ende? Anmerkung zu EuGH, Urteil vom 27. Juni 2013 – C-457/11 bis C-460/11 – VG WORT (ZUM 2013, 786), ZUM 2013, 769-775.
	Online and Its Effect on the "Goods" Versus "Services" Distinction, IIC 2013, 137-139.
	Primär- und Folgemärkte, in: Schricker, Gerhard/Dreier, Thomas/Kur, Annette (Hrsg.), Geistiges Eigentum im Dienst der Innovation, Baden-Baden 2001, S. 51-81.
	Vom urheberrechtlichen Dürfen und den technischen sowie vertraglichen Grenzen des Könnens, in: Büscher, Wolfgang u. a. (Hrsg.), Festschrift für Joachim Bornkamm zum 65. Geburtstag, München 2014, S. 749-760.
Dreier, Thomas, Ganzhorn, Marco:	Vertragliche Strategien nach UsedSoft, in: Bräutigam, Peter/Hoppen, Peter (Hrsg.), DGRI Jahrbuch 2013, Köln 2014, S. 233-250.
Dreier, Thomas, Leistner, Matthias:	Urheberrecht im Internet: die Forschungsherausforderungen, GRUR 2013, 881-897.
Dreier, Thomas, Schulze, Gernot:	Urheberrechtsgesetz, Urheberrechtswahrnehmungsgesetz, Kunsturheberrecht. Kommentar, 4. Aufl., München 2013.
Dreier, Thomas, Vogel, Rupert:	Software- und Computerrecht, Frankfurt a. M. 2008.
Dreyer, Gunda:	DRM 2.0: Renaissance technischer Schutzmaßnahmen nach UsedSoft?, in: Grünberger, Michael/Leible, Stefan (Hrsg.), Die Kollision von Urheberrecht und Nutzerverhalten, Tübingen 2014, S. 131-143.
Dreyer, Gunda, Kotthoff, Jost, Meckel, Astrid (Hrsg.):	Urheberrecht. Urheberrechtsgesetz, Urheberrechtswahrnehmungsgesetz, Kunsturhebergesetz. Kommentar, 3. Aufl., Heidelberg u. a. 2013.
Druschel, Johannes:	Die Behandlung digitaler Inhalte im Gemeinsamen Europäischen Kaufrecht (GEKR), Diss., München 2014.
Druschel, Johannes, Oehmichen, Mike:	Digitaler Wandel 3.0? Anregungen aus Verbrauchersich – Teil I. Aktueller Stand der Rechtsordnung für digitale Güter auf nationaler und europarechtlicher Ebene, CR 2015, 173-180.
	Digitaler Wandel 3.0? Anregungen aus Verbrauchersicht – Teil II. Vertragstypologie, Gewährleistung und AGB, CR 2015, 233-239.
Duisberg, Alexander, Picot, Henriette (Hrsg.):	Recht der Computer- und Videospiele. The Law of Video and Computer Games, Berlin 2013.
Eichelberger, Jan:	Rechtsprechungsreport Urheberrecht 2011/2012 (Teil 1), WRP 2013, 852-859.

Enchelmaier, Stefan:	Erschöpfung des Rechts zum (Weiter-)Verkauf „gebrauchter" Software. Anmerkung zu EuGH, Rs. C-128/11 UsedSoft/Oracle, 3.7.2012, GPR 2013, 224-228.
Fangerow, Kathleen, Schulz, Daniela:	Die Nutzung von Angeboten auf www.kino.to. Eine urheberrechtliche Analyse des Film-Streamings im Internet, GRUR 2010, 677-682.
Fechner, Frank:	Medienrecht, 16. Aufl., Tübingen 2015.
Feiler, Lukas:	Birth of the First-Download-Doctrine – The Application of the First-Sale Doctrine to Internet Downloads under EU and US Copyright Law, JIL Vol. 16 2012, 1-21.
Feiler, Thomas, Schuba, Marc:	UsedSoft-Urteil des EuGH – Nicht alle Fragen zum Handel mit Gebrauchtlizenzen sind „erschöpft", in: Taeger, Jürgen (Hrsg.), IT und Internet – mit Recht gestalten, Tagungsband DSRI-Herbstakademie 2012, Edewecht 2012, S. 351-364.
Fiedler, Alexander:	Der Computerprogrammschutz und die Schutzrechtskumulation von Urheber- und Patentrecht. Überlagerungen, Interdependenzen und Widersprüche, Diss., Baden-Baden 2013.
Fischer, Nadine:	Lizenzierungsstrukturen bei der nationalen und multiterritorialen Online-Verwertung von Musikwerken, Diss., Baden-Baden 2011.
Fischl, Thomas:	Ende eines juristischen Dauerbrenners? EuGH-Wende beim Handel mit Gebrauchtsoftware, Deutscher AnwaltSpiegel 14/2012, 11-13.
Flechsig, Norbert P.:	Rechtmäßige private Vervielfältigung und gesetzliche Nutzungsgrenzen – Zur Frage, in welchem Umfang privat hergestellte Vervielfältigungsstücke einer außerprivaten Nutzung zugeführt werden dürfen und zur Beweislast im Urheberverletzungsprozeß –, GRUR 1993, 532-538.
Förster, Achim:	Fair Use. Ein Systemvergleich der Schrankengeneralklausel des US-amerikanischen Copyright Act mit dem Schrankenkatalog des deutschen Urheberrechtsgesetzes, Diss., Tübingen 2008.
Frenz, Walter:	Handbuch Europarecht. Bd. 5. Wirkungen und Rechtsschutz, Berlin/Heidelberg 2010.
Friederichs, Thomas, Hass, Berthold H.:	Der Markt für Hörbücher. Eine Analyse klassischer und neuer Distributionsformen, MedienWirtschaft 3/2006, 22-35.
Fromm, Karl, Nordemann, Wilhelm (Bgr.):	Urheberrecht: Kommentar zum Urheberrechtsgesetz, zum Verlagsgesetz und zum Urheberrechtswahrnehmungsgesetz, hrsg. v. Nordemann, Axel/Nordemann, Jan Bernd, 11. Aufl., Stuttgart 2014.
Fuchs, Anke:	Die Nutzungsrechtseinräumung im Rahmen von Individualsoftwareentwicklungsverträgen, Diss., Köln 2014.
Fusbahn, Jens, Kötz, Daniel:	Reihe Lizenzen: Thema Bild- und Fotorecht. Überblick und aktuelle Entwicklungen, IPRB 2013, 165-168.

# Literaturverzeichnis

Galetzka, Christian, *Stamer, Erik*:	Streaming – aktuelle Entwicklungen in Recht und Praxis. Redtube, kinox.to & Co., MMR 2014, 292-298.
Galitz, Robert:	E-Books und Enhanced E-Books. Neue Herausforderungen für Autoren und Verlage, in: Fedtke, Stephen/Reinert, Lisa (Hrsg.), Erfolgreich publizieren im Zeitalter des E-Books, Wiesbaden 2012, S. 33-49.
von Gamm, Otto-Friedrich:	Urheberrechtsgesetz. Kommentar, München 1968.
Ganea, Peter:	Ökonomische Aspekte der urheberrechtlichen Erschöpfung, GRUR Int. 2005, 102-107.
Ganzhorn, Marco:	Das E-Book als recht(lich) unergründetes Wesen – Rechtsfragen rund um das elektronische Buch, in: Taeger, Jürgen (Hrsg.), Law as a Service – Recht im Internet- und Cloud-Zeitalter, Tagungsband DSRI-Herbstakademie 2013, Edewecht 2013, S. 483-503.
	Das E-Book als recht(lich) unergründetes Wesen – Rechtsfragen rund um das elektronische Buch, InTeR 2014, 31-38.
	Die Vertriebsmodelle für digitale Kreativgüter, InTeR 2014, 143-149.
	Ist ein eBook ein Buch? Das Verhältnis von Büchern und eBooks unter besonderer Berücksichtigung der UsedSoft-Rechtsprechung, CR 2014, 492-497.
	Medienwiedergabe im Verein. Urheberrechtliche Fallstricke bei der Musik- und Filmwiedergabe im Rahmen von Vereinsveranstaltungen, ZStV 2014, 53-60.
Gausling, Tina:	Die Umsetzung der Verbraucherrechterichtlinie in Deutschland und Anwendbarkeit auf digitalen Content, in: Taeger, Jürgen (Hrsg.), Big Data & Co. Neue Herausforderungen für das Informationsrecht, Tagungsband DSRI-Herbstakademie 2014, Edewecht 2014, S. 667-683.
von Gerlach, Felix-Tessen:	Die urheberrechtliche Bewertung des nicht-linearen Audio-Video Streamings im Internet. Die verschiedenen technischen Verfahren im System und auf dem Prüfstand urheberrechtlicher Verwertungs- und Leistungsschutzrechte, Diss., Baden-Baden 2012.
Gerlach, Tilo:	"Making available right" – Böhmische Dörfer?, ZUM 1999, 278-282.
Geuer, Ermano, *Wilhelm, Mirjam*:	Vermarktung gebrauchter Softwarelizenzen, jurisPR-ITR 1/2013 Anm. 3.
Götting, Horst-Peter:	Urheberrechtliche und vertragsrechtliche Grundlagen, in: Beier, Friedrich-Karl u. a. (Hrsg.), Urhebervertragsrecht. Festgabe für Gerhard Schricker zum 60. Geburtstag, München 1995, S. 53-75.
Gräber, Tobias:	Rechte an Accounts und virtuellen Gütern, Diss., Norderstedt 2009.

Gräbig, Johannes:	Abdingbarkeit und vertragliche Beschränkungen urheberrechtlicher Schranken, Diss., Baden-Baden 2011.
Grübler, Ulrike:	Digitale Güter und Verbraucherschutz. Eine Untersuchung am Beispiel des Online-Erwerbs von Musikdownloads, Diss., Halle (Saale) 2010.
Grützmacher, Malte:	„Gebrauchtsoftware" und Erschöpfungslehre: Zu den Rahmenbedingungen eines Second-Hand-Marktes für Software. Zugleich eine Anmerkung zu LG München, Urteil vom 19. Januar 2006, ZUM 2006, 251 – Handel mit "Gebrauchtsoftware", ZUM 2006, 302-306.
	Endlich angekommen im digitalen Zeitalter!? Die Erschöpfungslehre im europäischen Urheberrecht: der gemeinsame Binnenmarkt und der Handel mit gebrauchter Software, ZGE 2013, 46-83.
	Gebrauchtsoftware und Übertragbarkeit von Lizenzen. Zu den Rechtsfragen auch jenseits der Erschöpfungslehre, CR 2007, 549-556.
	Gebrauchtsoftwarehandel mit erzwungener Zustimmung – eine gangbare Alternative? Zugleich Anmerkung zur Entscheidung des LG Mannheim, Urt. v. 22.12.2009 – 2 O 37/09, zur Zustimmungspflicht des Softwareherstellers bei Lizenzübertragung, CR 2010, 141-147.
	Lizenzgestaltung für neue Nutzungsformen im Lichte von § 69d UrhG (Teil 2). Die urheber- und die vertragliche Ebene bei Core, Cluster, Cloud & Co., CR 2011, 697-705.
	Teilkündigungen bei Softwarepflege- und Softwarelizenzverträgen, ITRB 2011, 133-136.
Haberstumpf, Helmut:	Der Handel mit gebrauchter Software im harmonisierten Urheberrecht. Warum der Ansatz des EuGH einen falschen Weg zeigt, CR 2012, 561-572.
	Der Handel mit gebrauchter Software und die Grundlagen des Urheberrechts, CR 2009, 345-353.
Haedicke, Maximilian:	Rechtskauf und Rechtsmängelhaftung. Forderungen, Immaterialgüterrechte und sonstige Gegenstände als Kaufobjekt und das reformierte Schuldrecht, Habil., Tübingen 2003.
Handig, Christian:	Urheberrechtliche Aspekte bei der Lizenzierung von Radioprogrammen im Internet, GRUR Int. 2007, 206-218.
Hänel, Karl-Heinz:	Zeitungen verlieren 3,3 % Umsatz, E-Paper gewinnen 91,4 %, Blog.Liebhaberreisen.de, Beitrag v. 27.6.2013, online unter http://blog.liebhaberreisen.de/?p=7585.
Hansen, Hauke:	Anm. zu LG Bielefeld, Urt. v. 5.3.2013 – 4 O 191/11: Keine Erschöpfung beim Online-Vertrieb von eBooks, GRUR-Prax 2013, 207-207.
	Anm. zu OLG Hamm, Urt. v. 15.5.2014 – 22 U 60/13, GRUR 2014, 862-863.

Literaturverzeichnis

	Anm. zu OLG Stuttgart, Urt. v. 3.11.2011 – 2 U 49/11: Keine Erschöpfung beim Online-Vertrieb von Hörbüchern, GRUR-Prax 2012, 143-143.
Hansen, Hauke, Libor, Christine:	EuGH-Urteil zu gebrauchter Software: Gibt es bald auch einen Zweitmarkt für ePaper, eBooks und MP3s?, AfP 2012, 447-450.
Hansen, Hauke, Wolff-Rojczyk, Oliver:	Anm. zu EuGH, Urt. v. 3.7.2012 – C-128/11, GRUR 2012, 908-910.
Hantschel, Ines:	Softwarekauf und -weiterverkauf. Zur Vertragsnatur und Erschöpfungswirkung körperlicher und unkörperlicher Übertragungsformen von Software, Diss., Berlin 2011.
Haratsch, Andreas, Koenig, Christian, Pechstein, Matthias:	Europarecht, 9. Aufl., Tübingen 2014.
Harn Lee, Yin:	UsedSoft GmbH v. Oracle International Corp (Case C-128/11) – Sales of "Used" Software and the Principle of Exhaustion, IIC 2012, 846-853.
Härting, Niko:	Internetrecht, 5. Aufl., Köln 2014.
Härting, Niko, Schätzle, Daniel:	Musik-Download-Plattformen. Vertragsbeziehungen zum Endkunden, ITRB 2006, 186-187.
Hartmann, Thomas:	Weiterverkauf und „Verleih" online vertriebener Inhalte. Zugleich Anmerkung zu EuGH, Urteil vom 3. Juli 2012, Rs. C-128/11 – UsedSoft ./. Oracle, GRUR Int. 2012, 980-989.
Hauck, Ronny:	Gebrauchthandel mit digitalen Gütern, NJW 2014, 3616-3619.
Haug, Thomas:	Gemeinsames Europäisches Kaufrecht – Neue Chancen für Mittelstand und E-Commerce, K&R 2012, 1-5.
Haupt, Stefan (Hrsg.):	Electronic Publishing. Rechtliche Rahmenbedingungen, München 2002.
Heidrich, Joerg, Forgó, Nikolaus, Feldmann, Thorsten (Hrsg.):	Heise Online-Recht. Der Leitfaden für Praktiker & Juristen, 3. Ergänzungslieferung, Hannover 2011.
Heinz, Stefan:	Urheberrechtliche Gleichbehandlung von alten und neuen Medien, Diss., München 2006.
Herdegen, Matthias:	Europarecht, 16. Aufl., München 2014.
Herzog, Ralf:	Handel mit gebrauchter Software, Diss., Baden-Baden 2009.
Heydn, Truiken J.:	Anm. zu BGH, Urt. v. 17.7.2013 – I ZR 129/08, MMR 2014, 239-241.
	Anm. zu EuGH, Urt. v. 3.7.2012 – C-128/11, MMR 2012, 591-593.
	Anm. zu LG Hamburg, Urt. v. 25.10.2013 – 315 O 449/12 (n. rk.), MMR 2014, 105-107.
	Verbot der Aufspaltung von Softwarelizenzen. Zugleich Kommentar zu OLG Karlsruhe, Urteil vom 27.7.2011 – 6 U 18/10, K&R 2011, 653 ff., K&R 2011, 707-709.

Heydn, Truiken J., Schmidl, Michael:	Der Handel mit gebrauchter Software und der Erschöpfungsgrundsatz, K&R 2006, 74-79.
Heÿn, Alexandra:	Anm. zu BGH, Urt. v. 17.7.2013 – I ZR 129/08, WRP 2014, 315-317.
Hilber, Marc:	Die Übertragbarkeit von Softwarerechten im Kontext einer Outsourcingtransaktion. Im Lichte der aktuellen Rechtsprechung zum Handel mit gebrauchter Software, CR 2008, 749-755.
Hilgert, Felix:	Keys und Accounts beim Computerspielvertrieb. Probleme der Erschöpfung beim Vertrieb hybrider Werke, CR 2014, 354-360.
Hilgert, Peter, Hilgert, Sebastian:	Nutzung von Streaming-Portalen: Urheberrechtliche Fragen am Beispiel von Redtube, MMR 2014, 85-88.
Hilty, Reto M.:	Der Softwarevertrag – ein Blick in die Zukunft. Konsequenzen der trägerlosen Nutzung und des patentrechtlichen Schutzes von Software, MMR 2003, 3-15.
	Die Rechtsnatur des Softwarevertrages. Erkenntnisse aus der Entscheidung des EuGH UsedSoft vs. Oracle, CR 2012, 625-637.
Hilty, Reto M., Köklü, Kaya, Hafenbrädl, Fabian:	Software Agreements: Stocktaking and Outlook – Lessons from the UsedSoft v. Oracle Case from a Comparative Law Perspective, IIC 2013, 263-292.
Hoeren, Thomas:	Dateneigentum. Versuch einer Anwendung von § 303a StGB im Zivilrecht, MMR 2013, 486-491.
	Der Erschöpfungsgrundsatz bei Software. Körperliche Übertragung und Folgeprobleme, GRUR 2010, 665-673.
	Der urheberrechtliche Erschöpfungsgrundsatz bei der Online-Übertragung von Computerprogrammen, CR 2006, 573-578.
	Die Online-Erschöpfung im Softwarebereich. Fallgruppen und Beweislast, MMR 2010, 447-450.
	Gutachten zur Frage der Geltung des urheberrechtlichen Erschöpfungsgrundsatzes bei der Online-Übertragung von Computerprogrammen, Münster 2006.
	Softwareüberlassung als Sachkauf. Ausgewählte Rechtsprobleme des Erwerbs von Standardsoftware, Diss., München 1989.
	Überlegungen zur urheberrechtlichen Qualifizierung des elektronischen Abrufs, CR 1996, 517-521.
Hoeren, Thomas (Hrsg.):	Big Data und Recht, München 2014.
Hoeren, Thomas, Försterling, Matthias:	Onlinevertrieb „gebrauchter Software". Hintergründe und Konsequenzen der EuGH-Entscheidung „UsedSoft", MMR 2012, 642-647.

Literaturverzeichnis

Hoeren, Thomas, Der Erschöpfungsgrundsatz im digitalen Umfeld. Notwen-
Jakopp, Sebastian: digkeit eines binnenmarktkonformen Verständnisses, MMR 2014, 646-649.

Hoeren, Thomas, Handbuch Multimedia-Recht, 39. Ergänzungslieferung,
Sieber, Ulrich, München 2014.
Holznagel, Bernd (Hrsg.):

Hofmann, Franz: Wechselwirkungen zwischen subjektiven Rechten. Eine Analyse des Zusammenspiels von Sacheigentum, Vertragsrecht, Immaterialgüterrechten und Persönlichkeitsrechten am Beispiel des Urheberrechts, UFITA 2014, 381-406.

Hoppen, Peter: Technische Schutzmaßnahmen bei Software. Verfahren zur Kontrolle der unberechtigten Nutzung, CR 2013, 9-16.

Höwelkröger, Robert: Umsatz auf Film-Portalen soll 2014 um 20 Prozent steigen, Heise online v. 6.1.2014, online unter http://heise.de/-2075719.

Huizinga, Johan: Homo Ludens. Versuch einer Bestimmung des Spielelementes der Kultur, 3. Aufl., Basel 1938.

Huppertz, Peter: Handel mit Second Hand-Software. Analyse der wesentlichen Erscheinungsformen aus urheber- und schuldrechtlicher Perspektive, CR 2006, 145-151.

Hüttner, Sabine: Flexibilisierung der urheberrechtlichen Schrankenregelungen in Deutschland. Eine rechtsvergleichende Betrachtung der deutschen und amerikanischen Schrankenregelungen anhand der Google-Bilder- und der Google-Buchsuche, Diss., Berlin 2013.

Ipsen, Jörn: Staatsrecht I. Staatsorganisatonsrecht, 26. Aufl., München 2014.

Janello, Christoph: Wertschöpfung im digitalisierten Buchmarkt, München 2010.

Jani, Ole: Alles eins? – Das Verhältnis des Rechts der öffentlichen Zugänglichmachung zum Vervielfältigungsrecht. Zugleich Anmerkung zu LG München I ZUM 2009, 788 – myvideo, ZUM 2009, 722-730.

Bis zur Erschöpfung? Zur Zulässigkeit des Weiterverkaufs von Dateien gem. Richtlinie 2001/29/EG nach dem Urteil C-128/11 des EuGH (UsedSoft ./. Oracle, in: Wöhrn, Kirsten-Inger u.a. (Hrsg.), Festschrift für Artur-Axel Wandtke zum 70. Geburtstag am 26. März 2013, Berlin/Boston 2013, S. 331-340.

Kommentar: Es gibt keinen Flohmarkt für gebrauchte E-Books, K&R 2012, 297-299.

Joos, Ulrich: Die Erschöpfungslehre im Urheberrecht. Eine Untersuchung zu Rechtsinhalt und Aufspaltbarkeit des Urheberrechts mit vergleichenden Hinweisen auf Warenzeichenrecht, Patentrecht und Sortenschutz, Diss., München 1991.

Jütte, Bernd Justin:	Technische Schutzmaßnahmen an der Schnittstelle der Interessen von Rechtsinhabern und Nutzern, in: Taeger, Jürgen (Hrsg.), Big Data & Co. Neue Herausforderungen für das Informationsrecht, Tagungsband DSRI-Herbstakademie 2014, Edewecht 2014, S. 237-252.
Katko, Peter, Maier, Tobias:	Computerspiele – die Filmwerke des 21. Jahrhunderts?, MMR 2009, 306-311.
Kawohl, Friedemann, Kretschmer, Martin:	DJing, Coverversionen und andere „produktive Nutzungen" – Warum die Kategorien des Musikurheberrechts der Musikpraxis nicht mehr gerecht werden, UFITA 2007, 363-402.
Kern, Fabian:	Innovative enhanced eBooks: Dynamisches Storytelling, digital publishing competence, Beitrag v. 4.4.2013, online unter http://www.dpc-consulting.org/innovative-enhanced-ebooks-dynamisches-storytelling/#more-324.
Kilian, Wolfgang:	Entwicklungsgeschichte und Perspektiven des Rechtsschutzes von Computersoftware in Europa, GRUR Int. 2011, 895-901.
Kilian, Wolfgang, Heussen, Benno (Hrsg.):	Computerrechts-Handbuch. Informationstechnologie in der Rechts- und Wirtschaftspraxis, 32. Ergänzungslieferung, München 2013.
Kitz, Volker:	Anwendbarkeit urheberrechtlicher Schranken auf das eBook, MMR 2001, 727-730.
Kleinemenke, Manuel:	Fair Use im deutschen und europäischen Urheberrecht? Eine rechtsvergleichende Untersuchung zur Flexibilisierung des urheberrechtlichen Schrankenkataloges nach dem Vorbild der US-amerikanischen Fair Use-Doktrin, Diss., Baden-Baden 2013.
Kloth, Matthias:	Der digitale Zweitmarkt: Aktuelle Entwicklungen zum Weiterverkauf gebrauchter E-Books, Hörbücher und Musikdateien, GRUR-Prax 2013, 239-242.
Knappmann, Lutz:	Main-Streaming. Musik-Abos beliebt wie nie, Süddeutsche Zeitung v. 2.1.2015, S. 25.
Knies, Bernhard:	Erschöpfung Online? Die aktuelle Problematik beim On-Demand-Vertrieb von Tonträgern im Lichte der Richtlinie zur Informationsgesellschaft, GRUR Int. 2002, 314-317.
Koch, Frank A.:	Auswirkungen des EuGH-Urteils zum Gebrauchtsoftwarehandel auf das Urheberrecht. Zur Erschöpfung des Verbreitungsrechts bei Online-Überlassung von Software (Teil 1 und 2), ITRB 2013, 9-17, 38-41.
	Der Content bleibt im Netz – gesicherte Werkverwertung durch Streaming-Verfahren, GRUR 2010, 574-578.
	Lizenzrechtliche Grenzen des Handels mit Gebrauchtsoftware, ITRB 2007, 140-144.
Koehler, Philipp:	Der Erschöpfungsgrundsatz des Urheberrechts im Online-Bereich, Diss., München 2002.

Literaturverzeichnis

Kogel, Dennis: Game-Streaming: Spiel verändert, Publikum begeistert, Spiegel Online v. 8.2.2014, online unter http://www.spiegel.de/netzwelt/games/streaming-twitch-und-youtube-gegen-das-vergessen-a-945960.html.

König, Kai, Sieger, Diane: Heldentaten. Was Freemium-Spiele zu bieten haben, Magazin für professionelle Informationstechnik (iX) 02/2014, 138.

Koppe, Christina: Die urheberrechtliche Erschöpfung. Eine Analyse der Konsumtionsnorm unter besonderer Berücksichtigung der jüngsten Rechtsprechung des BGH sowie des Europäischen Gemeinschaftsrechts, Diss., Frankfurt a. M. u. a. 2004.

Körber, Jochen: Der Grundsatz der gemeinschaftsweiten Erschöpfung im Recht der Europäischen Union, Diss., Frankfurt a. M. u. a. 1999.

Kraus, Michael: Telematik – wem gehören Fahrzeugdaten?, in: Taeger, Jürgen (Hrsg.), Big Data & Co. Neue Herausforderungen für das Informationsrecht, Tagungsband DSRI-Herbstakademie 2014, Edewecht 2014, S. 377-390.

Kreutzer, Till: Computerspiele im System des deutschen Urheberrechts. Eine Untersuchung des geltenden Rechts für Sicherungskopien und Schutz technischer Maßnahmen bei Computerspielen, CR 2007, 1-7.

Verbraucherschutz im Urheberrecht. Vorschläge für eine Neuordnung bestimmter Aspekte des geltenden Urheberrechts auf Basis einer Analyse aus verbraucherschutzrechtlicher Sicht, Berlin 2011.

Kroes, Neelie: Die EU und die digitale Revolution: Ich bin nicht naiv, und Europa darf es auch nicht sein, Frankfurter Allgemeine Zeitung v. 24.3.2014, S. 9.

Kromer, Eberhard: Zur angemessenen Vergütung in der digitalen Welt, AfP 2013, 29-34.

Krüger, Stefan, Biehler, Manuel, Apel, Simon: Keine „Used Games" aus dem Netz. Unanwendbarkeit der „UsedSoft"-Entscheidung des EuGH auf Videospiele, MMR 2013, 760-765.

Kubach, Laura: Musik aus zweiter Hand – ein neuer digitaler Trödelmarkt? Zur Zulässigkeit eines Weiterverkaufs digitaler Musik nach dem EuGH-Urteil "UsedSoft", CR 2013, 279-284.

Startschuss für den digitalen Trödelmarkt, in: Taeger, Jürgen (Hrsg.), Law as a Service – Recht im Internet- und Cloud-Zeitalter, Tagungsband DSRI-Herbstakademie 2013, Edewecht 2013, S. 361-377.

Kubach, Laura, Schuster, Fabian: Anm. zu OLG Hamm, Urt. v. 15.5.2014 – 22 U 60/13, CR 2014, 504-506.

Kulpe, Carmen:	Der Erschöpfungsgrundsatz nach Europäischem Urheberrecht. Eine Analyse unter besonderer Berücksichtigung der digitalen Übertragungsmöglichkeiten, Diss., Frankfurt a. M. 2012.
Kuri, Jürgen:	Amazon USA verkauft mehr E-Books als gebundene Bücher, Heise online v. 20.7.2010, online unter http://heise.de/-1040952.
Kuß, Christian Philipp:	Gutenberg 2.0 – Der Rechtsrahmen für E-Books in Deutschland, in: Taeger, Jürgen (Hrsg.), Die Welt im Netz – Folgen für Wirtschaft und Gesellschaft, Tagungsband DSRI-Herbstakademie 2011, Edewecht 2011, S. 171-194.
	Gutenberg 2.0 – der Rechtsrahmen für E-Books in Deutschland, K&R 2012, 76-81.
Landesakademie für Fortbildung und Personalentwicklung an Schulen:	Videoformate im Überblick, online unter http://lehrerfortbildung-bw.de/werkstatt/video/formate/.
Larenz, Karl (Bgr.):	Allgemeiner Teil des Bürgerlichen Rechts, vormals bearb. v. Wolf, Manfred, fortgeführt v. Neuner, Jörg, 10. Aufl., München 2012.
Leenen, Frederik:	Urheberrecht und computergestützte Erkennung. Zugleich ein Beitrag zu den Voraussetzungen eines Innominatfalls, der Reichweite der schlichten Einwilligung im Internet und der Anwendbarkeit der §§ 8-10 TMG auf Suchdienste, Diss., Baden-Baden 2014.
Lehmann, Michael:	Das Urhebervertragsrecht der Softwareüberlassung, in: Beier, Friedrich-Karl u. a. (Hrsg.), Urhebervertragsrecht. Festgabe für Gerhard Schricker zum 60. Geburtstag, München 1995, S. 543-569.
Lehmann, Michael (Hrsg.):	Rechtsschutz und Verwertung von Computerprogrammen, 2. Aufl., Köln 1993.
Lehmann, Michael, Meents, Jan-Geert (Hrsg.):	Handbuch des Fachanwalts Informationstechnologierecht, 2. Aufl., Köln 2011.
Lehnhof, Roman:	Gamification & Co.: Wie Spiele zu Karrierehelfern werden, Spiegel online v. 19.1.2014, online unter http://www.spiegel.de/netzwelt/games/falsches-spiel-a-938480.html.
Leistner, Matthias:	Europe's Copyright Law Decade: Recent Case Law of the European Court of Justice and Policy Perspectives, CMLR 2014, 559-600.
	Gebrauchtsoftware auf dem Weg nach Luxemburg. Der Vorlagebeschluss des BGH in Sachen Oracle v. UsedSoft, CR 2011, 209-215.
	Segelanweisungen und Beweislastklippen: eine problemorientierte Stellungnahme zum BGH-Urteil UsedSoft II, WRP 2014, 995-1003.

Literaturverzeichnis

	Urheberrecht an der Schnittstelle zwischen Unionsrecht und nationalem Recht. Werkbegriff und Recht der öffentlichen Wiedergabe, GRUR 2014, 1145-1155.
	Urheberrecht in der digitalen Welt, JZ 2014, 846-857.
Lejeune, Mathias:	Softwarevertrieb über Distributoren, ITRB 2014, 234-239.
Lenhard, Frank:	Vertragstypologie von Softwareüberlassungsverträgen. Neues Urhebervertragsrecht und neues Schuldrecht unter Berücksichtigung der Open Source-Softwareüberlassung, Diss., München 2005.
Leupold, Andreas, Glossner, Silke (Hrsg.):	Münchener Anwaltshandbuch IT-Recht, 3. Aufl., München 2013.
von Lewinski, Silke:	Die diplomatische Konferenz der WIPO 1996 zum Urheberrecht und zu verwandten Schutzrechten, GRUR Int. 1997, 667-681.
Limmer, Peter:	Europäisierung des Vertragsrechts, DNotZ-Sonderheft 2012, 59-71.
Linklater, Emma:	UsedSoft and the Big Bang Theory: Is the e-Exhaustion Meteor about to Strike?, JIPITEC 2014, 12-22.
Loewenheim, Ulrich (Hrsg.):	Handbuch des Urheberrechts, 2. Aufl., München 2010.
Loewenheim, Ulrich:	Urheberrechtliche Probleme bei Multimediaanwendungen, GRUR 1996, 830-836.
Longdin, Louise, Lim, Pheh Hoon:	Inexhaustible Distribution Rights for Copyright Owners and the Foreclosure of Secondary Markets for Used Software, IIC 2013, 541-568.
Lutz, Holger:	Softwarelizenzen und die Natur der Sache, Diss., München 2009.
Lutz, Stefan:	Zulässigkeit des Weiterverkaufs gebrauchter Lizenzen. Musikdateien, E-Books, Hörbücher etc., IPRB 2013, 237-239.
Maaßen, Wolfgang:	Urheberrechtliche Probleme bei der elektronischen Bildverarbeitung, ZUM 1992, 338-352.
Mäger, Stefan:	Der urheberrechtliche Erschöpfungsgrundsatz bei der Veräußerung von Software, CR 1996, 522-526.
Malevanny, Nikita:	Die UsedSoft-Kontroverse: Auslegung und Auswirkungen des EuGH-Urteils, CR 2013, 422-427.
Marly, Jochen:	Der Handel mit Gebrauchtsoftware. Das Urteil fällt und alle Fragen offen – zugleich eine Anmerkung zu BGH, Urt. v. 17.7.2013 – I ZR 129/08 – UsedSoft II, CR 2014, 145-150.
	Der Handel mit so genannter „Gebrauchtsoftware", EuZW 2012, 654-658.
	Praxishandbuch Softwarerecht. Rechtsschutz und Vertragsgestaltung, 6. Aufl., München 2014.
Maunz, Theodor, Dürig, Günter (Bgr.):	Grundgesetz. Kommentar, hrsg. v. Herzog, Roman/Scholz, Rupert/Herdegen, Matthias/Klein, Hans H., 72. Ergänzungslieferung, München 2014.

Melichar, Ferdinand:	Anmerkung zu OLG München, Urteil vom 29. April 2010 – 29 U 3698/09, ZUM 2010, 713-715.
Meyer, Oliver:	Aktuelle vertrags- und urheberrechtliche Aspekte der Erstellung, des Vertriebs und der Nutzung von Software, Diss., Karlsruhe 2008.
Möhring, Philipp, Nicolini, Käte (Bgr.):	Urheberrecht. UrhG – KUG – UrhWahrnG – VerlG. Kommentar, hrsg. v. Ahlberg, Hartwig/Götting, Horst-Peter, 3. Aufl., München 2014.
Moos, Flemming:	Die Unzulässigkeit vertraglicher Weitergabebeschränkungen – vor allem in Gestalt von Paket- und Upgrade-Koppelungen – nach der UsedSoft-Entscheidung des EuGH, in: Scholz, Matthias/Funk, Axel (Hrsg.), DGRI Jahrbuch 2012, Köln 2013, S. 87-102.
Moritz, Hans-Werner:	Der Handel mit „gebrauchter" Software – Wolkenkuckucksheim ohne tragfähiges Fundament?, in: Schneider, Jochen (Hrsg.), Festschrift für Benno Heussen: Der moderne Anwalt, Köln 2009, S. 221-231.
	Eingeschränkte Zulässigkeit der Weiterveräußerung gebrauchter Software. Zugleich Kommentar zu EuGH, Urt. v. 3.7.2012 – C-128/11 – Oracle/UsedSoft, K&R 2012, 493 ff., K&R 2012, 456-459.
	Hürden für den Handel mit „gebrauchter" Software per Download („UsedSoft II"), jurisPR-ITR 5/2014 Anm. 3.
Moritz, Hans-Werner; Dreier, Thomas (Hrsg.):	Rechts-Handbuch zum E-Commerce, 2. Aufl., Köln 2005.
Morscher, Lukas, Dorigo, Lara:	Software-Lizenzverträge, Erschöpfung bei Computerprogrammen und Gebrauchthandel mit Softwarelizenzen, in: Jörg, Florian/Arter, Oliver (Hrsg.), Internet-Recht und IT-Verträge, Bern 2009, S. 17-72.
Müller, Lothar:	Herzschmerz für 89 Cent. Hobbyautoren drängen auf den Markt für elektronische Bücher, Süddeutsche Zeitung v. 31.1.2014, S. 1.
	Selbst ist der Autor, Süddeutsche Zeitung v. 17.7.2014, S. 2.
Mushardt, Anna:	Rechtliche Rahmenbedingungen für den Vertrieb von Handyklingeltönen, Diss., Sipplingen 2014.
Neuber, Michael:	Online-Erschöpfung doch nur für Software?, WRP 2014, 1274-1279.
Niemann, Fabian:	Shift der urheberrechtlichen Verwertungsrechte in der arbeitsteiligen digitalen Welt. Auswirkungen der BGH-Entscheidungen zu Online-Videorekordern (shift.tv, save.tv) auf Outsourcing, Virtualisierung und Web 2.0 Dienste, CR 2009, 661-666.
Niethammer, Alexander:	Erschöpfungsgrundsatz und Verbraucherschutz im Urheberrecht, Diss., Baden-Baden 2005.

Literaturverzeichnis

Nordemann, Jan Bernd:	Der Unterschied zwischen Einräumung und Übertragung von Nutzungsrechten im Urheberrecht – auch ein Beitrag zur Begriffswahl „Übertragungszweckgedanke", in: Büscher, Wolfgang u. a. (Hrsg.), Festschrift für Joachim Bornkamm zum 65. Geburtstag, München 2014, S. 907-916.
Oelschlägel, Kay, *Scholz, Jochen* (Hrsg.):	Handbuch Versandhandelsrecht. E-Commerce, M-Commerce, Katalog, Köln 2013.
Ohly, Ansgar:	"Volenti non fit iniuria". Die Einwilligung im Privatrecht, Habil., Tübingen 2002.
	Anm. zu EuGH, Urt. v. 3.7.2012 – C-128/11, JZ 2013, 42-44.
	Gutachten F zum 70. Deutschen Juristentag. Urheberrecht in der digitalen Welt – Brauchen wir neue Regelungen zum Urheberrecht und dessen Durchsetzung?, München 2014.
	Urheberrecht in der digitalen Welt – Brauchen wir neue Regelungen zum Urheberrecht und zu dessen Durchsetzung?, NJW-Beil. 2014, 47-50.
	Zwölf Thesen zur Einwilligung im Internet, GRUR 2012, 983-992.
Ohrtmann, Jan-Peter, *Kuß, Christian*:	Der digitale Flohmarkt – das EuGH-Urteil zum Handel mit Gebrauchtsoftware und dessen Auswirkungen, BB 2012, 2262-2265.
Oswald, Esther:	Erschöpfung durch Online-Vertrieb urheberrechtlich geschützter Werke, Diss., Hamburg 2005.
Pachali, David:	Redigi: Download-Trödelmarkt will in Europa starten, iRights.info v. 19.1.2013, online unter http://irights.info/redigi-download-trodelmarkt-will-in-europa-starten.
Pahlow, Louis:	Das einfache Nutzungsrecht als schuldrechtliche Lizenz. Zur Auslegung des § 31 Abs. 2 UrhG, ZUM 2005, 865-874.
	Lizenz und Lizenzvertrag im Recht des Geistigen Eigentums, Habil., Tübingen 2006.
Palandt, Otto (Bgr.):	Bürgerliches Gesetzbuch, bearb. v. Bassenge, Peter/Ellenberger, Jürgen/Grüneberg, Christian u. a., 74. Aufl., München 2015.
Peifer, Karl-Nikolaus:	Vertrieb und Verleih von E-Books – Grenzen der Erschöpfungslehre, AfP 2013, 89-93.
Peukert, Alexander:	Das Sacheigentum in der Informationsgesellschaft, in: Ohly, Ansgar u. a. (Hrsg.), Perspektiven des Geistigen Eigentums und Wettbewerbsrechts. Festschrift für Gerhard Schricker zum 70. Geburtstag, München 2005, S. 149-163.
	Das Urheberrecht und die zwei Kulturen der Online-Kommunikation, GRUR-Beil. 2014, 77-93.

	Der Schutzbereich des Urheberrechts und das Werk als öffentliches Gut. Insbesondere: Die urheberrechtliche Relevanz des privaten Werkgenusses, in: Hilty, Reto M./Peukert, Alexander (Hrsg.), Interessenausgleich im Internet, Baden-Baden 2004, S. 11-46.
Pierson, Matthias, Ahrens, Thomas, Fischer, Karsten R. (Hrsg.):	Recht des geistigen Eigentums. Patente, Marken, Urheberrecht, Design, 3. Aufl., Baden-Baden 2014.
Poeppel, Jan:	Die Neuordnung der urheberrechtlichen Schranken im digitalen Umfeld, Diss., Göttingen 2005.
Pohle, Jan, Ammann, Thorsten:	Über den Wolken… – Chancen und Risiken des Cloud Computing, CR 2009, 273-278.
Poll, Günter:	Neue internetbasierte Nutzungsformen. Das Recht der Zugänglichmachung auf Abruf (§ 19a UrhG) und seine Abgrenzung zum Sendungsrecht (§§ 20, 20b UrhG), GRUR 2007, 476-483.
	Vom Broadcast zum Podcast: Urheberrechtliche Einordnung neuer Internetgeschäftsmodelle, MMR 2011, 226-231.
PricewaterhouseCoopers:	Unterhaltungs- und Medien-Branche in Deutschland: Die digitalen Medien bestimmen das Wachstum, online unter http://www.pwc.de/de/technologie-medien-und-telekommunikation/unterhaltungs-und-medien-branche-in-deutschland-die-digitalen-medien-bestimmen-das-wachstum.jhtml.
PricewaterhouseCoopers (Hrsg.):	E-Books in Deutschland: Der Beginn einer neuen Gutenberg-Ära?, E-Book, 2010, abrufbar online unter http://www.pwc.de/de_DE/de/technologie-medien-und-telekommunikation/assets/E-books_in_Deutschland_-_Beginn_einer_neuen_Gutenberg-Aera.pdf.
	Videogames in Deutschland: Online-Spiele beflügeln das Wachstum, E-Book, 2012, bestellbar online unter http://www.pwc.de/de/technologie-medien-und-telekommunikation/videogames_in_deutschland_online_spiele_befluegeln_das_wachstum.jhtml.
Rath, Michael, Maiworm, Christoph:	Weg frei für Second-Hand-Software? EuGH, Urteil vom 03.07.2012 – C-128/11 ebnet Handel mit gebrauchter Software, WRP 2012, 1051-1055.
Rauch, Thomas:	Technische Schutzmaßnahmen im Urheberrecht, MR 2014, 303-308.
Rauda, Christian:	Recht der Computerspiele, München 2013.
Rauer, Nils, Ettig, Diana:	Urheberrecht: EuGH trifft Grundsatzentscheidung zu "gebrauchter" Software. Zugleich Anmerkung zu EuGH, 3.7.2012 – Rs. C-128/11, UsedSoft/Oracle, EWS 2012, 328, EWS 2012, 322-327.

Literaturverzeichnis

Redeker, Helmut:	Das Konzept der digitalen Erschöpfung – Urheberrecht für die digitale Welt, in: Bräutigam, Peter/Hoppen, Peter (Hrsg.), DGRI Jahrbuch 2013, Köln 2014, S. 251-264.
	Das Konzept der digitalen Erschöpfung – Urheberrecht für die digitale Welt. Was eigentlich übertragen wird und weitergegeben werden darf, CR 2014, 73-78.
	Der EDV-Prozess, 1. Aufl., München 1992.
	Information als eigenständiges Rechtsgut. Zur Rechtsnatur der Information und dem daraus resultierenden Schutz, CR 2011, 634-639.
	IT-Recht, 5. Aufl., München 2012.
	Nutzungsrechtsregelungen in Softwarekaufverträgen. Klauseln zu Weitergabe, Löschung, Nachahmung und Übertragungspflichten, ITRB 2013, 68-71.
	Software – ein besonderes Gut, NJW 2008, 2684-2685.
Redlich, Philipp C.:	Redtube-Abmahnungen: Urheberrechtsverstoß durch Streaming?, K&R 2014, 73-76.
Rehbinder, Manfred:	Urheberrecht, 16. Aufl., München 2010.
Rehbinder, Manfred, Peukert, Alexander:	Urheberrecht, 17. Aufl., München 2015.
Reinbacher, Tobias, Schreiber, Alexander:	Abdingbarkeit der Privatkopieschranke und Auswirkungen auf die Strafbarkeit nach § 106 UrhG, UFITA 2012, 771-799.
Reinbothe, Jörg:	Die EG-Richtlinie zum Urheberrecht in der Informationsgesellschaft, GRUR Int. 2001, 733-745.
Rengshausen, Sebastian, Zielasko, Vera:	Rechtliche Einordnung „Sprechender Bücher", K&R 2011, 702-707.
Riesenhuber, Karl:	Technische Schutzmaßnahmen und „Zugangsrechte", in: Leible, Stefan/Ohly, Ansgar/Zech, Herbert (Hrsg.), Wissen – Märkte – Geistiges Eigentum, Tübingen 2010, S. 141-185.
Riesenhuber, Karl (Hrsg.):	Europäische Methodenlehre. Handbuch für Ausbildung und Praxis, 2. Aufl., Berlin/New York 2010.
Rifkin, Jeremy:	Access. Das Verschwinden des Eigentums, 3. Aufl., Frankfurt a. M. 2007.
Rigamonti, Cyrill P.:	Der Handel mit Gebrauchtsoftware nach schweizerischem Urheberrecht, GRUR Int. 2009, 14-26.
Romano, Rosaria:	Die Umsetzung der Richtlinie über das Urheberrecht und die verwandten Schutzrechte in der Informationsgesellschaft in Italien, GRUR Int. 2006, 552-560.
Rosati, Eleonora:	Exhaustion also applies to first sale of downloaded software, JIPLP 2012, 786-788.
Roth, Hans-Peter:	Anm. zu BGH, Beschl. v. 6.2.2013 – I ZR 124/11, MMR 2013, 673-674.

Rüthers, Bernd, Fischer, Christian, Birk, Axel:	Rechtstheorie mit juristischer Methodenlehre, 7. Aufl., München 2013.
Säcker, Franz Jürgen, Rixecker, Roland (Hrsg.):	Münchener Kommentar zum Bürgerlichen Gesetzbuch, 6. Aufl., München 2012.
Santangelo, Chiara:	Der urheberrechtliche Schutz digitaler Werke. Eine vergleichende Untersuchung der Schutz- und Sanktionsmaßnahmen im deutschen, italienischen und englischen Recht, Diss., Berlin 2011.
Sauter, Marc:	Google: Fast jeder zweite Deutsche nutzt ein Smartphone, golem.de v. 28.8.2013, online unter http://www.golem.de/news/google-fast-jeder-zweite-deutsche-nutzt-ein-smartphone-1308-101251.html.
Schack, Haimo:	Kunst und Recht. Bildende Kunst, Architektur, Design und Fotografie im deutschen und internationalen Recht, 2. Aufl., Tübingen 2009.
	Rechtsprobleme der Online-Übermittlung, GRUR 2007, 639-645.
	Schutz digitaler Werke vor privater Vervielfältigung – zu den Auswirkungen der Digitalisierung auf § 53 UrhG, ZUM 2002, 497-511.
	Urheber- und Urhebervertragsrecht, 6. Aufl., Tübingen 2013.
Schaefer, Martin:	Alles oder nichts! Erwiderung auf Jani, Alles eins? – Das Verhältnis des Rechts der öffentlichen Zugänglichmachung zum Vervielfältigungsrecht, ZUM 2009, 722, ZUM 2010, 150-155.
Schiele, Hans-Günter:	Computergrafik für Ingenieure. Eine anwendungsorientierte Einführung, Berlin/Heidelberg 2012.
Schmidt-Kessel, Martin:	Urheberrecht und Verbraucherschutz im Internet, in: Leible, Stefan (Hrsg.), Der Schutz des Geistigen Eigentums im Internet, Tübingen 2012, S. 223-236.
	Verträge über digitale Inhalte – Einordnung und Verbraucherschutz, K&R 2014, 475-483.
Schmitt, Thomas Rainer:	Der Online-Vertrieb von Software nach dem EuGH-Urteil „UsedSoft", MR 2012, 256-260.
Schneider, Jochen:	Rechnerspezifische Erschöpfung bei Software im Bundle ohne Datenträgerübergabe. Grundsätzliches zum Spannungsgeflecht zwischen Erschöpfung, Vertragstyp und Nutzungsbeschränkung am Beispielsfall des OLG Düsseldorf v. 29.6.2009 – I-20 U 247/08, CR 2009, 566, CR 2009, 553-557.
	Spätfolgen der UsedSoft-Entscheidung des EuGH. Wie sieht die Softwarelizenz 2020 aus? Vorschläge zur Überlassung von Standardsoftware, ITRB 2014, 120-123.

Literaturverzeichnis

Schneider, Jochen, Spindler, Gerald:	Der Erschöpfungsgrundsatz bei „gebrauchter" Software im Praxistest. Der Umgang mit dem unabdingbaren Kern als Leitbild für Softwareüberlassungs-AGB und andere praxisrelevante Aspekte aus BGH, Urt. v. 17.7.2013 – I ZR 129/08 – UsedSoft II, CR 2014, 168 ff., CR 2014, 213-223.
	Der Kampf um die gebrauchte Software – Revolution im Urheberrecht?, CR 2012, 489-498.
Schneider, Jochen, von Westphalen, Friedrich Graf (Hrsg.):	Software-Erstellungsverträge, 2. Aufl., Köln 2014.
Schneider, Mathias:	Virtuelle Werte. Der Handel mit Accounts und virtuellen Gegenständen im Internet, Diss., Baden-Baden 2010.
Scholz, Jochen:	Mögliche vertragliche Gestaltungen zur Weitergabe von Software nach „UsedSoft II", GRUR 2015, 142-149.
	Nutzung und Weitergabe digitaler Werke nach der UsedSoft-Entscheidung des EuGH, ITRB 2013, 17-21.
Schrader, Paul T., Rautenstrauch, Birthe:	Geltung des Erschöpfungsgrundsatzes beim Online-Erwerb durch unkörperliche Übertragung urheberrechtlich geschützter Werke, K&R 2007, 251-257.
Schricker, Gerhard:	Urheberrecht auf dem Weg zur Informationsgesellschaft, Baden-Baden 1997.
	Verlagsrecht. Kommentar, 3. Aufl., München 2001.
Schricker, Gerhard, Loewenheim, Ulrich (Hrsg.):	Urheberrecht, Kommentar, 4. Aufl., München 2010.
Schroeder, Werner:	Grundkurs Europarecht, 3. Aufl., München 2013.
Schulze, Ellen Franziska:	Resale of Digital Content such as Music, Films or eBooks under European Law, EIPR 2014, 9-13.
Schulze, Gernot:	Werkgenuss und Werknutzung in Zeiten des Internets, NJW 2014, 721-726.
Schuppert, Stefan, Greissinger, Christian:	Gebrauchthandel mit Softwarelizenzen. Wirksamkeit vertraglicher Weitergabebeschränkungen, CR 2005, 81-87.
Schwartmann, Rolf (Hrsg.):	Praxishandbuch Medien-, IT- und Urheberrecht, 3. Aufl., Heidelberg u. a. 2014.
Schwarz, Mathias:	Urheberrecht und unkörperliche Verbreitung multimedialer Werke, GRUR 1996, 836-842.
Schweyer, Stefan:	Die Zweckübertragungstheorie im Urheberrecht, Diss., München 1982.
Seitz, Stephan:	"Gebrauchte" Softwarelizenzen, Diss., Regensburg 2010.
Senftleben, Martin:	Die Fortschreibung des urheberrechtlichen Erschöpfungsgrundsatzes im digitalen Umfeld. Die UsedSoft-Entscheidung des EuGH: Sündenfall oder Befreiungsschlag?, NJW 2012, 2924-2927.

Söldner, Michael:	Patent: Apple könnte in den Markt mit gebrauchten Downloads einsteigen, PC Welt online v. 9.3.2013, online unter http://www.pcwelt.de/news/Apple_koennte_in_den_Markt_mit_gebrauchten_Downloads_einsteigen_-Patent-7649987.html.
Sosnitza, Olaf:	„Gebrauchte Software": Licht und Schatten auf dem Weg von Karlsruhe nach Luxemburg. Zugleich Kommentar zu BGH, Beschl. v. 3.2.2011 – I ZR 129/08, K&R 2011, 252 ff., K&R 2011, 243-244.
	Die urheberrechtliche Zulässigkeit des Handels mit "gebrauchter" Software, K&R 2006, 206-211.
Specht, Louisa:	Konsequenzen der Ökonomisierung informationeller Selbstbestimmung: Die zivilrechtliche Erfassung des Datenhandels, Diss., Köln 2012.
Spindler, Gerald:	Der Handel mit Gebrauchtsoftware – Erschöpfungsgrundsatz quo vadis?, CR 2008, 69-77.
	Europäisches Urheberrecht in der Informationsgesellschaft, GRUR 2002, 105-120.
	Liegt die Zukunft des Urheberrechts in Europa? – Wittem and Beyond, in: Grünberger, Michael/Leible, Stefan (Hrsg.), Die Kollision von Urheberrecht und Nutzerverhalten, Tübingen 2014, S. 227-249.
Spindler, Gerald, Schuster, Fabian (Hrsg.):	Recht der elektronischen Medien. Kommentar, 2. Aufl., München 2011.
von Staudinger, Julius (Bgr.):	J. von Staudingers Kommentar zum Bürgerlichen Gesetzbuch mit Einführungsgesetz und Nebengesetzen. Buch 1, Allgemeiner Teil, §§ 164-240 (Allgemeiner Teil 5), 15. Aufl., Berlin 2004.
	J. von Staudingers Kommentar zum Bürgerlichen Gesetzbuch mit Einführungsgesetz und Nebengesetzen. Buch 2, Recht der Schuldverhältnisse, §§ 433-487; Leasing (Kaufrecht und Leasingrecht), 14. Aufl., Berlin 2004.
Stieper, Malte:	Anm. zu BGH, Urt. v. 17.7.2013 – I ZR 129/08, GRUR 2014, 270-272.
	Anmerkung zu EuGH, Urteil vom 3. Juli 2012 – C-128/11 – UsedSoft, ZUM 2012, 668-670.
	Import von Nachbildungen geschützter Designermöbel als Verletzung des urheberrechtlichen Verbreitungsrechts, ZGE 2011, 227-243.
	Rechtfertigung, Rechtsnatur und Disponibilität der Schranken des Urheberrechts, Habil., Tübingen 2009.
	Rezeptiver Werkgenuss als rechtmäßige Nutzung. Urheberrechtliche Bewertung des Streaming vor dem Hintergrund des EuGH-Urteils in Sachen FAPL/Murphy, MMR 2012, 12-17.

Literaturverzeichnis

Stier, Dominik Sebastian:	Die Unterbrechung urheberrechtlicher Lizenzketten, Diss., Göttingen 2014.
Stöcker, Christian:	Spiegelbest und Ebookspender: Polizei führt Razzien wegen E-Book-Kopien durch, Spiegel Online v. 11.12.2014, online unter http://www.spiegel.de/netzwelt/netzpolitik/spiegelbest-und-ebookspender-me-razzien-wegen-e-book-kopien-a-1008003.html.
Stögmüller, Thomas:	Anm. zu BGH, Urt. v. 17.7.2013 – I ZR 129/08: Erschöpfung des Verbreitungsrechts an per Download veräußerter Software, GRUR-Prax 2014, 58 (58).
	Anm. zu BGH, Urt. v. 17.7.2013 – I ZR 129/08, K&R 2014, 194-196.
Stolz, Alexander:	Rezipient = Rechtsverletzer …? (Keine) Urheberrechtsverletzung durch die Nutzung illegaler Streaming-Angebote, MMR 2013, 353-358.
Stothers, Christopher:	When is Copyright Exhausted by a Software Licence? UsedSoft v Oracle, EIPR 2012, 787-791.
Streit, Georg, Jung, Sascha:	E-Books im österreichischen Recht, MR-Int 2012, 6-13.
Strenkert, Andreas:	Die Beendigung des Lizenzvertrages, Diss., Regensburg 2011.
Sucker, Reinhard:	Der digitale Werkgenuss im Urheberrecht, Diss., Tübingen 2014.
Taeger, Jürgen:	Die Entwicklung des IT-Rechts 2013, NJW 2013, 3698-3704.
Terhaag, Michael, Telle, Sebastian:	Immaterielle Erschöpfung – Gibt es den virtuellen Flohmarkt für gebrauchte Multimediadateien? Zur Frage, ob Unternehmen die Weitergabe angebotener Downloads rechtlich einschränken können, K&R 2013, 549-553.
Tinnefeld, Robert:	Die Einwilligung in urheberrechtliche Nutzungen im Internet, Diss., Tübingen 2012.
Ulbricht, Johannes:	Unterhaltungssoftware: Urheberrechtliche Bindungen bei Projekt- und Publishingverträgen, CR 2002, 317-323.
Ullrich, Jan Nicolaus:	Alles in einem – die Einräumung eines Nutzungsrechts i. S. d. § 31 Abs. 1 UrhG für einen On-Demand-Dienst im Internet. Zugleich zum Unterschied zwischen Verwertungsrechten, Nutzungsrechten, Nutzungsarten und Nutzungen, ZUM 2010, 311-321.
Ulmer, Detlef, Hoppen, Peter:	Die UsedSoft-Entscheidung des EuGH: Europa gibt die Richtung vor. Zu Voraussetzungen und Umfang der Erschöpfung des Verbreitungsrechts, ITRB 2012, 232-239.
	Digitale Kopie: Neue Optionen für Software-Hersteller nach der „Oracle"-Entscheidung des EuGH, GRUR-Prax 2012, 569-572.

	Was ist das Werkstück des Software-Objektcodes? Ein technisch fundierter Ansatz zur Erschöpfungs-Debatte bei Online-Übertragungen, CR 2008, 681-685.
von Ungern-Sternberg, Joachim:	Die Rechtsprechung des EuGH und des BGH zum Urheberrecht und zu den verwandten Schutzrechten im Jahr 2012, GRUR 2013, 248-264.
Vinjel, Thomas, Marsland, Vanessa, Gärtner, Anette:	Software Licensing After Oracle v. UsedSoft. Implications of Oracle v. UsedSoft (C-128/11) for European copyright law, CRi 2012, 97-102.
Völtz, Gregor:	Das Kriterium der „neuen Öffentlichkeit" im Urheberrecht. Implikationen der jüngsten EuGH-Rechtsprechung zum Recht der öffentlichen Wiedergabe, CR 2014, 721-726.
	Nach „Svensson": Das Recht der öffentlichen Wiedergabe gem. § 15 Abs. 2 UrhG, in: Taeger, Jürgen (Hrsg.), Big Data & Co. Neue Herausforderungen für das Informationsrecht, Tagungsband DSRI-Herbstakademie 2014, Edewecht 2014, S. 269-281.
Voß, Oliver:	Neues Patent: Amazon will Gebrauchtmarkt für digitale Güter, WirtschaftsWoche Online v. 7.2.2013, online unter http://www.wiwo.de/technologie/digitale-welt/neues-patent-amazon-will-gebrauchtmarkt-fuer-digitale-gueter/7749158.html.
Waldenberger, Arthur:	Zur zivilrechtlichen Verantwortlichkeit für Urheberrechtsverletzungen im Internet, ZUM 1997, 176-188.
Wallenfels, Dieter, Russ, Christian:	Buchpreisbindungsgesetz. Kommentar, 6. Aufl., München 2012.
Walter, Michel M.:	Handel mit Gebrauchtsoftware. Anm. zu EuGH, Urt. v. 3.7.2012 – C-128/11, MR-Int 2012, 40-42.
Walter, Michel M. (Hrsg.):	Europäisches Urheberrecht, Wien 2001.
Walter, Michel M., von Lewinski, Silke (Hrsg.):	European Copyright Law. A Commentary, New York 2010.
Wandtke, Artur-Axel:	Aufstieg oder Fall des Urheberrechts im digitalen Zeitalter?, UFITA 2011, 649-684.
Wandtke, Artur-Axel (Hrsg.):	Urheberrecht, 4. Aufl., Berlin/Boston 2014.
Wandtke, Artur-Axel, Bullinger, Winfried (Hrsg.):	Praxiskommentar zum Urheberrecht, 4. Aufl., München 2014.
Wandtke, Artur-Axel, von Gerlach, Felix-Tessen:	Die urheberrechtliche Rechtmäßigkeit der Nutzung von Audio-Video-Streaming-Inhalten im Internet, GRUR 2013, 676-683.
Wandtke, Artur-Axel, Ohst, Claudia (Hrsg.):	Medienrecht Praxishandbuch. Bd. 2: Schutz von Medienprodukten, 3. Aufl., Berlin/Boston 2014.
Wandtke, Artur, Schäfer, Oliver:	Music on Demand – Neue Nutzungsart im Internet?, GRUR Int. 2000, 187-192.

Literaturverzeichnis

Wegner, Konstantin, *Wallenfels, Dieter,* *Kaboth, Daniel (Hrsg.):*	Recht im Verlag, 2. Aufl., München 2011.
Weisser, Ralf, *Färber, Claus:*	Weiterverkauf gebrauchter Software – UsedSoft-Rechtsprechung und ihre Folgen, MMR 2014, 364-367.
von Welser, Marcus:	Anm. zu EuGH, Urt. v. 3.7.2012 – C-128/11: Weiterverkauf gebrauchter Software ist zulässig, GRUR-Prax 2012, 326-326.
Wente, Jürgen K., *Härle, Philipp:*	Rechtsfolgen einer außerordentlichen Vertragsbeendigung auf die Verfügungen in einer „Rechtekette" im Filmlizenzgeschäft und ihre Konsequenzen für die Vertragsgestaltung – Zum Abstraktionsprinzip im Urheberrecht –, GRUR 1997, 96-102.
von Westphalen, Friedrich *Graf,* *Thüsing, Gregor (Hrsg.):*	Vertragsrecht und AGB-Klauselwerke, 35. Ergänzungslieferung, München 2014.
Wiebe, Andreas:	Die Entwicklung des EDV-Rechts 2012-2013 (Teil 2), K&R 2014, 239-246.
	Die Krise des Erschöpfungsgrundsatzes im Informationszeitalter, in: Leible, Stefan/Ohly, Ansgar/Zech, Herbert (Hrsg.), Wissen – Märkte – Geistiges Eigentum, Tübingen 2010, S. 203-213.
	Die Lizenzierung der Rechte für Online-Musikdienste – rechtliche und praktische Hürden, MR-Int 2014, 62-68.
	The Principle of Exhaustion in European Copyright Law and the Distinction Between Digital Goods and Digital Services, GRUR Int. 2009, 114-118.
Wiebe, Andreas, *Funkat, Dörte:*	Multimedia-Anwendungen als urheberrechtlicher Schutzgegenstand, MMR 1998, 69-75.
Wimmers, Jörg, *Schulz, Carsten:*	Anmerkung zu Landgericht Hamburg, Urteil vom 29. Juni 2006 – 315 O 343/06, ZUM 2007, 162-164.
Winklbauer, Stephan, *Geyer, Jakob:*	Der urheberrechtliche Erschöpfungsgrundsatz im Zeitalter der Digitalisierung – Auswirkungen der UsedSoft-Entscheidung des EuGH, ZIR 2014, 93-99.
Witte, Andreas:	Online-Vertrieb von Software. Möglichkeiten der Erschöpfung des Verbreitungsrechts bei der Online-Übertragung von Software, ITRB 2005, 86-91.
Wittmann, Heinz:	Buchpreisbindung auch bei E-Books und im grenzüberschreitenden Vertrieb, MR 2014, 284-284.
Witzel, Michaela:	Remarks to CJEU, decision of 3 July 2012, case C-128/11, UsedSoft GmbH v. Oracle International Corp., CRi 2012, 121-123.
Wolff-Rojczyk, Oliver:	Erwerb und die Nutzung gebrauchter Software – UsedSoft II, ITRB 2014, 75-77.

Zech, Herbert:	Information als Schutzgegenstand, Habil., Tübingen 2012.
	Lizenzen für die Benutzung von Musik, Film und E-Books in der Cloud. Das Verhältnis von Urheber- und Vertragsrecht bei Verträgen über den Werkkonsum per Cloud-Computing, ZUM 2014, 3-10.
	Vertragliche Dispositionen über Schranken des geistigen Eigentums, in: Leible, Stefan/Ohly, Ansgar/Zech, Herbert (Hrsg.), Wissen – Märkte – Geistiges Eigentum, Tübingen 2010, S. 187-202.
	Vom Buch zur Cloud. Die Verkehrsfähigkeit digitaler Güter, ZGE 2013, 368-396.
Zecher, Jan Andreas:	Zur Umgehung des Erschöpfungsgrundsatzes bei Computerprogrammen, Diss., Baden-Baden 2004.
Zenefels, Alexander:	Die digitalen Inhalte im neuen Gemeinsamen Europäischen Kaufrecht, K&R 2012, 463-469.
Zielenkewitz, Moritz:	Dubios: Eigene MP3s weiterverkaufen mit Bopaboo, netzwelt.de v. 11.12.2008, online unter http://www.netzwelt.de/news/79135-dubios-eigene-mp3s-weiterverkaufen-bopaboo.html.
Zimmeck, Sebastian:	Grundlagen der Nutzungsrechtsübertragung an urheberrechtlich geschützten Computerprogrammen durch den Lizenznehmer, ZGE 2009, 324-356.
von Zimmermann, Georg:	Die Einwilligung im Internet, Diss., Berlin 2014.
Zurth, Patrick:	Werkgenuss durch Streaming, InTeR 2014, 135-143.